Ivar Lissner Wir sind das Abendland

Ivar Lissner

WIR SIND DAS ABENDLAND

Gestalten, Mächte und Schicksale
Europas durch 7000 Jahre

GONDROM

Sonderausgabe für Gondrom Verlag GmbH & Co. KG, Bindlach 1993

ISBN 3-8112-1065-3

Was suchen wir auf dieser Welt?
Uns selbst!

Was finden wir auf dieser Welt?
Tausenderlei anderes und Millionen andere!

Sich selbst zu finden, das ist aber die einzige Leistung,
die uns die Ewigkeit abnehmen wird.

Inhalt

Wir sind das Abendland

«Keine andere Ideologie, kein ‹Ismus›, keine Tyrannei, keine Diktatur, keine heilbringende Versorgung, kein Bild dauert ewig an. Das lehrt die Geschichte, und das lehrt vor allem die Vorgeschichte, in deren Tiefe wir zur Stunde zu schauen beginnen. Es ist ein Zeichen völliger historischer Ahnungslosigkeit, irgendeine Staatsform, die für den freien Menschen nicht die Freiheit zu wahren versucht, für ewig und unabänderlich zu halten. Und es ist ein Zeichen mangelnder Bildung, den Menschen nur materiell helfen zu wollen, während sie so eigentümlich beschaffen sind, daß ihr größter Hunger, aber auch ihre größten Kräfte geistigen und seelischen Gebieten zugewendet sind.»

Ivar Lissner, Aber Gott war da

Nichts ist gefährlicher als Hochmut anderen Völkern gegenüber. Denn er führt zur Blindheit. Er zerbricht Spiegel, in denen man sich selbst erkennt. Er übertüncht die großen und schweren Rätsel dieser Erde. Er geht zu Pferde aus und kehrt zu Fuß heim.

Jahrzehntelanger Aufenthalt in Asien und anderen Kontinenten brachte mich auf den Gedanken, dieses Buch zu schreiben, ein Buch über die abendländische Kultur.

Denn es gibt noch eine andere Gefahr. Es ist die Gefahr, in der wir leben, wir, das Abendland, die Gefahr der Blindheit gegen uns selbst. Es ist die Sünde, sich selbst nicht zu kennen und nicht zu *er*kennen, die Sünde, das Werden des Lebensstils, dem wir verhaftet sind, aus Denkfaulheit und Nachlässigkeit zu verkennen und damit zu verraten, die Sünde wider die Vergangenheit des Abendlandes, die Sünde wider seine Zukunft.

Die abendländische Kultur ist die unbekannteste der Erde, und Europa ist ein unbekannter Kontinent. Gottfried Keller, Zürichs großer Sohn, hat gesagt, wer in einem Fackelzug ginge, könne das bewegte flakkernde Ganze nie erfassen, aber von einem Hügel, aus der Entfernung, da sehe man das Bild. Wir alle sind Wanderer mitten im strahlenreichen Fackelzug des Abendlandes.

Es hat nie eine Zeit gegeben, die besser gerüstet war, die Vergangenheit zu erkennen, als die unsere. Darum ist Geschichte wie Kulturgeschichte heute so unendlich viel interessanter geworden als noch vor hundert Jahren. Ich habe jetzt oft das Gefühl, daß die vergangenen Epochen unter den Schaufeln der Archäologen immer gerade zur rechten Zeit aus dem Grabe steigen. Und weil die Schatten der Vergangenheit, dieser gewaltige Zug von Milliarden und aber Milliarden von Menschen, so lebendig werden, beginnt das zwanzigste Jahrhundert etwas besser als frühere Jahrhunderte zu erkennen, wo es steht und was es eigentlich ist. Aber es ist auch nichts zarter als die Vergangenheit, und man muß sie mit Vorsicht berühren. Man darf sie auch vor Gericht ziehen, aber man darf nicht jede Vergangenheit verurteilen, wie Nietzsche es fordert, weil immer die menschliche Gewalt und Schwäche mächtig waren. Er würde mit diesem Bade ja ebenfalls ausgeschüttet werden.

Nun ist das Interesse an den großen Kulturen, die längst untergegangen sind, so stark geworden, daß man die Nachkommen dieser einstigen Kulturträger mit denen verwechselt, deren Gebeine unter meterhohen Trümmern und Ruinen begraben sind. Das hat dazu geführt, daß wir etwa im heutigen China unbewußt noch etwas von der grandiosen Kultur der einstigen Tang-Zeit vermuten, in der Li T'ai-po und Tu Fu dichteten und Wu Tao-tse seine buddhistischen Fresken, Figuren und Landschaften malte. Wir sind versucht, in den Ägyptern viel zuviel ihrer einst betörenden Kunst zu sehen, etwa der Amarna-Zeit und der hinreißenden Wand- und Fußbodenmalereien Amenophis' IV. oder der Skulptur seiner Gattin, der berühmten Nofretete. Wir leben in der Vorstellung, die Menschen des heutigen Iraks und Syriens müßten noch etwas vom Kunstsinn der einstigen Sumerer, Assyrer und Babylonier besitzen.

Es gibt aber nur einen Kontinent, nur eine Kultur, nur einen Lebensstil, die wir unterschätzen, das ist Europa, und das ist das Abendland. Was das Abendland bedeutet, was sich hier als Kulturepochen aufbaute und wie unendlich reich das Abendland heute ist, jetzt, zur Stunde, das beginnt man vielleicht zu ahnen, wenn man jahrzehntelang die Welt durchwandert.

Die Weltgeschichte kennt kein anderes Beispiel dafür, daß eine Kultur derart den ganzen Planeten erfaßte und daß sich ihre Wirkung so dauerhaft festigte wie die abendländische. Noch nie war der Okzident so geschichtsmächtig wie heute. Von den großen, alten außereuropäischen Kulturen wird jedes und alles aus dem Abendland übernommen. Sie selbst, diese einst bewundernswerten geistigen Kraftfelder, können ihre Räume nicht mehr schöpferisch erfüllen. Es ist nichts, aber auch gar nichts mehr da.

Die Welt- und Menschheitsgeschichte hat noch gar nicht begonnen. Sie kann erst beginnen, wenn der letzte Ort der Erde von der abendländischen Kultur erfaßt worden ist. Das erkannte schon Dostojewskij: «Die Idee der universalen Einigung der Menschen ist die Idee der

Menschheit Europas, ihr verdankt sie ihre Zivilisation, für sie allein lebt sie.» Der Weg zu einer Weltregierung und endlichem Frieden führt nicht über immer mehr Wissen, sondern über globale Bildung, und sie kann nur aus dem Abendland kommen, das eine fast unübersehbare Zahl echter Genies beherbergt. Arroganz? Ich glaube, nicht: Die Kette aus Kafka, Joyce, Strindberg, Freud, Sartre, Faulkner, O'Neill, Beckett, Ionesco und weiter und weiter ist unvergleichlich.
Zwei Erdteile wurden von den Angelsachsen europäisiert, Nordamerika und Australien. Mittel- und Südamerika wurden von den Spaniern und Portugiesen kulturell abendländisch beeinflußt, aber der Prozeß blieb hier in seinen ersten Anfängen stecken und geht nun langsam nach gesamtabendländischem Vorbild weiter. Westliche Lebensformen drangen über das europäische Rußland bis an die pazifische Küste. Aber die Riesenräume bleiben unerfüllt.
Die abendländische Kultur ist die Kultur aller europäischen Völker sowie Nordamerikas. Das ist eine Kulturgemeinschaft, die sich klar von allen anderen Kulturen abhebt. Auch nimmt Europa einen einzigartigen Platz in der Weltgeschichte ein, denn durch den unternehmenden Geist der Abendländer, durch die europäischen Entdeckungen, wurden alle Teile der Welt miteinander verbunden.
Das Abendland ist ein geistiges Kind des Nahen Orients, Ägyptens, der griechischen Kultur wie des römischen staatspolitischen Genies. Es hat die ganze Welt an Gedankenreichtum, an Erfinderkraft, an Vorausahnen, an Religionstiefe und an Kunstschaffen in einer Weise überflügelt, die Kontinente wie Asien, Afrika oder zum Teil auch Südamerika als erschreckende geistige Wüsten erscheinen lassen.
Mit der Zerstörung durch Kriege, mit der Zerbröckelung im Mahlstein «Zeit», mit dem Verwehen im Winde der großartigen Baudenkmäler und Kunstschätze sind weder Athen noch Rom untergegangen. Die griechisch-römische Welt überlebte in der westlichen Kultur.
Der sensationelle Erfolg der These Oswald Spenglers vom «Untergang des Abendlandes» beruhte auf der Herausforderung, die gerade in der Verkehrtheit der Behauptung liegt. So mag auch die gegenteilige Ansicht von der Lethargie aller gegenwärtigen Kulturen mit Ausnahme der westlichen vorerst als ungewöhnlich und europazentrisch erscheinen. Das liegt aber nicht an der Verkehrtheit der Behauptung, sondern es liegt an der romantischen Sucht der Europäer, das Licht in der Ferne zu suchen, von der Weisheit Asiens zu träumen, mit dem Aufbruch der Riesenmassen Chinas zu drohen, Phantasiebilder eines alles überwältigenden Sibiriens zu entwerfen, überhaupt das Phantom des «dritten Auges» zu beschwören oder an den letzten Tiefen der unbegreifbaren indischen Seele zu kratzen, aus der ein Heiliger

herausspringt, vorausgesetzt, daß er seine stoische Ruhe aufgibt und sich vom Nagelbrett erhebt.
Wie aber sieht die Wirklichkeit aus? Die westliche Kultur hat unverstanden, aber wie eine anbetungswürdige Krankheit die ganze Welt ergriffen. Junge Japaner spielen Bach und Mozart, kennen viele Motive Schubertscher Lieder und sind fähig, ein paar Töne jeder Beethoven-Symphonie anzuschlagen. In China wird europäische Literatur gelesen, eine moderne chinesische gibt es nicht. Kein Theaterstück kommt aus dem chinesischen Raum, kein großer Roman, keine Oper, wohlgemerkt auch keine Oper alten chinesischen Stils. Fast alle Intendanten des abendländischen Theaters sind überzeugte Liberalisten und treten grundsätzlich für Gestaltung in freiheitlichem Geist ein, manche halten sich für aufgeklärte Marxisten, und manche sind Anhänger eines «besseren Kommunismus». Gäbe es daher ein einziges russisches Theaterstück, das überragend wäre, so würden alle westlichen Theater es gierig aufsaugen wie Wasser in der Wüste.
Unter den sowjetrussischen Romanschriftstellern ragt einzig Michail Scholochow heraus, aber auch nur mit seinem «Stillen Don», den er 1928 schrieb. Die größte Leistung Pasternaks bleiben seine Shakespeare- , Faust- und Rilke-Übersetzungen, während der in Rußland nie erschienene «Doktor Schiwago» nicht ganz zu Unrecht vom «Nowui Mir» auch wegen seiner Zähigkeit verworfen wurde. Majakowskij wußte die derbe Sprache des Proletariats mit echt poetischem Feingefühl und hinreißenden Rhythmen zu verbinden, nahm sich aber 1930 das Leben, Anna Achmatowa wählte das Schweigen, Valerij Tarsis wurde von der Sowjetunion die Staatsbürgerschaft entzogen, nachdem er auswanderte, und Andrej Sinjawskij wie Juri Daniel wurden 1966 verurteilt und in die Zwangsarbeit verbannt.
Kein Puschkin, kein Gogol, kein Turgenjew, kein Tolstoj, kein Dostojewskij wird heute noch den Russen geboren. Daher weiß auch kein Dichter im sowjetrussischen Raum, was in Zukunft in diesem Land geschehen wird, denn bekanntlich ist es nur genialen Auguren gegeben, den «Willen der Götter» zu erforschen. Dostojewskij erahnte das Kommende und sagte in seinen «Dämonen» im Jahre 1870 den heutigen helotischen Zustand des einst ikonenverehrenden Riesenreiches voraus. In Afrika kann man nur noch schlechte Nachahmungen der früher grandiosen Benin-Kultur kaufen. Selbst die Kunst der sogenannten primitiven Völker ist erlahmt. In der Südsee träumen die Zylinderhutfiguren der Osterinsel von ihrer unbegreiflichen Vergangenheit. Die Ansätze eines neuen Romans, die Theaterstücke Südamerikas kann man an den Fingern abzählen.
Demgegenüber ist die Ahnungslosigkeit der Menschen des Abendlan-

des über den Tiefgang und den Schichtenreichtum ihrer eigenen heutigen Kultur im schöpferischen All bestürzend. Diese Blindheit ist nicht ungefährlich, denn das Abendland sind wir. Die moralische Macht ist bedauerlicherweise kein Ersatz für bewaffnete Macht. Aber sie ist eine sehr bedeutsame Verstärkung. Das ist nicht meine Weisheit, sondern die Churchills.

Auch Coudenhove-Kalergi hat immer wieder gewarnt: «Jeder Europäer ist ein Schlachtfeld von Leidenschaften, von Willensrichtungen, von Charakteren. In jedem Europäer morden und vergewaltigen seine Vorfahren einander.» Das zeigt die unerhörte Vielfalt unserer Welt und das Ringen um das Abendland in jedem Europäer.

Ich sehe vor allem eine Gefahr in den westlichen Schulen. Die Schüler sollen «selbständig denken», sie sollen «eigene Gedanken» haben. Man kann aber nur eigene Gedanken haben, wenn man weiß, was andere, und zwar die Größten der Menschheit, gedacht haben. Was der Jugend also fehlt, ist *Wissen*, und zwar das Wissen vom Werden des Abendlandes, die Kenntnis der Dinge, Begebenheiten und Genies, die das Wunder der abendländischen Kultur hervorbrachten. Die Schulen sollten daher weniger reine Wissenschaft und mehr Bildung vermitteln. Der himmelhohe Turm Abendland, an dem so viele Völker gebaut haben – das ist der Inhalt dieses Buches. Es ist natürlich nur ein Versuch, wie ja auch der Turm ein babylonischer, unvollendeter bleiben muß. Aber keine andere Weltkultur übertrifft heute das künstlerische und philosophische Schauen des Okzidents und seinen geistigen Reichtum. Auch das will ich zeigen.

Ein Blick auf die Wechselbeziehungen zwischen Rußland und Europa ist interessant. Die «Slawophilen» waren einst erfüllt vom Gedanken der Feindschaft, nicht gegen die europäische «Kultur», sondern gegen die europäische «Zivilisation». Nun wissen wir längst, daß es einen Unterschied von Kultur und Zivilisation gar nicht gibt. Ich habe das genugsam in meinen Büchern erläutert, aber vielleicht sollte man doch noch einen der vielen zitieren, die diese Unterscheidung widerlegen. Es ist Albert Schweitzer: «Zivilisation bedeutet, seinem herkömmlichen Gebrauch nach, dasselbe wie Kultur, nämlich Entwicklung der Menschen zu höherer Organisation und höherer Gesittung. In manchen Sprachen wird der eine, in anderen der andere Ausdruck bevorzugt. Der Deutsche spricht gewöhnlich von ‹Kultur›, der Franzose gewöhnlich von ‹Zivilisation›. Aber die Aufstellung eines Unterschiedes der Bedeutung zwischen beiden ist weder sprachlich noch historisch gerechtfertigt.» Es war Spenglers großes Thema, die «Zivilisation» als Verhängnis jeglicher «Kultur» anzusehen. Aber die Sense, der Pflug, die Architektur, die Malerei, die Literatur wie die Musik, der

Stuhl, der Tisch, das Bett jeder Kunstepoche, das Steinwerkzeug des Paläolithikums, das Wunderwerk einer Weltraumkapsel, die Moral jeder Zeit wie die Religionen, sie alle gehören einem großen Komplex an, den man immer nur mit einem Wort bezeichnen kann, sei es nun «Kultur» oder «Zivilisation».

Die Slawophilen meinten nun, die böse westliche Technik stehe der großen slawischen Seele entgegen. Aber es kam ganz anders. Nicht der Westen «faulte», nicht die große europäische Kultur «starb ab», nicht sie wurde «seelenlos» und «gottlos», nicht in Rußland hob sich eine Kultur auf religiöser Grundlage in den Himmel, nicht dort entstand das gewaltige Mosaik einer neuen Geistigkeit, sondern der Kampf des Ostens mit dem Westen, des angeblichen «Geistes im Osten» mit dem angeblichen «Ungeist der religionslosen Zivilisation» wurde vom Westen gewonnen. Das alte Europa ist seiner Vergangenheit keineswegs untreu geworden. Auch der Existentialismus wie das Absurde Theater bauen sich logisch auf abendländischem Denken auf.

Ein Grundzug der europäischen Kultur ist die Idee freier Wissenschaft und auf ihr begründeter naturbeherrschender Technik. Ein anderer ist ihre Weltoffenheit. Das Abendland hat sich trotz des Limes nie gegen fremde Einflüsse abgeschlossen. Es hat sich nie mit einer Chinesischen Mauer umgeben noch das Betreten seiner Heiligtümer verboten. Der Eiserne Vorhang ist keine abendländische Erfindung. Europa hat sich wie kein anderer Kontinent der Erde mit allen Philosophien auseinandergesetzt. Das Abendland besaß und besitzt die große Fähigkeit, sich von außen Herangebrachtes anzueignen, und die verblüffende Reihe der Rezeptionen und Renaissancen lebt weiter.

Daß die Hinneigung des Menschen des Westens zu den vergangenen Kulturepochen einer Romantisierung exotischer Kulturen gewichen ist, einem Suchen des Steins der Weisen irgendwo im Osten, stimmt nur zum Teil. Und vor allem ist ja der Stein der Weisen weder in der Südsee noch in Osteuropa zu finden. Ich vergaß den genialen Brecht. Er wird mit Shakespeare verglichen. Er schrieb mir noch vor seinem Tode, daß er für den ganzen Osten von Berlin bis Wladiwostok herhalten müsse und an dieser Last schwer zu tragen habe.

Einst leuchtete das Licht aus dem Osten. Die Grundpfeiler der europäischen Kultur, Sumer, Assur, Babylon, die seefahrenden Phönizier, überhaupt alle schöpferisch so hochbegabten Semiten und unter ihnen wieder besonders die Israeliten, Ägypten, Griechenland und Rom – sie sind als Mutterkulturen soweit am Leben geblieben, als sie sich in die weitere Entwicklung des Abendlandes einordnen konnten.

Nur im Abendland hat das Feuer, das einst aus dem Orient kam, seinen dauernden Herd gefunden. Nun geht die Sonne im Westen auf.

Die ewigen Feuer von Kirkuk und die mesopotamische Hochkultur

«Wie haben die ersten schriftlich aufgezeichneten und religiösen Ideale des Menschen ausgesehen, seine ersten politischen, sozialen und philosophischen Vernunftsgründe? Wie lauteten seine ersten Historien, Mythen, Epen und Hymnen? Wie waren die ersten Rechtsverträge formuliert? Wer war der erste Sozialreformer? Wann fand die erste Steuerermäßigung statt? Der Sumerologe kann viele der Fragen nach den Ursprüngen menschlicher Kultur richtig beantworten.»
– Samuel Noah Kramer, Geschichte beginnt mit Sumer.

Es ist ein heißer Tag. Wie Wellen rollen die Wolken von Wüstenstaub an. Von einer kleinen Erhöhung auf den Ruinen von Babylon kann ich die Fläche erkennen, über der sich «der Turm» erhob. Nichts ist da. Aber der Grundriß zeichnet sich noch ab.
«Wo ist der Turm geblieben?» frage ich die Iraker, die uns begleiten.
«Weggetragen», antworten sie.
«Weggetragen?»
«Man hat im Laufe der Jahrtausende die Steine weggetragen. Man hat Häuser daraus gebaut.»
Der Turm wurde immer und immer wieder zerstört. Im 2. Jahrtausend vor Christus war er erbaut worden. Aber große Eroberer wollten auch große Zerstörungen hinterlassen. Sie suchten den Turm zu stürzen, in Asche zu legen, abzutragen. Aber das achtstöckige Ungeheuer hielt allem stand. Erst Assyriens König Sanherib, der in Babylon ungeheure Verwüstungen anrichtete, riß den Turm und seine Fundamente 689 vor Christus so weit ein, daß er sich nur noch wie eine schreiende Wunde im Euphrat spiegelte. Asarhaddon baute ihn wieder auf. Er verfiel. Er wurde von immer neuen Herrschern restauriert, bis König Xerxes I., der Ahasverus des Buches Esther im Alten Testament, ihn 479 vor Christus endgültig zerstörte und die goldene Statue des Gottes Marduk entführte. Den Priester, der ihn daran hindern wollte, tötete er sofort.
Alexander der Große hatte den Plan, den Turm wieder im alten Glanz erstehen zu lassen. Strabon berichtet, dieses Vorhaben hätte unvorstellbare Arbeit erfordert. Nur um das Terrain für die Fundamente

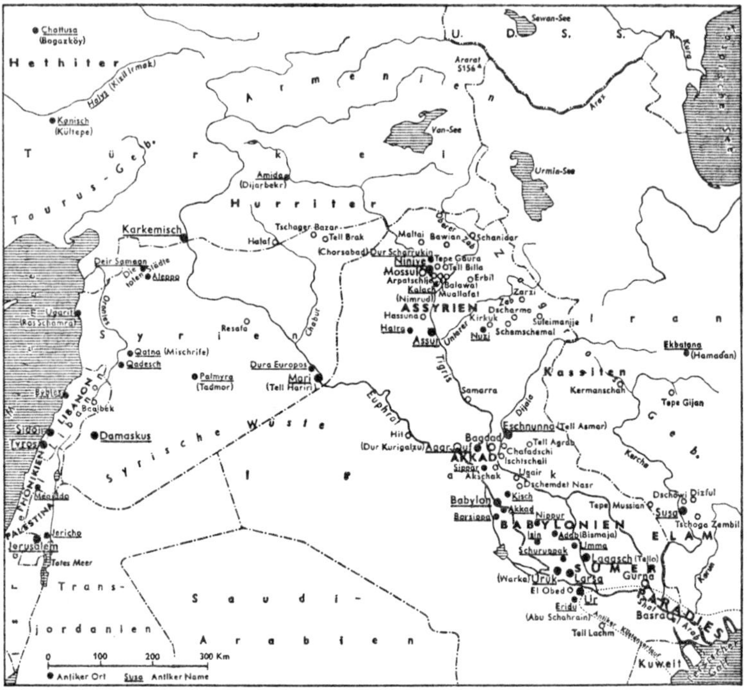

wiederherzustellen, hätten 10 000 Arbeiter wenigstens zwei Monate lang beschäftigt werden müssen.

Die Wüsten, die untergegangenen Stätten der sumerischen, babylonischen und assyrischen Hochkulturen, die unbändigen Flüsse Euphrat und Tigris, die wegelosen riesigen Ebenen, diese feindliche Welt unerträglicher Hitze in den Sommermonaten – sie birgt das Geheimnis der Anfänge der abendländischen Kultur.

Nach Tausenden von Kilometern, nach monatelangen Fahrten über endlose Lehmflächen, nach vielen Wanderungen über diesen gelben und braunen Boden, der allem Anbau so feindlich ist, wo alles im Lehm erstickt, wird einem klar, daß Gott den Menschen nur aus Lehm erschaffen konnte, wenn sich die Schöpfungsgeschichte, wie es uns das erste Buch Mose lehrt, in dieser Gegend abspielte.

Fährst du aus Bagdad hinaus in die Wüste, so siehst du unheimlich lange Schlote, die aus dem Nichts zu ragen scheinen. Ihr Rauch zieht in Bändern über die leeren Wüsten und verfliegt. Überall Ziegeleien. Die Ziegel scheinen hier geradezu naturhaft aus der Lehmerde zu wachsen, zu Millionen, zu Milliarden, seit Jahrtausenden. Wer wundert sich da über «babylonische Türme», deren Spitzen «bis an den Himmel» reichen sollten!

Das, was wir sind und was in uns ist, werden wir dann verstehen, wenn wir die Wunder zwischen Euphrat und Tigris gesehen haben. Hier erst erfahren wir, woraus wir selber geistig gewachsen sind. Hier liegen die Ursprünge des Abendlandes. Unendlich viele Kulturgüter sind von den Sumerern über die Assyrer, Babylonier, Ägypter, Phönizier, Kreter, Griechen und Römer bis zu uns weitergereicht worden. Aus Mesopotamien, von den Sumerern, kam der entscheidende Anfang aller Kultur.

Einen unvorstellbaren Sprung machte der Mensch vor 7000 oder 8000 Jahren. 600000 Jahre lang war er Jäger und Sammler. Auf diesem endlosen Weg durch das Grau der Vorgeschichte hatte er vier Eiszeiten überlebt. 600000 Jahre lang stellte er Steinwerkzeuge her und mußte früh sterben, mit 29 oder 30 Jahren. Aber vor 7000 Jahren schwang er sich plötzlich auf zur ersten Hochkultur auf dieser Erde. Es geschah im Nahen Orient, im Land zwischen den Strömen, in Mesopotamien. Hier zündete er eines Tages die Fackel an, die schließlich ihr Licht über den ganzen gewaltigen eurasischen Doppelkontinent leuchten ließ.

Als Europa noch im Schlaf des Urdaseins, in der Wildnis seiner ersten schweren Träume, ein ungezähmtes Reich von Fallenstellern und Nomaden war, da hatte Mesopotamien schon alle Phasen seiner großen Kultur durchlebt. Die Sumerer hatten vor 5000 Jahren eine unvorstellbare Höhe der Kultur erreicht. Erst seit kurzem ist der Schleier von diesem uralten Volk gefallen, dessen Leben wohl eine doppelt so große Zeitspanne umfaßt wie die Geschichte des Abendlandes von Christus bis auf den heutigen Tag.

Zur Zeit Christi war Sumer längst vergessen. Es lag im Dämmerlicht verflossener Jahrtausende. Berge von Wüstenstaub deckten, was einst an bunten Mosaiken, an herrlichen Skulpturen, an mächtigen Tempeln, an Vasen, Töpfen, Schmuck, an goldenen Schalen, an Schminkgeräten von Menschen, wie wir es sind, geschaffen worden ist. Und doch – wer diese alten Stätten raffinierten Lebensstils heute durchschreitet, hat das Gefühl, all die Herrlichkeit hätte gestern noch gelebt. Man glaubt noch das Lachen der Prinzessinnen zu hören und das Anstoßen der Goldbecher.

Die Kultur des Abendlandes wanderte vom Zweistromland und vom Nil nach Palästina, Griechenland und an die Küsten der Türkei, von Griechenland nach Rom, von Rom nach Frankreich, Spanien, Deutschland und England, von Europa nach Nordamerika. Solche Westwärts-

bewegung hatten wohl die Sumerer schon hinter sich, als sie endlich in den Ländern, in denen das biblische Paradies lag, anlangten. Sie waren um 3000 vor Christus die «Amerikaner» des Orients.
Noch mehr: sie hatten zur höchsten Stufe des Menschendaseins gefunden. Einmal begann ja alles, was wir heute Hochkultur nennen. Es gab einen Anfang. Einmal mußte eine erste Flamme auflodern. Die Kultur des Abendlandes hat einen ersten Ausgangspunkt. Er lag dort, wo Euphrat und Tigris das fruchtbare Zwischenland bilden.
Über ungeheure Gebiete ließ diese einmal entzündete Flamme ihr Licht ausstrahlen. Phönizien blühte im Schein dieses Lichtes auf. Die Semiten mit ihren unvergleichlichen ersten Dichtungen wärmten sich an dieser Flamme. Das größte Werk der Weltliteratur, die Bibel, erstand aus diesem Licht. Griechenland türmte seinen Marmor in den Himmel. Der ganze Nahe Orient bis zum Schwarzen Meer, Asien über Indien hinweg bis nach Afghanistan, ganz Europa bis zu den Säulen des Herkules nährte sich von dieser Flamme. Man kann Einzelheiten der Kleidung sumerischer Plastiken über Griechenland bis zu dem Gewand des Buddha an den Küsten des Pazifischen Ozeans verfolgen.
Wie ein gewaltiges, unberechenbares Tier, wie eine riesige Schlange, wälzt sich der Euphrat, 2775 Kilometer lang, aus Anatolien durch die Wüsten Syriens, die flachen Einöden und die heißen Gärten und Palmenhaine des Iraks bis in den Persischen Golf. Dieser größte Fluß Westasiens hat unberechenbare Launen. Er ändert seinen Lauf wie sein Bruder, der Tigris. Euphrat und Tigris verursachen die gewaltigsten Überschwemmungen der Erde. Sie schütten unermeßliche Wassermassen in tausend mühsam angelegte Kanäle. Sie gabeln sich in zahllose Arme. Sie lassen Sümpfe entstehen, unübersehbar, unüberschreitbar. Der gefährlichere der beiden Flüsse ist der Tigris. Seine maßlosen Überschwemmungen sind deswegen so unheimlich, weil sie außerordentlich plötzlich auftreten.
Das Land Irak hatte in der Abbasidenzeit 40 Millionen Einwohner. Hulagu, der Enkel des Dschingis-Khan, stürzte das Kalifat der Abbasiden und zerstörte die Stadt Bagdad am 15. Februar 1258 vollständig. Die mongolische Invasion machte ganz Mesopotamien zu einer Wüstenei. Im Gebiet des heutigen Iraks und Syriens entstand unvorstellbare Hungersnot. Die Mongolen wüteten wie in einem Schlachthaus. Eine ungeheure Tragödie spielte sich ab. Das Drama fand seinen Höhepunkt im Verfall des uralten Kanalsystems, denn nur dieses künstliche Netz feiner Wasseradern garantierte die Fruchtbarkeit des Landes. Man stelle sich das vor: von 40 Millionen Menschen blieb damals nur eine halbe Million am Leben. Der Irak und Syrien haben sich

von diesem Mongolensturm niemals wieder erholt. Heute leben im Irak 7 Millionen Menschen. In Syrien herrschte blühender Wohlstand. 30 Millionen Menschen lebten dort vor dem Mongoleneinfall. Heute zählt Syrien nur 4,5 Millionen Einwohner. Auch das Versanden – im wahrsten Sinne des Wortes – einst großer kultureller Leistungen im Irak wie in Syrien ist deswegen eine geschichtliche Tragödie, weil gerade hier, in Mesopotamien, die ersten grandiosen Fundamente der abendländischen Kultur gelegt wurden.

Am Euphrat und am Tigris nahm die Geschichte der Menschheit ihren Anfang. Am Unterlauf dieser Flüsse, am Schatt el Arab, lag das Paradies. Am Euphrat lebte Noah. Hoch über den Quellen dieses Flusses senkte sich seine Arche auf den Abhang des Ararat. An diesem Fluß stand das Haus des Abraham. An diesem Fluß wurde die erste Schrift der Menschheit erfunden, und deshalb gab es hier zum erstenmal das, was wir Geschichte nennen. An diesem Fluß entstand das erste und das schönste Epos der Weltliteratur.

Die Wissenschaft hat die Geheimnisse dieses Epos erst in den letzten zwanzig Jahren mehr und mehr ermittelt. Es ist 1500 Jahre älter als Homers Ilias und Odyssee. Es zeigt uns den ersten tragischen Helden des Menschengeschlechtes. Es ist von erschütternder Dramatik. Das erstaunlichste an diesem Epos ist seine Gegenwärtigkeit. Es ist uns so nah, als sei es gestern entstanden. Aber gestern und heute entstehen nicht mehr Schöpfungen von so ursprünglicher Kraft. Am Anfang der menschlichen Geschichte steht dieser einzige Aufschrei des Menschen, dieser Aufschrei gegen das Schicksal, gegen die unabwendbare Sterblichkeit, dieses Aufbegehren des Mannes, der *Gilgamesch* hieß. Das Gilgamesch-Epos muß endlich seinen königlichen Platz in der Weltliteratur einnehmen. Es ist – am Anfang der Geschichte der Menschheit – auch gleich das größte dichterische Kunstwerk, das je entstand, vergleichbar wirklich nur mit Homers Ilias und Odyssee.

Einst rang der Mensch mit dem Problem der Zeit. Heute ist alle Energie der Menschheit auf die Überwindung des Raumes gerichtet. Aber die Sehnsucht nach Unsterblichkeit, die Sehnsucht nach dem ewigen Leben, war kein schlechteres Anliegen als die Sehnsucht nach dem Mond.

Gilgamesch war König der ersten nachsintflutlichen Dynastie von Uruk. Er war Sumerer. Er lebte vielleicht vor 6000, vielleicht vor 7000 Jahren, wir wissen es nicht genau. Aber was wissen wir überhaupt von der Menschheit, die zwischen Noah und Abraham lebte? Sicherlich war Gilgamesch eine historische Gestalt. Sein Drama ist der aussichtslose Versuch, auf irgendeine Weise Unsterblichkeit zu erlangen.

Die Menschen, die sich selbst «das schwarzköpfige Volk» nannten und ihr Land Sumer, sprachen eine Sprache, die weder semitisch noch indoeuropäisch war. Sie waren etwa um 4000 vor Christus an den Euphrat und Tigris gekommen. Eine ihrer Städte hieß Nippur, im Herzen von Sumer gelegen, religiöses Zentrum für den Kult des Gottes Enlil, Rivalin der Stadt Eridu. In den Ruinen von Nippur und unweit davon im Tal Duraihim, 150 Kilometer südlich von Bagdad, fand man 40000 beschriebene Tontafeln, eine riesige «sumerische Literatur», die erste der Menschheit, verfaßt in Keilschrift im 3. und 2. Jahrtausend vor Christus.

Der Erfindung der Schrift wie der Erfindung des Ziegels durch die Sumerer bot sich in Mesopotamien das überall vorhandene Lehm- und Tonmaterial an. Die Keilschrift – nach dem lateinischen Wort «cuneus» für Keil, auch «Kuneïform-Schrift» genannt – ist eine *Wort*-Schrift. Jedes Zeichen oder jede Zeichengruppe stellt ein Wort dar. Darum verfügte die Schrift ursprünglich über die riesige Zahl von 2000 Zeichen, die nach und nach auf 500 Zeichen herabsank. Um die Zahl der Zeichen zu beschränken und die Ausdrucksfähigkeit zu erweitern, fügte man zwei oder mehrere Zeichen zur Darstellung eines Wortes zusammen, etwa «Mund» und «Wasser» für «trinken». Allumfassend brauchbar wurde die Schrift erst, als man aus den Wortzeichen Silbenzeichen ableitete, von der Wortbedeutung abkam und nur die damit verbundenen Lautwerte verwendete. Das begann sehr früh, schon um 2400 vor Christus. Die Schrift, dieses größte Kulturgut der Menschheit, wurde – wie man heute weiß – von den Sumerern schon am Ende des vierten Jahrtausends vor Christus erfunden.

Unter den Tontafeln, die man in Nippur ausgrub und die heute im Museum der Universität Philadelphia sowie in Istanbul lagern, entdeckte man auch die ältesten Fragmente der Dichtung, deren Held Gilgamesch ist.

Und noch eines brachten die Grabungen in Nippur ans Tageslicht. Man fand den unteren Teil einer sechsspaltigen Tafel, die älteste Schilderung der Sintflut. Dieses Fragment ist die einzige sumerische Sintfluttafel. Es gibt viele spätere babylonische Sintfluttafeln, die man in der Bibliothek des Königs Assurbanipal in Ninive fand. Aber es gibt kein anderes Bruchstück aus so alter – sumerischer – Zeit. Es befindet sich im Museum der Universität Pennsylvania unter der Obhut des bedeutendsten lebenden Sumerologen, Professor Samuel Noah Kramer.

Die Tafel nennt fünf vorsintflutliche Städte: Eridu, Badtibira, Larak, Sippar und Schuruppak. Drei dieser Städte, Eridu, Sippar und Schuruppak, hat man gefunden und ausgegraben. Schuruppak ist *die* Sintflutstadt. Hier wurde der Noah der Sumerer geboren. Hier baute er seine Arche, die nach dem Wortlaut der sumerischen Tafel «von den Stürmen auf den großen Wassern umhergeschleudert wurde». Die Sumerer haben uns auch den Namen dieses ersten Noah hinterlassen, er hieß Ziusudra. Die Stadt Schuruppak – heute liegt dort der Ort Fara – wurde von der Sintflut vollständig hinweggespült. Nach den sumerischen Quellen muß man den Eindruck gewinnen, daß gerade auf diese Stadt die Sintflut kommen sollte so wie das Feuer auf Sodom und Gomorrha, die jetzt unter dem Toten Meer begraben sind. Es ist auch interessant, daß seit 2300 vor Christus von Schuruppak nirgends mehr etwas erwähnt wird, daß die Stadt der Göttin Ninlil von der Erde verschwunden war, bis 1902 und 1903 Koldewey und Andrae und vor allem 1931 E. Schmidt sie ausgruben. Man kann in den Ruinen von Ur, von Schuruppak und von Kish die Schichten am Gestein erkennen, die nach Ansicht des Archäologen Woolley und anderer Wissenschaftler noch heute die Kalkablagerungen der Sintflut unverkennbar anzeigen. Der amerikanische Professor Albright glaubt, daß dieses Stratum von einer Flußflut verursacht wurde, die etwa 5400 Jahre zurückliegt.

Der Gilgamesch-Stoff wurde später von den semitischen Babyloniern dichterisch gestaltet und ist die bedeutendste literarische Leistung dieses erstaunlich begabten Volkes. Im babylonischen Epos trifft Gilgamesch bei seinem Versuch, der Sterblichkeit zu entgehen, den Mann, den Gott vor der Sintflut rettete. Dort heißt der Noah Ut-Napishtim. Er ist der einzige Mensch, dem die Götter ewiges Leben schenkten.

Jahrtausendelang waren diese hochinteressanten Überlieferungen versunken und völlig in Vergessenheit geraten. Erst im letzten Jahrhundert, als die Archäologen die verschollenen Städte am Euphrat und Tigris wieder auszugraben begannen, erlebte das Gilgamesch-Epos seine Auferstehung.

Uruk, das heute Warka genannt wird, übertraf alle Städte an Glanz und Reichtum. Im Vergleich zu dem, was Ägypten an Baudenkmälern hinterlassen hat, ist Mesopotamien nichts als ein riesiges Trümmerfeld. Und doch ist es ein großer Augenblick, nach langer Wüstenfahrt die einsamen, die entlegenen Ruinen von Uruk zu sehen, der Stadt des Gilgamesch.

Ein unheimlicher Wüstenwind jagt den Sand hoch, läßt ihn in riesigen Wolken über diese gewaltige Trümmerstätte fliegen. Hunderte von irakischen Arbeitern mit ihren Körben voll Sand erscheinen in diesem Staubnebel wie gespenstische Prozessionen. Uruk wird ausgegraben. Uruks Tempel und Paläste erwachen aus vieltausendjährigem Schlaf. Unermüdlich und sehr behutsam fegen die irakischen Arbeiter mit kleinen Bürsten die sonnengebrannten Ziegel rein, die Arbeiter vor

5000 Jahren ebenso sorgfältig legten. Wir leben in einer phantastischen Welt . . .
Die Sumerer haben hier heilige Stätten und heilige Bezirke von gewaltigen Ausmaßen angelegt. Ein glühender, ein unbeirrbarer Glaube muß sie zu diesen riesigen Anstrengungen getrieben haben. Es ist faszinierend, wie sich Archäologie und Gilgamesch-Epos an diesem Ort bestätigen.
Die Leute in Uruk murrten, denn ihr König Gilgamesch hatte sich vor allen Hochzeiten das Recht der ersten Nacht angemaßt. *Geliebt* hat Gilgamesch aber nur einen Jüngling, den aus dem Leben in der Natur und mit den Tieren in die Stadt gelockten Enkidu. Wie weit, wie alt, wie abseits des Einfachen, des nur Normalen, wie raffiniert, wie luxussüchtig muß damals schon der Lebensstil gewesen sein. Jedenfalls war da in Sumer 3000 vor Christus nichts mehr «primitiv». Es ging längst nicht mehr um die nackte Existenz, um Essen, Trinken, Schlafen und Nachkommen.
Im Leben des Enkidu, dieses von Gilgamesch abgöttisch geliebten Freundes, vollzieht sich die gesamte Kulturgeschichte der Menschheit. Er wird aus dem Naturzustand, aus dem Dasein, in dem man noch die Sprache der Tiere und die Sprache der Wälder begreift, herausgerissen. Die Rolle der Verführerin spielt auch hier, wie später im Alten Testament, eine Frau. Langsam gewöhnt er sich an Kleidung, an den Gebrauch von Millionen Gegenständen, an das Leben in der Stadt.
Aber als er stirbt, verflucht er die Frau, die ihn aus dem Unwissen herausgeführt hat. «Die Straße wird dein Aufenthalt sein. Im Schatten der Mauer wirst du dein Bett machen. Die Betrunkenen wie die Nüchternen werden dir Backenstreiche versetzen.»
Gott Schamasch fragt vom Himmel her Enkidu, warum er die Frau verfluche, die ihn Brot zu essen lehrte und den Wein der Könige zu trinken, sie, die ihm prunkvolle Gewänder anlegte, sie, die ihm Gilgamesch als Freund schenkte. Und Gilgamesch verdanke er doch ein königliches Bett, ihm verdanke er, daß die Prinzen dieser Welt seine Füße küßten und daß das Volk von Uruk jetzt um ihn weint. «Wenn du tot sein wirst, wird Gilgamesch sein Haar lang wachsen lassen. Er wird ein Löwenfell tragen und durch die Wüste irren.» Als Enkidu, dieser erste Hiob der morgenländischen Religionen, Schamasch so sprechen hörte, nimmt er seinen Fluch zurück und prophezeit der Frau, daß Könige, Prinzen und Adlige sie lieben werden und daß sich Gold, Karneol und Lapislazuli vor ihr häufen sollen. Im Traum sieht er dann den Palast von Irkalla und die Königin der ewigen Nacht. Es ist das Haus, aus dem niemand je zurückkehrt. Dort sitzen die Völker in

Dunkelheit. Staub ist ihre Nahrung und Lehm ihr Fleisch. Sie tragen Flügel wie Vögel. Ihnen leuchtet kein Lichtstrahl. «Ich sah die Könige dieser Erde, wie sie ihre Kronen für ewig niederlegten.»
Es gibt keinen Zweifel, und die Orientalisten und Althistoriker erkennen es immer mehr, daß hier deutliche Vorstufen zu Homers Dichtungen bestehen.
Genauso trostlos schildert Achilles das Totenreich, als Odysseus ihn an der Schwelle des Hades am Acheron besucht. Es sind die herrlichen Verse des 10. Buches der Odyssee. «Oh, edler Odysseus, preise mir nicht den Tod. Ich würde lieber als Ochsenknecht einem armen Bauern dienen, dem fast nichts gehört, als über diese Toten zu herrschen, über dieses ganze ausgelöschte Volk.»
Die Klage des Gilgamesch über den Tod seines Freundes Enkidu ist an erschütternder Dramatik von keiner Dichtung seit Jahrtausenden bis heute übertroffen worden.
Und was hat das Christentum an dieser Auffassung vom Jenseits geändert? Dem Tod den Stachel zu nehmen, diese unendliche Trostlosigkeit aus dem Dasein der Menschheit zu entfernen, das ist das Größte an der abendländischen Kultur. Es ist das Geschenk des Christus.
Uruk wird im Gilgamesch-Epos «der große Markt» genannt. Es wird von mächtigen Mauern erzählt, die Gilgamesch erbaut hat. Man hat Reste einer fast zehn Kilometer langen Mauer gefunden. Es wird von Straßen erzählt und von «dem Turm». Man hat alles gefunden.
Die Archäologen haben den Tempeln sehr nüchterne Namen gegeben: Kalksteintempel, roter Tempel, die Tempel A, B, C und D. Stehst du vor dem größten der Tempel, so kannst du nur die sehr sorgfältig ausgegrabenen Grundrisse des Riesenbaues erkennen. Man stelle sich das einmal vor. Dieser erste Großtempel der Weltgeschichte mißt 80 mal 30 Meter! Ein größeres Heiligtum aus der Zeit um 3000 vor Christus kennt man nicht. Die Cheopspyramide wurde erst 500 Jahre später erbaut. Die innere Anlage des Tempels mit einem Mittelschiff, einem Querschiff, mit Narthex, Mittelapsis, Diakonikon und Prothesis entspricht 3500 Jahre vor den ersten christlichen Kathedralen verblüffend genau den Heiligtümern der Christenheit. Darauf hat der berühmte französische Archäologe Parrot schon vor Jahren ausdrücklich hingewiesen. Übrigens erkennt man es ganz deutlich – und es packt einen wieder unmittelbar. Die Nähe, die Gegenwärtigkeit, man möchte sagen, die *Gleichzeitigkeit* dieser Kathedralenbauer mit uns ist sichtbar und faszinierend. Fünftausend Jahre sind ein Nichts im millionenalten Leben der Menschheit.
Die Sumerer sind die Erfinder des Mosaiks. Sie setzten etwa fingerlange kegelförmige Tonstifte in die Lehmverkleidung der Mauern.

Die kreisrunden Köpfe dieser Stifte waren schwarz, weiß oder rot bemalt, und sie erzielten so farbige Muster, die an Geflechte erinnern. Heinrich Lenzen, der seit 1928 und im Augenblick die größte Stadt der ersten Hochkultur der Menschheit freilegt, führt uns durch die Heiligtümer und Paläste. Fünftausendjährige Treppen steigen wir hinauf und hinunter. Wir sehen Bäder, mit dem Tempel verbunden, die wohl kultischen Zwecken dienten, Doppeltöpfe, in denen Menschen bestattet wurden, fünftausend Jahre alte Toiletten. Auf das Zeichenpult des Archäologen draußen im Wind, wo Phase um Phase der Ausgrabungen festgelegt wird, peitscht der Wüstensand. Es ist ein phantastisches Reich, in dem Professor Lenzen herrscht, ein Reich, dessen König in seiner absolut fundierten wissenschaftlichen Welt dennoch in einer wiederauferstehenden Traum-Metropole lebt, der ersten Groß-Stadt der Geschichte. Es ist tägliches Leben mit faszinierender Vergangenheit. Es ist ein Geistertreffen mit Menschen, die ihre Grüße über Tausende von Jahren in der einzigen universalen Sprache zu uns hinüberreichen: in der Sprache der Kunst.
Hier im Eanna-Tempel wurde die berühmte Alabastervase gefunden, deren Reliefs erklären, wie man vor 5000 Jahren der Liebesgöttin Inanna opferte. Hier fanden die Ausgräber 200 Rollsiegel mit unvergleichlich feinen Darstellungen. Hier wurden Kultgefäße ausgegraben, Tausende von beschrifteten Tontafeln. Ja, hier fand Professor Lenzen während der Grabungen 1938/39 die schönste Plastik aus der Zeit des Aufbruchs der Menschheit zur Hochkultur, die berühmte «Dame von Warka». Es ist ein Frauenantlitz von weißem Marmor, eine Plastik unerklärlicher Schönheit, ein rätselhaftes Gesicht, das seine Lippen nur einen Augenblick geschlossen zu haben scheint. Es ist der wertvollste Fund der Warkagrabungen und zweifellos die schönste Großplastik aus so alter Zeit, die die Menschheit bis heute besitzt.
Die schöne Unbekannte von Warka ist 5200 Jahre alt, 1850 Jahre älter als die ägyptische Plastik der zarten Königin Nofretete. Was der namenlose Künstler vor über 5000 Jahren darstellen wollte, wissen wir nicht. Eine Priesterin, eine Königin, eine Göttin? Wahrscheinlich eine geheiligte Person, denn alle Kunst, fast alles, was hier in Uruk geschaffen, aufeinandergetürmt und in riesigen Ausmaßen gebaut wurde, diente den Göttern und dem Glauben. Es ist auch eine Steigerung zu so hohem Ernst und zu so großer Schönheit, wie sie die Dame von Warka offenbart, nur aus inbrünstigem Glauben denkbar.
Auch die Turmbauer waren nicht Ungläubige. Sie glaubten nicht an Jehova, aber sie glaubten an ihren Gott. Die Türme waren Hochtempel. Man nennt so einen «babylonischen Turm» *Zikkurat*, eine akkadische Bezeichnung.

Die Zikkurat von Uruk ist eines der vielen Vorbilder für den späteren Turm zu Babel. Es gibt in Uruk zwei solche Türme, aber der Turm – er wirkt heute wie eine Art Hügel –, auf dem sich der weiße Tempel befindet, ist eine Besonderheit. Denn nur auf diesem Turm sind Reste des obersten Tempelchens noch erhalten. Nur hier steht noch der Opferaltar. Man denkt unwillkürlich an Abraham und seinen Sohn Isaak und den «Berg», auf dem er geopfert werden sollte.
Alle Stufentürme sind aus sonnengebrannten Ziegeln gebaut. Die Bibelstelle, die vom Bau des babylonischen Turms erzählt, ist in einer viel späteren Zeit entstanden. Denn als dieser Teil der Genesis aufgezeichnet wurde, wurden Ziegel nicht mehr in der Sonne getrocknet, sondern gebrannt. Darum heißt es im 1. Buch Mose [Kap. 11,3]: «Wohlan, wir wollen Ziegelsteine formen *und hart brennen.*» Man sprach hier also von einem sehr alten Bauwerk und stellte sich eine technische Einzelheit – die Herstellung des Ziegels – bereits viel moderner vor. Weiter erzählt die Genesis: «Und der Ziegelstein diente ihnen als Baustein und das Erdpech diente ihnen als Mörtel.» Dieses Erdpech war Bitumen, also ein Teerprodukt, das als Binde- und Schutzmittel für die Ziegel überall in Mesopotamien verwendet wurde. Es war leicht zu erlangen. So bedeutet der Name des Ortes Qayara bei Mosul «Asphaltquelle» oder «Asphaltplatz». Es gab und gibt in diesen Gegenden viele solche «Quellen».
Die Zikkurats bestanden aus Terrassen, die nach oben hin immer kleiner wurden. Die Terrassen waren rechteckig oder quadratisch. Die Aufgänge waren meist dreiteilige Freitreppen. Auf dem Gipfel befand sich ein heiliger Raum. Am Fuß dieser Türme wurden die Tempel zur Aufnahme der Gottheit gebaut. Die Idee der Türme ist die Himmelstreppe, erbaut für die Götter oder für den Gott, damit er zu den Menschen heruntersteigen kann. Ich habe viele solche Türme im Zweistromland gesehen, Stein gewordene Zwiesprachen mit Gott.
Vor dem Turm zu Babel packt wohl jeden empfindsamen Menschen ein Gefühl großer Traurigkeit. Nichts ist mehr da als der viereckige Grundriß. Man hat dieses Gebäude, das nach dem ersten Buch Mose bis an den Himmel reichen sollte, damit sich seine Erbauer, wie es in der Bibel heißt, «einen Namen machten» [1. Mose, 11, 4], als Steinbruch benutzt. Über der Grundfläche – jede Seite war neunzig Meter lang – befand sich einst ein Sockel von 33 Meter Höhe. Darüber erhoben sich sechs weitere Stockwerke. Das oberste war ein mit blauglasierten Ziegeln verkleidetes Gemach, in dem der aus dem Himmel herabsteigende Gott die heilige Hochzeit mit einem Priestermädchen vollzog.
Um die niedrige Böschung, die jetzt die einstige Turmbasis umgibt,

zieht sich ein Wassergraben. Die Zikaden zirpen, Frösche quaken. Sonst ist es ganz still um den Turm. Und doch bleibt das Wort Gottes: «Sie werden nicht ablassen von allem, was sie sich vorgenommen haben zu tun.»
In Babylon sind noch die hohen, fast modern wirkenden Häuser erkennbar, die schluchtartigen schmalen Gassen, die Prozessionsstraßen. Man kann dort heute noch spazierengehen, zwischen dem alten Gemäuer. Man kann die Stelle erkennen, wo der große Palast Nebukadnezars II. lag mit dem Thronsaal. Hier bildeten die Hängenden Gärten eines der sieben Weltwunder der Antike.
Wir gehen durch einen großen Palmenhain. So helles Grün, so lichter, blauer Himmel, so sonnenfunkelnde, klare Luft, das alles wird auch vor 4000 Jahren Babylons Atmosphäre gewesen sein. Aber die Stille ist jetzt unauslotbar. Es ist sehr einsam am Flußarm des Euphrat, der vom großen Strom, der einst durch die Stadt floß, geblieben ist. Hier an dieser Stelle ließ Alexander sich auf einem Ruhebett zum Euphrat hinabtragen und auf ein Schiff bringen. Er befahl, zu den Gärten am jenseitigen Ufer zu fahren. Es war der Abend nach dem Tag, an dem er mit seinem Vertrauten Medios bis tief in die Nacht getrunken hatte. Alexander nahm am Ufer, das wir jetzt zu sehen meinen, ein Bad. Unter Fieberschauern brachte er die Nacht zum 31. Mai zu. Zehn Tage darauf, am 13. Juni des Jahres 323 vor Christus, war Asiens größter Feldherr tot. Im Spiel der Sonne, im Flimmern der gleitenden Wasserfläche glaubt man drüben die Gärten zu erkennen.
Alexanders Plan war es, Babylon, die Mitte zwischen den Völkern des Abendlandes und Morgenlandes, zur Hauptstadt seines riesigen Weltreiches zu machen. Er hatte begonnen, der Stadt ihren alten Glanz zu verleihen. Jetzt lag er aufgebahrt im Palast des Nebukadnezar. Kurz vor seinem Tode war das gesamte makedonische Heer Mann für Mann an seinem königlichen Bett vorbeidefiliert. Der Mann, der die ganze damalige Welt erobert hatte, konnte nicht mehr sprechen.
Wie einst Babylons Turm gewirkt haben muß, welch phantastische Suggestion von so einem künstlich aufgetürmten Ziegelsteinberg ausging, wie allein der Schatten eines solchen Riesenmonuments in der Wüste wirkt, das erkannten wir in Ur. Hier steht der Vorgänger des babylonischen Turms, der noch am besten erhalten ist. Hier steigst du Stufen und Stufen hinauf und blickst von der Höhe über die endlosen gelben Wüstenflächen. Ganz in der Ferne ein aufragender Schatten, ein ähnliches Monstrum. Das ist die Zikkurat von Eridu.
Sturm, Sand und Jahrtausende haben die Spitze des Gottesbaues groß und flächig gemacht. Hier weht ein Wind, ein heißer Wind, mit großer

Kraft, unter der alles versengenden Sonne. In Ur fanden wir Straßen und Häuser, ganze Hausviertel, noch deutlich erkennbar und gut erhalten. Es ist doch ein großer Augenblick, zwischen den Mauerresten zu stehen, von denen einige das Haus des Abraham oder seines Vaters Terah bildeten.

Es war schon Abend, als ich durch die Grüfte der Königsgräber ging, durch diesen Ort, in dem sich die märchenhafteste Bestattung der Weltgeschichte abspielte. Professor Leonard Woolley entdeckte an dieser Stelle einen königlichen Friedhof, den er in zehn Jahren ausgrub. Damit trat zum erstenmal die überwältigende Farbigkeit, der Glanz und die Anmut der sumerischen Kultur ans Tageslicht. Woolley legte 1850 Gräber frei. Durch die besondere Struktur und den großen Reichtum der Grabbeigaben zeichneten sich 16 Kammern aus. Es waren königliche Grüfte. In diesen Kammern hatten sich lebende Menschen mit ihren Herren und Herrinnen begraben lassen. Die Zahl der Menschenopfer schwankt zwischen sechs und achtzig. Deutlich erkannte man, daß immer nur ein Toter beerdigt worden war und daß die anderen lebendig in das Dunkel der Gruft gefolgt waren.

Vor Königin Shub-ads Muschelpuderdose habe ich lange Zeit über die Vergänglichkeit aller Schönheit nachgedacht. Ihr Täschchen aus blauem Malachit, ihre goldenen Nadeln, Ringe, Armbänder, Halsketten, die herrlichen Amulette in ihren bezaubernden Farben, das Diadem der Königin, das alles ist so einmalig, selbst heute noch. Kein Goldschmied unserer Zeit könnte solche Dinge auch nur erahnen. Ich glaube, hier in Ur waren die Menschen im festen Glauben an ein Leben nach dem Tod ins Grab gestiegen. In nächster Nähe ihres Gottfürsten oder ihrer Königin haben sie sich vor den Schrecken der ewigen Nacht überhaupt nicht gefürchtet.

Die Engländer haben in Ur ganz erstaunliche Dinge festgestellt. Der Prinz Mes-kalam-dug war 1,65 bis 1,67 Meter groß. Erscheint es nicht wie ein Wunder, daß man aus seinem Schädelbau schließen kann, daß er Linkshänder war? Und das nach 5000 Jahren! Königin Shub-ad war 40 Jahre alt. Dies wurde an einer Toten erkannt, die immerhin seit 5000 Jahren begraben ist.

Hier ruhte die Königin in der Tiefe. Ein paar hundert Meter entfernt ragte die Zikkurat von Ur hoch in den Himmel, und die Priester sorgten für die Verbindung des Mondgottes Nanna-Sin herunter zur Erde. Und wieder ein paar hundert Meter weiter lebte Abrahams Vater, vielleicht auch Abraham selbst. Zur selben Zeit wie die Königin Shub-ad? Es ist durchaus möglich.

Ich bin in die königlichen Gräber des Dungi und des Bur-Sin hinuntergegangen. Man muß außerordentlich tief hinabsteigen. Sicher, das

erkenne ich hier, so tief angelegte und so sorgsam durch Ziegelsteinwände geschützte Grabkammern haben ihre Toten gut geborgen und geschützt.
Aber den besten Schutz boten die eingestürzten Gräber, wie das der Königin Shub-ad, denn da kamen die Grabräuber wegen der riesigen Gesteinsmassen am schwersten heran.
Überdauern, ewig dasein, nie allein bleiben, auch im Tode nicht auf Gesellschaft verzichten – das war der Wille dieser künstlerisch hochbegabten Menschen. Hier hat ein Glaube geherrscht, der, von den Semiten weitergeleitet und erhöht, Grundlage wurde für alle abendländischen Religionen, ein Glaube wie nie zuvor.
Dieser Glaube hat Plastiken hervorgebracht, die mit erschütternder Inbrunst zu Gott suchen. In Uruk, im Dijala-Distrikt, in Nippur und unter anderen Stadthügeln fand man zahllose Figuren mit gefalteten Händen, Adoranten, die mit großen Augen in die Ewigkeit blicken. Diese meist stehenden Gestalten haben etwas ungemein Ergreifendes an sich. Sie sind wie angefüllt, wie aufgeladen mit Weihe und Religion. Sie sollten, aufgestellt in den Tempeln, das Gebet ihrer Stifter für alle Zeiten Gott entgegenbringen. Sie sind außerdem selbst Göttern ähnlich, entrückt der menschlichen Natur, abwesend vom Diesseits in der Inbrunst ihrer Kommunikation mit Gott. André Parrot sagt, die sumerische Statue sei Anbeter, Gott und Tempel zugleich.
Keine Kunst hat je so etwas wieder hervorgebracht. In ihrer Abkehr von der Natur, von dem, was das Auge täglich sieht, zu dem, was es nie sehen kann, sind sie der heutigen, der modernsten Kunst, ganz nahe verwandt. Die Vorstufen dieser Kunst offenbaren eine noch viel größere Neigung zum Abstrahieren. «Es kann nicht oft genug betont werden, daß die abstrakte Kunst von Anfang an da ist» [André Parrot]. Ja, die abstrakte Kunst ist sehr, sehr alt. Sie tritt in Tell Halaf auf, in Tell Brak, in Tello und Qalat Jarmo, wo sie, nach der Radioaktiv-Karbon-Methode datiert, bis 6750 vor Christus zurückreicht. Nichts wäre verkehrter, als diese oder die sumerische Kunst «primitiv» zu nennen. André Malraux hat gesagt, keine geschichtliche Kultur habe den Adoranten so nachdrücklich über das Menschliche erhoben. «Nie hat das menschliche Angesicht die Sprache wiedergefunden, die es in jenen Steinen fand.»
So erscheint das ganze untergegangene Altmesopotamien wie ein gewaltiges zum Himmel gerichtetes Gebet von unauslöschlicher Kraft und Wirkung. Es ist der Ursprung des betenden, des Kathedralen bauenden, des auf ein Leben nach dem Tode hoffenden Abendlandes.
Das sind auch die Gedanken, die man sich auf den zwei Hügelflächen macht, unter denen einst Ninive lag, am rechten Ufer des Tigris, der

modernen Stadt Mosul gegenüber. Man hatte im Laufe der Jahrtausende vergessen, wo man diese Stadt überhaupt suchen müßte, bis man die Mauerreste vor hundert Jahren wiederentdeckte. Nichts ist heute zu sehen. Alles ist wieder verwaist und zugeschüttet. Aber unter diesem Boden lagen Paläste und Tempel, lag die größte Bibliothek der vorgriechischen Menschheit, begründet von König Assurbanipal um 650 vor Christus. Mehr als 20 000 beschriebene Tontafeln fand man hier, darunter die schönste späte Fassung der Sintflutgeschichte. Assurbanipal war ein geradezu fanatischer Sammler alter Keilschrifttafeln. Aus Uruk, aus Nippur, aus allen zu seiner Zeit schon uralten geistigen Metropolen Mesopotamiens ließ er Tontafeln abholen – zum Vorteil der heutigen Museen und der heutigen Gelehrten, zum Studium und Entziffern noch für Jahrhunderte. Steht man jetzt auf dem Boden der einstigen Stadt Ninive, so erkennt man, wie riesig sie war. Unter diesem Boden ist der Prophet Jonah begraben, der drei Tage brauchte, um die mächtige Stadt zu durchwandern.

Das Leben ist wie ein Traum. Alle Vergangenheit ist in uns. Alles, was Hunderte und Tausende von Generationen vor uns erlebten, tragen wir unauslöschlich mit uns herum, auch wenn wir es nicht wissen. Die letzten 5000 oder 6000 Jahre, die wir «Geschichte» nennen, weil man mit der Aufzeichnung der Ereignisse seit dieser Zeit in Sumer begann, sind im Leben der Menschheit wie ein Tag.

Wie lange aber ist es her, seit der Mensch die Paradiese verließ? Ist nicht seine Vertreibung aus dem Garten Eden gleichbedeutend mit seiner Ausstoßung aus der Steinzeit? War das nicht das Ende seines unschuldigen Lebens als Sammler und Jäger?

Die Sumerer nahmen an, das Paradies habe in der Tiefebene Mesopotamiens gelegen, etwa in der Nähe des Persischen Golfes. Auch die Babylonier hielten diese Gegend für das Land der Anfänge und der Gottesgärten. Und die Tradition hält an Gurna fest, dem kleinen, stillen Ort, der dort liegt, wo Euphrat und Tigris zusammenfließen und den Schatt el Arab bilden.

Rührend ist es, das schmale Bäumchen zu sehen, das die Iraker eingepflanzt haben, wo der Baum der Versuchung einst gestanden haben soll. Es ist Gottes Geheimnis, warum es nicht recht gedeihen will. Aber Paradiese lagen hier wirklich. An grünen Hainen fahren wir vorbei, flußabwärts bis zum Persischen Golf, vorbei an Millionen Dattelpalmen in heißer, unauslotbarer Stille. So war es vor Tausenden von Jahren, so ist es heute.

Ja, dies war das sagenhafte Land «Dilmun», das Land der sumerischen Anfänge, das Paradies. Es ist ein Meer von Dattelpalmen, die alle Menschen mit Nahrung versorgten, aus deren Früchten man jahrtausende-

lang Brot, Wein, Essig, Honig und Kuchen machte. Ist es die Breite des sonnenglitzernden Flusses, ist es die Fruchtbarkeit, die überquellende Natur, der Atem der Landschaft?
Ich weiß es nicht. Aber ich spüre hier den Anhauch einer merkwürdig verklärten Welt. Ich fühle sie ganz deutlich, die Atmosphäre von Gottes Garten Eden.
Was ist das Geheimnis dieser ersten Hochkultur der Menschheit? Warum entstand sie in diesen von Sintfluten gepeinigten und doch paradiesischen Ländern am Euphrat und am Tigris?
Hier ist meine Antwort. Drei Dinge haben den Menschen der Steinzeit dazu verholfen, den unermeßlichen Schritt zur Hochkultur zu wagen. Es ist der erste künstlich hergestellte Stein, der Ziegel. Es ist der Asphalt, mit dem man den Stein schützen kann. Es ist vor allem das Feuer.
Gott nahm Lehm und machte den ersten Menschen. Und der Mensch nahm Lehm und machte den ersten Ziegel. Auch des Menschen erste Hochkultur entstand aus Lehm. Die Zikkurats, die Tempel, die Paläste sind ein einziger Hymnus auf die Erfindung des sonnengebrannten Lehmziegels.
Überall, wo du nahe herangehst, an die Mauern der babylonischen Türme, oder wenn du die Prozessionsstraßen betrachtest, überall erkennst du, daß das flüssige Bitumen – entstanden durch Verdunstung des Erdöls – verwendet wurde, dieses einzigartige Bindemittel von Stein zu Stein, dieser unvergängliche beste «Mörtel» der Jahrtausende.
Und das Feuer? Kirkuk ist die Offenbarung. Die Stadt liegt 250 Kilometer nördlich von Bagdad im Irak. An keinem Ort der Erde hat es das gegeben, ewige Feuer. Sie schießen aus dem Boden heraus. Man sagt im Irak, sie brennen seit etwa 7000 bis 10 000 Jahren. Aber vielleicht brennen sie schon seit Jahrmillionen. Man weiß es nicht genau.
Hier also, nur hier, stand den Menschen jederzeit das Feuer zur Verfügung. Hier gingen dem Menschen die Augen auf. Hier wurde er wissend. Hier, nur hier in Mesopotamien, ist der Baum der Versuchung denkbar. Und dies ist doch ein großes Rätsel, aber auch ein faszinierender Gedanke; wenn die Feuer, wie die irakische Tradition es annimmt, vor etwa 7000 bis 10 000 Jahren anfingen zu lodern, so fällt diese Zeit mit den Gründungen der ersten festen Wohnsitze zusammen. Kein Zufall also, daß in Qalat Jarmo, nur etwa 50 Kilometer östlich von Kirkuk in den kurdischen Hügeln, schon um 7000 vor Christus eine seßhafte Kultur erblühte. Auch die Ursprünge von Kirkuk, die man bis in das dritte vorchristliche Jahrtausend nachge-

wiesen hat, gehen vermutlich viel, viel weiter zurück. Überhaupt bilden die ältesten uns bekannten festen Siedlungen, Halaf, Hassuna, Muallafat zusammen mit Jarmo, eine Art Kranz – um die Feuer.
Es ist ein atemberaubendes Erlebnis, nachts vor den Toren von Kirkuk diese vielen lodernden Flammen zu sehen. Es hat sich hier aus dem Erdöl tief unter dem Boden Gas gebildet, das die Flammen nie ausgehen läßt. 43 Millionen Kubikmeter Gas fliegen täglich brennend in den Himmel. Das Feuer wirft tiefroten Schein in die Rauchwolken. Die ganze Landschaft glüht in roten Farben, Nacht für Nacht, Jahr um Jahr, ewig.
Wo immer du an diesem Ort die Erde nur ein wenig aufkratzt, mit einem Absatz oder mit der Hand, schießt eine Flamme empor. Du hinterläßt ein Andenken, das ewig am Leben bleibt. Denn dort, wo die Flamme einmal aus dem Boden getreten ist, geht sie nie wieder aus. Sie ist Ursache und Sinnbild aller Hochkultur auf dieser Erde. Es gibt nie wieder ein Zurück. Das ist es auch, warum man angesichts der verlorenen Paradiese weinen möchte.

Die Ausstrahlung des ägyptischen Geistes

«Der Weber in der Werkstatt ist schlimmer dran als ein Weib. Seine Schenkel sind an seinem Magen, und er atmet keine Luft. Er gibt dem Türhüter Brot, damit er ihn das Licht sehen läßt. Der Pfeilmacher ist schlimm dran, wenn er hinaufgeht in die Wüste. Der Wäscher wäscht auf dem Uferdamm in der Nachbarschaft der Krokodile. Das ist kein friedlicher Beruf. Siehe, es gibt keinen Beruf, der ohne einen Aufseher ist – ausgenommen der Schreiber, der befiehlt sich selbst.» – Aus den Sprüchen des Duauf, verfaßt, um seinen Sohn Pepi «in die Schule der Bücher zu setzen». Papyrus «Sallier 2» und «Anastasi 7» im British Museum.

Ägypten, dessen Kultur in unserer Vorstellung erstarrt und regungslos daliegt, galt immer als ein Land der Wunder und Rätsel. Weil die Menschen Ägyptens zwei oder drei Jahrtausende der Vorgeschichte näher standen als andere Völker, hielt man sie schon lange vor Christi Geburt für eigenartige, ungewöhnliche Wesen.

So erzählt uns Herodot um 450 vor Christus, Ägypten weise, verglichen mit der übrigen Welt, erstaunliche Werke auf. Alles sei dort umgekehrt wie bei anderen Völkern. Da gehen die Weiber auf den Markt und handeln, die Männer halten sich in den Häusern zurück und weben. Lasten tragen die Männer auf dem Kopf, die Weiber auf den Schultern. Ihre Notdurft verrichten die Ägypter in den Häusern, aber sie essen auf den Straßen, denn sie sagen, was unanständig, aber notwendig sei, müsse man im Verborgenen tun, was nicht unanständig sei, öffentlich.

Herodot wunderte sich darüber, daß es in Ägypten keine Priesterinnen, nur Priester gab, auch in den Tempeln weiblicher Gottheiten. Die Söhne waren nach seinen Feststellungen zur Erhaltung der Eltern nicht verpflichtet, wohl aber die Töchter, auch wenn sie nicht wollten. Sehr erstaunt war der Weltreisende, daß die Priester nicht wie sonst überall langes Haar trugen. Während in der damaligen Welt die Angehörigen bei Todesfällen ihr Haupt scherten, ließen die Ägypter ihr Haar gerade wachsen. Den Teig kneteten die Ägypter mit den Füßen, den Lehm mit den Händen. Die Männer hatten immer zwei Gewänder, die Weiber ein einziges. Geschrieben und gerechnet wurde bei den Hellenen von links nach rechts, bei den Ägyptern von recht nach links. Dabei, so bemerkt Herodot verwundert, seien die Ägypter noch überzeugt, sie allein hätten die logische Schreibweise erfunden.

Herodot war ein sehr geschickter Berichterstatter seiner Reiseeindrücke. So hat er manches seiner Bilder kraß den Gewohnheiten Griechenlands entgegengestellt. Man muß nicht alles nehmen, wie er es sagt. Die Ägypter waren eben ein Volk uralter Kultur, die Griechen erschienen dagegen wie Kinder. Als nach der Ionischen Wanderung im 13. und im 12. Jahrhundert vor Christus Griechenland kulturell mit Riesenschritten aufwärtsstieg, war seit Echnaton, seit 1358 vor Christus, Ägyptens innere Kraft bereits gebrochen. Die Formen erstarrten. Die Kulte wurden immer peinlicher und genauer eingehalten. Der geistige Gehalt der Tradition war zwar immer noch so stark, daß er Jahrhunderte später Nachblüten fand. Aber die eigentliche schöpferische Kraft war gebrochen.

Jedes Jahrhundert hat immer wieder die Berechtigung, in alte Kulturen und in die Geschichte hineinzuleuchten, denn dauernd ändert sich das Bild. Heute sehen wir Ägypten ganz anders als vor etwa fünfzig Jahren. *Die Ägypter werden uns immer ähnlicher.* Ihre Sprache, ihre Religion, ihr Staat, alles hat sich so entwickelt wie bei uns nahestehenden Völkern.

Die Welt war vor 5000 Jahren im Grunde nicht sehr anders als in unserer Zeit. Was wir viel unzureichender begreifen, als es die Ägypter einst erkannten, ist die Tatsache, daß doch ewige Gesetze herrschen und immer herrschten, mit gleicher Härte und mit gleicher Unausweichlichkeit, damals wie heute. Alle Erfindungen, alle Entdeckungen, alle sogenannten Fortschritte ändern nichts daran, daß im Grunde das Leben der Menschen sehr gleich geblieben ist und daß Aufblühen und Sterben der Kulturen sehr ähnlich verlaufen.

Wie nah und verwandt uns der Tageslauf der Ägypter nach den neuesten Forschungen geworden ist, das kann man heute viel leichter als noch vor wenigen Jahrzehnten beweisen, denn es haben sich immer neue Tempel und Gräber geöffnet; die Inschriften und Bilder, die Papyrusrollen, die alten Bibliotheken, die Archive, die Gegenstände des Gebrauchs, das alles ist jetzt unermeßlich reich vorhanden.

Was Ägypten der Menschheit hinterließ, ist so gewaltig, daß kein Katalog, kein Buch, kein vielbändiges Werk es aufzählen könnte. Schmiedehandwerk, Architektur, die Säule, die monumentale Steinbaukunst, Wagen- und Schiffsbau, Sarkophage und Bestattungsbräuche, Mönchstum, große Teile der religiösen Vorstellungen des Abendlandes, Klosterwesen, Schule, Staatsorganisation, die vom Römischen Reich übernommen wurde, Beamtenwesen, die Erfindung von Glas, Kalender und Uhr, Geometrie, die feinsten Kleider, die die Welt je sah, Schmuck, Möbel und Häuser, Post, Astronomie, Medizin: alles das schenkte der geniale Erfindergeist am Nil freigebig wie eine große

Mutter an die Kulturen der Menschheit, aus dem Sterben noch mit lässiger Gleichmut, ohne uns je wieder daran zu erinnern.
Ausgebreitet mit ihren roten, heißen Ruinen, übersehbar wie keine andere Hochkultur im Ablauf ihres Lebens, Spiegelbild der Entfaltung der Menschheit überhaupt, liegt die grandiose Leistung Ägyptens nun vor uns. Und mit demselben ehrfürchtigen Staunen, das einst den Gelehrten von Halikarnassos befiel, richten wir unsere Augen nach über 2000 Jahren auf die gleichen Wunder, die schon Herodot erregten. Was trennt uns von dem Mann, der zur Zeit des größen Aufleuchtens griechischer Kunst den Zusammenhang aller Kulturvölker erkannte? Zeitlich nur der Sekundenhauch der Weltuhr, gefühlsmäßig und in unserem Erlebnis Ägyptens nichts.
«Jetzt komme ich weitläufig auf Ägypten zu sprechen», schrieb Herodot um 450 vor Christus, «weil es viel mehr Wunder enthält als jedes andere Land und weil es außerordentliche Werke aufweist.» Außer der Sonnenuhr, die in den Prophezeiungen des Nfrtj zum erstenmal erwähnt wird, hatten die Ägypter eine Wasseruhr erfunden. Das Wasser tropfte durch Löcher aus einem Gefäß. Der fallende Wasserspiegel gab die Zeit an. Der Erfinder dieser Uhr, ein gewisser Amenemhet, lebte unter dem Pharao Amenophis I. um 1520 vor Christus und ist uns durch sein Grab in Theben-West bekannt.
In der Bewässerungstechnik, vor allem im Auffangen des Überschwemmungswassers des Nil in Kanälen und in den Versuchen, Wasser auch auf höher gelegenes Land zu heben, haben die Ägypter Vorbildliches für die ganze Erde geleistet. Was die Zeit des zweiten Ramses in Architektur und Bauplastik bewältigte, war trotz einer kulturell schon unsicheren Epoche noch so gewaltig, daß keine Vorstellung an die Wirklichkeit heranreicht.
Wie die Ägypter den eisenharten Diorit bearbeiteten, ist bis heute ein Geheimnis geblieben. Die Steingefäße schon der Vor-Pyramiden-Zeit Ägyptens sind von einer Vollkommenheit, die keine Kultur wieder erreichte. Für den Schiffsbau gab es eigene Werften schon im alten Reich. Die Hauptwerft des neuen Reiches scheint bei Memphis gelegen zu haben. Wir besitzen Abrechnungen dieser Werft. Das Bett, der Sessel, der Klappstuhl, der Tisch, Truhen, Sänften, Schreine, Baldachine – all das trat seinen Siegeszug nach Europa an. Phönizier, Syrer und Juden, Kreter, Griechen und Römer reichten Ägyptens Kulturerrungenschaften nach Norden, Westen und Osten weiter.
Die Möbel aus dem Grab der Königin Hetepheres aus der 4. Dynastie waren in ihrer gediegenen Vornehmheit zu allen Zeiten sehenswert und sind es noch – im Kairo-Museum – bis auf den heutigen Tag. Auch die Stücke aus der 18. Dynastie, aus der Schatzkammer des Tut-

anchamun, können seit 3300 Jahren nicht feiner hergestellt werden. In dem ungestörten Grab der bejahrten Schwiegereltern Amenophis' III., Juja und Tuja, zeugten die Särge und Möbel von so edlem Handwerk und erlesenem Geschmack, daß man bei der Entdeckung zum erstenmal in unberührter Vollständigkeit Gegenstände sah, die den Geist einer der leistungsfähigsten Epochen der Menschheit bestürzend nah offenbarten. Die Mumien des ehrwürdigen Paares waren so kunstvoll balsamiert, daß man wie vor Sterbebetten stand!
Was dieses doch kleine Volk an einem trägen Fluß ersann und vollbrachte, das wird in der Kulturgeschichte der Menschheit in dieser Höhe nie wieder erreicht werden. Dabei ist fast alles auf teils verschollenen Pfaden, auf endlosen Wegen, nur wenige sichtbare Spuren hinterlassend, doch in den Tagesgebrauch, in das tägliche Denken und in die Religionen der Menschheit von Ost und West lautlos eingedrungen und unbewußt aufgenommen worden. Die Ägyptologin Emma Brunner-Traut hat ganz recht, wenn sie sagt, wir nehmen kaum einen Gegenstand in die Hand oder denken einen Gedanken, der nicht am Nil vorgeformt wäre.
Die Ausstrahlung des ägyptischen Geistes in den Nahen Orient und über das ganze Abendland hat selten eine zusammenhängende Schilderung gefunden. Man beginnt erst in neuester Zeit, den Reichtum der Beziehungen ins rechte Licht zu rücken.
Die Literatur des Abendlandes greift mit unzähligen Wurzeln in die Weisheits- und Erziehungslehren Altägyptens, in die ägyptische Dichtung, das ägyptische Märchen, in die religiöse Literatur und in die Totentexte, die Spruchsammlungen der Pyramiden des späteren alten Reiches. Die großartige, reiche Fabelsammlung der Ägypter bildet den Grundstock fast aller Fabeln der westlichen Welt. Und allüberall ist die Nähe zu den menschlichen Fragen spürbar, die uns seit jeher und noch heute bewegen.
Die fast unbegreifliche Dauer des einmal geformten ägyptischen Lebens, das Weiterbestehen geprägter Formen durch Jahrtausende, diese scheinbare Starre des konservativsten Volkes, das je auf dieser Erde lebte, hat dazu geführt, daß man jahrhundertelang Ägypten fest gefügt, in sich ruhend, für eine ganz europafremde Kulturerscheinung hielt. Man gab sich keine Mühe, die mannigfachen Einwirkungen des ägyptischen Geistes auf Europa aufzudecken. Tatsächlich war die Wirkung Ägyptens auf die Nachbarländer und auf alle Kulturen des Mittelmeeres enorm. Auch das Hinfinden ägyptischen Denkens in große zeitliche Fernen ist sehr imponierend.
Wer die Sprüche des Amenemope gelesen hat, kann ermessen, wie erstaunlich nah unserem Denken diese Weisheitsliteratur der Ägypter

steht und wie sehr die Gedanken und Ratschläge den Sprüchen des Alten Testamentes entsprechen. Der Berliner Ägyptologe Georg Adolf Erman nannte sie geradezu «eine ägyptische Quelle der Sprüche Salomos». Amenemope, Sohn des Kanacht, war ein hoher ägyptischer Beamter in Panopolis, dem heutigen Achmim, Oberägypten. Seine Lehre, eingeteilt in dreißig Kapitel, ist an seinen jüngsten Sohn gerichtet, der Priester im Tempel des Min war. Der Text steht auf dem Papyrus 10 474 im British Museum und stammt aus der Zeit um 1000 vor Christus.

«Gib mir deine Ohren», heißt es da, «und höre, was ich sage, und richte dein Herz darauf, es zu verstehen.» Das erinnert unmittelbar an den Anfang des dritten Kapitels der Sprüche im Alten Testament: «Mein Sohn, vergiß meine Lehre nicht, und dein Herz beachte meine Weisungen.»

«Hüte dich, einen Elenden zu berauben und stark zu sein gegen einen Schwachen», lehrt der Weise aus Oberägypten. «Der Mensch ist Lehm und Stroh. Der Gott ist sein Maurer. Er zerstört und er baut täglich. Er macht tausend Geringe nach seinem Belieben. Er macht auch tausend Menschen zu Aufsehern.»

Im 21. Kapitel der Sprüche Salomos heißt es: «Wer seinen Mund und seine Zunge hütet, bewahrt sein Leben vor Drangsalen.» Und Amenemope: «Etwas anderes, das gut ist im Herzen Gottes: sich Zeit nehmen vor dem Reden. Der wahre Schweigende, wenn er sich auf die Seite stellt, der ist wie ein Baum, der in einem Garten wächst. Er blüht und verdoppelt seine Ernte.«

Der Ägypter warnt auch vor übler Nachrede: «Mach deine Zunge heil gegen böse Reden, so daß du bei den anderen beliebt bist.» Sehr praktisch erscheint uns sein Ratschlag: «Nimm Lohn von dem, der etwas besitzt, und verschone den, der nichts hat.» «Schirre keinen Zank an mit dem Hitzigen und stich ihn nicht mit Worten.» Kurz, aber viel Weisheit enthaltend, ist der glänzend geprägte Satz: «Nimm dir Zeit vor dem Gegner.» Und wie tröstend erscheint doch der Zuspruch, der uns aus einer 3000 Jahre zurückliegenden Zeit zugeflüstert wird: «Geh nicht schlafen, indem du dich vor dem Morgen fürchtest.»

König Snofru lebte um 2950 vor Christus. In seinem Palast nahm er täglich die Berichte seiner höchsten Beamten entgegen. Sie hatten ihn gerade verlassen, da ließ der König sie zurückrufen. Sie sollten ihm jemand nennen, der ihm die Zeit vertreiben könne. Sogleich wurde der Vorlesepriester Nefer-rehu vor den König geführt. Der König befahl dem Priester, «schöne Worte zu sagen und auserlesene Sprüche», denn «das Antlitz meiner Majestät soll froh beim Anhören werden». Der Weise Nefer-rehu erkundigte sich, ob er von Vergan-

genem sprechen solle oder von der Zukunft. König Snofru interessierte sich für die Zukunft. Die Majestät persönlich schrieb dann auf eine Papyrusrolle nieder, was Nefer-rehu sagte.
Die Prophezeiung war düster, aber von großartiger Schönheit. Daß der Mensch von den langsam heraufdämmernden Katastrophen ganz unmerklich gepackt wird, sagt dieser schöne Satz: «Die Sonne entfernt sich von den Menschen. Wenn sie leuchtet, so ist es nur eine Stunde. Man merkt nicht, wenn es Mittag wird. Man erkennt seinen Schatten nicht. Die Gesichter werden nicht geblendet, wenn man sie ansieht. Die Augen werden nicht feucht von Wasser. Sie ist am Himmel wie der Mond. Ich zeige dir das Land in Verwirrung.»

«Komm, wollen wir uns niederlegen»

«Da sagte sie: Du hast große Kraft in dir! Ich sehe ja täglich deine Stärke; und sie wünschte ihn zu erkennen, wie man einen Jüngling erkennt. Sie stand auf, ergriff ihn und sagte zu ihm: Komm, wollen wir uns eine Stunde niederlegen, das ist gut für dich. Ich will dir schöne Kleider machen.» – Aus dem «Papyrus Orbiney» der 19. Dynastie nach einer Übersetzung von Erman.

Die Strahlkraft Ägyptens auf das Alte wie auf das Neue Testament und damit auf das gesamte westliche Denken kann an unzähligen Beispielen nachgewiesen werden. Sie reicht bis in die Organisation und den Kult der christlichen Kirche. Die jüdische Gottesanschauung, so geschichtsmächtig sie auch ist, kommt nicht aus formlosem Raum.
Der Aufenthalt der Israeliten in Ägypten während einer Zeit von vermutlich 430 Jahren hatte sehr nachhaltige Auswirkungen auf ihr Denken, auf ihre Religion, auf ihren ganzen Lebensstil. Um 1720 vor Christus wanderten die ersten Gruppen von Hebräern nach Ägypten. Um 1290, als sie unter Moses aus Ägypten flohen, war in ihnen zum erstenmal der Geist einer Nation erwacht.

Immer, wenn auf die schon ausgedörrten Gebiete Palästinas ein besonders trockener Sommer herniederbrannte, mußten die Israeliten ihre Weideplätze und ihre Wohnstätten verlassen, suchten sie ihren Hunger zu stillen, ihren Durst zu löschen, ihre Herden am Leben zu erhalten durch eine Wanderung nach Ägypten. Denn hier hatten die großartigen Architekten und Flußfachleute das Wasser ihrer Lebensader, des Nils, während der Überflutungen rechtzeitig in Kanäle geleitet. Hier lagen die blühenden Kornfelder, hier wußte man auch für Zeiten der Wasserarmut und der Not vorzusorgen. Ein Kernstück der Josephsgeschichte ist der Aufbruch der Israeliten nach Ägypten, weil Hungersnot über das Land Kanaan gekommen war. Von der Zeit des Joseph bis zum Exodus liegt das Schicksal des israelitischen Volkes ganz im Nildelta.

Der dramatische Konflikt zwischen Joseph und seinen Brüdern, das Leben des Joseph im fremden Land am Hof des Pharaos, die erschütternde Gestalt des alten Jakob, diese so einfachen und doch gewaltigen Themen kommen im ersten Buch Mose aus einer einsamen Höhe, die in der gesamten Weltliteratur nicht wieder erreicht wurde.

Der Haß der Brüder des Joseph wird dadurch entfacht, daß der Vater diesen Sohn bevorzugt, und dadurch, daß Joseph seine Träume erzählt. Beide Motive sind sehr lebenswahr. Joseph hat von seinem Vater ein Gewand als Geschenk erhalten, ein königliches Kleidungsstück, einen Umhang mit Ärmeln, in dem man jedenfalls nicht arbeitete. Gegen diesen verwöhnten, bevorzugten Joseph, der dem Vater im Alter geboren wurde und den er lieber hat als die anderen Söhne, hegen die Brüder ungute Gedanken. Sie können sein freundliches Reden nicht ertragen.

Was sind die Träume des Joseph?

Man nahm Träume – und man nimmt sie noch heute – im Orient als Wirklichkeit. Sie sind außerdem von Gott gesandte Offenbarungen, also sehr ernst zu nehmen. So sind auch die Träume des Joseph stumme Bilder, die der Erzähler für von Gott gegebene Weisungen hält. Sie wirken aber aus dem Mund Josephs auch wie die Gedanken eines hoffärtigen Herzens. «Du willst wohl König über uns werden und über uns herrschen!» Das ist die Antwort der Brüder, und der Vater schilt ihn. «Was soll das für ein Traum sein, den du da gehabt hast? Sollen ich und deine Mutter und deine Brüder kommen, um uns vor dir bis zur Erde zu verneigen?»

Es liegt nämlich ein tiefes Geheimnis in der Furcht vor solchen *erzählten* Träumen. Es ist das Wissen von der Unwiderruflichkeit weissagender Träume. Der Haß der Brüder wird darum so gefährlich, weil die Weissagung im Schlaf, an die die Menschen fest glaubten, Kraft gewann, sobald der Traum erzählt war. Wundert man sich, daß die Brüder Joseph töten wollten? Über ihnen hing nun der Traum wie ein Schicksal. Er mußte eines Tages Wirklichkeit werden. Die im Traum enthaltene Sache, die dahinter stehende göttliche Macht, die Unausweichlichkeit, das alles war ihnen unerträglich.

«Seht, da kommt ja dieser Träumer her. Wir wollen ihn töten und ihn in eine der Zisternen werfen.» Der älteste, der besonnenste unter den Brüdern, Ruben, will Joseph retten. Auch Judas ist der Ansicht, man dürfe ihm nicht das Leben nehmen. Denn mit direktem Blutvergießen würde man sich eine zu große Schuld aufladen. Joseph wird in die Zisterne geworfen. Dann setzen sich die Brüder nieder, um zu essen. Wieder sucht Judas eine Wendung herbeizuführen. Als eine Handelskarawane gesichtet wird, beschließen die Brüder, Joseph zu verkaufen. Zwanzig Silberschekel war der angemessene Preis für einen Menschen. Joseph wird von der Karawane nach Ägypten gebracht, Midianiter verkaufen ihn an Potiphar. Potiphar ist ein vornehmer ägyptischer Staatsbeamter.

Bald genießt Joseph als Sklave im Haus eine Vertrauensstellung ersten Ranges. Sein Herr macht ihn zum Verwalter all seines Besitzes. Joseph

war klug, gefällig, bescheiden, tüchtig. Schön war er auch, alles in allem «ein Mann, mit dem Jahwe ist». Er entsprach dem Erziehungs- und Bildungsideal vornehmer Stände. Wir wissen, daß rund 1400 Jahre später ein anderer als Sklave verkauft wird, an einen reichen Griechen, und daß er durch seine große Weisheit zum Leiter des ganzen Hauswesens seines Herrn wird: Diogenes.
Das Weib des Potiphar hatte «ihr Auge auf Joseph geworfen». Die Versuchungsgeschichte ist von großer Spannung und zeigt, daß der Autor oder die Autoren vor rund 3000 Jahren die Menschen außerordentlich fein zu beobachten verstanden. In dem Augenblick, als bei der Frau des Potiphar die Begierde in Haß umschlägt, handelt sie sehr geistesgegenwärtig. Alles ist hier realistisch geschildert. Die Abgründe der menschlichen Psyche sind hier messerscharf erfaßt. Die Lage der Frau ist nach der Weigerung des Joseph, sich verführen zu lassen, und nach seiner Flucht äußerst kritisch geworden. Sie sucht sich zu retten, indem sie das zurückgelassene Gewand jetzt als Anklage gegen Joseph verwendet: «Als er hörte, daß ich ein lautes Geschrei erhob, ließ er sein Gewand neben mir liegen, floh und entkam nach draußen.»
Die Frau hat die Wahrheit völlig entstellt. Was sie tatsächlich wollte, das wirft sie jetzt dem Joseph vor. Sie versucht, sich beim Hausgesinde Zeugen zu verschaffen. Sie schildert so die Sache dem heimgekehrten Mann.
Daß Potiphar Joseph nur ins Gefängnis werfen läßt, daß er ihn nicht tötet, darüber haben sich schon alle Generationen gewundert, die die Josephsgeschichte auslegten. Man hat tausend Begründungen für die Mäßigung des Potiphar vorgebracht.
Daß er wohl nicht ganz ahnungslos war, daß er der Erzählung seines Weibes nicht traute, könnte man aus der Darstellung insofern entnehmen, als Joseph bei dem Oberaufseher des Gefängnisses sogleich Vertrauen findet. Der Oberaufseher hätte Joseph sicherlich nicht gegen den Willen des Potiphar begünstigt. Potiphar hielt die Schuld Josephs nicht für erwiesen.
Aber alles Deuten ist hier überflüssig. Joseph hatte so etwas wie Glück, *verdientes* Glück. Das erste Buch Mose sagt alles mit den Worten «Jahwe war mit ihm». Hier ist keineswegs naive Theologie am Werk. Im Gegenteil, es wird die ganze Vielfalt tatsächlichen Lebens geschildert. Joseph gerät immer wieder in außerordentlich große Gefahr, in der Zisterne, als Sklave auf dem Marsch mit der Karawane und nun durch die falsche Beschuldigung. Dennoch bleibt er am Leben, und die Pforten der Zukunft sind für ihn weit geöffnet, nach allen Richtungen.

Immer wieder sind es Traumdeutungen, die Josephs Schicksal entscheidend verändern, die Auslegung des Traumes des Mundschenks, die Deutung des Traumgesichts des Bäckers.
Der Pharao läßt Joseph rufen. Alle Wahrsager Ägyptens und alle Weisen haben vor dem Traumgesicht der Kühe und der Ähren versagt. Traumdeutung war eine Wissenschaft. Es waren hier also die Männer ratlos, die die Technik der Traumdeutung erlernt hatten.
Joseph deutet die Träume des Pharaos von den sieben wohlgenährten und sieben mageren Kühen und von den sieben vollen und sieben vertrockneten Ähren. Die Kühnheit und Sicherheit, mit der Joseph seiner Deutung einen Rat anschloß und ein Programm entwarf, überzeugte den Pharao, daß er einen Mann mit ungewöhnlichen Talenten vor sich hatte. «Nach deinem Munde soll sich mein ganzes Volk richten. Nur um den Thron will ich größer sein als du. Siehe, ich stelle dich über das ganze Land Ägypten.»
Joseph wurde also der zweite Mann nach dem König, der «Wezir». Er erhielt einen ägyptischen Namen und durfte die Tochter des Oberpriesters von On heiraten. On wurde später von den Griechen Heliopolis genannt. – Eine genauso einflußreiche Stellung bekleidete in Ägypten ein gewisser Janchamu, auch wohl semitischer Herkunft, unter Pharao Amenophis IV. um 1360 vor Christus. Wir wissen das aus den Amarna-Briefen.
Wie ähnlich der ägyptische Mythos und die Erzählung des Pentateuch sein können, zeigt eine Parallele der Versuchungsgeschichte in der ägyptischen Literatur. Es ist das Märchen von den zwei Brüdern, dessen Motiv einen Siegeslauf um die Erde gemacht hat. Die Geschichte ist uns auf einem Papyrus im Britischen Museum erhalten, bekannt unter dem Namen «Papyrus Orbiney».
Die Brüder Anubis und Bata leben zusammen in einem Haus. Die Frau des älteren Bruders will den jüngeren Bata, der im Hause dient, verführen. Es gelingt ihr aber nicht. Als Anubis heimkehrt, beklagt sie sich über ihren Schwager. «Er sagte zu mir: Komm, wollen wir uns eine Stunde niederlegen. Aber ich hörte nicht auf ihn. Ist dein älterer Bruder nicht wie ein Vater zu dir? sagte ich. Da fürchtete er sich und schlug mich, damit ich es dir nicht mitteilen sollte.»
Die Frau hat ihre gefährliche Verleumdung vorgetragen. Sie, der es nicht gelang, den jungen Bruder zu verführen, will nun die Absicht und die Schuld gerade ihm, dem Bata, zuschieben. Aber Bata überzeugt schließlich den Anubis. «Da wurde sein älterer Bruder wild wie ein Leopard. Er schärfte seinen Speer und nahm ihn in die Hand.» Das Märchen endet damit, daß die Frau von Anubis getötet wird, ja, er wirft sie den Hunden vor.

Die Ähnlichkeit der Josephsgeschichte mit dem ägyptischen Mythos des Anubis und Bata fällt auf, aber wie hängen die beiden Erzählungen zusammen? Das Manuskript, das uns die ägyptische Geschichte überliefert, kann auf Grund der Sprache und Orthographie genau datiert werden. Es wurde 1225 vor Christus verfaßt. Der Inhalt der Erzählung aber läßt vermuten, daß sie viel älter ist und daß sie eine lange Entwicklung durchmachte, ehe sie schriftlich niedergelegt wurde. Darum nehmen die meisten Gelehrten an, daß die Joseph-Begebenheit teilweise oder ganz von dem ägyptischen Vorbild abhängt.

Unter welchem Pharao Joseph nach Ägypten kam, wissen wir nicht. Nimmt man an, daß die Israeliten 430 Jahre in Ägypten geblieben sind, so muß Joseph etwa 1720 vor Christus gekommen sein, 20 Jahre vor seinem Vater Jakob. Wie sehr die Israeliten schon zur Zeit des Joseph in das Leben Ägyptens hineingewachsen waren, erkennt man an der Bestattung des Jakob vor seiner Überführung nach Kanaan [1. Mose, 50, 2]. Joseph befiehlt den Ärzten, seinen Vater einzubalsamieren. Die Prozedur dauert nach Aussage des ersten Buches Mose vierzig Tage. Auch Joseph wurde balsamiert [1. Mose, 50, 26], «und er wurde in Ägypten in einen Sarg gelegt». Joseph, der seiner äußeren Stellung nach ganz Ägypter geworden war, wollte seine bleibende Ruhestätte dennoch in Kanaan finden. Aber der Schrein, in den Josephs Leichnam gelegt wurde, war wohl ein ägyptischer Mumienschrein.

Man hat die Niederlassung Josephs und seiner Familie in Ägypten mit der Fremdherrschaft der Hyksos in Zusammenhang gebracht, die um 1710 aus Asien über die Sinai-Halbinsel nach Ägypten einbrachen und es 130 Jahre lang, bis 1580 vor Christus, beherrschten. Die Hyksos, diese «Herrscher der Fremdländer», waren asiatische Häuptlinge, Hirtenkönige, deren genaue Herkunft noch ungeklärt ist. Vielleicht wurde Ägypten von ihnen nicht «mit Gewalt und ohne Schlacht» genommen, wie der ägyptische Historiker Manetho um 275 vor Christus angibt, sondern langsam unterwandert. Denn die zweite Blüte Ägyptens, das Mittlere Reich, war nach gewaltigen Leistungen auf allen Gebieten ins Welken und Sterben geraten. Einige Namen der neuen Hirtenkönige, Salitis, Apophis, Chian, können zum Teil semitisch erklärt werden. Einer ihrer Herrscher hieß Jacob-her oder Jacob-el. Es ist möglich, daß die anstürmenden asiatischen Völkerschaften auch hebräische Stämme ins Niltal führten und Josephs phantastischer Aufstieg damit in Zusammenhang steht.

Die Tatsache jedenfalls, daß ein Hebräer am ägyptischen Hof zu so großer Macht gelangte, war vielleicht durch die Hyksos-Herrschaft möglich geworden. Die wohlwollende Duldung der israelitischen Einwanderer durch die Hyksos geht auch daraus hervor, daß sich die Hebräer in Goshen, im Nildelta, niederließen, in der gleichen Gegend, in der die Hyksos ihre neue Hauptstadt Avaris, das spätere Tanis, gründeten. Albright weist auch auf kanaanäische Ortsnamen dort hin, Sukkoth, Baalzefon, Migdal, Zilo.

Josephus, der jüdische Historiker aus dem ersten Jahrhundert nach Christus, zitiert den Ägypter Manetho, dem zufolge eine große Zahl der Hyksos von Avaris nach Kanaan gewandert sei und dort Jerusalem erbaut habe. Manetho spricht von 240 000 Menschen.

Als die Hyksos aus Ägypten vertrieben waren, begann für die Hebräer eine Zeit schwersten Schicksals. Vielleicht hatten sich die Hebräer und Hyksos freundschaftlich verbündet. Nun, da die unbeliebten Hyksos vertrieben waren, wurden alle Fremden und mit ihnen nach und nach auch die Hebräer versklavt. Der König, der von Joseph nichts mehr wußte und die Israeliten bedrückte, muß – nach Albright – wohl ein Pharao des Neuen Reiches gewesen sein, ein König, der nach der Vertreibung der verhaßten Asiaten aus Ägypten nun die Herrschaft fest in der Hand hatte.

Ägyptens Erziehung, Ägyptens militärische Wissenschaft, Ägyptens Weisheit, das alles hat auch den Charakter des Moses wesentlich mitgeformt. Er war am ägyptischen Hof erzogen worden und, wie die Apostelgeschichte sagt, «in aller Weisheit der Ägypter unterrichtet und mächtig in seinen Worten und Taten.»

Als die Kinder Israels Ägypten verließen, zog eine gemischte Menge mit ihnen, «viel zusammengelaufenes Volk», wie wir aus Exodus [12,38] wissen. Das waren kleine semitische Stämme, Ägypter, die sich mit Israeliten verschwägert hatten, Sklaven, die sich endlich vom Joch der Zwangsarbeit befreien wollten. Tausende von Fremden arbeiteten im ägyptischen Staat. Sie waren durch die militärischen Eroberungen des Amenhotep II. in Syrien und Palästina gefangengenommen worden, darunter auch 3600 Habiru, und führten am Nil ein hartes Sklavendasein. Viele von ihnen werden sich Moses angeschlossen haben, um die Freiheit zu gewinnen. Auch mit ihnen drang ein lebendiger Strom ägyptischer Sitten und ägyptischen Lebens in die östlichen Mittelmeerländer.

Als die ägyptische Religion schon im Sterben lag, strahlte sie noch ihre letzte Kraft bis in ferne Länder aus. Die Kenntnis von den Göttern Isis und Osiris wurde von Schiffern und Händlern in viele Hafenorte des Mittelmeeres getragen. In Piräus, auf Rhodos, Lesbos und Thera, in Smyrna, auf der heiligen Insel Delos, überall wurden Serapis und Isis verehrt.

Wer sich mit den Königen Ägyptens gut stellen wollte, errichtete im eigenen Land ihren Göttern ein Heiligtum. So nahm die Politik die

Götter an die Hand und führte sie nach Zypern und Sizilien, nach Antiochia und Athen. Weiter drangen die Götter nach Westen vor, nach Unteritalien und Rom. Zur Zeit des Sulla gab es in Rom eine ägyptische Gemeinde. Es herrschte hier eine tiefe Sehnsucht nach dem Übersinnlichen, etwas, das wir heute wieder in Europa und Amerika feststellen. Wo die alte, überlieferte Religion an Glaubenskraft einbüßt, sucht man sein Heil in der Astrologie, im Spiritismus, in Geheimwissenschaften und allen möglichen Wunderlehren.
In Rom wurden viele Tausende von Menschen vom neuen Glauben erfaßt. Es entstand eine starke religiöse Bewegung. Der Staat sah schließlich in der Verehrung der ägyptischen Götter eine wirkliche Gefahr. In den Jahren 59 bis 48 vor Christus wurden Isis-Schreine fünfmal zerstört. Augustus mußte sie in der Stadt verbieten. Man erkennt, wie zugänglich Rom damals schon einer neuen übersinnlichen Philosophie war und welche große Chance sich etwas später dem Christentum bieten mußte.
Vielleicht waren die Götter Ägyptens auch an der Ermordung des Caesar beteiligt, denn das stadtbekannte Verhältnis Caesars zu Kleopatra noch kurz vor seinem Tode trug mit zum versteckten Unwillen der Bevölkerung gegen den weltmächtigen Diktator bei. Der ägyptische Kultus stand im Rufe der Unsittlichkeit. In religiöser Schwärmerei folgte so mancher Gläubige dunklen Trieben der Natur. Tiberius ließ nach einigen skandalösen Vorfällen im Jahre 19 nach Christus die Priester des Isis-Glaubens kreuzigen, ihre Tempel wurden zerstört, die Göttin flog in den Tiber.
Dennoch wurden später Isis und Serapis römische Gottheiten. Der ägyptische Glaube hatte tatsächlich die abendländische Welt erobert. Es ist hochinteressant, daß der Liebling des Kaisers Hadrian, der Jüngling Antinous, der bei einer Bootsfahrt auf dem Nil ertrank, vom Kaiser für einen ägyptischen Halbgott gehalten wurde. Die Grabanlage, die der Kaiser dem schwermütigen Jüngling in Rom weihte, war eine ägyptische, und die vielen Tempel, die Hadrian ihm in aller Welt erbaute, wurden von Priestern Ägyptens unterhalten und verehrt.
In dem riesigen Römischen Weltreich gab es kaum eine Provinz, wo man nicht den ägyptischen Göttern diente. Tertullian sagt mit Recht, «die ganze Erde schwört jetzt beim Serapis». Selbst in England hat man Inschriften gefunden, die der Isis und dem Serapis geweiht sind. Auf dem Nonsberg, südlich von Bozen, betete man den Anubis an und die Isis. Zu Pulst im Glantal, Kärnten, befand sich ein Heiligtum der norischen Isis. Selbst in der St.-Ursula-Kirche in Köln gibt es eine kleine Statue dieser unbesiegten Göttin. Sie wurde im Mittelalter zu einem Säulenkapitell verarbeitet.

Überall in Europa hat der Isis-Glaube die Seelen erobert, und solange man zu heidnischen Göttern betete, blieb er lebendig. Die Ägypter haben noch aus ihrer sterbenden Kultur tatsächlich fast der ganzen Welt Verehrung ihrer Götter abgerungen.

Mystiker prophezeiten kurz vor dem Untergang des Heidentums, eine Zeit werde kommen, wo es scheinen wird, als hätten die Ägypter vergebens fromm der Gottheit gedient. Denn die Gottheit wird von der Erde zum Himmel zurückkehren, Ägypten wird verlassen sein, und das Land, das einst Stätte der Religion war, wird die Götter nicht mehr beherbergen. «O Ägypten, Ägypten, von deinem Glauben werden nur Fabeln künden, die späteren Geschlechtern unglaublich erscheinen. Nur Worte werden übrigbleiben, auf Steinen, die von deinen frommen Taten erzählen.«

Der Ursprung der Europa

«In den ältesten Zeiten der Heldenepoche, die auf das Zeitalter der Götter folgte, kehrten Danaos und Kadmos, Abkömmlinge des Epaphos, des Sohnes der Io und des Zeus, aus Ägypten und Phönizien in das Land ihrer Ahnen zurück. Sie ließen sich in Argos und im böotischen Theben nieder. Ihre Verwandte Europa kam aus Phönizien nach Kreta, wo sie von Zeus ein Kind gebar, Minos, den ersten dieses Namens.» – R. Flacelière, Introduction aux poèmes Homériques, Paris 1955.

Europa, der Westteil der Alten Welt, ist von Natur ein Endland Asiens, mit dem es den Kontinent Eurasien bildet. Aber die Geschichte und vor allem die kulturelle Vergangenheit Europas führten zu der Auffassung eines selbständigen Erdteils. Was Europa ursprünglich war, wo Europa seinen Anfang nahm, das geht schon daraus hervor, daß der Name in homerischer Zeit an Zentralgriechenland haftete. Später wurde das ganze griechische Festland als Europa angesehen, um 500 vor Christus die gesamte Landmasse dahinter.

Woher stammt der Name des Erdteils, der seiner Größe nach unter den fünf Kontinenten an vorletzter Stelle steht, dessen Völker und Kulturen aber am weitesten und mächtigsten über die Erde griffen?

Von Epirus, der nordwestlichen Landschaft, die an Albanien angrenzt, scheint der vorgriechische Kult einer *Erdgöttin Europa* ausgegangen zu sein. Sie wäre dann tatsächlich eine «Europäerin» gewesen.

Aber die griechische Mythologie erzählt von einer anderen Europa. Sie war die Tochter des Phönix oder des Königs Agenor von Tyros. Danach wäre Europa eine Phönizierin gewesen. Die Schönheit der Europa entflammte den Gott Zeus. Er verliebte sich in sie, verwandelte sich in einen weißen Stier und verlockte sie beim Spiel am Strande, seinen Rücken zu besteigen. Er entführte sie über das Meer nach Kreta, nahm wieder seine Göttergestalt an und teilte mit ihr das Lager.

Wir kennen den genauen Ort, wo diese heilige Hochzeit stattgefunden haben soll. Unweit von Phaistos liegt Gortyn im südlichen Mittelkreta. Während die Blätter aller anderen Bäume im Winter abfielen, stand hier eine immergrüne Platane. Theophrast, der um 300 vor Christus lebte und ein berühmter Naturwissenschaftler war, erzählt, Zeus habe unter dieser Platane mit Europa geruht. Der Baum wurde als heilig angesehen, und hier entstand eine Kultstätte.

Wie sich bildliche Darstellungen und Überlieferungen gegenseitig stützen, beweisen Münzen aus Gortyn, auf denen eine Frau sitzend in der Krone des Baumes zu sehen ist, Europa, Göttin der mütterlichen Erde, und auf der Rückseite der Münze ein Stier, ohne Zweifel Gott Zeus. Der Baum, in dem die Frauengestalt auf den gortynischen Münzen sitzt, ist der heilige Baum der Erdgottheit.

Europa gebar dem Zeus drei Söhne, Minos, den ersten dieses Namens in Kreta, den gerechten Rhadamantys, Richter über die Toten, und – nach Hesiod – Sarpedon, den Befehlshaber über das lykische Kontingent unter den Alliierten des Priamos, des Königs von Troia.

Die kretische Europa wurde später mit König Asterion verheiratet, der ihre Söhne adoptierte. Zeus schenkte ihr einen Speer, der niemals sein Ziel verfehlte, und einen Wächter für die Insel, Talos, einen lebenden Mann aus Bronze. Talos war nicht ungefährlich. Er hielt jeden Feind durch geschickte Steinwürfe von der Insel fern. Er verbrannte neugierige Ankömmlinge oder er erhitzte sich selbst bis zur Rotglut und tötete sie in seinen Armen.

Nach ihrem Tode wurde Europa als Göttin verehrt. Sie trat an die Stelle einer alten kretischen Gottheit, der *Hellotis*. Ihre Hochzeit mit dem höchsten Gott wurde im unweit von Gortyn gelegenen Hagia Triada im dortigen Zeus-Velchanos-Tempel gefeiert und sogar nachgeahmt.

Herodot, der schon im Jahre 468 vor Christus weltberühmte Historiker, ist ein wenig fassungslos über die Tatsache, daß der Erde als Ganzes, also den Kontinenten Europa, Asien und Afrika, dreierlei Namen und jedesmal Frauennamen gegeben worden sind. Afrika hieß Libyen, und Libyen sei nach dem Namen einer eingeborenen Frau benannt. Asien habe seinen Namen von der Frau des Prometheus erhalten. Von Europa aber könne man überhaupt nicht sagen, woher der Name stamme. Von der Tyrierin Europa? Herodot hält davon wenig: «Aber die ist doch bekanntlich aus Asien her und auch nicht in dasjenige Land gekommen, das jetzt bei den Hellenen Europa heißt, sondern nur aus Phönizien nach Kreta.» Herodot geht der Sache nicht weiter auf den Grund und beruhigt seine Leser, er wolle es halten, «wie es nun einmal gebräuchlich ist».

Der Name «Hellotis» führt uns an ein großes Geheimnis heran. Die Hellotis war nicht nur die ältere Göttin, die später durch Europa verdrängt wurde, der Name der Hellotis blieb auch an dem Fest der Kreter haften, bei dem ein mächtiger Kranz umhergetragen wurde, der angeblich Europas Gebeine enthielt. Noch mehr: Gortyn, die Stadt, aus der die Münzen mit der Göttin stammen, trug in alten Zeiten den Namen «Hellotis».

Wo finden wir die Elemente dieses Mythos wieder, eine weibliche Erdgottheit, einen männlichen Genossen dieser Göttin, die Doppelaxt,

die in Kreta ein kultisch so wichtiger Gegenstand ist, den heiligen Baum?
Einen alten Erdkult gab es in Dodona. Hier gab es auch ein altes Götterpaar, die Erdmutter mit dem heiligen Baum, und einen männlichen Gott, dessen Symbol die Doppelaxt war. Dieser Gott hieß ursprünglich Hellos und wurde später durch Zeus verdrängt. Die Hellotis in Kreta und der für Dodona bezeugte Hellos weit im Nordwesten Griechenlands gehören auf geheimnisvolle Weise zusammen. Dieses Götterpaar – das hat Albin Lesky in einer sehr interessanten Studie nachgewiesen – und sein einst mächtiger Kultus haben zu dem Namen «*Hellas*» geführt und zu der Bezeichnung «Hellenen», dem Namen des Volkes, das zum Begründer und Bildner des Abendlandes berufen war.
Kreta war die Voraussetzung, Kreta war Vorläufer und Anfang der abendländischen Geschichte und Kultur. Diese wellenumspülte Insel war Sprungstein kultureller Einflüsse aus Ägypten und von den Küsten Asiens her nach Hellas – sie lieferte wohl die stärksten Anregungen für die ersten großen Kulturleistungen der Indogermanen in Griechenland in der mykenischen Kultur, die sich seit 1600 vor Christus besonders in der Argolis zu entfalten begann.
Daß Europa ihre Söhne auf Kreta zur Welt bringt, daß sie gerade auf dieser Insel heiratet, daß sie sozusagen ihr bewußtes Leben hier beginnt – das hat etwas Faszinierendes an sich. *Denn auf Kreta erwuchs die erste und älteste Hochkultur Europas!* Wir kennen die dramatische und bestürzende Geschichte dieser Hochkultur. Ihr erster Ausgräber, der Brite Sir Arthur John Evans, nannte sie nach dem kretischen König Minos die minoische Kultur. Gleich zu Beginn steht diese Kultur der von Zeus geliebten Europa auf schwindelnder Höhe. *Der Anfang hat den abendländischen Kontinent in tausenderlei Hinsicht geformt.* Das Buch der kretischen Einflüsse auf Hellas und auf die ganze abendländische Welt ist noch nicht geschrieben! Dabei waren die Blütezeiten der höchsten minoischen Kunst und Geistigkeit erstaunlich kurz. Wir stehen hier vor einer gewaltigen Kulturanhäufung, und wir wissen doch nicht, wo die Kreter die Zeit hernahmen, diese Wunder zu entwickeln und zu verwirklichen.
Um 2000 vor Christus werden in Zentralkreta die großen Paläste angelegt, in Knossos, in Phaistos, in Mallia. Sie sind unbefestigt. Sie erstehen auf einer Insel, die den Krieg nicht kennt. Sie waren in ihrer Schwere ganz Ruhe, ganz Frieden, ganz Harmonie. Schon wenig mehr als 200 Jahre später sind sie zerstört. Die Zeit der «alten Paläste» ist damit vorbei. Der erste große Sturmlauf Europas auf die höchsten Höhen der Kultur ist abgebrochen.

Rechnet man, daß die neuen Paläste etwa um 1600 erbaut wurden, so währt die zweite und letzte große Blüte dieser wahren Wunderkultur noch kürzere Zeit, nur hundert bis hundertfünfzig Jahre. In dieser so geringen Zeitspanne entstanden die Herrscherpaläste von Knossos mit ihren Thronräumen, Zeremonienhallen, Prozessionskorridoren, Magazinen, mit ihren Höfen und Lichtschächten, Treppenläufen, Wohnquartieren, Haustempeln, mit ihren Trinkwasserleitungen, Kanälen, Badewannen. Die Fresken des Knossos-Palastes geben uns einige Rätsel auf, offenbaren aber auch erstaunliche Tatsachen. Der Rhyton-Träger auf dem Prozessionsfresko der Südpropyläen des neuen Palastes, gemalt etwa um 1500 vor Christus, ist mit seinen roten, orange, braunen und gelben Tönen eine so angenehme Farbmelodie, daß das Auge sich von diesem Bild gar nicht trennen mag. Schön müssen die Menschen gewesen sein. Das erkennen wir am edlen Profil des Jünglings. Seine Armreifen, sein Schläfenschmuck, sein Gürtel sind aus Silber. Das große Trichter-Rhyton in blauer Farbe mag ebenfalls aus Silber sein, besitzt aber eingelegte Goldstreifen. Fünfhundert lebensgroße Figuren waren in den Fresken dargestellt. Sie schritten unter freiem Himmel.
Von der berühmten Pariserin im sechssäuligen Prunksaal des Palastes bis zu Pablo Picassos zweidimensionaler Malerei mit sparsamsten Mitteln führt ein direkter Weg. Die minoische «Pariserin» muß eine sehr feinnervige und lebhafte Dame gewesen sein. Staunend schaut sie am Anfang der europäischen Geschichte auf diese veränderliche Welt herab. Ihre Lippen sind so rot, als seien sie erst vor Minuten geschminkt worden.
Hier findet man übrigens auch die älteste Darstellung von Handschuhen, die einige männliche Figuren tragen. Sie sind älter als die Handschuhe der Eje in Amarna, die Erman und Ranke irrtümlich als Urtypen der Handschuhe bezeichneten.
Im kleinen Hof des Ostflügels stellen Fresken die verschiedenen Phasen des Stierspiels dar. Das Tier raste auf den Stierspringer zu. Er packte es bei den Hörnern, schwang sich, eine Brücke schlagend, auf den Rücken und sprang nach hinten in einem Salto mortale ab. Da die Haut der Männer in roter Farbe dargestellt wurde und die der Mädchen in weißer, wissen wir, daß sowohl Jünglinge als auch Mädchen an den Spielen teilnahmen. Der Schmuck dieser mutigen Mädchen, Armbänder, Halsketten, zweifarbige Lendenschurze, blaue und rote Bänder um die Stirn, sehr gepflegte Frisuren – das alles deutet an, daß junge Prinzessinnen diese Todessaltos vollführten.
Die Stierspiele hängen mit dem Mythos vom Minotauros zusammen. Es gab aber in der minoischen Religion weder einen Stiergott noch

einen Stierkult. Die Minoer besaßen Götter und vor allem Göttinnen, wie die Herrin und den Herrn der Tiere, die Göttin des Hauskultes, die Göttin des Baumkultes, eine Meeresgöttin und andere.
Aus der Zeit um 1600 stammen die berühmten Erdgöttinnen mit Schlangen, eine kleine Fayence von 34 cm Höhe, gefunden in den unterirdischen Schatzgruben des Zentralheiligtums von Knossos, ebenso die etwas kleinere Göttin mit zwei Schlangen in den Händen. Beide Figürchen sind mit freien Brüsten dargestellt, besitzen sehr enge Taillen und lassen uns die Raffinesse der damaligen Mode erahnen.
Der verheerenden Zerstörung um 1500 vor Christus sind auch die großartigen Herrensitze zum Opfer gefallen, mit Fresken geschmückte Gebäude, deren Lebensdauer ebenfalls nur rund hundert Jahre betrug. Ob die kolossale Katastrophe damals durch den Ausbruch des Vulkans auf der Insel Thera hervorgerufen wurde und durch eine folgende gewaltige Flutwelle, ist zuverlässig nicht zu beantworten, denn auch die Paläste im Innern der Insel wurden gleichzeitig vollkommen zerstört. Nicht einmal eine Reihe von Erdbeben nach dem verheerenden Ausbruch hätte so unheimlichen Schaden anrichten können. Im Grunde bleibt die so plötzliche Naturvergeltung an der Insel, die an Sodom und Gomorrha erinnert, ein ungelöstes Rätsel. Alle Paläste, alles blutvolle Leben ging für immer unter. Nur Knossos, nur der dortige Palastbau, überdauerte die Vernichtung noch um hundert Jahre.
Das ist die Zeit, in der auf dem ganzen festländischen Griechenland die Kultur auflebte, die wir nach der wichtigsten Burg jener Zeit die mykenische nennen. Es ist bekannt, daß man auf Kreta zwei Schriftsysteme fand, die Linear-A und die Linear-B. Die A-Schrift war über ganz Kreta verbreitet, auf Steine und Metallgeräte eingeritzt, auf Vasen geschrieben, in Ringe graviert, auf Wände gemalt. Die B-Schrift wurde nur im neuen Palast von Knossos gefunden, auf Tontäfelchen. Sie ist mit der Schrift, die Professor Carl W. Blegen auf den Tontafeln von Pylos im Palast des Nestor fand, sowie mit der Schrift der Tontäfelchen von Mykenai und Tiryns identisch. Die festländischen Tontäfelchen stammen aus der Zeit nach 1300 vor Christus, die knossischen sind hundert Jahre älter, wurden also um 1400 eingeritzt. Man muß annehmen, daß nach der großen Zerstörung von Kreta damalige Griechen, man nannte sie Achäer, in Knossos landeten und die Schrift nach Hellas brachten. Oder die achäischen Eroberer Kretas befahlen den knossischen Palastschreibern, die in Kreta bekannte Schrift der griechischen Sprache anzupassen. Die Wahl gerade dieser Schrift ist begreiflich, denn Linear-B hat nur achtzig Silbenzeichen und war daher der mesopotamischen Keilschrift mit dreihundert Zeichen wie auch

der ägyptischen Hieroglyphenschrift mit dreihundertfünfzig Zeichen vorzuziehen. Die neue Schrift wurde dann auf dem Festland nur in den Palästen verwendet, in den großen Palästen und Burgen, in Pylos, Mykenai, Tiryns und im Kadmos-Palast zu Theben, wo knossisch-minoische Berufsschreiber sie für die Aufstellung von Listen der Vorräte, der Einkäufe, der Sklaven und Sklavinnen, für Herden, Geschirr, Mobiliar, Kampfwagen und Bronzeschmiede verwendeten.
Die Erinnerung an diese Zusammenhänge läßt uns erkennen, daß es während der Zeit der achäischen Helden, in der Zeit der großen Burgen Mykenai, Tiryns, Nauplia und Pylos, in der Zeit des Troischen Krieges, bereits eine Schrift gab. Aber bis heute hat man keine Tafel gefunden, auf der diese vom Engländer Michael Ventris 1952 entzifferte Schrift anders verwendet wird als zu Bestandsaufnahmen, sozusagen zur Buchführung. Die griechische Sprache der Linear-B war nur eine Sprache von Buchhaltern und Branchekundigen. Keine Geschichte, keine Überlieferung der Heldentaten, keine Schilderung der troischen Kämpfe wurde vor etwa 800 aufgezeichnet, der Zeit, als die Hellenen das phönizische Alphabet übernahmen. Erst seit 776 vor Christus, dem Zeitpunkt der ersten Olympischen Spiele, gibt es eine griechische Schrift. Seit dieser Zeit begannen die Griechen ihre eigene Geschichte aufzuschreiben.
Wer die Archäologen besucht, die bei ihren Ausgrabungen etwa in Pylos immer wieder ein Tontäfelchen entdecken und die Linear-B-Schrift gleich an Ort und Stelle lesen, der kann beobachten, daß sie eigentlich doch immer wieder ein wenig enttäuscht sind. Tausendmal haben sie erfahren, daß sie immer nur Angaben von Amphoren, von Öl, Widdern, Schafen, Stieren, von Wein, Duftstoffen und Badewannen auf den Täfelchen finden, ganz selten mal einige Götternamen. Und trotzdem bleibt immer noch ein winziger Hoffnungsschimmer, etwas Geschichtliches zu ermitteln, denn seit der Entzifferung der Schrift sind doch nur wenige Jahre vergangen.
Troia, heute auf türkischem Boden, wurde nach der antiken Überlieferung 1185 vor Christus von den Griechen zerstört. Homer schildert uns den Kampf um Troia um 750 vor Christus. Woher kannte er die Ereignisse so genau?
Über die Tradition ihrer Vorzeit konnten den Griechen nur die Sänger Auskunft geben. In der höchst musikalischen Sprache der Griechen hießen die Sänger «Aoidoi». Bei den Äoliern und Ioniern in Kleinasien bildeten sie einen zur Zunft zusammengeschlossenen Sängerstand. Der Troische Krieg und die Heimfahrten der Helden bildeten wohl früh die Hauptthemen dieser Sänger. Sie wurden später «Rhapsoden» genannt, nach «rhaptein», nähen. Der Rhapsodós war ein Mann, der

«Lieder nähte», sie also kunstvoll aneinanderreihte. Er war ein erzählender Sänger, von Jugend auf geschult, seinen Vortrag mit der Kithara einzuleiten oder zu begleiten und Glauben und Mythos in harmonische Form zu bringen.

Gewiß war Homer nicht Griechenlands erster Dichter. Sein Ton, sein Spiel, seine ganze Kunst lassen eine lange Tradition von Sängern und Sängerschulen vor ihm vermuten. Auch erkennt man an der Ilias wie an der Odyssee, daß der Dichter bei seinen Zuhörern genaue Kenntnis der Vorgänge voraussetzen durfte. Der Heldenmythos flutet von allen Seiten heran. Man steht mitten darin, in einer allbekannten Welt.

Es gab eine mächtige Poesie ohne eigentlichen Meister. Es gab einzelne Erzählungen ohne Proportionen. Es gab Überlieferungen ohne Steigerung der Motive und der Charaktere. Erst ein Genie höchster Art, ein Dichter ersten Ranges, vermochte den Achill und den Odysseus zu den gottgleichen Helden der größten dichterischen Werke aller Zeiten zu steigern

Homer, Erzieher des Abendlandes

«Wie jugendlich das ist, diese Erzählung Homers, und wie gut gemacht! Die armen Kerle, die behaupten, das sei ganz von selbst geworden! Und die Welt, meine Herren, nicht wahr, auch die ist nach euch ganz von selbst geworden? Der gute Mann, der den kleinen Einfall des Pferdes Xanthos gehabt hat, ich schwöre euch, ist keine gewöhnliche Nummer!» Paul Claudel, Kritische Schriften.

Das ganze Altertum teilte die Ansicht des Aristoteles, daß die Ilias wie die Odyssee Werke *eines* Dichters waren, der den Namen Homer trug. Ilias und Odyssee sind die ältesten Werke, die uns aus der griechischen Literatur erhalten blieben. Sie stehen am Anfang der europäischen Dichtung.

Über die Persönlichkeit Homers wußten die Griechen der klassischen Zeit erstaunlich wenig. Sieben Städte stritten sich um die Ehre, Geburtsort dieses ersten Sterns am Himmel der abendländischen Dichtkunst gewesen zu sein. Der Dichter Simonides von der Insel Amorgos nannte Homer einen Mann aus Chios, während der lyrische Poet Pindar erwähnt, Homer stamme aus Chios wie aus Smyrna. Tatsächlich nahm man im allgemeinen an, er sei in Smyrna geboren, habe auf der Insel Chios gelebt und sei auf der kleinen Kykladeninsel Ios gestorben.

Der äolische und ionische Hintergrund des Wirkens des Homer in Kleinasien zeichnet sich in einigen Stellen der Ilias und Odyssee sehr fein ab, denn manche Angaben des Dichters verraten ganz persönliche Erinnerungen. Man hat oftmals den Eindruck, daß ein Ionier spricht, der mit den Verhältnissen eng vertraut ist. Auch die Färbung der homerischen Sprache läßt auf ionischen Ursprung schließen. Ein Mann, der in der Troas jeden Fleck so genau kennt, war sicherlich in Kleinasien beheimatet. Natürlich war ihm auch Griechenland sehr gut bekannt, und er wußte glänzend Bescheid auf der Insel Ithaka und den in der Nähe gelegenen Gestaden. Was darüber hinaus liegt, erscheint ihm nebelhaft, mystisch.

Die Stadt Ephesos liegt nur sechzig Kilometer südlich von Smyrna in der Türkei, und der Überlieferung nach soll Homer auch in Ephesos gelebt haben. Man kann sich gut vorstellen, daß Homer hier in dieser Hochburg ionisch-griechischer und ägäischer Kultur seine stärksten geistigen Anregungen empfing, wie ja überhaupt an den Randgebieten

großer Kulturen, wo sich die Einflüsse verschiedener Völker überschneiden, die Genies der Menschheit geboren werden.
Ionien wurde von hellenischen Kolonisten gegründet, die vor den dorischen Einwanderern aus ihrer griechischen Heimat geflohen waren. Aber an den Küsten der heutigen Türkei vermischten sie sich mit den einheimischen Ioniern, deren Ahne Ion war, der Sohn des Kreusa. Diese Ionier hatten die alte kretische Kultur in sich aufgenommen und entwickelten von 800 vor Christus an ein geistiges Leben von erstaunlicher Höhe, was auch schon aus dem glänzenden Bild der Hymne an den delischen Apollon hervorgeht.
Man nimmt heute an, daß Homer zwischen 850 und 750 vor Christus lebte. Das ist auch die Ansicht des bedeutenden Homer-Forschers Robert Flacelière. Und man glaubt, daß er außer Ilias und Odyssee die Hymne an Apollon dichtete, was Thukydides erwähnt [III,104], wie auch die anderen homerischen Hymnen.
War der größte Dichter Europas blind? Man nahm im Altertum an, daß tiefes Erkennen, Weissagen und dichterisches Erahnen immer mit Blindheit verbunden sind. Wir wissen auch, daß der Aoidois Demodokos blind war. In der Hymne an Apollon heißt es: «Junge Mädchen, wer ist unter den Dichtern hier der Autor der Gesänge, die unseren Herzen am süßesten erscheinen? Ihr alle antwortet: Es ist ein Blinder. Er lebt auf Chios, der felsigen Insel. Alle diese Gesänge werden für immer die besten bleiben.»
Ist es möglich, daß Homer seine gewaltigen Gesänge selbst niedergeschrieben hat? Die Beantwortung der Frage hängt natürlich davon ab, ob es überhaupt eine Schrift gab, deren er sich hätte bedienen können. Tatsächlich finden wir im sechsten Gesang der Ilias, Vers 168, 169, einen Hinweis auf Schrift: «Eine finstere Botschaft, eine Tafel, die tödliche Zeichen enthielt», heißt es dort. Es handelt sich um einen geheimen Brief, in dem Proitos dem Empfänger rät, den Überbringer der Nachricht zu töten. Wir haben auch schon gesehen, daß die Linear-B-Schrift in den Palästen der Heldenkönige verwendet wurde. Aber die meisten Paläste waren während der Dorischen Wanderung um 1200 zerstört worden. Viele Palastschreiber kamen in den verheerenden Bränden um. Es ist anzunehmen, daß die Linear-B mit diesen Zerstörungen ihr Ende fand.
Homer dichtete in der Zwischenzeit, in der Zeit, als die Buchhalterschrift erloschen war und die aus Phönizien eingeführte Schrift noch nicht «fertig» war. Homer dichtete also vermutlich seine Werke im Geist und mündlich wie seine Vorgänger. Dennoch nimmt ein so bedeutender Gelehrter wie Flacelière an, daß Homer doch die Möglichkeit besaß, sie auch niederzuschreiben oder niederschreiben zu lassen und

sie dadurch wortgetreu zu erhalten. In welcher Schrift, mit welchen Mitteln das hätte geschehen können – das bleibt allerdings ein Rätsel. Der berühmte klassische Philologe und Textkritiker von Wilamowitz-Moellendorff war der Ansicht, daß Homer selbst nicht geschrieben hat: «Wozu soll ein Dichter schreiben, wenn niemand da ist, der lesen mag? Der mündliche Vortrag ist noch zu Solons Zeit [um 600 vor Christus] allein die Weise, wie Poesie unter die Leute gebracht wird.» Man sollte auch bedenken, daß die Rhapsoden größtes Interesse daran hatten, den geistigen Besitz, von dessen Verwertung sie lebten, nach Möglichkeit für sich allein zu bewahren.

Dutzende von Gelehrten haben seit 1795, seit F. A. Wolf seine Prolegomena ad Homerum verfaßte, Einwände gegen die Einheit der beiden großen Gedichte erhoben. Man hat Odyssee und Ilias verurteilt, weil es an Zusammenhang der Handlung fehle. Man hat wieder und wieder die Autorschaft des Homer angezweifelt. Man hat die angeblichen Bearbeiter des Werkes «Flickpoeten» genannt. Ernsthafte Professoren haben geschrieben, die einst überlieferten herrlichen Gedichte seien offenbar mit plumper Hand ohne Sinn und Verstand aneinandergereiht worden, das Ganze sei ein buntes Kleid aus Lappen der verschiedensten Stoffe, alter und neuer, guter und schlechter, kleiner und großer. Man hat Homer sogar einen Bänkelsänger genannt, der nur für den Pöbel dichtete.

Alle diese billige Kritik ist im Laufe des letzten Jahrhunderts mehr oder weniger zusammengebrochen. Wie hätte denn auch das kunstsinnigste Volk des Altertums ein so elendes Machwerk für den Gipfel aller Kunst erklären können? Und warum ging die Begeisterung für Homer auf die Römer über, warum wurde die Odyssee ins Lateinische übersetzt? Warum wurde sie das wichtigste Schulbuch der Römer? Warum pries kein Geringerer als Horaz die Gesänge und erklärte, nirgends sei besser erkennbar, was schön, was verwerflich, was nützlich und was überflüssig sei? Warum dauerte die Bewunderung für Homer durch alle Jahrhunderte an, bis in unsere Zeit, und warum stehen die größten Dichter Europas ergriffen vor diesem Titanenwerk? Hohes Alter hat für Kunstwerke reinigende und klärende Kraft. Was nicht ein großer Wurf war, kann nicht so lange so blühend bestehenbleiben.

Welch eine Tat, das Fundament, den Grundstock aller abendländischen Poesie für alle Zeiten gelegt zu haben! Welch eine Tat, dieses unergründliche Meer an dunkler Tradition, an Glauben, an Ideen, an Vorstellungen geschaffen zu haben, von denen wir noch heute, überall im Abendland, zehren und leben!

Der Titan Homer war Erfinder, Lehrer und Quelle aller griechischen

Beredsamkeit. Wie ein Gott beherrscht er die gesamte griechische Kultur. Unheimlich lugt er aus allem geistigen Tun bis in unsere Zeit hervor. Wie ein rastlos wirkender unsichtbarer Riese thronte er auf allen griechischen Lehrstühlen und wird die Erziehung des Abendlandes durchdringen bis zum letzten Tag.
Den Griechen war er Sittenlehrer, der größte Theologe, Spender und Erhalter aller menschlichen und göttlichen Weisheit, der Geist, der zu denken lehrte, und der Geist, der sich im Leben auskannte wie niemand außer ihm. Seine Dichtung war die Offenbarung und Erleuchtung der Griechen. Das klassische Altertum sah in seinem Werk alle Wissenschaft vereinigt, alle Weisheit erfaßt.
Was enthält dieses Riesenwerk?

Der Zorn des Achilles

«Die Ilias bleibt in meinen Augen, wie ihre Schwester, die Odyssee, was sie den alten Jahrhunderten gewesen ist, das Werk eines Menschen, eines einzigen Menschen namens Homer, vollkommen in ihrer Einheit, ganz und unzerreißbar im majestätischen Fortgang vom Alpha bis zum Omega ihrer vierundzwanzig Gesänge. Um so schlimmer für die Außenstehenden. Ich meinerseits spreche als Fachmann, der weiß, was er sagt.» – Paul Claudel, Kritische Schriften.

«Singe vom Zorn des Achilles, o Göttin, des Sohnes des Peleus.» Nur ein Genie von der Größe Homers konnte mit einem Satz, dem ersten, das Thema der ganzen riesigen Dichtung verkünden, die wir Ilias nennen. *Es ist der Zorn des Achilles.*

Homer besingt nicht den Troischen Krieg in seinem Verlauf. Er kündet von den Leiden der Achäer, die nur die Folge sind einer einzigen Leidenschaft: das ist der Zorn des Achilles. Das Motiv seines Zornes gibt der Ilias ihre innere Einheit. Es ist ein grandioses Motiv, ein echt menschliches Motiv, ein unversöhnbarer innerer Zustand. So ist die Ilias keine Kriegsschilderung. Sie ist der gewaltigste Griff in die Menschenseele, der je einem Dichter gelungen ist. An die Seite der Ilias und Odyssee kann man nur das Gilgamesch-Epos stellen. Diese Dichtung ist die große Vorgängerin der beiden Werke. Es gibt geheime Zusammenhänge, die künftige Gelehrte noch ermitteln werden!

Das, was die Menschheit aller Jahrtausende interessiert hat und interessiert, das sind nicht Völker, das ist *der einzelne.* Das ist sein Zustand. Das sind seine Herzensregungen, sein Temperament, sein Nachgeben, sein unbeugsamer Trotz. Das ist der rote Faden, der sich durch diese größte Dichtung des Abendlandes zieht, dieses Abwarten des Achilles im Groll, das die Griechen Ströme von Blut kostet. Das Ringen zweier Völker bildet den Hintergrund. Die wahre Geschichte des Kampfes der Griechen gegen die Troer liegt nur wie ein Schatten diesem Epos zugrunde. Nach antiker Angabe währte der Troische Krieg zehn Jahre, von 1194 bis 1184. An der Geschichtlichkeit des Ringens um diese Festung haben die Griechen nie gezweifelt. Das tatsächliche Ziel des Krieges war die griechische Absicht, sich an den Dardanellen festzusetzen. Troia, auf einem Hügel an der Nordwestecke Kleinasiens, beherrschte die Einfahrt in die Dardanellen. Die Stadt lag etwas abseits vom Meer, so daß sie den Angriffen feindlicher Schiffe nicht unmittelbar ausgesetzt war. Wegen dieser sehr günstigen Lage muß die

Feste im Altertum eine außergewöhnliche Bedeutung gehabt haben. Es ist kein Wunder, daß sie von der Steinzeit bis in die Jahrhunderte Roms immer wieder geplündert und zerstört und wieder aufgebaut wurde – neunmal! Die Byzantiner ließen die Stadt verfallen, die Türken legten Felder über den Trümmern an, bis Schliemann und Dörpfeld 1870 bis 1890 die neun Städte aufdeckten und Professor Carl Blegen die Bewohnungsschicht 7 A als das homerische Troia erkannte.
Von den ersten neun Jahren der Belagerung durch die Griechen wissen wir so gut wie nichts. Wahrscheinlich schleppte sie sich monoton dahin. «Aus Troia nichts Neues», werden die Kriegsberichte jahrein, jahraus gelautet haben. Im letzten Jahre des Krieges, im zehnten, kommt es nach der Darstellung in der Ilias zum Zwist zwischen Agamemnon und Achill. Allein diese Episode aus dem langen Krieg, die sich in einem Zeitraum von nur 51 Tagen abspielt, schildert Homer.
Wer sind die Helden dieses gewaltigen Dramas, das alle Wesenszüge des Menschen, alle seine Möglichkeiten, Freuden, Nöte und Leiden umfaßt? Anführer der Griechen ist nicht der durch den Raub seiner Gattin Helena beleidigte König von Sparta, Menelaos, sondern dessen älterer Bruder Agamemnon, gewiß eine historische Gestalt, König von Mykenai, das in viel höherer Blüte stand als das immer dürftige Sparta. Der greise Nestor aus Pylos an der Westküste des Peloponnes, dessen Palast in neuester Zeit von dem Amerikaner Carl Blegen ausgegraben wurde, ist der erfahrenste unter den Griechen. Odysseus, König von Ithaka, ist der listige Held, durch dessen Rat die Einnahme Troias endlich möglich wird. Er ist, nächst Achill, die am vielfältigsten schillernde, die tragischste und die interessanteste Gestalt. Die Abenteuer seiner zehnjährigen Heimfahrt besingt Homer in der Odyssee, in der Überlieferungen und Mythen vieler Völker verwoben sind, die aber durch die Persönlichkeit des Odysseus ihren tragenden historischen Kern besitzt.
Der starke große Aias führt das salaminische Kontingent der griechischen Truppen an, der kleine Aias das lokrische. Beide haben tatsächlich gelebt, denn ohne Grund hätte Homer diesen Helden nicht den gleichen Namen gegeben. Der große Aias – er war der Sohn des Telamon – wurde kultisch in Salamis, in Attika, im Gebiete von Troia und in Byzanz verehrt. Der kleine Aias, Sohn des lokrischen Fürsten Ileus, muß schon deshalb eine geschichtliche Persönlichkeit gewesen sein, weil Lokris ihm zu Ehren jedes Jahr zwei Jungfrauen vornehmster Familien zum Dienst im Athena-Tempel nach Ilium sandte, an die Stätte des einstigen Troia.
Die Troer werden nicht von ihrem greisen König Priamos angeführt, sondern von dessen ältestem Sohn Hektor. Seine Gattin Andromache

soll – so berichtet eine spätere Quelle – nach dem Fall von Troia die Sklavin des Sohnes von Achill, des Neoptolemos, geworden sein. Paris, der den ganzen Krieg verschuldet hat, erscheint neben seinem tapferen Bruder Hektor als feige und weibisch. In der gesamten griechischen Literatur, beginnend mit Homer, wird der Raub der Helena durch den Troer Paris als die Ursache für den Troischen Krieg angegeben.
Achilles bleibt der mächtige, gefährliche, unnahbare, seelenwunde Titan der Dichtung. Er ist die Mitte der grandiosen Welt, die Homer auf den Trümmern der zu seiner Zeit 400jährigen geschichtlichen Vergangenheit geschaffen hatte. Riesenhaft bäumt sich in ihm die Empörung auf, die Empörung eines Mannes, eines Helden, dessen Schicksal beispielhaft ist und dessen Charakter ganz eigentümliche Wesenszüge trägt. Nicht nur in seinem Zorn steht Achill außerhalb der übrigen Achäer, nicht nur ist er der tapferste und gefährlichste Krieger, er hat auch wie ein drohender Vulkan vor dem Ausbruch, umwölkt von seiner unwiderstehlichen Mannhaftigkeit und Stärke, etwas Barbarisches an sich. Er allein unter den Helden der Ilias fährt fort, bedeutende und wertvolle Opfer zu bringen, selbst Menschenopfer. Niemand als er hätte den gefallenen Hektor so an den Streitwagen gebunden und ins Lager geschleift. Sein Zorn ist wie ein Naturereignis. Auf ihn türmt sich diese ganze phantastische Dichtung, ein Werk, so strahlend, so jung, so unerreicht, so modern, daß die Jugend jeder Generation von ihm zutiefst gepackt wurde.
Homer, der erste Dichter des Abendlandes, kannte die menschliche Seele. Er wußte, was Teilnahme erweckt. Er brauchte die Leidenschaft, er brauchte den Zorn des Achilles. Aber um den Anlaß zu diesem Zorn gab sich dieser gewaltige Wortmaler keine große Mühe. Agamemnon nimmt dem Achill nichts weiter als ein Mädchen weg, eine Sklavin, die Konkubine des Achill. Sie ist so unbedeutend, daß sie kaum ins Blickfeld der Dichtung tritt. Sie ist ein blasses Nichts. Ihr Name ist unter den homerischen Gestalten schattenhaft. Er klingt in niemandes Ohr. Wer ist Briseis? Achill hat sie verloren. Die gewaltige Empörung des Mannes gegen das Unrecht steht dazu in gar keinem Verhältnis. Es ist ein Unrecht geschehen. Das genügt. Das reicht dem unbekannten Sänger aus Smyrna, der sich Homer nannte.
Achill bildet das Gewicht auf der Waagschale der beiden Völker, das allein den Krieg entscheiden kann. Auf den Rat seiner Mutter verharrt er untätig im Zelt. Indessen geraten die Achäer in solche Not, daß schließlich Agamemnon eine Gesandtschaft an Achilles mit glänzenden Anerbieten schickt. Der Tapferste unter den Griechen soll wieder am Kampf teilnehmen. Die Spannung steigt ins Ungemessene. Warum? Weil Achill unbeugsam, unerschüttert bleibt. Er droht sogar mit seiner

Heimfahrt nach Griechenland. Welch lebenswerte Zeiten am Anfang der europäischen Dichtung, als noch die Tapferkeit eines einzelnen Mannes, nicht die bessere Maschine kriegsentscheidend war.
Patroklos, der Freund des Achill, fällt von Hektors Hand. Seine Rüstung, die ihm Achill geliehen hat, geht verloren. Das erst, das Schicksal des Freundes, die Tatsache, daß dessen Leichnam im Feindeslager ist, das bringt Achilles in die Schlacht. Jetzt söhnt er sich mit Agamemnon aus, erhält Geschenke und die Briseis zurück. Es beginnt die Schilderung der Heldentaten, es beginnt das schreckliche Morden dieses Riesen. Achill fällt schließlich vor Troia. Er wird vom ganzen Griechenheer beweint. In einer Urne wird seine Asche mit der des geliebten Freundes Patroklos vereint.
Die Ilias ist «der schönste Krieg», den es je gegeben hat. Es wird auf dieser Erde kein schönerer Krieg mehr sein. Er ist so nobel, so ehrenhaft, so voller Opferwilligkeit und Großmut, so menschenwürdig, so jung, so erhaben, wie nie ein Krieg zuvor war und wie keine Geschichte der Menschheit ihn zu bieten vermag.
Man glaubt kaum, daß er vor *Troia* stattfindet, einer der gewaltigsten Festungen des Altertums an der türkischen Küste, die Einfahrt zu der wichtigsten Meeresstraße im Osten der damaligen Welt beherrschend. Und die Griechen, dieses so sehr begabte Volk, führen keine Rammwerke heran, keine Zerstörungsmaschinen, gebrauchen außer dem Pferd des Odysseus keinerlei Listen, wenden keine Taktik an und keine Strategie. Nein, sie kämpfen wie im Paradies. Wohl, weil die Götter immer zuschauen. Es herrscht große Aufregung unter ihnen, was denn da unten passiert und wie die Geschicke zu lenken seien.
Homer gehört noch einer Welt an, die fest davon überzeugt war, daß die Götter sich in alle Angelegenheiten der Menschen einmischen. Kein Gesang, weder in der Ilias noch in der Odyssee, in dem nicht die Gottheiten mithandeln. Sie sind das schwer berechenbare Schicksal. Und greift es nicht tatsächlich in alles und jedes Menschliche hier auf Erden ein?
Beide Dichtungen sind von tiefem Mitleid mit den Menschen erfüllt. Das packt jeden an. Das ist eine Stimmung. Das ist die durchgehende Empfindung, diese bodenlose Nacht, die sich vor der Menschheit auftut, dieses Mitempfinden mit der verzweifelten Lage der Erdenkinder. Die Stadt Troia ist die große, schweigende Kulisse der Ilias, das Meer singt verträumt oder schäumend die Begleitmelodie zu den endlosen, märchenhaften Fahrten des Odysseus. Die Gestalten beider Epen haben von der Stunde an, da die göttliche Muse den Dichter beflügelte, ihr Fleisch und Blut an die Vorstellungswelt des Abendlandes abgegeben. Sie werden niemals sterben.

Der Eingang zur Unterwelt

«Kaum hatte der Atride vom schwarzen Blut getrunken, da erkannte er mich, und weinend vergoß er Ströme von Tränen, streckte nach mir die Hände aus und wollte mich berühren. Aber von den Kräften und Muskeln, die seine schnellen Glieder früher spannten, war ihm nichts geblieben. Bei seinem Anblick füllte mir Mitleid die Augen mit Tränen.
Odysseus: ‹Glorreicher Atride, Agamemnon, Herr unserer Krieger, sag mir, welches Schicksal hat dich gepackt und in den Tod gebettet?› Agamemnon: ‹Nicht Poseidon ließ meine Schiffe untergehen, noch fand ich den Tod am Ufer unter den Streichen von Feinden. Aber im Palast des Aigisthos, wo ich eingeladen war, da haben er und meine verruchte Frau mich getötet. Diesen infamen Tod habe ich erlitten.›» – Odyssee 11, 405ff.

Seit vielen Generationen hat die Menschheit gerätselt, wo sich der Eingang zur Unterwelt befand. War das Reich des Hades nur ein Märchen, war es eine Realität? Und wenn es wirklich ein Schloß der Toten gab, wo war die Schwelle, an der die Lebenden mit den Toten sprechen konnten, an der Odysseus seine Mutter traf und mit dem gefallenen Achilles sprach?
Man hat den Eingang zur Unterwelt, den einzigen seiner Art, in der griechischen Landschaft Epirus unberührt aufgefunden!
Das also war die Welt der Toten. Hier dehnte sie sich vor meinen Augen aus, ein wüstes, einsames Gebiet, eine Ebene von so melancholischer Ruhe, wie ich sie noch nie erlebt hatte. Durch dieses Tal des Todes windet sich der Acheron, unhörbar, sein Geheimnis hütend, wie eine schwarze, glänzende Schlange.
War es der Himmel, der diese ganze Gegend so unheimlich machte? Der Himmel ist hier fast immer ein Gemisch von grellem Licht, von fliehenden Wolken, von drohendem Gewitter. Irgendwo unweit vom Meer sah ich Häuser, verfallend, so unendlich allein, so menschenfeindlich, so todgeweiht. Irgendwo standen Kinder mit dünnen Beinen, mit bleichen Gesichtern, ängstlich aus großen Augen schauend. Dann war alles verschwunden. Ich hörte nur das Dröhnen der Wellen. Ich stand an der Mündung des Acheron in das Ionische Meer.
Bald sollte ich das Geheimnis dieser Landschaft erfahren. Ich war nahe dem Reich der Toten, ich war fast an der Öffnung zur Unterwelt. Hier irgendwo befindet sich der Hades, von dem Homer erzählt, von dem ein Meer von Mythen, Gesängen und Dramen ausging.

Wandert man von der Mündung des Acheron immer am Fluß entlang landeinwärts, so gelangt man an den Einfluß des Kokytos. Hier, an der Stelle, wo Acheron und Kokytos zusammenfließen, ragen zwei Hügel aus der Landschaft empor. Auf einem dieser Hügel wurde in neuester Zeit der Eingang zur Unterwelt entdeckt. Das ist ein Ereignis, das von der Welt überhaupt nicht bemerkt wurde, ein Ereignis, von dem keine Zeitung berichtete, nur die eine oder die andere wissenschaftliche Publikation.

Thesprotia ist eine Landschaft am Ionischen Meer in Epirus, Griechenland. Dürre Felsgruppen, von der Natur geschaffene Bastionen und Mauerzinnen – das ist die Gegend, durch die sich der obere Acheron windet. Es ist das wildeste Gebiet Griechenlands. Nur am unteren Lauf des Acheron und an seinem nordwestlichen Nebenfluß, dem Kokytos, wird die Landschaft breit, flach und weit. Ehe der Fluß aber in diese Ebene eintritt, durchströmt er reißend enge, düstere Schluchten, schlängelt er sich an nackten Felswänden vorbei, stürzt er immer wieder in brausenden Katarakten in dunkle Tiefen. In der Ebene des Todes schweigt er dann endlich, wie ein Gewitter, das sich ausgetobt hat. Aber der drohende Himmel bleibt. Ein lichter Himmel kann sich hier sekundenschnell verdunkeln. Es bleiben die einsamen schwarzen Pappeln und die traurigen, vom Wind zerfetzten Weiden.

Die Vorstellungen der westlichen Welt vom Inferno beruhen auf sehr alten Überlieferungen. Sie stammen aus einer Zeit, die vielleicht 4000 Jahre zurückliegt, vielleicht 5000 oder 6000. Sie haben ihren Ursprung in Mesopotamien, in Uruk, der Stadt des Gilgamesch, und in den grandiosen Dichtungen der babylonischen Semiten.

Auch müssen die moderne Archäologie und die historische Wissenschaft sich mehr und mehr davon überzeugen, daß den Schilderungen Homers erstaunlich viele wahre Tatsachen zugrunde liegen. Man hat die Burg seines Helden Agamemnon, Mykenai, entdeckt, die im zweiten Jahrtausend vor Christus gegründet wurde. Im Augenblick werden die letzten Korridore, Säle und Weinkammern des Palastes des Nestor freigelegt, des erfahrensten Heerführers der Hellenen, der also ebenso wie Agamemnon, Menelaos, Achilles, Odysseus, Telemach und viele andere einstige «Sagengestalten» sehr wahrscheinlich wirklich gelebt hat.

Odysseus war ganz sicher eine historische Gestalt, auch wenn man seinen Königspalast auf der Insel Ithaka noch nicht gefunden hat. Er kam nach Beendigung des Troia-Krieges auf seiner zehnjährigen Heimfahrt auch in die Ebene des Todes, an den Zusammenfluß des Acheron und des Kokytos. Kirke rät dem Odysseus, über das Meer bis zum Reich der Persephone, der Herrscherin der Unterwelt, zu fah-

[1 a] Die Zikkurat von Agarguf, unweit von Bagdad, ist eines der am besten erhaltenen Turmheiligtümer. Der Turm zu Babel wurde im Laufe der Jahrtausende vollständig abgetragen. Hier steht noch der Rest eines solchen Kolosses, auf dessen höchster Spitze dem Gott geopfert wurde.

[1 b] Uruk war die bedeutendste Stadt Mesopotamiens in sumerischer Zeit. Hier herrschte König Gilgamesch, hier lag der größte Tempel der ersten Hochkultur der Menschheit. Die Ausgrabungen dieses Heiligtums durch Professor Lenzen beweist, daß der Tempel schon um 3000 vor Christus etwa dem Grundriß unserer Kathedralen entsprach.

[2] Das Familienrelief des Königs Ur-Nansche von Lagasch (Tello) aus der Ur-I-Phase um 2630 vor Christus zeigt den König, einen Korb mit Erde für den Tempelbau tragend, mit seinen Söhnen. Rechts unten sieht man ihn noch einmal, einen Trinkbecher in der Hand. Die Namen der Söhne sind oben wie unten auf ihren Röcken angegeben. Hinter dem König steht je ein Diener.

[3] An der Thronsaalfassade des Palastes von Sargon II. zu Dur Scharrukin (Chorsabad) wurde dieses 4,70 m hohe Alabasterrelief eines Helden mit Löwen entdeckt, vielleicht eine späte Darstellung des Gilgamesch. Sargon II., König von Assyrien, regierte 721 bis 705 vor Christus.

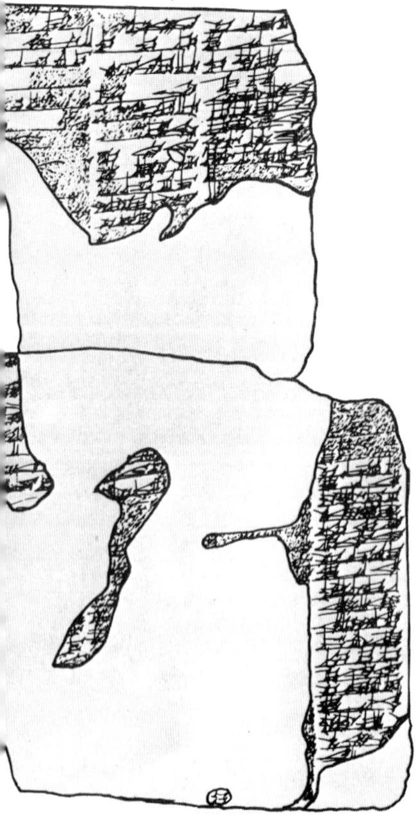

[4 a] Die sumerische Ur-Nammu-Tontafel enthält 22 Gesetze, von denen 5 einigermaßen zuverlässig entziffert werden können. In der Mitte erkennt man den Bruch. Links die von Professor Samuel Noah Kramer abgeschriebenen Zeichen, soweit sie auf der Tafel noch lesbar sind. Alle sumerischen Gesetze beginnen mit dem Wort «tukumbi», was «gesetzt den Fall» bedeutet. Man kann daher auf den Bruchstücken den Anfang von 6 Gesetzen erkennen.

[4 b] Diese sumerische Tontafel aus der Zeit um 1700 vor Christus trägt ein Bruchstück der sumerischen Dichtung «Der Mensch und sein Gott». Die obere Scherbe befindet sich im Universitäts-Museum von Philadelphia. Professor Samuel Noah Kramer fand das untere Fragment im Altorient-Museum zu Istanbul. Er kopierte es handschriftlich und entdeckte dann in den USA, daß beide Bruchstücke so wie auf unserem Bild zusammengehören.

[5] An Babylons Prozessionsstraße, die durch das Ischtar-Tor führte, waren die Wände mit farbig glasierten Ziegelreliefs verziert. Man erkennt einen Löwen, das Wahrzeichen Babylons, und zwei Greifen.

[6] Babylon mutet mit seinen Straßen, die sich in rechten Winkeln schneiden, wie eine Großstadt Amerikas an. Die Ruinen der Metropole aus der Zeit Nebukadnezars II. (604—562) sind noch gut erhalten. Im Palast des Nebukadnezars starb Alexander der Große, der Babylon zur Hauptstadt seines Weltreiches machen wollte.

[7] Oberster Teil der berühmten Gesetzes-Stele des Königs Hammurabi von Babylon, der hier in Anbetung vor dem Sonnengott Schamasch steht. Die Stele stammt aus der späten Larsa-Periode um 1930—1888 vor Christus und befindet sich jetzt im Louvre zu Paris. Sie trägt die fein gravierte Inschrift mit den reformierenden Gesetzen des Königs. Der Basaltstein ist 2,25 m hoch.

[8] Relief der Göttin Ischtar aus der Stadt Mari am mittleren Euphrat, deren Kultur zwischen 1950 und 1700 vor Christus blühte. Ischtar ist die Herrin der Tiere, Muttergöttin, Geburtshelferin und Göttin der Liebe und Wollust. Der Löwe ist das ihr zugehörige Tier.

[9] Unvergleichlich schön ist die Gruppe dieser trauernden Mädchen aus Memphis. Das Relief ist nur 16 cm hoch und zeigt trotzdem, wie fein die Ägypter mit sparsamsten Mitteln Gefühle zum Ausdruck bringen konnten.

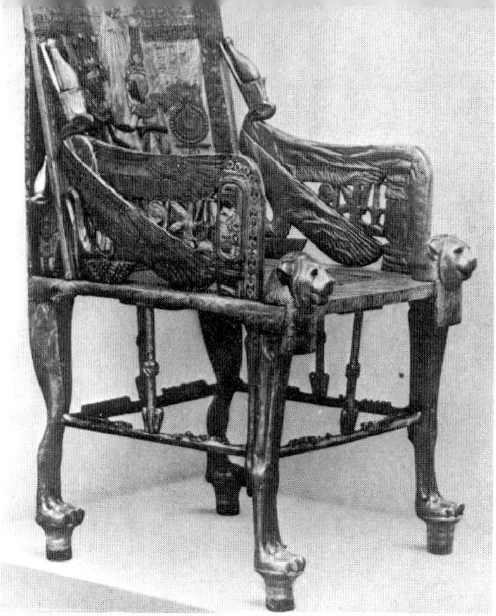

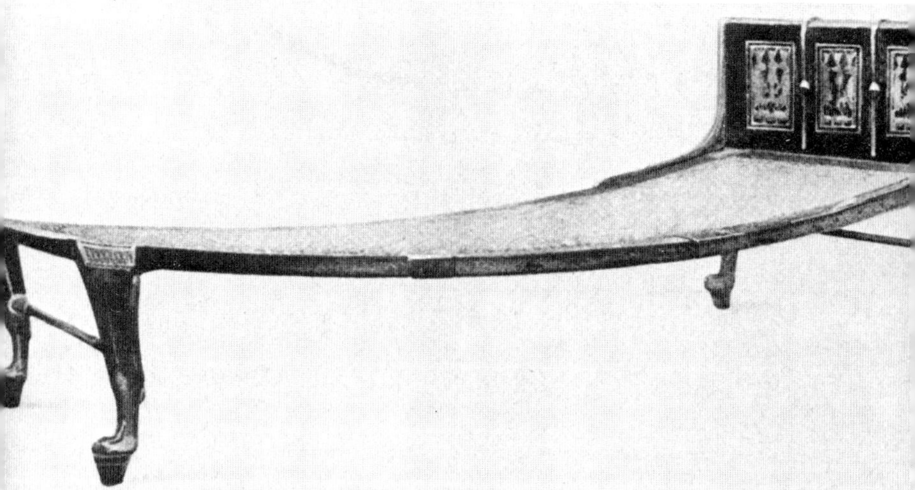

[10 a] Dieser Stuhl ist 3300 Jahre alt und wurde im Grab von Tut-ench-Amun gefunden. Tut-ench-Amun regierte etwa 1330 bis 1324 vor Christus. Am 4. 11. 1922 wurde sein fast unberührtes Grab von Howard Carter entdeckt. Carter starb erst am 2. 3. 1939, was das Märchen vom «Fluch des Grabes» widerlegt.

[10 b] Die Ägypter schliefen in Betten, auf denen Matratzen, Decken und Kissen aufgetürmt waren. Diese hölzerne Bettstelle ist rund 3500 Jahre alt, stammt aus Theben und kann heute im Museum zu Kairo bewundert werden.

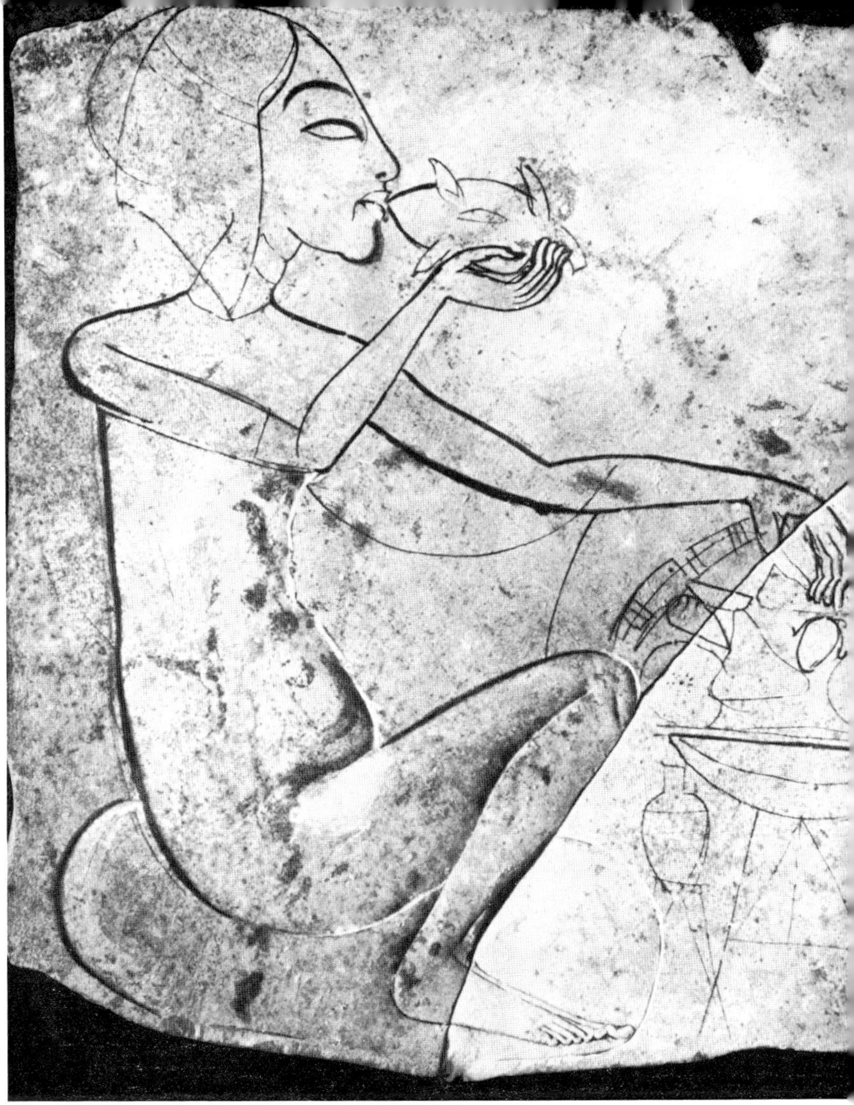

[11] So speiste eine ägyptische Prinzessin. Die Tochter Amenophis' IV. sitzt auf einem Kissen vor einem Speisetischchen und einem Krugständer. Sie ißt eine Ente und nimmt sich gerade eine Frucht. Die Kalksteinplatte mit diesem Entwurf, den sich ein Bildhauer machte, stammt aus Amarna.

[12] Die Kolossal-Statue des Königs Ramses II. befindet sich in Luxor, im Amon-Mut-Chons-Tempel. Das Haupt des Königs trug eine Krone, die aus einem gesonderten Steinblock gearbeitet war und nicht mehr erhalten ist.

[13] König Thutmosis III. ist hier beim Opfer dargestellt. Die Plastik ist aus hartem graugrünem Schiefer gefertigt. Thutmosis III. beseitigte nach dem Tode der Hatschepsut alle Erinnerungen an sie.

[14] Dieses Mumienbildnis wurde bei Hawara im Faijum gefunden und stellt ein junges Mädchen um 130 nach Christus dar, offenbar griechisch-ägyptischer Herkunft.

[15] Das ist das düstere Schloß des Hades, durch das Odysseus ging, um mit den Toten zu sprechen. Was Homer vor 2700 Jahren erzählte, ist jetzt ausgegraben worden und wird hier zum erstenmal im Bild gezeigt. In die ersten drei Räume durften nur die Pilger eintreten, im vierten wurde geopfert. Die innersten Räume waren nur Priestern zugänglich. In den tiefsten Höhlen lebten nur der Gott Hades und die Göttin Persephone.

[16 a] Am Ufer des Totenflusses Acheron weidet eine Schafherde. Bis vor wenigen Jahren starben hier 80 Prozent der Bevölkerung an Malaria. Immer war dieses Gebiet eine Totenlandschaft.

[16 b] Bruchstücke von Tonfiguren der Persephone, der Göttin des Totenreiches aus dem dritten Jahrhundert vor Christus, wurden am Fuße des Hügels gefunden, auf dem sich der Eingang zur Unterwelt befindet. Auf manchen Figurinen trägt die Göttin das Schleiertuch und den Polos, einen Kopfputz in Zylinderform, geschmückt mit Girlanden aus Früchten.

ren und das Haus des Hades zu besuchen. Odysseus müsse dabei einen Sumpf überqueren und dorthin gelangen, wo der Kokytos in den Acheron mündet. Die beiden Ströme fließen vor einem Felsen zusammen. Dorthin muß man gehen. Das ist eine ganz präzise Beschreibung der Lage des «Hauses des Hades». Es ist darum um so verwunderlicher, daß dieses «Haus» erst vor wenigen Jahren gefunden wurde.

Der Hügel, der tatsächlich genau am Zusammenfluß von Kokytos und Acheron liegt, trägt heute den Namen «St. Johannes von Prodrom». Am Fuße des Hügels befindet sich jetzt ein winziges Dorf, Mesopotamon, das kaum auf irgendeiner Karte verzeichnet ist. Auf der Spitze des Hügels stehen die Ruinen eines kleinen Klosters aus dem 18. Jahrhundert, dessen Garten bis vor drei Jahren ein Friedhof war. Der griechische Archäologe *Sotiris Dakaris* hat den unwiderlegbaren Beweis erbracht, daß sich hier der Eingang zur Unterwelt befand. Er führte mich bis an die Schwelle des Höhlenreiches, an der auch Odysseus stand. Um hierherzugelangen, gingen wir durch ein Tor, weiter durch die Ruinen eines Korridors und schließlich durch ein Labyrinth.

In einem zentralen Raum des Tempels hat Dakaris zerbrochene Gefäße gefunden, hauptsächlich Becher und Amphoren. Auf den steinernen Boden wurden Weihgetränke gegossen, die durch Spalten in einen unterirdischen Saal flossen, den eigentlichen Aufenthalt des göttlichen Paares Hades und Persephone.

An der linken und rechten Seite des zentralen Raumes sind vier weitere Räume ausgegraben worden. Man fand hier verbrannte Gerste, sehr kleine Bohnen, die es heute in Griechenland nicht mehr gibt, Krüge mit Bodensatz, der auf Honig hindeutet. Zudem war die obere Fläche des Bodens gelbfarbig und hart, als sei sie mit einer Honigflüssigkeit getränkt.

Kleine Götterstatuen der Persephone und des Kerberos wurden auch gefunden. Die Tatsache, daß sich ein Abbild des Höllenhundes hier wirklich noch befand, ist so verblüffend wie das ganze Wunder der Entdeckung der Unterwelt.

Im Korridor, der sich an das Eingangstor anschließt, sah ich auf der rechten Seite kleine Anhäufungen von Steinen. Jeder Besucher, der in antiker Zeit vorbeiging, warf hierhin einen Stein, um sich vor dem gefährlichen Einfluß der Seelen der Toten zu schützen. Kleine Aushöhlungen mit Kohlen und Asche verbrannter Tierknochen deuten auf Opferstellen. Was bedeutete das alles?

Wir hatten nicht nur den Eingang zur Totenwelt erreicht, wir standen vor einem der erstaunlichsten Beweise der Wahrhaftigkeit ältester Überlieferungen. Es kommen einem an diesem Ort merkwürdige Gedanken über Leben und Tod und Jenseits. Wie kann man die Verbindung zu den Toten aufnehmen? Wie kann man sie erreichen? Wie kann man ihnen nahekommen? Diese Frage hat die Menschheit seit vielen Jahrtausenden beschäftigt. Homer hat uns Antwort gegeben. Hier, auf den Steinen, auf denen wir stehen, hat sich die Verbindung vollzogen.

Nach dem Bericht des Homer im 10. Gesang der Odyssee ist Odysseus mit zwei Gefährten bis zum Eingang der Totenwelt vorgedrungen, bis zu der Öffnung, die in die Reiche der Schatten führt. Er schachtet am Eingang des Hades eine Opfergrube. Dann gießt er Weihegetränke für die Toten aus, eine Mischung von Milch und Honig, dann Wein, dann Wasser. Schließlich streut er weißes Mehl in die Grube. Er schlachtet einen Widder, sodann ein schwarzes Mutterschaf, drückt die Köpfe in die Grube und verbrennt die Leiber der Tiere. Um das Blut der Opfer versammeln sich die Seelen, Frauen und junge Männer, schwergeprüfte Greise, zarte junge Mädchen, die in ihren Herzen die frühe Trauer tragen, Krieger, in Massen gefallen unter der Bronze der Lanzen. Diese Opfer des Ares, des Gottes des zerstörenden Krieges, besitzen noch ihre mit Blut befleckten Waffen. In Mengen strömen sie herbei bis zum Rande des Grabens, grauenvoll schreiend.

Homer läßt Odysseus selbst erzählen: «Mich packt Entsetzen. Aber ich presse meine Schenkel zusammen, um die Tiere abzubalgen. Das unerbittliche Erz zerschneidet ihnen die Kehle. Sie sind die Opfertiere, und mit ihnen werden die Götter beschworen, der starke Hades und die schreckliche Persephone. Ich untersage allen Toten, Häuptern ohne Kraft, sich dem Blut zu nähern, ehe nicht Tiresias mir Antwort gegeben hat.»

Tiresias ist der Hellseher, den Odysseus aus dem Jenseits locken will, um ihn zu befragen, wie er seine Heimat erreichen könne. Die Seelen der Menschen sind Schatten und Traumbildern gleich. Sie sind dem Begriff des Lebenden nicht faßbar. Sie nahen sich bewußtlos. Nur Tiresias hat die Sehergabe und das Bewußtsein auch unter den Schatten bewahrt, ein Gnadengeschenk der Herrin der Unterwelt, Persephone. Der Bluttrunk gibt den Seelen momentanes Bewußtsein zurück. Damit ist die Erinnerung an die obere Welt wieder da. Das Bewußtsein der Toten ist also nicht gestorben, es schläft nur.

Tiresias hat als erster getrunken. Mit ihm kann nun Odysseus sprechen. Erschütternd ist das Auftreten der Mutter des Odysseus, der Antikleia: «Mein Sohn, du lebst noch! Und doch bist du hier bei den Nebeln der Nacht! Dieser Ort zeigt sich nicht den Blicken der Lebenden: um die großen Flüsse zu überqueren, ihre schrecklichen Stromschnellen und vorher den Ozean, den man nicht durchwaten kann, braucht man ein gutes Schiff. Kommst du hierher aus Troia nach so langer Zeit der Abenteuerfahrten? Haben dich deine Männer und dein Schiff noch nicht nach Ithaka zurückgebracht? Hast du dein Heim und deine Frau noch nicht wiedergesehen?» Odysseus antwortet: «Meine Mutter, ich mußte zum Hades fahren, um den Schatten des göttlichen Tiresias aus Theben um Rat zu fragen. Nein, ich bin noch nicht nach Achaia gekommen, ich habe noch nicht unser Land betreten. Ich bin weiterhin auf Irrfahrten, von Unglück zu Unglück, seit der göttliche Atride uns nach Ilion führte, um die Troer zu schlagen. Aber antworte mir doch, ohne mir etwas zu verbergen, welches Schicksal hat dich getroffen und in den Tod geschickt? Geschah es nach langer Krankheit? Erzähl mir von meinem Vater. Erzähl mir vom Sohn, den ich daheim zurückließ.»

Odysseus begegnet noch manchem Helden im Schattenreich, dem großen Aias, dem König Minos, dem Tantalos, dem Sisyphos, dem Herakles. Diese Beschwörung der Toten durch Odysseus führt uns an das größte Geheimnis zwischen Diesseits und Jenseits heran, so wie es Jahrtausende vor uns, wie es die Zeiten vor Homer gelöst haben. Die Toten sind kraftlos, unfähig, in das Leben einzugreifen. Was vom Tisch fällt, gehört ihnen. Wie sie es bekommen, weiß man nicht.

Die Vorstellung all dieser Dinge hatten die antiken Griechen durch ein sehr feines Beobachten des Menschen, der Natur und des Übernatürlichen gewonnen. Sie machten gewisse Erfahrungen, die sie mit den Toten in Verbindung brachten. Der Mensch sieht die Toten im Traum, hört ihre Stimme, oder er fühlt sich von anderen, die ihm einst nahe waren und nun verstorben sind, weiter beraten. Manchmal sehnt sich auch der Mensch nach diesem Rat, erhält ihn auch, nimmt ihn aber nicht an wie der verwaiste Knabe beim großen klassischen Tragiker Euripides, der um 455 vor Christus lebte und 75 Dramen dichtete. Der Junge sagt: «Vater, meine Augen glauben dich zu sehen, aber die Mahnungen deiner Stimme sind in die Lüfte verweht.» Auch der Rächer eines Mordes glaubt, daß ihm der Ermordete bei seinem Werk hilft. So entwickelte sich der Glaube, daß bevorzugte Tote noch in diese Welt hinüberwirken, ähnlich wie die Götter. Und so entstand der Heroenglaube.

An den Zugang zu dieser Unterwelt sind einige Lebende gekommen, Orpheus, der den Gott Hades durch seine Klagelieder zu rühren verstand und seine Gattin Eurydike aus der Unterwelt holte. Da er sich aber entgegen dem Verbot nach ihr umsah, verlor er sie wieder. Die Alkestis, die sich für ihren Gemahl Admetos, der sterben sollte, geopfert hatte, wurde von Herakles dem Tod wieder entrissen. So schildert es das Drama des Euripides. Alle Helden, die in die Unterwelt

gingen, gehören der Sage und dem Drama an. Aber sie haben wahrscheinlich dennoch gelebt. Ein Verstorbener ist nie durch die Zugänge des unterirdischen Reiches herausgekommen, denn niemals gibt das Haus des Hades seine Bewohner frei.
Herodot, der Vater der Geschichte, der um 450 vor Christus lebte, wie auch Pausanias, der um 175 nach Christus eine Reisebeschreibung verfaßte, haben beide erklärt, daß das Totenorakel am Acheron dem Homer bei der Schilderung der Totenbeschwörung im elften Buch der Odyssee vor Augen geschwebt habe. Der Zugang zur Unterwelt, zum Reich der Toten, bestand also hier seit uralter Zeit. Jetzt erst ist er wiedergefunden worden. Wir können ihn jetzt sehen. Es ist erschütternd, an dieser Schwelle zu stehen, an der Pforte zum größten Geheimnis zwischen Himmel und Erde!
Wieder packt mich die große Stille. Lautlos fließen die Wasser des Acheron und des Kokytos. Einst verloren sie sich in einem Sumpfsee. Noch bis zum Jahre 1945 starben hier 80 Prozent der Bevölkerung an Malaria. Die Ebene war wirklich immer ein Ort des Todes. Immer atmete er hier seinen Gifthauch aus. Aber man hat dem Tod etwas von seiner Macht nehmen wollen und den Sumpf künstlich trockengelegt. Das geschah erst vor einigen Jahren. Und doch hat sich nichts geändert. Über der Landschaft liegt die alte bodenlose Melancholie, und das große Sterben ist nur abgelöst durch trostlose Einsamkeit.
Wovon träumen die schwarzen Pappeln? Was erzählen die alten Weiden? Sind die Seelen, die Schatten, noch immer dort unten? Wird der Seher Tiresias je wieder aus dem Totenreich zum Licht hinaufsprechen?
Ich glaube es nicht. Denn wir leben in einer Zeit, der sich die ewigen Reiche nur noch ungern öffnen.

Die genialen Ionier

«Die Ausbreitung der Griechen über die Küsten des Mittelmeeres und des Schwarzen Meeres, die sich von der Mitte des 8. Jahrhunderts bis in die Mitte des 6. Jahrhunderts vollzogen hat, gehört zu den glänzendsten Kapiteln der Kolonisationsgeschichte der Welt überhaupt.» – Ulrich Wilcken, Griechische Geschichte, München 1951, S. 96.

Die Ilias bildet nicht nur die wichtigste Grundlage der gesamten abendländischen Dichtung und Prosaliteratur, sie läßt uns auch mit atemberaubender Schärfe hineinschauen in das größte und wichtigste Ereignis der abendländischen Geschichte und Kultur. Die Landung der Griechen an der türkischen Küste und ihr Kampf um Troia ist nämlich nur eine unter vielen solchen Operationen, die in jenen Jahrhunderten unternommen wurden. Die Kolonisation dieser türkischen Westküste durch griechische Stämme kann als das epochalste Ereignis der europäischen Geschichte bezeichnet werden.

Wenn es außer den Urwiegen des Abendlandes, Mesopotamien und Nil, noch einen hochbedeutenden geistigen Ausgangspunkt gibt, ist es die türkische Küste am Ägäischen Meer. Daß diese Vorstellung beim Durchschnittseuropäer nebelhaft verschwommen ist, läßt die Gefahr erkennen, in der sich das Abendland befindet. Es ist die Gefahr des Vergessens, die Gefahr, die großen geistigen Ströme aus den Augen zu verlieren, die unsere westliche Welt aufblühen ließen und bildeten. Werte, an deren Ursprung man sich nicht mehr erinnern kann, tragen allemal die Gefahr in sich, völlig verlorenzugehen.

Solange das Hethiterreich in Blüte stand, blieb den Hellenen die kleinasiatische Westküste verschlossen. Aber bald nach der Dorischen Wanderung um 1000 vor Christus oder etwas früher, etwa um die Zeit des Troischen Krieges, setzte das weltgeschichtliche Ereignis ein, das wir «die ionische Kolonisation» nennen. Die Einteilung der Griechen in Äolier, Dorier, Achäer und Ionier ist eine sprachliche. Aber es gab auch ethnologische Unterschiede. Die Ionier behaupteten, die Dorier seien Abkömmlinge nichtgriechischer, nördlicher Eindringlinge, die sich mit einer frühen griechischen Bevölkerung auf dem Peloponnes vermischt hätten. Die Dorier versicherten, die Ionier seien Vorgriechen oder Pelasger gewesen. Auch der Peloponnesische Krieg zwischen Athen und Sparta zeigt ja diese Gegensätze, denn Lakonien mit Sparta war ein Hauptsitz der Dorier, Attika mit Athen war das Zentrum der ionischen Kultur auf dem Festland.

An den Zügen nach Kleinasiens Küste beteiligten sich zunächst alle griechischen Stämme. Sie brachten ihre Sitten und Ansichten an die Ufer, die heute der Türkei gehören, sie brachten ihre Mythen mit, ihre Götter, ihre Feste. Sie siedelten sich von Norden nach Süden an, so wie sie geographisch über Griechenland verteilt waren, nämlich im Norden der kleinasiatischen Westküste die Äolier, in der Mitte die Ionier, im Süden die Dorier. Einige Plätze, wie die Insel Chios und die Stadt Smyrna, waren zeitweilig zwischen Äoliern und Ioniern strittig. Dann aber setzte sich das ionische Element durch. Es erlangte die Führung aller griechischen Stämme in Kleinasien. Als Ionier betrachteten sich schließlich die Bewohner von zwölf kleinasiatischen Städten, darunter Milet, Ephesos und Priene.

Die kleinasiatischen Ionier vermischten sich mit mancherlei nichtgriechischen Volkssplittern, was auf ihre Eigenart einen außerordentlich günstigen Einfluß hatte. Wie die hervorragenden Eigenschaften des ionischen Stammes zu erklären sind, bleibt dennoch letztlich ein Rätsel. Sie wurden die Hauptschöpfer der griechischen Bildung. Sie sind überhaupt die Väter der gesamten geistigen Haltung des Abendlandes. Sie hatten den größten Einfluß auf die Entwicklung und Ausgestaltung der griechischen Literatur. Sie waren die Schöpfer der epischen, elegischen und iambischen Poesie.

Daß Homer ein Ionier war und an den türkischen Küsten lebte und dichtete, paßt gut in die Reihe der strahlenden geistigen Feuer, die an diesen Ufern aufgingen, loderten und ihren wärmenden Schein an das Abendland abgaben. In der Plastik, in der Architektur, in der Malerei haben die Ionier Erstaunliches hervorgebracht. Ihre Liebenswürdigkeit, ihre Eleganz, ihre Grazie, ihr leichter, verspielter und doch zielbewußter Sinn waren weltberühmt.

Am Ende der großen Karawanenstraßen saßen sie, die aus den innerasiatischen Ländern, besonders aus Mesopotamien, einen immer lebendigen Strom an Wissen, neuen Gedanken und Erfindungen, an Werten und Waren heranführten. Sie schenkten dem Abendland Maße und Gewichte, Kalender, Geometrie, Astronomie und Münzen. Der altorientalische Geist hätte auf tausend Wegen Europa sowieso erreicht und durchdrungen, aber die Ionier haben die Gedanken verarbeitet, entwickelt, gleichsam europäisiert. Europa wurde so nicht eine Fortsetzung des Orients, eine Kolonie, ein Anhängsel Asiens.

Die Ionier waren neugierig und wißbegierig, manchmal auch etwas vorwitzig und immer ungeduldig. Sie liebten zu schauen, zu reisen, auszufragen. «Theoria», das Schauen, ist ein ionisches Wort. «Theorein», zusammen mit «historein», bilden bei Herodot die Grundlage der Geschichtswissenschaft. «Das geistige Schauen abstrakter Dinge», das nannten die ionischen Naturphilosophen Theorie. Die Theoria wurde dann eine wissenschaftliche Untersuchung. Und die Theorie als Ansicht eines Gelehrten entstand in der Neuzeit. Wir sehen schon hieran, welch ein erstaunliches Fundament die Ionier, getrennt von Europa lebend, dem gesamten abendländischen Denken legten. Auch «Historia», die Geschichte, ist ein ionisches Wort. Es bedeutete «Ausforschung». Sehen und ausfragen, das kennzeichnet so recht den unglaublich lebendigen und wendigen Geist der Ionier, die zu Lande bis tief nach Asien reisten und zur See alles ausspionierten, was sich an den Küsten des Mittelmeeres zutrug. Zu Hause erzählten sie ihren äußerst interessierten Zuhörern, was sie erschaut und erlebt hatten. Sie begannen ihr Wissen aufzuzeichnen, wobei sie Historisches und Geographisches gemeinsam berichteten, und so entstand die Geschichtsschreibung. Man darf nicht vergessen, daß die Logographen, also die Schreiber von «logoi», von Geschichten, Novellen und Fabeln, im 7. und 6. Jahrhundert vor Christus in Ionien die Nachfolger der epischen Sänger wurden. Sie erzählten Geschichten von fernen Königen, von berühmten Fürsten, von großen Abenteurern und fremden Ländern. Hekataios von Milet und Hellanikos von Lesbos gehören zu den ersten Historikern des Abendlandes und schrieben im ionischen Dialekt.

Wo verschiedene Eindrücke, verschiedene Anschauungen und verschiedene Völker aneinanderstoßen, dort entsteht am ehesten die Neigung, zu vergleichen, zu beurteilen, weiterzudenken. Die Versuche, die Welt zu erklären, das religiöse Denken des Orients, führten so unmittelbar zur ionischen Naturphilosophie.

Man hat längst vergessen, daß sich die Geburt der gesamten griechischen Gedankenwelt nicht in Griechenland vollzog, sondern in den Kolonien an der Westküste Kleinasiens. Hier lebten die Kolonisten, geeint durch die Gefahren des fremden Landes und die Angriffslust der einheimischen anatolischen Bevölkerung, im Schutz der Mauern befestigter Städte. Hier entwickelten sie ein ganz eigenes, sehr intensives Stadtleben. Hier lernten sie, unter dem Druck der Verhältnisse, politisch für ihre Heimat, die Polis, zu denken. Hier entwickelte sich ein politisches Leben in so gesteigerter Form, wie die abendländische Welt es noch nicht gekannt hatte. Die griechische Polis, der Stadtstaat, entstand zuerst auf kleinasiatischem Boden.

Die Ionier waren politisch und wirtschaftlich das fortschrittlichste Volk der Erde. Sie schufen die Demokratie früher als irgendein griechischer Stamm. Sie waren unter den genialen Griechen einfach die genialsten.

Was dem Kontinent Europa den Atem einhauchte und den Geist gab

«Die Lakedämonier wußten, daß ihnen der Tod bevorstand, als die Feinde um den Berg herumkamen, und zeigten ihre Stärke an den Barbaren mit dem äußersten Aufwand, voll Verachtung und Todeswut. Schon waren den meisten die Lanzen zerbrochen, da lichteten sie mit den Schwertern die Perserhaufen. In diesem mörderischen Kampfe fiel auch Leonidas.»
Herodot VII, 223, 224.

Das griechische Volk des Altertums hat vier große Schicksalsepochen erlebt: den gewaltigen Angriff des Perserkönigs Xerxes, das glänzende Zeitalter des Perikles, den Peloponnesischen Krieg Athens gegen Sparta und die Zeit des Hellenismus.
Der Kampf des kleinen Hellas gegen das riesige Perserreich war der größte weltpolitische Triumph menschlichen Geistes über alle materiellen Nachteile, den je ein David gegenüber einem Goliath hatte. In den Thermopylen, bei Salamis, Plataiai und Mykale wurde der zukünftige Lauf der Weltgeschichte entschieden. Es ging darum, ob im Abendland für alle Zeiten orientalische Kultur und orientalisches Leben sein sollten oder griechisches Denken und griechische Sitte. Die Größe und Bedeutung jenes weltgeschichtlichen Augenblicks konnten weder Leonidas noch Themistokles noch Pausanias in seiner vollen Auswirkung ermessen, *denn keine Uhr macht durch Stundenschlag die entscheidenden Momente im Leben der Menschheit deutlich. Es gibt keine Gegenwart, die sich selber kennt. Und so tappt jede Generation blind durch ihre Zeit.*
Was aber ist Genie? Es ist die Gabe, die Bedeutung des Augenblicks zu ermessen und der Notwendigkeit der Sekunde mit dem rechten Instinkt zu begegnen, den keine noch so umfangreiche Überlegung ersetzen kann.
Der Krieg des Persers Xerxes gegen Griechenland von 480 bis 479 vor Christus erfolgte in dem Augenblick, als das Schicksal die Frage stellte, ob Europa sein sollte oder nicht. Der Orient rückte an. Der Okzident lag noch im Dämmerschlaf seiner Geburt. Nur Griechenland war da. Und Griechenland antwortete. Die meisten Kriegsopfer in der Geschichte der Menschheit sind sinnlos erfolgt. Aber nie war der Tod auf dem Schlachtfeld sinnvoller als das Opfer jener dreihundert Spar-

taner unter Leonidas in den Thermopylen zwischen dem 1. und 3. August des Jahres 480 vor Christus.

Was war hier geschehen?

Die Thermopylen wurden nach den heißen Schwefelquellen, die sich dort befinden, benannt und waren ein Seepaß, der sich für die Verteidigung besonders gut eignete. Heute sind die Verhältnisse ganz anders, denn das Meer ist zurückgewichen und hat einer breiten Ebene Platz gemacht. Damals aber reichte das Ötagebirge mit einem seiner Ausläufer so dicht an das Meer, daß die einzige Militärstraße nach Mittelgriechenland hier gerade passierbar war. An der schmalsten Stelle ließ die Enge nur *einen* Wagen durch. Hier sollte der spartanische König Leonidas mit einigen Tausenden Männern die Perser aufhalten. Und nicht weit davon im Osten sollte die griechische Flotte an der Nordspitze von Euböa beim Artemision eine Seeschlacht liefern.

Der Perserkönig Xerxes sandte einen Späher aus. Der sah dort in den Thermopylen die Lakedämonier. Sie waren völlig ruhig und gefaßt. Einige turnten, andere kämmten ihr Haar. Xerxes konnte nicht glauben, daß diese Männer die Absicht hatten, auf Tod und Leben zu kämpfen. Er erkundigte sich bei seinen Ratgebern und war sehr erstaunt, als man ihm sagte, daß die Spartaner gerade immer dann ihr Haupt schmückten, wenn sie ihr Leben aufs Spiel setzen wollten.

Der Perser ließ vier Tage verstreichen. Er hoffte, die Griechen im Engpaß würden fortlaufen. Aber sie rührten sich nicht. Der König hielt sie für leichtsinnig und unverschämt. Und in seinem Zorn ließ er zuerst die Meder und Kissier angreifen. Die sollten die frechen Lakedämonier lebendig fangen und vor sein Angesicht führen. Die Meder stürzten sich auf die Hellenen. Tausende von ihnen fielen. Den ganzen Tag lang wurde gekämpft. Am Ende kam dem Perser ein schrecklicher Gedanke: er spürte, daß er viele *Menschen* in seinem Heer hatte, aber wenige *Männer*.

Die Meder waren übel zugerichtet. Jetzt schickte Xerxes die Perser vor, seine Elitetruppen. Man nannte sie die «Unsterblichen». Ihr General war Hydarnes. Auch sie richteten nichts aus. Das enge Schlachtfeld hinderte die Entwicklung ihrer Truppen. Ihre Lanzen waren zudem kürzer als die der Hellenen. Die Spartaner hatten erstaunliche Kampferfahrung. Immer wieder wandten sie sich zur Flucht und zogen dadurch die Perser in den engen Schlauch der Thermopylen hinein. Kamen diese an der engsten Stelle ins Gedränge, so wandten sich die Spartaner um und schlugen eine Unmenge tot. Während dieser Sturmangriffe, die Xerxes aus der Entfernung beobachtete, sprang er dreimal in höchster Erregung von seinem Thron auf. Das beobachteten seine

Höflinge mit starrem Entsetzen. Orientalische Könige hatten gelassen zu sein. Xerxes bangte wirklich um sein Heer.
Als die Perser am nächsten Tag glaubten, das Häuflein der Hellenen sei wundenmatt und könne nicht mehr die Hände heben, wurden sie eines Besseren belehrt. Wieder kämpfte Leonidas glänzend. Er hatte die Phoker abkommandiert. Die sollten einen Umgehungspfad bewachen. Persiens König war ratlos. Da wurde ihm Ephialtes gemeldet, der Verräter der Griechen. Ephialtes machte dem König klar, daß der Umgehungspfad, der durch das Gebirge nach den Thermopylen und in den Rücken der Hellenen führte, den Persern Sieg bringen müsse. Die Motive des Ephialtes hat man niemals einwandfrei ermittelt. Er wollte sich wahrscheinlich nur den Dank und den Lohn des Persers sichern. Er floh später nach Thessalien. Auf seinen Kopf wurde ein Preis gesetzt. Und schließlich wurde er von einem Bürger seiner Geburtsstadt ermordet.
Überläufer meldeten den Hellenen noch in der Nacht, daß die Perser sich auf dem Fußpfad näherten. Von den Höhen erkannten Posten des Leonidas den anrückenden Feind. Da hielten die Hellenen Rat. Einige waren für den Rückzug, andere wollten ausharren. Es scheint, als habe Leonidas selber die verbündeten Griechentruppen nach Hause geschickt. Er wollte alle Männer los sein, die nicht wirklich entschlossen waren zu sterben.
Leonidas erkannte aber auch die Chance unauslöschbaren Ruhms. Und diesen Ruhm wollte er nur für sich und seine Spartaner mit Blut für alle Zeiten in das Buch der Geschichte einschreiben. Den Tod im Morgenlicht hatte der Seher Magistias nach einer Eingeweideschau beim Opfern dem Leonidas und seinen Männern vorausgesagt. Auch ihn wollte Leonidas aus dem Tal des Sterbens entfernen. Magistias blieb, ließ aber seinen einzigen Sohn gehen. Sogar die Pythia im Delphischen Orakel hatte den Spartanern prophezeit, ihr König müsse fallen oder Sparta werde von den Barbaren zerstört werden.
Die Bundesgenossen zogen ab. Bei den Spartanern blieben nur ein paar Thespier und die *perserfreundlichen* Thebaner. Diese Thebaner saßen nicht freiwillig im Paß und damit in der Falle, sondern Leonidas hielt sie dort als Geiseln. Als sie erkannten, daß der Spartaner unterlag, streckten sie den Persern ihre Hände entgegen, ließen sich gefangennehmen und erklärten wahrheitsgemäß, man habe sie gezwungen, in den Thermopylen zu kämpfen. So retteten die meisten ihr nacktes Leben. Aber im persischen Militärbetrieb herrschten rauhe Sitten. Einige Thebaner wurden getötet. Den anderen brannte man auf Befehl des Xerxes die königlichen Insignien auf die Stirn, als erstem dem Feldherrn der Thebaner, Leontiades.

Bei Sonnenaufgang opferte der Perserkönig. Die Männer des Leonidas rückten ein wenig vor in die Breite des Talschlundes. Hier kam es zu einer mörderischen Schlacht. Herodots Schilderung ist hochinteressant. Wir hören von antreibenden Reihenführern bei den Persern. Wir hören von Geiseln im persischen Heer. Wir erfahren, daß Treiber diese Unglücklichen peitschten und so die gequälten Menschen nach vorn jagten. Ihre Schmerzen waren so groß, daß sich viele ins Meer stürzten. Andere, die nicht angreifen wollten oder konnten, wurden von ihren Kameraden zertrampelt.
Als die Perser über den Umgehungspfad anschlichen und das Häuflein des Leonidas auch im Rücken angriffen, kämpften die Spartaner mit einer Todesverachtung, wie man sie in der ruhmreichen Geschichte der Hellenen noch nie erlebt hatte. Alle ihre Lanzen zerbrachen. Da griffen sie zu ihren Schwertern und töteten Tausende ihrer Gegner. Unter der großen Zahl der persischen Opfer befanden sich zwei Söhne des Darius, Brüder des Xerxes . . .
Von vorn und im Rücken angegriffen, wichen die Spartaner in die Enge des Passes zurück hinter eine uralte Mauer, die dort einst von den Thessaliern erbaut worden war. Sie besetzten einen Hügel und verteidigten sich schließlich mit den einzigen Waffen, die sie noch hatten, ein paar Schlachtmessern, ihren Fäusten, ihren Zähnen.
Heutige Gelehrte wollen erklären, Leonidas habe nicht mit der nötigen Umsicht gehandelt. Ich halte das für einfältig und viel zu theoretisch. Es kam Leonidas genau auf das Gegenteil von Umsicht an, auf die Haltung und auf den Geist. Ich glaube darum auch nicht, daß Leonidas «die Stärke seiner Stellung überschätzt hat», wie Karl Julius Beloch meint. Ich glaube, daß er von seinem Untergang wußte, denn darauf deutet alles hin, was Herodot in seinem siebenten Buch berichtet. Der berühmte Historiker aus Halikarnassos war vier Jahre alt, als die Schlacht in den Thermopylen geschlagen wurde, und als er darüber schrieb, konnte er sich noch alles von Augenzeugen erzählen lassen. Sicherlich wußte Herodot viel besser, warum und wofür Leonidas kämpfte, als wir es abschätzen können. Es ist eine Krankheit unserer Zeit, die Minderwertigen zu entschuldigen, die Kleinen groß zu sehen, die Großen klein zu machen und echte Quellen grundsätzlich mit dem Staub des Mißtrauens zu trüben. Herodot schreibt ganz deutlich: «Weil Leonidas den Spartanern allein den Ruhm zuwenden wollte, wird er die Bundesgenossen fortgeschickt haben.» Ich finde es auch immer noch sehr schön, was der weise Eduard Meyer sagte: «Auf die wirklich ganz ernsthaft geführte Diskussion einzugehen, ob Leonidas, statt den Tod zu suchen, richtiger abgezogen wäre, wird man mir hoffentlich ersparen.»

Persiens Weltmacht begrub das spartanische Häuflein unter einem Regen von Geschossen. In dem mörderischen Kampf fiel Leonidas, fielen alle dreihundert Spartaner. Aber aus diesem Sterben stieg Hellas' Ruhm ewig, unsterblich und himmelhoch auf. Aus diesem Sterben erwuchs der Sieg von Salamis!

Die Geschosse der Meder und Perser waren Pfeile. Über diese Pfeile haben wir noch etwas zu erzählen. Von einem Spartaner namens Dienekes, der sich auf der letzten Widerstandshöhe besonders tapfer schlug, wird folgendes berichtet: als man ihm vor der Schlacht sagte, die Perser schössen ihre Pfeile so dicht ab, daß sie das Sonnenlicht verdunkelten, antwortete er völlig gelassen, das sei schön, dann werde man eben im Schatten kämpfen und nicht in der Sonne.

Nach dem großen Ringen erkundigte sich Persiens König, wie viele solcher Lakedämonier es wohl im ganzen gäbe. Demaratos, der Befragte, antwortete, es gäbe viele und sie hätten zahlreiche Städte. Sparta sei von achttausend Männern bewohnt, und gerade die Spartaner seien genauso wie die in den Thermopylen Gefallenen.

Leonidas hatte den feindlichen Riesen so lange aufgehalten, bis die griechische Flotte in Sicherheit war. Die moderne Forschung von A. Köster hat bestätigt, daß das unentschiedene Seegefecht zwischen der persischen und der griechischen Flotte beim Artemision am gleichen Tage stattfand, an dem Leonidas fiel. Das ist sehr interessant, denn es bestätigt, was uns von Herodot berichtet wird. Taktisch also hatte Leonidas die griechische Flotte gerettet – was ihm bei «umsichtigem» Handeln wohl kaum gelungen wäre. Moralisch war seine Tat die Voraussetzung für alle kommenden Siege der Griechen!

Heute leben wir im Zeitalter des Zweifelns und des Existenz-Ideals um jeden Preis. Darum wollen wir wissen, ob das Heldentum des Leonidas und seiner Lakedämonier nicht vielleicht dichterische Überhöhung der klassischen Antike ist.

Es ist wenig bekannt, daß das blutige Drama, das sich in den Thermopylen abspielte, durch ganz moderne Grabungen noch einmal sichtbar wurde. Der Grieche Spyridon Marinatos hat 1939 den Hügel gefunden, auf dem die Spartaner fielen. Das war nicht einfach, denn die Anschwemmungen der Flüsse Asopos und Spercheios haben das Gebiet der Thermopylen sehr stark verändert. Es war daher lange unmöglich, den Hügel «Kolonos» zu ermitteln. Erst dem griechischen Gelehrten gelang es. Und nun konnte man versuchen, den Spuren des heldenmütigen Ringens nachzugraben.

Marinatos begann also, Schächte in den Hügel zu legen, auf dem die Krieger des Leonidas bis zum letzten Mann gefallen waren. Und da machte er eine bedeutende Entdeckung: Er stieß auf eine so große

Menge von Pfeilspitzen, wie man sie in Griechenland bisher noch nie gefunden hatte. Es waren teils eiserne Pfeilspitzen, teils viel besser gearbeitete aus Bronze. Offenbar hatten die Pfeile der großen Masse der persischen Armee eiserne Spitzen. Herodot nennt dieses Gros die «Meder». Die Eliteregimenter dagegen, die Perser, die Unsterblichen, hatten bronzene Pfeile. Man kann das Drama rekonstruieren. Die Eliteregimenter rückten unter Hydarnes mit dem Verräter Ephialtes als ihrem Wegweiser über den dem Meer zugewandten Teil des Kolonos an, um die Griechen zu umzingeln. Darum fand man auch gerade auf dem nördlichen Teil des Hügels die bronzenen Spitzen, während auf der südlichen Seite die eisernen Spitzen lagen. Daß diese Pfeilspitzen persisch waren, beweisen gleiche Funde in Persepolis und in vielen anderen Gegenden Persiens und Kleinasiens. Übrigens fand man die gleichen Geschosse auch bei Marathon, wo der Perserkönig Darius gekämpft hatte, und auf der Nordseite der Akropolis, die von den Persern im Jahre 480 genommen wurde.
Und noch etwas anderes haben diese lohnenden Ausgrabungen bewiesen. Marinatos hob die Erde an vielen Stellen der Thermopylen aus, fand aber sonst nirgends eine solche Ansammlung persischer Geschosse. Daraus ergibt sich, daß auf diesem Hügel nicht mehr mit Lanzen gekämpft wurde. Hier hatten die Männer des Leonidas wirklich nur noch ihre Dolche. Im übrigen mußten sie sich mit Zähnen und Händen verteidigen. Aus der Entfernung wurden sie schließlich mit einem Regen von Pfeilgeschossen niedergemacht. So ist sogar das von Herodot berichtete Wort des Dienekes, man werde dann eben im Schatten kämpfen, *Wahrheit und kein Märchen*! Es ist doch interessant, in einer Zeit zu leben, in der Gelehrte so handfeste Brücken über den gewaltigen Zeitraum von 2500 Jahren zu schlagen vermögen. Denn nun, da die Erde diese eisernen und bronzenen Zeugen der Thermopylen freigab, sind Leonidas und seine Männer, diese frühen Verteidiger des Abendlandes, uns plötzlich ganz nahe.
Der folgende Seekrieg der Griechen bei Salamis nach den Plänen des Themistokles, der Erfolg des spartanischen Königs Pausanias bei Plataiai und die Vernichtung der persischen Restflotte am Küstengebiet Mykale bei Milet – das waren *Entscheidungen, die unserem Kontinent Europa den Boden erhielten, den Atem einhauchten und den Geist gaben.* Denn hier wurde die Freiheit des abendländischen Menschen erkämpft. Hier wurde all das erfolgreich verteidigt, was heute noch unser Dasein lebenswert macht. Hier siegte die schöpferische Persönlichkeit über die unpersönlichen, knechtischen, willenlosen Massen des Orients. Hier entschied sich Griechenland, so und nicht anders leben zu wollen. Hier siegte es über den dumpfen Gehorsam, über

monumentale Macht, über Persiens unendliche Hilfsquellen und über seine erdrückende Drohung. Hier triumphierte das winzige, in viele Kleinstaaten aufgespaltene Hellas, hier triumphierte das Genie des Themistokles, triumphierten höchste persönliche Begabung einzelner und der persönliche Erfindungsgeist vieler über den persischen Koloß, in dem Millionen sklavisch gehorchend unter einen Willen gezwungen waren.

Xerxes, der König der Perser, besaß alle Macht auf Erden. Ihm beugten sich alle Völker des Erdkreises. Aber ihm diente nicht der Glaube an die großen Ideale der Menschheit. Xerxes besaß auch nicht das unvergleichliche staatsmännische Können seines Vaters Darius. Auch Darius war bei Marathon gegen die Athener gescheitert. Aber er bleibt dennoch der größte Perser, ein Augustus der persischen Vergangenheit.

«Gewaltiger als Themistokles hat kein Grieche in den Lauf der Geschichte eingegriffen», sagt Eduard Meyer. Diesem athenischen Staatsmann einer armen, aber vornehmen Familie, diesem Spiegelbild des Odysseus, stand Xerxes gegenüber, nicht mehr Darius, der schon im Jahre 486 vor Christus gestorben war. Die großen Staatsmänner der beiden indogermanischen Völker, der Grieche Themistokles und der Perser Darius, hatten sich um einige Jahre verfehlt, denn zur Zeit von Marathon stand Themistokles noch im Schatten des Miltiades. Nie wieder ist Persien auf solche Machthöhen gelangt wie unter Darius, und nie wieder hat ein Sohn Griechenlands seiner Heimat so anhaltendes Glück gebracht wie Themistokles.

Alles, was unsere westliche Kultur ausmacht – die Maschine ausgenommen –, kommt aus Griechenland, wobei wir immer daran denken müssen, daß die heute noch sehr verborgenen Quellen dieses Kulturstromes in Sumer lagen, in Ägypten und bei den semitischen Völkern des Nahen Orients. Daß die Bildung ganz Europas in letzter Instanz aber auf griechischem Geist beruht, daß Generationen und Generationen Europas durch die humanistische Schule gingen, daß griechische Kunst, griechische Dichtung und griechische Philosophie die erkennbarste Grundlage unserer Kultur wurden, ist kein Zufall. Nirgends auf der Erde und zu keiner Zeit hat ein so kleines Land so viele Genies, so viele außerordentliche Männer hervorgebracht wie Griechenland im Zeitalter der persischen Kriege und kurz darauf in der Epoche des Perikles. Was hier auf kleinstem Raum vor sich ging, ist von keiner Zeit je wieder erreicht worden und erscheint auch in Zukunft unerreichbar. Miltiades, der Sieger von Marathon, Leonidas, Spartas wortkarger König in den Thermopylen, Themistokles, der Kopf von Salamis, Pausanias, der Feldherr von Plataiai, und schließlich Perikles, dieser universale Gigant der Antike – das ist eine Folge von Genies, zusammengedrängt auf einem Nichts an Fläche, aber weltweit wirkend, wie sie keine andere Zeit der menschlichen Geschichte aufzuweisen hat.

Das Zeitalter des Perikles, die Höhe des klassischen Hellenentums, das war die Glanzzeit Athens. Unter allen hochgetürmten Wogen menschlicher Kulturgeschichte war dies der mächtigste Wellenberg. Man nennt diese kurze, nie wiedergekehrte Epoche der Jahre 443 bis 429 vor Christus mit Recht «das Perikleische Zeitalter». Damals erreichte die klassische Kunst ihre höchste Höhe. Damals fand sie ihren vollendeten Ausdruck in den Werken des Perikleischen Athens, im Parthenon des Iktinos und Kallikrates, im Gold- und Elfenbeinstandbild der Athena des Phidias, im dreiteiligen Prachttor auf der Akropolis – das sind die Propyläen – des Architekten Mnesikles, in der Musikhalle, dem Odeion, im Stil eines persischen Königszeltes am Südostabhang der Burg beim Dionysos-Theater, im Erzbildner Polyklet, diesem Fanatiker vollendeter Wiedergabe stehender Gestalten, im Diskuswerfer des Attikers Myron, der nicht den Augenblick der Ruhe zwischen zwei Bewegungen, sondern die Bewegung schlechthin darstellt, im Stadtplan für den Hafen von Athen des Hippodamos von Milet, in der Tafelmalerei des Apollodoros, in den Bildnissen der großen ionischen Meister Zeuxis und Parrhasios.

Damals wurde die bildende Kunst so geschlossen in sich selbst, so ausgewogen und erhaben, daß sie keine Spur mehr zeigt vom Suchen, vom Ringen des Künstlers und von seiner Qual. Das ist Klassik! Kein Probieren, kein Suchen mehr, keine äußere Spur des Bemühens und Überwindens des ewigen Zwiespaltes zwischen innerer Wahrheit und äußerer Form.

Wenn man bedenkt, daß die Museen aller europäischen und vieler orientalischen Staaten unvorstellbar herrliche Werke der bildenden Kunst Griechenlands enthalten – wenn man bedenkt, daß die römischen Kopien und die Originale der viel kleinere, der nicht untergegangene Teil der bildenden Kunst Griechenlands sind, so kann man erahnen, wie reich an schöpferischen Taten Hellas und besonders das Perikleische Zeitalter waren.

Was der Staat Athen von seinen Dichter-Komponisten verlangen konnte, grenzt an das Märchenhafte. Es scheint, als sei die Kraft zum Gestalten unversiegbar gewesen. Und wie entsetzlich arm ist heute die nichtabendländische Welt, die sich auf dem Gebiet der Bühnendichtung jahraus, jahrein in wenigen, kaum nennenswerten Stücken erschöpft. Für die großen religiösen Feste, die Dionysien, wurden in der Zeit zwischen 550 und 400 vor Christus, also in hundertfünfzig

Jahren, *neunhundert Tragödien* und *dreihundert Satyrspiele* geschrieben, dazu seit Perikles noch mehrere hundert Stücke für Lenäen, dionysische Feste am zwölften Tage des Monats Gamalion, der in den Januar/Februar fällt. Von Kleisthenes bis zum Fall Athens wurden rund *5000 Dithyramben* verfaßt. Das sind die Opern der damaligen Zeit, die Chorgesänge der Dichter-Komponisten. All das zusammen ist für das Abendland Vorbild und wegweisend geblieben, bis zum heutigen Tag. Und die Saat keimt kräftig weiter und läßt immer neue Blüten entstehen, wenn man auch den Pflanzen ganz andere Namen gibt, ihre Herkunft verleugnet und sie in Töpfe pflanzt, deren Ungewöhnlichkeit eben das «Neue» bedeuten soll.

Die dritte Epoche ist eine Zeit der Nacht, des Selbstmordes und der unendlich blutigen, sinnlosen Opfer. Es ist der Peloponnesische Krieg, das Ringen Athens gegen Sparta. Es wurde weder von Athen noch von Sparta ausgelöst. Wie die meisten großen Kriege der Weltgeschichte nicht von den Hauptmächten entfesselt werden, für die ja immer viel mehr auf dem Spiel steht, so bildete auch hier den Anlaß das außenstehende Korinth. Der Krieg begann noch zu Lebzeiten des Perikles und währte wie sein furchtbares Gegenstück in Europa rund dreißig Jahre, von 431 bis 404 vor Christus. Er endete mit dem Siege Spartas, mit Verödung aller fruchtbaren Äcker, mit Verarmung der Bevölkerungen, mit einer nie wieder geheilten Erkrankung der hellenischen Welt. Er endete mit der Hinrichtung des Sokrates, der im Jahre 399 vor Christus – symbolisch für ganz Griechenland – den Todesbecher trank. Der Sieger Sparta besaß nicht die geistige Kraft, ein neues freies Hellas wieder aufzubauen.

Die vierte Epoche ist eine Zeit des vielfältigen Zwielichtes, des Glimmens aus der Asche, eine Zeit der Widersprüche, eine Zeit des grandiosen Sterbens Altgriechenlands. Aber alles Leben kommt aus dem Tode, und so sandte Hellas noch im Tode weithin strahlende Lichtwellen seiner Geistigkeit über die ganze Welt aus. Es ist die Zeit des Gottmenschentums, die Zeit des großen Alexander. Es ist die Vorbereitung auf das Christentum. Es ist die Zeit des Hellenismus.

Euripides bringt Frauen auf die Bühne

«Allzeit will ich zu holdem Vereine Chariten laden
und Musen. Ohne Kunst
kein Leben!»
Euripides, Herakles, 673.

Immer bezeichneten die Griechen die unbekannten Länder ihres Nordens, Epirus, Makedonien und Thrakien, als Europa. Noch heute finden wir diesen Namen in einigen Städten Makedoniens, am Wardar und im Hochland von Emathien. «Ich habe die Absicht, über den Hellespont eine Brücke zu schlagen und drüben ein Heer *mitten durch Europa* gegen Hellas zu senden», sagte – nach Herodot – der Perserkönig Xerxes. Randas Handbuch weist mit Recht darauf hin, daß Xerxes seine Perser 480 vor Christus durch Thrakien führte. Aber er führte sie auch durch Makedonien – nach Süden. So lag *hier* also das alte ursprüngliche Europa.

Im Kern dieses Erst-Europas müßten wir dann auch Makedoniens alte Könige finden. Und das stimmt. Es gab einen Ort in Makedonien, dessen Name fast untergegangen ist, den die Welt heute kaum noch kennt und den man vergessen hat auszugraben. Und doch war dieser Ort einst geheiligter Mittelpunkt eines mächtigen Reiches. Das war Edessa, die alte Hauptstadt Makedoniens, Ruhestätte der großen Könige dieses Landes. Hier ist Philipp begraben, und hier müßte man die Gräber seiner Vorfahren finden. Hätte Alexander nicht fest daran geglaubt, Gottes Sohn zu sein, so würde auch er hier ruhen – wenn man den Ausdruck «ruhen» für Könige benutzen darf, die meist als Tote von Grabräubern verschleppt werden oder die man in ein Museum legt, sobald man sie nur findet.

Alexanders Grab kennen wir nicht. Die Wüsten schweigen. Und es verschweigt die Vergangenheit dieses Geheimnis wie viele andere um den gewaltigen Mann.

Alle Königsgeschlechter der Griechen leiten ihren Ursprung von Göttern ab. Und es berichtet die Sage, daß Makedoniens erster König Karanos aus Argos gekommen sei, aus der Heimat des Herakles. Die makedonischen Könige wären dann griechische Fürsten eines griechischen Stammes gewesen. Karanos stammte von Herakles ab. So wäre nicht nur sein Griechentum, sondern auch sein göttlicher Ursprung gesichert. Plutarch erzählt uns, Alexander könne seine Ahnen väterlicherseits auf diesen Karanos zurückführen, so daß auch er ein Nachkomme des Herakles sei.

Diese griechische Abstammung der Könige Makedoniens scheint mir sehr unwahrscheinlich. Wenn sie wirklich aus dem griechischen Argos stammten, so muß sich ihr Blut jedenfalls im Laufe der Jahrhunderte sehr verdünnt haben. Denn sie haben doch immer wieder Frauen aus Epirus geheiratet, aus dem heutigen Albanien, aus Illyrien – und aus Thrakien, dem heutigen Bulgarien, also keine Griechinnen, sondern «Barbaren»-Mädchen. Allein Philipp heiratete zwei Illyrerinnen und eine Thrakerin, nämlich die Olympia aus Epirus und die Nebenfrauen Andata aus Illyrien sowie Meda, die Tochter des Gotenkönigs Kothelas. Auch die Mutter von Philipp, Eurydike, war eine Epirotin. Das Barbarentum der Makedonier, also das illyrische und thrakische Blut in ihren Adern, muß doch viel stärker gewesen sein, als die moderne Wissenschaft meint, die vor allem auf Sprachforschung baut.

Philipp wie Alexander waren Makedonier, keine Griechen. Daß sie sich der griechischen Kultur verschrieben, daß sie griechisches Kulturgut in alle Welt trugen, ändert daran nichts. *Jeder* vornehme Makedonier wollte *kulturell* Grieche sein. Darum liebten die Makedonier griechische Namen. Die Tatsache, daß man in Makedonien viele griechische Namen findet, beweist also nicht das Griechentum dieses Volkes.

Kulturell zog es die Makedonier zum Griechischen wie etwa das Europa der königlichen Höfe im 18. Jahrhundert zum Französischen. Sonst fühlten sie sich aber immer als ein eigenes, selbständiges Volk. Die Makedonier sprachen einen griechischen Dialekt oder eine dem Griechischen verwandte Sprache – wie übrigens auch andere Barbarenvölker des Nordens. Aber viele Ausdrücke waren dem Griechischen fremd, und Quintus Rufus erwähnt, daß die Griechen noch zu Zeiten Alexanders des Großen die makedonische Volkssprache nicht verstanden. Andererseits fiel es den Makedoniern nicht schwer, die attische Umgangssprache zu erlernen, griechisch zu sprechen und griechisch zu schreiben. Aber ihr Ursprung bleibt, wie auch Rostovtzeff betont, eine ungelöste Frage und wird selbst durch Otto Hoffmanns glänzende Sprachforschung blutmäßig nicht geklärt.

Gerade die Wörter in der makedonischen Sprache, die sich nicht aus dem Griechischen ableiten lassen, stellen uns das ganz anders geartete, naturhafte Volk vor Augen. In den Wörtern rauscht und klingt die makedonische Landschaft, sie künden von dem Leben und den Freuden der damaligen Menschen am Haliakmon [Bistritza], am Axios [Wardar] und am Strymon [Strumnitza]. Reine makedonische Ausdrücke gibt es für die Wörter «Eber», «Wald» und «dichtbehaart»; «Weizen-

brot», «Mischtrank» und «Majoran»; «Badestube», «Lanze», «Tischhund» und «Jagdspeer».
Schon Alexander I., der etwa ein halbes Jahrtausend vor Christus regierte, versuchte, das Volk der Makedonier der hellenischen Kultur näherzubringen. Dieser «Barbaren-König» wurde sogar zu den Olympischen Spielen zugelassen, nachdem er seine Abstammung von Herakles und damit sein Griechentum nachgewiesen hatte. Aber nicht nur Alexander I., sondern *jeder* makedonische König war eigentlich *«Philhellene»*, also Freund der hellenischen Kultur.
So auch *Archelaos I.* Er war der Sohn einer Sklavin, die ihre Nächte mit einem König verbringen mußte. Die Sklavin hieß Simiche, und der König war Perdikkas II. Wie so oft Söhne aus einer solchen Verbindung, entwickelte sich Archelaos zu einem besonders tüchtigen Herrscher. Er legte Heerstraßen an. Er gründete ummauerte Städte. Er schuf eine bessere Kavallerie und sorgte für moderne Ausrüstung der Truppen. Er förderte Handel und Verkehr. Er tat, wie Thukydides sagt, mehr für sein Land als alle acht Könige vor ihm. Er ließ auch eine große Zahl von Münzen prägen, die ersten Kupfermünzen eines makedonischen Königs. Die vielen Bilder des Herakles auf diesen Münzen beweisen seinen Willen, vom griechischen Gott abzustammen. Ja, er bemühte sich, sein heraklidisches Königtum mit großem Nimbus zu umgeben, indem er mit wahrhaft königlichem Aufwand griechische Kunst und griechische Dichtung an seinem Hof pflegte. Er hatte sich den Weg zum Thron durch blutige Gewalttaten frei gemacht, er mußte schwere Kriege führen, aber schließlich lagen ihm doch glänzende Opferfeste, musische und andere Wettkämpfe in Dion, Dichten, Singen und Harfenspiel viel mehr am Herzen.
Das ungewöhnliche Format dieses instinktsicheren Königs kann man ermessen, wenn man die Künstler betrachtet, die er an seinen Hof *nach Pella* berief. Es waren wirklich die klingendsten Namen, die hier, hoch im Norden der griechischen Welt, beim «Barbaren-König» zusammenkamen.
Da war der Maler *Zeuxis.* Er soll unglaublich reich und ebenso ehrgeizig gewesen sein. In Olympia trug er ein Gewand, in dessen Muster sein Name mit goldenen Buchstaben eingewebt war. Plinius erzählt, dieser Zeuxis habe später seine Werke verschenkt, weil niemand die Preise, die sie wert waren, bezahlen konnte. Er hatte einen Knaben gemalt, der Weintrauben trug. Nach diesen Trauben pickten die Vögel, so echt erschienen sie auf dem Bilde. Zeuxis war unzufrieden. Er meinte, wenn ihm der Knabe so gut gelungen wäre wie die Tauben, hätten sich die Vögel fürchten müssen. Er war wohl der Kandinsky seiner Zeit. Er suchte immer Ungewöhnliches und Fremdartiges zu

malen, um gerade damit seine Vollendung zu zeigen. Aristoteles sagt, mit einem Seitenblick auf diesen Mann, in der Kunst sei das Unmögliche, dem man den Schein des Wahren gäbe, dem Möglichen, aber Unwahrscheinlichen vorzuziehen.
Zeuxis war der erste Vertreter ganz ungezügelten Künstlerstolzes. Sein Gemälde, das einen Athleten darstellt, bezeichnete er als absolut unnachahmlich. Die äußere Erscheinung der Dinge, die Illusion, war ihm so wichtig, daß man ihm Mangel an ethischem Ernst und tieferer Geistigkeit vorwarf. Er war zu seiner Zeit eine Berühmtheit, malte Bilder für alle großen, bekannten Tempel der griechischen Welt und schmückte den Palast des Archelaos zu Pella mit herrlichen Gemälden aus.
Zeuxis starb so, wie ein Maler sterben sollte. Er malte ein altes Weib. Dann lachte er vor dem Gemälde so lange, bis er umkam.
Ein anderer Gast des makedonischen Königs war *Choirilos* aus Samos, ein Dichter, der ein gewaltiges Epos über den Perserkrieg schrieb. Er war wohl der bedeutendste Epiker seiner Zeit. Statt wie üblich Götter- und Heldensagen zu verdichten, schilderte Choirilos den großen Nationalkampf der Hellenen gegen die Barbaren unter Führung Athens.
Immer glatt rasiert, kunstvoll frisiert und geputzt, geisterte auf leichten Füßen *Agathon* durch die Hallen und Gänge des Palastes, ein Tragiker aus Athen, den die Welt bewunderte und verlachte, denn von seiner großen körperlichen Schönheit ging etwas Weibisches aus. Er schrieb pikant, pointiert, zierlich, ja geziert, war aber dennoch neben den drei großen Tragikern der damaligen Zeit der angesehenste und einflußreichste Vertreter der tragischen Kunst des fünften Jahrhunderts. Auch er war sehr wohlhabend, ein freier Weltmann, und er hielt großes Haus, ganz gleich, wo er sich befand.
Dann lebte noch der bedeutende Musiker *Thimotheos* aus Milet im gastfreien Palast des Archelaos. Er war Kitharoide, also ein Komponist und Dichter, der sich selber auf der Kithara, der Harfe, begleitete. Neben Philoxenos und Polyidos war er bis ins zweite Jahrhundert vor Christus der berühmteste Klassiker seines Faches. Auch er hatte den Perserkrieg geschildert. Der Schluß seines Werkes über die Schlacht bei Salamis ist uns erhalten. Im Jahre 1902 fand man in Abusir den berühmten «Perserpapyrus».
Und nun zum größten und berühmtesten Gast des Archelaos, einem Mann, dem die ganze abendländische Welt sozusagen das moderne Theater verdankt: *Euripides.* Achtundachtzig Dramen hat dieses größte Theatergenie aller Zeiten dem Abendland geschenkt. Sein Einfluß, seine Wirkung auf das Abendland, geht weit über Aischylos und Sophokles hinaus. Wer die Vasenbilder Unteritaliens betrachtet, steht

vor einer ganzen Welt euripideischer Szenen. Bei den Römern wurde Euripides im 3. Jahrhundert vor Christus geradezu Modell aller Bühnendichtung. Seneca ist ohne Euripides nicht denkbar, und in der Umbildung durch Seneca greift Euripides bereits in das Drama des westlichen Abendlandes ein.

Dieses Genie war als Komponist mindestens ebenso begabt wie als Dichter. Die Soli seiner Schauspieler ähneln bereits den Arien eines modernen Opernlibrettos, man denke nur an das große Klagelied des Phrygers im Orestes. Es wurde im Altertum erzählt, daß viele auf Sizilien gefangene Athener die Freiheit gewannen, nachdem sie Lieder des Euripides vorgetragen hatten. Im Kriegsrat des spartanischen Feldherrn Lysander im Jahre 404 vor Christus, nach der Kapitulation von Athen, als über das Schicksal der Stadt beraten wurde, rezitierte ein Phoker einen Chorgesang aus der Elektra des Euripides. Allein dadurch wurde die Schonung der Stadt beschlossen, die solche Männer wie Euripides hervorzubringen vermochte. Berichtet wird uns das von Plutarch. Es war auch der Komponist Euripides, nicht nur der Dichter, der diese ungeheure Wirkung zu erzielen wußte.

Man hat Euripides verlacht, verurteilt, verspottet – weil er seiner Zeit weit voraus war. Er unternahm nämlich etwas damals ganz Unerhörtes. Er brachte *Frauen* auf die Bühne, nicht idealisierte Göttinnen, sondern Frauen, wie sie wirklich sind oder sein können. Er hat seinem Publikum stumm duldende Frauen gezeigt, Andromache, die taurische Iphigeneia, die Megara, die Helena. Er brachte Frauen in Raserei auf die Bühne, Medea, Alkmene, Hekabe, Kreusa. Er schuf die aufopfernde Schwester Elektra im Orestes und die hingebenden Mütter Aithra und Iokaste.

Es war etwas ganz Unglaubliches, damals sogar Hauptrollen an Frauen zu geben. Aber Euripides gelang das, weil er die Seele der Frauen bis in ihre tiefsten Tiefen verstand. Er zeigte sie aus ihrer Schwäche, listig und mit dem Mittel feiner Ränke kämpfend, er zeigte sie in der verzweifelten Abwehr männlicher Brutalität, er zeigte sie in harrender Treue wie im Opfertod für Familie und Vaterland. Er konnte sie rührend schildern, er deckte ihre Herzen auf. Und er blieb doch immer ganz wahr und ganz treu der menschlichen Natur. Dieses erstaunliche Genie war in einem Punkte ein alter Narr: Es war vernarrt in die Schilderung der Liebe und des Wahnsinns ...

Euripides war zweimal verheiratet, einmal mit Choirine, die ihm untreu wurde und die er darum verstieß, danach mit der Melitto, die es bei ihm nicht aushielt – was bei dem geistigen Format dieses Mannes zu verstehen und zu entschuldigen ist.

Nur viermal erhielt Euripides den ersten Preis für seine Dramen, und dieser Mangel an Erfolg, seine Unbeliebtheit, sein Widerwille gegen das politische Hin und Her der Athener, sein Hunger nach Beifall, den Athen nicht stillte – all das bewog den alten Mann schließlich, an den verschwenderischen Hof, an den herrlichen Zufluchtsort für griechische Kunst, zum König der Makedonier nach Pella zu gehen. Wäre dieser über das Denken der Athener turmhoch hinausragende Geist in seiner Vaterstadt geblieben, so hätte er sicherlich das gleiche Schicksal wie Sokrates erleiden müssen. Ich glaube bestimmt, die Athener hätten ihn eines Tages umgebracht. Dieses Los wurde ihm durch Archelaos von Makedonien erspart.

Dennoch starb Euripides auch in Pella nicht eines natürlichen Todes. Bei einer königlichen Jagd fielen losgelassene Hunde den alten Mann an, als er spätabends durch den Wald nach Hause ging.

Es bleibt erstaunlich, daß Archelaos, dieser König eines von Athen fernen, damals erst aufstrebenden, rauhen Hirtenvolkes, mit so instinktsicherem Griff die größten Geister Attikas zu finden und zu fesseln wußte. Archelaos hatte sogar den Sokrates eingeladen. Aber Sokrates, dieser Urathener, hätte ohne die Gassen, ohne den Markt, ohne den «Gottesdienst» des Lehrens, Fragens und Widerlegens nicht leben können. Darum sagte er ab. Archelaos hätte dem größten Philosophen der Menschheit jedenfalls den Schierlingsbecher erspart.

Den *toten* Euripides wollten die Athener haben. Sie schickten Botschafter nach Pella und ersuchten den König, ihren großen Dichter nach Athen überführen zu lassen. Archelaos weigerte sich. Er gab die Gebeine nicht heraus. Er wußte schon, daß Euripides in fremder, in makedonischer Erde ruhen wollte, damit im Tode kein Spott mehr über seinem Grabe laut werden könnte.

So wurde in Pella der Mann beerdigt, der die Menschen nicht zu Göttern machte, der sie in ihren Tiefen beließ, in ihrer Niedrigkeit und sie dadurch größer, persönlicher, leidenschaftlicher und echter sah als irgend jemand vor ihm.

Es muß damals im wilden, urweltlichen Makedonien faszinierende Jagdmöglichkeiten gegeben haben. Die Wälder waren fast undurchdringlich. Die Berglandschaft scheint ein Paradies für Wild gewesen zu sein, und die Hofgesellschaft wurde vom König zu glänzenden Jagden eingeladen. So kann man vielleicht verstehen, daß auch König Archelaos auf der Jagd umkam. Vierzehn Jahre hatte er regiert und hatte mit Erfolg sein heraklidisches Königtum mit großem Nimbus umgeben. Jetzt wurde er auf der Jagd getötet, von seinem Liebling Kratenas, offenbar nicht mit Absicht.

Philipp, mächtigster König Europas

«Olympias, die solchen Mysterien mehr als andere anhing und bei feierlichen Aufzügen sich der Begeisterung ganz nach der Art der Barbaren überließ, führte in den Bacchantenchören große gezähmte Schlangen mit herum, die oft aus dem Efeu und den mystischen Körben hervorkrochen, sich um die Thyrsosstäbe und Kränze der Weiber wanden und dadurch die Männer in Schrecken versetzten.»
Plutarch, Lebensbeschreibungen, Alexandros 2.

Jeder Mensch begegnet hier und da und dann und wann im Leben seinem Tod. Er sieht ihn. Meist erkennt er ihn gar nicht. Er geht an ihm vorbei. Oder er schüttelt ihm sogar die Hand wie einem guten Freund oder einer guten Freundin. Und einmal, *nur einmal* im Leben, macht dieser liebe, gute Bekannte Ernst. Philipp begegnete seinem Tode schon als ganz junger Mann. Er verliebte sich in seinen Tod. Es ist wenig bekannt, wie viele der größten Genies der Menschheit am Eros gestorben sind.

Als Jüngling wurde Philipp in die Mysterien von Samothrake eingeweiht. Die Insel liegt im nordöstlichen Teil des Ägäischen Meeres. Hoch aus dem Meer empor reckt sich dort, über tausend Meter aus dem Blau des Wassers aufragend, ein tafelförmiger Berg. Auf dem Eiland befand sich das geheimnisvolle Heiligtum der Kabiren. Die Kabiren waren Götter, wahrscheinlich asiatisch-phrygischen Ursprungs. Ihnen zu Ehren wurden mystische und orphische Kulte geübt, ihnen zu Ehren wurde auch geopfert. Man hat in Samothrake Opferhöhlen gefunden. Wurden dort in alter Zeit Tiere, wurden dort Menschen geschlachtet? Man weiß es nicht. Über die Geheimkulte weiß man überhaupt nicht viel, denn es war allen Eingeweihten lebenslang verboten, je über diese heiligen Dinge zu sprechen.

An den religiösen Übungen nahmen nicht nur Männer, sondern auch junge Mädchen und Kinder teil. Und hier verliebte sich der junge Philipp in eine Prinzessin. Die Prinzessin hieß Myrthale. Sie war noch sehr jung. Ihre Augen und ihr Mund schienen von der Wildheit, von der Schönheit, von der Einsamkeit der epirotischen Landschaft getrunken zu haben. Mit aller Leidenschaft gab sich das Mädchen den Mysterien, den Göttern von Samothrake hin.

Die junge Myrthale hatte viel Ungewöhnliches an sich. Sie war übersensibel, sie hatte die Gabe, wie im Traum zu den unsichtbaren Göttern

zu finden, die Fähigkeit, mit ihnen geistig umzugehen. Das muß den hochbegabten Philipp, der sich hier mit der ganzen Aufgeschlossenheit seiner Jugend zum erstenmal den übersinnlichen Sphären nahen durfte, ungemein gefesselt haben.
Myrthale war eine Waise. Ihr Vater, Neoptolemos, war König von Epirus. Er starb 360 vor Christus. Die schöne Prinzessin stand unter der strengen Aufsicht ihres Oheims Arymbas. Dieser Arymbas war zugleich ihr Schwager. Er hatte die Troas, Myrthales Schwester, geheiratet.
König von Epirus war jetzt Arymbas. Dem ehrgeizigen Mann war alles recht, was ihm selber Vorteile brachte. Als Philipp um die Hand seiner Nichte anhielt, war Arymbas gleich einverstanden. Er begünstigte sogar den Bund, denn er sah in Philipp schon den kommenden König des großen, noch chaotischen Nachbarlandes. Und er sah vor allem seinen Vorteil.
In der Nacht vor der Trauung wurde das Mädchen Myrthale nach griechischer Sitte in die Brautkammer eingeschlossen. Hier hatte sie einen Traum. Sie sah ein Gewitter. Ein Blitz schlug in ihren Leib. Daraus loderte ein heftiges Feuer. Es brach in helle Flammen aus, dann verlöschte es. Das berichtet uns Plutarch, und er erzählt uns noch mehr. Auch Philipp hatte einen Traum. Aber das war schon nach der Vermählung. Er drückte auf den Leib seiner Gattin ein Siegel. Auf dem Siegel war das Bild eines Löwen eingraviert. Gleich befragte Philipp die Traumdeuter. Sie sagten ihm, er müsse seine junge Frau – die jetzt Olympias genannt wurde – sehr sorgsam überwachen. Der Traum gäbe Anlaß zum Verdacht der Untreue in der Zukunft.
Es war aber unter den Wahrsagern ein Mann namens Aristandros. Er stammte aus Thelemessos in Lykien. Die Stadt lag in der heutigen Türkei am Meer östlich von der Insel Rhodos. Dort in Thelemessos saßen die besten Zeichendeuter jener Zeit. Während sich Delphi zum Beispiel über das Schicksal des lykischen Königs Kreusos geirrt hatte, wußten die Thelemessier von der Gefangenschaft des Kreusos, noch ehe die Kunde darüber zu ihnen gedrungen war. Sie waren die fähigsten Propheten des vierten vorchristlichen Jahrhunderts. Und Aristandros galt unter ihnen als wahrhaft unfehlbar. Er gab dem Traum des Philipp eine viel gewagtere, aber auch logischere Deutung. «Ein leeres Gefäß pflegt man nicht zu versiegeln», sagte er. Die Königin trage also schon den Thronfolger unter dem Herzen. Sie werde einen Knaben gebären, von feurigem, von löwenartigem Mut.
Der Traum der Olympias hat für die Geschichte Philipps, für die Geschichte Alexanders des Großen wie für die Geschichte der gesamten Menschheit eine außerordentliche Bedeutung. Denn ohne diesen

Traum wäre Alexander nicht der Große, wäre sein Reich kein Weltreich geworden. Es war eine Empfängnis in der vollkommen verschlossenen Kammer vor der Brautnacht, eine «reine» Empfängnis. Kein irdisches Wesen war dabei. So jedenfalls faßte Olympias ihren Zustand auf. Sie war absolut überzeugt von ihrer Berufung als Mutter eines Gottes.

Es wird darüber verschiedenes berichtet. Plutarch ist unser bester Zeuge. Olympias hing auch nach ihrer Zeit in Samothrake in maßloser Gottverehrung an den Mysterien. Sie geriet bei den feierlichen Prozessionen in ungewöhnliche Ekstase. Dazu war – in den Augen von Plutarch – wirklich nur eine Barbarin, eine Epirotin wie die Olympias, in diesem Ausmaß fähig. Sie nahm an den Chören der Bacchantinnen teil. Sie trug große, gezähmte Schlangen. Aus dem Efeu, aus den mystischen Körben krochen sie heraus. Sie wanden sich um die Thyrsosstäbe, um die Kränze der Weiber. Sie versetzten die Männer in Angst und Schrecken.

Ja, man sah eine Schlange sogar auf dem Nachtlager der Olympias. Regungslos ausgestreckt lag sie da. Unwillkürlich denkt man an den Python, die männliche Schlange von Ur-Delphi. Aber Philipp war kein Gott. Philipp war kein Apollon, der über die Schlange siegte, der einem höheren Wesen, einem Gott der Erde, einer Schlange überhaupt auch nur gewachsen sein konnte. Apollon hatte den Python getötet. Philipp mied das Weib, das Umgang mit der Schlange hatte, das Weib, das gefährlich war, das mit der Unterwelt, mit dem Tod spielte, das Weib, das ihn von dieser herrlichen Erde, wo er so viel erreichen wollte, vielleicht in den Hades zu jagen verstand. Seine Liebe zu Olympias, seine einstige Zärtlichkeit, seine glühende Bewunderung, das alles war erkaltet. Philipp, der mutigste Feldherr des damaligen Europas, fürchtete nur die Dämonie dieser Frau. Man sah ihn nicht mehr in das Schlafgemach seines Weibes gehen. Entweder, so flüsterten die Palastwachen, halte Philipp die Königin für eine Zauberin oder sie sei sogar eine Giftmischerin. Andere meinten, Philipp habe erkannt, daß Olympias mit einem höheren Wesen Umgang habe.

Es ist wirklich möglich, daß Philipp solche Gedanken hatte und daß es sein religiöses Gewissen nicht zuließ, die Olympias aus ihrer Gottnähe herauszurufen oder sie anzurühren. Auch ein rücksichtsloser Staatsmann wie Philipp war nicht ohne Religion. Man darf das nie vergessen. Auch Philipp war in die Mysterien von Samothrake eingeweiht. Wenn der Makedonier an die Überzeugung der Epirotin nicht glaubte, dann hätte er ihr Treiben sehr schnell beendet. So mächtig war eine Frau in der griechischen oder makedonischen Ehe nicht, daß der Gatte ihr aus Angst oder Mißtrauen fernblieb. Die Ehe war dort viel orientalischer, als wir es heute sehen. Auch in Makedonien, wo die Frau eine sehr angesehene Stellung genoß, mußte sie gehorchen. Auch eine Prinzessin hatte in der Ehe ihrem Gatten zu dienen und nicht Geistern.

Philipp fürchtete in seiner Gattin die Götter. Sonst hätte er nicht einen Gesandten zum Delphischen Orakel geschickt. Chairon mußte auf Befehl des Philipp zum Heiligtum des Apollon reisen. Die Pythia riet, Philipp solle dem Zeus-Ammon opfern und diesen Gott besonders verehren. Zeus-Ammon, Vater des Apollon, war stärker als die Schlange. Der Glaube an übernatürliche Verbindungen der Olympias ging so weit, daß man von Philipp erzählte, er habe das eine Auge verloren, als er durch einen Türspalt in das Schlafgemach seines Weibes hineinsah, wo der Gott in Gestalt einer Schlange bei der Olympias lag. In Wahrheit hatte Philipp das eine seiner Augen bei der Belagerung von Methone oder von Olynth verloren.

So großartig Philipps Erfolge als Staatsmann und als Heerführer auch waren, es lag doch ein Schatten über allen Gebieten, die Philipp sich unterwarf. Das ganze Reich, so sagt Plutarch, «litt an den Krankheiten des Frauengemachs» dieses Königs. Es gab viele Schwierigkeiten. Es gab Ärger. Es gab Streit. Olympias soll unzufrieden gewesen sein. Plutarch nennt sie eine eifersüchtige und grämliche Frau. Dieses Leid, diese Bitterkeit, dieser Schmerz hatten ihren Grund.

Philipp heiratete die Olympias 358 oder 357 vor Christus. Die Eheschließung fand also nur rund ein Jahr nach seinem Regierungsantritt statt. Vorher hatte er die *Phila* geheiratet, eine Prinzessin aus dem Geschlecht der Fürsten von Eleimiotis. Was aus dieser ersten Ehe mit Phila wurde, wissen wir nicht. Entweder sie bestand neben der Ehe mit der Olympias weiter oder sie war schon nach ganz kurzer Zeit aufgelöst worden. Vielleicht war Phila gestorben, denn wir hören nichts mehr von ihr. Philipp heiratete außerdem im Laufe der Zeit vier Nebenfrauen, die Illyrerin *Andata,* eine Königstochter, die *Philinna* aus Larisse, die *Nikesipolis* aus Pherae und die *Meda,* Tochter des Kotelas, des Königs der Geten. Olympias war trotz aller dieser Ehen die anerkannte Königin.

Nun aber, ein Jahr vor seinem Ende, verliebte sich Philipp in ein ganz junges Mädchen. Es hieß *Kleopatra* und war erst sechzehn Jahre alt. Auch mit einem Auge noch erkannte der sechsundvierzigjährige Eroberer die ungewöhnliche Anmut des vornehmen makedonischen Mädchens. Er war von diesem Kinde so entzückt, daß er zum erstenmal alle Rücksicht fallenließ. Bisher hatte er allen seinen Liebschaften das staatspolitische Brauthemd angezogen. Bisher hatte er die Stellung der Olympias geachtet. Jetzt gab er zu erkennen, daß er Kleopatra nicht als Nebenfrau ansehen würde. Er wollte sie zur Königin machen.

Kleopatra war die Nichte eines der erfolgreichsten Heerführer des Philipp. Ihr Oheim war Attalos, der berühmte Attalos, den Philipp mit Parmenion im Frühling des Jahres 336 vor Christus nach Asien vorausschickte, um den Krieg gegen Persien zu eröffnen.

Philipp heiratete Kleopatra. Und Attalos triumphierte. Er triumphierte, weil seine Nichte nunmehr zur Stellung einer Königin aufrücken sollte. Um die eifersüchtige Gattin Olympias, dieses gekränkte, gefährliche Hindernis zu beseitigen, warf Philipp ihr Ehebruch vor und trennte sich von ihr und ihren dunklen Dämonen.

Bei einem Festgelage – es war die Hochzeit Philipps mit Kleopatra – brach der drohende Streit urplötzlich und wie ein Gewitter aus. Wenn die makedonischen Herren auf ihren Liegen lagen und pokulierten, dann war das kein Kinderspiel. Der General Attalos hatte an diesem Abend besonders viel Wein getrunken. Auch Philipp war längst nicht mehr nüchtern. Plötzlich begann Attalos mit einer Rede. Er sagte: «Die Makedonier sollten die Götter bitten, daß Philipp mit der jungen Kleopatra noch einen rechtmäßigen Thronfolger zeugt.» Er hatte nicht lange Zeit, sich in dem Triumph der Vorfreude eines eitlen Onkels zu sonnen. Der junge Alexander, er war gerade neunzehn Jahre alt, geriet außer sich. Wie konnte dieser Attalos wagen, so zu reden! Wie konnte er vor ihm, dem rechtmäßigen Thronfolger, auf einen anderen Thronerben hoffen! Das war noch nie dagewesen. Das war Majestätsbeleidigung.

Alexander erhob sich, jung, sportgestählt, in den Augen schon das Flackern eines Titanen. Er ging auf Attalos zu. Er nannte ihn einen Schurken. Und dann rief er, daß die Halle erzitterte: «Du hältst mich wohl für einen Hurensohn!» Die Drohung war wie ein Peitschenhieb. Alexander warf dem verdienten General Attalos einen Becher an den Kopf. König Philipp sprang auf. Er zog das Schwert. Er wollte seinen Sohn niederstechen. Aber in seiner Wut, in seiner Trunkenheit, in seiner halben Besinnungslosigkeit, in seiner Ohnmacht stolperte er. Der große, der mächtige, der einäugige König fiel zu Boden. Hilflos lag er da.

Nun höhnte Alexander: «Seht, Freunde», spottete er, «seht diesen Mann; er macht Anstalten, von Europa nach Asien zu gehen, und er kann nicht einmal von einem Tisch zum anderen schreiten, ohne hinzufallen.» Alles schwieg. Wie ein gefesselter Löwe stand Philipp bebend da. Er wollte seinen Sohn töten. Nur das Bitten seiner Freunde hielt ihn von dieser Tat ab. Wie eine schwarze Wolke hing die Gefahr in der Luft. Die Schlange hatte sich aus ihrem Versteck emporgereckt.

Olympias war nicht anwesend, aber ihr Geist, ihr Rachegedanke war da. Und der junge Alexander hatte von diesem Geist getrunken.
Er reiste sofort ab. Was sich da während der Hochzeit abgespielt hatte, war kaum wieder gutzumachen. Alexander reiste mit der gekränkten Mutter nach Epirus. Er *mußte* seine Mutter nach Epirus bringen. Nur dort war sie in Sicherheit. Der junge Königssohn selber ging dann nach Illyrien, also zu den Erbfeinden der Makedonier. Dieser Aufenthalt Alexanders in Illyrien wird in den Quellen nur kurz erwähnt. Aber der Althistoriker U. Köhler wies schon 1892 darauf hin, daß der junge Alexander in Illyrien nur eine Absicht gehabt haben kann: mit fremder Hilfe nach Makedonien zurückzukehren und den Vater vom Thron zu stürzen.
Auch Olympias begann ihr letztes, großes, gefährliches Spiel. Sie hatte einen viel jüngeren Bruder, der wie ihr Sohn «Alexander» hieß. Von Philipp verstoßen, begann diese Frau, die Fäden der Rache und der Ränke zu spinnen. Sie saß jetzt in Epirus bei diesem Bruder und versuchte, ihn heimlich zu einem Krieg gegen Philipp anzustiften. Sie hatte dort in ihren heimatlichen Bergen Zeit. Sie sammelte in der herrlichen Luft ihrer Berglandschaft neue Kraft und neuen Mut. Ihrem Einfluß konnte man sich schwer entziehen.
Aber Philipp war der Vorsichtigere, der Geschicktere in diesem Spiel um das Leben. Er kannte den Bruder der Olympias sehr gut. Er sah ihn einmal, vor vielen Jahren, und fand Gefallen an ihm. Aus dem Hause des Oheims Arymbas hatten Philipp und Olympias den Jungen zu sich nach Makedonien genommen. Dort wuchs er auf. Philipp erkannte die weiche, lenkbare Art seines Schwagers. Er sah, daß man ihn zerbrechen konnte und daß er dann gehorchen würde. Er machte ihn mit der erdrückenden Macht seiner Persönlichkeit, durch Zwang und durch geheuchelte Liebe zu seinem Werkzeug. Er hatte ihm längst schon Gewalt angetan. Er hatte ihn beschämt, er ließ ihn schallend auslachen, so daß die Wände des Palastes dröhnten. Dann wurde es wieder ganz still, denn Philipp machte dem Jüngling Aussicht auf den Thron von Epirus. Zwanzig Jahre nur war dieser Alexander alt, als Philipp den Arymbas entthronte und den Jüngling an seine Stelle setzte. Der junge Alexander war König von Philipps Gnaden. Philipp hatte auch in diesem Fall mit allen Mitteln gearbeitet, um sich einer später vielleicht wichtigen Freundschaft gut zu versichern. Nun erntete er die Früchte. Statt seiner Schwester zu folgen, statt gegen seinen Schwager zu Feld zu ziehen, tat Alexander etwas ganz anderes. Er nahm ein Angebot des Philipp an. Es war nicht wenig verlockend. Im rechten Augenblick hatte Philipp dem Alexander die Hand seiner Tochter versprochen, der Tochter, die Olympias ihm geboren hatte.

Auch sie hieß Kleopatra. Man darf diese Kleopatra, die Tochter des Philipp, nicht mit der Kleopatra verwechseln, die Philipp gegen den Willen seiner Gattin heiratete und zur Königin machte. Alexander, der früh gelernt hatte, dem Philipp zu Willen zu sein, ging freudig auf das erstaunliche Angebot ein. Schließlich bedeutete es nicht wenig, die Tochter eines Philipp, der auf dem höchsten Gipfel des Ruhmes stand, zu heiraten. Dagegen war das gefährliche Abenteuer, das Olympias ihm einzuflüstern versuchte, viel weniger reizvoll. Olympias hatte die Schachpartie verloren.

Sie verlor auch das andere Spiel. Es gelang ihr nicht, den Haß ihres Sohnes gegen den Vater dauernd zu erhalten.

Im Haus des Philipp verkehrte ein Korinther namens Demarathos. Er gehörte zu jenen Leuten, die nicht nur persönlichen Mut besitzen, sondern auch Zivilcourage haben. Gerade darum war Demarathos ein gern gesehener Gast bei Philipp und durfte sich auch dort einiges herausnehmen. Philipp fragte ihn, wie es so um die Eintracht der Griechen stehe. Demarathos antwortete: «Du, Philipp, sorgst dich um Griechenland und hast dabei in deiner eigenen Familie soviel Zwietracht und Unglück.» Diese Worte rührten Philipp stark an. Er sandte den Demarathos zu seinem verlorenen Sohn. Er bat seinen Gastfreund, Alexander zur Rückkehr zu bewegen. Demarathos hatte Erfolg. Alexander kam. Es fand eine Versöhnung statt.

Aber bald kam es zu einer neuen Spannung. In Karien saß der Satrap Pixodoros. So ein Satrap regierte unter der Oberherrschaft des persischen Königs. Pixodoros wollte unabhängig werden. Philipp hatte die Absicht, gegen Persien zu ziehen. So erschien ihm Philipp als der natürliche Bundesgenosse. Um das Band dieser Bundesgenossenschaft auch noch durch Blut zu festigen, wollte Pixodoros seine Tochter mit einem Sproß des Philipp vereinigen. Von seiner Nebenfrau Philinna hatte Philipp einen Sohn namens Arrhidaios. Pixodoros glaubte, daß er diesen Arrhidaios für seine Tochter leicht bekommen könnte – denn Arrhidaios war schwachsinnig. Davon erfuhren Olympias und Alexander. Gleich wurde die Mutter wieder mißtrauisch. Gleich begann sie wieder, Alexander dem Vater zu entfremden. Wenn Philipp, so dachte Olympias, den Arrhidaios mit einem so mächtigen Hause verbindet, wenn Arrhidaios die Tochter des Satrapen von Karien heiraten sollte, so hatte Philipp offenbar nichts anderes im Sinn, als diesen Arrhidaios für die Königswürde vorzubereiten. Arrhidaios sollte also König werden, nicht ihr Sohn Alexander!

Auch Alexander war mißtrauisch. Er handelte schnell. Er sandte seinen Freund, den Schauspieler Thessalos, nach Karien, um mit dem Satrapen zu verhandeln. Er machte dem Pixodoros den Vorschlag, ihn selber, Alexander, zum Schwiegersohn zu nehmen. Er ließ sagen, der Bastard Arrhidaios sei sowieso blödsinnig. Man kann sich vorstellen, wieviel besser dem Karier dieser Vorschlag gefiel.

Auch diesmal versagte Philipp nicht. Er lud seinen Sohn ein. Er lud auch dessen Freund Philotas dazu. Hinter verschlossenen Türen waren die drei allein, Philipp, Alexander, Philotas. Philipp machte dem Sohn Vorwürfe. Er schalt ihn laut aus. Er hielt ihm voller Bitterkeit Niedertracht vor. Er fand das Verhalten unwürdig. Er meinte, Alexander habe von seiner Lage keine rechte Vorstellung. Es sei unglaublich, daß er sich herabließe, Schwiegersohn des Kariers zu werden. Was sei denn dieser Karier, was sei denn dieser Satrap anderes als Sklave des persischen Königs, Sklave eines barbarischen Herrschers! Philipp war so aufgebracht wie Friedrich Wilhelm I., der Vater Friedrichs des Großen, als Katte seinem Sohn zur Flucht aus Potsdam half. Der letzte Preußenkönig ließ den Katte hinrichten, und Philipp schrieb an die Korinther, daß sie ihm den Thessalos in Ketten schicken sollten. Wahrscheinlich erlebte der Schauspieler Thessalos danach seine erste wirkliche Tragödie. Philipp räumte weiter auf. Er wollte seinem Sohn gleich hier am Anfang Treue beibringen. Er verbannte auch die übrigen Freunde des Alexander, den Harpalos, den Nearchos, den Phrygios und den Ptolemaios. Alle mußten Makedonien verlassen.

Daß der junge Alexander sie später zurückrief, daß er sie später ehrte, ändert nichts an dem Bild: nichts auf dieser Erde war Philipp wichtiger als dieser Sohn, dieser Alexander, dieser Thronerbe, dieser einzige Kopf, den er für fähig hielt, das titanenhafte Werk zu Ende zu führen. Denn Philipp sah wohl sein Werk als Ganzes. Man hat den Eindruck einer großen, klaren Planung. Dieser hartnäckige Zimmermann der Geschichte wußte schon, wie das Dach seines Hauses aussehen würde, als er das Fundament legte. Wurde er aber mit dem Bau nicht fertig, so mußte eben ein anderer weitermachen. Dieser andere konnte nur Alexander sein.

Wer schneidet den Faden ab? Wann reißt das Schicksal einen solchen Titanen aus seiner weltweiten Planung heraus? Wo ist die Logik des Augenblicks, der das Genie mit einem furchtbaren Axtschlag fällt? Was ist überhaupt die Geschichte der Menschheit ohne den kleinen Zufall, der Weltreiche verändert, der Völker untergehen läßt, der das Genie zu Fall bringt mit einer lächerlichen Geste!

Es kam der Tag. Es kam der Tag heran, an dem der junge König von Epirus, der andere Alexander, die Tochter des Philipp heiraten sollte. Philipp stand hier am Anfang seines Feldzuges gegen Persien. Er wollte dieses gewaltige Unternehmen nicht ohne Erlaubnis der Götter wagen. Er befragte die Pythia, ob er den Perserkönig überwinden würde. Py-

thia antwortete: «Nah ist das Ende, bekränzt ist der Stier, schon wartet der Opfernde.»
Es war ein Spruch, der viele Deutungen zuließ. Philipp legte die Worte des Apollon-Heiligtums so aus, als ob der Perserkönig gleich einem Opfertiere stürzen würde. Was Pythia meinte, wußte man aber erst später. Gott Apollon machte es den Menschen nicht leicht. Um die Wahrheit zu erkennen, mußte man schon weise sein, auch weise gegen sich selber. Aber Philipp schien es, als würden sogar die Götter jetzt in seiner Armee marschieren. So glänzend stand der König noch niemals da. Er sah das riesige Perserreich schon unterjocht. Er sah das, was ihm eigentlich als reife Frucht seines Lebens gehörte, nicht seinem Sohn: er sah ganz Asien zu seinen Füßen. So brachte er den Göttern herrliche Opfer.
Die Hochzeit seiner Tochter Kleopatra mit Alexander von Epirus sollte ein großartiges Fest werden. Der König war ernst und feierlich dabei, aber wie so oft in seinem Leben, lachte er doch heimlich. Denn hier heiratete seine und der Olympias leibliche Tochter den leiblichen Bruder der Olympias, und dieses Blut der Olympias fesselte ihre eigenen Hände. Sie mußte ohnmächtig zusehen, aus der Ferne natürlich, aber tun konnte sie nichts. Wem die Götter so gut gesinnt waren, wen die Götter so hoch erhoben hatten, den verließen die Götter auch nicht bei einem rauschenden Fest.
So lud er zu der Götterverehrung und zu der Festlichkeit so viele Griechen wie möglich ein. Er hatte einen glänzenden Wettstreit von Sängern bestellt. Köstlich wurden die Gäste bewirtet. Aus ganz Griechenland waren die Freunde zum prächtigsten Mahl der Welt eingeladen. Und sie durften so viele ihrer Bekannten, wie sie nur wollten, zu diesem einzigen, zu diesem größten Fest Makedoniens mitbringen. Selbst dabei hatte der König seine eigenen Gedanken. Selbst dabei war er berechnend. Er wollte das Herz der Griechen gewinnen, er wollte sie ganz fest auf seiner Seite haben, ehe er das riesige Abenteuer gegen Asien begann. Er war leutselig. Er war bester Laune. Er sprach so ganz aus der Fülle seines Glücks und seiner Zuversicht. Er war so sicher seiner Macht und seiner Wirkung wie noch nie. Er dankte allen, daß sie ihm die ehrenvolle Stelle des obersten Feldherrn aller Griechen übertragen hatten. Und dann schritt er einher, zwischen den beiden Söhnen, dem leiblichen Sohn Alexander und dem Schwiegersohn Alexander.
Die alte makedonische Königsstadt Aigai hatte solchen Rausch noch nie erlebt, noch nie solche Wettkämpfe, noch nie so viele Menschen aus aller Welt. Am Ende des Festes wurden dem König goldene Kronen überreicht, von den angesehensten Männern der damaligen Welt, von

den bedeutendsten Städten, vor allem auch von Athen. Der Herold, der diese Massenkrönung eines einzelnen Hauptes vornahm, sagte zum Schluß: «Wer den König Philipp angreift und dann zu den Athenern flieht, wird immer ausgeliefert werden.»
Ein Angriff? War man nicht hier, um zu feiern? Die Worte kamen schon fast aus dem Mund des Gottes, der unsichtbar und drohend über der ganzen Festlichkeit waltete. Man trank. Man trank viel. Jetzt forderte Philipp den Neoptolemos auf, eines seiner gelungensten Gedichte vorzutragen. Das Gedicht handelte von dem früheren Perserfeldzug.
Berühmt, hochberühmt war Neoptolemos. Er hatte einen der größten Namen als Dramatiker. Aber er hatte auch eine ungewöhnliche Stimme. Der Dichter wollte Verse wählen, die auf den kommenden Feldzug des Philipp paßten, Verse, die dem Perserkönig das Ende anzeigten. Neoptolemos wollte darlegen, daß alles Glück, so groß und so gepriesen es auch ist, sich einmal ins Gegenteil verwandeln kann. Und so warnte die hohe Stimme den König der Perser. Aber alles, was der Dramatiker da vortrug, hätte ebensogut auf Philipp gepaßt, das war das Verwirrende, das Beklemmende an diesem Augenblick. «Ihr stürmt und stürmt bis zum Sternenhimmel hinauf, hoch über den Boden der Erde. Ihr türmt Gebäude um Gebäude aufeinander. Ihr setzt das Ziel des Lebens so weit in unverständlichem Wahn. Doch das Mißgeschick eilt. Es hüllt Nacht um das Werk. Schnell naht der Tod, den niemand sieht. Er naht und macht dem Streben der Sterblichen plötzlich ein Ende.» Alle blieben ganz still nach diesen Worten. Manche waren heimlich erregt, entsetzt oder ahnungsvoll, die meisten aber unbekümmert.
Philipp war hocherfreut. Er hatte aufmerksam zugehört. Er sah in jedem Wort den Sturz, das Ende, den Untergang des Persers. Er verglich alles mit den Worten der Pythia. Ja, sie hatte dasselbe gesagt wie der große Dichter des Trauerspiels. Die Gäste, fröhlich vom Wein, gingen auseinander. Noch während der Nacht strömte das Volk ins Theater. Man wollte sich rechtzeitig einen Platz für die Wettkämpfe sichern. Ein festlicher Umzug bei Tagesanbruch. Hoch in der Prozession ließ Philipp die Bildnisse der zwölf Götter tragen. Herrlich waren sie geschmückt. Und mit den zwölf Göttern – das hatte man noch nie gesehen! – schwebte ein dreizehntes gottähnliches Bild durch die gaffenden, staunenden Massen: das Bildnis des Königs Philipp. Der König unter den Göttern?! Ja, er war soweit! Er thronte nun gemeinsam mit den zwölf Göttern über der Erde.
Das Theater war zum Bersten voll. Philipp erschien in einem weißen Gewand. Nur in gemessener Entfernung durfte die Leibwache folgen.

So hatte es der größte lebende König befohlen. Vor allen wollte er zeigen, daß er niemanden zu fürchten brauchte. Niemanden auf Erden und niemanden im Himmel! Er wollte zeigen, daß er sich auf alle Griechen fest verlassen konnte. Ja, dieser Mann stand wahrlich auf der Höhe. Er stand so hoch, daß alle ihn rühmten, daß alle ihn glücklich priesen, daß alle ihn für unfehlbar hielten und ergriffen waren von Bewunderung.

Da war urplötzlich das Ende da.

An dem Eingang des Theaters stand ein Mann. Er hielt ein keltisches Schwert verborgen.

Erst betraten die eingeladenen Freunde des Königs das Theater. Dann folgte der König. Ganz allein. Der Mann ging auf den König zu. Er stieß ihm das Schwert durch die Brust. Ein einziger wuchtiger Stich von der Seite, und Philipp sank sterbend zu Boden. Er war siebenundvierzig Jahre alt. Er hatte vierundzwanzig Jahre lang regiert. Er hatte aus dem chaotischen kleinen Makedonien das Sprungbrett für ein Weltreich geschaffen. Er war der mächtigste König Europas. Er hatte sich vor seinem Tod schon zu den zwölf Göttern gezählt. Etwas zu früh.

Wer Philipp kannte, wußte, daß dieser König nur an einem Ort sterblich war – auf dem Schlachtfeld. Nur hier, unmittelbar im Kampfe, gab Philipp alle Vorsicht auf, wenn es der Augenblick verlangte. Ein Philipp war nicht zu ermorden. Der heimliche Todesstoß widersprach dem kunstvollen Bau seines Lebenswerkes, wo alles berechnet war, widersprach dem umsichtigen Genie dieses Mannes.

Der Mörder lief dem Tore zu. Er lief so schnell er konnte. Er wollte die Pferde erreichen, die für seine Flucht bereitstanden. Ein Teil der Leibwache des Königs rannte zu der Unglücksstelle. Da lag der große König im Staube. Regungslos lag er da – unfaßbar. Die anderen stürzten dem Mörder nach. Der hatte aber einen guten Vorsprung. Er war schon fast bei den Pferden, er suchte sich hinaufzuschwingen. Da blieb er mit dem Schuh an einer Ranke hängen. Er stürzte. Aber er raffte sich auf. Er wollte weiterfliehen. Da packten ihn die Verfolger. Alle gemeinsam stachen ihn tot. Nach einer anderen Überlieferung wurde der Mörder gefangen, dem makedonischen Militärgericht übergeben, verurteilt und gekreuzigt. Der Althistoriker Ulrich Wilcken hat dieses Ende des Mörders aus einem Papyrosfragment herausgelesen. Man fand es in Oxyrhynchus, in Mittelägypten, an einem Nebenarm des Nils.

Wäre Philipp nicht ermordet worden, so hätte die Weltgeschichte vielleicht einen ganz anderen Verlauf genommen. Wie ist die ganze Menschheit dem Zufall ausgeliefert, wenn ihr Schicksal von der Hand

eines einzelnen Mörders abhängig ist! Und was ging in dem Mann vor, dessen Schwert ins Herz des Königs traf?
Pausanias war ein vornehmer Makedonier aus der Landschaft Orestis, ein Trabant des Königs. Er war ungewöhnlich schön. Er war ein Freund des Philipp und wollte die Gunst seines hohen Herrn mit keinem anderen teilen. Aber es gab noch einen zweiten Pausanias. Und diesem Namensvetter war der König nicht minder gewogen. Der erste Pausanias begann daher seinen Rivalen zu schmähen, schalt ihn ein «Mannweib» und sagte ihm viel Übles nach. Der so Beschimpfte schwieg, verabredete aber mit seinem Freunde Attalos – das war der Oheim der Kleopatra – eine furchtbare Rache. Dann nahm er sich das Leben. Attalos lud den Pausanias zu einer Mahlzeit ein, gab ihm sehr viel starken Wein zu trinken, ließ dann seine Stallknechte über ihn herfallen und seinen Gast in der schändlichsten Weise mißhandeln. Als der berauschte Pausanias wieder nüchtern war, beklagte er sich beim König bitter über den Attalos. Philipp war über die Tat des ihm sonst so nahestehenden Attalos äußerst empört. Er geriet – wie es manchmal, aber nicht oft zu geschehen pflegte – völlig außer sich. Aber Attalos war eben sein Vertrauter. Der König brauchte den Rat dieses Mannes gerade in dem Augenblick, denn er führte Krieg gegen Pleurias, den gefährlichen Illyrer. Philipp suchte daher den körperlich und moralisch schwer verletzten Pausanias zu trösten, machte ihm große Geschenke und gab ihm einen ehrenvollen Posten in der Leibwache.
Pausanias schwieg. Aber er blieb gekränkt. Er blieb voller Haß und voller Verbitterung. Der schöne Jüngling ging zu seinem Lehrer. Es war der Sophist Hermokrates. Ihn fragte er im Gespräch, wie man berühmt werden könne. Der Philosoph gab keine weise Antwort. Entweder war er ein Dummkopf, oder er haßte König Philipp und wollte den Groll des Pausanias bis zur Mordtat vertiefen. «Berühmt wird man, wenn man ein Genie, das großartige Werke vollbracht hat, umbringt. Mit dem Andenken des Getöteten wird dann auch der Name des Mörders erhalten.»
Pausanias trachtete fortan nicht nur, an Attalos Rache zu nehmen, sondern auch an dem König, der den Attalos nicht bestraft hatte. Er soll sich auch einmal bei dem jungen Alexander beklagt haben, und als er seinen Rachegedanken durchblicken ließ, soll Alexander mit einem Wort aus Euripides' «Medea» geantwortet haben: «Den Vater samt der Braut und selbst den Bräutigam.» Der Vater der Braut war im Drama «Medea» Kreon, König von Korinth, die Braut Kreusa, der Bräutigam Iason. Medea wollte alle drei umbringen. Alexander muß demnach den Attalos, die Kleopatra und Philipp, seinen eigenen

Vater, gemeint haben. Die Worte des Alexander sind aber nicht eindeutig verbürgt.

Das Motiv der Rache scheint bei Pausanias für diese Tat nicht auszureichen. Der Althistoriker Berve hat sehr einleuchtend betont, daß zwischen der erlittenen Kränkung des Pausanias und seiner Rache sieben bis acht Jahre liegen. Es muß also noch eine starke Beeinflussung oder eine Anstiftung mitgewirkt haben.

Der Mord an König Philipp ist tatsächlich ein ungelöstes Rätsel der antiken Geschichte. Es wäre ganz ungewöhnlich, daß ein Mensch seinen Groll acht Jahre lang verkapselt und sich dann plötzlich zu einer solchen Rachetat entschließt. Es muß irgend jemand den Entschluß des Pausanias zum Mord hervorgerufen haben. Pausanias mag allenfalls «bereit» gewesen sein, Philipp zu töten. *Entschlossen* war er jedenfalls noch nicht – oder nicht mehr. Zum Mord kam es erst durch einen Anstifter. Wer aber war dieser Anstifter? Das ist das große Geheimnis.

Lange glaubte man, Persien sei die dunkle Macht gewesen, die Philipps Tod bewirkt hatte. Diese Ansicht verbreitete nämlich Alexander. Er selber schrieb später an Persiens König Darius: «Mein Vater fiel unter den Streichen von Meuchelmördern, die Ihr angestiftet habt, wie Ihr selbst in Euren Briefen vor aller Welt Euch rühmtet.» Das berichtet uns Arrian. Und auch Curtius Rufus teilt uns mit, daß Alexander so ähnlich an Darius geschrieben habe: «Philippus aber, mein Vater – wer wüßte nicht, daß seine Mörder mit der Aussicht auf eine Riesensumme von den Euren angestiftet waren?»

Zur Zeit der Ermordung regierte in Persien König Arses. Alexander beschuldigte in seinem Brief also nicht den Darius selber, er wollte den König nur für diese Erbschuld als mitverantwortlich hinstellen. Vielleicht kam die Anstiftung wirklich aus Persien. Es ist möglich. Aber es ist keinesfalls sicher.

Viel wahrscheinlicher ist es, daß Alexander später den Verdacht von einem ganz anderen Menschen ablenken wollte, von einem Menschen, der ihm nahestand und den er schützen wollte. Vielleicht kannte Alexander das schreckliche Geheimnis. Vielleicht hatte er es nach vollbrachter Tat erfahren. Vielleicht wußte er, daß seine eigene Mutter, Olympias, geistige Urheberin dieses folgenschwersten Mordes der alten Geschichte war!

Justin berichtet, Olympias habe dem Mörder die Pferde für die Flucht gestellt. Nach dem Tode des Königs sei sie, dem Anschein nach eine trauernde Witwe, zur Bestattung gekommen. Aber gleich in der Nacht ihrer Ankunft soll sie auf das Haupt des am Kreuze hängenden Pausanias eine goldene Krone gesetzt haben. So krönte man hochverdiente

Männer. So krönte man Sieger. Niemand außer Olympias hätte diese Ehrung des Mörders wagen können, denn noch war ja des Philippus Sohn, Alexander, am Leben. Wenige Tage danach ließ Olympias den Leichnam des Pausanias vom Kreuz nehmen, verbrannte ihn angeblich auf den sterblichen Überresten ihres Gatten und errichtete ihm einen Grabhügel an der gleichen Stätte. Das mag möglich sein, denn die Dämonie dieser Frau hatte dem Volk abergläubische Ehrfurcht eingeflößt. Nun ordnete die wilde Epirotin sogar ein jährliches Totenopfer für den Mörder an.

Das war aber noch nicht alles. Sie nahm Rache an Kleopatra. Sie ließ die kleine Tochter der gehaßten Nebenbuhlerin im Schoß der Mutter umbringen. Sie zwang Kleopatra, dieses schöne Mädchen, das eine Königin aus der Ehe mit Philipp verdrängt hatte, ihr Leben mit dem Strick zu endigen. Erst der Anblick der Hängenden stillte ihre Rachsucht. Kleopatra war völlig schutzlos gewesen. Ihr Oheim weilte in Asien. Und Alexander, der so wilde Rache nicht zugelassen hätte, war abwesend.

Unter ihrem Mädchennamen Myrthale weihte Olympias schließlich dem Gott Apollon das Schwert, mit dem der König ermordet wurde. Sie tat – nach Justin – alles so öffentlich und herausfordernd, daß man glauben konnte, sie sei nur von einer Furcht beseelt gewesen: von der Furcht, man werde später annehmen, nicht *sie* allein habe diesen Mord bewirkt!

Auch auf Alexander fiel Verdacht. Aber dieser Verdacht war sicherlich grundlos. Alexander hatte sich mit dem Vater ausgesöhnt. Alexander wußte, daß Philipp ihn als einzigen Thronerben ansah. Und Alexander war nicht der Typ des heimtückischen Anstifters. Das lag ihm nicht, freundschaftlich an der Seite seines Vaters zu gehen beim Hochzeitsfest seiner einzigen vollbürtigen Schwester – heimlich aber schon von dessen Tode zu wissen, ja der Anstifter dieses bevorstehenden Mordes zu sein, und sich so zu verstellen!

Nein – so war Alexander nicht. Er hatte mit dieser Tragödie des Hochsommers 336 wissentlich nichts zu tun!

Diogenes,
der erste Bettelmönch des Abendlandes

«Sorget nicht für euer Leben, was ihr essen und was ihr trinken werdet; noch für euren Leib, was ihr anziehen werdet. Ist nicht das Leben mehr als die Speise und der Leib mehr als die Kleidung?» – Matthäus 6, 26.

Wahrscheinlich war Alexander das größte Herrschergenie der Weltgeschichte. Er war von der Idee besessen, Europa und Asien zu einigen. Hätte dieser erstaunliche Mann länger gelebt, wäre er nicht schon im 33. Lebensjahr gestorben, so wäre die Welt wahrscheinlich in unserer Zeit nicht in Ost und West gespalten!

In Korinth traten die griechischen Staaten zusammen und erklärten Alexander zum unumschränkten Oberfeldherrn über ganz Griechenland. Sie wählten ihn zum höchsten Befehlshaber für den Feldzug nach Asien. Sie taten das nicht ganz leichten Herzens. Alexander hatte diese höchste Feldherrnwürde klar und deutlich für sich verlangt. Aber er redete den Gesandten gut zu. Er ließ auch sie zu Worte kommen. Er wollte ja nur gegen die Perser ziehen, «für all das, was sie den Griechen zuleide getan hatten». Und so erzielte er diesen erstaunlichen Beschluß der Griechen auf gütlichem Wege.

Viele Staatsmänner, berühmte Künstler und Philosophen machten bei Alexander Besuch und wünschten ihm Glück. Für die Priester des mächtigen dorischen Apollontempels über dem Getriebe der Stadt waren das geschäftige Tage. Wer heute vor den sieben wuchtigen Säulen steht, die noch erhalten sind, kann sich nur eine schwache Vorstellung von diesem Heiligtum machen, das von einer blühenden und unglaublich reichen Adelszeit kündet.

Die Öl- und Parfümhändler auf dem Markt hatten alle Hände voll zu tun, ihre wertvollen orientalischen Waren in korinthische Salbgefäße umzufüllen. Müde Tragtiere schleppten die herrlichen Dinge, die Korinth aus dem Osten empfing, vom Hafen über die Lechaionstraße viele Treppenstufen zum Markt hinauf, und auf denselben Rükken schaukelten die berühmten Töpfe und der Erzguß hinunter zu den Schiffen, um den Ruhm der korinthischen Handwerker und Künstler bis an die Grenzen der damaligen Welt zu tragen.

Die Stadt Sikyon, die an das Gebiet von Korinth angrenzte, war schon immer Treffpunkt der begabtesten Maler und Bildhauer gewesen. Lysippos, der das berühmteste Bildnis Alexanders des Großen schuf, war ein Sikyonier. Dieses wahre Vaterland der Malerei und das benachbarte Korinth, das waren wirklich geistige Zentren der Welt. Und hier in Korinth, der einzigen Stadt, die von ihrer hohen Felsburg Akrokorinth aus die Landesbrücke zwischen Mittelgriechenland und dem Peloponnes beherrschte, hatte Alexander eine interessante Begegnung.

Da so viele gelehrte Männer, Bildhauer, Maler, Dichter und Philosophen den neuen Oberfeldherrn ganz Griechenlands sehen wollten, dachte Alexander, auch Diogenes würde sich melden. Das tat Diogenes aber nicht. Er saß in einem Zypressenhain draußen vor den Toren und kümmerte sich nicht um den glänzenden Kongreß, zu dem alle Welt erschienen war.

So ging Alexander selber zu dem Mann, der gemütlich in der Sonne lag. Als Diogenes sah, daß so viele Menschen auf ihn zukamen, richtete er sich ein wenig auf. Er sah den König starr an. Alexander grüßte freundlich und fragte, was er für Diogenes tun könne. «Geh mir nur ein wenig aus der Sonne», sagte der Philosoph und legte sich wieder hin.

Alexander ging.

Seine Begleiter machten scherzhafte Bemerkungen über den Vorfall. Der König aber blieb ganz ernst. Er war tief in Gedanken. «Wäre ich nicht Alexander, so würde ich am liebsten Diogenes sein», sagte er.

Dieser Diogenes ist keine Sagengestalt, keine Figur geistreicher Phantasie, kein Eulenspiegel und kein Don Quichotte. Er hat wirklich gelebt, und es ist lohnend, ihn ein wenig kennenzulernen.

Er war der Sohn eines Geldwechslers aus Sinope am Schwarzen Meer in der heutigen Türkei. Der Vater wurde wegen Falschmünzerei verfolgt. Auch der Sohn fälschte fleißig Münzen. Das hatte nicht nur praktischen Sinn, das konnte für die Zukunft dieses Menschen philosophisch ausgelegt werden. Diogenes erkannte nämlich keinerlei festgelegte Werte an.

Er ging nach Athen und wurde ein Schüler des Philosophen Antisthenes. Dieser Antisthenes saß in einem der drei großen Gymnasien von Athen, im Kynosarges, und hatte hier, zwischen den Bädern, Turnhallen und Erholungshainen, irgendwo sein Arbeitsquartier eröffnet, vielleicht eine Matte zum Sitzen und einen Stein als Unterlage zum Schreiben. Denn anspruchsvoll war Antisthenes nicht. Er war ein Anhänger des Sokrates, hatte aber von diesem nur eine Wahrheit übernommen. Er glaubte, daß der Mensch durch Tugend glücklich werde. Daraus entwickelte er seine Moral, die alle Güter und Genüsse des Lebens, alle Wertschätzung äußerlicher Dinge verwarf und eine Art sittlicher Askese forderte. Dieser völligen Verachtung alles Vorhandenen, dieser «zynischen Philosophie» strebte auch Diogenes nach. Aber Antisthenes hockte in einem Winkel des Gymnasiums und schrieb. Er wollte keinen Menschen um sich haben, Besucher wie die meisten Schüler verjagte er mit einem Stocke. «Schlag nur zu», sagte Diogenes, «kein Stock ist hart genug, mich fortzutreiben, solange ich dich reden hören kann.»

Als Flüchtling aus seiner Heimatstadt Sinope war Diogenes schon sowieso arm. Er beobachtete eine Maus. Die lief hin und her, schien nichts zu suchen und nichts zu wollen. Da beschloß auch er, so wunschlos zu werden. Er schlug seinen Mantel übereinander, so daß er ihn verdoppelte, und dieser Mantel ersetzte ihm auch das Bett. Immer trug er einen Ranzen, und manchmal, aber nicht immer, hatte er darin etwas zu essen. So war ihm jeder Ort zum Frühstück, zum Mittagmahl, zur Unterhaltung und zum Schlafen recht. Er pflegte mit einem Finger auf die großen Säulenhallen des Zeus, auf die Tempel und Staatsgebäude zu zeigen und sagte, das alles hätten die Athener für ihn zum Wohnen errichtet. Im Tempel der Göttermutter Kybele, der auch als Staatsarchiv diente, nahm er sich ein Faß und hauste darin. Im Sommer wälzte er sich auf dem glühendheißen Sand umher, im Winter umarmte er die schneebedeckten Statuen, «um mich ein wenig abzuhärten», wie er sagte.

Diogenes verachtete die meisten Dinge, die sonst von Menschen so sehr geschätzt werden, zutiefst und gründlich. Die Dionysischen Wettkämpfe nannte er Wunderwerke für Narren und Redner. Demagogen, die das Volk zu gewinnen suchten, bezeichnete er als die Diener des Pöbels. So verachtete er auch den Demosthenes. Kapitäne, Steuermänner, Ärzte und Philosophen schienen ihm verständige Geschöpfe. Traumdeuter, Seher und deren Anhang, alle reichen Menschen, alle satten Bürger, die im Luxus lebten, erschienen ihm erbärmlich. Er meinte, es sei gut, entweder Verstand zu haben oder eine Schlinge, um sich aufzuhängen. Von Platon wie von Sokrates hielt er nichts. Er war sogar der Ansicht, Sokrates sei nicht ganz bei Sinnen gewesen. Als er einmal getrocknete Feigen aß, forderte er Platon auf teilzunehmen. Platon langte zu, da stieß Diogenes ihn an: «Ich sagte teilnehmen, nicht aufessen.» Dann bat er Platon um etwas Wein. Platon schickte ihm einige Liter. «Wenn man dich fragt, wieviel zwei mal zwei ist, und du antwortest zwanzig, so paßt deine Antwort sowenig zu der Frage wie deine Sendung zu meiner Bitte.» Manchmal stand Diogenes auf dem Markt und trillerte wie ein Vogel. Wenn sich Menschen zusammendrängten, fuhr er sie an. Er schalt sie, weil sie bei jedem Ulk stehenblieben, für ernste Dinge aber niemals Zeit hatten.

Auf einer Fahrt nach Ägina fiel Diogenes Seeräubern in die Hände. Er wurde nach Kreta gebracht und dort als Sklave zum Verkauf angeboten. Man verbot ihm zu sitzen. «Das macht nichts», sagte er, «auch Fische werden verkauft, ganz gleich, wie sie gelagert sind.» Er wunderte sich nur, daß keiner der Kauflustigen ihn anfaßte. «Beim Einkaufen eines Topfes oder Tiegels wird die Ware sorgfältig beklopft, beim Einkauf eines Menschen begnügt man sich mit dem bloßen Anblick.» Er wurde gefragt, welche Arbeit ihm am meisten liege. Er antwortete: «Menschen zu beherrschen.» Und so fand er auch seinen Käufer Xeniades, denn er rief plötzlich: «Verkauft mich an den da, er bedarf eines Herrn.» – «Du mußt mir gehorchen», sagte er gleich zu Xeniades, «auch wenn ich Sklave bin, denn du gehorchst ja auch deinem Arzt oder deinem Kapitän.» Xeniades kaufte ihn, nahm ihn nach Korinth und machte ihn erst zum Lehrer seiner Söhne, dann zum Leiter seines ganzen Hauswesens.
Diogenes erzog die Kinder seines Herrn hervorragend. Er brachte ihnen Reiten, Bogenschießen und Speerwerfen bei, er sorgte für gesunde Gesichtsfarbe und für glänzende körperliche Verfassung. Er bearbeitete den Unterrichtsstoff so, daß seine Schüler ihn leicht behalten konnten, und er lehrte sie, sich mit ganz einfacher Kost und mit Wasser zu begnügen. Mit kurzgeschorenem Haar, ohne jeden Schmuck, ohne Mantel, ohne Schuhe, stets schweigsam, mußten die Kinder auf der Straße gehen. Diogenes nahm sie auch mit auf die Jagd. Sie waren um das Wohl ihres Lehrers sehr besorgt. Sie wollten ihn freikaufen. Aber er lehnte es ab, denn seine Herren seien ja seine Sklaven, nicht er der Sklave seiner Ernährer.
Als ihn ein reicher Mann in sein prunkvolles Haus führte und sich das Spucken verbat, spie ihm Diogenes ins Gesicht und sagte, er hätte sich vorher vergeblich nach einem schlechteren Platz umgesehen. Oft stand er in den Gassen von Korinth und rief die Menschen zu sich. Wenn sie kamen, sagte er: «Ich habe Menschen gerufen, nicht Unflat.»
Ein Schüler meldete sich bei ihm. Er wollte sich in der Philosophie unterrichten lassen. Diogenes gab ihm einen Hering und hieß ihn mitkommen. Nach kurzer Zeit warf der Schüler, der sich schämte, den Hering weg und ging davon. «Die Freundschaft zwischen dir und mir», rief Diogenes ihm nach, «hat ein Hering zerstört.»
Mit schmunzelndem Vergnügen lauschte er den Vorträgen anderer, die er völlig blödsinnig fand. Als ein Gelehrter nach langer Rede, die er vorlas, an einem nur halb beschriebenen Blatt erkennen ließ, daß der Schluß endlich bevorstehe, rief Diogenes: «Mut, ihr Männer, ich sehe Land!» Ein Arbeiter versetzte ihm mit einem Balken einen Stoß

und rief: «Nimm dich in acht.» Diogenes wandte sich um und fragte: «Soll ich denn noch einen Stoß bekommen?»
Diogenes verurteilte die Menschen wegen ihrer Gebete, denn sie bäten ja nur um das, was ihnen gut scheine, nicht aber um das, was wahrhaft gut sei. Er soll an der Schlacht von Chaironeia teilgenommen haben. Als Gefangener wurde er vor Philipp geführt. Philipp fragte, wer er sei. Er antwortete: «Ein Augenzeuge deiner Unersättlichkeit.» Als jemand wissen wollte, wann man heiraten müsse, sagte Diogenes: «Die Jünglinge noch nicht, die Alten nicht mehr.»
Dieser anspruchsloseste Philosoph der Weltgeschichte wurde von allen «Hund» genannt, da es für ihn die höchste Weisheit war, vollkommen wunschlos zu sein. Hund heißt griechisch «kyon», und daher stammt der Name seiner kynischen Philosophie. Unser Wort Zynismus wäre ohne Diogenes und dessen Lehrer Antisthenes nicht denkbar. Dieser weiseste Bettler aller Zeiten, der Begründer der kynischen Schule, war überzeugt, daß alles den Göttern gehöre, daß die Götter Freunde der Weisen seien und daß unter Freunden alles gemeinsam sei. Darum hatte er das Gefühl, ihm gehöre die ganze Welt. Und doch nannte er nichts sein eigen. Er wußte, daß menschliches Glück über die Befriedigung der natürlichen Wünsche eigentlich nicht hinausgehen kann. Darum übte er sich, seine Bedürfnisse auf die billigste und einfachste Weise zu stillen. Er glaubte auch, daß nichts Natürliches unanständig sei, und tat darum Dinge in der Öffentlichkeit, die seine Mitbürger schockierten.
Als er ein Kind sah, das aus den Händen trank, riß er seinen einzigen Becher aus dem Ranzen und warf ihn weg. «Ein Kind hat mich gelehrt, noch genügsamer zu sein», sagte er. Dann entdeckte er einen Knaben, der aus einer Handhöhle Linsenbrei aß. So flog auch seine einzige Schüssel in den Staub. Er bettelte Bildsäulen an, um sich daran zu gewöhnen, daß Wünsche nicht erhört werden. Überhaupt lebte er vom Betteln. Aber er bettelte nur, wenn er sehr hungrig war. «Wenn du schon einem anderen eine Gabe gegeben hast, so gib mir auch etwas», sagte er, «wenn nicht, dann mach mit mir den Anfang!» Irgend jemand antwortete ihm: «Du mußt mich erst überreden!» Und Diogenes: «Wenn ich das könnte, so hätte ich dich schon längst überredet, dich zu erhängen!»
Sommer und Winter, auch im Schnee, ging Diogenes barfuß einher und suchte sich an jede Kost, an alles, was im Freien wuchs, selbst an das rohe Fleisch aller Tiere zu gewöhnen. Er bewunderte die Sklaven, die während der Mahlzeiten die Eßgier ihrer Herren beobachteten, ohne sich je eines Mundraubes schuldig zu machen. Mit Frauen wollte er nichts zu tun haben, und die Verachtung der Lüste machte

ihm das allergrößte Vergnügen. Selbst der Tod schien ihm kein Übel, denn wenn er eingetreten sei, spüre man ja nichts.
Die Menschen spotteten über ihn, sie riefen ihm nach, wenn er durch die Gassen von Korinth ging. «Seht, da kommt der Hund», riefen sie. Und sie lachten. Sie lachten ihn aus. Unberührt von all dem Spott zog Diogenes seiner Wege. Sie lachen mich aus, aber sie lachen mich nicht nieder, dachte er. Er flüsterte jetzt manchmal. Er sprach seine Gedanken halblaut in den Wind. Er sprach mit sich selber. Der letzte Sklave lief ihm fort. Diogenes tat nichts. Er unternahm nichts, um seinen Sklaven zu finden. «Lächerlich», sagte er, «wenn der Sklave ohne Diogenes, Diogenes aber nicht ohne den Sklaven leben könnte.»
Sein Lehrer Antisthenes hatte sein Leben lang geschrieben. Diogenes verfaßte wahrscheinlich keine Zeile. Wie nur die größten Heiligen der Menschheit gebrauchte dieser Mann nichts als sein Wort. Er wirkte. Er tat Wunder. Er besaß eine unheimlich zwingende Gabe. Er konnte jeden überreden, jeden für sich gewinnen, jeden an sich und seine Philosophie fesseln.
In seinen Worten lag Zauberkraft. Und sein Einfluß reichte weit über Griechenland hinaus. Ja, seine doch herrliche Vision, auf dieser Erde unabhängig von allen Dingen zu sein, nichts zu wünschen und nur dem Geist, dem Guten zu dienen und nicht dem Geld, lebt fort bis zu den Bettelmönchen der christlichen Kirche des Abendlandes.
Diogenes wurde alt. Das Gehen fiel ihm etwas schwerer. Aber er hielt sich mit zäher Energie auf den Beinen. Er spürte nicht mehr die Hitze des Sommers, nicht die Kälte des Winters. Es war, als ob seine Gedanken ihn trugen, als ob er fliegen könne. Er fühlte sich frei, immer freier. Über alles liebte er die Freiheit. Er nannte sich jetzt einen Weltbürger. Er war auf jede Wendung des Schicksals gefaßt. Weder Natur noch Menschen konnten ihm irgend etwas anhaben. Und kein Ort schien ihm unrein. «Denn auch die Sonne scheint in das schmutzigste Loch und wird doch nicht besudelt.»
Er wurde neunzig Jahre alt. Wenn sie jetzt hinter ihm herriefen, hörte er nur noch ein Summen. Den Mann, der so enthaltsam lebte, konnte auch die Natur nicht umwerfen. Er wurde immer sparsamer mit seinen Worten. Es schien ihm jetzt manchmal, daß nur die jungen Menschen seiner Aufmerksamkeit wert waren. Er hielt reine Jünglinge noch für das Beste unter den Menschen. Wenn er einen Jungen erröten sah, so sprach er ihm Mut zu, denn dies sei die Farbe der Tugend.
Jedes Kind kannte jetzt den eigentümlichen Alten in Korinth. Mit fliehendem Mantel, mit emsigem Wanderstab, mit brennenden Augen und hungrig, immer hungrig, suchte er Menschen. Wo waren sie? Wo waren sie? Gab es niemand hier auf Erden, der ihn begriff? Wollten

sie diese unbändige Lust, die freie Luft schenkte, nie begreifen? Er preßte die Lippen fest gegen die Zähne. Ihm schien, er steige jetzt nur noch aufwärts. Und die Zeit raste.
Wie ein Wald sahen die fünfzehn Säulen der Längsseite des Apollontempels aus. Alles gehörte ihm, ihm, dem Hund, der jetzt nur noch bellte. Die Kinder blieben stehen und zeigten auf den Alten und schrien und lachten. «Wir trauen dir nicht, du könntest uns beißen!» Diogenes wandte sich nicht um. «Keine Angst, keine Angst, Kinder», er murmelte das alles nur für sich, «ein Hund frißt kein Grünzeug.»
Wenn ihr nur wüßtet . . . Hatte er vergeblich gelebt? Wenn die Menschen nur wüßten, daß ihnen das Leben von den Göttern gar nicht schwergemacht wird. Alles hatte Diogenes gehabt, ein volles, reiches Leben und dazu den Ruhm der Weisheit über Jahrtausende der Zukunft hinweg. Wenn die Menschen nur wüßten, daß die Götter ihnen alles geben, ganz umsonst und ohne Mühen! Aber über dem Suchen nach Leckerbissen, nach Wohlgerüchen, nach tausend umständlichen Genüssen wird das alles vergessen. Diogenes rief diese Sätze jetzt manchmal laut in den Wind.
Sein Mantel bestand nur noch aus zusammengeflickten Stücken. Und wie der Schnee brannte unter den Füßen! Jetzt endlich gaben sie das Rennen gegen die Menschen auf. Er setzte sich. Er legte sich hin. Er hatte so sehr die Sonne geliebt. Aber es wurde merkwürdig dunkel.
Eines Tages fanden seine Schüler ihn im Kraneion, dem Gymnasium von Korinth, dort, wo er immer gelehrt hatte. Regungslos lag er da, in den alten Mantel gehüllt. Der eifrige Frühaufsteher? Nie hatte er lange geschlafen. Sie schlugen den Mantel zurück. Er war tot. Weil er so seinen Mantel über den Kopf geschlagen hatte, nahmen sie an, er habe sich selber erstickt. Aber in der Maßlosigkeit seiner Genügsamkeit starb dieser Mann einen ganz anderen Tod. Er wurde ein Opfer der Cholera. Er hatte einen rohen Ochsenfuß benagt.
«Geh mir nur etwas aus der Sonne», hatte er einst zu Alexander gesagt. Der Makedonier konnte diese Worte nie vergessen. Denn der Bettler war der einzige Mann im Leben Alexanders, der größer war als der König.

Hellenismus, das große geistige Tor zum Christentum

«Unter allen Völkerschaften haben die Griechen den Traum des Lebens am schönsten geträumt.»
Goethe, Maximen und Reflexionen, III, 77

Aus einem halbvergessenen Winkel Griechenlands, aus der Nacht des Unbekannten, trat das lebenshungrige Volk der Makedonier in die Geschichte ein.

Von ihren befestigten Städten ist nichts geblieben. Erde und Schutt verdecken ihre blühende Vergangenheit. Von ihrer Sprache ist kein einziger Satz erhalten. Von ihrer Geschichte kündet kein makedonisches Wort.

Dennoch führten sie ein neues Weltzeitalter herauf. Sie trugen in die endlosen Räume des Orients griechisches Wesen und griechische Kultur. Auf ihren phantastisch weiten Marschwegen brachten sie dem alten Orient griechisches Denken und griechische Fertigkeiten.

Sie traten in die Welt, geistige Kinder Griechenlands, und waren doch so ganz anders, so hart, so ungelehrt, so undichterisch, so eigentümlich rauh aus ihrer Berglandschaft geformt, so zäh am Alten hängend, dabei so leidenschaftlich und stolz, so schlicht und doch so unglaublich vital, daß die von Homer, von Perikles, von Phidias und Sophokles beseelten südlichen Stämme Griechenlands sie immer «Barbaren» nannten.

In Orestis und Elimiotis, im Tal des Haliakmon, lagen die ältesten Wohnsitze des makedonischen Volkes. Dann stieg es hinunter, in die Ebene, zu den Ufern der Bucht von Thermai am Ägäischen Meer. Und in Obermakedonien blieben eigenwillige Fürsten in Berggauen, störrische Vasallen der makedonischen Könige.

Dieses Volk der Makedonier brachte eines der erstaunlichsten Genies der Weltgeschichte hervor, *Philipp II.* Und aus diesem Volk kam der Mann, der den Anspruch stellte, Gott zu sein, und den die Menschheit *nicht* kreuzigte: *Alexander der Große.* Beide, Vater und Sohn, sind die bedeutendsten Herrscher, die die Antike erlebte. Beide zusammen regierten nur 36 Jahre.

In diesem Nichts vor dem gähnenden Abgrund der alten Geschichte, in dieser fliehenden Sekunde menschlichen Kletterns am Steilhang der Unvergänglichkeit, in dieser zeitlich so winzigen Chance, die das Schicksal ihnen darbot – verwandelten sie die Welt. Beide fanden während ihres Lebens keinen Historiker, dessen darstellerische Kraft ihr Genie auch nur in mattem Abglanz zu spiegeln wußte. Beide wurden in heldenfeindlichen Epochen verkleinert, zu anderen Zeiten himmelgroß gesehen.

Sie passen in keinen Rahmen, weder im Guten noch im Bösen. Sie passen im Grunde in kein Buch, das am Schreibtisch entstand. Sie gehören der damals noch unbegreiflichen, feindlichen, staubigen, wüsten- und steppenhaften endlosen Welt, nach der der Vater griff und die der Sohn sich nahm.

Das neue, wundervolle Erlebnis jener von Philipp und Alexander gestalteten makedonischen Zeit war die Begegnung von Abendland und Morgenland. Eine einzige politische Einheit ist die antike Welt niemals geworden. Aber kulturell war einmal so etwas wie ein Hinundherbegreifen da, ein Lernen und Suchen von West nach Ost und von Ost nach West. Der Sohn eines deutschen Pfarrers aus Pommern, der Althistoriker Johann Gustav Droysen, hat diese Epoche *«Hellenismus»* benannt.

Wie kam er auf dieses Wort?

Er las im sechsten Buch der Apostelgeschichte, daß in den Tagen, als die Zahl der Jünger zunahm, ein unwilliges Gerede «der Hellenisten gegen die Hebräer» entstand, weil ihre Witwen bei der täglichen Versorgung vernachlässigt wurden. Droysen hielt die «Hellenisten» des Neuen Testamentes für orientalisierte Griechen, während Paulus die unter den Heiden geborenen Juden meinte, die griechische Sitte und Sprache angenommen hatten. Das entspricht jedenfalls dem Wort «Ellenistai». Diesen «Hellenisten» stellte Paulus die aramäisch redenden Juden gegenüber.

Auch wenn Droysens Bezeichnung auf einem sprachlichen Mißverständnis beruht, trifft sie doch einen Teil des Vorgangs ganz richtig, die Verschmelzung des Hellenistischen mit dem Orientalischen. Diese geistige Seite des Hellenismus ruht aber auf einem 330 Jahre währenden geschichtlichen Vorgang, und das Bild der bunten und vielfältigen Entwicklung wird durch das eine Wort «Hellenismus» ein wenig matt.

Der Versuch einer geistigen Einheit der ganzen Welt, dieses einmalige Anstreben einer umfassenden Weltvernunft, hat den Boden für die abendländische Kultur bereitet. Die griechische Kultur wurde Weltkultur und die griechische Sprache Weltsprache.

Was wir der griechischen Kultur verdanken, das ist der Inhalt westlichen Lebens, der Lebensinhalt der heutigen Welt. *Denn nicht Europa nährt sich vom Orient, sondern der Orient hat schon seit dem Hellenismus und dann wieder seit 144 nach Christus, seit Gandhara und den dort von hellenistischen Meistern geschaffenen ersten Buddha-Bildnissen, immer und ständig aus westlichen Brunnen geschöpft.* Ich erkenne auch heute nichts anderes, weder im Technischen noch im Geistigen. Trotz aller romantischen Anschwärmerei des Orients haben wir weder die Rikscha noch die Eßstäbchen übernommen, weder die Vielehe noch die Idee, als Beamter zuungunsten des Staates für die eigene Familie stehlen zu dürfen, weder Ahnenkult noch Schintoismus, weder Lilienfüße noch Kohlenbecken, weder Ruhe noch Geduld, weder die heilige weiße Kuh noch Islam, noch Buddhismus.

Ich sehe aber, wie überall Orientalen bewundernd Hochhäuser und Industriewerke errichten, ich höre sie von Einehe als dem wahren Fortschritt sprechen, sie preisen jetzt die Gleichberechtigung der Frau und verurteilen die Kinderehe. Von den Tausenden und aber Tausenden zivilisatorischen wie kulturellen Werten des Orients finden nur sehr, sehr wenige Eingang und Aufnahme bei uns, während der Osten von der Zahnbürste bis zum Röhrensystem unserer Kleidung, vom Bier bis zur Seife, vom Jazz bis zur Beethoven-Symphonie nicht nur alles vom Westen kaufte, sondern alles nachempfindend mit einem gewissen Fortschrittsstolz auch selber herstellen will – und herstellt.

Das ist der «moderne Hellenismus». Er lebt noch heute von seinem einstigen Urbild. Denn die westlichen Werke wie die westlichen Ideale haben sich in ihrer materiellen wie in ihrer geistigen Ausstrahlung seit zweitausend Jahren nur wenig verändert.

Alexander, der junge makedonische König, erfüllte den Orient mit gewaltigen neuen geistigen, zivilisatorischen und technischen Kräften. So wurde Asien zum erstenmal aufgewühlt und umgeformt durch griechische Geräte, durch moderne hellenistische Kultur, durch hellenistische religiöse Ideen.

In der Zeit zwischen 360 vor Christus und 529 nach Christus – das *ist* die Zeit des Hellenismus – suchte die Menschheit Gott wie nie zuvor. Sie fühlte sich innerlich bedroht und hielt Ausschau nach einem Retter, einem Heiland. Da wurde die Vorstellung von einem höchsten Wesen ungemein lebendig. Da kam Gott den Menschen ganz nah. Da lösten sich die Einzelwissenschaften aus der Philosophie. Da trennten sich Leib und Seele. Da wurde der Heidengott Herakles ein Rufer zur Nächstenliebe. Da blühten die Mysterienkulte. Da durfte sich zum erstenmal die einzelne Persönlichkeit entfalten. Da entstand ein geistiges Weltbürgertum, wie die Menschheit es heute, in unserer Zeit, wieder ersehnt.

Griechisch ist die Sprache unseres Neuen Testaments, und griechisch konnten sich die Männer verständlich machen, die das Christentum in die Welt trugen. Auf den Flügeln der griechischen Sprache gewann das Christentum die Seelen der Menschheit. Hätte Alexander nicht den Orient erobert, so wäre Griechenland nicht das geistige Bindemittel zwischen Abendland und Morgenland geworden. Griechisch ist die Sprache der Apostel, und Griechisch ist die Schrift des Christentums.

Darum ist der «Hellenismus» *das große geistige Tor zum Christentum,* und die Hellenen sind die Erbauer dieser Pforte, durch die das Christentum Eingang in die Welt finden konnte.

Auch der Orient trug während jener 300 Jahre vor Christus seine Kultur in die griechische Ideenwelt hinein, und durch das Aufreißen der eisernen Vorhänge Asiens konnte das Wort des Aramäers Christus so schnell Europa und die Welt erobern.

So war der Hellenismus ideell wohl die fruchtbarste Zeit der menschlichen Geschichte. Es war die Zeit, da der große geistige Besuch Europas in Asien stattfand.

Dieses erstaunliche religiöse und kulturelle Austauschen und Verstehenlernen begann etwa eine Generation vor Alexander und endete zunächst mit Augustus, in dessen Regierung der Nazarener geboren wurde. Die Periode von 400 bis 30 vor Christus hat auch einen ganz eigenen Charakter in der Kunst, in der Literatur, der Philosophie und im staatlichen Leben der Griechen.

Die Weltepoche des Hellenismus währte dann in einer andersgearteten Blüte weiter bis 529 nach Christus, als Justinian das mittelalterliche Byzantinische Reich geschaffen hatte und die Universität Athen schloß. Bis zur Mitte des 3. Jahrhunderts schrieben Christen im Römischen Reich griechisch. Der griechische Kirchenschriftsteller Clemens von Alexandrien, Chrysostomos, der große Prediger der griechischen Kirche, Origines, der das ganze Alte Testament in griechische Buchstaben umschrieb – diese Geister zeigen die letzten Höhen des Hellenismus an.

Wir rechnen den Ablauf unserer Zeit nicht nach dem Beginn des Hellenismus noch nach der Geburtsstunde des großen makedonischen Weltveränderers. Wir rechnen unsere Jahre nach Jesus von Nazareth, der im Zeitalter des Augustus, am Ende der «hochhellenistischen» Epoche, 7 «vor Christus», geboren wurde und der unter Tiberius – im 15. Regierungsjahr dieses verfolgungswahnsinnigen Kaisers auf Capri – im Jahre 28 «nach Christus» zu Jerusalem gekreuzigt wurde.

Nach einem falsch errechneten Geburtsjahr des Galiläers messen wir unsere Zeit. Aber auch wenn das Jahr nicht stimmt, so stimmt doch die Idee: denn wir sind Kinder zweier Welten, die sich damals zusammenfanden. Unser halbes Leben ist vom Christentum bestimmt, die andere Hälfte von den vielen tausend Werten der griechischen Kultur.

Es ist so, auch wenn wir's nicht mehr wissen. Und hätte Alexander nicht einst mit Titanengewalt die mächtigen Brücken in alle Welt geschlagen, dann hätte das winzige, verblühende Hellas seine und unsere – die europäische – Kultur mit sich ins Grab nehmen müssen. Dann wärest du nicht du, und ich wäre nicht ich. Dann hätten wir niemals etwas von einem demokratischen Ideal gewußt. Dann hätte Christus uns nicht erreicht. Dann wüßten wir nichts von Nächstenliebe. Dann hätten wir keine Dome – aber den Harem. Dann hätten wir keinen Homer, keinen Cervantes, keinen Shakespeare und keinen Goethe, kein Theater in unserem Sinne und keinen Bach.
Dann wären wir klug resignierende Knechte asiatischer Tyrannen – sicherlich gar nicht unglücklich dabei. Der Mensch weiß nichts von seinem Licht. Und das Flämmchen menschlichen Hoffens hat die erstaunliche Eigenschaft, selbst im ewigen Grau der Nacht noch zu flakkern und nicht auszugehen.

Was sichtbar ist, ist zeitlich

[Korinther 2, 18]

«Denn ihr, meine Brüder, seid zur Freiheit berufen; nur macht die Freiheit nicht zu einem Vorwand für das Fleisch.» – Galater 5, 13.

Etwa fünf Jahrzehnte nachdem die Verkündigung Jesu einen neuen Glauben, eine neue Betrachtung Gottes, des menschlichen Lebens und Sterbens in der Welt möglich gemacht hatte, griff ein Mann zu Schreibgerät und Pergament und schilderte das Werden dieser Bewegung. Die Apostelgeschichte ist der zweite Teil des Geschichtswerkes des Arztes Lukas. Sie schildert den Siegeszug des Christentums von Jerusalem bis Rom, ein Werk von beispiellosem Mut, angepackt mit unglaublich sicherem Blick für das Wesentliche. Es gibt nichts in der Weltliteratur, das uns die Gefahren der Taten der Apostel so unheimlich ahnen, so deutlich spüren läßt wie dieser Lukas-Bericht. Hinter jedem Schritt, der von den Aposteln hinaus in die Welt getan wird, lauert die Gefahr, lauert der Tod. Monumental ist hier der Einbruch in das klassische Heidentum geschildert. Die Apostelgeschichte steht am Beginn der weltweiten geistigen Auseinandersetzung zwischen Hellenisten und Hebräern, zwischen Heidentum und Christentum.

An der Christenverfolgung, an der Ermordung des Stephanus war auch Saulus führend beteiligt. Er war ein Kind wohlhabender Eltern. Er stammte aus Tarsus. Die Stadt liegt unweit vom Mittelmeer, nahe bei Adana, heute in der Türkei. Einst floß der Cydnus mitten durch den Ort, mit seinem kalten, schnellen Wasser, bewundert und gepriesen von den Bürgern. Paulus sagte von sich: «Ich bin ein jüdischer Mann, Bürger von Tarsus, einer nicht unberühmten Stadt in Kilikien» [Apg. 21, 39]. Zugleich war Paulus römischer Bürger und besaß damit Vorrechte, die nur Angehörigen einer oberen Schicht zugute kamen. Man kann den Geist des Apostels nur erfassen, wenn man sich von seiner frühesten Umgebung eine Vorstellung macht. Das Kind streng jüdischer Eltern lebte als römischer Bürger in einer ganz griechischen Atmosphäre. Tarsus hatte den Ruf, ein Hauptort des Hellenismus zu sein. Geistig herrschte hier ein erfrischender griechischer Wind, und man lebte doch an den Südufern Kleinasiens, an der Karawanenstraße, die nach Osten zum Euphrat führte und nach Westen zu den ionischen Gründungen Milet, Priene und Ephesos. Tarsus war ein intellektuelles Zentrum ersten Ranges und besaß eine berühmte Universität. Man kann sich vorstellen, welch ungemein günstiger Boden dies für einen aufgeweckten, strebsamen jungen Menschen war. Strabo sagte von den Bürgern von Tarsus, sie widmeten sich nicht nur mit Eifer der Philosophie, sondern auch dem ganzen Gebiet der Erziehung. Er meinte, Tarsus habe Athen wie Alexandrien den Rang abgelaufen, ja allen Orten, wo es Schulen, Vorlesungen und Philosophen gab. Es ist kein Zufall, daß auch Athenodorus, der stoische Philosoph und Lehrer des Kaisers Augustus, ein Sohn der Stadt Tarsus war. Und welche Fülle religiöser Gedanken, welch ein Stelldichein der Götter: Man hat in Tarsus und in der Umgebung Darstellungen der Artemis, der Athena und des Apollon ausgegraben. Die Götter Serapis, Isis, Aphrodite, Zeus und Hermes kamen ans Tageslicht.

Das also war der Hintergrund des Paulus, eine sehr farbige, außerordentlich gebildete, ungemein gelehrte Welt. Paulus muß von Kind auf zwei Sprachen gesprochen haben. Ganz gewiß war ihm das Griechische mindestens so geläufig wie das Hebräische. Seine Briefe verraten eine erstaunliche Meisterschaft in der griechischen Sprache, sie sind tatsächlich Prosadichtungen einmaliger und gewaltiger Größe. Und ihr Schöpfer, dieser griechisch-hellenistische Mensch, war Jude, vom Stamme Benjamin, wie er selbst sagte, als Streiter für das Judentum selbst die Juden übertreffend, ein hervorragender Kenner des Alten Testaments.

Seine geistliche Bildung erwarb sich Paulus in Jerusalem. Er studierte dort Theologie als Schüler des berühmten Schriftgelehrten Gamaliel. Paulus gehörte als werdender Rabbi zu den Pharisäern. Deshalb muß ihn gerade die Haltung des Stephanus und der jungen christlichen Kirche, in der er mit der Sicherheit seines Instinktes die Überwinderin der jüdischen Religion erkannte, aufs äußerste erbittert haben. An der Verfolgung der Christen nahm er mit großem Eifer und mit Überzeugung Anteil. Er war ein Streiter für das überlieferte Gesetz.

Stephanus, ein Jude griechischer Bildung, die bedeutendste Gestalt der frühen Christenheit vor Paulus' Bekehrung, war einer der sieben Almosenverteiler der christlichen Gemeinde in Jerusalem. Beschuldigt war Stephanus, gegen den Tempel und das Gesetz gesprochen zu haben. Ihm wurde unter Mitwirkung von Paulus der Prozeß wegen Lästerung gemacht, er wurde durch Steinigung hingerichtet. Mit dem ihm eigenen Feuer wütete Paulus gegen die Christen. Er trug übrigens als römischer Bürger seinen römischen Namen Paulus von jeher neben seinem jüdischen Namen Saulus, weshalb man nicht sagen kann, aus dem Saulus sei ein Paulus geworden. Vieles, was man Paulus nachgesagt hat, so zum Beispiel, er sei ein engherziger, einseitig denkender

Mensch gewesen, wäre nie geschrieben worden, wenn Lukas seinen vollen Namen erwähnt hätte.
Paulus selbst hat über seine Damaskusstunde Andeutungen hinterlassen. Er sah in dem Geschehnis, von dem er im Galaterbrief [1, 16] spricht, in der Tatsache, daß Gott seinen Sohn in ihm offenbarte, die letzte Erscheinung des auferstandenen Christus. Er war nach Damaskus gezogen, um die dortigen Christen auszurotten. Der Verfolger wurde Missionar.
Die erste Wirksamkeit des großen Heidenapostels, die fast ein Jahrzehnt umfaßt, kennen wir nur wenig. Paulus lebte wohl in diesen Jahren zumeist in seiner Heimat Tarsus. Er muß viel nachgedacht haben über Gott, den Menschen und Christus, denn er verbrachte auch einige Zeit in der Arabischen Wüste, in den weiten Räumen einsamer Gotteserlebnisse. Um das Jahr 45 wurde er als Begleiter des Barnabas zur ersten Missionsreise ausgesandt, über Zypern nach Pisidien und Kilikien. Die zweite Missionsreise führte durch ganz Kleinasien, Makedonien und Griechenland bis nach Athen und Korinth. So wird das Jahr 50 unserer Zeitrechnung – Paulus in Griechenland! – das wichtigste Jahr der europäischen Kultur des Abendlandes. Es entstehen Christengemeinden in der von König Philipp in Makedonien gegründeten Stadt Philippi und in Thessalonica, dem heutigen Seehafen Saloniki, schließlich auch in Korinth. Diese lebenskräftigen Gemeinden hat Paulus dann auf einer weiteren Reise wieder aufgesucht. In Korinth hielt sich Paulus ein Jahr auf, in Ephesos zwei Jahre.
Paulus wandte sich an die Heiden. Er sprach auf öffentlichen Plätzen wie auf dem Areopag zu Athen, oder er hielt Reden in gemieteten Räumen wie in Korinth, manchmal auch in Privathäusern. Die Größe der entstehenden Gemeinden war sehr verschieden. Man muß wohl mit kleinen Zahlen rechnen. Aus seiner Heimatstadt kannte er die Art, wie griechische Philosophen ihre Schüler unterwiesen. Er hatte daraus gelernt. Auf der Universität von Tarsus wurde die Stoische Philosophie gelehrt. Viele seiner griechischen Ideen erwarb er sich durch die Lektüre hellenistischer Werke.
Anfeindungen, Bedrängnisse, Verfolgungen hat Paulus in jeder Stadt erfahren. Meist kamen sie von jüdischer Seite auf ihn zu, aber auch von den Heiden, wie in Ephesos. Er muß unvorstellbare Schmerzen ertragen haben, schon allein durch die vielen Auspeitschungen, die er erduldete. Was er selbst darüber sagt, ist erschütternd: «Ich habe weit mehr Mühsal, über die Maßen viele Schläge ausgestanden, war in Gefängnissen, öfters in Todesgefahren. Von den Juden habe ich 195 Streiche erhalten, einmal bin ich mit Ruten geschlagen, einmal gesteinigt worden. Dreimal habe ich Schiffbruch erlitten, einen Tag

und eine Nacht habe ich im Wasser des Meeres zugebracht. Ich bin viel auf Reisen gewesen, in Gefahren auf Flüssen, in Gefahren durch Mörder, in Gefahren durch Juden, in Gefahren durch Heiden, in Gefahren in Städten, in Gefahren in der Wüste, in Gefahren auf dem Meere, in Gefahren unter falschen Brüdern, in Arbeit und Mühe, in Nachtwachen, in Hunger und Durst, in Fasten, in Kälte und Blöße. Zu alledem kommt mein täglicher Zulauf, die Sorge für die Gemeinde» [2. Kor. 11, 23ff.]. Paulus schreckte vor keiner Gefahr, vor keiner Mühe, vor keiner Schwierigkeit zurück. «Wir werden allenthalben bedrängt, aber nicht erdrückt. Wir kommen in Verlegenheit, aber nicht in Verzweiflung. Wir werden verfolgt, aber nicht verlassen. Wir werden niedergeworfen, aber wir kommen nicht um» [2. Kor. 4, 8–9]. «Denn ich habe gelernt, in welcher Lage ich auch bin, mir genügen zu lassen. Ich kann niedrig sein, und ich kann hoch sein, in jedes Mysterium bin ich eingeweiht, ich kann satt sein und ich kann hungern, Überfluß haben und Mangel leiden. Ich vermag alles durch den, der mich stark macht, Christus» [Phil. 4, 11–13].

Der Mann, der das schrieb, war von unbeugsamem Geist, und er muß großen Mut besessen haben, er war unglaublich hart im Ertragen, rücksichtslos gegen sich selbst unter der Wucht der Schicksalsschläge, «in Herzensnöten, in Plagen, in Gefängnissen, ständig auf Wanderschaft, in mühevoller Arbeit, in durchwachten Nächten, in körperlichen Entbehrungen aller Art» [2. Kor. 6, 5–6]. Allein die zurückgelegte Kilometerzahl der drei Reisen des Paulus in Kleinasien stellte eine fast unbegreifliche physische Leistung dar. 1000 Kilometer wanderte er – von Adalia bis Derbe und zurück – während seiner ersten Reise. 1400 Kilometer bewältigte er – von Tarsus in die Troas – auf der zweiten. 1150 Kilometer ging er von Tarsus nach Ephesos während seiner dritten Reise. Der bekannte Theologe Adolf Deißmann sagte: «Einer der nachhaltigsten Eindrücke meiner zumeist mit modernen Verkehrsmitteln gemachten Fahrten ist die unsägliche Bewunderung vor der rein physischen Leistung des Wanderers Paulus, der wahrhaft nicht grundlos sagte, daß er seinen Körper mit Fäusten geschlagen und als Sklaven bändige.» Das Charakterbild des Paulus läßt einen herben Zug zurück, aber dieser Völkerapostel war auch weitherzig und von großer Güte in seiner Seelsorge für die Schwachen und Verführten.

Paulus ist die hervorragendste Gestalt der apostolischen Zeit. Er ist – nach Christus – die größte Erscheinung in der Geschichte des Christentums überhaupt. Als Denker von gewaltiger schöpferischer Kraft, als formende und gestaltende Begabung, wie sie nie zuvor aufgetreten war, als Stilist unerreichter Präzision und geistiger Schärfe, als erster und bedeutendster christlicher Theologe – bleibt Paulus letztlich doch eine unbegreifliche Gestalt. Dieser fundamentale semitische Geist hat den nachhaltigsten Einfluß auf die christliche Theologie aller späteren Jahrhunderte bis heute ausgeübt. Daß das Christentum das Abendland eroberte, daß es überhaupt in seiner heutigen Form besteht, das ist dem jüdischen Zeltmacher aus Tarsus zu danken. Wenige Juden haben die Weltgeschichte so entscheidend beeinflußt wie er.

Paulus war ein tiefer, weit über sich hinauswachsender, vielseitiger Mensch, heißblütig, leidenschaftlich, leicht erregbar, dabei gewissen Stimmungen unterlegen und doch unheimlich konzentriert dem einen Inhalt seiner Gedankenwelt, seiner Seelenwelt lebend, dem gekreuzigten Christus. In einer andauernden Atmosphäre von tiefem Enthusiasmus führte dieser einzigartige Mensch ein sehr qualvolles, hartes, von inneren Stürmen der Begeisterung unterbrochenes Dasein. Er ist ein Feuer, das nicht aufhört zu brennen, das heute noch lodert und an dem sich das ganze Abendland wärmt.

Paulus wurde nicht wie Petrus als Feind des öffentlichen Wohles hingerichtet, sondern nach einem regelrechten Prozeß als römischer Bürger durch das Schwert. Wir wissen das durch den dreißig Jahre nach seinem Tod geschriebenen Brief des römischen Bischofs Clemens an die Korinther. Dieser Brief enthält eine erschütternde Zusammenfassung des Pauluslebens. «Siebenmal in Ketten, verbannt, gesteinigt, ein Herold im Osten wie im Westen, hat er den herrlichen Ruhm seines Glaubens geerntet. Er hat Gerechtigkeit gepredigt, der ganzen Welt. Bis zur Grenze des Westens ist er gedrungen und hat Zeugnis abgelegt vor den Machthabern: so ist er aus der Welt geschieden und an die heilige Stätte gelangt, das erhabene Vorbild der Geduld.»

Nach einer Auseinandersetzung mit der Judenschaft in Jerusalem wurde Paulus durch die Römer gefangengenommen. Sie brachten ihn nach Caesarea und hielten ihn zwei Jahre fest. Auf seine Berufung beim Kaiser wurde er nach Rom geschickt und weiterhin gefangengehalten, wohl in den Jahren 61 bis 63.

Paulus starb als Opfer der großen Christenverfolgung durch Nero im Jahre 64, spätestens im Jahre 67. Die erste Verhandlung gegen ihn fand zu Rom in den Gerichtshallen auf dem Forum statt. Er war der Mitschuld «an dem Verbrechen der römischen Christen», der Brandstiftung, angeklagt. Paulus hatte keinen Anwalt, keine Entlastungszeugen. Aber dieser flammende Geist und hochbegabte Redner konnte sich natürlich glänzend verteidigen.

Das zweite Verhör des Paulus endete mit dem Todesurteil. Er wurde von einigen Liktoren auf der Straße nach Ostia durch die Porta Trigemina geführt, an der kleinen, aber berühmten Pyramide des Cestius vorbei. Man gelangte schließlich in eine feuchte Talsenkung, den Salvischen Sumpf. Diese Gegend wird «Aquae Salviae» genannt. Beim dritten Meilenstein, wo heute das Kloster Tre Fontane liegt, wurde Paulus enthauptet. Der Ort ist so ungewöhnlich, so einsam, so «ausgefallen», daß die Überlieferung ohne tatsächlich geschichtlichen Hintergrund nicht gerade auf diese Gegend gekommen wäre. Hier fiel sein Haupt. Hier verstummte sein Mund für ewig nach einem letzten Gebet.

Auf dem Praedium, dem Landgut der Römerin Lucina, begruben ihn Christen dort, wo heute die «Basilica San Paolo fuori le mura» steht. Paulus wurde in einer einfachen Gruft bestattet und ruhte hier, bis die Christenverfolgung unter Kaiser Valerian im dritten Jahrhundert den Ort in Gefahr brachte. Römische Christen trugen heimlich die Gebeine des Petrus wie des Paulus in die Katakomben des heiligen Sebastian an der Via Appia. Papst Silvester ließ die sterblichen Reste der Apostel wieder zu ihren ursprünglichen Begräbnisstätten bringen, in die Kirchen, die Konstantin erbaut hatte. Die Kaiser Valentinian II., Arcadius und Honorius errichteten über der Konstantinischen Kirche die herrliche Paulusbasilika. Sie wurde 395 vollendet. Diese einzige, aus dem vierten Jahrhundert stammende Hauptbasilika Roms fiel 1823 einem Brand zum Opfer.

Das Grabmal des Apostels blieb unversehrt. Die heutige Paulusbasilika an der gleichen Stelle trägt über dem Konfessionsaltar die Worte des Paulus aus seinem Brief an die Philipper: «Leben heißt für mich Christus, und Sterben ist mir Gewinn.»

Paulus in Troia

«Er hat aus einem Blut das ganze Menschengeschlecht gemacht, daß es auf dem ganzen Erdboden wohne.» – Apg. 17, 26.

In fieberhafter Hast eilte der Weltapostel von Ort zu Ort, um in der kurzen Spanne seines gefährlichen Lebens das Evangelium über die ganze Erde zu tragen und so die Parusie, die Wiederkehr Christi, vorzubereiten. Vier Höhepunkte scheint mir der Heidenapostel erstürmt zu haben, vier Gipfel hat sein Wirken, und alle vier gehören der griechischen Welt an.

Paulus steht in *Troia.* Er steht an dem sagenberühmtesten Ort der Welt, an der Stätte der großen Heldentaten des Achill, des Patroklos, des Agamemnon. Er sieht das Trümmerfeld der Priamos-Stadt. Er sieht den Grabhügel des Patroklos, er sieht römische Tempel. Ja, diese Ruinen waren den Römern heilig. Von Tarsus her kannte Paulus griechische Dichtungen, er wird auch von der Ilias und der Odyssee des Homer gehört haben. Paulus war wieder am Meer, das er so sehr liebte. Schiffe lagen vor Anker. Sie schienen Grüße aus Europa zu sein. Der Hafen, die Seeleute, jeder Stein in Ilion erzählten von Europa.

Hier war ein anderer vor ihm, der auch eine Mission zu erfüllen hatte, Alexander. Hier opferte Alexander der ilischen Athena, hier weihte er ihr seine Waffen, hier nahm er sich selbstherrlich aus den Schätzen des Tempels den heiligen Schild des Achill. Alexander opferte hier dem Schatten des Priamos. Er wollte die Ahnen Europas und Asiens versöhnen, den Zorn des Priamos gegen Achills Geschlecht mäßigen, denn selbst im Jenseits konnte Priamos nicht vergessen, daß Achills Sohn ihn am heiligen Herde erschlagen hatte. Dann kränzte und salbte Alexander das Grab des Achill, seines Ahnen, wie er glaubte. Und er befahl den Wiederaufbau Ilions.

Rund 385 Jahre danach gründet der Apostel Christi an diesem heidenheiligen Ort eine christliche Gemeinde, und in erschütternden Sätzen erzählt uns Lukas, wie Paulus nachts auf diesem blutgeweihten Boden ein Traumgesicht hat. Paulus sieht innerlich sein nächstes großes Ziel. Es ist der Übergang nach Europa. Die Erkenntnis im Herzen des vom Traumschlaf Erwachenden ist eine Wende in der Geschichte des Abendlandes von ungeahnter Größe. Was war das Traumgesicht?

Ein Landsmann des Alexander, ein makedonischer Mann, stand da und bat ihn: «Komm herüber nach Makedonien und hilf uns.» Nach dieser Vision sucht er sofort eine Gelegenheit, nach Makedonien zu kommen, «weil es uns klar geworden war, daß Gott uns gerufen habe, ihnen das Evangelium zu verkünden». Gott hatte gerufen. Europa hatte gerufen. Alexander kam einst mit 22 Jahren hierher und brachte die griechische Sprache und griechisches Denken in den Orient. Jetzt geht der Mann nach Europa, in dem sich dieses griechische Denken mit Christus vereinigt hat. Alexander wollte ein Weltreich schaffen, Paulus eine Weltkirche!

Gerade an dieser Stelle setzt das Stück der Apostelgeschichte ein, das in der ersten Person der Mehrzahl erzählt. Was heißt das? Es heißt, daß der große Biograph des Paulus, der weitgereiste Arzt aus Antiochia, Lukas, sich von nun an als Augenzeuge des Erlebten in die Zahl der Handelnden einschließt. Die Angaben über die Reise des Paulus, die vorher allgemein erscheinen, werden nun sehr präzise und zuverlässig. Homer, der Geist Alexanders und Paulus'! Welch ein ungeheures Zusammentreffen an dem Orte, der von der erhabensten Dichtung des Abendlandes besungen ist.

Und ist nicht Lukas der Homer der Paulus-Odyssee? Fast ständig begleitete er den Zeltmacher aus Tarsus. Er teilte dessen erste und zweite Gefangenschaft in Rom. Er liebte das Wandern und die See. Vielleicht war er Schiffsarzt. Er schrieb ein sehr reines Griechisch. Er wurde im Licht, das von Christus und Paulus ausgeht, weltberühmt wie Homer, und sein sanfter, versöhnlicher Geist verklärte die Bilder dieses größten Wortmalers des Neuen Testaments.

Paulus in Athen – das ist eines der großartigsten Bilder der Apostelgeschichte. Mittelpunkt griechischer Bildung, Pflegestätte der Philosophie war Athen noch immer. Noch standen seine Tempel in strahlender Schönheit. Noch gab es hier griechische Frömmigkeit. Noch lebte hier die alte Götterwelt mit ihren mythischen Überlieferungen. Noch erinnerten sich die ruhmreichen Theater an den Geist des Perikles. Es gibt in den Annalen der christlichen Mission keinen kühneren Schritt, als auf den Areopag des Heidentums zu steigen, mitten unter die Götter der Griechen. An der Stätte, an der Aischylos den Muttermörder Orest durch die Gnade der Gottheit lossprechen ließ, wird jetzt Paulus von den Athenern gestellt. «Können wir wohl erfahren, was das für eine neue Lehre ist, die du da verkündest? Du bringst allerlei seltsame Dinge vor unsere Ohren. Wir möchten nun gern wissen, worum es sich da eigentlich handelt.» Es folgt im Kapitel 17 der Apostelgeschichte, Vers 21, einer der launigsten Sätze des Neuen Testaments, ein Wort über Athen und die Athener, wie man es treffender nicht prägen konnte: «Alle Athener und die Fremden, die sich dort aufhalten, haben gemeinhin für nichts anderes so viel Zeit übrig, als irgend etwas Neues zu erzählen oder zu hören.»

Niemand als Paulus konnte sich so in die griechische Gedankenwelt hineindenken, besaß als Fremder so viel hellenistische Bildung, konnte den Athenern so packend, so zündend, so überzeugend antworten. Er nennt seine Zuhörer «besonders fromme Verehrer der Gottheiten». Er erzählt ihnen von einem Altar, der ihm in Athen aufgefallen sei und der einem unbekannten Gott gewidmet war. «Denn als ich umherging und eure Heiligtümer besichtigte, fand ich auch einen Altar, an welchem geschrieben stand: dem unbekannten Gott.»

Einen Altar mit dieser Inschrift hat man in Athen bisher nicht gefunden, dagegen entdeckten Archäologen im Demeter-Tempel zu Pergamon einen ähnlichen Altar mit der Inschrift: «Für unbekannte Götter, Capito, Fackelträger.» Auch auf dem Mons Palatinus, dem ältesten bewohnten Teil von Rom, wo Augustus lebte und seine Gattin Livia, steht ein Altar aus der Zeit um 100 vor Christus, dessen Inschrift mit den Worten «Geweiht einem Gott oder einer Göttin» beginnt.

«Was ihr nun verehrt, ohne es zu kennen, das mache ich euch kund.» Paulus las aus der Inschrift eine dunkle unbewußte Ahnung von dem einen Gott heraus. Es mußte die Athener interessieren, diesem Geheimnis näherzukommen, vielleicht eine ganz neue Gotteskenntnis zu ergründen.

Als die Athener von der Auferstehung der Toten hörten, begannen einige zu spotten. Aber andere empfanden tiefer. «Wir wollen dich darüber wohl wieder einmal hören», sagten sie. Es war mehr als eine Höflichkeit. Die Überwindung des Todes war für diese Philosophen-Bürger, die in ihren Schulstunden mit Odysseus am Eingang zum Hades gestanden hatten, ein ungeheuer faszinierender Blick in die grauen, unbekannten Tiefen des Jenseits. Paulus hatte sie gefaßt. Christus hatte damit einen Fuß nach Europa gesetzt. Das Abendland empfing den ersten Strahl des mildernden, tröstenden, wärmenden christlichen Lichts.

Einen anderen ganz außerordentlichen Zusammenhang der römischen, der griechischen und der paulinisch-christlichen Welt erkennen wir in Korinth. Auch hier hat Paulus eine Vision, nachts und im Traum. «Rede und schweige nicht», sagt Gott zu ihm.

Paulus bleibt ein Jahr und sechs Monate in der Stadt. Die Juden rotten sich gegen ihn zusammen, «einmütig», wie es im 18. Kapitel der Apostelgeschichte heißt. Sie schleppen ihn vor den Richterstuhl. Sie erklären, Paulus wolle die Menschen zu einer widerrechtlichen Art von Gottesverehrung verleiten. Da, in dieser Gefahr, legt sich eine schützende Hand über Paulus. Es ist die Hand eines Richters, eines hochinteressanten Mannes. Er heißt Iunius Annaeus Gallio und ist Prokonsul, also Statthalter von Achaea. Er läßt die Ankläger vom

Richtplatz forttreiben. Er sieht im Auftreten des Paulus kein Unrecht, «über Streitfragen, über eine Lehre, über Namen und über das jüdische Gesetz» weigert er sich zu richten.

Dieser Gallio ist kein anderer als der Bruder des Seneca. Seneca war der Lehrer Neros. Was dem Bruder Gallio noch gelang, Paulus vor der Ermordung zu schützen, war dem stets mildernden Einfluß des Seneca nicht mehr zu bewirken vergönnt. Beide Brüder mußten *vor* Paulus sterben, zwei Jahre vor dem Martyrium des Apostels. Seneca wurde von Nero 65 nach Christus gezwungen, sich selbst zu töten, sein Bruder wurde kurz darauf ebenfalls von Nero zum Tode verurteilt. Daß die Brüder Seneca, beide in Spanien, in Cordoba, geboren, doch sehr ähnlichen Sinnes wie Paulus waren, daß sie *einer* Zeit angehörten, daß Lucius Annaeus Seneca die Römer zu Moral und Menschlichkeit aufrief, daß er Bücher über den Seelenfrieden und über das Lebensglück verfaßte, das alles zeigt doch, wie das Heidentum – trotz aller Christenverfolgungen – dem Evangelium auf halbem Wege entgegenkam. Die Anfänge des europäischen Lebens wurden aus vielen Quellen gespeist, und an dem Abendland haben viele Geister gebaut, unbewußt oder wie von magischer Hand geführt, zu einer ganz bestimmten Eigenart von Moral, von Lebensauffassung, von Kunst strebend. Die Genies des Abendlandes fanden oft zueinander, oder sie gingen allein durch die Welt, den Mitgestalter, den Freund, den Nachfolger nur ahnend.

Es gibt noch einen Ort der Gemeinsamkeit, eine Weltstadt am Saume Kleinasiens, die Europa ungeheuer viel geschenkt hat. Auch hier trafen sich griechischer, römischer und christlicher Geist. Aber noch mehr! Hier lebten, fernab vom Heiligen Land, Maria, Johannes und Maria Magdalena. Hier predigte Paulus, hier dichtete 800 Jahre vor ihm Homer. Der Ort heißt Ephesos.

Anmut und Zauber des Abendlandes: Maria

«Es standen aber bei dem Kreuz Jesu seine Mutter und seiner Mutter Schwester, Maria, des Kleophas Weib, und Maria Magdalena. Als nun Jesus die Mutter sah und den Jünger dabei stehen, den er lieb hatte, spricht er zu seiner Mutter: Weib, siehe, dein Sohn! Darauf spricht er zu dem Jünger: Siehe, deine Mutter! Und von jener Stunde an nahm sie der Jünger zu sich.»

Joh. 19, 25–27.

Vierzehn Kilometer von Ephesos, auf dem Bergmassiv Bülbüldag beim Dorfe Selçuk in der westlichen Türkei, liegt 550 Meter über dem Meeresspiegel eine landschaftlich einzigartige Gegend, *Panaghia Capouli.* Hier fallen die bewaldeten Bergrücken in unsagbar schönen Linien ab. Wandert man nur 60 Meter höher, so reicht der Blick über die eigenartig rötliche Landschaft weit hinunter bis zum Ägäischen Meer. Ein eigentümlich leichter Nebelschleier läßt auch bei strahlendem Sonnenschein alle Farben überaus weich erscheinen. Man sah von hier aus einst die Prachtbauten von Ephesos, den Tempel der Artemis. Man sieht die ferne Insel Samos. In Panaghia Capouli herrscht tiefer Friede. Seit rund 2000 Jahren trug hier ein kleines Haus diesen Namen: «Panaghia» heißt die Allheilige, und «Capouli» ist das Haus. *Hier wohnte die Jungfrau Maria.*

Es ist sehr einsam. Die Christenheit weiß noch nicht lange von diesem heiligen Ort. Jahrhundertelang glaubte man, Maria habe nach der Kreuzigung Christi in Jerusalem gelebt. Diese Vorstellung stützte sich auf apokryphe Berichte aus dem 7. Jahrhundert. Aber keine bekannte Autorität hat vor dem 7. Jahrhundert angenommen, daß Maria ihre letzten Lebensjahre in Jerusalem verbrachte. Die Tradition von Ephesos in der heutigen Türkei dürfte noch ziemlich unbekannt sein.

Die Christen lebten nach der Kreuzigung Christi im Heiligen Land in der größten Gefahr. Stephanus war wegen seines Bekenntnisses zu dem gekreuzigten Christus als Gotteslästerer gesteinigt worden. Der neue Landesherrscher Herodes Agrippa versuchte mit aller Macht, das kleine Feuer des Christentums gleich am Anfang zu ersticken. Er ließ Jakobus, den Bruder des Johannes, mit dem Schwert hinrichten. Er warf den Petrus ins Gefängnis, um auch ihn zu töten, aber Petrus entfloh. Justin, der als Märtyrer um 165 nach Christus starb, schreibt: «Man sah sich von weitem schon nach seinem Feinde um. Man traute aber auch dem Freunde nicht mehr, wenn er nahte.» Im Jahre 70 wurde Jerusalem völlig zerstört.

Christus hatte gesagt: «Ihr werdet gehaßt werden von allen um meines Namens willen. Wenn sie euch aber in dieser Stadt verfolgen, so flieht in eine andere.» Johannes reiste nach Asia, das ist die heutige Türkei, in die damals wichtigste Stadt Ephesos. Wir wissen es durch Polykarp, der nur 90 Jahre nach dem Tod des Johannes in Ephesos lebte. Wir wissen es durch Irenaeus. Wir wissen es durch Eusebius von Caesarea, der zwischen 260 und 340 schrieb, Johannes sei dorthin gegangen. Er habe dort lange gelebt und er sei in Ephesos gestorben.

Und Maria? Christus hatte vom Kreuz herab Maria unter den Schutz des Johannes gestellt. «Von jener Stunde an nahm sie der Jünger zu sich», sagt das Johannes-Evangelium. Daß Maria frühzeitig Jerusalem verließ, dafür bürgt das Schweigen aller authentischen Nachrichten über ein Verbleiben in Jerusalem. Sie hätte unter den großen Gefahren dort auch gar nicht bleiben *können*. Johannes und Maria begaben sich nach Kleinasien.

Es ist nun zuverlässig überliefert, daß Johannes ein sehr hohes Alter erreichte und erst unter Kaiser Trajan, der 98 bis 117 regierte, starb. Maria, die unter dem Schutz und in der Obhut des Johannes stand, kann nur nach Ephesos gekommen sein, wenn Johannes dorthin wanderte. Auf keinen Fall wird Johannes sie in Jerusalem zurückgelassen haben, an einem so gefährlichen Ort, in der Stadt der Kreuzigung!

Franz Miltner, der österreichische Archäologe, dem die Freilegung etwa eines Drittels der großen Ephesos-Bauten gelang, erklärte, daß der Aufenthalt des Johannes in Ephesos sich aus den Ergebnissen der Grabungen eindeutig ermitteln lasse.

Vier Kilometer landeinwärts von der hellenistisch-römischen Siedlung entfernt liegt ein Dorf, das noch bis zum Jahre 1922 «Ayasoluk» hieß. Dies ist nur eine Umbildung der Bezeichnung «Hagios Theologos» und bedeutet «heiliger Theologe». Niemand anderer als der Lieblingsjünger des Christus war dieser heilige Theologe. Johannes wohnte also nicht direkt in der großen Stadt Ephesos. Er hatte sich auf den nahen Hügel zurückgezogen. Starb er hier, so mußte es ein Zeichen der Erinnerung geben, sein Grab, eine Kapelle, eine Kirche. Tatsächlich hat man so ein Denkmal gefunden.

Unter Leitung des türkischen Archäologen Musa Baran wird nahe von Ephesos in dem heutigen türkischen Dorf Selçuk eine Kirche ausgegraben und soweit als möglich wieder errichtet. Es ist die einstige Basilika des heiligen Johannes. Der Pionier und Geldgeber für diese Ausgrabungen sowie für die Erhaltung vieler christlicher Denkmäler in Ephesos ist der Amerikaner George B. Quatman. Professor Louis Massignon vom Collège de France, Karl Gschwind, der Basler Orientalist, Dr. Halim Tevfick Alyot aus Ankara und der Erzbischof von Smyrna,

Descuffi, haben die historische und archäologische Arbeit hier außerordentlich gefördert. Es sind selbstlose Männer, die sich an diesem Ort wahrhaft «Schätze im Himmel» gesammelt haben.
Die Basilika wurde von Kaiser Justinian und seiner Gattin Theodora 565 an heiligem Ort errichtet. Es ist die Stelle, wo die einfache Grabkammer des Johannes lag. Sie wurde schon zwischen 310 und 330 mit einer kleinen Kapelle überbaut, deren Reste der Archäologe Franz Miltner unwiderlegbar nachwies. Noch im Mittelalter war die Kuppelbasilika hoch berühmt. Die Seldschuken verwandelten sie 1304 in eine Moschee, und eines Tages stürzte ein Erdbeben die Herrlichkeit in Trümmer.
Als ich zwischen den mächtigen Marmorquadern, den wieder aufgerichteten Pfeilern und Säulen des wundersamen Baues stand, da sah ich die mit kaiserlichen Monogrammen geschmückten Kapitelle und Ziegelarkaden, und ich spürte, daß sich die einstige Großartigkeit dieses hervorragenden Denkmals justinianischer Baukunst heute nur noch erahnen läßt. Denn man weiß ja nichts von der damaligen farblichen Lichtwirkung auf den Raum, und die vielfarbigen Mosaiken sind verblichen oder noch nicht gefunden worden.
Der Altarraum, das Sanctuarium, in der Vierung von Längs- und Querschiff, ist über dem mit weißen Marmorplatten belegten Kirchenboden erhöht. Hier lebte der Jünger, der zu Tisch saß an der Brust Christi, wie Polykarp schreibt, hier verfaßte er seine Offenbarung, hier starb er. Von diesem Hügel schaute er auf den Tempel der Artemis hinab. Hier ist er auch begraben. Das ist der Ort. Unter dieser Erhöhung liegen die Gebeine des Johannes. Hier meint man seine Stimme über das Wirken Christi zu hören: «Ich glaube, die Welt würde die Bücher nicht fassen, die zu schreiben wären.» – «Dieser Jünger stirbt nicht», hatten die Apostel gesagt.
Während ich in der Kirchenruine stand, gruben Arbeiter behutsam Sand und Trümmer von den Wänden des Baptisteriums ab. Da traten plötzlich herrliche Fresken zutage, die Bilder der Apostel in gelben, goldenen und roten Farben, nur wenige Meter vom Grab des heiligen Johannes entfernt. Es schien mir ein großes Glück, den Augenblick zu erleben, in dem das Heiligtum diese Wunder aus dem Schoße seiner Geheimnisse preisgab.
Vor diesen Bildern haben Völker gekniet, die lange dahin sind. Auf ihnen liegt noch das warme Licht frühchristlicher Zeiten. Sie schauen uns zum erstenmal an mit der heimlichen Kraft der Jahrhunderte, die noch Märtyrern Fassung und Zuversicht schenkte, wenn sie den Tod in der Arena, in siedendem Öl oder unter den Pechfackeln überwinden mußten.

«Und von jener Stunde an nahm sie der Jünger zu sich.» Wenn der heilige Johannes unter den Marmorplatten dieser Basilika ruht, so war auch Maria mit ihm in Ephesos. Hier verbrachte sie ihr irdisches Lebensende. Es müßte dann aber ein ganz gewaltiges bauliches Zeugnis dieser Tatsache geben, ein deutliches Zeichen der Erinnerung, ein unübersehbares Denkmal.
In der Zeit vor Kaiser Konstantin besaßen die Christen keine eigenen Gebäude für ihre Gottesdienste. Sie versammelten sich in Privathäusern, oder sie trafen sich in den Prachtsälen vornehmer christlicher Bürger. Während der ersten drei Jahrhunderte und noch danach wurde ein Grab für etwas ganz besonders Heiliges und Unverletzliches gehalten. Der moderne Gedanke, eine Grabstelle nach zwanzig Jahren aufzulösen, gehört zu den gewissenlosen und eisigen Errungenschaften unseres Jahrhunderts, wie überhaupt so manche heutige bürokratische Maßnahme jeden Zusammenhang mit Tradition und Ethik vermissen läßt.
Die römischen Gesetze stellten alle Begräbnisstätten unter besonderen Schutz. Gerade diese Tatsache machten sich die Christen während der Verfolgungen zunutze. Darum hielten sie ihre Gottesdienste in den Katakomben ab. Oder sie legten Zömeterien-Gebäude an, unterirdisch bei ihren Toten oder über den Gräbern besonders der Märtyrer. Nach und nach erhoben sich über den heiligen Gräbern an der Oberfläche der Katakomben manche «Oratorien» oder «cellae», bis Kaiser Konstantin an den wichtigsten Orten, wo die christlichen Römer den Blutzeugen ihre Verehrung darbrachten, glänzende Basiliken aufführen ließ, so auch vor allem über den Gräbern des Petrus und des Paulus.
Eigentliche christliche Gotteshäuser wurden erst seit Konstantin, seit 323, erbaut. Keine einzige der uns erhaltenen Basiliken reicht in eine frühere Zeit zurück. Die älteste Marienkirche in Rom, Maria antiqua, galt lange als die erste Maria geweihte Basilika. Aber es gibt keine Nachricht von der Existenz dieser Kirche vor dem 7. Jahrhundert. Das ganze kirchliche Altertum weiß nichts von ihr. Die erste geschichtlich gemeldete Marienkirche von Konstantinopel muß zwischen 457 und 474 von Verina, der Gemahlin des Leo Makellos, erbaut worden sein.
Die älteste historisch nachweisbare Marienkirche befand sich tatsächlich in Ephesos. In ihr fand im Jahre 431 das dritte ökumenische Konzil statt. Sie wurde also zwischen 323 und 431 erbaut. Wir finden in dieser Zeit keine glaubwürdige Nachricht von der Existenz einer anderen Marienkirche.
Nun war es in den ersten Jahrhunderten nicht üblich, einer Kirche aus bloßer Verehrung den Namen eines Heiligen zu geben. Nur wenn man dessen Reliquien besaß oder wenn die Kirche an dem Ort erbaut

war, wo er gelitten hatte, konnte sie den Namen des Heiligen erhalten. Alle ältesten Kirchen sind über dem Grab eines Heiligen erbaut oder erhalten das Andenken an eine sehr wichtige lokale Begebenheit, die unmittelbar mit dem Heiligen in Zusammenhang steht. Die Akten des Konzils von Ephesos sagen nichts über die Bauzeit. Aber sie sprechen von der Kirche wie von einem sehr bekannten heiligen Ort. Nichts läßt erkennen, daß sie damals jung war. An 24 Stellen der Konzilsakten wird sie genannt, es heißt immer «in der Metropole der Epheser», «in der hochheiligen Marienkirche», «in der großen Marienkirche», «in der heiligen und großen Marienkirche».
Hier nannten die Konzilsväter am 22. Juni 431, in einem Schreiben nach Konstantinopel, «die Stadt der Epheser, wo der Theologe, der heilige Johannes, und die Gottesmutter, die heilige Jungfrau Maria . . .» Es fehlt leider das Verb. Aber man muß doch wohl ergänzen «waren» oder «lebten». Wäre dies eine Wort im Text erhalten geblieben, so wäre Marias Aufenthalt in Ephesos unwiderleglich. Aber auch so spricht alles dafür, daß Maria tatsächlich hier war. Die Franzosen Tillemont, Baillet und Claude Fleury, Benedikt XIV., der protestantische Theologe Zahn, Philologen und Historiker klangvollsten Namens aller drei großen christlichen Konfessionen wie auch mohammedanische Gelehrte sind der Ansicht, daß das Schreiben des Konzils den Aufenthalt Mariens in Ephesos voraussetzt.
Es ist ein eigentümliches Gefühl, auf den Trümmern der Stätte zu stehen, wo die Väter der Synode vor über 1500 Jahren zusammenkamen. Mächtige Steinbrocken liegen hier. Das Ganze war ein gewaltiges Bauwerk. Das österreichische archäologische Institut hat seit 1904 die Ruinen dieser Kirche aufgedeckt. Erst wurde ein antikes Bauwerk freigelegt. Ein zweiter Bau stammt aus der Zeit des Konstantin. Es war eine dreischiffige Basilika, die die halbe Länge des antiken Gemäuers einnahm. Das war die große Marienkirche von Ephesos, die spätere Sitzungskirche des Konzils.
Die Verwüstung ist furchtbar trotz der Arbeit fleißiger Archäologen. Araberscharen unter Omar, Mongolen Kleinasiens und schließlich die Türken haben alles zerstört, «um den Unglauben auszurotten». Dreifachen Abfall verlangten die Türken, vom Vaterland, von Eltern, vom Glauben. Bibliotheken wurden verbrannt, Bischofssitze gingen zugrunde. Die Einwohner von Ephesos wurden hingeschlachtet, weggeschleppt, eingesperrt. Auf die Ruinen legte sich das Schweigen des Todes. Um 1400 jagten aus Asien die grausamen Horden des Mongolen Timur heran. Die letzten Kirchen und Moscheen wurden zerstört. In dreißig Tagen entstanden Schädelpyramiden. Der Name Ephesos verschwand aus der Geschichte.

Selçuk, das Dörfchen, in dessen Nähe die Ruinen von ganz Ephesos liegen, verrät nichts mehr von diesen stürmischen Ereignissen, da zwei Weltreligionen aufeinanderprallten. Heute herrscht hier die dritte, der Islam. Aber die Leute von Selçuk wie die Mohammedaner in der Türkei überhaupt sind nicht nur duldsam gegen die heutigen Christen. Sie gerade machen die größten Anstrengungen, die Heiligtümer der Christen freizulegen. Sie verehrten viele Gestalten unserer Bibel, vor allem auch Maria unter dem arabischen Namen Meryam.
Auch die alte mündliche Überlieferung, Maria habe einst hier gelebt und sei hier gestorben, hat sich ohne Unterbrechung erhalten. Der Erzbischof Timoni von Smyrna hörte in seiner Jugend zu Ephesos eine Predigt. Als der Priester sagte, Maria habe eine Zeitlang in Ephesos gelebt, sei aber dann in Jerusalem gestorben, fragte Timoni einen hinter ihm stehenden Bauern, wo die Muttergottes denn gestorben sei. «In diesen Bergen», antwortete der Bauer und wies dabei auf das Gebirge im Süden.
Sechzehn Kilometer östlich von Ephesos liegt in den Hügeln das Dorf Kirkindje. Hier haben sich die frühesten Christen gehalten, Nachkommen der ephesischen Christen der Antike, bis sie 1922 aus der Türkei vertrieben wurden. Sie waren ein hartes und unbeugsames Völkchen, die Menschen dieses Dorfes, und sie blieben beim christlichen Glauben trotz aller Fährnisse, trotz aller Bekehrungsversuche der mohammedanischen Türken. Sie haben von Geschlecht zu Geschlecht eine Tradition bewahrt, das Wissen, daß Maria, die Mutter Christi, fünf Stunden Wegs entfernt in Panaghia Capouli auf einem Hügel die letzten Jahre ihres Lebens verbrachte und daß sie dort starb. Jahr um Jahr wallfahrten sie zum Fest Mariä Himmelfahrt nach Panaghia. Die Leute von Kirkindje überlieferten getreu von Vater zu Sohn ihre Kenntnis des Ortes, wo das Haus der Maria stand. Da sie sich niemals aus ihrem Dorf entfernten, ist diese fast zweitausendjährige Überlieferung bemerkenswert.
Die genaue Lage der Wohnung der Mutter Christi wurde tatsächlich auf sehr merkwürdige Weise entdeckt. An der Tochter eines deutschen Bauern zeigten sich im Jahre 1798 Stigmatisationsmale. Bald hatte das Mädchen auch Visionen vom Leben und Leiden Christi und von der Maria. Diese Visionen wurden von Clemens Brentano sorgfältig niedergeschrieben. Es waren darunter Angaben über die Lage des Hauses, in dem die Heilige Jungfrau die letzten Jahre ihres Lebens verbrachte. Anna Katharina Emmerich war Augustinerin in Agnetenberg geworden. Sie starb in Dülmen, 50 Kilometer nördlich von Düsseldorf, im Jahre 1824.
Abbé Gouyet, dem die Aufzeichnungen des Brentano in die Hände

gefallen waren, ging den Visionen der Seherin von Dülmen nach und suchte auf den Bergen bei Ephesos das Haus. Tatsächlich fand er genau an dem bezeichneten Ort Spuren einer Ruine. Zehn Jahre darauf begab sich eine kleine Karawane auf den Berg unter Führung von Henry Jung vom College des Lazaristes in Smyrna. Man wollte ein für allemal die Traumvorstellungen der Katharina Emmerich widerlegen. Aber alle ihre Angaben erwiesen sich als richtig, die Beschreibung der Aussicht von der Bergspitze, die des Hauses, seiner Lage, der Umgebung – alles entsprach der Vision.

Eugène Poulin, Haupt der Lazaristen, schrieb wörtlich: «Am 14. Oktober kamen wir nach Smyrna zurück. Ein neues Wissen hatte uns reich gemacht und stark in unserem Entschluß.» Auf einer dritten Expedition, die sechs Tage dauerte, wurden Karten, Pläne, Zeichnungen und die ersten Photographien hergestellt. Jules-Gérard Borrel, damals Direktor der französischen Post in Smyrna, erklärte: «Mögen Millionen von Menschen herkommen und alles prüfen. Sie werden bestätigen: Nur wer das wirklich sah, kann das Gesehene so beschreiben.»

Gesehen hatte Katharina Emmerich alles nur in ihren Visionen. Sie hatte ihre Heimat nie verlassen, und was sie sah, war in keinem früheren Dokument niedergelegt, noch je von einem Augenzeugen berichtet worden. Anna Katharina Emmerich standen keinerlei Quellen zur Verfügung. Nachdem R. P. Eschbach von der Kongregation St. Esprit, Vorsteher des Pontifikalen Seminars, Panaghia Capouli besucht hatte, sagte er zu Poulin: «Ihr habt es gefunden! Ich sah in Jerusalem das, was man das Grab der Heiligen Jungfrau nennt. Es ist es nicht! Aber hier in Panaghia stimmt alles, selbst die antiken Mauern sind da, und ich kenne mich als Römer in solchen Ruinen aus. Ihr habt es gefunden!»

Benedikt XIV., einer der bedeutendsten und gelehrtesten Päpste der Neuzeit, hat die Tradition, daß Maria in Ephesos gestorben und dort in den Himmel aufgefahren ist, angenommen und öffentlich gepredigt. Die Archäologen Wogh von der Universität Fribourg sowie P. Fonck und auch der berühmte Orientalist Charles Lenormant erklärten, daß die Grundmauern des Hauses aus dem ersten nachchristlichen Jahrhundert stammen und daß die Geschichte die Tradition durchaus bestätigt. Die Kapelle über den Hausruinen wurde im siebenten Jahrhundert, als die Überlieferung noch sehr lebendig war, errichtet und später erneuert. Man hat sogar einen halben Meter unter dem Fußboden den Herd entdeckt, noch rauchgeschwärzt, Reste alter Platten des Fußbodens und hart gewordene Asche. An der Südmauer, dem Eingang rechts gegenüber, befand sich das Schlafgemach der Maria.

Dicht unterhalb des Hauses fließt eine Quelle, die Quelle der Heiligen Jungfrau, «Hazreti Meryem Ana Suyu», wie die Türken sagen. Ein Grab fand man nicht. Durch die Päpste Leo XIII. und den heiligen Papst Pius X., besonders aber durch den Papst der Dogmenerklärung der leiblichen Himmelfahrt Mariens, Pius XII., ist nun das Haus der Muttergottes ein Wallfahrtsort geworden.
Die Einsamkeit, besonders in den Abendstunden, ist hier tief und unauslotbar. Das Haus der Maria hüllt sich in blaues Licht. Wer den Morgen abwartet, hört Nachtigallen von den nahen Wäldern her, auf diesem schönsten Bergmassiv der türkischen Westküste.
Am gleichen Tage, an dem die Konzilsväter den Aufenthalt der Maria und des Johannes in Ephesos bestätigten, am 22. Juni 431, wurde auch das Dogma von der Gottesmutterschaft der Maria feierlich verkündet. Es ist die Lehre, daß das Kind Jesus bereits als Gott zur Welt kam, daß also Maria eine «theotokos», eine Gottesgebärerin, war. Der Patriarch von Konstantinopel, Nestorius, kämpfte gegen dieses Dogma mit dem Einwand an, die göttliche und die menschliche Natur in Christus seien zu trennen. Er lehnte die schon damals in der Volksfrömmigkeit fest eingewurzelte Bezeichnung Marias als Gottesgebärerin zugunsten des Ausdruckes «Christusgebärerin» ab. Nestorius wurde in Ephesos am Abend des 22. Juni 431 von 198 Bischöfen zum Häretiker erklärt.
Von Ephesos aus, der einstigen Kultstätte der Fruchtbarkeitsgöttin Kybele, der Magna Mater und der Artemis, dieser segenspendenden Hüterin der Keuschheit, trat dann die Marienverehrung ihren unvergleichlichen Siegeszug nach Byzanz und dann über das ganze Abendland an. Durch das Dogma «Maria ist Gottesgebärerin» war ihr Anteil am göttlichen Erlösungswerk offenbar geworden, und das griechisch gebildete, römisch regierte Abendland sank vor ihr, vor Millionen ihrer Ikonen, auf die Knie.
Die Macht wie die Poesie der mütterlich helfenden Maria hat für den christlichen Westen, ja für die Religionsgeschichte der ganzen Erde eine ungeheure Bedeutung erlangt. Seit den Tagen der Minnesänger symbolisiert sie den Adel der Frau. Marienbilder, Mariendichtung und Marienverehrung leben in mystischer Vertiefung und in ihrer jubelnden Wieder- und Wiedererneuerung fort und fort, und der Glanz der Beschützerin, der Helferin, der Güte und der Nachsicht, der Milde, der Sanftmut und des Mitleids ist die Anmut und der Zauber des Abendlandes geworden. Maria hat das Abendland gezähmt und gebändigt, begütigt und besänftigt, und die eigentümliche, ja unwiderstehliche Anziehungskraft, die vom Abendland ausgeht, das, was das Abendland wie in warmer Abendsonne aufleuchten läßt und liebens-

wert macht, das wäre ohne Maria und ohne Marienverehrung nicht denkbar. Maria ist so zeitlos wie die Natur. In ihr ziehen Jahrtausende zu Gott.

Es gibt noch einen Ort in der Gegend von Ephesos, der so gut wie vergessen ist und der in der Vorstellung der Christenheit niemals vorhanden war. Durchwandert die ganze Welt, fragt die Menschen in den Städten oder die Menschen am Wege, wo *Magdalena* begraben ist. Niemand wird eine Antwort geben. Fragt den Wind, fragt die Wolken, die über die Berge Westanatoliens ziehen, fragt den Staub, der zum Himmel wirbelt in kalten Nächten – sie haben das Geheimnis zweitausend Jahre lang gehütet!

Maria aus Magdala am See Genezareth, durch Jesus «von sieben bösen Geistern befreit», war eine der dienenden Frauen, die auch unter dem Kreuz und am Grab Christi ausharrten. Ihr als erster erscheint der auferstandene Christus. Weinend blieb Maria am leeren Grab, auch als die Jünger wieder fortgegangen waren. Sie wollte den Leichnam Jesu haben. Da nahte ihr Jesus. Er rief sie bei ihrem Namen, Maria. Sie erkannte und begrüßte ihn.

In einer der vielen schluchtartigen Felsspalten, die den Nord- und Osthang des Panayirdag zerklüften, nur wenige Kilometer von Ephesos-Selçuk entfernt, liegt eine in den Berg hineingebaute Kirche. Unter der Kirche befinden sich Gänge mit Grabkammern, Gewölbe, teils in mehreren Stockwerken übereinander angeordnet, in den Wänden Nischen für Grabstellen. Selbst im Boden sind viele Grabkammern verborgen.

Überall verstreut liegen menschliche Gebeine. Welchen Tod erlitt dieser? Welches Leben führte jener? Und war der dort ein Heiliger? Wer waren die Trauernden, die ihren Angehörigen und Freunden die vielen Tonlämpchen in die Gräber legten, ewiges Licht in der Dunkelheit des Todes?

Und wo sind die sieben Prinzen, die sich unter Kaiser Decius weigerten, den römischen Göttern zu opfern? Sie fielen in tiefen Schlaf, und der Kaiser ließ die Höhle zumauern, um sie zu töten. Als sie 150 oder 200 Jahre später erwachten, war Ephesos christlich geworden. Eine Legende? Ja. Aber auch in Legenden ist Wahrheit verborgen. Liegen die Gebeine der sieben nun hier, oder ruhen sie in der Kirche Santa Maria del Popolo zu Rom? Jedenfalls wird die Gegend heute «Höhle der sieben Schläfer» genannt. Christen haben vor Jahrhunderten ihre Namen in die Wände des Gemäuers geritzt, um sich unter den Schutz der sieben Schläfer zu stellen.

Diese Ruinen im Felshang des Berges wirken großartig in der zerklüfteten Einsamkeit. Es ist, als habe sich der unerschütterliche Glaube an ein ewiges Leben Hunderter von Christen hier im Tode in den Fels geklammert, heimlich, etwas abseits des Lärms von Ephesos, unauffindbar, unverfolgbar. Ganz feine Mosaiken und wunderbare Wandzeichnungen zeigen in den Höhlen, Nischen und Grabkammern ihre letzten vorhandenen Farben.

Am Ende des oberen Gewölbes sind drei römische Bogennischen aus dem Fels geschlagen. Die mittlere ist größer als die rechte und linke. *Die rechte umschließt das Grab der Maria Magdalena.* Diese Nische hat in ihrer Armseligkeit und Bescheidenheit etwas so Rührendes, sie ist so bodenlos allein, dem Sturm, dem Wind, dem Staub, den drohenden Nächten hier im Felsen ausgesetzt, daß man hinknien möchte und weinen. Großer Gott! Hier also ruhte Maria Magdalena! Sie stand draußen am Grabe Christi und weinte. Hier aber ist niemand, kein Mensch, kein Wächter, kein Betender. Die gesamte Christenheit scheint dieses Grab verlassen zu haben.

Maria Magdalena war nicht die namenlose Sünderin des siebenten Kapitels im Lukas-Evangelium, mit der sie jahrhundertelang verwechselt wurde. «Sie haben meinen Herrn weggenommen», sagte sie am Grabe Christi, «und ich weiß nicht, wo sie ihn hingelegt haben.» Auch Maria Magdalena ist nicht da. Man weiß nicht, «wo sie sie hingelegt haben». Die Stätte ist von der Wissenschaft in neuester Zeit einwandfrei als ihr Grab ermittelt worden.

So verlassen dürfte sie nicht sein.

Die römischen Herren der Welt

«Wenn über London schon längst wieder Gras gewachsen ist, dann wird Rom noch immer bestehen.» Das schrieb der englische Historiker Lord Macaulay. Ferdinand Gregorovius sagte: «Die Geschichte der Stadt Rom steht in meinen Nächten über mir wie ein fernes Gestirn.»

Die Weltherrschaft ist schwer zu erringen. Sie zu behalten ist noch viel schwerer. Herren der Welt waren die Römer. Aber eines Tages entglitt ihnen die Weltherrschaft wie bisher allen Weltreichen der Geschichte. Ewiges Leben scheint keinem Staat beschieden zu sein. Aber Staaten und Völker können durch ihren Geist und ihre Kultur fort und fort in anderen weiterleben.

Rom führte die Weltgeschichte, die sich vorher im Osten abgespielt hatte, nach Norden und nach Westen weiter. Nicht Babylon noch das ägyptische Theben, nicht die Bergstadt Hattusa der Hittiter, nicht Sparta noch Athen, nicht Pella, die Residenz der makedonischen Könige, noch Alexandrien oder Karthago haben je das ganze Mittelmeer mit der ganzen restlichen Welt beherrscht. Das gelang nur der Stadt am winzigen Tiberfluß, der ewigen Stadt Rom.

Rom hat, als Mitte der Welt, mehr Dauer gehabt und mehr Energie ausgestrahlt als all die anderen Zentren abendländischer Geschichte: Knossos, Athen, Byzanz, Mailand, Aachen und Wien. Rom ist die älteste Hauptstadt des Abendlandes, die heute noch als geistige Metropole lebt. Rom unterwarf seinem Geist fast ganz Europa. Und Rom zivilisierte unsere, die westliche Welt. Nach den Punischen Kriegen wurde im ganzen Orient von der mächtigen Republik im Westen gesprochen. Man erzählte mit Staunen, daß sich dort niemand die Krone aufsetzte, niemand das Purpurgewand anlegte. Das hatte die Erde noch nie gesehen: eine weltbeherrschende Republik.

«Nie war ein Staat größer, reicher an Ehren und an edlen Vorbildern. Nie gab es eine Stadt, die so lange in Ordnung und Anstand lebte, ehe sich Habsucht und Verschwendung einschlichen. Nie gab es einen Ort, in dem Armut und Sparsamkeit so hoch und so lange geachtet wurden. Je weniger die Menschen besaßen, um so weniger begehrten sie. Aber es ist noch gar nicht lange her, da führte der Reichtum bei uns zu Geiz, da kam die Sucht auf, durch Überfluß, durch Befriedigung jeder Sinnlichkeit, durch Üppigkeit und Ausschweifung alles und jeden zugrunde zu richten.» Das sagte der berühmte römische Historiker Titus Livius, der ein Zeitgenosse von Christus war, mit Bewunderung

an die Epoche der Republik erinnernd. Ja, das goldene Zeitalter der Republik verblaßte. Es brachen Sklavenaufstände aus und blutige Bürgerkriege.
Tiberius und Caius Gracchus kämpften zu früh für eine bessere Welt. Sie lebten und strebten für die Bauern, für das arme Volk Italiens. Sie starben für ihre Ideale. Wenn Cornelia, die Mutter der Gracchen, über ihre Söhne sprach, erzählte sie deren Taten ohne Tränen wie Ereignisse einer großen Vorzeit. Sie war die erste Frau, der Rom ein Denkmal setzte, und der Schmerz dieser Frau, der elf Kinder starben, klagt stumm durch alle Jahrhunderte.
Ein Bauer, ein tapferer Soldat dabei, aber ein völlig unfähiger Staatsmann war Marius, der Caesars Tante geheiratet hatte. Dieser Sieger von Aquae Sextiae über die gefürchteten germanischen Cimbern und Teutonen mußte vor Sulla fliehen. Der Diktator Sulla, Sieger über Mithridates, ist einer der wenigen Gewaltmenschen der Weltgeschichte, dem es gelang, sechzigjährig in friedlicher Zurückgezogenheit auf seinem Landgut eines natürlichen Todes zu sterben.
Und dann kam der Tag, an dem doch ein Römer den Purpur anlegte und nach der Krone griff. Caesar führte die verlöschende Republik in die neue monarchische Form hinüber. Seine gewaltigen Feldzüge nahmen ihn so in Anspruch, daß er zwischen 49 und 44 v.Chr. nur insgesamt 15 Monate in der Hauptstadt seines Reiches verweilen konnte. In diesen kurzen Kriegspausen seines erstaunlichen Lebens ordnete er die Geschicke der Erde für seine Zeit und für die Zukunft. Das Abendland übernahm von Iulius Caesar zahllose Ideen der Verwaltung, viele Gesetze, den Titel Kaiser, den Kalender und den Monatsnamen Juli. In Caesar war noch der Traum einer Vereinigung freier Volksentwicklung und absoluter Herrschaft lebendig. Aber die folgende Kaiserzeit lehrte, daß es auf die Dauer nicht möglich ist, Feuer und Wasser in demselben Gefäß zu halten.
Caesar hatte befohlen, neben den Standbildern der sieben alten Könige auf dem Kapitol seine Statue zu errichten. Er erschien öffentlich in der Tracht der einstigen Könige von Alba. Aber dem Königstitel haftete die Despotie und das Gewaltregime vieler orientalischer Herrscher an. Darum war Caesar entschlossen, zwar im Wesen König zu sein, aber unter dem erblichen Titel eines Imperators. Am 9. Februar 44 v.Chr. wurde ihm der Titel eines Diktators auf Lebenszeit verliehen. Staatsrechtlich bedeutete das soviel wie König. Aber das gefürchtete Wort wurde vermieden.
Niemals vor Caesar war der Kopf eines *Lebenden* auf Münzen erschienen. Ihm nahe zu sein war in der letzten Zeit seines irdischen Daseins so begehrt, daß die Mietpreise in dem von ihm bewohnten Stadtviertel

Roms gewaltig stiegen. Wäre Caesar nicht am 15. März des Jahres 44 vor Christus erstochen worden, wäre er nicht aus 23 Wunden blutend am Standbild des von ihm besiegten Schwiegersohnes Pompeius umgekommen, so wäre das Abendland geistig noch stärker geeinigt worden. Caesars zu früher Tod hat dazu geführt, daß unser Abendland gespalten ist – in einen Westen und einen Osten.

Mit Octavianus Augustus begann die römische Kaiserzeit. Augustus, dieser – nächst Philipp II. von Makedonien – größte Staatsmann der Antike, war ein klügerer Herrscher als Caesar.

Caesar war wohl der genialere. Aber ohne die große Menschlichkeit, ohne diesen Beschützer von Freiheit und Wohlstand, ohne dieses erstaunliche Genie, das 44 Jahre lang mit großer Weisheit die Welt regierte, hätte die römische Kaiserzeit nicht 425 Jahre bestehen können.

Die Friedensepoche des Augustus ist die steilste Höhe, die römische Staatskunst, römischer Geist und römische Schöpferkraft zu erklimmen vermochten. Es sind die Jahrzehnte vor und nach Christus. Damals klangen noch die klagenden und anklagenden Reden des 43 vor Christus ermordeten Cicero in aller Ohren, des Mannes, der ein geradezu genialer Former der lateinischen Sprache war. Damals dichtete Ovid, ein echter Weltstadtmensch, der ein geradezu raffiniertes Wissen um seine eigene Begabung besaß, die Metamorphosen, fünfzehn Bücher in Hexametern, vom Chaos bis zur geordneten Welt der Schöpfung. Damals besang Horaz, ein lebenslanger Junggeselle, Liebe und Wein, die Größe Roms und die Schönheit der Natur. Damals rezitierte der scheue Vergil einige Bücher seiner Aeneis vor Kaiser Augustus und Octavia – das größte römische Nationalepos, das nach dem Wunsch des Dichters bei seinem Tode verbrannt werden sollte, das aber Augustus rettete. Damals verfaßte der Historiker Livius sein Riesenwerk von 142 Büchern. Damals schüttete der Veroneser Catull sein bebendes und empfindsames Herz der blendend schönen, aber nicht eben sittsamen Lesbia aus, in den vollkommensten Versen, die es in der lateinischen Poesie überhaupt gibt. Damals mühte sich der Philosoph Seneca, den Nero zu erziehen – Roms schwierigstes Kind.

Am Nachmittag des 19. August 14 nach Christus starb der 76 Jahre alte Augustus zu Nola im Bette seines Vaters in den Armen seiner Frau. «Wenn ich das Schauspiel gut gespielt habe, dann klatscht Beifall», sagte er, und mit Mühe brachte er noch heraus: «Livia, gedenke unserer glücklichen Ehe und leb wohl.» Das halbe Jahrhundert einer wahren Festzeit für Rom war zu Ende.

Neben hervorragenden Gestalten des Caesarentums hat Rom geradezu erschreckende Figuren als Kaiser erlebt. Mordlustige, halb wahnsinnige, singende und tanzende, aber auch hochgeniale, tapfere, philosophierende und glänzend organisierende Herrscher sind durch Roms Geschichte gegangen. Da saß der greise Tiberius, ein grausames Gespenst, in seinem hohen Palast auf Capri. Er fürchtete die Menschen als einzelne noch mehr als die Menschen in Massen. Er wurde der Erfinder der Majestätsprozesse, deren Opfer ihn durch das Geschichtswerk des Tacitus noch heute anklagen. Und wie ein Dieb schlich er sich von seiner Insel bis an die Mauern von Rom und horchte heimlich – als Kaiser! –, was da wohl in der Stadt geflüstert wurde.

Caligula pflegte durch die Kerker der Weltmetropole zu gehen, um persönlich Gefangene auszuwählen, die er im Circus den wilden Tieren zum Zerfleischen vorwerfen ließ.

Claudius, der leidenschaftlich gern den Richter spielte und auch ohne weiteres Hinrichtungen anordnete, konnte sich oft kurz darauf nicht mehr entsinnen, wen er eigentlich umgebracht hatte. So fragte er, geistesabwesend, nach der Ermordung seiner Gattin Messalina: «Warum kommt die Kaiserin nicht zu Tisch?»

Nero – Rennfahrer, Schauspieler, Sänger, Brandstifter, Christenverfolger –, aber dabei ein wahrer, recht begabter Dichter, war rotblond, stiernackig und außerordentlich kurzsichtig. Er ließ sich das größte Haus in Rom erbauen, das Goldene Haus, dessen Gewölbe ausgegraben und heute sichtbar sind. Darin gab es Bäder mit fließendem Meerwasser, 25 Kilometer von der See her zugeleitet.

Dann herrschten wieder so edle und großartige Kaiser wie Titus über die weite Welt, die Rom zu Füßen lag. Nur zwei Jahre saß Titus auf dem Thron. Er ist wirklich ein Licht am dunklen Himmel römischer Kaisergeschichte. Nie verließ ihn der Mut, nie die Sorge um das Imperium und seine Menschen. Dabei brach gerade während seiner Regierung 79 nach Christus der Vesuv aus und legte Pompeji, Herculaneum und Stabiae in Asche. Diesem Schrecken folgten eine verheerende Pest und schließlich eine Feuersbrunst in Rom.

Nerva war nur freundlich und sparsam. Aber Trajan war eine der kraftvollsten Persönlichkeiten der römischen Geschichte. Er ließ das schönste Kaiserforum bauen, die Häfen von Ancona, von Ostia und Civitavecchia, dazu mächtige Steinbrücken über die Donau, um den feindlichen Dakern ständig auf den Fersen zu sein. Er ließ in Afrika die Stadt Thamugadi – Thimgad – errichten, deren Ruinen der Wüstensand bis heute erhalten hat. Er baute eine Straße durch die Pontinischen Sümpfe, in Germanien Kastelle und Flußübergänge. Bis Ungarn und in die Walachei reichte der schöpferische Bauwille dieser Majestät. Das Römische Reich erlangte unter ihm seine größte Ausdehnung. Es erstreckte sich von Portugal und Marokko bis über den Euphrat und Tigris, ja bis an die Grenzen des Partherreiches, von Griechenland bis tief in die Sahara hinein und in Ägypten noch über den ersten Nilkatarakt hinaus. Wer an den Grenzen dieses einstigen Weltreiches durch Europa, Asien und Afrika wandert und erlebt, wie Rom überall aus ordnendem Geist Wasserleitungen, Thermen, Amphitheater, Häuser und Paläste, Märkte, Tore und Schutzmauern, Türme und Festungen erstehen ließ, staunt zuerst und kann es kaum fassen, daß ein so kleines Land so großartig – Stein um Stein und Idee um Idee – in die Ferne wirkte.

Kaiser Trajan war wirklich «Der Beste», «Optimus», wie Roms Senat ihn titulierte.

Auch Kaiser Hadrian, dieser griechenfreundliche Friedensfürst, hat uns seinen Geist in staunenswerten Bauten überliefert. Eines der technisch wohl gelungensten Werke der Weltarchitektur, das Heiligtum des Römischen Reiches, das römische Pantheon, dieser Tempel aller Götter, ist bis zum heutigen Tage erhalten. Der kreisförmige Saal im Innern ist einer der vollkommensten Räume, die je geschaffen wurden. Man muß selber darin stehen, denn keine Abbildung kann eine hinreichende Vorstellung geben. Hadrian ließ in Athen den Tempel des Zeus Olympios, an dem man 600 Jahre gebaut hatte, vollenden. Er schuf für sich eine herrliche Villa bei Tibur, heute Tivoli. Noch die Grundrisse vermitteln die verspielte Eleganz dieses Schlößchens. Und schließlich errichtete Hadrian sein eigenes Grab. Es ist das gewaltigste Totenhaus der römischen Welt. Es wurde jahrhundertelang als unerstürmbares Bollwerk benutzt, so unglaublich fest für alle Zeiten war es gebaut. Es ist die heutige Engelsburg.

Sparsam, bescheiden war Antoninus Pius, immer den Frieden suchend. Hätte dieser gute Kaiser nicht widersprochen, so würden unsere Monate September und Oktober «Antonini» und «Faustini» heißen, nach ihm und seiner edlen Frau Faustina. Marc Aurel, dieser wahrhaft weise Kaiser, rang in langen einsamen Nächten, auf den Feldzügen gegen Markomannen, Quaden und Jazygen in Böhmen und Österreich, mit dem großen Problem, das ihn immer beschäftigte: «Wie erlangt der Mensch den Frieden der Seele?» Er hat uns ein schönes Buch: «An sich selbst», darüber hinterlassen.

Unter Septimus Severus erlebte Nordafrika eine Blütezeit wie nie zuvor. Severus entstammte dem semitischen Seefahrervolk der Phönizier, war Punier, sprach Latein nur mit punischem Akzent und ließ das zerstörte punische Karthago wieder zur Weltstadt machen. In Kleinasien errichtete er für Hannibal ein Denkmal.

Dann herrschte wieder ein lasterhafter Größenwahnsinniger über das Weltreich, der Brudermörder Caracalla. Darauf Severus Alexander, tugendhaft, innerlich sauber, ein Liebling der Welt, kein Held, und darum eben eine tragische Gestalt. Immer hatte er seiner Mutter gehorcht. Und mit ihr zusammen wurde er ermordet. Aurelian führte die berühmte Königin Zenobia aus der Wüstenstadt Palmyra an goldener Kette als Beute im Triumphzug durch Rom. Diocletian, dieses größte Organisationsgenie des Altertums, erbaute einen Palast in Salona, heute Split, Jugoslawien, so gewaltig, daß darin im Mittelalter eine ganze Stadt Platz fand. Und Konstantin wurde der erste christliche Kaiser der Welt.

Alle Menschen aus Ost und West zog es nach Rom, in die Stadt der elf Foren, der Marmorbogen und Basiliken, der riesigen Amphitheater, der Circi, der 28 Bibliotheken, der drei Theater, der 37 Tore, der elf mächtigen Thermen, der 856 Bäder, der zwei Kapitole und zwei Märkte, der acht großen Plätze, in die Stadt der ewigen Spiele, Vergnügungen, Skandale und Kaisermorde. Herrlich lebte man oben auf dem Palatin, auf dem Hügel westlich des Forums gegen den Tiber. Hier befanden sich die Wohnungen der reichen Familien. Aber man kann sie heute nicht mehr erkennen, denn sie liegen unter dem Palast, den Kaiser Domitian erbaute. Nur das Haus der Livia, der Gattin des Augustus, ist uns teilweise erhalten. Die Bleiröhren der Wasserleitung, die man in dieser Wohnung fand, tragen nämlich den Namen der Livia. Man kann noch heute durch ein paar Zimmer gehen und denkt dabei an die Worte des römischen Historikers Sueton, das Haus sei weder durch seine Geräumigkeit noch durch seine Pracht aufgefallen.

Es besaß in den Zimmern keinen Marmorschmuck, nur schöne Mosaikfußböden. Über vierzig Jahre bewohnte Augustus hier im Sommer wie im Winter ein und denselben Raum. Auf dem Hügel Palatinus war Augustus geboren worden. Hier wohnten Cicero und der Redner Crassus in einem der glänzendsten Häuser von Rom. Hier wohnte Marcus Antonius. Hier bauten die Kaiser ihre Paläste. Der Hügel Palatinus gab darum allen Fürstenwohnungen der Erde den Namen «Palast».

Wie außerordentlich angenehm und komfortabel wohlhabende Römer wohnten, lehrt ein Brief des jüngeren Plinius, in dem er seine laurentinische Villa beschreibt. Laurentum lag 16 Meilen südlich von Rom am Meer beim heutigen Casale di Capocotta. Hundert Jahre nach Christus besaß dieses Landhaus einen Säulengang in D-Form mit Glasfenstern, einige Speisesäle, darunter einen am Meer, dessen Außenmauern bei Südwestwind von der Brandung getroffen wurden, Empfangszimmer, Bibliotheken, einige Schlafzimmer, Ruheräume, eine windgeschützte Turnhalle für die Sklaven, drei Badezimmer mit Aussicht auf das Meer beim Baden, Salbzimmer, alle mit Zentralheizung,

Kesselanlagen, Ballspielraum, geräumige Weinkeller, Veranden, Gärten.
«Glaubst du also, daß ich allen Grund habe, diesen Landsitz zu meinem allerliebsten Aufenthalt zu machen?» fragt Plinius.
Ja, wir glauben es ihm.

Du warst so unberechenbar, o Rom!

«Das übrige bestand in Tierhatzen, fünf Tage lang täglich zweimal. Daß sie prächtig waren, leugnet niemand. Aber was kann ein Mann von feinerer Bildung für Vergnügen daran finden, wenn ein schwacher Mensch von einer wilden Bestie, die ihm an Stärke weit überlegen ist, zerfleischt oder irgendeinem prächtigen und mutvollen Tier ein Jagdspieß durch den Leib gerannt wird? Und doch hast du auch das, wenn's ja gesehen sein muß, oft genug gesehen, und wir, die es sahen, sahen nichts Neues.» – Aus einem Brief des Cicero an M. Marius.

Rom war nicht nur die Stadt des Flavischen Amphitheaters mit 55 000 Sitzen, des langgestreckten Circus Maximus mit seiner Rennbahn, wo vierrädrige Wagen haarscharf um die Ecksteine herumfuhren, und der Gladiatorenkämpfe, ein wahrer Sammelplatz des Volkes, in dem 260 000 Zuschauer Platz fanden, der herrlichen Kaiserforen, des Jupitertempels und des Marcellischen Theaters, der Diocletian- und Caracalla-Thermen, der größten Bäder der Erde. Unter den Fußböden dieser Thermen zirkulierte, wie schon in Ephesos, erhitzte Luft, die weiter in die Öffnungen der Wände geleitet wurde und die Räume der Bäder nach Wunsch temperierte. Rom war mit seiner Überbevölkerung und mit seinen schmalen Gassen eine laute, eine lärmende und eine gefährliche Stadt. Die meisten neueren Forscher schätzen die Einwohnerzahl Roms zur Zeit des Augustus auf etwa 1 200 000, und diese Menschen lebten zusammengedrängt auf engem Raum. Mächtige Tannen schaukelten auf hohen Fuhrwerken. Andere Wagen waren mit Fichten beladen. Tonnen und alle möglichen Lasten wurden durch die Gassen getragen oder ratterten auf lauten Wagenrädern. Marmor von Liguriens Küste – jetzt das Genua-Gebiet – wurde durch die Straßen gerollt und brachte alle Menschen in Gefahr. Eine Achse brach, und eine riesige Ladung stürzte. Sie überschüttete die Passanten. «Wer findet die Glieder, wer die Gebeine, wer des Plebejers Leiche?» fragte der römische Dichter Juvenal. Eine Stange trifft den Kopf, der Straßenschmutz setzt sich an den Beinen fest, ein eiserner Nagel bohrt sich in die Zehe. Krachende Scherben! Aus einem Fenster fliegt ein leckes Gefäß. «Du bist leichtsinnig», meint der Dichter, «wenn du nachts durch Roms Straße gehst, ohne dein Testament gemacht zu haben!»

Nachts konnte man nicht schlafen, so lärmend war die Stadt. Sie brachte die Gesunden um ihre Gesundheit, die Kranken um ihr Leben. Die Mietwohnungen waren teuer, die Zimmer klein, kalt und dunkel. Draußen rollten ewig die Wagen. Manchmal stand eine lärmende Viehherde in der Straße, weil der Verkehr sie eingeschlossen hatte.
Die Reichen aber wurden hoch über den Köpfen der anderen von riesigen Liburner Sklaven getragen. Diese Sklaven aus Liburnien in Illyrien waren so kräftig, daß sie in Rom als Träger, als Boten und als Leibwachen verwendet wurden. Die Reichen lagen auf Ruhebetten in den Sänften oder saßen in Tragstühlen, dösten, lasen oder schrieben dabei und schwebten auf vier, sechs oder gar acht menschlichen Nacken durch die Stadt. Matronen, die protzen wollten, ließen lässig einen Arm aus der Sänfte heraushängen, um mit ihren Armreifen und Ringen Aufmerksamkeit zu erregen. Arme Bürger wurden von nur zwei Sklaven getragen.
Besonders gefährlich wurde das Gedränge, wenn Feuer ausbrach. Man mußte in Rom immer Brände befürchten, vor allem nachts. Schon raucht es im dritten Stock. Schon schleppt ein Mensch seinen Hausrat ab. Während man von der untersten Stufe seiner Wohnung davoneilt, ist das oberste Stockwerk schon verbrannt.
In Herculaneum wurden die 79 nach Christus vom Aschenstaub des Vesuvs begrabenen, konservierten Häuser freigelegt. Darin kann man noch die alten Holztreppen, die Böden, die Tische und Schränke erkennen. Diese Häuser bestanden zum Teil aus Fachwerk, genauso wie in Rom. Vitruvius, ein Architekt und Ingenieur des Augustus, hat uns die einzige erhaltene Schrift des Altertums über Hoch-, Tiefbau und Maschinenkonstruktionen hinterlassen. Er meint, bei Feuersbrünsten seien die Fachwerkbauten geradezu «Brandfackeln». Die römischen Häusermakler und Architekten schätzten diese Technik sehr. Sie war billig und sie war schnell. Aber die Häuser stürzten auch ebenso schnell ein. Kaiser Augustus verbot, Häuser zu bauen, die höher waren als 20,65 Meter, also höher als ein modernes vierstöckiges Haus. Das Fachwerkbauen konnte er nicht abschaffen. Allerdings errichtete Augustus zwischen seinem Forum und dem dichtbevölkerten Stadtteil Subura eine 36 Meter hohe Brandmauer als Schutz.
Subura war ein Quartier am Fuß des Caelischen und Esquilinischen Hügels, immer sehr belebt, immer sehr laut und meist nicht gut riechend. Hier wurden alle möglichen Nahrungsmittel verkauft. Hier saßen ab drei Uhr nachmittags auf hohen Stühlen Dirnen, ganz unbekleidet oder in durchsichtigen, seidenen Gewändern, hier wohnten Diebe, und hier wurde mancher Mordplan geschmiedet. Es war der Stadtteil, wo Sklaven und Sklavinnen die Einkäufe für die Haushalte

besorgten. Hier gab es tausend Läden: Wollhändler, Leinenweber, Schmiede, Perückenmacher, Barbiere. Und immer griffbereit hing die Geißel des Polizisten, «bluttriefend», wie Martial bemerkt.
Die vornehmen und reichen Römer machten ihre Einkäufe im vorderen Marsfeld, unweit des Forums, in der Gegend um die Saepta. Hier bot das goldreiche Rom seine Schätze an, die kostbarsten Sklaven, die nicht im Freien, nicht auf drehbaren Scheiben, sondern in Buden ausgestellt wurden, Elfenbeinschmuck und Schildpatt, Kristallpokale, feine Schalen, goldgefaßte Topase, Ohrgehänge, Onyx und Jaspis und alle Steine des Orients. Hier flanierten die feinen Damen und Herren Roms. Und unter den Arkaden benachbarter Gebäude flüsterten Verliebte.
Weitherzig warst du, Rom, gastlich und freigebig, alle Fremden und alles Fremde mit offenen Armen aufnehmend, griechischen Geist, griechische Kunst, griechische Literatur, Wissenschaft und Philosophie, die ganze hellenische Kultur. Und auf dem Forum gingen sie spazieren, Griechen von den Inseln Samos und Andros, aus Alabanda in Karien, wo man sehr schwelgerisch und genußsüchtig lebte, aus Tralles, dem heutigen Aydin in der westlichen Türkei. Anpassungsfähig, intelligent und sehr gewandt waren diese Griechen, jedem Beruf gewachsen. Sie waren Redner, Grammatiker, Ärzte, Geometer, Magier, Maler, Salber, Seiltänzer.
«Hungrige Griechlein», sagt Juvenal im dritten Buch seiner Satiren [Vers 77 und 78], «verstehen sich auf alle Dinge.» Sie kamen aber auch bald zu Wohlstand und fanden Eingang in Roms vornehmste Familien. Und so viele Orientalen belebten das Stadtbild, daß Juvenal meinte, man könne schon sagen «Syriens Strom», der Euphrat, «fließe in den Tiber». Aus Armenien, aus Kappadokien, aus Syrien waren sie angereist und brachten ihre Eigenart und Sitten mit, Flötenspieler und Musikanten mit syrischen Harfen mit schrägen Saiten, Handpauken, Tamburinen. Lockere Mädchen kamen, die mit heißen Blicken vor dem Circus warteten. Alles durften die Fremden tun – nur die Toga durften sie sich nicht umlegen, die trugen nur Römer – bis eines Tages Syrier und Afrikaner sogar Roms Kaiser wurden!
Grausam warst du, Rom, triebhaft und zügellos, immer ungestillt in deinen uferlosen Leidenschaften. Wer zählt die zehntausend Lekkerbissen, die durch den Magen des antiken Roms gewandert sind, die Drosseln, Krammetsvögel und Flamingozungen, die Pfauen, Kraniche und Störche, die Gänselebern und Masthühner, die Haselmäuse, Wildesel und Eber, die Flundern und Störe und die Millionen und aber Millionen von Krügen besten Falernerweins!
Aus Rutupiae, heute Richborough, Kent, brachte man Austern nach

Brundisium, und dem dicken Feinschmecker Montanus, der mit Nero die Nächte durchzechte, genügte ein Biß in die Auster, um zu wissen, ob sie aus Bajae oder aus den Rutupischen Gründen von England kamen. Auch sah er jedem Seeigel an, vor welcher Küste er eingeholt war. Hoch, von riesigen Dienern auf silbernen Schüsseln getragen, wurden Hummern und Spargel serviert, der edelste Fisch schmorte im besten Öl der Stadt Venafrum, und die Wild- und Geflügelzerleger arbeiteten «tanzend und gaukelnd mit fliegenden Messern», so daß es eine wilde Augenfreude war, ihnen zuzusehen.

Prunksüchtig, strahlend, liederlich und leichtsinnig warst du, o Rom, oft fratzenhaft, hochmütig und unbarmherzig. Du zwangst deine Sklaven, überhart zu arbeiten, in Etrurien, in Lukanien, in den Erzgruben, in Pechhütten, in spanischen Bergwerken, bei der Wein- und Olivenlese; und kam die erlösende Nacht, so ließest du sie im Sklavengefängnis, im Ergastulum, schmachten. Aber die Sklaven waren auch gefährlich; die Freigelassenen wurden die grausamsten Herren, und «je größer ein Haus, um so hochmütiger die Sklaven» [Juvenal, V, 65]. Als sie sich im Aufstand erhoben in Rom, in Minturnae, in Sinuessa und Sizilien, da wurden über zwanzigtausend von ihnen ans Kreuz geschlagen.

Ewig mußten junge Sklavenmädchen die Kornmühlen drehen. Und waren sie im Haushalt widerspenstig, so tanzte die Rute der Herrin auf ihrem Rücken. «Psekas, die Arme . . .», sagt Juvenal. Das war eines jener bedauernswerten Sklavenmädchen, die von reichen Römerinnen für die Kosmetik und den Haarputz gehalten wurden. Mit nacktem Oberkörper arbeiteten sie, und «geriet eine Locke zu hoch, so wurden sie sofort mit dem Rindslederriemen bestraft». Kleine unschuldige Plekusa! Eine Nadel entglitt ihr aus dem Lockengebäude ihrer Herrin Lalage. Die hatte es im Spiegel bemerkt und tötete das Mädchen sofort [Martial, II, 66].

Du warst so unberechenbar, o Rom, wenn der verwundete Gladiator zu den Gebirgen der Sitzreihen über sich aufblickte, wo die tobende Masse wie Meeressturm brandete, wenn er blutig, angstbebenden Herzens und todesmatt zu erkennen versuchte, ob man dort oben mit dem Taschentuch winkte – was sein Leben bedeutete – oder ob man den Daumen nach unten hielt. Dann hatte der Gladiator nur noch Sekunden Zeit. Dann sah er wohl noch einmal zur Sonne auf. Und im Brüllen der Arena traf ihn der Stahl des unerbittlichen Gegners.

Du warst so blutdürstig, so kalt, so unmenschlich, o Rom! Monate und Jahre saßen deine Kriegsgefangenen in abgeschlossenen Kasernen. Für den todbringenden Kampf im Circus oder im Amphitheater waren sie eingesperrt. Hier wurden sie mit eiserner Strenge vorbereitet. Und

die Trainer waren Männer ohne Herz und ohne Erbarmen. Im Amphitheater der Flavier, im Circus Maximus oder im Circus Flaminius schauten Tausende, Hunderttausende von Augen auf Gladiatoren hinab, die durch Eid verpflichtet waren, sich brennen, binden, bis aufs Blut mit Ruten schlagen, ja selbst töten zu lassen. Sie hatten dem Fechtmeister gelobt, in unbedingten Sklavenstand zu treten.
Du jubeltest vor Freude, Rom, wenn dir das Spiel des Ikarus geboten wurde, wenn ein zum Tode Verurteilter aus großer Höhe in den Staub stürzte mit zerfetzten künstlichen Flügeln. Panther, Tiger, Löwen und Bären, ausgehungert und bis zum Äußersten gereizt, ließ man aus den unterirdischen Gewölben des Circus hervorbrechen. Gladiatoren mußten sie erlegen. Ja, das kaiserliche Rom wollte keinen Tropfen Blut verschwenden. Die Masse mußte alles auskosten, und so wurden Hinrichtungen zum Schauspiel: Der Sterbende mimte Tragödie.
Verbrecher, die dem Tod geweiht waren, mußten sich zerstückeln lassen. Kaiser Nero persönlich erlegte einen Löwen mit der Keule, wie uns der römische Historiker Sueton berichtet. Einmal versuchte er, ein wohl gezähmtes Tier nackt mit den Armen zu erdrosseln.
Wenn der Netzfechter in der Arena stand, wenn er sich mühte, sein Netz über den Gegner zu werfen, um ihn dann blitzschnell mit dem dreigezackten Spieß zu töten, dann leuchteten die Augen des Kaisers Claudius. Hatte der Gegner des Netzfechters – der Mann mit Schild und Sichelschwert oder mit der Kugel am schwingenden Riemen – gesiegt, so ließ Claudius den Netzfechter töten. Immer. Denn der kämpfte ohne Helm und Visier. Man sah im Sterben sein Gesicht!
Alles, was jung und lebensfroh war, wohnte diesen schaurigen Szenen bei, den Wagenrennen wie auch den Gladiatorenkämpfen. Die männliche und weibliche Jugend Roms, die Reichen und die Armen, die Protzigen, die Hochgekommenen und vor allem die Majestät selber sonnten sich im Festglanz, der allen Tod und alles Morden überstrahlte. Ovid empfahl den jungen Römern, in den Circus zu gehen, um mit schönen Frauen in Kontakt zu kommen, um «bei artigen Mädchen zu sitzen», wie Juvenal sich ausdrückt.
Die Römerin war viel freier als die Griechin. Sie wurde nicht so orientalisch abgeschlossen gehalten. Sie trank – besonders früher – nie Wein, sie durfte beim Gastmahl nicht wie die Männer liegen, sondern mußte sitzen. Aber sie ging auch aus, sie besuchte Läden, sie begleitete hin und wieder ihren Gatten.
Den Töchtern der guten Gesellschaft fehlte die Gelegenheit zum Flirten. Sie heirateten sehr jung. Der Vater suchte ihnen einen Bräutigam. Sie brachten ihre Puppen den Hausgöttern, den Laren, dar und spielten dann mit dem Bräutigam das Spiel der Entführung, die «deductio»,

als Erinnerung an den Raub der Sabinerinnen. Mädchen aus guten Familien lernten nicht nur lesen, schreiben und rechnen, sondern auch Zither spielen, singen und tanzen. Sie wurden in griechischer und lateinischer Literatur unterrichtet.

Die Frauen beschäftigten sich mit Stickerei, sie beaufsichtigten die Sklaven und gaben Anordnungen im Hause. Die bösen und grausamen Frauen bilden die Ausnahme unter den Römerinnen. Die meisten waren gradlinig und schlicht, treu, wahrhaft, edel und herzgewinnend. Und sie waren großartige Mütter. So spricht eine Sterbende zu ihrem Mann und ihren Kindern: «Nun, da ich von euch gehe, mußt du, Paulus, auch in der Liebe zu den Kindern mich vertreten, und wenn du unsere Söhne und Töchter küßt, schließ auch meine Küsse in die deinen ein.»

«Einsam liege ich», schreibt eine junge Frau ihrem Gatten ins Feld, «und du vergißt mich vielleicht.» Eucharis, ein junges Sklavenmädchen, wurde im Hause einer vornehmen Römerin geboren. Sie war lieblich anzusehen und hatte großes Talent zum Tanzen. Darum befreite ihre Herrin sie aus dem Sklavenstand und ließ sie ausbilden. So wurde die kleine Eucharis schon mit vierzehn Jahren eine hochbeliebte Tänzerin. Sie starb bald, und ganz Rom weinte ihr nach. Solche Beispiele von Liebe und Güte, auch Sklaven gegenüber, gibt es zu Tausenden.

Die Kritzeleien von Pompeji, Herculaneum und Stabiae auf den Mauern sakraler, weltlicher, öffentlicher oder privater Gebäude bringen uns die Römer so nah, als hätten sie gestern gelebt. «Hier wohnt Felicitas.» War das eine Empfehlung? Oder wollte der Liebhaber nur das Haus kennzeichnen, um es wiederzufinden?

Wie mag es wohl dem Mann ergangen sein, der an eine Wand schrieb: «Ich will der Venus die Rippen brechen!»? Und wie sah das Mädchen aus, nach dem sich ein Jüngling so sehnte: «Mein Leben, meine Liebe, laß uns ein wenig spielen»? Überschwenglich kritzelte ein Unbekannter in die Ewigkeit: «Wenn einer die Venus nicht gesehen hat, die der Apelles malte, so sehe er meine Puppe an.» Und ein anderer oder eine andere: «Wenn es Treue unter den Menschen gibt, so habe ich immer nur dich geliebt, seitdem wir uns kannten.»

War es vielleicht ein Mädchen, das so litt und diese Worte der Ewigkeit schenkte? «Wenn du kannst und doch nicht willst, warum verschiebst du die Freuden und machst mir Hoffnung? Warum versprichst du immer, morgen wiederzukommen? Zwing mich also zu sterben, da du mich zwingst, ohne dich zu leben. Sei so lieb, mich nicht zu quälen. Was die Hoffnung raubte, gibt auch die Hoffnung den Liebenden wieder.» Das klingt wie ewiges, ungestilltes Sehnen.

Aber die verschütteten Städte erzählen auch von der dunklen Seite der Menschen und ihren Leidenschaften. «Hier habe ich gerade ein schönes Mädchen geliebt, die von vielen gerühmt wird – aber innen war nur Schmutz.» Man hat drei Worte gefunden, die den Untergang von Pompeji wie ein göttliches Gericht erscheinen lassen. Drei einfache Worte sind es, die uns noch nach zweitausend Jahren sehr nachdenklich machen. Da steht nichts weiter als: «Sodom und Gomorrha.»
Sah hier ein Mensch, vom Funken der Vorahnung ergriffen, so deutlich den furchtbaren Untergang? Jedenfalls hatte er vom Ende der Städte Sodom und Gomorrha gelesen, die in Feuer und Schwefelregen begraben wurden, ganz ähnlich wie Pompeji und Herculaneum. Ihn trennten von der Katastrophe am Südostufer des Toten Meeres 2000 Jahre, eine ebenso lange Zeitspanne, wie uns von diesem Unbekannten trennt, der seine Warnung an alle kommenden Geschlechter weitergab.

Rom fällt – und Augustinus schreibt

«Weg mit all dem! Weg mit dem eitlen und nichtigen Treiben! Wollen wir uns einzig auf die Erkenntnis der Wahrheit konzentrieren! Elend ist dieses Leben, unsicher die Stunde des Todes. Plötzlich überfällt er uns, und wie werden wir dann hinscheiden? Wo läßt sich denn noch lernen, was wir hier vernachlässigen?»
Augustinus Bekenntnisse, VI. Buch, 11.

Es hat eine Zeit gegeben, in der das Abendland von einer großen Idee erfaßt war. Wie unter einer gewaltigen Glocke lag ganz Europa, abgestimmt auf das Christentum. Ja, die Glocken sind überhaupt das Symbol des Mittelalters.
Aber herrschte unter dieser Riesenglocke Licht? Oder lag Europa damals im Dunkel? Gab es wirklich ein «finsteres Mittelalter»? Oder bildet das Mittelalter die Vorstufe, den Anfang zum Siegeszug der abendländischen Kultur über die ganze Erde?
Die Epoche, die wir das Mittelalter nennen, umfaßt tausend Jahre, vom Zusammenbruch des Römischen Reiches bis zur Geburt des modernen Nationalstaates. Einige Historiker wollen als Anfang dieser Epoche die Gründung Konstantinopels durch Konstantin den Großen im Jahre 326 sehen. Andere halten etwa das Jahr 500 für den Anfang des Mittelalters. Und wieder andere lassen das Mittelalter erst spät, mit der Krönung Karls des Großen im Jahre 800, beginnen. Man könnte als Anfang der Epoche auch die Völkerwanderung seit dem Ende des vierten nachchristlichen Jahrhunderts ansehen.
Ebenso ist der Ausgang des Mittelalters kein fester Zeitpunkt. Der Übergang vom Mittelalter zur Renaissance ist natürlich fließend und fand nicht abrupt statt, worüber unendlich viel geschrieben worden ist. Es gibt kein bestimmtes Datum, das die beiden Zeiten trennt. Wollte man dennoch einen Meilenstein der Geschichte am Ende des Mittelalters und am Beginn der Renaissance aufstellen, so könnte es der Fall von Konstantinopel 1453 sein, die Erfindung des Buchdrucks 1450, die Entdeckung Amerikas 1492 oder die Glaubensspaltung, also der Anschlag der 95 Thesen durch Martin Luther an die Tür der Wittenberger Schloßkirche im Jahre 1517. Wenn man sich eine Zeit von 500 nach Christus bis 1500 vorstellt, so hat man etwa die Dauer dieser hochinteressanten, ungemein vielfältigen und außerordentlich stark formenden Geschichtsperiode vor sich, die wir mit einer Bezeichnung, die auf Cellarius zurückgeht, «Mittelalter» nennen.

Was bedeuten diese tausend Jahre für das Abendland?
Was ist das Mittelalter?
Es ist Europa, zusammengehalten durch eine gemeinsame Religion. Es ist die Einheit der Christenheit als eine große Idee. Es ist die Gemeinsamkeit der lateinischen Kultur und der lateinischen Bildungssprache. Es ist das Lebensgefühl eines ziemlich einheitlichen Weltbildes im ganzen Abendland. Es ist überhaupt die gläubige Geisteshaltung aller Menschen.
Es war die Kirche, die die Einheit des Glaubens und der Kultur, die gemeinsame lateinische Kultur und Bildungssprache und ein einheitliches Weltbild lebendig erhielt. Aber das Mittelalter hat auch gemeinsame Grundzüge in der ständisch geordneten Gesellschaft, in der Kunst, in der Literatur, in der Wissenschaft. Und das Große am Mittelalter ist – trotz aller Absurditäten, Verfehlungen und Verbrechen einzelner und vieler –, daß es eine noch immer sehr intensiv nachwirkende Kulturepoche für das Abendland bleibt.
Die germanischen Völker treten das Erbe der Antike an. Die Menschen des Abendlandes sind von «Gottes Plan» erfaßt, Christi Herrschaft auf Erden in vorläufiger Stellvertretung zu verwirklichen. Alle Christen sind daher jahrhundertelang mit großer Selbstverständlichkeit geeinigt. Es zeigt sich, daß nur eine Idee, ein Ideal, ein allgemeines Wunschbild und Hochziel wahren Zusammenschluß vollbringen kann. Wir wissen, daß diese Entwicklungsepoche der abendländischen Kultur auch sehr farbig, sehr vielfältig, auch voller Spannungen und Gegensätze war. Aber eine Idee ist stärker als jede politische Konstruktion. So stand der demokratische Idealismus hinter der amerikanischen Unabhängigkeitserklärung, wodurch die dreizehn Staaten der Union zum erstenmal in der modernen Geschichte festsetzten, daß Regierungen da sind, um das Wohlergehen des Volkes zu garantieren. So hätten die Französische Revolution und hernach Napoleon auch Europa einigen können, weil das Mittelalter eine «geistige Vorarbeit» geleistet hatte. Und so besteht eine neue Chance des Zusammenfindens für das Abendland seit dem Ende des Zweiten Weltkrieges, wenn es seine kulturellen Gemeinsamkeiten begreift, statt die Tabus des Abendlandes zu verspotten.
Die Hunnen, ein mongolisches, nomadisches Reitervolk mit turkischem Einschlag, von den Chinesen Hsiung-nu benannt, schoben sich seit Jahrhunderten von der Mongolei nach Westen vor. Dieser Ritt gen Abend wurde durch die Abwehrkraft der Chinesen verursacht, durch immer wieder neue Verstärkungen und Bemannungen der Chinesischen Mauer, durch Ausbrüche der Chinesen aus dem Ackerland in die Steppen, um neuen Boden zu gewinnen. Unter Balamir brechen

die Hunnen im Jahre 372 über die Wolga vor, zerstören das Reich der sarmatischen Alanen am Kubanfluß und am unteren Don und greifen die Ostgotenherrschaft des greisen Ermanarich zwischen Don und Dnjestr an. Sie erweitern ihre Herrschaft bis über die Karpaten, bis in die Donau- und Theiß-Ebene. Diese Einbrüche lösten Wanderungen der Germanenstämme nach Westen aus, sie führten um 260 nach Christus zum Fall der römischen Verteidigungsmauer, des Limes. Seit etwa 400 begannen als Folge der Hunneneinbrüche verstärkte Wanderungen der Ostgermanen nach Westen, der Ostgoten nach Italien, der Westgoten nach Südfrankreich und Spanien. Rom mußte seine Legionen vom Rhein zurücknehmen [406]. Vandalen, Burgunder, Alemannen und andere Völker überschritten den Rhein.
Man hat viel über die Ursachen der Völkerwanderung geschrieben, man hat auf Bevölkerungsvermehrung hingewiesen, auf klimatische Veränderungen, auf Übervölkerung, auf Abenteuerlust. Drei Gründe scheinen mir ausschlaggebend gewesen zu sein. In erster Linie war es die Fernwirkung Chinas, die von Asien bis nach Europa Völkerverschiebungen verursachte und die Germanen zur Aufgabe ihrer osteuropäischen Sitze veranlaßte. Außerdem wurden die Germanen von der zunehmenden Schwäche des Römischen Reiches seit dem dritten Jahrhundert zu Italienzügen geradezu verlockt. Schließlich gab es im Süden viel günstigere Lebensverhältnisse. Man darf auch nicht die Sogwirkung einer höheren, bewunderten Kultur unterschätzen.
Das Ergebnis der germanischen Völkerwanderung ist der Untergang des Römischen Weltreiches in West- und in Südeuropa. Sein Erbe traten die Germanen, auch Slawen, islamische Völker und vorübergehend asiatische Reiternomaden an. Die Staatengründungen der Ostgermanen waren nur von kurzer Dauer. Die Westgermanen verloren die Verbindung mit ihren Ausgangsgebieten nicht. Durch die Staatengründungen der Franken, Langobarden und Angelsachsen schufen sie die neue Völkergruppierung, die den Ausgang bildete für die abendländische Geschichte des Mittelalters.
Die politischen und geistigen Höhepunkte des Mittelalters bilden eine Kette dramatischer geschichtlicher Vorgänge, großer menschlicher und ideeller Leistungen, ungewöhnlicher Persönlichkeiten, deren Namen wir im «anonymen» Mittelalter zum Teil gar nicht kennen, und ganz außerordentlicher Kunstschöpfungen, die den kreativen Geist ganz Europas zum erstenmal erstrahlen ließen.
Alarich, König der Westgoten, aus dem Geschlecht der Balten, vermutlich an der Mündung der Donau geboren, verwüstete Thrakien, Makedonien und Griechenland. In den Jahren 401 und 403 brach er in Italien ein und belagerte 408 Rom. Mit sehr hohen Tributzahlungen

zieht er wieder ab. Aber am 24. August des Jahres 410 gelingt ihm die Einnahme Roms. So ist er der erste Germane, der auf dem Boden der Tiberstadt steht. Drei Tage lang wird Rom geplündert. Aber nach dem Befehl Alarichs mußten die Kirchen geschont werden. Die wandernden Germanen konnten sich nicht selbst verpflegen, konnten nicht in Rom bleiben, mußten das Caput mundi verlassen. Afrika! Wer Afrika beherrschte, hatte Brot. Mit gewaltiger Beute und mit der Gefangenen Galla Placidia, der Halbschwester des Honorius, marschiert Alarich nach Unteritalien. Er will nach Afrika übersetzen. Da stirbt er und wird bei Cosenza in Kalabrien beigesetzt. Aber wie?

Um seinen Leichnam nicht der Willkür der Römer preiszugeben, in fremdem Lande, das man verlassen mußte, beschlossen die Goten, ihren toten Alarich für immer allen Schändungen, allen Augen zu entziehen. Sie leiteten einen Fluß über das Grab. Und erst als die Wasser gurgelnd über den ausgehobenen Graben schossen, verließen sie den Ort.

Die Eroberung und die Plünderung Roms machten auf die damalige Welt einen ungeheuren Eindruck. Stürzte der Himmel ein? War der Weltuntergang da? Die Heiden wußten, warum Rom gefallen war. Sie sagten, man hätte die Vertreibung der alten Götter durch die Christen verhindern müssen. Schuld am Untergang Roms sei der neue Gott. Ihre eigenen Götter hätten sich nicht mehr zur Verteidigung der Weltstadt gerührt. Das sei gerecht und logisch, sagten sie, denn Götter schützen nicht Menschen, deren Gebete verstummt sind, deren Tempel verfallen, die in Vergessenheit geraten und somit auch die Kraft zum Eingreifen verlieren.

Jetzt erhebt sich einer der größten Geister des Abendlandes, Augustinus, der bedeutendste unter den lateinischen Kirchenvätern, der lebendigste Geist nach Paulus, ein Mann von außerordentlich feinem künstlerischem Empfinden, universaler Begabung, ein wacher, bohrender Verstand, ungewöhnlich anspruchsvoll und sensibel in seinen seelischen Bedürfnissen und doch auch ein strenger und systematischer Denker. Gegen das, was die Heiden vorbrachten, die Christen und ihr Gott seien schuld am Fall Roms, verfaßte er sein berühmtes Werk «De civitate Dei». Das Werk wuchs unter dem leuchtenden Geist, dem glühenden Glauben des Augustinus, weit über eine Verteidigung hinaus. Er zeichnete das unangreifbare ewige Reich Gottes, er wies dem irdischen Staat einen so tiefen Platz unter den Himmeln Gottes zu, daß sich alle kommenden Jahrhunderte mit diesem Vorrang Gottes und der Religion vor dem weltlichen Herrschen irgendwie abfinden mußten. Die kurze Besetzung Roms durch Alarichs Goten leitete den Beginn einer neuen Welt- und Himmelsordnung ein.

Augustinus wurde im Jahre 354 in Nordafrika geboren, in Tagaste, am äußersten Ostrand des heutigen Algerien, unweit von Tunis. Sein Vater war Römer und Heide, seine Mutter Monica stammte aus einer christlichen punischen Familie. Sie war fast zwanzig Jahre jünger als der Römer. Es gelang ihr wohl leicht, den Gatten zum Christentum zu bekehren.

Augustinus hat ein einzigartiges Werk hinterlassen, das seit 1500 Jahren während aller Jahrhunderte gelesen wurde. Seine «Confessiones» sind die ungewöhnlich eindringlichen Bekenntnisse eines Mannes, der seine Jugend in den «Abgründen der Leidenschaft» verlebte, im «Strudel der Sünde», im «Dunkel der Wollust». Der hochbegabte und so ungewöhnlich lebenshungrige Jüngling studierte in Madaura und Karthago, wurde Lehrer der Rhetorik, reiste nach Rom und Mailand. Ihn fesselten und packten die Predigten des Ambrosius, der Bischof von Mailand war, ein sehr bedeutender Theologe und Kirchenpolitiker, der im Jahre 390 den Kaiser Theodosius den Großen zur Kirchenbuße nötigte.

Augustinus ließ sich vollends zum Christentum bekehren, in seinem 33. Lebensjahr taufen und begann, nach Nordafrika zurückgekehrt, ein asketisches Leben zu führen. Fünfunddreißig Jahre lang predigte er in der Basilika von Hippo. Es hat in der Geschichte des Christentums kaum einen Kirchenlehrer gegeben, dessen persönliches Wirken einen so außerordentlich tiefen Eindruck hinterließ, der eine so innige Liebenswürdigkeit ausstrahlte und dessen Wort eine so ungeheure Kraft auf seine Zuhörer übertrug.

Dieser tiefe systematische Denker sprach sein religiöses Empfinden mit einer künstlerischen Unmittelbarkeit ohnegleichen aus. Er ist der geistige Berater der ganzen abendländischen Kirche. Das Merkwürdige und Einmalige an seinen Bekenntnissen ist die Tatsache, daß er alle seine Stimmungen, seine Zweifel, seine Überzeugungen in ständigem Zwiegespräch mit Gott vorbringt. Er erzählt sein Leben, seine Geschichte niemand anderem als Gott. Gott ist ständig anwesend. Und doch ist dieser Paulus-Schüler ein Hiob, ein Fragender, ein Suchender und oft Gequälter, der aber immer ganz einfach und ganz menschlich spricht.

Augustinus stellt sehr moderne Fragen, Fragen, die ins 20. Jahrhundert gehören, die aus der Psychoanalyse stammen könnten. «Einer hat einen Mord vollbracht. Aus welchem Grund hat er es getan? Er begehrte das Weib eines anderen oder dessen Besitz. Oder er ging auf Raub aus, um davon sein Leben zu fristen. Oder er hatte Angst, der andere könnte ihm mit dem gleichen Verbrechen zuvorkommen. Oder er fühlte sich gekränkt und dürstete nach Rache. Sollte er etwa keinen anderen Grund gehabt haben für seinen Mord als die Lust am Töten eines Menschen? Vielleicht handelte er so, damit nicht durch Tatenlosigkeit seine Arme und sein Herz erschlafften. Aber die Frage bleibt. *Warum? Zu welchem Zweck?*»

Wer hat je so seine Schwächen offenbart und mit solcher Ehrlichkeit? «Geliebt wurde ich, in Heimlichkeit begab ich mich in die Bande des Liebesgenusses, voll Freude ließ ich mich verstricken in die jämmerliche Verknotung, um Schläge einzustecken mit den glühenden Eisenruten der Eifersucht, des Verdachts, der Furcht, des Zorns und des Zankes.» Der Selbstbiograph Rousseau, der vorgibt, unbestechlich ehrlich zu sein, erscheint, wie wir noch sehen werden, im Vergleich zu Augustinus als total verlogen.

Über sein Studium der Bibel – Augustinus las jede Zeile mit größter Aufmerksamkeit –, über den Geist der Heiligen Schrift sagte er: «Nähert man sich ihm, dann zeigt er sich sonder Größe. Dringt man tiefer, dann wird es gewaltig und erscheint als unschaubares Geheimnis.»

Augustinus mühte sich in verzweifeltem, in seelenquälendem, in marterndem und gnadenlos sich verzehrendem Nachdenken, die tiefsten Fragen über die Natur, über den Menschen, über das Dasein, über die Zeit, über den Raum zu ergründen. Er versuchte den ungelösten Zusammenhang von Zeit und Raum zu begreifen. «Weshalb sollten nicht die Bewegungen sämtlicher Körper die Zeiten ausmachen? Gesetzt zum Beispiel, die Himmelsleuchten hielten inne, während sich eines Töpfers Scheibe noch drehte, gäbe es dann keine Zeit, um diese Drehungen zu messen?» Und urplötzlich steht das drängende Suchen und Forschen riesenhaft in ihm auf: *«Ich will wissen, was die Zeit ist!»*

Wir sind im vierten Jahrhundert nach der Geburt Christi. Da ahnt Augustinus schon weit über ein Jahrtausend abendländischen Denkens voraus die schwierigsten Zusammenhänge der objektiven Zeit, des Zeitbewußtseins und der geheimnisvollen Zusammenhänge mit der Kosmologie, von der sich die Wissenschaft des 20. Jahrhunderts wichtige Ergebnisse für die «Zeit»-Erforschung verspricht. Über das Zeitbewußtsein im Menschen sagt Augustinus: «Es gibt weder eine Zukunft noch eine Vergangenheit. Man kann auch nicht behaupten, es gäbe die drei Zeiten, nämlich Vergangenheit, Gegenwart und Zukunft. Es gibt nur die Gegenwart des Vergangenen, die Gegenwart des Gegenwärtigen und die des Künftigen. Diese drei haben in der Seele ihr Sein. Woanders kann ich sie nicht sehen.»

Für alle Jahrhunderte, auch für die künftigen, gilt seine Mahnung an die Naturforscher: «Sie, die längst über eine bevorstehende Sonnenfinsternis Bescheid wissen, haben von ihrer eigenen Verfinsterung

keine Ahnung, die schon gegenwärtig über sie hereinbricht . . . Und sie schlachten nicht ihren Stolz, so wie man Vögel schlachtet.»
Versteht man das Wort dieses Weisen? Haben seine Gedanken noch Gültigkeit? Lebt er, der so viel über das Dasein und über die Ewigkeit nachdachte?
«Die Zeiten tun schon das Ihre. Nicht müßig schleppen sie sich dahin durch unsere Empfindungen. Eine wunderbare, eine seltsame Wirkung haben sie auf unseren Geist.»

Der letzte Ostgote und der letzte Römer: Theoderich und Boethius

«Glaubst du, deswegen nicht glücklich zu sein, weil dir verlorenging, was du früher für erfreulich hieltest, so darfst du dich deshalb noch lange nicht für unglücklich halten. Denn was dir jetzt leidvoll erscheint, das geht ja auch wieder vorüber. Oder bist du eben gerade jetzt auf die Bühne des Lebens getreten, ganz plötzlich und nur als Gast?» – Boethius, De consolatione philosophiae.

Theoderich der Große war der bedeutendste Herrscher der Goten. Er wurde im Jahre 454 als Sohn des ostgotischen Königs Teudemir und seiner Konkubine Erelieva in Pannonien geboren am Tage, an dem sein Vater die Hunnen schlug. Um dem Kaiser zu Byzanz die Treue seines Vaters zu garantieren, wurde Theoderich im Alter von sieben Jahren als Geisel an den Hof von Konstantinopel geschickt. Zehn Jahre lebte er dort und nahm geduldig das Weltgebäude der altklassischen Lehren in sich auf. So wurde dieser Germane ein an der Antike gründlich gebildeter Mensch, der doch sein Ostgotentum in sich bewahrte. Kaiser Leo, bei dem Theoderich aufgewachsen war, starb. Sein Nachfolger Zeno überschüttete den jungen Germanen, der nach seines Vaters Tod, schon zwanzigjährig, König wird, mit Reichtümern. Er adoptierte ihn sogar. Theoderich nahm das so hin. Er hatte die Listen, das Schwanken, die Schwächen des alten Weltreiches durchschaut. Warum sollte er nicht mit Hilfe seiner Ostgoten den Adoptivvater und Konstantinopel bedrohen? Auf Drohungen folgten Versöhnungen, auf Versöhnungen Geschenke von Ländereien an den jungen Theoderich. Als Kaiser Zeno in Kleinasien Krieg führen muß, setzt Theoderich für ihn sein Heer ein. Mit dem gotischen Heer reitet er als Triumphator durch die Tore Konstantinopels. Kurz darauf wird er wieder seinem Kaiser gefährlich. Zeno hat keine Wahl. Er sucht dem undurchschaubaren, äußerst gewandten und klugen jungen König einen neuen Köder hinzuwerfen: Rom. «Du sollst Italien befreien» – Kriege wurden schon damals unter dem Motto «Befreiung» geführt –, «und Italien gehört dir. Dort darfst du herrschen als Stellvertreter meiner Kaisermacht.» Die Politik der Caesaren, Germanen auf Germanen zu hetzen, wurde hier sehr zweckmäßig angewandt. In Italien regierte König Odoaker, geboren an der mittleren Donau, ein germanischer Heerführer aus dem Volk der Skiren.

Vierunddreißigjährig zieht Theoderich gegen Odoaker, um ihm Italien zu entreißen. Es war ein merkwürdiger Heereszug, der sich da um den Venezianischen Golf nach Süden bewegte, eine Völkerwanderung, angeführt von König Theoderich, mit Weibern, Kindern, Greisen, auf Karren, in langen Wagenzügen. Auch Viehherden und Viehtreiber gingen mit, ein Volk von rund 250000 Menschen! Nach wechselvollen Kämpfen schloß der Ostgote seinen Gegner zweieinhalb Jahre lang durch eine unbarmherzige Belagerung in Ravenna ein. Zweieinhalb Jahre steht das Feldlager des Theoderich vor der Stadt. Zweieinhalb Jahre Warten. Zweieinhalb Jahre Versorgung eines riesigen Heeres. Zweieinhalb Jahre lang tägliche Überraschungen, tägliche Zwischenfälle, aber immer Geduld. Theoderich sammelt eine Flotte. Erst als auch der Hafen der Festung versperrt ist, ergibt sich Ravenna, bezwungen vom Hunger.
Theoderich war damals noch großmütig und ohne Angst. Er schonte das Leben seines Gegners. Als er aber erfuhr, daß Odoaker heimlich auf Rache sann, lud ihn der Gotenkönig zum Festmahl ein. Solche Einladungen «aufrechter, edler Germanenfürsten» waren nicht ungefährlich. Man konnte ihnen aber auch nicht entgehen. Das hätte wie Angst ausgesehen, die noch gefährlicher war, oder wie Feigheit, und die war schimpflich. Plötzlich, während des Gastmahles, ließ Theoderich den Odoaker festhalten und ermordete ihn mit eigener Hand. Auch das ganze Gefolge des Odoaker wurde niedergemacht.
Jetzt war Theoderich Herr von ganz Italien mit Sizilien, Dalmatien, einem Teil Pannoniens, mit Inner-Norikum und Rätien. Er herrschte als König der Goten und als Stellvertreter des oströmischen Kaisers unabhängig über ein gewaltiges Gebiet.
Theoderich trägt vielleicht mit Recht den Namen «der Große», wenn auch auf dem Ende seines Lebens Enttäuschung, Bitterkeit, Ungerechtigkeiten und der Fluch unschuldig vergossenen Blutes lasten. Er war Arianer. Er hatte nicht den katholischen Glauben angenommen. Aber er glaubte an Gott. Er beobachtete das alte, müde, schwache Rom, das immer noch in seinen welken Heiligtümern saß. Er hatte so viele Schlachtfelder erlebt, so viel Blut gesehen, er wollte diese untergehende Hochkultur jetzt in Frieden verjüngen. Er wollte den Künsten neuen Auftrieb geben, den Wissenschaften neue Impulse, er wollte Talente fördern. Er wollte das Ungestüm seiner Goten bändigen. Er wollte die Römerin vor jeder Gewalttat schützen und verbot darum das, was das römische Recht ohnehin untersagte, Ehen zwischen Goten und römischen Frauen. Er war der erste germanische Fürst, der die Bedeutung der römischen Kultur überblickte, erkannte und sie verehrte. Er suchte ganz bewußt den Verfall der alten Lebensart aufzu-

halten. Theoderich umgab sich mit römischen Ratgebern, darunter Boethius und Cassiodor, sorgte für Sicherheit der Straßen, ließ Kanäle, Häfen, Wasserleitungen wiederherstellen und Sümpfe entwässern. Er milderte die Steuerlasten der Bevölkerung und förderte die Landwirtschaft so geschickt, daß Italien Getreide nicht mehr einzuführen brauchte, sondern exportieren konnte.
Seine dreiunddreißig Jahre währende Herrschaft war für die Goten wie für die Italiener eine Zeit des Wohlstandes und ununterbrochenen Friedens. Seit den Tagen der Antoninischen Kaiser hatten die Römer so ein Leben in Frieden und eine solche wirtschaftliche Blüte nicht mehr gekannt.
Es war der Lebenstraum des Christen Theoderich, eine Versöhnung, einen friedlichen Ausgleich zwischen Römern und Germanen herzustellen. Er träumte auch davon, seine Goten in die römische Kultur einzuordnen. Aber die nationalen und die religiösen Unterschiede der beiden Völker waren groß. Kein Italiener lernte Gotisch. Aber die Goten lernten Latein. Der römische Luxus, der römische Lebensstil lockte sie gewaltig, und doch widerstrebte ihnen die Romanisierung.
Trotz aller Vorteile, trotz aller Besserungen wollten und konnten die Römer die Herrschaft der neuen Herren, die sie im Herzen doch für Barbaren hielten, nicht ertragen.
Theoderich erkannte sehr früh, daß sein Volk in Italien in Gefahr kommen werde. Er sah, mit seinen nun alten Augen weit in die Zukunft blickend, das Scheitern all seiner Lebensideale voraus. Die kaiserliche Großmacht in Konstantinopel wurde im Jahre 519 plötzlich papstfreundlich. Die katholische italienische Geistlichkeit begann gegen den Arianer Theoderich zu konspirieren. Der Papst Johann, den Theoderich nach Konstantinopel entsandte, nahm eine feindselige Haltung ein. Auch die vornehmen Senatorenfamilien Roms wurden immer zurückhaltender. Noch versuchte Theoderich auszugleichen. Aber dann griff er kräftig zu. Als der Papst zurückkehrte, warf er ihn ins Gefängnis, wo Johann starb. Mißtrauisch geworden, schenkte er dem Denunzianten Cyprianus Glauben. Der hatte ihm zugeflüstert, auch Boethius lehne sich heimlich gegen seine Ordnung auf. Boethius mache den Versuch, so wurde ihm zugetragen, für Rom wieder Freiheit von der Gotenherrschaft zu gewinnen.
Boethius bekleidete eine hohe Position am Hof des Theoderich und hatte naturgemäß viele Neider. Er war reinen Herzens, er war nicht argwöhnisch, er war sehr gütig – darum mußte die Eifersucht um so sicherer siegen. Er wurde nach Pavia gebracht und dort in den Kerker geworfen. Man gab ihm keinerlei Gelegenheit, sich zu verteidigen. Sogar der römische Senat, den Boethius beim Kaiser stets ehrenhaft

unterstützt hatte, behielt jetzt taube Ohren für den unschuldig Verurteilten und bestätigte das Todesurteil. Der Senat fürchtete den Gotenkönig, er wollte ihm nach außen hin Loyalität bezeugen. Unter entsetzlichen Martern wurde Boethius hingerichtet.

Symmachus, ein hoher römischer Minister des Theoderich, hatte den Boethius in seinem Hause erzogen. Bei Symmachus erwarb der Philosoph seine Bildung. Die Tochter dieses frommen Christen wurde seine Frau. Zwei Jahre lang gelang es dem Symmachus, die Hinrichtung des Boethius aufzuschieben.

Angesichts des Todes, wenige Wochen ehe die Henker des Theoderich seinem Leben ein Ende machten, verfaßte Boethius sein berühmtestes Werk «De consolatione philosophiae». Diese Selbsttröstung eines Mannes, der schuldlos auf seine letzte Stunde wartete, ist ein Werk, das vielen Millionen bedrängter Herzen in allen Jahrhunderten Trost gespendet hat. Alles Kirchliche ist im «Trost der Philosophie» vermieden. Christus tritt nicht in Erscheinung. Der Mensch jedes Glaubens wird in seiner Herzensnot hier finden, was er sucht.

Die Philosophie tritt als Frau auf, ihr Gewand scheint rauchgeschwärzt, zerschlissen und in Fetzen gerissen – von unzähligen Menschenhänden, die es angetastet haben. Sie kommt aus alter Zeit und ist doch zugleich ewig jung.

Was die Philosophie sagt, hört sich wunderbar an. Es ist für den Leidenden Musik. Aber schweigt die Philosophie, «so wühlt tief in der Seele aufs neue der Schmerz».

Die Philosophie findet immer neue Argumente des Trostes. Kein Mensch ist mit seinem Schicksal einverstanden. Jedes Schicksal hat etwas in sich, das man nicht genau kennt, und es packt einen das Grauen, wenn man es plötzlich kennenlernt. Bei Menschen, die vom Glück begünstigt sind, braucht es gar nicht viel, und sie stürzen vom Gipfel ihres Glückes hinab. Nichts ist schrecklich. Schrecklich ist nur das, was man als schrecklich ansieht. «Weshalb», so fragt die Philosophie, «sucht ihr Menschen das Glück, das ihr in euch selbst habt, irgendwo draußen?»

In dem Dialog mit der Philosophie ist die Todesangst, die Todesnot des Boethius fast unhörbar. Dennoch ist die Consolatio der erschütternde Schrei eines Menschen aus dem Verlies, der umgebracht wird, ohne Gnade, ohne Recht, ohne Gericht, ohne Verteidigung, der unhörbare Schrei von Millionen Menschen aller Epochen, der Aufschrei gegen die maßlose Ungerechtigkeit und die Unterdrückung auf dieser Erde.

«An Stelle einer Belohnung für meine Verdienste muß ich Strafe für ein mir angedichtetes Verbrechen hinnehmen. Mich ereilt das Todes-

urteil, die Ächtung, aus einer Entfernung von fünfhundert Meilen, und ich darf kein Wort zu meiner Verteidigung vorbringen.»
Dies ist eine alte Regel der Weisheit: Wer im Unglück ist, muß nicht nach oben sehen. Es ist besser, er schaut nach unten und vergleicht sein Schicksal mit anderen Unglücklichen oder solchen, denen es noch schlimmer erging. Deshalb erinnert die Philosophie den Boethius an den Gifttod des Sokrates, an die erlittene Marter des Zenon, an Seneca, an Soranus. «Sie alle mußten fallen, weil sie sich als meine Schüler so ganz anders benahmen, als es ihre minderwertige Umgebung wollte.»
Auch der ehrliche Symmachus mußte sterben. Er wurde wie sein Schüler, sein Schützling und sein bester Freund, ohne Untersuchung, ohne Verteidigung hingerichtet. Die Hinrichtung des Symmachus soll den Tod des Theoderich beschleunigt haben, denn am Ende seines Lebens quälten den greisen Goten Gram und Gewissensbisse.
Der Palast des Theoderich in Ravenna ist in einigen Resten, so dem herrlichen Mosaikfußboden, erhalten. Sein mächtiges Grabmal hat den Jahrhunderten widerstanden. Es ist fast vollständig so zu sehen, wie der große König es bauen ließ.
Und wo liegt das Grab des Boethius? Er ist in der Kirche San Pietro in Cieldauro zu Pavia zur letzten Ruhe gebettet. Ganz nahe, als sei er im Tode dem Philosophen zugewandt, liegt die Gruft des heiligen Antonius. Dort, wo Boethius im Kerker seinen «Trost der Philosophie» schrieb, steht später das Haus, in dem Petrarca lebte.
Boethius war einer der letzten echten Römer. Er war zugleich der erste Scholastiker. Dieser Christ, der die platonisch-aristotelische Tradition zu einer klassisch-christlichen Gedankenwelt zusammenfügte, hinterließ seine Philosophie den jungen Völkern des Abendlandes, die das Griechische nicht kannten. Um seine versöhnende und erhabene Welt zu bauen, hatte er über Logik, über Musik, über Mathematik geschrieben. Sein Geist war überall lebendig. Man las seine Werke, man erklärte ihn zum Märtyrer und Heiligen.
Als er im Kerker die «Tröstung der Philosophie» niederschreibt, ist er ganz verloren in seinen Gedanken über die Vorsehung, über die Willensfreiheit, über das, was Gott sieht und weiß, über Glück und Unglück, über die Vernunft, über das Erkennen, über Sünde, Tugend, Wahrheit. Er schreibt. Sein Griffel bewegt sich über das zähe Pergament. Nur die Philosophie steht vor seinen Augen, nur Gott ist da und er selbst, ganz allein. Und die Gedanken sind da. Sie türmen sich zu Riesengebäuden. Bis in den Himmel wachsen sie. Und Chöre singen in nie gehörten Sprachen. Die Kerkermauern um ihn sind längst gefallen. Er fühlt sich mit seinen Eingebungen, mit seinen Visionen in

einem Rausch des Glückes. Er ist frei! Frei ist er, wie nie ein Mensch vor ihm.
Da knarren die Schlüssel. Da steht der Henker in der schweren Tür. Es ist ein jäher Sturz, ein schreckliches Erwachen. Aber aus dem Himmel, in dem sich Boethius noch eben befand, führen ja nur wenige Schritte bis zum letzten Augenblick. Dann beginnt die große, die ewige Stille.
Der medizinischen Wissenschaft in Verbindung mit der modernen Chemie und mit den physischen Erkenntnissen des 20. Jahrhunderts ist es zu danken, daß das Alter des Menschen heute höher ist als zu irgendeiner Zeit während seines Daseins auf Erden.
So leben wir lange.
So tragen wir alle diese Last, diese Lust und diese lang anhaltende Stillung unseres Erlebnishungers, diese Freude am Tag, das, was die Natur, die Erde und die Menschen geben, noch mit eigenen Augen zu sehen, bis zum langsamen Hinwegdämmern.
Aber die große Gnade, den Vorzug, als Märtyrer nur wenige Tage vor sich zu sehen, in diesen mit voller Kraft zu wirken, so daß alle späteren Generationen aufhorchen werden, dieser Augenblick, handeln zu dürfen für die Ewigkeit – das ist heute kaum noch einem Menschen vergönnt.

Ungestillt bleibt ewig die Liebe der Héloïse

«Gott ist mein Zeuge, ich habe je und je in Dir nur Dich gesucht, Dich schlechthin, nicht das Deine, nicht Hab und Gut. Ein festes Eheband, eine Morgengabe – habe ich je danach gefragt? Du bist mein Zeuge, nicht meine Lust, nicht mein Wille war je mein Ziel, nein, nur Deine volle Befriedigung. In dem Namen ‹Gattin› hören andere vielleicht das Hehre, das Dauernde. Mir war es immer der Inbegriff aller Süße, Deine Geliebte zu sein, ja – bitte zürne nicht – Deine Schlafbuhle, Deine Dirne.»
Aus dem zweiten Brief der Héloïse an Abélard.

Die westliche Welt hat ihren Glauben vom Morgenland empfangen. Fortdauernd floß ein kultureller Strom aus den unerschöpflichen Schätzen des Orients nach Europa, bis er in den letzten drei Jahrhunderten mehr und mehr versiegte. Wie eine Flut, vor der es kein Entrinnen gab, erhob sich der Islam, wogte durch Afrika, schlich hinüber über die Meerenge von Gibraltar.
Musa ben Noseir erfuhr durch seine Spione, daß Südspanien unermeßlich reich, aber schwach verteidigt sei. Er stellte sein Heer von 12000 Mann unter den Befehl von Tarik ibn Zaid und sandte ihn im Jahre 711 hinüber an jene Felsenfeste, die seither den Namen «Felsen des Tarik» trägt, «Jebel el-Tarik», abgewandelt in «Gibraltar». Er fand nur geringen Widerstand, denn König Roderich hatte keine nennenswerten Verteidigungsmaßnahmen getroffen. Auch hat die freigebige Natur Andalusiens auf die Bewohner dieser Gegend immer eigentümlich gewirkt. Sie waren zu großen künstlerischen Leistungen fähig, aber sie waren weniger wehrhaft. Das muß schon so in der Blütezeit der Stadt Tartessos gewesen sein, dem einstigen Atlantis. So war es in der karthagischen Epoche, und so war es in römischer Zeit.
Mit Hilfe gotischer Verbündeter verwüsteten die Araber ungehindert das südliche Andalusien. Roderich stellte ein Heer seiner Goten und ihrer spanischen Untertanen zusammen und suchte mit gepanzerter Reiterei die Araber an der Mündung des Salado zu schlagen. Aber durch Verrat unterlag das an sich überlegene Heer der Goten in der berühmten Schlacht bei Jerez de la Frontera. Die Goten mußten fliehen. Ihr König verschwand im Schlachtgetümmel und wurde nie wieder gesehen.

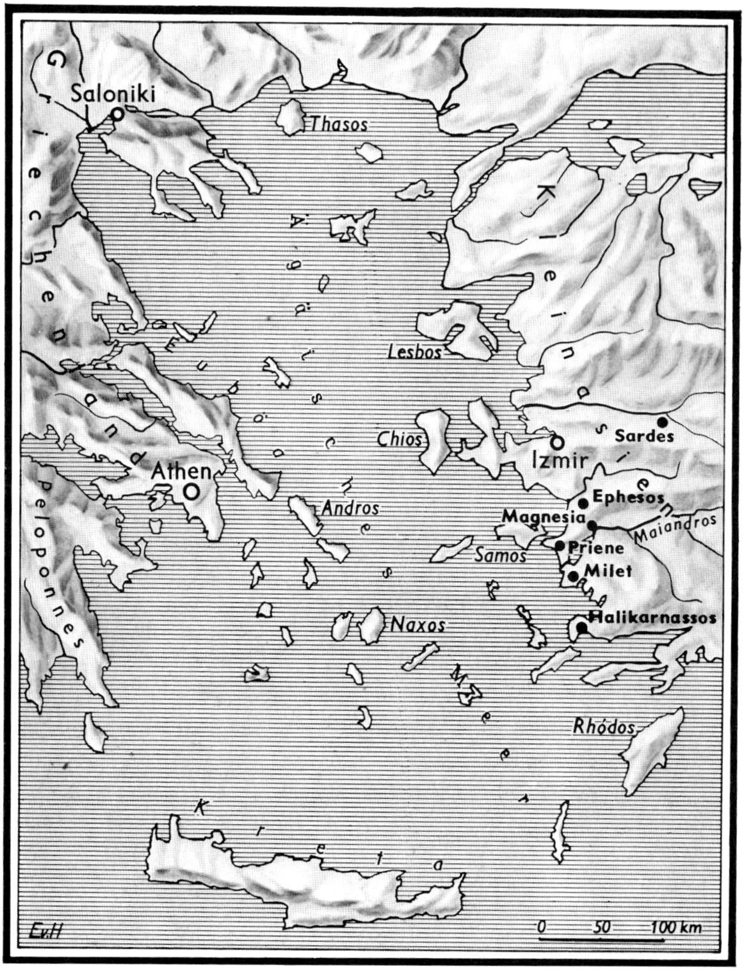

[17] Unter den Griechen waren die Ionier der genialste Stamm. Athen war das Zentrum der ionischen Kultur und sandte seinen geistigen Reichtum über die Inseln des Ägäischen Meeres zur Westküste Kleinasiens. Als Ionier betrachteten sich die Bewohner von zwölf kleinasiatischen Städten, darunter Milet, Ephesos und Priene. Hier, am Rande der heutigen Türkei, dichtete Homer, der ein Ionier war, hier wurde in Plastik, Architektur und Malerei Erstaunliches hervorgebracht, ein Strom von Wissen, neuen Gedanken und Erfindungen. Die Ionier schenkten dem Abendland Maße, Gewichte, Kalender, Geometrie, Astronomie, die Münze, die Begriffe «Theorie» und «Historie». Auch über die Karawanenstraßen Asiens gewannen die Ionier immer wieder neue Ideen, vor allem viele religiöse Vorstellungen des Orients, und gelangten damit zur «Ionischen Naturphilosophie».

[18 a] Todeinsam liegen die Trümer der Agora, des Marktplatzes von Milet, in der weiten Ebene. Hier traf ich keinen Menschen, hier gibt es kein Hotel und kein Restaurant. Einst auf einer Halbinsel im Ägäischen Meer gelegen, ist Milet durch die Anschwemmungen des Mäander versandet. Die Bevölkerung mußte schließlich die Stadt verlassen.

[18 b] Lange nach der großen Zeit von Milet, im zweiten und dritten Jahrhundert nach Christus, entstand dieses mächtige Theater der Römer auf kleinasiatischem Boden. 25 000 Menschen fanden hier Platz. Von der Höhe sah man über die Arena weg auf das Meer hinaus und bis zur Insel Samos.

[19 a] In den Trümmern des mächtigen Amphitheaters von Milet sah ich diesen Löwen. Beiderseits der Einfahrt in den wichtigsten Hafen von Milet standen mächtige Marmorlöwen. Milets Schiffe segelten aus dem «Löwenhafen» in die ganze Welt hinaus. Auch alle Münzen von Milet trugen einen Löwen.

[19 b] Der Flußgott des Mäander träumt vom Glanz der bedeutendsten Stadt, die Europa je in Asien erbaute.

[20/21] Der riesige heilige Bezirk auf Delos läßt noch in den Ruinen erkennen, welche Bedeutung die kleine Apollon-Insel während sieben vorchristlichen Jahrhunderten hatte. Delphi und Delos waren die wichtigsten Apollon-Kultstätten.

[22] Die Prozessionsstraße von Delos wurde von kolossalen Löwen bewacht, Pracht und Würde strenger archaischer Kunst. Aus Marmor von der Insel Naxos waren die Löwen gemeißelt, im 7. Jahrhundert vor Christus.

[23] So schöne Gewänder wußten die Griechen im vierten Jahrhundert vor Christus herzustellen. Diese Nike schien vom First des Artemis-Tempels zu Epidauros auf den Besucher herabzuschweben. Sie war im klassischen Griechenland die Göttin des Sieges und wurde seit archaischer Zeit verehrt.

[24 a] Dieser Apollon, jetzt in Istanbul, stammt aus Tralles, einer blühenden Stadt Kariens, Kleinasien. Das Motiv des erhobenen, auf den Kopf gelegten Armes geht auf eine Idee des Praxiteles zurück. Allerdings vermißt man die Zartheit der Marmorfiguren des Praxiteles in diesem überlebensgroßen hellenistischen Kopf aus dem 2. Jahrhundert vor Christus.

[24 b] Das ungewöhnlich schöne Haupt der Aphrodite aus dem 4. Jahrhundert vor Christus wurde in Athen gefunden und befindet sich jetzt im Museum of Fine Arts, Boston. Die zarte skizzenhafte Behandlung des parischen Marmors, der an manchen Stellen durchscheinend ist, die außerordentlich weichen Übergänge in den Augen lassen in dem Kopf ein Original der Schule des Praxiteles erkennen. Das Haar ist über dem Kopf geknotet.

[25] An diesen Säulen ist der Philosoph Diogenes oft vorbeigegangen. Sie gehörten zum Apollo-Tempel von Korinth. Das Heiligtum aus dem 6. Jahrhundert vor Christus ist eines der letzten dorischen Gebäude Griechenlands. Im Hintergrund «Akrokorinth», die Burg von Korinth.

[26] Dieser Mann war Philosoph wie Diogenes und lebte etwa zur gleichen Zeit. Er ist auf einem Grabrelief abgebildet und trauert um seine Frau. Die Inschrift über den Figuren verrät uns sogar die Namen. Er hieß Ktesileos und sie Theano. Das Grabrelief befindet sich im Nationalmuseum von Athen.

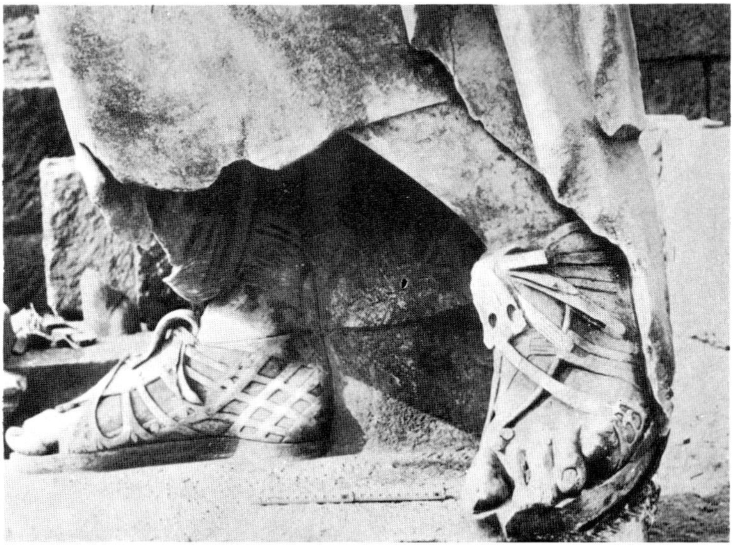

[27 a] Das Asklepieion ist zugleich Heiligtum und Heilstätte. Hier in Korinth lag es auf einer Terrasse und besaß mehrere Stockwerke. In der Mitte erkennt man die Grundmauern des Tempels. Die Anlage wurde im 4. Jahrhundert vor Christus erbaut und oft vom Philosophen Diogenes besucht.

[27 b] Das sind Sandalen, wie man sie 200 Jahre vor Christus in Griechenland trug. Typisch für die antiken Sandalen ist immer der Riemen zwischen der großen und zweiten Zehe, der an der Sohle befestigt ist. Das Photo zeigt den Ausschnitt einer hellenistischen Zeus-Statue vom Hera-Tempel zu Pergamon.

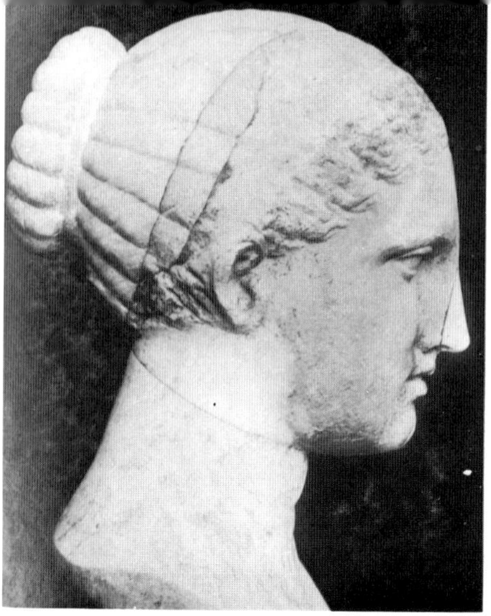

[28 a] So eine «Melonenfrisur» trugen junge Mädchen zu Lebzeiten des Diogenes. Der Kopf aus Marmor wurde 1792 in Ostia, der Hafenstadt von Rom, ausgegraben. Das griechische Original dieser römischen Kopie entstand um 340 vor Christus und wurde von einem Bildhauer erschaffen, der dem Kreis des Praxiteles angehörte.

[28 b] Aus dem 4. Jahrhundert vor Christus stammt diese Pantherin. Sie setzt zum Sprung an, weil sie ein attisches Grabmal schmückte und die Totenstätte schützte. Die Skulptur, deren Beine ergänzt sind, befindet sich in der Glyptothek München.

[29] Das ist die Marmorstraße von Ephesos, wohl die berühmteste Hauptstraße der Antike, jetzt in der heutigen Türkei, freigelegt unter Leitung des österreichischen Archäologen Franz Miltner. Homer, Paulus und Johannes wandelten auf dieser Straße.

[30 a] Als Paulus in Ephesos predigte, suchte der Silberschmied Demetrius Tausende von Menschen gegen ihn aufzuwiegeln. «Groß ist Diana von Ephesos», schrie die Menge im Theater. Und diese Steinmaske sah auf die Menge herab.

[30 b] Die Göttin Artemis thronte im berühmtesten Heiligtum der Antike. Sie war die Göttin der Natur, der Fruchtbarkeit, der Keuschheit, Beschützerin wilder Tiere, aber auch der Seeleute. Der Tempel der Artemis war eines der sieben Weltwunder und wurde in der Nacht der Geburt Alexanders des Großen von dem halb wahnsinnigen Herostratos angezündet.

[31] Rechts in der Ferne erkennt man die Säulen der Johannes-Basilika zu Ephesos. Links daneben die Zinnen einer byzantinischen Burgruine.

[30 c] Der Diana-Tempel von Ephesos, an der Küste Kleinasiens. Die Rekonstruktion gibt ein recht getreues Bild der erhabenen Schönheit des einstigen größten Tempels am Mittelmeer.

[32 a] Unter dem Haus der Maria floß eine Quelle. Hier ist sie von einem alten Gemäuer eingefaßt. Christen wie Mohammedaner pilgern hierher, um von diesem Wasser zu trinken.

[32 b] Vierzehn Kilometer von Ephesos entfernt, auf dem Bergmassiv Bülbüldag, liegt 550 Meter über dem Meeresspiegel eine einzigartige Gegend, Panaghia Capouli. Hier verbrachte die Jungfrau Maria die letzten Jahre ihres irdischen Lebens. Über ihrem Haus, dessen Grundmauern aus dem ersten Jahrhundert stammen, wurde eine kleine Kapelle errichtet. Im Raum rechts pflegte Maria zu ruhen. Die Tradition, daß Maria ihre letzten Jahre in Ephesos verbrachte, ist von der Wissenschaft bestätigt worden.

Spanien war nach der Eroberung durch die Muselmanen der am weitesten vorgeschobene Teil des islamischen Weltreiches. Aus dem Völkergemisch der Araber und Spanier bildete sich allmählich das Volk der Mauren.
Europa ist trotz des Arabereinfalls in Spanien nicht islamisch geworden. Der Westen wurde nicht korangläubig. Er ist in den Augen der Mohammedaner «polytheistisch» geblieben, da Mohammed in der christlichen Dreieinigkeit drei Gottheiten sah, Gottvater, Christus und Maria. Pippin und Karl Martell dämmten die Araberflut und retteten das abendländische Christentum für Europa. Karl der Große nahm den Kampf gegen das arabische Spanien auf und gründete nach verschiedenen Rückschlägen die bis zum Ebro reichende Spanische Mark.
Es vergehen nur wenige Jahrhunderte. Dann erfolgt ein in der Geschichte einzigartiger Gegenstoß von Westen nach Osten. Seit dem Marsch Alexanders nach Indien hatte das Abendland keine so romantischen Unternehmungen wie die Kreuzzüge erlebt.
In der Gesamtidee dieser ersten großen Massenbewegung Europas verbinden sich viele Einzelgedanken, Sehnsüchte, Ziele. Es ist da der Wunsch, das Leben durch eine Pilgerfahrt zu krönen, es liegt darin die Vorstellung vom «gottgewollten Kampf gegen die Heiden», das Phantasiebild einer Art Auferstehung der heiligen Stätten, die Aufgabe, das Heilige Grab zu beschützen, es spielen ritterliche, mönchisch-asketische Ideale hinein sowie politische, kulturelle und wirtschaftliche Interessen.
Woran krankten die Kreuzzüge?
Ihnen fehlte vor allem ein Alexander. Die Kreuzfahrer waren zersplittert. Sie waren wundergläubig. Sie begnügten sich mit einigen Reliquien. Von Kreuzzug zu Kreuzzug minderten sich die Ideale. Dafür brach nach und nach rohe Beutegier durch. Die Menschen so verschiedener Sprachen hatten nicht gelernt, sich zu vertragen. Die verschiedenen Nationalcharaktere – der Geruch ihrer verschiedenen Speisen, die verschieden klingenden Kommandos – wurden in der Fremde zur großen Gefahr. Der Glaube war ihnen gemeinsam, aber sie wurden sich auch ihrer feindlichen Seelen bewußt. «Junker Habenichts» und ein «Fürst Johann ohne Land» – das gab es erst nach den Kreuzzügen. Ohne genügend Mittel, ohne Feldherrengenie, ohne wohlgeordneten Nachschub zogen die Kreuzfahrer, Träumer und reine Toren, gen Osten. Auch wußten sie nicht, daß es kein schwierigeres Unterfangen gibt, als die Welt zu verändern. Daran hat sich bis heute nichts geändert. Nur suchen die modernen «Kreuzfahrer» nicht die *Ungläubigen* zu bekehren, sondern die *Gläubigen* – und nicht in den dürren Wüsten Syriens, sondern vom Schreibtisch aus, was bequemer und

gemütlicher ist – und haben genausowenig Erfolg wie die 200 Jahre währenden Unternehmungen der Kreuzfahrer vom Ende des 11. bis zum Ende des 13. Jahrhunderts. Den Kreuzfahrern des Mittelalters mangelte es an Realismus, den modernen Kreuzfahrern an Phantasie.
Aber gerade die Phantasie, die Begeisterung, die alles überwältigende Sehnsucht nach den Stätten, wo Christus leibhaftig lehrte und litt, der mehr göttliche als menschliche Auftrag, das unwägbare Gefühl, über sich hinauswachsen zu müssen, geben den Kreuzzügen kulturgeschichtlich allergrößte Bedeutung.
Politisch und militärisch hatten alle sechs Kreuzzüge sehr geringe oder gar keine Bedeutung. Sie alle – bis auf den ersten – sind mehr oder weniger kläglich gescheitert, und auf die islamische Welt haben diese Heilsunternehmungen Europas – bis auf den heutigen Tag! – einen ungünstigen Eindruck hinterlassen.
Geistesgeschichtlich waren die Kreuzzüge ein Weltereignis wie der Auszug der Juden aus Ägypten, die Perserkriege, die Eroberung Roms, die Reformation und die Französische Revolution. Denn die großen Kriege, die wir unter dem Namen Kreuzzüge zusammenfassen, bilden eine neue Epoche in dem Leben der europäischen Menschheit. In den zweihundert Jahren der Kreuzzüge wurde dem Abendland zum erstenmal die Einheit gegenüber dem Orient ins Bewußtsein gerufen. Diese Erkenntnis, dieses Bewußtsein, dieses neue Gefühl dem Osten gegenüber – das machte den Begriff Abendland erst möglich. Jacob Burckhardt sagt: *«Seitdem sind wir im Okzident.»*
Das Mittelalter ist eine schwer zu verstehende und selten verstandene Epoche. Es ist nicht leicht, sich in das Lebensgefühl der Menschen dieses Zeitalters hineinzudenken. Noch war der Buchdruck nicht erfunden. Die handschriftlichen Chroniken erzählen uns mehr von Tatsachen, von Begebenheiten, von historischen Ereignissen als von dem *Weltgefühl* dieser Zeit. Wer sich in diese Chroniken vertieft, wird wenigstens das erste Drittel des Mittelalters, wahrscheinlich aber die ganze Epoche doch als «dunkel» und «finster» und «unglücklich« ansehen. Das 20. Jahrhundert ist von der Auffassung des «finsteren Mittelalters» abgekommen. Es liegt zum Teil daran, daß uns mehr das Edle und Schöne in Erinnerung geblieben ist, Rittertum, Minnedienst, Gotik, weniger aber die düstere Seite, die Angst, die Not, das sehr harte Strafrecht, die ständige Bedrohung, die Pest.
Niemand kündet so rein vom Weltgefühl des Mittelalters wie der berühmte scholastische Denker Abélard.
Die Leidensgeschichte des Pierre Abélard und der schönen Héloïse wurde in der Zeit niedergeschrieben, die wir das Hochmittelalter nennen, die Kulturepoche, die von 962 bis 1250 datiert wird. Sie hätte

sich – und das ist das Wunderbare – auch in keiner anderen Zeit des abendländischen Lebens ereignen können. Wann je vorher oder nachher hat es so viel Leidenschaft, so viel hingebendes Verlangen, solchen Wagemut, verbunden mit so viel Demut, und gleichzeitig solche himmelhohe Erhebung, solche Vergeistigung einer Liebe gegeben? Wir begegnen ähnlichem nur einmal, zweihundert Jahre später bei Dante. Doch da wirkt noch derselbe, der mittelalterliche Geist mit, und die Liebe stürzt nicht über ihn und Beatrice von Anfang an mit jener Urgewalt, mit jenem Furioso und Crescendo. Beatrice bleibt schattenhaft, ungreifbar, passiv.

Abélard wurde 1079 in der Bretagne geboren, in Palais bei Nantes. Er studierte Philosophie bei Roscelin und Guillaume de Champeaux in Loches und Paris und begann seine ehrgeizige Lehrtätigkeit schon als sehr junger Mann in Melun und Corbeil. Bald wurde er Lehrer der Philosophie und Theologie an der Notre-Dame zu Paris. Der dortige Kanoniker Fulbert vertraute ihm die Erziehung seiner hochbegabten Nichte Héloïse an.

Das geschah keineswegs aus Zufall. Der junge Abélard machte geschickt einige Schachzüge, um es zu diesem Privatunterricht kommen zu lassen. Er war ein ganz ungewöhnlich fesselnder, umfassend gebildeter und interessanter Lehrer. Seine Schule erfreute sich gewaltigen Zustroms. Vor allem war er außerordentlich beliebt bei seinen Schülern, sie sprachen von ihm wie von einem Heiligen, sein Ruhm strahlte weit über das Land.

Héloïse war, wie Abélard schreibt, «eine anmutige Erscheinung, ohne damit aufzufallen». Sie war intelligent, gebildet – was man von den meisten Mädchen im Hochmittelalter nicht behaupten konnte –, und sie war an dem Wissen und den Kenntnissen ihres Lehrers sehr interessiert. Was einen Mann zur Liebe zu verlocken vermag, sah Abélard in ihr vereint. Er selber, hoch berühmt, jung, von blendendem Aussehen, fürchtete keinen Augenblick, daß das junge Mädchen ihn abweisen würde. Mehr noch, er konnte auf einen leichten Sieg rechnen, eben weil Héloïse geistig interessiert war und weil sie wissenschaftliche Bildung zu schätzen wußte.

Abélard leitete die Annäherung an Héloïse, einen persönlichen und möglichst dauerhaften Kontakt, damit ein, daß er sehr enge Freunde von Héloïses Onkel bat, ihn als Hauslehrer zu empfehlen. Das gefiel Fulbert sehr gut. Er ließ den jungen Abélard ganz bei sich wohnen, gab die Ausbildung der Héloïse in Abélards Hand und bat ihn, seine Nichte zu unterrichten, wenn immer nur die Vorlesungen ihm dazu Zeit ließen, bei Tage, bei Nacht, wann es ihm passe. Und wenn er den Eindruck habe, sein Zögling sei faul, so solle er das Mädchen ohne

Gnade verprügeln. Fulbert ahnte keinen Augenblick, daß er sein Lamm einem heißhungrigen Wolf in die Obhut gab. «Das hieß doch», sagte Abélard, «mir die Gelegenheit förmlich aufzudrängen, durch Drohungen und durch Schläge nachzuhelfen, wenn meine feinen Verführungskünste nicht verfingen.» Auch meint Abélard, der gute Ruf seiner eigenen sittlichen Lebensführung sei damals schon überholt gewesen.

Die Unterrichtsstunden wurden zu Liebesstunden. Es gab mehr Küsse als lehrreiche Gedanken; statt in den Textbüchern zu lesen, lasen Abélard und Héloïse gegenseitig in ihren Augen. Die Prügel, die Abélard dem Mädchen gab, erklärt er damit, daß er das Lehrer-und-Schülerin-Verhältnis drastisch vortäuschen wollte. Aber wir müssen diese Begründung anzweifeln, denn Héloïse schätzte die Schläge sehr. Alle Stufen des Liebens, alle Reize, alle Erfinderlust wurden in der Studierstube durchkostet.

Der junge Lehrer begann seine Studenten zu vernachlässigen. Nachts die Liebe, tags der zermürbende Beruf – seine Vorlesungen wurden gleichförmig und spannungslos. Die Studenten stimmte das alles sehr traurig. Sie jammerten und klagten. Sie hatten sogar erraten, was Abélard so sehr beschäftigte. Nur der Onkel blieb ahnungslos. Er verließ sich auf den guten Ruf des frommen Lehrers.

Als ihm aber schließlich die Augen aufgingen, waren Überraschung, Scham und Pein auf allen Seiten groß. Die Liebenden wurden sofort getrennt. Zu spät – Héloïse erwartete ein Kind. Man beschloß also zu fliehen.

Nun sehen wir, wie der temperamentvolle Lehrer seine «Schülerin» aus dem Haus des Oheims entführt, wie er sie zu seiner Schwester in die Bretagne bringt, wie Fulbert, halb wahnsinnig vor Verzweiflung und Wut, auf Rache sinnt.

Héloïse bringt einen Knaben zur Welt. Abélard bietet dem Onkel Sühne für sein Vergehen an. Er verspricht die Eheschließung mit der Nichte.

Die Leidensgeschichte erreicht damit einen einzigartigen Höhepunkt. Etwas Neues, Unerwartetes tritt ein. Die Liebe, die nur die Studierstube sah, die auf die bürgerliche Verurteilung stößt, erreicht ganz andere Regionen – durch Héloïse. Abélard fährt in die Bretagne, um seine Geliebte zu holen und sie in Paris zu heiraten. Sie willigt nicht ein, wie alle Mädchen der Welt es tun würden. Sie will seine Freundin, seine Geliebte, «seine Buhle» bleiben. Sie beschwört die Apostel, die Kirchenväter, sie zitiert Cicero, den heiligen Augustinus und den heiligen Hieronymus, sie breitet einen ganzen Himmel von Argumenten vor Abélard aus. Die Philosophie vertrage sich nicht mit dem Eheleben.

Er dürfe sich nicht nur *einem* Menschen widmen, obendrein einem Weib. Er könne sich nicht in schimpfliche Knechtschaft verkaufen. Sie werde nur ein Klotz an seinem Bein sein. Ihre Eheschließung werde geringe Achtung finden. Studenten und Zofen, Schreibstube und Kinderstube, Spinnrad und Bücher, Griffel und Spindel – das passe alles nicht zueinander. Wenn die weltliche Liebe Anforderungen an ihn stelle, so solle er sie beiseite schieben.

Was Héloïse wirklich ersehnt, was sie will, wonach sie mit allen ihren Sinnen strebt, ist eine vollkommene körperliche wie geistige Liebe, Liebe, die nicht vom Ermatten der Leidenschaften im Eheleben bedroht ist, nicht vom Bürgerklatsch, nicht von dem Auseinanderklaffen der Welt der Philosophie und Gelehrsamkeit und der Welt des häuslichen Lebens mit Kindern. Sie ist kein Gretchen, das am Kinde zugrunde gehen muß, kein Wunschbild wie Julia, deren Liebe den Tod selbst enthält, sie ist weit davon entfernt, darüber nachzudenken, daß sie verführt wurde. Aus eigenem Entschluß, ganz frei, unter Kenntnis aller Folgen, wählt sie dieses Schicksal, Geliebte zu sein und nicht Gattin.

Abélard entschließt sich zu einem Mittelweg. Die Trauung soll vollzogen werden, aber man wird sie verheimlichen. Fulbert ist mit dieser Geheimhaltung einverstanden. Aber nach der Eheschließung gibt Fulbert überall das Ereignis bekannt. Héloïse leistet tausend Eide, Fulbert sei ein ausgemachter Lügner. Der Oheim straft sie durch maßlose Züchtigungen.

Um das Mädchen der Erregung und dem Zorn des Fulbert zu entziehen, bringt Abélard seine Héloïse in das Kloster von Argenteuil. Sie wird hier Laienschwester. Fulbert sieht darin einen ungeheuerlichen Betrug. Er meint, Abélard wolle Héloïse «abschieben». Er besticht den Diener des Gelehrten, überfällt Abélard nachts mit einigen rohen Gesellen und läßt ihn mit blutiger Gewalt entmannen.

Abélard geht in die Abtei von St-Denis. Héloïse ersehnt nun den Schleier im Kloster von Argenteuil. Alle Welt warnt das junge Mädchen, sie werde das schwere klösterliche Leben nicht ertragen können. Aber sie tritt entschlossen vor den Altar, nimmt schnell den vom Bischof geweihten Schleier und legt vor der versammelten Klostergemeinde das Gelübde ab.

Nun erst beginnt ihr eigentliches Leiden. In ihren Briefen nennt sie Abélard «Einziggeliebter». «Ich habe in dieser Welt nur einen Trost – Dich!» Alle anderen Freuden an ihm sind ihr versagt. Sie darf nicht einmal einen Besuch von ihm erhoffen. «Gott, wie grausam bist du zu mir! Barmherzigkeit, wie unbarmherzig bist du! Glück, wie unglücklich machst du mich!» Ein Pfeil, so schreibt sie, würde an ihr den Fleck nicht finden, der noch ohne Wunde sei. Héloïse, hinter ihren Klostermauern, ist eine lodernde, eine glühende, sich verzehrende Flamme. Sie ist die «Ärmste der Armen», die «Unglücklichste der Unglücklichen». Ihr Weinen um die Liebe, um den Geliebten, den sie nie mehr sehen darf, ist unstillbar. «Du hattest mich hochgehoben. Du hast mich über alle Frauen zu Ehren gebracht. Und so hoch ich gestiegen, so tief bin ich gestürzt, gestürzt an dir und an mir zugleich.»

Abélard geht auf alle diese Seelenschmerzen, diese Herzensnot, diese unauslöschbare Liebe nur mit kühlem Verstande ein. Er setzt sie zurecht, er ermahnt sie, er sucht diesen Vulkan mit aller Beredsamkeit zum Erlöschen zu bringen. Er zitiert die Gedanken des Origines: «Grab fleißig dein Land um, schaff den Schmutz hinaus, rotte des Geistes Trägheit aus, brich des Herzens Überschwang.» Er rät ihr, Klagelieder anzustimmen, aber nicht über ihren Verführer, sondern ihren Erretter und Erlöser.

Der Briefwechsel zwischen Abélard und Héloïse ist *ihre* Leidensgeschichte, nicht seine. Er findet sich kühl zurecht im Auf und Ab der Ereignisse, im Hin und Her seines Schicksals, im klösterlichen Leben, im Unterricht seiner Studenten, in der Niederschrift seiner philosophischen Werke. Sie bleibt allein, erschreckend allein, eine klaffende Wunde ohne Arzt noch Hilfe. Es gibt in der langen Geschichte der Liebenden keine tragischere Gestalt als die der Héloïse.

Während seines ganzen stürmischen Lebens wurde Abélard immer wieder das Ziel scharfer Angriffe. Die Mönche von St-Gildas wollten ihn sogar ermorden. Gegen seine theologischen Lehren wandte sich Bernhard von Clairvaux. Dann wieder verdammen ihn die Synode von Sens und der Papst. Er wollte sich zu Rom rechtfertigen. Aber auf dem Wege dorthin überredete ihn Peter von Cluny, sich dem Urteil zu beugen und mit Bernhard Frieden zu schließen. In Cluny fand er Ruhe, Besinnung, Anerkennung, ebenso im Priorat St-Marcel in der Nähe von Chalon-sur-Saône. Hier starb er am 21. April 1142. Auf der Höhe seines Lebens hatte man ihm gestattet, die Gemeinde von Paraclete zu gründen, in der Gegend von Nogent-sur-Seine, die später der Héloïse und ihren Nonnen gegeben wurde.

Der Briefwechsel des Abélard mit Héloïse – das sind zwei gewaltig aufragende Bäume, die sich am Boden umschlingen, aber nie wieder berühren, wenn sie auch in den Himmel reichen. Diese Briefe sind *eine* Gedankenwelt und doch zwei gewaltige Ströme hingebender Frauenliebe und inständigen christlichen Rates, ein großes Gotteswerk voll vergeblichen, verzweifelten Flehens.

Er erscheint erhaben, er ist sich seiner ungewöhnlichen Fähigkeiten, das klösterliche Leben der Nonnen zu regeln, zu fördern, sie zu trösten, sie vor zu großen körperlichen Schwierigkeiten zu bewahren, bewußt. Ihre Briefe haben das gleiche hohe geistige Niveau. Aber aus ihnen geht eine eigentümliche, unnachahmliche, verliebte Demut hervor, ein Hunger nach Liebe, der ungestillt noch alle Jahrtausende erschüttern wird.

Judenverfolgungen

«Die blinde Leidenschaft, mit der man sich seiner Partei, seinem Herrn oder auch seiner eigenen Sache hingab, war zum Teil auch Ausdruck jenes unbeugsamen, steinharten Rechtsgefühls, das dem mittelalterlichen Menschen eigen war, Ausdruck der unerschütterlichen Überzeugung, daß jede Tat ihre letzte Vergeltung erfordert. Das Gerechtigkeitsgefühl war noch zu drei Vierteln heidnisch. Es war Rachebedürfnis.» – Johan Huizinga, Herbst des Mittelalters, Kap. I.

Das ganze Leben im Mittelalter spielte sich unter dem Geläut der Glocken ab. Freude, Trauer, Feste, Brände, oft sogar Zweikämpfe – alles war vom Singen der Glocken begleitet. Und die Glocken waren bekannt wie nahe Verwandte, man kannte ihre Stimme, man gab ihnen Namen. Die Zeit war erregend. Die Menschen lebten fast dauernd in Hochstimmung. Der Alltag war keineswegs nur stilles Idyll, wie man zu glauben meint, wenn man heute durch mittelalterliche Städte geht. Wir machen uns kaum eine Vorstellung davon, bis zu welchem Grad die Sinne der Menschen durch die modernen Massenverbreitungsmittel Presse, Funk und Fernsehen abgestumpft sind. Schon der Buchdruck wirkte in dieser Richtung.

Im Mittelalter waren Weinen und Wehklagen, Jubeln und Singen, waren ekstatische Ausbrüche aller Art, überschwengliche Versöhnungen, unerbittliche Feindschaften, öffentliche Kniefälle, Küssen des Saumes von Kleidern an der Tagesordnung. Man lebte ungeheuer intensiv. Die Stimmungen wurden erhöht durch glanzvolle Prozessionen, farbenprächtige fürstliche Einzüge, durch ständige Hinrichtungen – der Zirkus und das Brot der Massen.

In dieser Zeit warfen sich Büßende angesichts großer Menschenmengen auf den Boden. In dieser Zeit schrien Verurteilte ihre Sünden vor den Hinrichtungen ins Volk. In dieser Zeit wurden Wanderprediger von ihren Anhängern schon vor den Städten erwartet und feierlich eingeholt. Man lag vor ihnen auf dem Boden oder auf den Knien, man weinte, man betete. Man erwartete ständig das Jüngste Gericht. Man lebte in der Furcht vor Höllenstrafen. Man fastete aus Kummer oder Leid tage- und wochenlang. Die Ergriffenheit, die überströmenden Tränen, die Seufzer, das Schluchzen, dieses ganze Pathos des mittelalterlichen Lebens müssen wir uns vorstellen, um jene außerordentliche Zeit zu begreifen.

Die Wundertäter und Wanderprediger spielten deswegen eine so große

Rolle, weil ja das gesprochene Wort eine ganz andere Bedeutung hatte als heute. Wenn Radio und Fernsehen den ganzen Tag lang reden und musizieren, stumpfen die Sinne gegen das Wort ab. Und wenn die Zeitungen Seiten um Seiten verschwenden, um das dünne Wasser der unwesentlichsten Dinge des Alltags durch Schlagzeilen zum Kochen zu bringen, wenn dazu die Werbetrommeln, die Lichtreklamen, dieser ganze Orkan aufreizender Wirkungen auf den Menschen einstürmen, dann ist eine ganz andere Seelenlage da, die das Mittelalter in unendliche Ferne als eine sehr fremde Welt rückt.
Bruder Richard, der später Jeanne d'Arc als Beichtvater bis zum Tod begleiten durfte, predigte 1429 zu Paris zehn Tage lang hintereinander. Er begann stets morgens gegen fünf Uhr und endete gegen elf Uhr nachts. Als Tribüne wählte er einen Friedhof, so daß die Beinhäuser seine Kulisse bildeten. Ein Chronist berichtet, daß die großen und kleinen Leute bei seinen Predigten «erbärmlich und aus Herzensgrund weinten», als würden ihre nächsten Freunde zu Grabe getragen.
Wanderprediger dienten dem Volk auch als Schiedsrichter. Sie boten sich Streitenden an und schlossen außergerichtliche Vergleiche. Sie führten Versöhnungen herbei, was sehr wichtig war in einer Zeit zahlloser Fehden, der ständigen Zwiste und der endlosen Ketten gegenseitiger Ermordungen. Sie verurteilten Prunk- und Putzsucht. In Paris, im Artois und an vielen anderen Orten Europas türmten sich «Scheiterhaufen der Eitelkeit», auf denen Schmuck, Putz, feine Kleider und alle möglichen Luxusgegenstände den Flammen übergeben wurden.
Von den Königshäusern ging außerordentlicher Glanz aus. Reichstage, Krönungen und andere Hoffeste waren die Anlässe, bei denen die höfisch-ritterliche Gesellschaft sich in der ganzen Fülle ihrer Pracht sehen lassen konnte. Es wurden bei diesen Gelegenheiten Unsummen von Geld ausgegeben. Als Friedrich Rotbart seinem Sohn, König Heinrich, den Ritterschlag erteilen wollte, schrieb er für Pfingsten 1182 einen Reichstag zu Mainz aus. Die gesamte hohe Aristokratie Deutschlands erschien, wetteifernd im Prunk, im Aufwand, in Eleganz und Augenlust. Allein der Erzbischof von Köln nahm zu diesem Fest ein Gefolge von 4000 Geharnischten mit.
Auf einem Reichstag im Jahre 1397 versammelten sich in Frankfurt 32 Herzöge und Fürsten, 200 Grafen und Freiherrn, 1300 Ritter, 4000 Edelknechte. Die Gelder, die so eine Reichstagsfahrt und noch mehr so ein Reichstagsempfang erforderten, kann man sich vorstellen, wenn man noch weiß, daß während der ganzen Dauer der Versammlung für jedermann freie Tafel gehalten wurde. Die im Jahre 1418 gefeierte Hochzeit des Herzogs Georg in Bayern mit der polnischen Prinzessin

Hedwig kostete 55766 Gulden, nach dem Kaufwert einer Summe von vielen Millionen heutigen Geldes vergleichbar.
Zum Zeitvertreib und zur Ertüchtigung trugen die Fürsten Kampfspiele aus. Die beliebteste Kampfart war das Lanzenrennen zu Pferde. Beim «Schimpfrennen» wurden scharfe Waffen benutzt, wobei meist Blut floß. Bei einem 1241 zu Neuß gehaltenen Turnier blieben sechzig Ritter tot auf dem Platz!
Für den «Turnier-Dank» wurden mit dem sich steigernden Luxus immer kostspieligere Geschenke ersonnen. Goldene Ketten, silberne Kränze, edle Waffen, Stickereien, Rosse, auch goldene Blätter. Als die Stadtjunker von Magdeburg zu Pfingsten 1229 die patrizischen Herren der umliegenden Städte feierlich eingeladen hatten, wurde als Turnier-Dank ein schönes Mädchen verschenkt. Sie hieß Sophia, und die Chronik schreibt von ihr, sie sei ein «gelüstiges Fräulein» gewesen. Ein Kaufherr aus Goslar gewann die Sophia und verhalf ihr zu einer Aussteuer und «ehrlichen Heirat».
Ritterliche Tugend bedeutete für die Franzosen «courtoisie», für die Deutschen «Höfischkeit». Das, was wir uns als wahres Rittertum vorstellen, Rechtsgefühl und Humanität, kam jedoch in Deutschland immer mehr ins Schwinden, so daß Jean Froissart die deutschen Ritter «plump, ungeschlacht, roh, fühllos, hart und habsüchtig» nennt. Nach dem Tode Kaiser Friedrichs II. verwilderte die deutsche Kultur außerordentlich. Der Ruf der deutschen Ritterschaft sank von Stufe zu Stufe. Der Adel verarmte durch kostspielige Turniere, Reichsversammlungen, Feste aller Art, Speise und Trank, teure Hausgeräte, Kleidung, Dienerschaft und Pferde. Ritter wurden zu Wegelagerern, ein wildes Räuberleben herrschte auf manchen Burgen.
Zu diesem Elend brach eine Katastrophe ohnegleichen über Europa herein, die aus dem Orient in den Westen eingeschleppte Pest. Durch den Schwarzen Tod, der im vierzehnten Jahrhundert das Abendland erzittern ließ, wurden Städte und blühende Ortschaften entvölkert. Hunderttausende von Menschen starben. Die engsten Familienbande lösten sich. Die ritterliche Poesie verfiel. Statt höfischer Spiele, statt Freude und feiner Rede, statt Musik und Liederstreit suchte man in ungeheuerlichen Saufgelagen Vergessen zu finden. Unflätige Gespräche, unsaubere Possen, ruinierende Spielwut, stupides Raufboldwesen traten an die Stelle des alten ritterlichen Zweikampfes.
Drohend aus der Ferne ahnte man das Herannahen des höllischen Strafgerichtes. Die Kasteiung des Fleisches durch Geißelung, wie sie vor allem die Bettelorden übten, wurde ein beliebtes Mittel zur Tilgung der Sünden. In Italien erschienen im Jahre 1260 lange Züge von Büßenden, nackt bis zum Gürtel, die mit verhüllten Häuptern, me-

lancholische Bußpsalmen singend, sich bis aufs Blut geißelten. Dieser Flagellantismus im großen, diese «Geißelfahrten» erklären sich aus der damaligen Stimmung, der schwermütig-religiösen Aufregung, die solche wilde Askese hervorbrachte. In Deutschland kamen die Geißelfahrten erst mit dem Schwarzen Tod so recht in Gang. Als die Minoriten ihre Toten zählten, stellten sie die Summe von 124434 fest, was beweist, wie gewaltig damals die Zahl der Mönche überhaupt war. Lange Schlangen Tanzender, ekstatische Reigen, zuchtlos entblößt, in Krämpfen von Wollust und Schmerz, wanden sich durch die Gassen der Stadt.

Solch ein Fanatismus führte auch zum Wiederaufleben der grausamen Judenschlächtereien, die schon im sechsten Jahrhundert durch den Pöbel von Rom und Ravenna aufkamen. Die Leidensgeschichte der mittelalterlichen Juden haftet wie ein mahnendes Blutmal an Frankreich, England und ganz besonders an Deutschland. Im Jahre 1242 wurde in Paris der Talmud verbrannt. 1306 wurden sämtliche Juden ausgewiesen, 1315 zurückgerufen und 1394, bis auf die Juden der Provence, Avignons und der Dauphiné, von neuem des Landes verwiesen. Auch in England waren die Juden, vor allem unter Richard Löwenherz, der sie vergeblich zu schützen suchte, grausamen Verfolgungen ausgesetzt. 1290 wurden sie ausgewiesen. Erst unter der Regierung Cromwells, der die Juden als Gottesvolk ansah, wurde ihnen wieder die Niederlassung gestattet.

Man sah in den Juden nicht nur die Nachkommen der Verfolger Christi, so borniert und barbarisch dieser Gedanke auch erscheint, man sah in ihnen auch willkommene Opfer für jede Erpressung und für jeden nur möglichen Raub. Juden durften nicht Grundbesitzer, nicht Handwerker sein. Da alles Handwerk im Mittelalter in Zünften zusammengefaßt war und ein Nichtchrist nicht Mitglied einer Zunft sein konnte, war es den Juden unmöglich, irgendein Handwerk zu betreiben. Neue Waren durften sie nicht herstellen, also suchten sie gebrauchte anzukaufen und wieder zu verkaufen. Auch lag der Geldverleih, den das kirchliche Zinsverbot den Christen untersagte, in ihren Händen. Dauernde Unterdrückung und Verfolgung schufen ein jüdisches Proletariat, das zum Not- und Trödelhandel greifen mußte. Die «typisch jüdischen» Betätigungen wie auch das «Trödeljudentum» waren nicht von den Juden selbst gewählt, sondern hart erzwungen. Dafür nahmen sie aber, durch Weltkenntnis, Sprachbegabung und Intelligenz begünstigt, Zuflucht zu den Naturwissenschaften und zur Medizin. Sie errangen besonders als Ärzte große Bedeutung. Kaiser, Könige, Fürsten und Prälaten hielten sich jüdische Leibärzte. Wir wissen dies sogar von Päpsten. Die Stadt Frankfurt am Main stellte im

vierzehnten und im fünfzehnten Jahrhundert jüdische Mediziner als Stadtärzte an. Es werden in dieser Zeit zu Frankfurt auch jüdische Ärztinnen erwähnt, so im Jahre 1428 die Jüdin Zerline als Augenärztin. Um 1420 hatte der Bischof von Würzburg die Jüdin Sarah als Ärztin in seinem Sprengel patentiert.
Gleichzeitig zwangen Kaiser, Könige und Fürsten bei allen möglichen Anlässen die «Jüdischheit», eine «Ehrung zu spenden». Das hieß nichts anderes, als daß sie den dritten Teil ihres gesamten Vermögens abgeben mußten. In Deutschland erklärte das Reichsoberhaupt die Schuldbriefe, die Juden von Fürsten, Reichsstädten und Abteien besaßen, bei jeder passenden Gelegenheit für «todt und ab». Der völlig unfähige deutsche König Wenzel, der aus Jähzorn den Prager Generalvikar Johannes von Pomuk hatte foltern und in der Moldau ertränken lassen, praktizierte diese bequeme Schuldtilgung in größtem Stil.
Als gewandte, intelligente Kaufleute mit oft weitreichenden Verbindungen waren die Juden den Herrschenden sehr willkommen. Im Jahre 1179 wurden sie als «zur kaiserlichen Kammer gehörig» erklärt und damit «Eigentum der Kaiser», die sie ausliehen, abtraten oder verkauften. Aber man behielt sie auch gern, da ihre Rechtlosigkeit, unbeschränkte Besteuerungsfähigkeit und durch strenge Vorschriften eingeschränkte Bewegungsfreiheit sie zu einer stets ergiebigen Finanzquelle machten.
Der Kreuzzugseifer des dreizehnten Jahrhunderts sah in den Juden «Feinde unseres Herrn Jesus Christus». Und es trat der unterste Bodensatz der Leidenschaften zutage, der den Juden alle möglichen finsteren Verbrechen in die Schuhe schob, so die alte Mär, die Juden bedürften zur Begehung ihrer Osterfeier des Blutes von Christenkindern und suchten daher die notwendigen Opfer zu ermorden. Es scheint diese wahnwitzige Geschichte zum erstenmal um 1171 zu Blois in Frankreich aufgebracht worden zu sein. Aber Deutschland wollte sich seinen Anteil an einer solchen frommen Errungenschaft nicht entgehen lassen. Die Folter lieferte zahllose «Schuldige» an den Scharfrichter. Überall hielt der grausame Volkswahn auch hartnäckig an dem Märchen der von Juden betriebenen «Hostienmarter» fest. In Franken sammelte 1298 «der Edle von Rindfleisch ein groß Volk von Juden» und erschlug zu Würzburg und Nürnberg Tausende von ihnen, «darum sie große Bosheit getrieben mit unseres Herrn Leichnam». Die Zahl der Juden, die dem Hostienmarter-Lügenmärchen zum Opfer fielen, war kolossal, da die mythenbildende Volksphantasie in den unräsonablen deutschen Landen wilde Wellen schlug und die habsüchtige Raubgier und Geschäftemacherei der Henker und ihrer Verbündeten diese Anschuldigungen eifrig schürten.

In dieser Massenraserei, die Schrecken, Elend und Tod verbreitete, kam die Bestie im Menschen so recht zum Vorschein. Es entstand der Mythos von den «Pestmachern» und «Brunnenvergiftern», und es wurden Tausende von schuldlosen Juden hingeschlachtet. Wir lesen in der Limburger Chronik über den Schwarzen Tod, daß niemand die Ursache solchen Sterbens kenne. «Da erhub sich gegen die Juden der Verdacht, daß sie sollten die Brunnen vergiftet haben.» Das war die Losung. Mit Wut und Fanatismus stürzte sich die Menge überall auf die angeblichen Brunnenvergifter. Daß sich einige mutige Stimmen wie die des Jakob Twinger von Königshofen oder Peter Schwarber aus Straßburg gegen diese ungeheuren Verleumdungen erhoben, ist wahr. Sie konnten aber gegen die sogenannte «Volkswut» nichts ausrichten. Twinger schreibt 1386 in seiner Elsässischen und Straßburger Chronik etwas außerordentlich Interessantes. Er berichtet, daß bei dem großen Sterben die Juden verleumdet wurden in allen Landen, daß man ihnen nachsagte, sie hätten Gift in Wasser und Brunnen getan, und daß sie daher verbrannt wurden, *«außer zu Avignon, denn da beschirmte sie der Papst»*. Die päpstliche Kurie war damals wie immer wieder in der Geschichte gegen die sinnlose Verfolgung der Juden. Aber die Raserei des Volkes hatte ein solches Maß erreicht, daß der Papst nur innerhalb der Mauern seiner Residenz wirksamen Schutz gewähren konnte.
Überall mußten die Brunnenvergifter brennen. In der Stadt Rothenburg ob der Tauber wurde noch nach Jahrhunderten am 27. August ein Volksfest gefeiert, der sogenannte «Schäfereibruderschafts-Tag», zum Andenken an die «Errettung der Stadt von jüdischer Vergiftung». Ein «sonst einfältiger» Schäfer erklärte dem Magistrat, er habe zugeschaut, wie einige Juden den Brunnen am oberen Galgentürlein vergifteten. Er habe darauf die *in hebräischer Sprache* geführte Unterredung der Rabbiner aufmerksam belauscht, was bei der Einfalt des Schäfers immerhin eine erstaunliche Leistung war. Sofort wurde den Stadtbewohnern untersagt, Wasser aus dem Brunnen zu holen. Und es wurde gegen die in Rothenburg und der Umgegend ansässigen Juden «peinlich verfahren». «Viele wurden massakriert, viele haben die Flucht ergriffen, und viele sind ins Gefängnis geworfen worden, welche ihren wohlverdienten Lohn empfangen haben, wie denn Anno 1393 die letzten vollends alle verbrannt worden und die Stadt von den Juden geräumt», so heißt es in der zeitgenössischen Chronik. In allen Städten am Rhein, aber auch noch in Mittel- und Norddeutschland, loderten und qualmten in den Jahren 1348 bis 1400 riesige Scheiterhaufen. Jeder Ort wollte sein «Judenbrennen» haben. In Basel, so erzählt der Chronist Wurstisen, wurden die Juden nach Weihnachten 1348 «in

ein hölzin Häuflein zusammengestoßen» und mußten jämmerlich im Rauch ersticken. In Freiburg wurden 1349 am Tag der Lichtmesse alle Juden verbrannt. Im gleichen Jahre verbrannte man auf dem Straßburger Friedhof in einem hölzernen Gerüst 2000 Juden. Beweismittel war immer die Folter, die nicht nur die verlangten, sondern noch viele andere Geständnisse erwirkte.
Wohl nie haben Menschen der Raserei mit größerem Heldenmut widerstanden als die Juden in den großen Verfolgungen des 14. Jahrhunderts. Denn es ist eine Tatsache, daß sie mit ganz wenigen Ausnahmen ablehnten, durch Abschwören ihres Glaubens ihr Leben, ihre Familie und ihre Habe zu retten. In Konstanz hatte sich 1349 ein Jude aus Furcht taufen lassen. Aber es packte ihn so große Reue und Scham, daß er sich mit den Seinigen im Hause einschloß, es anzündete und aus den Flammen herausschrie, er wolle als Jude sterben. Mütter, denen man angesichts der Scheiterhaufen, auf welchen ihre Gatten brannten, die Kinder entreißen wollte, um sie zu taufen, preßten sie an sich und stürzten sich mit ihnen in die Feuer. In Eßlingen versammelte sich die ganze dortige Judenschaft in der Synagoge, zündete sie an und starb freiwillig in den Flammen. Dasselbe geschah in Speyer und Worms. In Frankfurt schlossen sich 6000 Juden in einer Gasse ein, steckten die Häuser in Brand und erlitten so den Tod.
Wie alles in Deutschland, im Guten wie im Bösen, gründlich und methodisch betrieben wird – und weil das Büttelspielen damals schon so beliebt war wie heute das Polizeispielen gar nicht dazu Beauftragter bei jeder Gelegenheit –, entflammten Haß und Rache gegen die «Brunnenvergifter» nirgends so heftig wie gerade in Mitteleuropa. Daß dieser Makel, dieses Kainszeichen des Mittelalters, auch späterhin schwere Folgen gebären mußte, hat das 20. Jahrhundert bewiesen. Es ist ein Geheimnis und eine Wahrheit der Geschichte der Menschheit, daß unschuldig vergossenes Blut nicht ruht und zum Verderben derer, die Schuld auf sich geladen haben, nach neuem und immer neuem Blut ruft.
In den Ländern, in deren Schulen maßlos gesteigerter Wert auf die exakten Wissenschaften gelegt und die moralische wie die kulturelle Erziehung vernachlässigt wird, muß es notwendigerweise immer wieder eines Tages zu blindwütigen, vernichtenden Volksausbrüchen kommen. In vielen Ländern Europas, und besonders in den neuen, sich modern gebenden Staaten des Orients und Afrikas, die viel mehr der moralischen Bildung ermangeln als des Brotes, soll die sogenannte «staatspolitische Erziehung» in den Schulen einen gewissen Vorrang einnehmen, weil man glaubt, damit dem «Fortschritt» und dem «sozialen Bewußtsein» zu dienen.

So kommt es dazu, daß Millionen von jungen Menschen aufwachsen, denen schon in der Schule beigebracht wird, daß sie «mitreden» müssen, daß sie *«auch etwas zu sagen haben»* – nur wissen sie nicht, *was*! Das Allerwichtigste für Europa wäre, diesem «was» eine Richtung zu geben, also eine Charaktererziehung einzuleiten, in der die Forderungen von Fairneß, Anständigkeit, Menschenfreundlichkeit, Liebenswürdigkeit, Höflichkeit und Nächstenliebe an allererster Stelle stehen.

Das Liebesideal des unerfüllten Verlangens

«Nach der Theorie der höfischen Minne wird der edle Liebhaber durch seine Liebe tugendsam und rein. Das geistige Element nimmt in der Lyrik immer mehr überhand. Schließlich ist die Wirkung der Liebe ein Zustand heiliger Erkenntnis und Frömmigkeit.» – Johan Huizinga, Herbst des Mittelalters, Kap. VIII.

Das Mittelalter hatte keineswegs nur düstere Seiten. Es war auch die Epoche der ritterlichen Poesie, der Romantik, des Minnedienstes und der gotischen Kunst. Frankreich, die eigentliche Bildungsstätte des Rittertums, war das Land jener Finder und Erfinder der Kunst, die man «art de trobar» nannte, also der Troubadoure. Die ganze Provence hallte wider von ritterlichen Liedern, von Abendständchen, Schäferweisen, von Legenden und Novellen, von Leid und Lust und der Verherrlichung der Geliebten. Frankreich wurde der Mittelpunkt der romantischen Poesie, der Ritterepopöe, diesem Kind der Kreuzzüge. Die provençalischen Troubadoure entwickelten eine umfangreiche Symbolik und Wissenschaft der Liebe. Aus Südfrankreich drang die methodische Galanterie, der systematische Frauendienst, nach Norden.
Aus dem kulturellen und gesellschaftlichen Leben der südfranzösischen Höfe, aus dem geistigen Erbe der Christianisierung und aus Einflüssen von jenseits der Pyrenäen, besonders der arabischen Dichtung, entstand diese erste große Blüte weltlicher romanischer Lyrik. Sie hat inhaltlich wie formal auf die Dichtung ganz Europas eingewirkt. Sie hat auch weitgehenden Einfluß auf die Vorstellungen des Abendlandes von Frauenverehrung, Höflichkeit und Ritterlichkeit ausgeübt. Ihr Einfluß reicht bis in die Erziehung unserer Tage, bis in die von allen erwarteten Formen des Benehmens innerhalb der Gesellschaft. Wir finden noch heute einen sehr realen Niederschlag der ritterlichen Frauenverehrung im amerikanischen «Western», in dem sich männliche Stärke und Unerschrockenheit – bis zum Ausmaß der Karikatur – der stillen Gewalt weiblicher Schönheit, Anmut und Schwäche beugt. Die gesamte europäische Literatur des 19. Jahrhunderts steht unter dem Einfluß des einmal im Mittelalter geprägten Ideals.

Auch die asketische Seite der Liebe, ihre Stilisierung, das Spiel der vielen Regeln und die tausend Tabus – sie wurden in den kommenden Jahrhunderten der europäischen Kultur fort und fort übernommen und erschienen in immer neuen Spielarten.

Die nicht in Erfüllung gehende Liebe, der Sehnsuchtsschmerz, der Zustand der Unbefriedigtheit als andauerndes Leid, die große Leidenschaft, erhöht durch die Unterlassung der endlichen Befriedigung, die Ars amandi des Geistes – sie bildeten den Grundakkord der höfischen Minne des Troubadours. Das erotische Verlangen ohne Erfüllung war das riesige Gedankenreich, in dem nun alle Arten von Dichtung und Prosa neu erblühen konnten. Das Mittelalter hat vom 12. bis zum 14. Jahrhundert seine höchsten unsterblichen Leistungen aus diesem einmaligen und in dieser subtilen Form nie wiedergewonnenen Weltgefühl errungen: aus dem Gefühl der engsten Verbundenheit aller weltlichen Leistungen mit dem Ideal der Frauenliebe.

Wilhelm IX., Graf von Poitou, war der erste «Troubadour», der bekannt und berühmt wurde. Er besaß mit Westfrankreich von der Loire bis zu den Pyrenäen mehr Land und Macht als selbst der König, dessen Vasall er war. Er dichtete etwas leichtfertige Minnelieder in schlichten Versen, aber glühender Sprache.

Das Herz des Troubadours Rudel de Blaye entbrannte «wie eine Sonnenblume» in Liebe für seine ferne Schöne.

Gascon Marcabrun behauptete von sich, er habe nie eine Dame geliebt, und das Herz keiner einzigen hätte je ihm gehört. Einige seiner Lieder sind von geradezu wilder Schönheit.

Eleonore de Poitou heiratete 1137 den König Ludwig VII. von Frankreich, später nach ihrer Scheidung Heinrich II. von England. An ihrem Hof erlangte Bernard de Ventadour durch seine Troubadourlieder Berühmtheit. Er hatte, wie schon sein Vater, als Küchenjunge beim Grafen Eble von Ventadour gedient und liebte dessen schöne Frau, seit sie Kinder waren. Als Eble das Liebesspiel erkannte, verjagte er Bernard aus Ventadour. Bernard aber fand Schutz am glänzenden Hof von Eleonore de Poitou.

Ein böses Ende nahm die Liebe des Troubadours Wilhelm von Cabestanh. Er liebte Seremonda, die so anmutig war, wie ihr Name klingt. Der eifersüchtige Gatte der Seremonda, Raymund von Castel-Roussillon, tötete den Troubadour, schnitt ihm das Herz aus der Brust und ließ es, sehr fein zubereitet, der ungetreuen Seremonda servieren. Nach der Mahlzeit sagte er ihr, was sie verspeist hatte, worauf sich Seremonda aus dem Fenster stürzte und starb.

Guiraut Riquier, der letzte der Troubadoure, lebte bis zum Jahre 1294. Er selbst empfand, daß die kurze, aber große Zeit der Troubadourlieder zu Ende war. Sie hatte nur knappe zweihundert Jahre die Höfe des Mittelalters verzaubert. «Gesang sollte Freude sein, aber mich bedrückt Leid. Zu spät bin ich auf diese Welt gekommen!» So sang der letzte Troubadour.

Bis zu ihrer Verheiratung wurden die Mädchen des Mittelalters in strenger Zucht gehalten, oft in klösterlicher Klausur. Deshalb wählten die Ritter meist eine «Herrin», die schon verheiratet war. Die Regeln des Minnedienstes verlangten, daß der Ritter harte Proben durchmachen mußte, ehe er von der angebeteten Dame als Liebhaber anerkannt wurde. Je mehr die Eitelkeit zunahm, um so höher stiegen die Ansprüche der Burgfräulein und Burgdamen, und manche verlangten von ihren Bewerbern geradezu unglaubliche Mutproben. Der Launenhaftigkeit der Frauen entsprach die Hingebung und Phantasie der Ritter. Der provençalische Troubadour Peire Vidal suchte seiner Geliebten, die Loba de Penautier hieß, dadurch zu gefallen, daß er sich in ein Wolfsfell einnähen ließ, weil Loba «Wölfin» bedeutet. Auf allen vieren kroch er heulend in den Bergen umher, bis ihn Schäferhunde jämmerlich zurichteten.

Man erkennt, daß Cervantes mit seinem Don Quichotte sich von der Wahrheit gar nicht weit entfernt hatte. Nur ist bei ihm der Spaß hoch ins Geniale getrieben, wir werden noch sehen, auf welche Weise.

Das Fürstenleben strahlte in einer Aura von Leidenschaften, von Launen, von phantasievollen Eingebungen, von mächtigen Gefolgen, von Pomp und glanzvollen Jagden. Das Volk liebte das alles, bewunderte es und nahm gefühlsmäßig an diesem Rausch des Schaugepränges, des Ruhms, des glitzernden Hofstaates und der echten oder falschen «Holdseligkeit» Anteil. Was immer wirkte und immer wirkt, ist der Schein, und so übt der Glanz der «Großen» seit jeher und zu allen Zeiten eine magische Anziehungskraft aus und ruft Bewunderung hervor, es muß nur der Abstand der Bewundernden von der Person, die ihren Beifall findet, groß genug sein. Die echte Begabung, das bedeutende Können, das Talent, der scharf denkende eigenwillige Kopf, das Genie – sie alle stoßen immer nur auf Neid, auf Eifersucht und Haß, und viele dieser besten Köpfe der Weltgeschichte sind unter dem Schwert oder den Schneiden der Guillotine gefallen.

Die größte Untugend, das geradezu epochebestimmende Laster der mittelalterlichen Fürsten, waren der Hochmut und das Machtgefühl. Im 20. Jahrhundert ist dieser Charakterfehler scheinbar zurückgegangen, da er sich geschickt tarnen läßt und im Grau der modernen Zivilisation nicht so offensichtlich ist. Dafür gibt es heute einen Ersatz, der ganz ungewöhnliche Formen angenommen hat. Es ist die rücksichtslose und unersättliche Habgier. Ein Vergleich der beiden fällt zugunsten des Mittelalters aus, denn die Habgier hat nichts Bewundernswertes an sich, sie kann nur Abscheu erregen, während Hochmut und Machtgefühl in der Geschichte zuweilen eine gewisse Strahlkraft ausübten und immer noch gewisse romantische Vorstellungen erwekken. All das läßt sich nur in großen Zügen feststellen, denn das Rittertum sank ja später zu Raub und Überfall und Mord herab.

Seit aber die provençalischen Troubadoure ihre Sehnsucht, ihr ungestilltes Hoffen, ihr Herzeleid in die Welt gerufen hatten, gab es im Abendland etwas völlig Neues: das Liebesideal des unerfüllten Verlangens. Es mußte ein Genie geboren werden, das diesem Ideal den höchsten Ausdruck verlieh. Und dieses Genie hieß Dante.

Dante und das Mädchen aus Florenz

«Als einziger unter allen Dichtern hat Dante die Welt des Unbeseelten und des Beseelten geschildert, nicht indem er den Standpunkt des Zuschauers einnahm, sondern den des Schöpfers.» – Paul Claudel über Dante. Kritische Schriften, Heidelberg 1958.

Als der Poet Giovanni da Prato sich endlich mit seiner Geliebten, der schönen Michela Raffacanti, im Schlafzimmer eingeschlossen hatte, fiel sein Blick auf ein Buch. Er begann darin zu blättern, dann zu lesen und kam von dem Buch nicht mehr los. Er war gerade «in der Vorhölle», da rannte die ungeduldige Geliebte davon. Da Prato lebte um 1350. Was er gelesen hatte, waren die ersten drei Gesänge der Göttlichen Komödie von Dante.
Wer war der Mann, der die Geschichte der visionären Wanderung durch die drei Reiche des Jenseits schrieb? Wer war der Mann, der dieses Buch verfaßte, das in alle lebenden Sprachen der Welt übersetzt wurde, aber auch ins Lateinische und Griechische und neben der Bibel die höchste Auflageziffer in der gesamten Weltliteratur erreichte? Wer schrieb diese gewaltige Dichtung, diese grandiose Urkunde der jenseitigen Welt, diesen heiligen Gesang?
Dante Alighieri wurde im Jahre 1265 geboren. Er selbst nannte gern Florenz als seinen Geburtsort, immer wieder und absichtlich, weil er mit einer unbesiegbaren und wehmütigen Liebe an seiner Heimat hing, mit der gekränkten Treue der Verbannten. Als den Geburtstag Dantes feiern die Italiener den 14. Mai. Aber wie so vieles im Leben dieses unsterblichen Dichters steht auch der Tag seiner Geburt nicht genau fest. Dantes Geburtshaus oder vielleicht das Wohnhaus seiner Eltern wird den Fremden in Florenz gezeigt. Aber der Nachweis, daß es sich wirklich um das Geburtshaus des Dichters handelt, wurde nicht erbracht. Von den Eltern wissen wir fast nichts. Boccaccio, der Dichter des Decamerone, meint wohl mit Recht, der Vater sei mehr durch seinen Nachkommen als durch sich selbst berühmt geworden. Arm war die Familie Alighieri nicht. Sie besaß Häuser, Grundstücke, Weingärten. Aber Dante lebte nie in guten Vermögensverhältnissen. Wir wissen von einer hohen Schuld, die er zwischen 1297 und 1300 auf sich nahm, wir wissen aber nicht, wie er diese Summe verwendete. Die Geizigen und Habsüchtigen tadelte er sein Leben lang, wohl deswegen, weil er selbst keinerlei Neigung noch Talent zum Geldverdienen oder Sammeln von Reichtümern besaß.

Man kann nicht einmal mehr ermitteln, wo Dante gelernt hat. Latein beherrschte er vollkommen und betrachtete diese Sprache als die vornehmste unter allen des Abendlandes. Er kannte auch die provençalische und altfranzösische Sprache, er hatte Dialektik und Rhetorik studiert, und doch gibt es Anzeichen dafür, daß Dante bis zu seinem fünfundzwanzigsten Lebensjahr keine höhere Schule besucht hat. Er rechnet sich selbst zu denen, die «nicht am Tisch der Wissenschaft» sitzen. Eine Universität gab es damals in Florenz noch nicht. Aber sicher fand er schließlich den Weg zu den Hochschulen von Padua, von Bologna und sogar Paris.

Er war ein begabter Architekt oder hatte doch Erfahrung im Bauen, denn er wurde von der Stadt Florenz mit der Aufsicht über Bauarbeiten beauftragt. Er ließ sich auch als Apotheker nieder und besaß medizinische Kenntnisse. Im Exil verdiente er sich seinen Unterhalt immer wieder als Arzt. Er war ein begabter Zeichner. Er hatte Freude und Interesse an Musik und Gesang. Er spielte Schach.

Als Dante sein zwölftes Lebensjahr noch nicht erreicht hatte, wurde er mit Gemma, der Tochter des Ritters Manetto dei Donati, verlobt. Seine Braut lag noch in der Wiege. Dantes Vater hatte den Ehevertrag kurz vor seinem Tode geschlossen. Ob diese Ehe später glücklich oder unglücklich war, wissen wir nicht. Dante hat darüber, wie überhaupt über sein Familienleben, nichts hinterlassen. Sein Schweigen wurde für die Gemma ungünstig ausgelegt. Ja, sie ist von manchen Autoren als eine Xanthippe geschildert worden, weil der Dichter sie in Florenz zurückließ, als er die Stadt verlassen mußte. Aber er hatte gute Gründe, seine Familie nicht mit in die Verbannung zu nehmen, denn Gemma konnte so in Florenz das wenige zusammenhalten, was ihr geblieben war, und sich außerdem auf ihre mächtigen Familienbeziehungen stützen. Er aber ging ins Ungewisse. Nie erlosch seine Sehnsucht nach der Heimkehr, ein Verlangen, das eine Xanthippe im Hause wohl kaum ausgelöst hätte. Dante selbst war sicherlich kein «guter Ehegatte» und Gemma keine bedeutende Persönlichkeit. Sie konnte auf das geistige Schaffen des Mannes keinen tiefen Einfluß nehmen. Sein ungewöhnliches Genie, all sein Streben und Wirken machten ihn für häusliches Leben und eheliches Glück sicherlich nicht sehr geeignet. Boccaccio meint von solchen Gelehrten, sie sollten gar nicht heiraten, sondern sich mit ihrer Wissenschaft vergnügen, «die doch die beste unter allen Bräuten ist».

Wie viele Kinder Dante hatte, weiß man nicht, vielleicht waren es sieben. Der Sohn Pietro ließ sich in Verona als Anwalt nieder und hinterließ Gedichte, die beweisen, daß das poetische Talent des Vaters *nicht* auf ihn übergegangen war. In Venedig sollen noch Nachkommen dieses Pietro leben. Ein anderer Sohn, Jacopo, ist der Verfasser eines lateinischen Kommentars zur ganzen Commedia und eines italienischen zum Inferno. Seine Nachkommenschaft erlosch 1430. Eine Tochter hieß wohl Antonia, eine zweite Beatrice. Beatrice wurde Nonne im Kloster San Stefano dell'Uliva zu Ravenna.

Dante nahm am politischen Leben seiner Heimatstadt sehr aktiv teil. Er kämpfte in der für Florenz siegreichen Schlacht gegen die Stadt Arezzo. Er bekleidete verschiedene Ämter im Rat und in Gesandtschaften. Für die Unabhängigkeit von Florenz und gegen die Einmischungsversuche des Papstes setzte sich der Dichter mit so großer Entschlossenheit ein, daß er zuerst aus Florenz verbannt und bald darauf zum Tode verurteilt wurde. Das Urteil hielten die Florentiner noch neun Jahre später trotz einer allgemeinen Amnestie weiter in Kraft. Es wurde sogar dreizehn Jahre später noch einmal wiederholt.

Wie zu allen Zeiten bei politischen Urteilen hatten die Anklagepunkte gar nichts mit den wahren Hintergründen der Verbannung und des Todesurteils zu tun. Man warf Dante Betrug vor, ungerechtfertigten Gewinn, Erpressungen, Bestechlichkeit, zu hohe Einnahmen, Feindseligkeit gegen den Papst. Nur der letzte Anklagepunkt entsprach der Wahrheit. Rechtzeitig gewarnt, war Dante mit anderen Angeklagten geflohen. Sollte er sich je auf florentinischem Gebiet sehen lassen, so drohte ihm jetzt der Tod auf dem Scheiterhaufen.

Es ist ein immer wiederkehrendes Zeichen außergewöhnlicher Genies, daß sie gerade ihrer Ideale wegen vom Vaterland verbannt, verurteilt oder hingerichtet werden. So ging es Kimon von Athen, so Themistokles, so Sokrates, so Ovid, so Cicero, so Columbus, so Kopernikus. Die Anerkennung, die Dante bei seinen Landsleuten fand, erschöpfte sich in dem Satz: «Er soll verbrannt und umgebracht werden.» Im 17. Gesang des Paradiso dichtet der Poet: «Also wirst du Florenz verlassen müssen, verlassen wirst du all die lieben Dinge, erfahren wirst du, wie gesalzen schmeckt das fremde Brot und wie so herb der Pfad, den man auf fremden Stiegen steigt. Die ganz undankbar dich, ganz toll und gottlos anfeinden – bald werden sie blutrote Schläfen tragen.» Mit der Waffe seiner gewaltigen Poesie trat er seinen Gegnern entgegen und bestrafte sie gleich für alle Ewigkeit, indem er sie in die geeigneten Höllen verbannte. Von den 79 Personen, die er, mit Namen bezeichnet oder sonst erkennbar, in seine Hölle schickt, sind 32 Florentiner, elf sonstige Toskaner. Im Purgatorio befinden sich vier seiner Mitbürger und elf aus der heimischen Landschaft. In das Paradies aber läßt er nur zwei Florentiner hinein.

Dante mußte nun sein Leben lang wandern, nach Verona, wo er sich unter den Schutz des Alberto della Scala stellte, dann nach Bologna, nach Padua. Wir treffen ihn in der Lunigiana bei dem Marchese Malaspini, dann in Forlì, schließlich in Paris. Er macht Reisen nach Flandern und wohl auch nach England. Er zieht dem deutschen Kaiser Heinrich VII. entgegen, von dem er die Begründung einer Idealweltherrschaft erwartet. Er lebt in Lucca und verbringt die letzten Jahre seines Lebens in Ravenna als Gast des Herrschers Guido Novello da Polenta.

Diese Wanderungen in der Fremde, dieses Hin und Her ohne Ruhe, vertieften seinen Schmerz, ließen ihn aber zugleich seine Umwelt und seine Zeit besser erkennen, als wenn er nur ein angesehener Bürger von Florenz geblieben wäre. Auch die Qual der Verbannung, seine tragischen Erlebnisse machten ihn groß, ja gewaltig und fähig, als Seher durch die Jahrhunderte zu eilen; sie gaben ihm Kraft, in die düsteren Bereiche des Jenseits und in den Glanz des Paradieses zu schauen.

Auf der Via Dante in Ravenna wird noch heute das Haus gezeigt, das durch seine Inschrift als die einstige Wohnung des Dichters kenntlich gemacht ist. Die Inschrift besagt nicht viel, weil zur Ermittlung der wirklichen Wohnung des Dante in Ravenna jeder Anhaltspunkt fehlt.

Am Kreuzerhöhungsfest des Jahres 1321 starb das gewaltige Genie zweier sich ablösender Epochen im 56. Lebensjahr. Sein Grabmal wurde von Lombardi gemeißelt, mit dem Brustbild des Dichters in istrischem Marmor. Eine Zeitlang kümmerte man sich wenig um die Gruft, ja, es wurde den Ordensoberen um 1620 geraten, keiner der Brüder solle sich am Eingang dieser Totenstätte aufhalten. Dem Kardinal-Legaten Gonzaga erschien jedoch 1780 das Grab Dantes zu einfach, und er ließ ein Mausoleum darüber errichten.

Es ist bekannt, daß Dantes Schrift «De monarchia» 1329 als ketzerisch verbrannt wurde. Beinahe wäre der Dichter selbst als Ketzer noch nach seinem Tode verurteilt worden. Der Kardinal wollte die Gebeine Dantes verbrennen lassen, aber ein edler Florentiner vermittelte, so daß dem Dichter diese Schmach erspart blieb. Hundert Jahre später drohte eine andere Gefahr. Die Republik Florenz verlangte die Auslieferung der Gebeine. Sie wollte jetzt die sterblichen Reste «des größten Florentiners» besitzen und suchte sie mit allen Mitteln von Ravenna zu erhalten. Über fünfhundert Jahre lang bemühte sich Florenz darum. Bis heute. Aber ohne Erfolg.

Im Jahre 1519 wäre der brennende Wunsch der Florentiner beinahe in Erfüllung gegangen. Papst Leo X. wollte zugunsten von Florenz entscheiden. Die Beauftragten von Florenz und die Gesandten des Papstes erschienen in Ravenna. Michelangelo hatte sich persönlich bereit

erklärt, dem Dichter ein neues und noch würdigeres Grabmal zu schaffen. Die Arca lapidea wurde geöffnet. Da erkannte man staunend, daß der Sarg leer war. Einige Knochenreste, ein paar Lorbeerblätter, das war alles, was man fand.
Was war geschehen?
Aus der Sorge, die Gebeine des großen göttlichen Dichters könnten entführt werden, hatten Franziskaner sie in Sicherheit gebracht. Im 18. Jahrhundert stellte man bei einer Nachgrabung fest, daß die Mauer hinter dem Sarkophag erbrochen und dann wieder zugemauert worden war. Die Gebeine des größten italienischen Dichters schienen verloren. Da stießen am 25. Mai 1865 zwei Maurer bei den Vorarbeiten eines Denkmals für Dante an einer nicht weit vom Mausoleum gelegenen Kapelle auf eine Holzkiste. Auf dem Deckel standen die Worte: «Dantes ossa.» Der Fund bewegte die ganze Welt. Gelehrte bemächtigten sich des Schädels. Man kennt sogar sein Gewicht. Er wog ohne Zähne und ohne Unterkiefer 760 Gramm. Und wieder stand man vor einem Rätsel, denn ein deutscher Gelehrter erklärte, der Schädel stimme mit Dantes Totenmaske nicht überein. Die Gebeine wurden in einem Nußbaumkasten verschlossen, in einen Bleisarg eingesetzt und in der Arca lapidea von Ravenna endlich zur Ruhe gebettet.
Berühmte Männer haben das Grab besucht, Ariost, Tasso und Machiavelli in der Renaissance. Lord Byron legte einen Band seiner eigenen Werke vor dem Grab nieder. Garibaldi stand an diesem Ort, König Johann von Sachsen, Kaiser Friedrich, Kaiser Pedro von Brasilien. Alle Päpste verrichteten hier andächtig ihre Gebete, auch alle Staatsmänner Italiens. Goethe dachte an diesem Ort schweigend den Versen des Dichters nach, Rilke und Victor Hugo.
Dante sah das Mädchen, das den Funken der großen Dichtungen in seiner Brust entzündete, zum erstenmal, als er neun Jahre alt war. Beatrice war die Tochter des Florentiners Folco Portinari und seiner Gattin Giglia. Die Häuser der Portinari und Alighieri lagen benachbart. Alles, was in Dante an Hohem und Edlem, an Liebe, an Sehnsucht, an Träumerei, an tiefen Gedanken war, hat er aus seiner eigenen Vorstellung der Beatrice geschöpft. Er hat sie zu einem Heiligenbild verklärt, er hat die schon im Jenseits Lebende zu einer Gottheit erhöht und emporgedichtet. Beatrice, unsterblich geworden durch Dante, ist ein Bild seiner Phantasie, seines Glaubens, seines Greifens in das Unfaßbare und Ewige.
Das Florentinermädchen *hat aber wirklich gelebt*! Sie war kein nur ideales, abstraktes Wesen, wie Adolfo Bartoli und andere Gelehrte meinten. Das Bild der Beatrice hatte die Kraft, den Dichter von Himmel zu Himmel zu heben, und die Beatrice des Werkes Vita nuova wurde

die Beatrice der Commedia. Sie ist immer ein und dieselbe, wenn der junge Dante sie auch als Mädchen nackt in den Armen Amors sieht und wenn sie als Weib von den Engeln gepriesen, als mystische Braut, gekrönt mit dem Ölzweig, in den Farben des Glaubens, der Hoffnung und der Liebe erscheint. Alessandro d'Ancona, dessen Vertiefung in das Problem Beatrice zu dem Besten gehört, was über dieses Mädchen geschrieben wurde, meint, daß Beatrices wirkliches Leben eine zweite geheimnisvolle Existenz in der Seele und in der Phantasie des Dichters führte. Dante selbst erzählt in der Vita nuova, er habe das Mädchen wieder und wieder gesucht, bis sie ihm entschwand, weil sie vielleicht zur Erziehung in ein Kloster gegeben wurde. Neun Jahre nach der ersten Begegnung sieht er das junge Mädchen wieder. Sie begrüßt ihn freimütig, herzlich. Befangen steht der Achtzehnjährige vor ihr. Aus den engen Gassen der Stadt flieht er in sein Haus. Durch sein ganzes Leben geht dieser Gedanke, die Minuten der Wirklichkeit Beatrices zu verewigen.

Dante bewahrte seine Liebe wie ein Heiligtum für sich, und ohne das geliebte Mädchen zu sehen, suchte er sich andere Bilder, auf die er die Beatrice zugedachten Huldigungen wirken ließ. Bei einer Marienandacht in der Kirche wählte er sich ein betendes Mädchen und begann nun ein paar Jahre lang seine Liebe zu Beatrice und Träume von ihr auf sie zu beziehen und an sie die dichtenden Worte zu richten, die für Beatrice gemeint waren. Die «Schilddame» verläßt Florenz. Zwei Totenklagen jener Zeit scheinen nicht von diesem Ereignis ausgelöst zu sein. Aber es geschah etwas anderes. Es mußte Dante ins Herz schneiden. Beatrice wurde vermählt.

«Bice», wie sie in der Familie und auch sonst genannt wurde, war eine von sechs Schwestern. Sie hatte fünf Brüder. Sie heiratete den erheblich älteren Ritter Simone di Messer Jacopo de Bardi. Beatrice wurde seine zweite Frau. De Bardi war Mitinhaber eines großen Bankhauses, dem auch der Vater des Giovanni Boccaccio angehörte. Wenn daher Boccaccio berichtet, die Beatrice der Vita nuova wie der Göttlichen Komödie sei niemand anders als Bice Portinari, so kann man an der Zuverlässigkeit dieser Mitteilung nicht zweifeln. Der alte Boccaccio kannte die Verhältnisse aus erster Hand.

Dante war ein Mann von glühendem Temperament, dem bürgerliche Ideale fernlagen und der in seinen besten Jahren reichlich Gelegenheiten hatte, Vorbilder für sein Inferno zu sammeln. Der Lebenswandel des verheirateten Sängers der Beatrice muß teilweise recht anstößig gewesen sein. Er bewegte sich eben auch in den Tiefen des Florentiner Lebens. Dante gab sich vielen Irrungen und Verwirrungen hin. Sein erster Freund, der Dichter Guido Cavalcanti, war alles andere als ein

Tugendbold. So teilte Dante das üble Leben seiner damaligen Umgebung.
Die Göttliche Komödie ist neben anderem auch ein Epos der Seelenrettung Dantes. Wer mit so gewaltigen Mitteln gerettet werden mußte, mag tief gefallen sein. Dante glaubte, nur der Anblick der Verdammten könne ihn noch zur Besserung führen. Kleine Mädchen hatten ihn «erdwärts» gezogen. Wer war Lisetta, die sich, wie es in einem Sonett heißt, schamgerötet von ihm abwandte? Wer waren die Mädchen seiner Liebesgedichte, die von heißem, begehrendem Sinn zeugen? Wer ist die Schöne, die sich ihm lange versagte und die er mit fast grausamer Sinnlichkeit bestürmt? Er packt ihre blonden Flechten. Er verbringt einen langen glühenden Liebestag in ihren Armen. Boccaccio, der den Dichter pries wie niemand nach ihm, erwähnte doch, daß Dante die Frauen nicht nur als Jüngling, sondern auch später allzusehr begehrte.
Beatrice starb am 8. Juni 1290. Sie war nur 24 Jahre alt geworden. Der hervorragende Dante-Forscher August Vezin glaubt einem Sonett entnehmen zu können, daß sie nicht unversöhnt von ihm gegangen ist. Dante stürzte sich in philosophische Studien. Vielleicht war auch ihr Tod Veranlassung für seine sinnlichen Verirrungen, für Freuden der Schenke, für niedere Liebe. Beatrices Bild, in dem roten Kleid, das sie bei ihrer ersten Begegnung mit dem Dichter trug und das er in einem Traum sah, mag dann wieder sein Leben verwandelt haben.
Dante steht an der Grenze von zwei Welten, der Welt der Gemeinschaftskultur des Mittelalters und der Welt der Persönlichkeitskultur der Renaissance. Am Ende, am Ausgang des Mittelalters, wurde sein tiefstes und innerstes Wesen durch Dante noch einmal am größten und am umfassendsten herausgestellt. *Dante ist der erste und letzte, der den ganzen Gehalt des Mittelalters noch einmal mit der Seele erfaßte.* Und doch ist er schon ein Mensch der Renaissance. Die große Leistung der Renaissance – das war die Wiederentdeckung des Menschen. Dantes persönlichstes Erlebnis, sein eigenes Individuum, sie sind der Boden, auf dem die gewaltige Dichtung wächst. Seinem eigenen Sinnen und Träumen bürdet er mit gewaltiger Kühnheit alle Bilder von Diesseits und Jenseits, von Gott und Welt und All auf. *Er, sein Werk und die höchsten Ideale der abendländischen Welt sind eine Einheit,* eine Welt der Phantasie von solcher Klarheit und Plastik, daß er sich darin bewegt wie andere in ihrem alltäglichen Leben.
Die größte italienische Dichtung trägt noch den Geist eines entschwindenden, eines *entschwundenen,* eines großartigen und erschreckenden Zeitalters. Das Wissen dieses Werkes, die Erkenntnisspanne umfassen den gesamten damaligen christlichen Erdkreis. Die Persönlichkeit des

zürnenden Titanen überragt Jahrhunderte der Vergangenheit und Jahrhunderte der Zukunft.
Den mächtigen Grundriß auszuführen und in dreimal dreiunddreißig Gesängen und einem Prolog, also in hundert Einheiten, durch die wie eine Kette der Dreireim der Terzine läuft, diesen Gesang durch die Ewigkeit zu singen, das war Dantes Plan, ehe er den Federkiel zum ersten Vers ansetzte. Aus der Sehnsucht nach der ewigen Welt taucht das Jenseits wie ein riesiges Wunschbild auf, enthüllt und entfaltet sich. Zwar behauptet der Poet mit seinen Gefühlen immer das Feld. Aber was zieht da alles herauf: das Florentiner Mädchen, Männer und Frauen, die er persönlich kannte, Gestalten und Gedanken des Alten und des Neuen Testaments, Dichter und Philosophen der griechischen und römischen Antike, Ungetüme, Teufel, Riesen, Dämonen, Kirchenväter, Staatsmänner, Feldherren, Kaiser, Päpste, Gelehrte, Sagen und Prophezeiungen, Mönche, Ritter, Bürger, Henker. Nach allem greift er unbefangen wie ein Gott und stellt es in die riesigen Gewölbe seines Wunderbaues mit dem Geist, der Berge versetzt und über menschliche Schicksale triumphiert.
Er brach mit dem mittelalterlichen Vorrecht des Latein. Er schrieb in seiner italienischen Muttersprache zu einer Zeit, als die italienische Dichtung kaum erstanden war, und er eroberte ihr mit einem Schlage den ersten Platz in der gesamten Literatur des Abendlandes.
«Sein Gesicht ist dunkel.» Wenn die Frauen von Verona an ihm vorübergehen, so flüstern sie sich zu, er sei schon gebräunt von der Glut der Hölle. «Er steigt hinab, wenn immer er will, aber er kann auch zurückkehren.»
In seinem Antlitz, in seiner Gestalt, spiegelte sich Ernst, in späteren Jahren die Trauer des über die normale Kraft hinaus schaffenden Genies. Er geht an einer Tür vorbei in Verona. Da sitzen die Frauen. «Er war im Feuer, im Rauch», sagen sie.
Ja, das Feuer seiner Seele trieb ihn auf solche Höhen und Tiefen des Denkens, schwang ihn empor zu Empfindungen, die dem ganzen Abendland einen inneren Halt, ein Gefühl des Wertes und der Würde, eine Richtung zur Höhe wiesen, für heute, für morgen und für alle Zukunft.

Allen Menschen des Abendlandes gehört der Genius Petrarca

«Und schweigend bedachte ich, wie groß doch der Mangel an Einsicht bei den Sterblichen ist, so daß sie unter Nichtachtung ihres edelsten Kerns sich im Allzuvielen verlieren, sich in leeren Komödien verzetteln und außen suchen, was innen zu finden gewesen wäre. Und ich bewunderte, wie adlig unsere Seele ist.» – Petrarca, Die Besteigung des Mont Ventoux, Malaucène, am 26. April 1336.

Petrarca leitete die Renaissance ein. Er war der erste Humanist, Wiederentdecker der klassischen Werke der Antike. Seine Dichtung schöpfte er aus seinem Leben. Sein Leben war wie ein Gedicht.

Am obersten Arno, am Übergang ins Chianatal, liegt das Städtchen Arezzo, einer der wichtigsten altetruskischen Orte. Viele sehr bedeutende Männer wurden hier geboren. Maecenas, dieser feingebildete römische Ritter aus vornehmem etruskischem Geschlecht, der Freund des Vergil, Horaz und Properz, der seinen Namen durch die freigebige Förderung literarischer Talente unsterblich machte, so daß man noch heute einen Förderer der Kunst «Mäzen» nennt. Pietro Aretino verfaßte fünf Komödien und eine berühmte Tragödie. Vasari war eines der größten Universalgenies der Weltgeschichte. Cesalpini, ein Arzt, wurde der bedeutendste Botaniker seiner Zeit. Und Redi, Sprachforscher, Dichter und Mediziner, machte sich auch als Zoologe einen Namen.

Der berühmteste Sohn von Arezzo aber war Petrarca. Er ist als der Vater des Humanismus bekannt, als der Mann, dem Europa die Wiedererschließung der fast vergessenen klassischen Literatur verdankt. Er war der gebildetste Mensch seiner Zeit, ihr feinster Stilist, ein formvollendeter Poet, ein Mensch, dessen Sinn nicht auf Sterbliches gerichtet war und der mit seinem «Canzoniere» das schönste Liebestagebuch schuf, das je geschrieben wurde.

Dante suchte auf den Schwingen seiner gewaltigen Phantasie Gott, Himmel und Hölle. Boccaccio wurde wohl der größte unter allen realistischen Dichtern. Petrarca drang in die Tiefen des eigenen Herzens. Er durchleuchtete die verschlungensten Pfade, die verschwiegensten Wünsche, die heimlichsten Entzücken, die abgründigste Verzweiflung liebender Herzen. Er mußte damit ungeheuren Erfolg erringen. Denn

beim Lesen seiner Sonette überkam die Menschen seiner Zeit die Regung, die maßgebend ist für den Erfolg aller Autoren seit jeher und für immer. Es ist der Gedanke: «Genau wie er empfinde auch ich.»
Wie kein anderer seiner Zeit bejahte Petrarca seine persönlichen Gefühle, sein seelisches Leben und Erleben. Wie kein anderer lernte er, auf sich selbst zu sehen. *Die Freiheit, Mensch zu sein, die «humanitas», ist tatsächlich eine der größten Entdeckungen des Abendlandes.* Der Orient lebte in den Fesseln des Korans, ganz Asien in der Willenlosigkeit, die seine erstarrenden Religionen erzwangen. Es hat sich bis heute wenig geändert. Der Orient ist so geblieben. Man braucht nur durch die Länder des Euphrat und Tigris zu reisen, um es zu erkennen, oder nach Indien und China. Und das Abendland sieht immer noch die Krönung des menschlichen Lebens in dem Ideal, zu sein, was man in sich hat und sein möchte.

Die Frührenaissance hat den Menschen von heute erstaunlich viel zu sagen. «Ich will bei mir selbst bleiben», rief Petrarca, «soviel ich kann. Ich will die Trümmer meiner Seele sammeln und mit allem Ernst Einkehr halten bei mir selbst.» Diesen Gedanken hat er auch ganz kurz gefaßt. «Verlaß dich selber nicht», schreibt er. Es ist die Freiheit, aus sich selbst heraus das Beste zu schaffen, was in einem ist, und es weiterzugeben. Es ist ein Leben nach den tatsächlichen eigenen Anlagen.

Petrarca fühlte sich als Angehöriger der lateinischen Völker. Er war dabei begeisterter Italiener und wollte doch Römer, Nachfahre der Großen sein, die auf dem Kapitol geherrscht hatten, die einst auf dem Forum wandelten. Sein Name ist die lateinische Umbildung des Vaternamens Petracco. Der Vater, ein Notar, war aus Florenz verbannt und hatte sich in Avignon niedergelassen, der neuen Residenz der Päpste. In dem Städtchen Carpentras, unweit von Avignon, wurde die Familie untergebracht. Nach dem Wunsch seines Vaters studierte Petrarca die Rechte in Montpellier, dann in Bologna. Er ist nur 22 Jahre alt, da stirbt sein Vater.

Längst hat ihn die Sehnsucht ergriffen, seiner Empfindsamkeit Worte zu geben, zu gestalten, zu dichten. Und die jungen südfranzösischen Mädchen blicken scheu zu dem eleganten Jüngling, der jetzt in den Gassen von Avignon tief versunken seinen Gedanken nachgeht. Petrarca lernte die mächtige Adelsfamilie der Colonna kennen und trat mit 26 Jahren in die Dienste des Kardinals Giovanni Colonna, «nicht einem Herren dienend, sondern einem Vater oder noch eher einem sehr zugetanen Bruder».

Wie bei Dante, wie bei Boccaccio, so war auch im Leben des Petrarca die Begegnung mit einem jungen Mädchen entscheidend. Von nun an war all sein Sinnen, all sein Tun einem höheren schöpferischen, geistigen Ziel zugewandt. Wir werden nie erfahren, wer dieses Mädchen eigentlich war. Das gehörte zum neuen Stil, dem «dolce stil nuovo», daß die Angebetete Geheimnis bleibt, daß nur ein Vorname vom verklärten Bild kündet, daß der Dichter jedes Detail in der Beschreibung der geliebten Person vermeidet, daß das Gefühl nur geistig ausgeschöpft wird. Der «dolce stil nuovo» war das Gegenteil der «dolce vita» des 20. Jahrhunderts, der Ausschöpfung des Lebens und der Erotik auf der materiellen Seite bis zum Letzten.

Das Mädchen, das «nicht wie die Menschen einherschritt», hieß Laura. «Ein himmlisches Wesen habe ich gesehen», sang Petrarca, «in Lauras Macht steht, was ich war und werde.» Ihr Geist schien ihm auf irdische Dinge nicht bedacht zu sein. In ihrem Antlitz sah er die Strahlen göttlicher Schönheit, und ihr Benehmen bot das Bild vollendeter Keuschheit. Ihre Stimme, ihr Blick, ihre Haltung, alles das wurde in Petrarcas berühmtem Canzoniere überirdisch.

Er war 23 Jahre alt, als er Madonna Laura am Karfreitagmorgen des Jahres 1327 in der Kirche Santa Chiara zu Avignon sah. Dante und Beatrice, Boccaccio und Fiammetta, Petrarca und Laura! Sie war die Perle des neuen Stils, die Sehnsucht der Zeit. Später schrieb Petrarca: «Lauras Tugend war es, die ich liebte, die nicht erloschen ist. Daher war mein Sinn auf ihre unsterbliche Seele gerichtet, auf ihren Anstand, deren Beispiel mich lehrte, wie die Bewohner des Himmels leben. In meiner Liebe war nichts gemein, nichts unanständig, nichts sträflich – es sei denn ihr Übermaß. Ich verschweige nicht, daß das wenige, das ich bin, ich durch jenes Mädchen geworden.»

Er besang die Angebetete seines Herzens in wohlklingenden Sonetten. Er ging nach Paris, durchreiste Nordfrankreich, Flandern, Deutschland, er sah Rom. Großen Eindruck machte auf Petrarca die Stadt Köln. Er war erstaunt, auf «barbarischem Boden» eine so prächtige Stadt zu finden. «Welche Gesittung, welche Würde der Männer, welche Anmut der Frauen!» rief er aus. Am Fluß sah er viele Frauen und war überrascht «von ihrer Schönheit und ihrem Anstand», wie er es nennt. Überall war Heiterkeit. Die Schönen waren mit duftenden Kränzen geschmückt, hatten die Ärmel zurückgestreift und wuschen die weißen Hände im Strom, wobei sie in der Petrarca fremden Sprache flüsterten. «Nie habe ich die Unkenntnis einer Sprache mehr bedauert», sagte er damals. Man berichtete ihm, die Versammlung der Frauen am Wasser habe eine reinigende Wirkung und spüle das Unheil des kommenden Jahres weg. Da meinte Petrarca, «die Wellen des Rheins entführen eure Übel zu den Engländern, aber unsere Flüsse sind Zuträger». Damals war der Bau des Kölner Domes in seinen An-

fängen. «Ich sah in der Mitte der Stadt den wunderschönen, obgleich unvollendeten Tempel. Er wird nicht mit Unrecht für den größten unter allen gehalten.»
Fünfzig Meilen von Avignon entfernt, in Vaucluse, im Tal der Sorgue, findet der Dichter mit einem kleinen Schatz von Büchern die Ruhe, die er sich wünscht. Zehn Jahre verweilt er hier und vollendet fast alle seine Schriften. Manche begann er dort, manche entwarf er. Die Besteigung des Berges Ventoux, des «Windigen», mit seinem Bruder Gherardo, wird ihm zu einem ungewöhnlichen dichterischen Erlebnis. Ihm kommen Gedanken über den Mangel an Einsicht unter den Sterblichen und wie sie sich im Vielerlei verlieren, in leeren Schauspielen verzetteln und außerhalb suchen, was innen zu finden gewesen wäre.
Der Senat zu Rom und der Kanzler der Universität Paris luden ihn gleichzeitig ein, die Lorbeerkrone eines Dichters in Empfang zu nehmen. Petrarca wanderte nach Neapel und bat den König und Philosophen Robert um Rat. Drei Tage währte die Prüfung. Dann riet der König dem Dichter, nach Rom zu gehen. Unter dem Jubel einer großen Menge empfing er auf dem Kapitol die bedeutende Dichterehrung und legte den Lorbeerkranz auf dem Grabe des Petrus nieder. Später verblaßte dieser glänzende Augenblick in seiner Vorstellung. Petrarca meinte, er achte nur noch das Urteil des Königs Robert und sein eigenes, das der übrigen, die ihn priesen, nicht mehr.
Eine der eigenartigsten Gestalten der Weltgeschichte, der von Wagner besungene Cola di Rienzi, der Sohn eines Tavernenwirtes, träumte davon, seine Geburtsstadt Rom auf die alte klassische Höhe zurückzuführen. Er hatte lateinische Schriftsteller, Historiker, Redner und Dichter studiert, wollte Italien einigen und den Ruhm und die Macht der alten römischen Republik erneuern. Er gewann Anhänger beim Volk, führte eine Prozession auf das Kapitol, sperrte die Adeligen ein oder vertrieb sie und ließ sich schließlich zum Tribun ernennen. Überzeugt vom Edelmut des Rienzi und begeistert für die große Sache, eilte Petrarca nach Rom. Aber wie viele andere wurde er bald von dem machthungrigen Diktator enttäuscht. Petrarca und Rienzi stehen so ähnlich zueinander wie Doria und Fiesco im Drama des jungen Schiller. Rienzi, vom Papst als Verbrecher bezeichnet, floh aus Rom und verbrachte dann zwei Jahre in einem Kloster. Drei Kardinäle verurteilten ihn zum Tode, Papst Innozenz VI. befreite den Gefangenen. Aber schließlich wurde er doch in Rom ermordet.
Der Schwarze Tod zieht über Italien. Viele Freunde des Petrarca müssen sterben, auch Laura. Die Nachricht von ihrem Tod erreicht den Dichter in Parma. Er trägt sie in seinen Vergil ein, das Buch, das er immer mit sich trägt, um stets an die Vergänglichkeit alles Irdischen

gemahnt zu werden. Und immer ist er auf der Flucht vor der Pest, ganz wie Boccaccio, so wie fast alle Menschen dieser gefährlichen Jahre.
Petrarca war ein Zeitgenosse des Giovanni Visconti. Es ist kein Zufall, daß der Dichter am Hofe des aufstrebenden, machthungrigen, hochintelligenten Visconti und bei seinem Nachfolger acht Jahre lang als Gast und Freund lebt, daß hier der große Humanist und die großen Persönlichkeiten zusammenfinden. Als Gesandter des Visconti reiste er nach Venedig, Mantua, Prag und Paris.
In Padua wird Petrarca ernstlich krank. Weil er alt ist? Oder weil er gesündigt hat? Aus beiden Gründen, wie er meint. «In dieser Zeit haben die Ärzte, denen ich nichts glaube, und die Freunde, denen ich alles glaube, oft an meinem Leben verzweifelt.» Er liegt im Fieber. Die Ärzte treten zusammen. Sie einigen sich, daß Petrarca um Mitternacht sterben wird. Er muß sterben. Die Nacht ist schon angebrochen. Es bleibt dem Dichter nur noch eine kurze Zeit. Da teilen ihm die Ärzte mit, es gebe nur ein einziges Mittel, sein Leben zu verlängern. Mit aller Macht und Anstrengung müsse er versuchen, das Einschlafen zu vermeiden. Er werde dann wenigstens bis zum Morgen leben. Petrarca meint, das sei ein harter Preis für so kurzen Aufschub.
Er hatte vorher seine Freunde gebeten und seine Diener angewiesen, keine der ärztlichen Vorschriften an ihm in Anwendung zu bringen. Wenn durchaus etwas geschehen mußte, so sollte man das Gegenteil der ärztlichen Verordnungen tun.
Dann verbrachte er die Nacht in einem sanften und tiefen Schlaf. Am Morgen kamen die Ärzte. Sie wollten der Totenfeier beiwohnen. Zu ihrem Entsetzen saß Petrarca am Schreibtisch. Er arbeitete. Sie waren sprachlos. Sie mußten sich erst langsam fassen. Dann sagten sie nur: «Herr, ihr habt eine wunderbare Gesundheit.»
Er wollte nicht weit von seiner Kirche in Padua leben. Zehn Meilen von der Stadt entfernt, zu Arquà in den Euganeischen Bergen, baute er sich ein kleines Haus zwischen Olivengärten und Weinreben. Wie sehr ein Geist wie Petrarca damals den Wert der Einsamkeit und Ruhe erkannte, wie sehr er den Wohllaut der Stille schätzte, das führt uns die größere Weisheit der damaligen Zeit vor Augen. «Hier lebe ich, von Körper schwach, aber mit Ruhe in der Seele, ohne Geräusch, ohne Zerstreuung, ohne Sorge, lesend und schreibend.»
Am Morgen des 18. Juli 1374 öffneten Diener die schwere Tür seiner Bibliothek. Da saß Petrarca regungslos, wie schlafend, den Kopf auf ein Buch gestützt. Ganz ruhig schien er. Er saß da, starr über das Schönste gebeugt, das er besaß, seinen geliebten Vergil.
Allen Nationen, allen Gelehrten, allen Menschen des Abendlandes

gehört der Genius Petrarca. Und dem Abendland gehört die Epoche, die er auslöste, *die italienische Renaissance.* Es war eine große Zeit der Kunst und Wissenschaft, und man begeisterte sich mit Recht an der Erhabenheit und Weite dieses Glanzes. Die Italiener hatten durch das Studium des klassischen Altertums zu sich selbst zurückgefunden und zu ihren besten Anlagen. Aber die Renaissance war nicht nur eine Periode des Reichtums, der Lebensfreude, der irdischen Glückseligkeit. Die Tränen flossen damals so reich und so mächtig wie in unseren Tagen. Man lese nur Petrarca oder Michelangelo.

Die Renaissance war die Entdeckung der Welt und des Menschen. Sie brachte die Erweiterung des Horizontes in das Ungeahnte. Durch Columbus und Vasco da Gama erhielt die Erde ganz andere Dimensionen. Man entdeckte die Natur. Man strebte nach Ruhm, es kam die Sehnsucht auf nach Werken, die unsterblich sind.

Dante und Petrarca sind die großen Propheten einer neuen und besseren Zeit.

Boccaccio und Madonna Fiammetta

«Die Mädchen, die dem Dioneo zuhörten, schämten sich anfangs ein wenig ob seiner Erzählung, wie die sittsame Röte bekundete, die ihre Wangen überflog. Allmählich indes blickten sie bei steigender Aufmerksamkeit einander mit heimlichem Lächeln verstohlen an und unterdrückten kaum ein lautes Gelächter.»

Boccaccio, Decamerone.

In den Jahren 1346 und 1347 kroch von China, von Innerasien und von Indien eine schreckliche Gefahr an Europa heran. Man weiß bis heute nicht, ob sie sich nur auf Schiffen nach Europa einschlich, ob sie auch über die großen Karawanenstraßen getragen wurde oder welch geheimnisvolle Wege sie wählte. Geisterschiffe liefen in europäischen Häfen ein, von denen die ganze Mannschaft verschwunden war bis auf einen toten Steuermann und zwei oder drei tote Matrosen. Ganze Generationen hatte die Seuche auf ihrem Wege dahingerafft, ganze Völker. In manchen Teilen des alten Kontinents starben zwei Drittel oder drei Viertel der gesamten Bevölkerung.

Die Pest, der Schwarze Tod, soll in den Jahren 1346 bis 1348 rund fünfundzwanzig Millionen Menschen mit ihrer unerbittlichen Faust niedergemacht haben. Kein Arzt, keine Medizin waren dem Schwarzen Tod gewachsen. Man kannte die Ursache der Krankheit nicht. Sie jagte über Europa hin wie ein Feuer, packte Männer und Frauen, jung und alt, Gute und Böse, Schwache und Starke. Schon die Berührung der Kleider oder anderer Dinge, die der Kranke angefaßt hatte, übertrug die furchtbare Seuche. Daß Tröpfcheninfektion oder Flohstiche die Verbreitung dieser Rattenkrankheit hervorriefen, wußte man damals noch nicht.

Der Schwarze Tod wütete besonders in Florenz, unberechenbar, unerbittlich, eine Furie, die die gesamte Menschheit zu erwürgen drohte. Kranke wurden grausam im Stich gelassen, denn es gab vor dieser Gefahr nur eine Rettung, die Flucht. So taumelten die schon vom Tode Gezeichneten über Treppen und durch Gassen, um sich irgendwie Linderung zu verschaffen, oder auf der Suche nach Wasser.

Die verschiedensten Theorien wurden entwickelt, wie man der Krankheit entgehen könne. Einige glaubten, man müsse sehr mäßig leben, man dürfe sich keinen Ausschweifungen hingeben und würde so die volle Widerstandskraft bewahren. Andere saßen abgesondert in ihren

Häusern, genossen auserwählte Speisen, edle Weine und Musik. Sie hatten die Gebäude, in denen sie lebten, fest verrammelt und ließen niemand herein. Wieder andere gaben sich unbändiger Lust hin. Sie lachten, sie scherzten, sie tranken und sangen und versicherten, nur so der grauenvollen Drohung gewachsen zu sein. Menschengruppen zogen von Schenke zu Schenke. Man amüsierte sich in ausgestorbenen, herrenlosen Häusern, man achtete kein Gesetz mehr, denn schon am nächsten Tag konnte ja der Tod anklopfen. Wohnungen, Verwandte, Vermögen und Besitz wurden aufgegeben. Ganze Stadtteile lagen verlassen da. Man zog aufs Land. Aber auf dem Weg wurden viele von der Pest gepackt und blieben liegen.

Krankenwärter ließen sich gewaltige Löhnungen zahlen, Ärzte konnten nur mit Mühe überredet werden, einen Befallenen zu besuchen. Vornehme Fräulein ließen sich von fremden, neugierigen Männern pflegen und gaben sich jedem dieser eigentümlichen Samariter schamlos hin. Ging ein Priester einem Leichenzug voran, so schlossen sich unterwegs oft acht bis neun Gruppen von Totenknechten an mit ihren Särgen, so daß die Priester am Ende statt eines einzelnen gleich zehn bestatteten. Die Toten wurden in die erste beste Gruft gelegt. Für Feierlichkeiten gab es keine Zeit. Da sich niemand mehr um Besitz, um Arbeit, um die Bestellung der Felder kümmerte, da auch die Tiere starben, gesellte sich zum Schwarzen Tod entsetzliche Hungersnot. Reiche Paläste, schöne Häuser, vornehme Wohnungen, in denen einst Hunderte von Dienern ihre Pflicht taten, alles wurde leer, öde, verlassen. Florenz glich einer Gespensterstadt.

Diese Pest, der Schwarze Tod des vierzehnten Jahrhunderts, wurde der Ausgangspunkt wohl der interessantesten Novellensammlung der Weltliteratur. Denn auf dem Boden solch naturhafter Gefahr vor dem unentrinnbaren Tod lockern sich die Sitten, fallen die gesellschaftlichen Hemmungen, wird der Hunger nach Leben zur Gier, wird die Sucht nach Rausch und Vergessen übermächtig, wird der Griff ins Laster unbedenklich. Ausschweifung, unverhohlene Sexualität, ein bedenkenloses Amüsieren und Genießen, der zügellose Wille, heute noch zu leben und sich zu freuen, jagten wie eine Sturmparade über die todeszitternde, fieberglühende Stadt.

Dicht neben dem Tod wachsen die Kornähren blühenden Lebens, und das tiefste Liebeserlebnis trägt geheimnisvoll den Keim des Todes in sich. Wer so gegen diesen hochdramatischen Hintergrund seine Gestalten absetzte, wer sein ganzes Werk so aus dem Todesdunkel heraustreten ließ, konnte das leichte, das frohe, das laszive, das heiter schwerelose und komische kleine Tun einer Gesellschaft, die wie ein kichernder Mummenschanz vorbeizieht, für alle Zeiten fesselnd vor die Phantasie der Leser – man muß bei Boccaccio besonders betonen, *der Leserinnen* – stellen. In der Atmosphäre einer Gesellschaft, die sich absondert und aus der Todesgefahr flieht, ist alles möglich, alles glaubhaft, alles erlaubt. In diesem ganz eigentümlichen Gemälde fallen für den Dichter die üblichen Schranken, er sagt alles, was er will, wenn auch immer «verdichtet». Unheimlich deutlich steht aber doch hinter Boccaccios Erzählungen die Weisheit, daß alle diese kleinen Listen, alle diese Liebesspiele, alle diese Betrogenen und Verführten, die Lächerlichen und die Verlachten, nur im Wahne ihrer Leidenschaften leben und vergänglich sind wie zitternde Erdenlichter im All.

Boccaccio läßt seine hundert Novellen des Decamerone von sieben jungen Damen und drei jungen Männern erzählen. Auf der Flucht vor der Pest haben sie zusammengefunden und leben in idyllischer Einfalt und fast erdferner Schönheit auf einigen Landsitzen. Man sieht die Schlösser, die schönen Häuser und Gärten, in denen sich die zehn Menschen begegnet sind. Man weiß aber nicht genau, wo das alles liegt. Nur eines wird deutlich, es ist die toskanische Landschaft, anmutig, blühend, verklärt, aber auch ein wenig einförmig, denn dies alles bildet ja nur den Hintergrund der Novellen, die Rahmenlandschaft des Decamerone.

Decamerone setzt sich aus «deka» = zehn und «hemera» = Tag zusammen, es ist also ein «Zehntagewerk». In zehn Tage mit je zehn Novellen ist dieses grandiose Werk eingeteilt, ähnlich der Göttlichen Komödie, die aus hundert Gesängen besteht. Die junge Brigata bestimmt aus der Schar der kleinen Gesellschaft von zehn Personen an jedem der zehn Tage einen König oder eine Königin. Dieses Oberhaupt erwählt das Thema der zehn Novellen seines Tages. Dadurch sind je zehn Novellen von einem Leitthema bestimmt. Die ganze hundertfache Komödie menschlichen Daseins rollt daher in ausgewogener Harmonie, in der wilden Unordnung der Leidenschaften und in der großartigen Ordnung ihres Dichters, vor uns ab. So ausgewogen sollte man das Ganze lesen. Herausgegriffen ist jede Novelle nur ein Baustein, ein Mosaikteilchen, man steht da wie auf dem Brett eines riesigen, wohlgefügten Gerüstes. Und doch: Jede Novelle für sich ist ein geschlossenes Kunstwerk, ein Meisterstück, erzählt in der anmutigen, noch ursprünglichen und doch sehr gepflegten Sprache der Toskana, jede ist wagemutig und hat doch kecke Grazie, jede verrät die Neigung, das Verhältnis der Geschlechter ohne Ziererei und ohne Scheu zu schildern, und hinter allem steht unaufdringlich, von den meisten Lesern ganz unbemerkt, ein tiefer Ernst.

Giovanni Boccaccio war der uneheliche Sohn eines Kaufmannes und Bankiers namens Boccaccino di Chellino. Dieser Boccaccino stammte aus Certaldo in der Toskana. Aber der Sohn wurde in Paris geboren, im Jahre 1313, vierunddreißig Jahre vor dem Einzug der Pest in Europa. Er war das Kind des Bankiers und eines französischen Fräuleins, das Kind einer heimlichen Liebe. Denn der Vater Boccaccino hatte sein Versprechen, die Geliebte zu heiraten, nicht gehalten. Er verließ das Mädchen. Wir müssen ein Drama vermuten, dessen Inhalt wir nicht genau kennen.

Giovanni wurde bald nach Florenz gebracht. Der Vater heiratete Margarita dei Martoli. Es scheint, daß das Kind eine recht trübe Jugend verbrachte, im Hause der Stiefmutter wie auch in Neapel, wohin ihn der Vater schickte, um eine kaufmännische Ausbildung zu genießen. Nach sechs widerwilligen Lehrjahren folgten weitere sechs Jahre juristischen Studiums, die dem Boccaccio später immer als verlorene Zeit erschienen. Denn ihn beseelte der brennende Wunsch, sich ganz der Dichtung zu widmen. «Ich zweifle nicht daran», schrieb er, «daß ich zu den berühmten Dichtern hätte zählen können, wenn es mein Vater mit gütigem Herzen geduldet hätte, als ich in einem glücklichen Alter war. Da ich aber gezwungen wurde, mich erst einem einträglichen Gewerbe und dann einem lohnenden geistigen Beruf zu widmen, wurde ich weder Kaufmann noch Rechtsgelehrter und versäumte gleichzeitig die Gelegenheit, ein großer Dichter zu werden.»

Boccaccio hatte sehr klar und sehr früh erkannt, daß das Sammeln materieller Güter kein Glück bringt, daß Reichtum eine gefährliche Last sein kann, daß aber die Dichtung Unsterblichkeit verleiht oder doch wenigstens das Leben sehr lebenswert macht.

An einem Ostersonnabend in der Kirche San Lorenzo zu Neapel sah Boccaccio ein Mädchen, das seinem ganzen Leben eine entscheidende Richtung gab. Es hieß vermutlich Maria d'Aquino und war wohl die uneheliche Tochter des Königs Robert von Neapel. Viel Genaues weiß man nicht. Maria hatte wohl einen Edelmann vom Hofe geheiratet. Aber es scheint, daß sie dennoch ein recht ungebundenes Leben führte.

Boccaccio wurde von der Begegnung mit Fiammetta, wie er sie nennt, tief ergriffen und erschüttert. Fiammetta war für ihn das einmalige große Liebeserlebnis, und seine Liebe wurde unermeßlich stark in seiner Erinnerung. Daraus erwuchsen ihm Ideale, Gestalten, Dichtungen. Fiammetta widerstrebte ihm nicht lange. Sie gab sich ihm ganz hin, und er schöpfte überreich alle Wonnen dieses Liebesglückes aus. Sie erkannte die große dichterische Begabung Boccaccios, sie ermutigte ihn, sich ganz von seinem Genius leiten zu lassen, sie inspirierte fortan seine gesamte Poesie.

Beides wirkte außerordentlich fruchtbar auf Boccaccio, das glühende

Feuer seiner Liebe wie die entsetzliche Qual der Eifersucht und des Verlassenwerdens. Fiammetta, sehr anmutig, ein wenig zügellos und erregbar, wandte sich von ihrem Geliebten schon nach drei Jahren ab, um die Wonnen ihrer neapolitanischen Verführungskünste an einen anderen zu verschenken. Boccaccio setzte das große Abenteuer seiner Leidenschaft und Enttäuschung ganz in Dichtung um. Er stillte seine Not durch die Kunst, die zwar nicht dem Schmetterling Fiammetta, wohl aber seinem Werk Unsterblichkeit verlieh.

Zwölf Jahre lebte Boccaccio in Neapel. Das Bankhaus Bardi, dessen Gesellschafter der Vater war, erlitt einen Bankrott. Der Vater rief ihn deswegen im Jahre 1340 nach Florenz zurück. So nahm der Dichter Abschied von der schönsten und eindrucksvollsten Zeit seines Lebens. Er nannte Neapel später heiter, friedlich, wohlhabend, prächtig, regiert von einem weisen König. Und Florenz? «Florenz ist voll von hochtönenden Worten und kleinmütigen Taten, dient nicht tausend Gesetzen, sondern hat so viele verschiedene Ansichten wie Einwohner. Bürger wie Fremde knirschen hier vor Kampfgier. Es wird von hochmütigen, geizigen, neidischen Menschen bewohnt und wartet mit unzähligen Unannehmlichkeiten auf.» Das läßt er Fiammetta sagen in der «Elegie der Madonna Fiammetta».

Großmütig, duldsam, unberührt nahm Florenz dieses abfällige Urteil hin. Wie hoch stand doch die geistige Kultur der Stadt, daß sie solche Kritik ertrug, ohne sie denen zu verübeln, die sie so freimütig äußerten! Florenz trug Boccaccio nichts nach, nicht im Leben und nicht im Tode. Die Verfolgung des Dante hatte ganz andere Ursachen. Gegen Boccaccio, der hochgeehrt in der Heimat starb, wurde wegen seiner ungerechten Urteile nie ein Vorwurf erhoben.

Boccaccio formte aus seinem neapolitanischen Liebeserlebnis ein Gebilde, in dem er die Wirklichkeit überwand, die innere Wahrheit steigerte und die entscheidende Tatsache, daß nämlich er der Betrogene war, unbedenklich veränderte. Er verkehrte die Rollen. Die Verlassene wird Fiammetta, und er, Panfilo, hintergeht das Mädchen, das ihm in ihrer Liebe dennoch treu bleibt. Diese Darstellung erfolgte keineswegs aus einem Gefühl gekränkten Ehrgeizes oder weil Boccaccio sich den Mut kühlen wollte. Er erkannte vielmehr, daß er alle Qualen, alle Nöte, alle Last der Verlassenheit stärker schildern konnte, wenn er sie in die Seele der Liebenden legte. So trennte er sich von seinem Erlebnis und machte es zu einem unvergänglichen Werk. Denn die «Elegie der Madonna Fiammetta», beeinflußt von der «Vita nuova» des Dante, hat zum erstenmal in der italienischen Dichtung einen tief menschlichen Gehalt. Hier atmet höchste Empfindsamkeit aus jeder Zeile, hier wird jede Regung des Herzens sehr ernst genommen, hier erhalten Gefühle und Leidenschaften absoluten Wert, hier wird die in Wahrheit erdgebundene und wohl auch etwas flatterhafte Maria zu einer hinreißend leidenschaftlichen, ernsthaft liebenden, durch und durch wahrhaftigen Heldin. Und ihren Gefühlen bleibt Fiammetta bis zum Schluß treu, ein Drama der verzweifelten Leidenschaft und der überwältigenden Seelenqual.

Florenz, dieser erste moderne Staat der Welt, war von wunderbar wechselnden Ideen erfüllt, von jenem «Florentiner Geist», der scharf dachte, gut rechnete und damals künstlerisch von Tag zu Tag fruchtbarer wurde. Florenz war die Stadt der Kirchen und Glocken, der unzähligen Türme der Geschlechter, der Privatpaläste der Mozzi, Frescobaldi, Spini, Peruzzi und anderer berühmter Familien, der engen Gassen und der überhängenden Geschosse und Erker, der von Läden und Werkstätten eingesäumten Brücken über den Arno. Florenz war die Stadt der Könige und Hausierer, der Millionäre und Bettler, der großen Handelsherren und Taschendiebe, der Gattinnen, die sich in Abwesenheit ihrer Männer verkleidet in die übelbeleumdeten Lupanare schlichen, in die Bäder, die Stätten der Wollust waren und der großen Unbefangenheit, das Natürliche als natürlich hinzunehmen.

Eine Frau namens Lena klagte 1304 auf Trennung und Herausgabe ihrer Mitgift, weil ihr Mann seinen ehelichen Pflichten nicht nachzukommen imstande sei. Der bischöfliche Vikar verfügte, Lena müsse vierzehn Tage lang acht Arme beköstigen sowie drei Messen lesen lassen. Der Gatte wie sie wurden weiter verurteilt, täglich fünfundzwanzig Vaterunser und ebenso viele Ave-Maria zu beten. Danach sollten sie sich von neuem bemühen, ob sie – so entsühnt – nicht doch endlich die Ehe vollziehen könnten. Aber die Gebete blieben wirkungslos. Lena wurde darauf durch Frauen untersucht, ob sie einen körperlichen Mangel aufweise. Schließlich mußte sich ihr Vater eine Nacht lang neben das Bett der Ehegatten stellen, um zu beobachten, ob sie in gebührender Art alles anstellten, um ihren natürlichen Pflichten zu genügen. Man kam zu dem Ergebnis, es sei Hexenwerk im Spiel, worauf die Ehe, so wie Lena es verlangt hatte, gelöst wurde.

Diese ereignisreiche Stadt sowie viele literarische Vorbilder der Antike, des Orients und des Mittelalters lieferten den Stoff der phantastischen hundert Novellen des Boccaccio.

Als das erstaunliche Kaleidoskop der menschlichen Komödie des Decamerone an Boccaccios Seele vorbeigezogen war, als er nach Vollendung dieses Riesenwerkes die Feder niederlegte, war er nur vierzig Jahre alt. Genau in der Zeit, in der die Pest Tausende und aber Tausende hinraffte, hatte sich Boccaccios Geist erhoben, abseits von Florenz, erhoben zum Gestalten dieses buntesten, lebensfrischesten und

jugendstärksten Werkes seines Jahrhunderts, am Beginn einer neuen Epoche abendländischer Kultur, der Epoche der Wiedergeburt des Geistes und der Gelehrsamkeit.
Boccaccio wird Kämmerer der Stadtverwaltung von Florenz. Er erhält noch andere Ämter, wird als Bevollmächtigter zu Ludwig I. gesandt. Wir sehen ihn in Avignon bei Papst Innozenz VI., zweimal bei Urban V., dann in Rom. Er erhält den Auftrag, der Nonne Beatrice, Dantes Tochter, zehn florentinische Goldgulden nach Ravenna zu überbringen, eine Mission, die er aus seiner tiefen Verehrung für Dante mit großer innerer Anteilnahme ausführte.
Eine unverbrüchliche Freundschaft verband ihn mit Petrarca. Er bewunderte dessen Genie, dessen Klarheit, dessen Wissen, dessen dichterisches Talent. Boccaccio schrieb ganze Bücher eigenhändig für Petrarca ab. Ein ungemein lebendiger Briefwechsel verband die beiden Freunde, ja, Petrarca rettete den Dichter des Decamerone aus seiner tiefsten seelischen Not.
Denn eines Tages erschien ein Mönch bei Boccaccio und machte ihm die Mitteilung, die ihn von jener Stunde an nicht wieder froh werden ließ. Gioacchino Ciani teilte dem Boccaccio mit, der Einsiedler Pietro Petroni aus Siena habe ihm kurz vor seinem Tode einen wichtigen Auftrag erteilt. Petroni galt als heiliger Mann, seine Worte waren ernst zu nehmen, gerade jetzt, in der *Frührenaissance,* da sich die drohenden Wolken der mittelalterlich-christlichen Welt noch nicht verzogen hatten. Petroni prophezeite dem Boccaccio den nahen Tod. Er gehe der Verdammnis entgegen, wenn er nicht sogleich seine lachende Kunst aufgebe und sich den ewigen göttlichen Dingen zuwende.
Boccaccio ist bestürzt. Unerklärliche Unruhe, Angst vor dem Ungewissen, Unsicherheit befallen ihn. Er empfindet jetzt lähmende Müdigkeit. Er ist nur 49 Jahre alt, aber ihn plagen Vorahnungen. Überall sieht er das drohende Verhängnis. Er stürzt an das Feuer des Kamins, er verbrennt seine Schriften, er gibt seine wissenschaftlichen Arbeiten auf, er vertieft sich ganz in religiöse Gedanken. Petrarca sucht seinen Freund von dieser erschreckenden Unruhe zu heilen. Er stellt ihm den Tod ganz anders dar. Er bemüht sich, in Boccaccio eine ruhige und vernünftige Beurteilung der Letzten Dinge zu erwecken, er lädt ihn ein, ganz bei ihm zu wohnen und in vollkommener Geistesgemeinschaft mit dem Freunde zu leben.
Boccaccio ist zu feinfühlig, dieser Aufforderung nachzukommen. Er weiß, er ist jetzt eine Last für jeden wahren Freund. Er zieht nach Neapel, einer Einladung folgend, die der begüterte Acciaiuoli und sein Freund Francesco Nelli an ihn gerichtet hatten. Aber er ist reizbar,

er ist kein einfacher Gast. Sicherlich fand er im Hause des Nelli nicht die Behandlung, die er sich erträumte, und er erträumte sich sehr viel, denn Neapel war die Stätte seiner süßesten Erinnerungen. Aber so schlimm, wie er die Zustände im Hause seines Gastgebers in einem Brief schildert, wird es wohl nicht gewesen sein. Er sagt, er hätte in einer Art Kloake wohnen müssen, schmutzig und stinkend, überall habe er Spinnweben entdeckt, er habe in einem jämmerlichen Bett gelegen, voll Zeugs, das sich zu kleinen Kugeln zusammenballte. Die Decken seien geflickt gewesen, ein Kopfkissen gab es nicht. Ausgehungertes Lumpengesindel habe an der Tafel gesessen. Barone, die scharenweise ankamen und sich als Völler, Vielfraße, Speichellecker, Eseltreiber und Lausebengel herausstellten, sowie Köche und Küchenjungen gehörten zu dieser Gesellschaft. Gestalten hätten sich da herumgetrieben, halb bekleidet, mit dünnen, zerfetzten Lumpen und nackt bis zu den Knien, unehrliche, feige, ausgehungerte Flegel. Die hätten sich wie wilde Tiere voller Gier auf die Speisen gestürzt und sie hinuntergeschlungen.
Boccaccio suchte nur die Ruhe, einen sauberen Tisch, guten Wein, ein ordentliches Bett, ein Zimmer. Über seinen «Mäzen» Acciaiuoli schrieb er: «Obwohl er groß und reich ist, zweifle ich nicht daran, daß ich viel angesehener bin als er und von den Leuten, die uns beide kennen, geachtet werde, obwohl ich arm bin.» Acciaiuoli war ein Emporkömmling, der den großen Mann spielte, seinen Bauch pflegte und zahllose Besucher Stunden um Stunden warten ließ, während er sich, nach den Worten Boccaccios, den Anschein gab, als wäre er in tiefste Gedanken versunken. Lieber wollte Boccaccio betteln, als mit solchen Mäzenen zu tun haben.
Das ruhige Leben, das sich der Dichter wünschte, fand er nur in Certaldo: ein einfaches Bett, herzhaftes Essen, Felder, Hügel, Bäume, bunte Blüten, Nachtigallen, alles abseits der «ewig geschäftigen Intrigen der Städter». Er wird nach Florenz gerufen. In der Kirche San Stefano della Badia soll er öffentliche Vorlesungen über Dante halten. Er erläutert die Göttliche Komödie. Aber er ist krank. Immer wieder packt ihn ein Fieber, er ist niedergeschlagen, körperliche Leiden machen ihm die weiteren Vorlesungen unmöglich.
Boccaccio, der Mann, der sich der Pest so geschickt entzogen hatte, versinkt in sieche, quälende Apathie. Peinigende Räude hat ihn befallen. Er empfindet sein Leben nur noch als Marter, als langsam anschleichenden Tod. Sein Hautausschlag verursacht brennendes Jucken. Tagelang, nächtelang sucht er sich durch Kratzen mit den Fingernägeln Linderung zu verschaffen. Nierenschmerzen, Milzschwellungen, Gallenentzündungen, Husten, Heiserkeit, Kopfschmerzen – das Leben

wird ihm eine einzige Plage. Er haßt seinen siechen Körper, er haßt sich selbst.

«Es schweigt mein kleines Zimmer. Ich höre nicht mehr wie sonst das Echo meiner Lieder. Alles in mir verfällt in trostlose Trauer.»

Jetzt sieht er im Tode nur noch Befreiung seiner Leiden. Als sein bester Freund, Petrarca, stirbt, empfindet er die Welt als grauenhaft leer und trostlos. Er sehnt sich dorthin, wo schon längst Fiammetta ist. Er stirbt am 21. Dezember 1375.

Der erste Kunsthistoriker Europas

«Niemand wird es seltsam finden, daß Michelangelo die Einsamkeit liebte, da er sich so sehr der Kunst ergeben hatte, die den Menschen ganz für sich haben will und denen, die sich ihr widmen, zur Pflicht macht, die Gesellschaft zu meiden.» – Giorgio Vasari, Lebensbeschreibung der ausgezeichnetsten Maler, Bildhauer und Architekten

Die Bezeichnung Renaissance, Wiedergeburt, als eine Erscheinung der abendländischen Kultur, findet sich zuerst im Werk eines Mannes, der merkwürdigerweise in derselben Stadt geboren wurde wie der Vater des Humanismus, in Arezzo. Allerdings liegen zwischen dem Tode des Petrarca und der Geburt des Vasari 137 Jahre.

Giorgio Vasari ist der erste Kunsthistoriker Europas. Dieses Universalgenie baute und malte und schrieb die interessanteste Biographie über die Renaissancekünstler. Er legte in einem unerhört kühnen Wurf den Grundstein der wissenschaftlichen Kunstbetrachtung.

Giorgio Vasari wurde in Florenz erzogen. Er war ein Schüler von Michelangelo, von Andrea del Sarto und Baccio Bandinelli. Die Medici-Fürsten förderten seine Meister wie ihn. Er besuchte Rom im Gefolge von Kardinal Ippolito von Medici und studierte die Arbeiten von Raffael und seinen Schülern.

Vasari ist ein ungewöhnlich interessanter Mensch, weil er auf so vielen Gebieten außerordentlich Bedeutendes schuf. Er ist eine Gestalt, wie wohl nur die Renaissance sie hervorbringen konnte. Er malte die Wände und die Decke der großen Halle des Palazzo Vecchio in Florenz aus. Er schuf Fresken in der Kuppel der Kathedrale. Als Historiker gebührt ihm der Ruhm, das Kunstschaffen Italiens in seiner Gesamtheit wie kein anderer überschaut zu haben. Sein Werk schildert die Entwicklung der Kunst von dem Augenblick an, in dem man den alten byzantinischen Stil überwunden hatte, bis zu dem Moment, in dem er selbst die Feder niederlegte. So mächtig war Vasari zeitweilig in Florenz, daß Cosimo I. de' Medici ihn bei fast allen seinen Aufträgen mitbestimmen ließ. Dabei besaß dieser Cosimo, der Große genannt, zwar die Verschlagenheit, aber nicht die Tugenden der Mediceer, denen er seine Größe verdankte.

Ganz Ungewöhnliches leistete Vasari als Architekt. Er gab dem Hof des Palazzo Vecchio seine heutige Form. Er leitete die innere Ausge-

staltung des Palastes, er erhöhte den Hauptsaal. Tag und Nacht arbeitete er hier mit seinen Schülern an den Fresken.
Vasari vollendete den Bau der Biblioteca Laurenziana. Er ist der Schöpfer des Riesenbaues der Uffizien. Im Erdgeschoß entstand aus seiner kühnen Vision und unter seinen Anweisungen eine der schönsten Hallen Italiens. Vasari wurde der Begründer der florentinischen Akademie, in der die bedeutendsten Künstler der Stadt zusammenfanden.
Es ist die Stunde, in der Kunst und Kunsthandwerk sich trennen, eine Unterscheidung, die im Mittelalter unbekannt war.
Das Erstaunliche am literarischen Werk des Vasari, das er «Lebensbeschreibung der ausgezeichnetsten Maler, Bildhauer und Architekten» nannte, ist die sprühende Lebendigkeit, die Frische, das mitreißende Tempo und Temperament in fast jeder seiner Zeilen. Er wandert wie ein König durch die Räume der größten Maler seiner Zeit. Er kennt sie, er versteht sie wie kein anderer, er ist ehrlich und neidlos in seinem Lob, ein gerechter Biograph. Er erfreute sich weitverzweigter Beziehungen, bediente sich mündlicher Überlieferung, kannte auch schon die Mittel des modernen Interviews.
«Wirklich wunderbar und gottbegnadet war Leonardo, der Sohn des Piero da Vinci», schreibt er. Er erzählt uns, daß Leonardo das Lautenspiel erlernte und wundervolle Lieder zu diesem Instrument sang. Keiner habe ihn je in seinen Zeichnungen an Zartheit erreicht.
Von Vasari wissen wir, daß Leonardo Modelle und Zeichnungen verfertigte, in denen er zeigte, wie man Berge abtragen und durchbohren kann, wie man mit Hebebäumen große Lasten hebt, wie man Seehäfen ausbaggert. «Solche schwierigen Dinge erdachte sein Geist ohne Unterlaß.» Vasari erzählt, wie Leonardo das Bildnis der Mona Lisa malte. «Ihr Mund hatte, wo die Lippen sich schließen und das Rot mit der Farbe des Gesichtes sich vereint, eine Vollkommenheit, daß er nicht wie gemalt, sondern wie von Fleisch und Blut erschien. Wer die Halsgrube aufmerksam betrachtete, glaubte das Schlagen der Pulse zu sehen.»
Er erzählt, wie Giorgione dem Leonardo nacheiferte, solange er lebte, wie dessen Geliebte von der Pest ergriffen wurde, wie Giorgione zu ihr ging, ohne dies zu ahnen, und schon im vierunddreißigsten Lebensjahr starb.
Papst Leo X. hatte den Wunsch, reiche Teppiche von Gold und Seide weben zu lassen. Wir erfahren von Vasari, daß Raffael als Vorlage hierzu mit eigener Hand mächtige farbige Kartons anfertigte, genau in der Form und Größe, wie die Originale werden sollten. In Brüssel wurden die Teppiche gewirkt. «Das Ganze ist eher ein Wunder als ein Werk menschlicher Hand», sagt Vasari von den Gobelins, die heute

im Vatikan, in der Galerie der Tapisserien, zu sehen sind und St. Peter einsäumten, als Papst Johannes XXIII. das Konzil eröffnete.
Sehr jung starb Raffael, mit siebenunddreißig Jahren. Wie schön ist es doch, was Vasari über ihn sagt: «*Leicht konnte beim Tode dieses edlen Künstlers auch die Malerei ihr Ende finden, denn als er die Augen schloß, blieb sie fast ohne Licht zurück.*»
Michelangelo habe seinen Gestalten solche Kraft gegeben, daß er das Wort Dantes verwirklichte: «Die Toten schienen tot, die Lebenden lebendig.» Vasari meint, man erkenne bei Michelangelo «die erschrekkende Gewalt der Kunst». Man sehe in seinen Gestalten Gedanken und Leidenschaften, die kein anderer außer ihm je gemalt hat. Und von der unvollendeten Pietà des Michelangelo sagt er, einen Körper, der diesem toten Christus vergleichbar wäre, könne man sonst nirgends sehen, wie er niedersinke mit hingegossenen Gliedern, ein mühevolles Werk, wie es nur selten aus einem einzigen Stein erschaffen wurde, wahrhaft göttlich.
Der Mann, der die Größten seiner Tage so eindrucksvoll für alle Zeiten hinstellte, erwähnt nur in Demut und Bescheidenheit, man habe für das Grab Michelangelos weißen und bunten Marmor benötigt, und es sei nach einer von ihm, Vasari, verfertigten Zeichnung entstanden.
Die Stadt Florenz aber läßt er vor uns aufleuchten wie nie zuvor in der Epoche ihres größten Glanzes, weil die Künste dort in einer Weise blühten, daß er glaubt, man könne ohne Kränkung anderer Städte sagen, Florenz sei ihre eigentliche Wiege, ihre wahre Heimat, so wie Athen einst Heimat aller Wissenschaften war.

Die erstaunlichen Visconti

«Das ghibellinische Geschlecht Visconti, dessen Glück Matteo zur Zeit Heinrichs VII. begründet hatte, war schnell emporgekommen. Seine Geschichte ist erfüllt mit Verbrechen schrecklicher Natur, aber auch mit Taten von hoher Kraft, Klugheit und Regententugend. Das Wappen der Visconti war die Viper, ihr passendes Symbol.» – Ferdinand Gregorovius, Geschichte der Stadt Rom im Mittelalter, Bd. 2, Dresden 1926, p. 400.

Ist morgen Jagdtag? Sind die Hunde des Bernabo gut in Form? Was denkt der Herrscher? Was *wünscht* der Herrscher?

Am wichtigsten ist die Eberjagd. Wer den Fürsten bei diesem Vergnügen stören will, wer ihm sein Jagdrecht streitig zu machen wagt, wird unter entsetzlichen Martern hingerichtet.

Ganz Mailand zittert. Fünftausend Jagdhunde werden von der Bevölkerung gefüttert. Stirbt ein Hund, so wandern einige Bürger zum Schafott. Zu Mailand hält Bernabo Gericht. Seine ständigen Kriege verschlingen Unsummen. Aber dafür sind die Steuern da, die mit Gewalt eingetrieben werden.

Sieben Töchter hat Bernabo Visconti, und jede erhält eine Mitgift von 100000 Golddukaten. Als seine Gemahlin stirbt, werden alle Untertanen aufgefordert, mit dem Herrscher das Leid zu teilen. Ein Jahr lang muß die gesamte Bevölkerung von Mailand Trauer tragen. Weniger traurig ist man, als der Tyrann selbst von seinem Neffen Gian Galeazzo umgebracht wird.

Die Visconti waren Stadtherrscher, die durch Gewalt oder Geld ihre dynastische Stellung erworben hatten, nicht durch angestammte monarchische Herkunft. Man nannte einen solchen Einzelherrscher «Signore». Gian Galeazzo, die großartigste Erscheinung eines italienischen Signore, hatte die Signorie von Mailand durch Geldzahlungen an König Wenzel zu einem souveränen Fürstentum erheben lassen und wurde selbst Herzog von Mailand und aller dazugehörigen Gebiete. Er rühmte sich jetzt, sein Staat reiche von Meer zu Meer. So ein Regime im vierzehnten Jahrhundert war nicht nur Gewaltherrschaft. Es brachte auch zuweilen politische Stabilität und wirtschaftlichen Aufschwung. Gian unternahm gewaltige Dammbauten, um die Flüsse von Mantua und Padua ableiten zu können. So ließ man feindliche Städte verdursten und machte sie mit einem Schlag wehrlos. Ja, er dachte sogar an eine Trockenlegung der Lagune von Venedig, dieser Mailand immer feindlichen Stadt.

Der Renaissancefürst mit dem Sinn für das Kolossale gründete «das wunderbarste aller Klöster», die Certosa von Pavia. Der Dom von Mailand, der an Größe und Pracht alle Kirchen der Christenheit übertreffen sollte, begann unter dem unbändigen Machtwillen dieses Herrschers zu entstehen. Der Palast in Pavia, den er vollendete, war wohl die schönste Fürstenresidenz des damaligen Europas. Dort schloß sich Gian Galeazzo immer wieder mit den Reliquien der Heiligen ein, die er sein Leben lang sammelte. Stunden und Tage verbrachte er in eigentümlichen religiösen Übungen. Er war von tiefem Glauben beseelt, schätzte die Einsamkeit, versuchte Ermüdung zu vermeiden, was ihm manchmal als Furchtsamkeit ausgelegt wurde. Er gehörte zu den Menschen, die im Unglück unsicher werden, im Glück aber geradezu waghalsig. Gian Galeazzo gab ungeheuer viel Geld aus. Sein Name, davon träumte er, sollte in der ganzen Welt mit Ehrfurcht und Bewunderung genannt werden. König von Italien wollte er werden. Kaiser des Abendlandes! Aber ihn befiel plötzlich die Pest, und er starb am 5. September 1402.

Im berühmten Geschlecht der Visconti hatte sich von Generation zu Generation eine schleichende Erbschaft von Grausamkeit und Feigheit angestaut. Davon erbte der nächste der Visconti, Gian Maria, leider mehr als genug. Auch er wurde durch seine Hunde berühmt. Aber es waren jetzt keine Jagdhunde mehr. Es waren gefährliche Bracken, abgerichtet zum Zerreißen von Menschen. Sogar die Rufnamen der Hunde sind überliefert wie die Namen einiger Tiger und Bären römischer Kaiser, die in der Arena auf Menschen gehetzt wurden. Seine Mutter ließ Gian Maria vergiften. Ganze Familien von Freunden und Verwandten befahl er meuchlings zu ermorden.

Verurteilte Verbrecher wurden von Gian Marias Hunden zerrissen, wobei der Fürst interessiert zusah. Sein Tierwärter und Vertrauter, Squarcia Girami, ging mit ihm nachts durch die Straßen und ließ verspätete Bürger von den Hunden wie Wild jagen.

Durch Hunger und Krieg geschwächt, rief das Volk endlich auf allen Straßen Mailands nach Frieden. Aber Gian Maria paßte das nicht. Jedem, der in Zukunft die Worte «Frieden» oder «Krieg» auszusprechen wagte, drohte der Galgen. Selbst die Priester mußten von nun an statt «dona nobis pacem» sagen «dona nobis tranquillitatem». Einige Edelmänner ermordeten schließlich den Tyrannen während der Messe in der Kirche San Gottardo. Sie starben dafür in der Tortur. Nur eine Straßendirne legte Rosen auf das Grab des von allen Gehaßten und wurde dafür von dessen Bruder großzügig beschenkt.

Filippo Maria Visconti hatte einen ebenso grausamen Charakter wie einige seiner Vorgänger, besaß wenig Willenskraft, träumte aber stän-

dig von Eroberungen. Nur fehlte ihm der Mut, sich an die Spitze eines Heeres zu stellen und sich in Gefahr zu begeben. Der häßliche, viel zu dicke Fürst betrog Freunde und Feinde, legte aber zuweilen völlig unerwartet Großmut an den Tag. Geschick bewies er lediglich in der Wahl von Feldherren, und nur daraus erklären sich einige seiner Erfolge. Dieser letzte Visconti litt an Verfolgungswahn. Alle Staatsmittel und die Politik des Fürstentums mußten in erster Linie der Sicherung seiner Person dienen. Im Castello von Mailand saß der eigentümliche, stiernackige Mann, Tag und Nacht von Wachen und Dienern umgeben, ständig in Angst. Verließ er die Paläste, dann nur, um hinauszufahren zu den prächtigen Schlössern in den Landstädten. Nie wagte er sich in das Herz von Mailand. Seine Reisegesellschaft mußte sich auf hochgeheimen Straßen und Pfaden bewegen, die jedem Verkehr gesperrt waren. Auch wurden besondere Kanäle angelegt, die nur von der Barkenflottille des Fürsten befahren werden durften. Gezogen wurden diese Barken von edlen Pferden.
Berühmte Maler erschienen. Sie wollten das Porträt des Fürsten auf die Leinwand bannen. Filippo Maria war entsetzt. Er wußte, daß er häßlich war. Und außerdem schien es ihm gefährlich, gemalt zu werden. Meuchelmörder hätten ihn nach dem Porträt besser erkennen können. Kaiser Sigismund, Sohn Kaiser Karls IV., kommt nach Mailand. Da geschieht etwas Ungeheuerliches: Filippo Maria, sein Gastgeber, läßt ihm einen ungewöhnlich glänzenden Empfang bereiten. Aber aus seiner Angst, aus seiner Zurückgezogenheit bringt ihn selbst dieser höchste Besuch der damaligen Welt nicht heraus. Der Gastgeber kommt dem Gast kein einziges Mal zu Gesicht.
Hundert unsichtbare Augen schauten aus heimlichen Scharten und Luken auf jeden, der sich dem Castello näherte. Wer sich vor der Burg sehen ließ, wurde sofort verhaftet. Der Visconti fürchtete nämlich, daß Spione von innen mit Passanten draußen staatsgefährliche Verbindungen aufnehmen könnten. Darum durfte sich auch im Palast niemand in der Nähe eines Fensters aufhalten. Diplomaten, Höflinge und Ritter, sogar persönliche Berater des Fürsten, sie alle mußten ein kompliziertes System von Untersuchungen mit Leibesvisitation über sich ergehen lassen. Dann erst konnten sie das Castello betreten, den Staatsgeschäften nachgehen oder dem Fürsten als Lakaien dienen, was beides in gleich hohem Ansehen stand. Allnächtlich zog eine merkwürdige Prozession durch die großen, hohen Räume des Palastes. Betten, Kissen, seidene Decken wurden von Dienern lautlos durch die Korridore getragen, wobei Filippo den Gespensterzug im Schlafgewand leitete. Niemand sollte wissen, in welchem Gemach er sich zur Ruhe legen würde. Es war eine seiner Maßnahmen, dem Meuchelmord zu

entgehen. Lag er dann endlich in einem Zimmer des Palastes, dann wagte er doch nicht, die Augen zu schließen. Im Kerzenschein blinzelte er zu den Cubucularii, seinen Nachtwächtern, die die allerpersönlichsten Privatgemächer zu bewachen hatten. Wer weiß, vielleicht befand sich unter diesen ausgesuchten und vielmals auf die Probe gestellten Treuesten der Treuen doch ein Verräter.

So fand der furchtsame Filippo Maria nur selten Ruhe und suchte in den schlaflosen Nächten seinen Geist auf Dinge höherer Ebene zu richten. Stunden um Stunden starrte er in den Himmel, beobachtete mit den feinsten optischen Geräten der damaligen Zeit die Gestirne und betete sie sogar an. Von der Sterndeutung hielt er sehr viel, wollte aber daneben ein gläubiger Christ sein, und so betete er auch zum Gott der Christenheit. Dann wieder las er einsam bei Kerzenlicht französische Ritterromane, während alle halbe Stunde eine Wache melden mußte, daß nichts Verdächtiges zu beobachten sei. Schlaflos, immer die Dunkelheit fürchtend, mußten die Wachen nachts öfters gewechselt werden – aus Sicherheitsgründen. Ganz unerträglich war ihm der Donner. Es mußte daher ein Raum mit doppelten Wänden erbaut werden. Dort saß er bebend, schwer atmend, mit Schweiß auf der Stirn, wenn ein Ungewitter über die Stadt zog. Daß diese Hoheit aber auch staatsmännisches Geschick besaß, Geschmack und Sinn für alle Künstler aufzubringen wußte, daß sie Tiere liebte, steht außer Zweifel. Die Bauten am Mailänder Dom und an der Certosa von Pavia wurden von ihm mit Umsicht und Energie gefördert.

Dagegen wußte er seine Generäle immer geschickt gegeneinander auszuspielen, denn niemand sollte zu mächtig werden. Er ließ sie bespitzeln. Er war so ängstlich, daß er seine eigenen Feldherren oft daran hinderte, einen vollständigen Sieg zu erringen.

Ein schreckliches Schicksal traf seine Frau Beatrice di Tenda. Da sie Musik liebte, ließ sie sich von einem Pagen die Flöte spielen. Dem Fürsten wurde mitgeteilt, man habe beobachtet, daß der Page auf ihrem Bett saß. Ehe noch der Page während des Verhörs in die Tortur genommen wurde, gestand er eine sicherlich ausgedachte Schuld.

Beatrice beteuerte ihre Unschuld, wurde aber so grausam gemartert, daß sie schwach werden mußte und «alles» zugab. Gleich nach dem Aussetzen der Tortur widerrief sie und beklagte sich über die Lügen des Pagen. Sie und der Page wurden hingerichtet. Damit nicht genug – auch die Mägde ihrer Schlafgemächer mußten daran glauben. Obgleich in der Renaissance solche Verleumdungen, so großes Mißtrauen und so schreckliche Folgen nichts Ungewöhnliches waren, wurde Beatrice von den Romantikern als eine Heldin besungen.

Im Castello zu Mailand durfte nach strengem Befehl des Filippo Maria nie der Tod erwähnt werden, und niemand durfte in der «Burg des Glücks» sterben. Sogar seine Freunde und Günstlinge ließ er schleunigst hinausschaffen, wenn sie zu erbleichen drohten! Er selbst aber starb in «Anstand und Würde», wie es damals hieß, am 7. August 1447 an Dysenterie. Dieser Fürst voller Gegensätze im Charakter hatte sich geweigert, von seinen Ärzten einen Aderlaß vornehmen zu lassen, um so seinen eigenen Tod furchtlos zu beschleunigen.

In Diensten des Filippo Maria stand ein Mann von außerordentlichen Fähigkeiten, eine der interessantesten Persönlichkeiten der Renaissance. Es war der Condottiere *Francesco Sforza*. Dieser Sforza hatte sich rechtzeitig wenigstens einen gewissen Anspruch auf Mailand gesichert. Als Filippo Maria Visconti dringend einen General mit Heeresmacht benötigte, wandte er sich an Francesco Sforza. Francesco, nicht nur ein tapferer Krieger, sondern auch ein geschickter Politiker, hatte von Visconti die Hand der Bianca Maria erbeten. Das Mädchen war die natürliche Tochter des Filippo und seiner Mätresse Agnes de Maiano, die der Visconti wirklich liebte. Die feierliche Verlobung fand 1433 in einem der Säle des Castello statt. Bianca Maria war acht Jahre alt. Nun versuchte Filippo Maria, seine Tochter dem Francesco aus allen möglichen Gründen zu entziehen, nicht weil sie so jung war, sondern weil er den Machtzuwachs des Condottiere fürchtete. Wenn auch Bianca Maria nur die Tochter seiner Mätresse war, so würde doch Sforza durch die Heirat einen gewissen Anspruch auf Mailand erhalten, denn Filippo Maria besaß keinen direkten Erben.

Erst acht Jahre später, im Alter von sechzehn Jahren, heiratete Bianca Maria den über vierzigjährigen Francesco. Die Hochzeit fand in der Kirche San Sigismundo zu Cremona statt, der Stadt, die Bianca am meisten liebte. Bianca sollte vorher mit anderen Männern verheiratet werden, Persönlichkeiten, die ihr Vater weniger fürchtete. Sie aber hatte immer abgelehnt. Sie bestand auf Sforza.

Ehe Francesco heiratete, hatte er bereits 22 Kinder. Aber wir sind in der Zeit der Renaissance. Man fand solchen «Reichtum» bei einem Fürsten selbstverständlich, und Bianca machte ihrem Gemahl nie den leisesten Vorwurf daraus. Sforza pflegte zu sagen, unter all dem Guten, das Gott ihm geschenkt habe, sei seine Frau das größte Geschenk. Ihre Tugend, Liebenswürdigkeit und Schönheit hatten die Bewunderung und Liebe der ganzen damaligen Welt erweckt. Die Truppen verehrten sie wie eine Heilige. Sie half den Armen und Kranken, hatte viel Geschmack, kleidete sich mit außerordentlicher Raffinesse und hat dabei sogar persönlich die Erstürmung belagerter Städte geleitet, wenn ihr Mann nicht anwesend sein konnte.

Francesco Sforza und seine junge Frau errangen den Thron von Mai-

land unter dem Beifall aller Bürger. Im Februar 1450 hielten sie triumphalen Einzug in die Stadt. So groß war die Freude, so gewaltig der Ansturm des begeisterten Volkes, daß es Francesco nicht gelang, von seinem Pferd abzusitzen. Er wurde hoch zu Roß in die Kathedrale hineingedrängt. Er verließ die Kathedrale auch zu Pferd. Im Sattel aß er eine Kleinigkeit und trank einen Becher Wein. Dann jagte er zurück zu seinen Soldaten, zu seinem Lager nach Vimercate.
Sechzehn Jahre regierte Francesco Sforza als Herzog von Mailand. Er selbst lebte sehr einfach, hielt aber großen Hof. Er zog führende Künstler und Wissenschaftler an den Palast und sorgte für eine hervorragende Erziehung seiner Kinder nach dem humanistischen Ideal, das damals im ganzen Abendland aufzublühen begann.
Als die Gewaltherrschaft von Filippo Maria Visconti zu Ende war, da hatte sich das Volk von Mailand auf das Castello gestürzt. Man wollte alles niederreißen. Die Machthaber mußten eine planmäßige Zerstörung versprechen, um die allgemeine Plünderung zu verhindern. Vom alten Palast der Visconti blieb nicht viel übrig. Jetzt ließ Francesco Sforza das Castello wieder herrichten. Er ernannte den berühmten Giovanni Solari zum Architekten von Mailand und stellte 36000 Dukaten für die erste Finanzierung der Bauten zur Verfügung.
Auch über die Lombardei zog damals die Pest. Nach einer Belagerung verbreitete sie sich von Stadt zu Stadt. Der geniale Architekt Giovanni Solari konnte noch gerade den Bau eines großen Turms vollenden, dann fiel er dem Schwarzen Tod zum Opfer.
Mit einem Eifer sondergleichen pflegten die Universitäten die Künste und Wissenschaften der Antike. Der Renaissance-Humanismus hatte ganz Italien erfaßt. Humanisten wurden aus Griechenland und Konstantinopel herangezogen. Das Schrifttum der Römer und Griechen wurde neu gesammelt, Bibliotheken klassischer Literatur wurden angelegt. Jedermann wollte Latein oder Griechisch lesen und sprechen. Der große Bildhauer und Architekt Antonio d'Averlino ließ sich Filarete nennen, zu griechisch «Freund der Tugend». Der Schöpfer des Bronzeportals des St.-Peter-Domes zu Rom war jetzt weltberühmt. Francesco Sforza berief ihn nach Mailand. Er wurde jetzt der Architekt des Castello. Im ganzen brachte Francesco die ungeheure Summe von über einer Million Dukaten für die Arbeiten am Castello auf. Erst als er starb, waren die mächtigen Bauten vollendet, zu spät, um je von Francesco bewohnt zu werden.
Die Sforza haben von Mailand aus eine brillante Kunst- und Kulturepoche eingeleitet. Sie bilden eine Reihe ganz ungewöhnlicher Gestalten, die auf die geistige Haltung und den Schöpferwillen des Abendlandes sehr tiefgehende Einflüsse ausgeübt haben.

Genie und Wahnsinn der Sforza

«So stieg ein Condottiere auf einen Fürstenthron. Der Sohn des Bauern von Cotignola ward Stifter einer neuen Dynastie. Sie glänzt nur durch seinen Namen; minder glücklich, minder dauernd als jene der Visconti und von gleicher Frevelschuld voll, fand sie nach sechzig Jahren einen ruhmlosen Untergang.» – Ferdinand Gregorovius, Geschichte der Stadt Rom im Mittelalter, Bd. 2, Dresden 1926, p. 644

Die Familie der Sforza stammte aus Cotignola bei Faenza, unweit der Küste des Adriatischen Meeres. Eigentlich hieß die Familie Attendolo. Aber Muzio Attendolo war ein ganz eigenartiger Mann. Er hatte ein sehr ansprechendes Bauerngesicht, ein wundervolles Gedächtnis, das über Jahre hinaus nicht nur jeden Menschen, sondern auch Pferde wiedererkannte, und er besaß einen wilden Trotz. Als er sich einmal dem Grafen Alberigo von Barbiano, seinem Brotherrn, widersetzte, da rief dieser ihm zu: «Wie, auch mir willst du trotzen? Dann sollst du von nun an den Namen Sforza führen!»

Sforza ist der «Erzwinger», und ein Erzwinger, allerdings mit vielen hervorragenden Eigenschaften und mit Verstand, ist Muzio immer geblieben. Die Attendoli kamen eben zu Macht und Ansehen, weil das Geschlecht solche tüchtigen und mutigen Söhne hervorbrachte. Aber noch etwas anderes trug dazu bei. Es war die große Fruchtbarkeit und wunderbare Gesundheit der Elisa dei Petrascini. Auch die Petrascini waren weit über Faenza hinaus, in der ganzen Romagna, wegen ihrer Standhaftigkeit und wegen ihrer Genügsamkeit hoch geachtet. Elisa gebar dem Muzio einundzwanzig Kinder. Sie hatte einen fast männlichen Geist, hielt viel von Abhärtung und achtete auf strenge Zucht. Sie war, was man damals eine «virago» nannte, eine Persönlichkeit, ein Charakter, eine Harmonie von Schönheit, Erziehung, Haltung, guten Sitten und Entschlußkraft, Eigenschaften, die man in einer so gefährlichen und schicksalvollen Zeit an einer Frau hoch schätzen mußte. Von ihren einundzwanzig Kindern wurden fünfzehn Söhne Soldaten. Schöne Kleider, erlesene Speisen, weiche Betten waren im Hause der Elisa unbekannt. Dagegen hingen Schilde und Lanzen an den Wänden, so daß die Wohnung mehr einem Arsenal oder einer kleinen Festung glich. Die Kinder durften sich nach des Tages Mühen auf die großen Betten werfen, aber Decken gab es nie. Ebenso wurden

keine regelmäßigen Mahlzeiten gehalten. Dagegen standen körperliche Ertüchtigung, Gewöhnung an Entbehrungen, das geschickte Führen der Waffen und die Reitkunst an erster Stelle.
Die Erzfeinde der Attendoli waren die Pasolini, eine vornehme Ghibellinen-Familie. Manchmal hörte die Fehde auf. Als aber Martino Pasolini die Braut von Bartolo Attendolo raubte, fand der Haß neue Nahrung. Die Attendoli nahmen die ungeheuerliche Kränkung hin, aber selbst damit waren die Pasolini nicht zufrieden. Sie betrachteten es als eine Beleidigung für das von ihnen entführte Mädchen, daß die Attendoli nicht sofort einen Kampf ansagten. Darum griffen sie selbst die Attendoli überraschend an, töteten zwei und verwundeten den Muzio.
Solche Fehden gaben den Beteiligten niemals Ruhe. Selbst auf den Feldern mußten die Söhne und Väter mit den Waffen in der Hand arbeiten. Denn ein Überfall konnte jeden Augenblick stattfinden.
Muzio Attendolo wurde ein berühmter Condottiere. So ein Condottiere war Chef einer Freischar, einer Waffengemeinschaft, man könnte auch sagen einer Räuberbande. Die Bezeichnung Condottiere stammt vom italienischen «condotta», Sold. Der Condottiere schloß einen Soldvertrag mit einer Stadt oder einem Stadtherrn, deren Kriege er führte. Die Ritter und Krieger fanden sich zusammen, und sie konnten sich ebenso schnell zerstreuen, wenn das Land erschöpft war oder wenn ihrem Chef, dem Condottiere, das Geld ausging.
Der Condottiere war Geschäftsführer der ganzen Gesellschaft, gleichzeitig Bandenführer. Er suchte möglichst bewährte Soldaten um sich zu scharen. Er stellte seine kleine Macht jeweils in den Dienst des Fürsten, der ihm die größten Vorteile bot, und trachtete danach, selber ein Fürstentum zu erwerben. Er nahm den Sold und sonstige Gewinne ein und bezahlte seine Leute aus eigener Tasche. Um seine Männer zusammenzuhalten, um ein festes Winterquartier zu haben und für die Unterbringung der Vorräte brauchte der Condottiere Landbesitz, Burgen und Städte, die ihm nach großen gewonnenen Kriegen oft genug gegeben werden mußten. Die Rüstung und die Waffen wurden ständig verbessert. So führte Alberigo von Barbiano das Visier ein und den Ringkragen. Bis zum Knie reichende Pferdedecken aus gegerbtem Leder schützten das Pferd. Bei jeder Waffe, die neu erfunden war, glaubte man, daß Fehden und Kriege nunmehr aufhören müßten, da der bewaffnete Mensch unbesiegbar geworden sei und der Krieg für die Unbewaffneten zu gefährlich.
Muzio Attendolo diente rund fünfzehn Jahre bei Alberigo von Barbiano. Sein Ruhm wurde weit und breit verkündet. Sein Spitzname Sforza ging auf die ganze Familie über. Er besaß gewaltige Kräfte

und konnte ein Hufeisen zusammendrücken wie eine Haarnadel, ebenso in voller Eisenrüstung ohne Steigbügel in den Sattel springen. Seinen Söhnen gab er drei Ratschläge: «Niemals sollst du die Frau eines anderen anrühren. Niemals sollst du einen deiner Leute schlagen, aber wenn du es tust, schick ihn weit weg oder erledige ihn vollends. Niemals sollst du ein hartnäckiges Pferd reiten.» Auch besaß Muzio Sforza ein gutes Rezept für den Fall, daß man drei Feinde hat: «Mach Frieden mit dem ersten, einen Waffenstillstand mit dem zweiten, dann stürze dich mit ganzer Kraft auf den dritten.»

Ein Condottiere des vierzehnten und fünfzehnten Jahrhunderts, der seine Söldlinge zum Teil aus Kriegen, Plünderungen und Lösegeld versorgte, der Kampflisten und Lügen anwenden mußte und dem das Töten eine Gewohnheit war, hielt nicht sehr viel von Kirchenritual und Gebeten. Dennoch war Sforza gegen sich äußerst streng. Täglich ging er zur Messe. Versäumte er je eine, so wohnte er am nächsten Tag zwei Gottesdiensten bei. Er beichtete, er tat Buße, er empfing die Sakramente. Immer zahlte er seine Schulden und war in Geldsachen äußerst zuverlässig. Darum waren alle Bankiers seiner Zeit bereit, ihm auch nach Niederlagen Kredit zu gewähren. Er konnte sehr ritterlich und großmütig sein. Spione und Verräter aber brachte er unbarmherzig zu Tode. Seine Krieger waren hervorragend ausgerüstet und versorgt. Sie trugen zu Paraden ungewöhnlich schöne Gewänder, so daß alle Welt diesen umsichtigen General bewunderte. Er war jeder Kälte gewachsen, litt aber sehr unter Hitze. Immer hatte er Durst. Er war enthaltsam in der Liebe, im Essen und im Schlaf, und er forderte diese Tugenden auch von seinen Männern. Ein junger Soldat seiner Freischar führte überallhin ein Mädchen mit. Um diese zarte Begleitung vor Annäherungen seiner Kameraden zu schützen, damit sie nicht auffiele, auch um ihr das Reiten zu erleichtern, ließ er sie stets einen Knabenanzug tragen. Sforza gefiel das nicht. Er zog seinem jungen Krieger Mädchenkleidung an und zwang ihn dann, vor den Soldaten durch das Lager zu galoppieren.

Als die Stadt Aquila von Braccio belagert wurde, sammelte Muzio seine Truppen. Er wollte die schon elf Monate belagerte Stadt befreien. Braccio erwartete seine Gegner am Fluß Pescara und hatte durch Schanzen und Pfahlwerke das Ufer, an dem er stand, unangreifbar gemacht. Sforza hoffte, der Feind würde den Fluß überschreiten. Braccio aber hielt an seiner günstigen Position fest und wartete. Schließlich wurde Sforza ungeduldig und wagte unweit vom Meer an der Mündung des Flusses den Übergang. Schon hatten seine Männer am jenseitigen Ufer einen Brückenkopf gebildet, da wurden sie unschlüssig.

Man schrieb den 4. Januar 1424. Es war kalt. Es herrschte ein starker

Wind. Vom Meer her rollten schäumende Wellen heran. Sforza spornte seine Männer an. Hörten sie ihn nicht? Er sprengte selbst noch einmal in den Fluß, um ihnen den Weg zu weisen. Neben ihm ritt sein Page. Im aufkommenden Sturm, in der Kälte, im Wind war der Knabe bald erschöpft. Er glitt aus dem Sattel. Sforza griff nach ihm, wollte ihn zu sich auf das Pferd ziehen. Da brach sein eigenes Tier zusammen. Muzio Attendolo stürzte. In seiner Todesangst klammerte sich der Page an seinen Herrn. Sforza trug einen schweren Panzer. Umschlungen vom sterbenden Jüngling, gab es für ihn keine Rettung. Unaufhaltsam trieben ihn die schäumenden Wogen dem Meere zu, während sein Sohn Francesco am Ufer des Flusses nur noch sah, wie er die Hand aus dem Wasser hob. Francesco stürzte sich mit vielen Männern ins Meer. Aber vergebens. Man hat nicht einmal den Leichnam von Muzio Attendolo Sforza gefunden.

Der starke Muzio, der sich einen Spaß daraus machte, die längste und schwerste Lanze von der Erde aufzuheben, indem er sie nur am äußersten Ende mit den Fingern anfaßte, der von seinen Soldaten Angebetete, der Mann der großen Disziplin, erlag der Kraft der Natur. Fünfundfünfzig Jahre war er alt, als er ertrank. Muzios Sohn Francesco führte den Sieg zu Ende. Braccio wurde fünf Monate nach dem Tod des Muzio gefangen und verwundet auf einem Schild in ein Zelt der Sforza-Leute getragen. Seine Wunden waren nach Ansicht der Ärzte nicht tödlich, aber sein Kummer und die Tatsache, daß er jede Nahrung verweigerte, machten seinem Leben am dritten Tage ein Ende.

Francesco Sforza war nicht der Typ eines tugendsamen Fürsten. Ihm war jedes Mittel recht, um zu seinem Ziel zu kommen. Aber er, der von den Mailändern Geliebte und Verehrte, wußte, daß seine Stadt nichts so sehr brauchte wie Ruhe und Frieden. Alle Kraft verwandte er auf die Hebung der Wohlfahrt seines Landes. Er förderte Handel, Gewerbe, Wissenschaften, Kunst und Ackerbau. Er baute, wie wir schon sahen, das zerstörte Castello wieder auf, eigentlich zunächst gegen den Willen der Bevölkerung, die sich an die schrecklichen Tage unter Filippo Maria Visconti erinnerte. Fünfunddreißig Jahre lang hatte dieser Visconti abgeschlossen hinter den Mauern des Castello gelebt. Nun hielt man den Palast für eine Burg des Grauens. Aber Francesco Sforza sah im Castello ein altes Machtzeichen, und da er die Macht der Visconti übernommen hatte, wollte er dieses Wahrzeichen der Herrschaft wiedererstehen lassen. Francesco unterschrieb seine Befehle: «Francischus fortia Wicecomes.» Die herzogliche Stellung sollte auch dadurch betont werden, daß die Visconti-Burg nun zum Wohnsitz der Sforza ausgebaut wurde.

Als Francesco 1466 starb, konnte sein Erbe Galeazzo Maria Sforza das Castello sofort beziehen. Galeazzo war ein Renaissancefürst des feinen Lebensgenusses. Aber er hatte nicht die Klugheit und Ruhe, nicht das Format des Francesco. Als er ganz willkürlich zu herrschen begann, als er «verdächtige» Freunde und Verwandte in die Verbannung schickte, gingen bei Literaten, Abenteurern und Edelleuten hinter verschlossenen Türen von Palästen und in Häusern enger Gassen Flüstergespräche um: es formte sich der Plan, den Tyrannen zu ermorden.

Drei Männer sitzen beisammen im Scheine von Kerzenlicht. Andrea Lampugnani hat schon einmal seinen Kopf verwirkt. Francesco Sforza hatte ihn zum Tode verurteilt. Begnadigt wurde er von Galeazzo Maria. Dennoch will er ihn jetzt umbringen.

Das Motiv von Carlo Visconti ist begreifbar. Er denkt an Mord, weil jetzt ein Sforza im Castello herrscht, nicht mehr seine Familie.

Girolamo Olgiati ist der Idealist unter den dreien, getrieben von Freiheitssinn und von einem heiligen Ziel.

Wie Caesar wird Galeazzo Maria gewarnt. Ein Priester und Astrologe kündigt ihm das baldige Ende an. Galeazzo Maria läßt den ahnungsvollen Mann Gottes in ein Verlies werfen. Ein Brot, ein Stück Huhn, ein Becher Wein, das ist alles, was der zum Tode Verurteilte mitbekommt. Es reichte zwölf Tage.

Man feiert das Weihnachtsfest. Schon am 21. Dezember läßt Galeazzo Maria seinen Chor düstere Weisen, die an das Jenseits mahnen, singen. Er hat die Worte des zu Tode gehungerten Priesters nicht vergessen. Buona, die Frau des Galeazzo Maria, hatte in der Nacht vom 25. zum 26. Dezember wie Calpurnia, die Gattin Caesars, einen schweren Traum. Sie seufzte, sie redete im Schlaf. Sie beschwor Galeazzo, am Stephanstage nicht zur Messe in den Santo Stefano zu gehen, sondern die Messe von Monsignore Branda Castiglioni aus Como im Castello zelebrieren zu lassen.

In der Santo-Stefano-Kirche warteten schon einige der Geliebten des Galeazzo. Sogar Kokotten, die der Herzog höchstpersönlich dorthin beordert hatte, rückten in ihren schweren seidenen Gewändern ungeduldig auf den Kirchenstühlen hin und her. Galeazzo war zunächst unschlüssig, ob er nach Santo Stefano gehen sollte oder nicht. Aber als ahne er die Unausweichbarkeit seiner Ermordung, umarmte er seine Söhne, als würde er sie nie wiedersehen, und ritt zwischen zwei Gesandten zur Kirche. Die Verschworenen standen in feinen Staatsgewändern am Portal.

Jetzt vollzieht sich alles mit präziser Dramatik. Der kleine Zug hält, der Herzog betritt das Gotteshaus. Da singt der Chor: «Sic transit gloria mundi.» Lampugnani geht auf Galeazzo zu, kniet, überreicht ihm eine Bittschrift, ganz so wie Tullius Cimber, der Caesar vor dem Mord die Toga vom Halse zog. Unter der Bittschrift hält Lampugnani das Stilett verborgen. Ganz plötzlich stößt er es dem Galeazzo von unten in die Brust. Galeazzo stürzt. Die beiden anderen Verschworenen durchbohren ihn mit vielen Dolchstichen. Ein wüstes Durcheinander herrscht in der Kirche. Alles rennt hinaus. Der sofort getötete Lampugnani wird von der grölenden Masse an einer Schnur durch die Straßen geschleift. Und schon hört man die Gehilfen der drei Mörder stöhnen – in der Tortur. Der geflohene Visconti wird gefangen und gevierteilt. Zuletzt packt man auch Girolamo Olgiati.

Vor seiner Hinrichtung schrieb dieser zweiundzwanzigjährige Freiheitsheld, er habe die Tat als großes Beispiel dafür vollbracht, daß es auch für Tyrannen Sühne gibt. «Galeazzo, als du hinsankst, da konnten dir all dein Geld, all deine Diener, all deine prunkvollen Feste, ja die ganze Stadt nicht helfen. Denn am Ende schützt auch den Tyrannen nichts!»

Als der Henker das Beil fallen ließ, zitterte ihm die Hand. Die Umstehenden hatten Tränen in den Augen. Girolamo, schwach und gemartert, hauchte noch: «Der Tod ist bitter, aber der Ruhm ist ewig!»

Der Mohr und sein Palast

«Leonardo äußerte sich weitläufig über die Kunst und machte ihm [dem Herzog Lodovico] verständlich, daß erhabene Geister bisweilen am meisten schaffen, wenn sie am wenigsten arbeiten, nämlich in der Zeit, wo sie erfinden und vollkommene Ideen reifen lassen, die dann der Verstand erfaßt und die Hände ausdrücken und formen.» – Giorgio Vasari, Lebensbeschreibung der ausgezeichnetsten Maler, Bildhauer und Architekten

Galeazzo Marias Sohn war nur sieben Jahre alt und an Geist und Körper schwächlich. Durch Gewalt und List machte sich sein Onkel Lodovico zum Herrscher. Da er von bräunlicher Hautfarbe war, wurde er «il moro», der Mohr, genannt.

Lodovico il Moro ist die erstaunlichste fürstliche Gestalt der Renaissance. Zwanzig Jahre lang ist nun der Mailänder Hof der glänzendste Europas. Alle Wertmaßstäbe fegte Lodovico hinweg. Die tiefste Sittenlosigkeit war ihm zuweilen völlig recht. Liebe verlor oft Sinn und Wert, Freundschaften galten nicht unbedingt, manche Familien entzweiten sich, Meutereien kamen in den Städten vor, Zwietracht gab es auf dem Lande, Verrat in den Palästen. Lodovico zog unbekümmert, mit königlicher Würde, wie ein farbig flimmernder Stern über den goldenen Himmel der Renaissance, mit einem erstaunlichen Sinn für Schönheit und Wissen, mit einem verblüffenden Instinkt für die höchsten Werte der Kunst, mit einem fast unbegreiflich guten Gedächtnis. Durch alle Phasen seines wechselvollen Lebens erscheint er als geradezu wunderbare Blüte der Renaissance.

Hunderte von Humanisten saßen an seiner Tafel. In herrlicher Pracht erschien Lodovico zu Hoffesten, für die auserlesene Kunstwerke geschaffen wurden. Ein riesiger Diamant, der einst Karl dem Kühnen gehörte, funkelte am Gewand der imponierenden fürstlichen Gestalt, die, hoch und gerade gewachsen, jeden Zoll königlich wirkte.

Seine Gattin, die schöne Beatrice d'Este, war nur fünf Jahre alt, als sie sich mit Lodovico verloben mußte. Im Jahre 1491 vermählte sich der Mohr mit dem Mädchen, das fünfzehn Jahre und sechs Monate alt war. Aber schon mit zweiundzwanzig war die ehrgeizige, zielbewußte, ungewöhnlich gebildete Beatrice gestorben. Lodovico war ihr sehr ergeben und konnte sie nie vergessen, was man begreift, wenn man sich diese frühlingshafte kleine Gestalt der Renaissance vorstellt. Beatrice war nicht groß von Wuchs, keine klassische Schönheit wie ihre Schwester Isabella, die der Bologneser Jurist Dolfo als die einzige lebende Frau ohne jede menschliche Schwäche bezeichnete, aber doch ungewöhnlich anmutig. Im Louvre zu Paris, in der «Galerie des sculptures de la Renaissance», kann man ihre Marmorbüste sehen. Es ist der Kopf eines Kindes mit einem sehr gescheiten Gesicht, einem winzigen Lächeln auf den Lippen, als ob es sich ein wenig über die Welt amüsiere, alles ein verhaltenes Temperament ausdrückend.

Jetzt war Beatrice Herzogin von Bari, Gattin des allmächtigen Regenten von Mailand, saß im gewaltigen Castello der Sforza und konnte, von allen geliebt, ihrer Phantasie und ihren Ideen freien Lauf lassen. Sie gab große Feste. Sie ließ prachtvolle Gewänder schneidern. Sie freute sich an funkelnden Juwelen und hielt mit immer neuen Ideen und Unternehmungen den Palast in Atem. Sie ritt und ließ sich dabei vom ganzen Hof begleiten. Sie lenkte selbst die Carretta bei ihren Ausflügen in die Umgebung. Wenn diese kindliche Amazone über die Felder galoppierte, stürzten die Damen ihres Gefolges, die nur mit Mühe oder überhaupt nicht Schritt halten konnten. Beatrice ließ es sich nicht nehmen, nach solchen Ritten die feinen Fräulein in einem Wagen persönlich wieder einzusammeln.

Regnete es, so rannte Beatrice durch die Straßen der Stadt. Maskiert und ärmlich gekleidet, stritt sie mit den Händlern, gab Beleidigungen zurück und traf gegen Abend völlig erschöpft im Palast wieder ein. Leidenschaftlich gern jagte sie und wußte glänzend mit Falken umzugehen. Zielsicher traf sie Rotwild mit der Lanze. Als sie sich einmal verirrte und in Gefahr geriet, fand man sie zu später Stunde lachend vor einem erlegten Hirsch.

Lodovico bewunderte das von brennendem Ehrgeiz beseelte, sehr wache Mädchen. Er mußte oft über sie lachen. Aber diese geschickteste Prinzessin der italienischen Renaissance verstand es auch, die Bewunderung der ganzen damaligen Welt auf das Castello zu ziehen. Sie umgab sich mit Künstlern, mit Dichtern, Musikern und Gelehrten, immer unterstützt dabei vom Mohren, dessen Interessen und Geschmack mit ihren Leidenschaften wie in einem wunderbaren Akkord zusammenklangen. Der rätselhafte Leonardo da Vinci war nicht wenig von ihrem Charme angetan. Diesem größten Gelehrten und Künstler der Renaissance stand wirklich die ganze Welt offen wie sonst keinem damaligen Sterblichen. Lodovico il Moro und Beatrice wußten ihn jahrelang an Mailand zu fesseln!

Mailand führte ständig Kriege. Leonardo besaß allumfassende Fähigkeiten, auch als Kriegsingenieur. Er konnte leichte, tragbare Brücken bauen, alle möglichen Arten von Kriegsmaschinen, besonders schwere Kanonen. Er schrieb an Lodovico über sich selbst: «Ich kann Wasser von einem Platz zu einem anderen in Kanälen leiten, außerdem kann

ich Skulpturen und andere Werke in Marmor, Bronze und Terrakotta anfertigen. Ich kann auch ein Bronzepferd und ein Monument errichten, das den dauernden Ruhm und die ewige Ehre meines Herrn und Ihres Vaters gesegneter Erinnerung und des großen Hauses der Sforzas künden wird.»
Leonardo malte unter anderem den nördlichen Eckturm des Castello aus, das Gewölbe der Sala delle Asse im Erdgeschoß. Über der Holzvertäfelung, die sich um die Wände zieht, beginnt die Malerei. Da wachsen mächtige Steineichen empor und formieren sich an der riesigen Wölbung zu einer ganz ungewöhnlichen Laube, aus der die roten Früchte des Baumes leuchten, während durch das Gezweig der blaue Himmel durchblickt. Im Scheitelpunkt erkennt man das Wappenschild der Sforzas.
Durch die Zweige schlingen sich goldene Schnüre in phantastischen und doch regelmäßigen Gebilden, das Ganze ein gemalter Wunderwald, den nur ein Genie ausdenken konnte, das Mathematiker, Maler und Bildhauer war. Die goldenen Schnüre, die immer neue Muster bilden, waren eine Herzensangelegenheit des großen Leonardo. Man findet sie immer wieder in seinen Manuskripten. Sie wurden «Vinci» genannt, was Weidenruten bedeutete, und solche goldenen Schnüre wurden von den vornehmen Damen am Hofe des Moro getragen. Beatrice ließ auf ihr purpurrotes Gewand Vinci aus massivem Gold und grünem und weißem Email, fünf Zoll hoch, aufnähen.
So machte Leonardo auch Mode. Aber noch mehr: Leonardo war der unrechtmäßige Sohn eines Notars in Vinci. Er besaß daher kein Wappen und nannte sich «Leonardo de Ser Piero da Vinci». Vielleicht schätzte er die Verwendung der Vinci als Dekor, weil mit der ursprünglichen Bedeutung für «Weidenrute» auch der Ort seiner Herkunft gekennzeichnet war und so eine Art Wappenzeichen bildete. Erstaunlich gut restauriert, sollte die Sala delle Asse heute die ganze Welt anziehen. Dazu ist jetzt noch das wohl erschütterndste Werk des Michelangelo im Palazzo Sforzesco zu sehen, die Rondanini-Pietà, seine drittletzte unvollendete Schöpfung, so daß sich der Besuch des Castello zu Mailand, dieses wahren Weltwunders, wahrhaftig lohnt.
Als Beatrice 17 Jahre alt war, ging sie, eine Gesandte ihres Mannes, nach Venedig. Bei dem Friedenskongreß Karls VIII. von Frankreich und der italienischen Prinzen gab sie eine Probe ihrer ungewöhnlichen politischen Fähigkeiten.
Dieses brillante Leben endete durch eine unglückliche Geburt am 3. Januar 1497. Der Glanz und die Schönheit des Castello, der Kartause von Pavia und vieler berühmter Bauten der Lombardei sind nicht zum wenigsten auf Beatrices Einfluß zurückzuführen.

Lodovico selbst hat wie kein anderer Fürst vor ihm oder nach ihm die Hauptstadt Mailand ausgeschmückt. Die Kirche San Celso, das Baptisterium von San Satiro, die Kirche Maria delle Grazie sind wahre Lobgesänge seiner Baulust.

Zauberhaft bei Tage, fabelhaft bei Nacht, entstand das Marmorgebirge der gewaltigsten Kathedrale der Welt. Sie ist selbst heute, nächst der Kathedrale von Sevilla und St. Peter in Rom, die größte Kirche Europas. Viele Architekten hatten am Dom gearbeitet, Oberitaliener, Toskaner, Deutsche und Franzosen. Darum kann man die Baugeschichte des Mailänder Doms eine künstlerische Kriegsgeschichte nennen. Denn immer gab es Streit und Auseinandersetzungen zwischen der italienischen Kunst und der nordischen Gotik. Die Gotik, dieser Gerüststil, dieses grandiose Rechenexempel, das die Baumasse auflöst, die Wände zu Pfeilern und Fenstern und Strebebögen werden läßt, diese Gotik streitet hier mit der italienischen Kunst, die immer breite Flächen anstrebte, um Raum für Malerei und Plastik zu erzielen. Das Gestalten der Fläche, das war es, was die Italiener anstrebten. Die Deutschen, so der Baumeister des Straßburger Münsterturms, Ulrich von Ensingen, oder der Franzose Nicolas de Bonneaventure, kämpften um reine Architektur.

Wer in die weite, dämmernde Halle des Domes tritt, wer das Licht in Garben durch die farbigen, märchenhaft bunten Chorfenster in den fünfschiffigen Dom fluten sieht, wird diesen gewaltigen Eindruck nie vergessen. Zwischen den gigantischen Pfeilern kommt man sich unglaublich klein vor. Man hat das Gefühl, in einem Wald mächtiger Bäume zu stehen. Besonders stark ist dieser Eindruck in den Seitenschiffen.

Außen ist der Dom ganz anders. Hier bestechen nicht allein Wucht und Großartigkeit des Raumes, hier wirkt die Fassade wie ein fortlaufender Schmuckteppich. Über den Sockeln, gekrönt von Baldachinen, über den einzelnen Absätzen der Strebepfeiler, in den Fensterleibungen, an den Fialenabschlüssen erheben sich mehr als 6000 Statuen.

Alle bedeutenden lombardischen Künstler des 15. Jahrhunderts haben an diesem Dom gearbeitet. Er hat hundert Baumeister und tausend Bildhauer gehabt. Sein Stil ist ohne Vaterland, er ist nie aus einer einzigen großen Kulturströmung gewachsen. «Gestern war ich auf dem Dom», schrieb Goethe 1788, «um ihn zu erbauen, hat man ein ganzes Marmorgebirge in die abgeschmacktesten Formen gezwungen. Die armen Steine werden noch immer gequält, denn der Unsinn oder vielmehr der Armsinn ist noch lange nicht zu Ende.»

Der Dom macht all solche Kritiken, selbst die Worte Goethes, durch seine Großartigkeit, durch seine Erhabenheit zunichte. Der äußere Eindruck ist trotz aller kunsthistorischen Bedenken märchenhaft. Der Schmuck der Strebebögen, dieses unübersehbare System zierlicher, fast luftiger Marmorbrücken, dieser Wald von Fialtürmen, der sich demjenigen öffnet, der auf den Plattformen und Gängen des Daches wandert, diese zauberhafte Pracht des Äußeren und die majestätische Ruhe im Inneren, die unvergleichlich reine Silhouette des ganzen Gotteshauses, das alles wirkt wie ein gewaltiger Choral und ist einmalig in der Welt.

Lodovico hatte eine besondere Liebe für die Kirche Santa Maria delle Grazie, die er durch den Architekten Donato d'Angelo Bramante umbauen ließ. Er suchte diese, *seine* Kirche täglich auf. Sie sollte die Grabkirche der Sforza werden. Bramante hat den Kuppel- und Chorraum geschaffen, doch nur die unteren Teile wurden unter seiner Leitung ausgeführt. Für das Refektorium aber entstand ein Kunstwerk, vor dem alle kommenden Generationen der Welt in Staunen und Bewunderung hinknien sollten. Alle Jahrhunderte haben sich mit dem Werk seit 1497, seit es fertig war, beschäftigt. Es ist Leonardos «Abendmahl». Es wurde gefeiert, «erklärt», man hat versucht, sein Geheimnis zu ergründen. Unter allen religiösen Bildern der Welt steht es als etwas Einzigartiges da.

Christus hat gerade gesagt: «Einer unter euch wird mich verraten.» Nie ist die Wirkung eines Wortes packender dargestellt worden. Leonardo hat die Freskotechnik nicht geliebt, aber die Aufgabe hat ihn in Himmel gerissen, die von keinem Sterblichen je wieder erreicht wurden.

Schon Vasari erkannte, daß das Antlitz Christi nicht vollendet war. Leonardo konnte den Kopf des Erlösers nicht auf Erden suchen und glaubte nicht, daß er ihn je in seiner Phantasie «in aller Schönheit und himmlischen Anmut» finden könnte. Er traute sich nicht zu, die Schönheit der Apostel Jakobus des Älteren und des Jüngeren zu übertreffen. Er hatte den Köpfen dieser Apostel bereits so viel Majestät und Schönheit gegeben, daß er jetzt vor dem Rätsel stand, wie sollte er der Göttlichkeit Christi nahekommen, wie sollte er sie auf seinem Bild verwirklichen.

Da Vinci hat an dem «Abendmahl» viel länger als vorgesehen gearbeitet. Der Prior von Santa Maria delle Grazie drängte ihn ungestüm, das Werk zu vollenden. Er konnte nicht begreifen, daß der Künstler halbe Tage lang verloren in Betrachtungen zubrachte, während er selbst in gleichmäßigem Tempo den Garten umhackte. Er meinte, auch Leonardo brauche den Pinsel niemals aus der Hand zu legen. Ja, der Prior beschwerte sich beim Herzog Lodovico.

Der ließ Leonardo rufen und versicherte ihm, er habe ihn nur zu sich gebeten, weil der Prior so zudringlich sei. Leonardo wußte, daß der Fürst ein taktvoller Herr war. Er wußte auch, daß der Moro die Emsigkeit des Gärtners nur belächelte. Zwei Köpfe, sagte Leonardo, fehlten ihm noch, der des Erlösers und der des Judas. Wenn ihm für Judas nichts einfalle, so bleibe ihm als Vorbild immer noch der Kopf des lästigen Priors. Dies brachte den Herzog sehr zum Lachen, er gab natürlich Leonardo tausendmal recht. Der Prior sah fortan nicht mehr von seiner Gartenarbeit auf. Er ließ Leonardo in Frieden. Aber er schüttelte hin und wieder stumm sein Haupt. Da Vinci arbeitete tagelang, er hörte nicht auf und setzte dann plötzlich ab, um sein Werk einige Stunden lang zu betrachten. Dabei rührte er den Pinsel nicht an und verharrte in tiefem Nachdenken. Dann ging er fort, kam nicht sobald wieder, erschien plötzlich, setzte ein paar Pinselstriche auf die Wand, verschwand wieder und so fort und fort, gejagt von seinem rätselhaft unbändigen Genius.

Unter der Regierung des Moro gelangte die Renaissance in Mailand zur höchsten und herrlichsten Entfaltung. Zu seiner ästhetischen Unersättlichkeit brachte dieser zwielichtige Fürst die höchsten menschlichen Gaben mit, einen Sinn für innere und äußere Kultur ohnegleichen, so daß sein Hof und Mailand am Ende des 15. Jahrhunderts zu den gefeiertsten Fürstensitzen Europas zählte.

Ich habe in der Certosa di Pavia vor dem Grabmal Lodovicos gestanden. Beide, er und die anmutige Beatrice d'Este, liegen in großer Ruhe, von Cristoforo Solari realistisch und doch sehr fein modelliert, auf der Grabplatte. Das Grabmal ist zerstört, nur die Statuen sind erhalten. Lodovico hatte im Testament bestimmt, daß er neben Beatrice ruhen wolle. An ihrem Gewand sind die Schnüre zu erkennen, die da Vinci zur Mode gemacht hatte, und ihr stumpfes Näschen ragt über den energischen Mund aus diesem Kinderantlitz fast spöttisch in die Ewigkeit.

Du wirst dort vor der marmornen Starre der Sarkophagplatte nicht begreifen, wie ein kurzes Menschenleben einer ganzen Epoche einen solch berauschenden Atem der Kunst und des Glücks einflößen konnte. Durch Lodovico und Beatrice ist Italien zur Führerin der gesamten modernen abendländischen Kultur geworden. Italien trat mit seiner menschlichen Bildung, mit seinen ungewöhnlichen Persönlichkeiten, mit seinen himmelstürmenden Leistungen an die Spitze aller Nationen. Il Moro strahlte ebenso suggestive Kraft aus, einen so anspornenden Geist, daß selbst der eigenwillige Leonardo vierzehn Jahre lang an diesem Hof dem berauschenden Charme der Sforza unterlag.

Nach einem glänzenden Leben voller unvergänglicher Taten endete

Lodovico in jähem Sturz. Mailand war Schauplatz unentwegter Kriege geworden. Jetzt stritten auch die Großmächte um diese Perle Europas. Vor Ludwig XII. von Frankreich, der als Enkel eines Visconti Ansprüche auf Mailand erhob, mußte der Mohr fliehen. Im Jahre 1500 kehrte er noch einmal zurück. Heimlich besuchte er das Grab seiner Beatrice. Unmittelbar darauf wurde die Stadt wieder von den Franzosen genommen. Lodovico fiel in die Hände des Feindes.

Frankreichs König, der die Operationen in Italien selbst leitete, war seinen Untertanen gegenüber immer liebenswürdig und mild, konnte aber seine Feinde gnadenlos und unbarmherzig behandeln. Den Mohr in der Hand zu haben, das war mehr als drei gewonnene Schlachten. Damit war der Krieg in Italien vorläufig beendet. Lodovico wurde erst im Kastell von Novara eingesperrt. Dann mußte er die Reise nach Frankreich antreten, wobei er einige gold- und silberdurchwirkte Gewänder mitnehmen durfte. In Susa, ehe er die Alpen überstieg, wurde er ernsthaft krank und begann Blut zu spucken. Weiter ging es nach Lyon, wo er, von der königlichen Garde begleitet, in schwarzem Gewand auf einem Esel durch die Stadt reiten mußte. Man bemerkte, daß der so gedemütigte Lodovico zitterte.

Er reitet ins Schloß. «Mohr, Mohr», rufen schmähend die Bürger. Oben lauert Frankreichs König unerkannt hinter einem schmalen Fenster des Palastes und beobachtet sein Opfer. Vier Jahre wird der Mohr auf der Burg Lys-Saint-Georges in Berry gefangengehalten. Er muß ganz ohne italienische Bedienung leben. Nach endlosen Gesuchen erhält er seinen Kammerdiener Francesco da Pontremoli und zwei Gehilfen. Aber die Garden des Königs, die ihn bewachen, sind rohe Burschen, sie singen, sie würfeln, sie sind laut und unangenehm. Der Herzog kann nicht schlafen. Sein Mut sinkt. Tagelang ißt er nichts. Dann nimmt er wieder nur Früchte zu sich. Als er krank wird, gewährt man ihm etwas Freiheit. Schließlich darf er sogar jagen gehen, immer von mißtrauischen Wachen begleitet.

Brief um Brief sendet Lodovico an Ludwig XII. Er macht Versprechungen. Er beschwört den König, ihn doch wenigstens zu empfangen. Ludwig lehnt es ab. Er wird ihn nicht mehr sehen. Lodovico liegt am Boden. Es ist kalt im Verlies mit den dicken eisernen Gittern. Wo sind die Zeiten, da der Sforza so herrlich war, daß er sich die Leute bei Audienzen durch eine Barre weit vom Leibe hielt! Wo sind die Zeiten, da er sich rühmte, Papst Alexander sei sein Kaplan, Kaiser Max sein Condottiere, Venedig sein Kämmerer, der König von Frankreich sein Kurier, der kommen und gehen müsse, wann es ihm beliebe! Wo sind die Zeiten, da es im Castello noch vom Lachen der jungen Beatrice hallte! Ach, könnte er nur einmal noch mit ihr sprechen.

Endlich wird der Gefangene nach Loches gebracht. Hier wird er etwas besser behandelt.
Im Jahre 1508 versucht er zu fliehen. Ein Wächter ist bestochen. Auf einem Karren verbirgt sich der Mohr unter Stroh. Aber die Loire ist weit entfernt von Oberitalien. Die Flucht mißlingt.
Feucht ist es im Kerker von Loches, kalt in diesem unterirdischen Gelaß ohne Ausweg. Kahler Fels starrt den Gefangenen an, der Fußboden ist nackte Erde. Da trat Lodovico die Gestalt Leonardos vor die Seele, und in seiner Einsamkeit griff er selbst zum Pinsel und malte die Visionen seiner Erinnerung auf die Kerkermauern. Unter einem der Gemälde, das im Halbdunkel entstand, liest man noch heute die Worte des Moro: «Mein Wahlspruch in der Gefangenschaft sei, mit Geduld mich zu wappnen, um die Leiden zu ertragen, die man mich ertragen heißt.» Nur eine Wand blieb ziemlich unberührt. Dort zwischen den Bildern findet man ein erschütterndes Zeugnis. «Das ist ein weiser Mann, der das Glück fürchtet.»
Das Jahr 1508 ist das Todesjahr des Fürsten, den vielleicht nur zwei Menschen je ganz verstanden hatten, der Titan Leonardo und die kleine Beatrice.

Die Dogen von Venedig

«Eben jetzt war Enrico Dandolo Doge, an Jahren ein Neunziger, aber von ungebrochener Tatkraft und, wie seine Feinde sagten, ein Ausbund von Verschmitztheit.» – Leopold von Ranke, Weltgeschichte, Leipzig 1887, Teil 8, p. 286.

Die Wunderwelt der Lagune lag zwischen dem tellerflachen, weiten Land und dem Adriatischen Meer. Ein ungeheuer großer, lichter Himmel wölbt sich über der Lagune. Wind und Wellen berühren sich hier nur wie im Spiel. Erst draußen vor den langen molenartigen Nehrungen, den Lidi, liegt das unruhige, das bewegte Meer. Weit zerstreut, hingeworfen wie von einer Kelle Gottes, ragen die flachen Inseln der Lagune nur wenig aus dem Wasser, quellenlos, heute noch ohne Vegetation. Diese kargen Eilande wären ganz ohne Nahrung, würde dort draußen vor der Lagune nicht ein unermeßlich reicher Acker liegen: das Adriatische Meer.

Vierzig Kilometer lang, fünfzehn Kilometer breit ist die Lagune, in der einige Kilometer vom Festland entfernt die glänzendste Inselstadt des Abendlandes entstand, ein Ort triumphalen Geistes und nie wieder erreichter Kunst: Venedig. Eigentlich liegt noch heute die ganze Erde in Bewunderung der einzigartigen Stadt zu Füßen!

Das Wunder Venedig ist auf 118 kleinen Inseln erbaut, von 177 Kanälen durchzogen und besitzt 410 meist steinerne Brücken. Wer das immer nagende Salzwasser an den grünlichen, algenbewachsenen Hausmauern auf- und abschwellen sieht, der muß die architektonischen Fähigkeiten der Veneter bewundern. Fest gefügt, sehr beharrlich und solide ragen die Häuser aus den Fluten, prächtig und doch massiv, graziös und doch gewichtig, von liebenswürdiger Eleganz, und doch ganz beherrschte Ruhe. Ohnmächtig werfen sich die Wellen gegen diesen regungslosen, steinernen Gleichmut und werden zu Staub. Die schweren Steinfundamente der 19000 Häuser stehen auf Pfahlrosten. Drei bis neun Meter tief sind die Eichenpfähle durch den Schlamm in den Caranto, den gewachsenen Boden, eingerammt.

Die oft nur eineinhalb Meter breiten Gassen scheinen immer erregt, plätschernd und sprühend, nervös im zitternden Sonnenlicht, niemals herrscht Lärm, und, unerfaßbar den Augen, hörst du es überall sickern und rieseln und tropfen. Venedig ist eine Stadt ohne Autos. Die meisten Häuser kann man überhaupt nur vom Boot aus erreichen. In gewaltigen, viele Stockwerke hohen Garagen an der Piazzale Roma mußt du deinen Wagen parken, wenn du über den drei Kilometer langen Lagunendamm gefahren bist. Dann erst öffnet sich dir auf dem Wasserwege über den Canale Grande die quirlende, plätschernde, taubengurrende, geheimnisvolle Weltmetropole der Dogen.

Das Festland hinter der Lagune war im Altertum von Venetern bewohnt, wohl einem illyrischen Volksstamm. Als die Hunnen im Jahre 451 Aquileia niederbrannten, flohen die Veneter auf die Inseln in der Lagune. Die einzelnen kleinen Inselsiedlungen schlossen sich zu einer staatlichen Verbindung zusammen. Unter dem Schutz des byzantinischen Reiches widmeten sie sich erfolgreich dem Seehandel. Sie bauten herrliche Kirchen mit Mosaikfußböden und Klöster mit farbenprächtigen Fresken.

Im Jahre 697 schlossen sich die Lagunenstädte zu dem venetischen Seebund zusammen. Ihr Regent wurde Doge genannt, erhoben zu seiner Würde auf Lebenszeit. Dem Geist der Freiheit dieser meerbeherrschenden Stadt entsprach es, daß der Doge vom Volk durch Akklamation frei gewählt wurde, daß Venedig Republik war und daß der Stadtstaat unter der kaum spürbaren Macht der fernen Reichshauptstadt Konstantinopel politisch von Italien getrennt leben und sich eigenständig entfalten konnte. Zuerst residierte der venetische Doge in der festländischen Stadt Ereklea. 42 Kirchen und Klöster gab es in dem heute fast verlassenen Dorf. Auch der Ort Jesolo war einst eine blühende Stadt der Veneter, wovon 45 Kirchen mit Mosaikfußböden zeugen.

Nachdem der Doge Agnello Partecipacio den Sitz seines Amtes auf den Rivus Altus, den «Rialto», die sicherste Insel, verlegt hatte, erlangte diese Siedlung eine solche Vormacht, daß sie zu einem Begriff, zu einem Sehnsuchtsbild für die ganze Welt wurde. In allen Sprachen der Erde klingt Venezia wie Musik.

Venedig besitzt nicht nur die Lagune, den Dogenpalast und den wohl schönsten Platz der Erde, Venedig birgt auch die Gebeine des Schutzpatrons dieses Platzes und dieser Seemetropole in ihren Mauern, die Gebeine des Evangelisten Markus. Markus, der das älteste und kürzeste der vier Evangelien verfaßte, soll in Alexandrien die christliche Kirche begründet haben und starb dort als Märtyrer.

Zwei venetische Kaufleute wurden im Jahre 828 durch einen Sturm nach Alexandrien verschlagen. Ohne das Eingreifen der Natur hätten die Kaufleute nie gewagt, dort an Land zu gehen, denn schon Leo V., «der Armenier», Kaiser zu Konstantinopel, wie auch die Dogen Venedigs, hatten allen Handel mit den Mohammedanern Ägyptens bei Todesstrafe verboten.

Die beiden Veneter besuchten die Kirche, in der die Gebeine des Evangelisten ruhten. Da erkannten sie eine große Gefahr. Der Kalif brauchte Marmor für seinen Palast und würde die Kirche bald abbrechen lassen. Zwei Priester, die in der Kapelle mit dem Sarkophag des Märtyrers dienten, wurden von den Venetern überredet, mit nach Venedig zu kommen. Heimlich hoben sie dann Markus aus seinem Grab. In die seidenen Tücher wurde statt dessen die heilige Claudia gebettet, um den Raub zu tarnen. Als die Mohammedaner herbeieilten, weil sie Verdacht geschöpft hatten, sahen sie ein menschliches Skelett in den Tüchern und gingen beruhigt davon.

Um die Zollkontrolle im Hafen zu passieren, bedienten sich die Veneter einer List. Sie bedeckten die Markusreliquien mit Schinken und gesalzenem Fleisch. Die Mohammedaner stießen bei der Untersuchung auf das sündenbringende Fleisch, riefen erschreckt: «Schweine, Schweine!», «kanzir, kanzir», und flohen voller Bestürzung davon. Mit der Überwindung dieser Gefahr waren aber die beiden Kaufleute und ihre Begleiter noch lange nicht in Sicherheit, denn nun gerieten sie in entsetzliche Stürme. Es gelang ihnen, ihre kostbare Beute aus einem Schiffbruch zu retten, und endlich erreichten sie nach vielen Mühen das geliebte Venedig. Der Doge verzieh den frommen Männern die Landung und den Aufenthalt in Ägypten. Dem Apostel wurde eine Kirche gestiftet. Die beiden Priester aus Alexandrien setzte man als erste Geistliche des Heiligtums ein.

Ob diese Geschichte eine Legende ist, wissen wir nicht. Die Absicht des Kalifen erscheint nicht recht glaubhaft, denn die frühen Kirchen wurden zu jener Zeit von den Mohammedanern mit Schonung und Ehrfurcht behandelt, nicht abgebaut. Dem widerspricht der Bericht auch nicht. Zwei christliche Priester waren dort noch im Dienst. Einige Forscher vermuten, daß die Überführung der Markusgebeine erst im elften Jahrhundert erfolgte. In dieser Zeit nämlich beabsichtigten mohammedanisch-ägyptische Herrscher, christliche Kirchen teilweise abzutragen. Ganz sicher befanden sich die Reliquien jedenfalls im elften Jahrhundert in Venedig, denn die Münzen aus dieser Zeit zeigen plötzlich den Namen und das Haupt des Evangelisten Markus mit dem Stadtnamen Venecia auf der einen Seite, während sie auf der anderen Seite den Namen des westlichen Kaisers in Konstantinopel tragen. Heute kann jeder in den Mosaiken des ersten Geschosses der Domfassade die Überführung der Reliquien des Apostels erkennen. Auch die Täuschung der Zollbeamten durch die schlauen Diebe ist in diesen Mosaiken dargestellt.

Der Doge Giustiniano Partecipacio war ein kluger, verschwiegener und umsichtiger Mann, der sicher schon vor der Vollendung des Raubes Mitwisser dieser großen, wohl mit staatlicher Unterstützung und staatlichen Mitteln unternommenen Aktion gewesen sein muß. Er

verbarg die Gebeine des Markus in der eigens hierfür erbauten Palastkapelle am Rialto so gut, daß man heute noch nicht weiß, ob man sie tatsächlich je wiedergefunden hat.
Diese Palastkapelle ist der erste Bau der Markuskirche. Die tiefe Verehrung, die Markus in der ganzen christlichen Welt genoß, gab der Republik Venedig ein ungeheures Ansehen. Vor allem konnte Venedig nie wieder vom Nimbus Alexandriens, diesem geschäftigen Zwischenhafen zum Orient, überschattet werden. Und die Lagunenkaufleute genossen mit einem Male mindestens so viel Ruhm und Ehre wie die byzantinischen Firmen in den Mittelmeerhäfen, die immer gefährliche Konkurrenten waren.
Als die Markuskirche errichtet wurde, als im Jahre 1094 die Arbeiten so weit gediehen waren, daß man die Gebeine des Evangelisten unter dem Altar des neu erstandenen Gotteshauses beisetzen wollte, konnte man sie nicht finden. Es geschah damals das Wunder der «Apparitio S. Marci», das Wunder des Erscheinens des heiligen Markus. Drei Tage lang hatten die Geistlichkeit, die Stadtbehörden und das Volk gefastet. Nun waren sie im gemeinsamen Gebet in der Kirche versammelt. Da soll sich zum Staunen aller Anwesenden eine Säule aufgetan haben, der Schrein mit den Gebeinen wurde sichtbar.
Es ist müßig, hierbei zu überlegen, was Tatsache ist und was Wunder. Einmütig sind Historiker und Archäologen der Ansicht, daß die Gebeine des Markus unter der Markuskathedrale bestattet wurden und sich dort befinden. Dies war den Bürgern von Venedig um 1000 so gewiß wie das ewige Leben, und dieser jubelnde Glaube ließ die Republik des heiligen Markus in so glorreichem Licht und Glanz erstrahlen, daß selbst der Ruhm von Byzanz dagegen blaß erschien.
An den Küsten des Adriatischen Meeres entstanden immer neue Handelsplätze der Veneter. Im Jahre 1000, als ganz Europa nur das Weltende erwartete, huldigten fast alle Küstenstädte bis nach Ragusa hin den Dogen der Veneter. Weltmächtig war bis dahin Byzanz gewesen. Jetzt wurde die kleine Inselrepublik in der Lagune sogar Beschützerin Ostroms. Eine venetische Flotte griff die sizilianischen Normannen an, die von Durazzo aus Konstantinopel erobern wollten. Das kleine Venedig schlug die gewaltige Seemacht der Normannen. Byzanz konnte nur noch mit unbewußtem, heimlichem Dank nach Venedig hinüberwirken: in San Marco steckt viel wunderbare byzantinische Bautradition!
Venedig war in religiösen Fragen immer äußerst tolerant. Im Handel mit allen Mittelmeerstaaten machte man auch mit Mohammedanern Geschäfte, man verkehrte mit Gläubigen wie mit Ungläubigen. Venedig strahlte seine weltberühmte, zielstrebige und äußerst gescheite

Diplomatie nach allen Richtungen der Erde aus. Der Klerus gewann hier niemals staatspolitischen Einfluß, und doch wurden alle bedeutenden Staatshandlungen, die phantastischen Zeremonien der Einsetzung der Dogen, im Geiste des Evangelisten Markus durchgeführt.
Eine Märchenwelt zwischen Morgen- und Abendland, ein Tor Europas zum Orient, die blühendste Handelsstadt der Erde war Venedig geworden. Die Kreuzfahrer liehen sich Schiffe aus, Proviant und Hilfe. Alles gab Venedig her. Aber seine Handelsherren hatten einen Grundsatz, den sie nie brachen: nichts gaben sie umsonst!
Ja, Venedig ist so mächtig, so groß, so einflußreich geworden, daß der Papst dem Dogen die goldene Rose schenkt. Nur wenige Herrscher erhielten diesen ganz besonderen Gnadenbeweis.
Der Doge Enrico Dandolo war ein hochmütiger und ruhmgieriger Herr ohne Rücksicht und Gewissen, kein geschwätziger Alter, sondern noch als Achtzigjähriger wortkarg und verschlossen. Dieser feurige Jüngling im Greisenalter ist eines der seltsamsten Phänomene der Weltgeschichte. Rache für die Gewaltakte der Kaiser von Konstantinopel, Manuel und Andronikos, das war das Lebensziel des hochbetagten Meisters politischer Manövrierkunst. Er war der Typ des entschlossenen und persönlich mutigen kriegerischen Kaufherrn der italienischen Handelsstädte jener Zeit in höchster Vollendung. Gute persönliche Gründe hatte er, Byzanz zu hassen. Außerdem erneuerte sich damals die alte Entzweiung zwischen Griechen und Lateinern. Als das Kreuzfahrerheer von Venedig Schiffe für die Überfahrt ins Heilige Land erbat, übernahm der Doge die Leitung des Kreuzzuges und eroberte statt des Heiligen Landes Dalmatien, ja sogar die Kaiserstadt Byzanz für Venedig. Es war ein heißes Ringen am 12. und 13. April 1204. Auf der venetischen Flotte waren die Kreuzfahrer nach Byzanz gekommen. Jetzt gibt Dandolo, der Greis, selbst den Befehl zum Sturm auf die Stadt. Mit einer Markusfahne reißt er die Truppen vorwärts. Seine Männer glauben plötzlich auf den Mauerzinnen der Stadt eine zweite Fahne zu erkennen, eine zweite Flagge mit dem Zeichen des Evangelisten. Der Doge sah das alles nicht. Er hatte unbezwingbaren Mut. Aber er war blind. Vor dreißig Jahren hatte ihm hier, in Konstantinopel, die Tücke Kaiser Manuels das Augenlicht geraubt. Jetzt war der Tag der Rache da. Anfangs schonte man zwar noch die Griechen. Als aber der Kampf sich in der Stadt erneuerte, kam es zu allen Greueln einer gewaltsamen Eroberung.
Der Fall der wunderreichen Stadt erschütterte das ganze Abendland. Die Kunde von ihrem Untergang wurde selbst in den Jahrbüchern der Chinesen festgehalten. Durch alle Jahrhunderte hallt der Aufschrei des Niketas: «O Stadt, o Stadt! Du aller Städte Auge, Mutter der

Kirchen, Lehrerin alles Wissens, die du alle Schönheit und Bildung in dich geschlossen! Wie bist du schmutzig und besudelt, die du einst so stolz gewesen! Wie ist dein Purpurgewand zerrissen, verloschen deiner Augen Licht und deiner Kinder Schar zerstreut! So haben die Ungläubigen Jerusalem nicht behandelt wie die Lateiner dich. Jene waren nicht lüstern nach lateinischen Frauen, sie machten die Ruhestätte Christi nicht zur Mörderhöhle, den Eingang zum lebenspendenden Grab nicht zur Höllenpforte. Diese aber sind gekommen wie die Wegbereiter des Antichrists und seiner Missetaten Vorverkünder.»

Dieser Ruf der Verzweiflung aus tiefster Herzensnot wird begreiflich, wenn man sich das Bild vorstellt: das Toben der Plünderer, das Jammern mißhandelter Männer und geschändeter Frauen, den Zug des Elends, die in spärliche Kleider gehüllten zitternden Menschen, auf die Gasse geworfen und mitleidslos verhöhnt. Alle gewonnene Beute sollte in drei Kirchen zusammengetragen werden. Soviel gestohlen und heimlich weggeschleppt wurde, es häuften sich doch unendliche Schätze an Gold und Silber, an reichem Tafelgeschirr, an Edelsteinen und kostbaren Gewändern in den Gotteshäusern.

In der methodischen Beraubung der Kirchen, im Stehlen von Prunkstücken und Reliquien waren die Veneter allen anderen überlegen. Der Ritter Clari sagte in jener Zeit, die vierzig reichsten Städte der Erde enthielten nicht so viel Reichtum wie Byzanz allein. Bei der späteren Teilung fielen den Franzosen und Deutschen 400000, den Venetern 500000 Silbermünzen in die Hände, ein Wert von einigen Millionen Dollar. Jeder Mann, der einen höheren Grad bekleidete, gewann ein Vermögen. Jahre hindurch schleppten die Veneter Reliquien und Kostbarkeiten nach Hause, das marmorne Ziborium des Hochaltars von San Marco, die vier vor dem Hippodrom aufgestellten Rosse des Lysippos, denen der Doge Pietro Ziani, Dandolos Nachfolger, den weltbekannten Platz an der Fassade von San Marco wies, ungezählte Schätze aus der Hagia Sophia. Wenn man bedenkt, daß Tausende von Kunstwerken durch französische und deutsche Ritter aus Unverstand zerstört wurden, so kann man den Venetern die Räubereien vielleicht sogar als Verdienst anrechnen. In Brand, in Glut, in Leid, Ohnmacht und Tod verging die stolze Stadt. Es war kein Ruhmesblatt für die Bringer des Evangeliums.

Byzanz, die Herrin der Welt, erobert! Das war aber auch der Höhepunkt der venetischen Geschichte. Es war auch der Höhepunkt der Markusverehrung Venedigs. Die ältesten noch erhaltenen Darstellungen der Markuslegende wurden damals an der Fassade von Sankt Markus, Mosaiksteinchen um Mosaiksteinchen, angebracht. Das Symbol des Evangelisten Markus, der geflügelte Löwe, wurde zum Hoheits-

zeichen Venedigs. Aus dem vierten Kreuzzug brachten die Veneter aus dem Osten als Beute einen gewaltigen persisch-sassanidischen Bronzelöwen mit. Sie legten ihm Flügel an, und er beherrscht jetzt auf hoher griechischer Säule die Piazzetta.
Venedig mußte alle Kräfte zusammenreißen, um den eisernen Ring einer Belagerung im Jahre 1380 zu sprengen. Venedig war hungrig nach immer neuen Handelsplätzen. Es suchte jetzt überall auf dem italienischen Festland Stützpunkte zu gewinnen. Es gewann Treviso, nach schweren Kämpfen Padua, Verona, Vicenza, schließlich auch Friaul.
Dann aber trat eine Katastrophe ein, von der die ganze westliche Welt erschüttert wurde. Es war der zweite Fall von Byzanz, der noch schlimmere, der Verlust der tapfer verteidigten Metropole des Abendlandes an die Türken. Am 29. Mai 1453 tobte um Konstantinopel der entscheidende Kampf. In das Allah-Geschrei der Osmanen klangen die Kirchenhymnen und das Kyrie eleison der Griechen und Veneter. Die Mauern brachen. Der letzte Kaiser von Byzanz fiel. Als der Türkensultan in die Blachernen zog, sprach er leise die Worte des Perserdichters vor sich hin: «Die Spinne tut Türsteherdienste in den Kaiserhallen, und die Eule stimmt das Feldgeschrei an in Afrabiabs Palast.» Venedigs Banner und Hoheitszeichen sanken in den Staub oder mußten aufgegeben werden, an vielen wichtigen Handelsorten, auf Zypern, auf Kreta.
Noch einmal raffte sich die Stadt am Meer gewaltig auf. Gemeinsam mit anderen christlichen Mächten, mit Spanien und dem Heiligen Stuhl, zerstörten die Veneter 1571 die türkische Flotte bei Lepanto. Die Schlacht von Lepanto, an der übrigens der Dichter des Don Quichotte, Miguel de Cervantes, teilnahm, war das letzte große Seegefecht, in dem beide Seiten von Rudern bewegte Galeeren benutzten. Der Sieg gehörte den Spaniern und ihrem Feldherrn Don Juan d'Austria, dessen Armada die türkischen Schiffe in eine ungeheure Panik trieb, zersprengte und vernichtete. Cervantes, von drei Kanonenkugeln getroffen, behielt dabei eine dauernde Lähmung seiner linken Hand, *zum größeren Ruhm seiner rechten,* wie er schreibt! Auf der Seite der Christen wurden 8000 Mann getötet, auf seiten der Türken 25000. Wie rege damals der Sklavenhandel blühte, geht schon daraus hervor, daß die Veneter und Spanier 15000 christliche Sklaven von den türkischen Galeeren herunterholten und befreiten. Spanien gewann durch diesen Sieg die Vorherrschaft im Mittelmeer.
Wenn auch Venedig keine Weltmacht bleiben sollte, wenn auch die Träume eines großen friedlichen Welthandelsreiches unerfüllt blieben, so blühten doch Kunst, Wissenschaften, Architektur und ein ungemein

reiches Leben mit eigentümlich orientalischem Charme am Rialto weiter und weiter durch die Jahrhunderte.

Venedig war immer das Lächeln der Welt. Aber die Stadt in der Lagune war auch der Ausgangspunkt kühnster, verwegener Taten. Sie war und ist sogar heute noch ein Ort nie versiegender schöpferischer Anregungen. Sie ist nicht die verträumte Insel im Dornröschenschlaf, sondern so lebendig, so unbesiegt und unzerstört wie je.

Vierte Dimension: Spiegelung

«Die sehr gewogenen Götter, die die Geburt von Venedig zuwege brachten, haben der Stadt, seit ihrer Gründung, alle günstigen Voraussetzungen für die Unsterblichkeit mitgegeben, die man einem Meisterwerk wünscht.» – Marcel Brion, Venise, Paris 1962, p. 11.

Bei der feierlichen Gründung der Stadt an der Lagune am 25. März 413, als Flüchtlinge aus Padua am Rialto zu leben beschlossen, rief der Priester, der die Stadtweihe vollzog: «Jetzt knien wir vor einem armen Altar. Aber wenn unsere Gelübde nicht umsonst sind, so werden dir, o Gott, hier einst hundert Tempel von Marmor und Gold emporsteigen.»

Am Ende des 15. Jahrhunderts war dieses Gelübde zum Staunen der ganzen Welt erfüllt.

Den Mittelpunkt des venetischen Lebens bildete – und bildet noch heute – der Markusplatz, in seiner Harmonie und seinem Ebenmaß die prächtigste Platzanlage des Abendlandes, ein vollkommenes Bild der einstigen Größe der Lagunenstadt, ein Festsaal unter freiem Himmel, auf dessen Trachyt- und Marmorplatten man bei blendendem Sonnenschein wie auch unter der feenhaften abendlichen Beleuchtung wirklich das Gefühl hat, an einer Sternstunde der Menschheit teilzunehmen. Die Bogenreihen aller drei Geschosse der Prokurazien, die den Platz in edelster Frührenaissance abschließen und umgrenzen, strahlen in ihrer Gleichmäßigkeit geheimnisvoll Ruhe, einen unhörbaren Wohllaut der Ausgeglichenheit und eine unfaßbare Weiträumigkeit aus. Das Ganze ist sehr angenehm anzusehen. Man kann nur staunen, wie die Architekten des 15. und 16. Jahrhunderts es verstanden, alles einem kühnen Plan unterzuordnen, wie sie sich zu beschränken wußten und wie sie gerade durch ihre Zügelung zu einer wahren Beherrschung des Raumes gelangten. Du fühlst dich hier frei, du gewinnst eine große Ruhe, du bist nahe einer verklungenen Zeit, die irgendwie zu dir gehört, und du bist doch in einer fremden, schöneren Welt.

Da die seitlichen Fluchtlinien des Platzes zur Basilika hin zurückweichen, erscheint die Markuskirche größer und höher, als sie tatsächlich ist. San Marco ist ein strahlender Mittelpunkt der ringsum aufgebauten Herrlichkeit, ein Wald von Kuppeln, Türmchen, Fialen, Giebeln,

Statuen, Zacken, Säulen; die so unendlich reich geschmückte Herrscherin in diesem von Natur und von der Kunst geweihten Bezirk.
Um 1080 ordnete der Doge Domenico Silvio an, daß jedes aus der Fremde heimkehrende venetische Schiff eine Kostbarkeit zum Ruhme von San Marco mitbringen müsse. Aus aller Welt haben die Veneter Schätze zusammengetragen, die sie hier in ihre Basilika einbauten. An der Fassade allein sind in Bündeln 148 Säulen angebracht, in der ganzen Kirche stehen über 500 aus Griechenland, aus der Türkei, aus Dalmatien und Istrien. Diese Säulen scheinen im Inneren oft reihenweise zu marschieren, oder sie träumen von der Antike, ohne organischen Zusammenhang mit der Architektur, eine blendende Parade vieler Nationen. In ihrem unschuldigen weißen Marmor, in ihrem grünlichen Serpentin, in ihrem blutrot schimmernden Porphyr hüten sie das Geheimnis ihrer Herkunft.
Die vier Bronzerosse über dem Hauptportal wurden 1205 als Kriegsbeute aus Konstantinopel mitgebracht. Diese Quadriga ist das einzige erhaltene Viergespann aus dem Altertum und wurde hier in Venedig immer wie ein Wundergebilde betrachtet. »Die Pferde auf der Markuskirche besah ich in der Nähe», schreibt Goethe. «Von unten bemerkt man leicht, daß sie fleckig sind, teils einen schönen gelben Metallglanz haben, teils kupfergrünlich angelaufen. In der Nähe sieht und erfährt man, daß sie ganz vergoldet waren, und sieht sie über und über mit Striemen bedeckt, da die Barbaren das Gold nicht abfeilen, sondern abhauen wollten. Auch das ist gut, so blieb wenigstens die Gestalt. Ein herrlicher Zug Pferde! Ich möchte einen rechten Pferdekenner darüber reden hören. Was mir sonderbar scheint, ist, daß sie in der Nähe schwer und unten vom Platz leicht wie die Hirsche aussehen.»
Der Eindruck der künstlerischen Einheit der Fassade beruht weniger auf den Formen als auf ihrer Farbe. Ein matter Glanz weißen und bunten Marmors, Lichtkontraste zwischen tiefschattigen Nischen, wechselnde Reflexe der Säulenbündel, die herrlichen Mosaike der Bogenfelder fügen sich zu einem Gesamtbild, das unvergleichlich ist. Wie die fünf Kuppeln, die sich auf breiten Tonnengewölben erheben, den inneren Räumen so bewundernswerte Harmonie verleihen, wie überhaupt die monumentale Wirkung im Innern erreicht ist, das bleibt das große Rätsel von San Marco. Wohin das Auge blickt, große, ruhige Flächen, das Ganze eine der höchsten Bauleistungen des Abendlandes!
Wer den Grundstein zu dem riesenhaften Viereck legte, das in der ganzen Welt als Dogenpalast bekannt ist, weiß man heute nicht mehr. Es ist ein Wunderwerk, wie es kein zweites auf der Erde gibt, eigenartig

und seltsam, von überzeugender und doch von so selbstverständlicher Wirkung, ein Koloß auf zarten Füßen. Die Wandflächen des Oberbaues sind durch ein Rautenmuster in farbigem Marmor belebt. Die Wirkung der Arkaden, der darüber durchbrochen aufsteigenden Loggien, der schwer auf ihnen ruhenden, festungsartig geschlossenen Wände, der Zinnen und der Farben in der Wasserspiegelung, ist von hinreißender Schönheit. Warum? Ich glaube, weil der Gesamteindruck *auch der Spiegelung* planmäßig erzielt worden ist! Nur hier haben die Schöpfer so kühner Träume bewußt *in eine vierte Dimension hineingebaut,* in die spiegelnden Flächen des Wassers. Sie haben diesen Palast fest gefügt und doch auch seine Auflösung vorausbedacht, sein zitterndes Bild in unvergleichlichem Rosa funkelnd, in der Wasserfläche auf den Kopf gestellt. Sie haben die Wirkung des Bildes trotz so vieler Generationen, die an diesem fast orientalisch anmutenden Schloß bauten, immer im Auge gehabt!

Mit den Jahren erschien den Venetern ein möglichst freies Leben unter aristokratischer Oligarchie als die einzig vernünftige Verfassung. Der Doge wurde von der Aristokratie überwacht, vom Rat der Zehn, er konnte niemals ein Tyrann werden. Jeder Versuch, sich zu unbeschränkter Diktatur zu erheben, wurde dem Dogen als fluchwürdiges Verbrechen ausgelegt. So haben sich die meisten Dogen auch als Gefangene ihres Palastes und des Zeremoniells, als Diener der venetischen Bürger gefühlt und sogar damit abgefunden, daß jeder ihrer Briefe von den Räten geöffnet und gelesen wurde, daß keine Verordnung ohne die Unterschrift von mindestens vier «Consiglieri» hinausging. Fremde Gesandte sollte der Doge ohne Beisein der Räte tunlichst nicht empfangen. Seit dem Jahre 1457 ward ihm anempfohlen, sich allein in kein politisches Gespräch mit Fremden einzulassen.

Die Veneter waren eben *Bürger,* aber niemals *Untertanen.* Und sie besaßen die notwendigen Eigenschaften für die Wahrung ihrer Freiheit und die Freiheit ihrer Stadt: viel Vernunft, einen sicheren Lebensstil, ich meine «savoir vivre», politischen Verstand und überaus große Weltkenntnis. Sie waren alles andere als Spießer und liebten die Freiheit wie eine Braut!

Venedig hat dem Abendland unendlich viel geschenkt

«Als schließlich um das Jahr unseres Herrn 807 oder etwas später das Dogentum am Rialto eingerichtet war, arbeitete die Regierung so glänzend, daß ihre Vorzüge der ganzen Welt bekannt wurden. Das Oberhaupt, wegen seiner Verdienste und Eigenschaften der würdigste unter ihnen, sollte nach dem Wunsch der Regierung auch in Namen und äußerer Erscheinung die Stellung eines Anführers und Prinzen erkennen lassen. Dieser Rang wurde nicht durch erbliche Nachfolge noch durch Gewalt erworben, sondern kraft der bestehenden Gesetze.»

Francesco Sansovino, Venedigs erster Historiker.

Venedig war dem Abendland Vorbild und leuchtendes Beispiel in der Sorge für seine Bürger, in sehr vielen öffentlichen Einrichtungen, vor allem in der Achtung persönlicher Freiheit. Hier gab es im 15. Jahrhundert die modernsten Lazarette der Welt. Hier wurden im Kriege selbst feindliche Verwundete gepflegt, zum Staunen der damaligen Menschheit. Hier wurde das Pensionswesen beispielgebend für ganz Europa organisiert, Hilfe für Hinterlassene und für Alte.
Die fast unangreifbare Stadt fand immer Zeit, sich mit kühlster Überlegung der Außenpolitik zu widmen. Allianzen wurden nur um hohen Preis geschlossen. Man sah aus diesem Inseldasein ein wenig stolz, ein wenig verachtungsvoll auf das Festland Italien hinab. Ruhe und friedliches Zusammenleben im Innern wurden hier zielbewußt angestrebt. In diesem Staatswesen war das öffentliche Leben auf einen Ton religiöser Festlichkeit gestimmt.
Venedig hat die großen Verschwörungen im Innern glänzend pariert. Müßiggang ist der beste Boden für Parteihader und Verschwörungen. Venedig blühte im Vollbesitz gesunder Gegenmittel. Weltweite Handelsgeschäfte, Reisen nach aller Herren Ländern, Schiffsbau, Türkenkriege und die alle Gemüter erregende himmelstürmende Kunst, das alles hielt das Lebensgefühl der Veneter in ständiger Frische.
Man war sehr reich geworden in Venedig. Um 1200 galt als «reich», wer außer seinem Vermögen einige Liegenschaften und Schlösser besaß, mit dem dazugehörigen Personal, und mehrere Schiffe. Der Doge Andrea Vendramin besaß 170000 Dukaten, Colleoni 216000. Das waren unermeßliche Reichtümer. Überhaupt ist der Dukaten, die einst

meistverbreitete Goldmünze Europas, venetischen Ursprungs. Das lateinische Wort «ducatus» heißt soviel wie Herzogtum, und von diesem Wort der Rückseitenumschrift stammt der Name. Auch das Finanz- und Bankwesen der Republik von San Marco diente ganz Europa zum Vorbild.

Der Luxus, der in Venedig getrieben wurde, ist phantastisch. Jeder kleinste Gegenstand für die Frauentoilette war eine handgemachte kunstvolle Arbeit. Ein venetisches Hängetoilettentischchen, ein sogenannter «Rostello», war mit fünf Miniaturen des berühmten Malers Giovanni Bellini geschmückt! Man erließ Gesetze, die den Luxus beschränken sollten. Aber sie waren so wirksam wie Kußverbote in der Dunkelkammer. Während man in hoher und höchster Gesellschaft in Europa bis zur Reformation ganz selbstverständlich mit den Fingern aß, war in Venedig schon im 11. Jahrhundert ein Eßgerät mit zwei bis vier Zinken in Gebrauch gekommen, sehr schwierig zu handhaben, an das man sich aber bei einiger Geschicklichkeit gewöhnen konnte: die Gabel! Ein Luxusgesetz verbot, mehr als 40 Gäste zur Hochzeit einzuladen. Dennoch: echte und sehr wertvolle Edelsteine zu tragen war fast gesellschaftliche Pflicht. Damit man nicht einen Reichtum vorspielte, den man gar nicht besaß, wurde das Verleihen von Edelsteinen und Schmuck unter Strafe gestellt. Die «Margaritai» und «Perlai» verstanden sich so gut auf kunstvolle falsche «Edelsteine», daß deren Fabrikation 1487 verboten wurde. Auch die schwarze Farbe der Gondeln beruht auf einem Luxusgesetz. Gondeln kamen 1094 auf. Durch eine Verordnung des Großen Rates von 1562 wurde für alle Gondeln schwarze Farbe vorgeschrieben, um den kostspieligen Farbenreichtum für alle Zeiten auszuschließen.

Die Veneter lernten um 1100 in den Küstenstädten des Heiligen Landes Kunstglas und Email kennen und verpflanzten das Handwerk in die Lagunenstadt. Da durch die Glasbläsereien oft Brände entstanden, wurde das Glashandwerk auf die Insel Murano verlegt, wo schließlich die bedeutendsten Meister der Mosaiken, des geblasenen farbigen und bemalten Luxusglases und der Spiegel zu finden waren, Künste, die noch heute in Murano zu bewundern sind. Wer durch eine Fornacia geht, kann die Glasbläser sehen und ihre traumhaft duftigen, zarten und eleganten Gebilde.

In der Kleidung trieb man in Venedig ganz besonderen Aufwand. Man hatte viel von Byzanz gelernt. Zwar trugen die Männer strenge, mehr gleichartige Gewänder, die Frauen aber wurden als Luxusgeschöpfe gehalten. Sie sollten der Mode leben, sich so reich und geschmackvoll wie möglich kleiden. In Gold, Seide und Edelsteinen präsentierten sich die Damen Venedigs, und ihre tief ausgeschnittenen Kleider wirkten, als würden sie gleich von den Schultern herabfallen. «Sie fürchten nicht, von den Mücken gestochen zu werden, und beeilen sich nicht, sich zu verhüllen, wenn einer des Weges daherkommt», schreibt ein entrüsteter Zeitgenosse. Bei Festlichkeiten wurde die Frau wie ein kostbares Ausstattungsstück präsentiert. Man schätzte sehr hohe Absätze. Nach einem Erlaß von 1430 durfte die Höhe der Absätze «nicht mehr als ein Achtel [!] der Person» betragen!

Was alles eine «Gentildonna» benötigte, ersieht man aus den Inventaren der Hochzeitsausstattung. Diese «Corredi di Nozze» waren mit größter Genauigkeit abgefaßt, da sie zur Feststellung der Mitgift dienten. Goldspitzen, Brokate, Brillanten und andere Edelsteine werden genannt, zwei bis drei Dutzend Seiden- und Samtkleider, Abiti all'amazzone, das sind Reitkleider, Hüte aus England, Fazzoletti – Sacktücher – di Vienna, Hemden mit flandrischen Spitzen, goldgestickte Schleier, Spitzentücher aller Art, viele Formen von Haarputz.

Die Toupets erforderten ständige Pflege und außerordentlichen Zeitaufwand. Der Parrucchiere, der Friseur, mußte täglich mindestens einmal, meist aber öfter, ins Haus kommen. Er war eine beachtenswerte Persönlichkeit, denn viele Damen glaubten damals in Venedig wie heute in Paris, daß ihr Schicksal in Liebessachen von seiner Kunst abhinge. Deshalb wurde er bevorzugt behandelt. Sein Zugang zu den Ankleideräumen der Gesellschaft machte ihn zum «postillon d'amour» par excellence. Wie kein anderer konnte er die Aufmerksamkeit seiner Kundinnen stundenlang in Anspruch nehmen und dabei die Fäden seiner Auftraggeber oder Auftraggeberinnen spinnen. Dankbare Venezianerinnen sollen das Maß ihrer sehr persönlichen Erkenntlichkeit manchmal übertrieben haben.

Schon im 14. Jahrhundert gab es in Venedig Seidenweberei. 1423 lebten hier 16000 Seiden- und Baumwollweber. Seide aus Venedig wurde muster- und beispielgebend für das ganze Abendland. Auch entwikkelte sich Venedig mit Näh- und Klöppelspitze sowie Durchbrucharbeiten zur ersten Spitzenstadt der Welt.

Die Schönheit der Venetianerinnen wurde zu allen Zeiten bewundert und gepriesen, und ihre feine Eleganz strahlte bis in die Madonnenfiguren aus. Goethe schrieb am Abend des 29. September 1786, er habe unter den wohlgekleideten, mit einem schwarzen Schleier bedeckten Frauen «sehr schöne Gesichter und Gestalten» gefunden. Während mancher Jahrhunderte behandelte man sie wie orientalische Sklavinnen und sperrte sie im Gynäkeion ein, dann wieder waren sie «frei wie die Luft» und fuhren, die Maske vor dem Gesicht, in der Gondel zur Oper oder empfingen Herren im Boudoir.

Lucietta, Lilla, Ninetta – sie waren Mädchen der flüchtigen Umarmungen, des vorübergehenden Verdrusses, der koketten Unruhe, der unbesonnenen Anmut, der leichtgeschürzten Reue. «Versucht nicht, euch die Reize und die Anmut dieses entzückenden Mädchens vorzustellen», schreibt Jean-Jacques Rousseau in seinen Geständnissen, «ihr würdet weit hinter der Wirklichkeit zurückbleiben. Die jungen Klosternovizinnen sind weniger frisch, die Schönheiten des Serails weniger feurig, die Huris des Paradieses weniger prickelnd. Nie ward dem Herzen und den Sinnen eines Sterblichen ein so süßer Genuß geboten!»

Die Venezianerin Cecilia Tron, Mätresse des Cagliostro, die mit ihren Reizen sehr freigebig war, hatte dem Herzog von Kurland ihre Loge im Theater für drei Monate verkauft. Gleich lief das Gerücht um, sie verkaufe ihre Loge teurer als ihren Körper. «Das ist wahr», sagte die schöne Cecilia, «denn meinen Körper pflege ich gelegentlich zu verschenken.» In der «Dama prudenta» des venetischen Lustspieldichters Goldoni sagt Donna Eularia zum Marquis: «Ich bin nicht gewohnt, mich vor den Kavalieren an- und auszukleiden.» «Oh!» entgegnet der Marquis, «das ist doch gang und gäbe, und es vergeht wohl kein Tag, an dem ich nicht die Ehre habe, irgendein Mieder zuzuschnüren.»

Geradezu eine venetische Institution war der «cicisbeo», der schöne junge Mann, der den vornehmen Damen von Venedig stets zur Seite stand und auch den Zofen half, ihre Herrinnen anzukleiden. Er wußte Locken zu richten, das Brustband zu binden, den Brokatrock glattzustreichen. Damit die Kammerzofe die Seidenschnüre des Mieders zuziehen konnte, drückte er die Taille mit seinen Händen zusammen. Trat der Gemahl unvermutet ein, so war er glücklich, daß der Cicisbeo seiner Frau die Dienste leistete, die er selber anderen Frauen erwies.

Man liebte leidenschaftlich zu spielen. Eine Spielkartenindustrie entstand hier um 1400, etwa zur gleichen Zeit kam das Lotto auf.

Ende des 14. Jahrhunderts hielt die Syphilis Einzug in Venedig. Die Seemannskrankheit griff so ungeheuerlich um sich, daß ganze Flotten umbemannt werden mußten. 12 000 öffentliche Dirnen, darunter Tausende von Sklavinnen, lockten in düsteren Schlupfwinkeln und Herbergen. Zur gleichen Zeit lebten in der Stadt der engen Kanäle nur 2500 Nonnen und nur rund 3000 Patrizierfrauen!

Es gab auch eine Art Aristokratie der Zügellosigkeit, der gelockerten Sitten und der Lust. Venedig war die Stadt der feingebildeten Kurtisanen. Die Empfänge der Caterina Dolfin-Tron – sie starb 1793 – waren gesellschaftliche Ereignisse. Der Tochter der Caterina Sagredo-Barbarigo gelang es mit ihrer Unterhaltung, den Kaiser Joseph II. so zu fesseln, daß dieser Frauenverächter die Stunden mit ihr nie vergaß. Die Portia in Shakespeares «Kaufmann von Venedig» ist echte Ve-

nezianerin, verspielt, stolz, intelligent, sicher in ihrem Auftreten und bewußt ihrer persönlichen Freiheit. Desdemona ist der andere Typ, auch sie ganz eine Tochter Venedigs, näher der Griselda, ergeben, duldsam, aber doch auch mit großem freiheitlichem Bewußtsein, sonst hätte sie Othello nie erhören können.
Von den Empfängen der tollen Marina Querini-Benzon schrieb Stendhal, die glänzendsten Salons von Paris seien sehr abgeschmackt und sehr hausbacken, verglichen mit der Gesellschaft der Frau Benzon.
Giustiniana Wynne war die natürliche Tochter eines englischen Vaters und einer griechischen Mutter. Sie wurde die Geliebte des Casanova beziehungsweise *eine* der Geliebten des Casanova. Diesen weltberühmten Glücksritter hätte keine andere Stadt als Venedig hervorbringen können. Sein Leben war so bunt wie das der Lagunenstadt. Casanova haschte nach jeder Frucht und Freude. Er wurde nacheinander Abbé, Koadjutor eines Bischofs, Sekretär, Marinefähnrich, Musikant. Er studierte Philosophie, Philologie und Naturwissenschaften, wurde Freimaurer in Lyon, verführte Männer und Frauen, wurde fünf Jahre in die Piombi, die Bleikammern, Venedigs heißeste Kerker, gesteckt, entfloh, legte sich Adelstitel zu, betätigte sich als Polizeispion und vollendete den tollen Tanz seines Lebens als Sekretär und Bibliothekar auf Schloß Dux in Böhmen.
Dieses Vaterland der Dichter, Komponisten und Abenteurer, der Freude wie der Melancholie, diese Karawanserei des guten Geschmacks hat dem Abendland unendlich viel geschenkt. Aber die Zeiten haben sich geändert. In Paris gab es im 18. Jahrhundert drei Theater, in Venedig sieben. Heute gibt es in Paris über fünfzig Theater, in Venedig drei!
Der Abenteurer Casanova, dieser ungewöhnliche Menschenkenner, Beobachter und Erzähler, war nicht der Ruhm Venedigs, er war Venedigs Eulenspiegel.
Den Ruhm Venedigs trugen die drei großen Bellini mit ihren Madonnen, Kreuzwundern und Verklärungen in die Welt, der Vater Jacopo Bellini und seine beiden Söhne Gentile und Giovanni.
Den Ruhm Venedigs verkündete Paolo Veronese, der 35 Jahre seines Lebens hier die Pracht seiner leuchtenden Farben, die Lebensfülle seiner biblischen Gastmähler, seine thronenden Madonnen und die Heiligen der Ewigkeit schenkte.
Den Ruhm Venedigs bannte für alle Geschlechter sichtbar Antonio Rizzo an die Fassade des Dogenpalastes mit seiner schönheitsstolzen Sünderin Eva und einem Wald von Statuen dazu.
Zweimal kam Albrecht Dürer nach Venedig, 1494 und 1506. Aus Verrocchios bronzenem Reiterstandbild des Condottiere Colleoni packte

sein unglaublich waches Auge das Pferd und verwandelte diese Vision in seinem berühmten Meisterstich «Ritter, Tod und Teufel».
Richard Wagner schuf hier den zweiten Akt von «Tristan und Isolde». In den romantischen Liebes- und Todesgedanken wurden selbst die Farben und der Schmuck des Dogenpalastes zu Musik, flüstern die Wasser aller Kanäle. Es ist kein Zufall, daß dieser Gigant der Musik sich in Venedig zur ewigen Ruhe legte.
Händel komponierte hier die «Agrippina», Gluck die «Ipermnestra».
Marco Polo, der bedeutendste Reisende des Mittelalters, war ein Sohn Venedigs und starb nach weltweiten Wanderungen 1324 an der Lagune. Sebastiano Cabot, dem Venedig das Seefahrerblut in die Wiege gab, erreichte Brasilien und segelte als erster in den La-Plata-Fluß hinein. Er entwarf 1544 die berühmteste Weltkarte der damaligen Zeit.
Goethe, der 1786 in den «wunderlichen Irrgängen» Venedigs weilte, schrieb von seinen Eindrücken: «Ich habe indes gut aufgeladen und trage das reiche, sonderbare, einzige Bild mit mir fort.»
Byron, der in Venedig seine große Liebe, die Gräfin Guiccioli, kennenlernte, dichtete: «Ich schaute von Venedigs Seufzerbrücke, wo hier Palast, dort Kerker mich umgab.» Und Nietzsche schrieb: «Venedig ist der einzige Ort auf Erden, den ich liebe.»

Die Medici

«Cosimo erkennt, daß die tiefsten Werte des menschlichen Daseins nur im Geistigen liegen können, daß es nicht nur die Pflicht des einzelnen, sondern auch eines ganzen Gemeinwesens ist, die Kräfte des Geistes zu fördern, soweit das überhaupt mit den Mitteln des Besitzes und der Macht möglich ist.» –
Leonhard von Muralt,
Das Zeitalter der Renaissance.

Es hat niemals in der Geschichte Kaufleute gegeben, die ihrer Stadt ein so goldenes Zeitalter schenkten wie die Medici. Keine Familie Europas kann sich rühmen, in kurzer Zeit so ungewöhnliche Leistungen vollbracht zu haben wie das Geschlecht mit den sechs Kugeln im Wappen. Die Medici waren von Beruf Bankiers. Sie besaßen keinerlei Kriegserfahrung. Sie wurden nicht von der Gunst ihrer Zeit hochgespielt. Und doch beherrschten sie *Florenz* rund dreihundert Jahre lang. Florenz war nur ein kleiner Stadtstaat. Aber die «Größe» eines Staates sollte nicht nach Quadratkilometern gemessen werden noch nach der Zahl verdauender Mägen oder wiederkäuender Köpfe, sondern nach dem unvergänglichen bildenden Einfluß auf die Menschheit. Kein Land hat in einer so kurzen Epoche so viele hervorragende Staatsmänner, hochbegabte Finanziers, geniale Maler, Bildhauer, Dichter, Gelehrte, Handwerker und Kunstsammler hervorgebracht wie dieser kleine Stadtstaat von nur 90 mal 130 Kilometern.
Seit etwa 1200 gelangte das Patriziergeschlecht der Medici zu außerordentlichem Reichtum. Die Medici waren kaufmännisch glänzend begabt. Sie gründeten Handelsgeschäfte und Banken, die sie immer mehr vergrößerten. Sie richteten Niederlassungen in fast ganz Europa ein. Sie verdienten vor allem durch die Wollindustrie, die in Florenz damals an der Spitze Europas stand. Große Mengen von Schafwolle wurden in England und Spanien eingekauft. In Florenz entstanden die Tuche, die die Welt bewunderte. Schon Chiarissimo, der um 1200 lebte, war Eigentümer einiger Häuser und Türme in Florenz. Averardo de' Medici vergrößerte den Reichtum der Familie. Giovanni di Bicci war der erste Mediceer, der als reichster Bürger seiner Stadt galt.
Wer Florenz besucht, sollte einmal durch die Straße Calimala gehen, denn sie erinnert noch an die Veredlung und Einfärbung der Wolle und die riesigen Gewinne der Medici. Calimala ist ein griechisches Wort und heißt «schöne Wolle». An den Mauern der Kathedrale von Florenz erkennt man ein Lamm. Es war die Gilde der Tuchmacher,

die den Neubau dieses gewaltigen Gotteshauses finanzierte. Giovanni di Bicci wohnte unmittelbar in der Nähe des Domes, sah, wie der Riesenbau in den Himmel wuchs, ermutigte und förderte die Künstler, die Baumeister, die Steinarbeiter. Wie damals gearbeitet wurde, erkennt man an den Flügeltüren aus Bronze des Johannes-Baptisteriums. Lorenzo Ghiberti arbeitete an diesem Werk 23 Jahre lang. Er schilderte Szenen aus dem Leben Christi, die in der Vollkommenheit der Perspektiven bis heute unerreicht sind.
Giovanni di Bicci saß in dem Rat, der dem Modell des Ghiberti den ersten Preis verlieh. Im Museum des Bargello, wo sich die bedeutendste Sammlung der Florentiner Renaissanceplastik befindet, sieht man noch heute die drei schönsten Entwürfe. Man kann sich davon überzeugen, daß Ghibertis Modell dem des Brunelleschi und des Guercia vorzuziehen ist. Giovanni überlebte die Pest von 1417, von der jeder sechzehnte Bewohner der Stadt hingerafft wurde. Er trug Schwarz, das Trauerkleid aller Florentiner. Man hielt seine Schuld an dieser Strafe Gottes für groß. Denn er hatte die Mauern seines Hauses durch Fresken verzieren lassen, ein Luxus, der damals für ein nichtkirchliches Gebäude als unzulässig galt.
Als die erste Bronzetür des Baptisteriums fertig war, strömten die Menschen aus aller Welt herbei, um das Wunderwerk zu bestaunen. Schon diese Tür machte Florenz zum künstlerischen Mittelpunkt der damaligen Welt. Giovanni sah in Ghibertis Werkstatt einen jungen Mann, den er sofort zu fördern begann. Dieser Künstler malte Fresken, von denen die berühmtesten Maler lernten, so Leonardo da Vinci, Andrea del Sarto und sogar Raffael. Der Schöpfer der Bilder in der Karmeliterkirche, Masaccio, ist heute weniger bekannt, obschon seine Kunst die Darstellungsweise der Renaissance eröffnete und den ihm folgenden Künstlergeschlechtern als Vorbild diente.
Als Giovanni starb, war sein ältester Sohn Cosimo bereits vierzig Jahre alt. Er hatte die schöne Contessina de Bardi geheiratet, Tochter eines sehr reichen Geschlechts, dessen Palast noch heute zu sehen ist. Er hatte Latein, Griechisch und Arabisch studiert. Er hatte den Papst Johannes zum Konzil nach Konstanz begleitet.
Cosimo verehrte die Kunst und Geschicklichkeit Donatellos in besonders hohem Maße und gab ihm daher ständig Arbeit. Im Auftrag von Cosimo schuf Donatello für den Hof der Signoria die berühmte Davidstatue, die jetzt im Bargello-Museum steht. Sie ist nach der antiken Kunst, nach einer Zeitspanne von tausend Jahren, die erste nackt freistehende Statue des Abendlandes, ein revolutionierendes Kunstwerk in seiner Kühnheit und Vollkommenheit. Auch Judith mit dem Haupt des Holofernes wurde von Donatello für diesen Hof gemeißelt.

Die Medici hatten Gegner in Florenz. Besonders die große, sehr wohlhabende Familie der Albizzi sah in den aufstrebenden Mediceern eine gefährliche Konkurrenz. Als ein neuer Palast, den Cosimo bauen ließ, wuchs und wuchs, brachten die Albizzi das Gerücht auf, Cosimo wolle von hier aus als Diktator regieren. Die Freiheitsliebe war für die Florentiner das höchste Gut. Sie ließen sich von der Ratsversammlung, der Signoria, regieren, nicht von *einem* Fürsten. Cosimo wurde ins Gefängnis geworfen, mit seiner Familie. Die Albizzi wollten ihn hier vergiften. Aber der vorsichtige Medici lehnte drei Tage lang jede Speise ab, bestach den Kerkermeister, überzeugte ihn von seiner guten Gesinnung und verhinderte damit den Mordanschlag. Die Signoria verbannte jetzt den Medici nach Padua.

Damit hatten aber auch so ungewöhnliche Meister wie die Bildhauer, Bronzegießer und Architekten Michelozzo und Donatello alles Interesse an Florenz verloren. Zwei Kriege brachten der Stadt Niederlagen und Verluste. Die Albizzi verloren an Einfluß. Man besann sich wieder auf die Medici, und die Verbannung wurde aufgehoben. Unbemerkt ritt Cosimo am 6. Oktober 1434 durch ein Hintergäßchen in die Stadt ein, denn er wollte zuerst noch kein Aufsehen erregen. Dann aber, als er im Signorienpalast erschienen war, wo man ihn staunend begrüßte, brach der Jubel der Bevölkerung los. Er erbat sich von der Signoria lediglich die Leitung der auswärtigen Angelegenheiten. Er wollte der Stadt den Frieden erhalten. Er wollte als Kaufmann den Wohlstand von Florenz heben und doch wie sein Vater nur ein gewöhnlicher Bürger bleiben.

Immer trug er nur einen einfachen schwarzen Rock. Er hütete sich, die republikanische Verfassung seiner Stadt anzutasten. Aber unauffällig, einfach mit den Mitteln seiner großen Intelligenz, seines sehr feinen Wertsinnes und seiner moralischen Verdienste, war er der eigentliche Herr des Staates.

Er begann nun mit Hilfe seines Besitzes und seiner stillen, aber großen Macht seiner Vaterstadt Florenz zu unsterblichem Ruhm zu verhelfen. Das Mäzenatentum des Cosimo zeichnet sich nicht nur durch die ungeheure Höhe seiner Darlehen und Schenkungen aus, sondern auch durch die überaus klug erwogene und sehr geschickte Art der Verwendung. Cosimo tat das, worauf die Mäzene heutigentags nur noch selten kommen: er suchte das *geistige* Leben seiner Stadt zu heben, weniger das materielle. Denn er wußte, daß eine geistige Hochblüte die Bewunderung und das Geld der ganzen Welt am besten anlockt und daß die materiellen Werte folgen, daß sie damit einer Stadt und ihren Bürgern sowieso zufallen.

Da der Ruhm und der Glanz jeder Stadt wie jeder Epoche von der

Blüte der Wissenschaften und Künste abhängig ist und weil sich das Abendland damals immer stärker für die Antike und den Orient interessierte, sandte Cosimo Gelehrte in den Orient und nach Griechenland. Sie sollten dort Manuskripte aus dem Altertum aufkaufen. Und Cosimo gründete eine Bibliothek.
Zahlreiche griechische und römische Autoren, deren Schriften uns erhalten sind, hätten wir ohne diesen Sammeleifer des Cosimo und seiner Zeit niemals kennengelernt. Der Florentiner Niccolo de Niccoli, der zum Freundeskreis des Cosimo gehörte, gab sein ganzes Vermögen für Bücher und Manuskripte aus. Als er gar kein Geld mehr besaß, öffnete ihm der Medici seine gewaltige Kasse. Niccolo konnte sich jede Summe nehmen, die er für diese Zwecke brauchte.
Im Jahre 1444 war durch Cosimo *die erste öffentliche Bibliothek Europas* entstanden. Es ist die berühmte Medicea oder Biblioteca San Marco zu Florenz. Hier befindet sich die wertvollste juristische Sammlung des Justinian. Es sind die Pandekten, Grundlage des ganzen römischen Rechtes. Hier kamen die Abschriften des Aischylos und des Sophokles mit einem Vergil aus dem vierten Jahrhundert zusammen, hierher wurden die ältesten Bibelmanuskripte gebracht. Aus einem Kloster in Lübeck erwarb Cosimo einen unschätzbaren Plinius. Die Schriften wurden von Cosimo mit bewundernswertem Vertrauen ausgeliehen. Die Florentiner durften die Werke bei sich zu Hause lesen, und über das Gelesene liebte Cosimo sich mit den gescheitesten Köpfen der Stadt zu unterhalten. Manuskripte, die der Medici nicht in die Hand bekommen konnte, ließ er abschreiben. Einer der Beauftragten des Fürsten, Vespasiano, stellte 45 Schreiber an und lieferte in 22 Monaten 200 Bände!
Die Künstler, die schon für Cosimos Vater gearbeitet hatten, erlebten jetzt ihre besten Zeiten. Ungeheure Summen stellte Cosimo für den Bau von Kirchen und Klöstern zur Verfügung, allein schon, um die Meister Brunelleschi, Michelozzo, Fra Angelico und Filippo Lippi zu zwingen, den Pinsel oder den Meißel sozusagen nicht mehr aus der Hand zu legen. Da erstrahlte die herrliche Badia von Fiesole, da zog das Kloster von San Marco mit den Fresken des Fra Angelico die Bewunderung der ganzen Welt auf sich. Selbst in Jerusalem ließ Cosimo ein Pilgerhospiz bauen.
Ohne ihn wäre auch das größte Wunder der damaligen Zeit, die Kuppel der Kathedrale Santa Maria del Fiore, nicht möglich geworden. Man hatte noch keine Erfahrung, ob eine solche ungestützte Riesenkuppel technisch überhaupt durchführbar sei. Brunelleschi vollbrachte das Wunder. Die Höhe der Kuppel beträgt 91 Meter! Als Brunelleschis Kuppel fertig war, erschien der Papst persönlich auf dem Domplatz

in Begleitung von sieben Kardinälen und siebenunddreißig Bischöfen. Es herrschte Jubel, Begeisterung, Staunen ohne Ende.
Die ungeheure Arbeit, die Cosimo bewältigte, um alle diese Projekte zur Ausführung zu bringen, um das nötige Geld zu beschaffen, um die Einkünfte seiner Handelshäuser zu steigern und den Wohlstand der ganzen Stadt, lastete schwer auf den Schultern dieses großzügigsten und genialsten Kunstförderers der Weltgeschichte. Er zog sich daher von Zeit zu Zeit in das Kloster San Marco zurück, in eine Zelle, lebte dort wie ein Mönch und gewann aus diesen Tagen der Einkehr und absoluten Stille immer wieder neue Kraft.
Nach Ferrara hatte Papst Eugen IV. alle Kirchenfürsten eingeladen, ja Abendland und Morgenland sollten auf die ungeheure Gefahr der Türkeneroberungen aufmerksam gemacht werden. Der Kaiser von Byzanz, Johannes Palaiologos, traf ein, mit gewaltigem Gefolge, auch der Patriarch von Konstantinopel, dann die Würdenträger des Morgenlandes. Die Beratungen zogen sich in die Länge, man kam zu keinem Ergebnis. Da erscheint Cosimo in Ferrara und lädt den Papst und alle Versammelten nach Florenz ein. Alle Kosten wird er bestreiten. Die von ihm erbauten Klöster und Paläste sollen den Beratungen dienen. Die ganze Welt schaute jetzt auf die berühmte Stadt in der Toscana. Die westliche wie die östliche Kirche erhielten hier durch Cosimo die geschichtlich einmalige Möglichkeit, sich gegen den Osten zu vereinigen und vereinigt zu bleiben.
Der Bischof von Nicäa, Bessarion, und der Gelehrte Gemistos Plethon schlossen hier mit Cicero enge Freundschaft. Täglich unterhielt er sich mit ihnen über Platon. Er hatte eine Platonische Akademie gegründet und gab damit der Entwicklung des italienischen Humanismus den krönenden Abschluß. Er hatte den kühnen Plan, das ganze Heidentum durch die Einbeziehung Platons in die christliche Lehre für das Abendland zu gewinnen. Aber Europa krankte an der Kleinstaaterei, an Fehden und Zerwürfnissen, an seinen tausend, seinen zehntausend Grenzen. So wollte Alfonso, der König von Neapel, im Bunde mit Venedig gerade in dieser gefährlichen Zeit ein Stück florentinischen Bodens erobern. Truppen wurden hin und her geschoben. Man haderte hier um winzige, sinnlose Gewinne, während das östliche Bollwerk des Christentums, Konstantinopel, den Türken in die Hände fiel.
Künstler und Gelehrte, die gescheitesten Männer der damaligen Zeit, waren mit ihren Bücherschätzen aus Konstantinopel nach Florenz geflohen. Nachfolgerin von Athen war Florenz geworden. Ein Aufschwung in Handel und Gewerbe, wie man ihn nie für möglich gehalten hätte, fand jetzt unter den immer wachsamen Augen des großen Cosimo statt, der selbst seine Niederlassungen in London und Brügge,

in Pisa, Mailand und Genua, in Avignon und Paris, in Rom und Neapel zu größter Entfaltung brachte.
Ein merkwürdiges Lächeln liegt auf den Gesichtern der Madonnen des Filippo Lippi. Freuen sie sich über die Blüte des damaligen Jahrhunderts? Oder liegt etwas anderes darin, ein wenig Ironie über alles Erwarten, Streben, Hoffen und Bangen der Menschheit? Filippo Lippi hing zu sehr an den Freuden und Genüssen dieses Lebens, um Mönch zu bleiben. Er zog die Kutte aus. Dann malte er aber doch wieder zu gut, als daß man dieses Genie einfach dem Nichtstun und dem Wein überlassen durfte. Cosimo verfuhr mit ihm in der einzig zweckmäßigen Weise. Er griff ihn in der Schenke auf und sperrte ihn ein, in ein Zimmer seines Palastes. Hier hatte er dem widerspenstigen Genie ein Atelier eingerichtet, hier entstanden Filippo Lippis schönste Bilder.
Für alles, was Cosimo plante, erdachte und in die Tat umsetzen wollte, war das Leben zu kurz. Und die Tage, die Minuten – sie fliehen diesem unermüdlichen Förderer geistigen und künstlerischen Lebens zu schnell dahin. Jetzt wird der alte Cosimo ungeheuer geizig, nicht geizig mit Geld, aber geizig mit seiner Zeit. Er errechnet, was er in Wochen, in Tagen, in Minuten schaffen kann. Er geht immer geschickter mit der Lebensspanne um, die ihm noch bleibt. Und doch hat er Muße, selbst Gärten anzulegen, im Weinberg zu arbeiten, sich mit seinen Bauern zu unterhalten, immer neue und immer großartigere Entwürfe der Architekten zu prüfen, Platon zu studieren, mit Gelehrten zu disputieren und immer, immer seine weltweiten Handelsgeschäfte zu überwachen.
«Ich habe nicht viel getan, ich hätte mehr gekonnt, ich habe auch mehr gewollt», sagte er sterbend zu Mona Contessina, seiner Frau, und Piero, seinem ältesten Sohn. Er verbat sich jeden großen Aufwand bei seiner Bestattung. Er wollte in San Lorenzo beigesetzt werden, der ältesten Kathedrale von Florenz, die sein großer Freund Brunelleschi neu errichtet hatte. Er war zum Schluß einverstanden, diese Welt, in der er so ungeheuer viel geschaffen hatte, nun, fünfundsiebzigjährig, zu verlassen.
Über dem Altar von San Lorenzo steht die Säule mit der Inschrift für Cosimo. Im Kirchenraum selbst durfte niemand beigesetzt werden. Daher ließ man eine Platte in den Fußboden ein, gegenüber dem Altar. Hier kann man Cosimos Namen deutlich lesen.
Die Signoria verlieh diesem ungewöhnlichen Mann die höchste Ehre. Er wurde zum «Vater des Vaterlandes» ernannt, «Pater patriae».
Ganz Florenz trauerte. Es ist an vielen Orten, in vielen Winkeln der Stadt noch heute spürbar.

Lorenzo der Prächtige

«Was sie suchen, ist nicht einfach das Vergnügen, sondern die Schönheit im Glück. In 37 Jahren haben die Vorfahren des Lorenzo für wohltätige Zwecke oder öffentliche Werke 660 000 Florin ausgegeben. Lorenzo selbst ist ein Bürger antiken Formats, fast ein Perikles. Sein Vermögen ist eine Art öffentlicher Schatz, sein Palast ein zweites Rathaus. Er nimmt die Gelehrten auf, er unterstützt sie aus seinem Kapital, er gewährt ihnen seine Freundschaft, er spendet die Kosten für Buchausgaben, er erwirbt Manuskripte, Statuen, Münzen, beschützt die jungen Künstler, öffnet ihnen seine Gärten, seine Sammlungen, sein Haus mit jener wohlwollenden Vertraulichkeit und jenem offenen Herzen, die den Schützling aufrecht an die Seite des Beschützers stellen, einen Menschen neben einen Menschen.»

H. Taine,
Voyage en Italie, II, p. 129–134.

Selten in der Geschichte hat ein Mann ein so geordnetes, feingefügtes und reiches Erbe übernommen wie Lorenzo Medici, der den Beinamen «Il Magnifico» trägt. Magnifico ist nicht «der Prächtige», sondern mehr «der Überragende», eine Bezeichnung, die auf diesen besten Bürger, der je in der Stadt Florenz gelebt hat, ausgezeichnet paßt.

Die Medici besaßen außer ihrem Palast in der Via Larga zu Florenz noch vier Paläste auf dem Lande. Ein ganz besonders anmutiger Bau ist die Medici-Villa in Careggi mit dem burgartig vorspringenden obersten Geschoß, der großen Loggia, auf zierliche ionische Säulen gestützt, und der hübschen Fontäne. Hier hielt sich Piero, Lorenzos Vater, am liebsten auf. Er war sein Leben lang von der Erbkrankheit der Medici, der Gicht, behindert. Nach einem besonders schweren Anfall wurde er gelähmt.

Dennoch, in der Stunde der Gefahr, wußte er zu handeln. Der mächtige, der schwerreiche Luca Pitti hat eine Verschwörung angezettelt. Ein Heer unter Ercole d'Este droht in florentinisches Gebiet einzufallen. Die Träger, maurische Sklaven, stöhnen und keuchen. Auf einer Bahre läßt sich Piero von Careggi nach Florenz tragen.

Lorenzo ist dem Vater einen halben Tag vorausgeeilt. Auf dem Wege fallen ihm verdächtig aussehende Leute auf. Man fragt ihn, wann der Vater nach Florenz kommen würde und welchen Weg er nähme. Lorenzo sagt, der Vater sei längst unterwegs und würde bald vorbeikommen. Er sendet sofort einen Boten nach Careggi, warnt den Vater, weist ihm einen anderen, schwierigeren Weg. Lorenzos scharfes Auge, seine gute Beobachtungsgabe, seine Menschenkenntnis retten so dem Vater das Leben. In Florenz gab es dann keine Gefahr mehr, weil Lorenzo den Pitti wissen ließ, er würde eventuell dessen Tochter heiraten. Das schien dem Pitti sehr interessant und verlockend. Piero trieb eine so geschickte Politik, daß der Pitti allen Einfluß verlor und nur noch ein Schattendasein führte. Der Palazzo Pitti kündet noch den einstigen Ruhm des Hauses. Es lohnt sich, diesen burgartigen Quaderbau am Abhang des Boboli-Hügels zu besuchen, schon wegen der fünfhundert Gemälde, darunter glänzende Meisterwerke aus der Privatsammlung der Mediceer.

Als Kunstmäzen bewährte sich Piero ebenso wie als besonnener Staatsmann und Förderer des Wohlstandes seiner Stadt Florenz. Kein Geringerer als Botticelli fand als junger Mann im Palast des Medici freundlichste Aufnahme. Tausenderlei Anregungen erhielt er hier und den entscheidenden Anstoß für sein Lebenswerk.

Neunzehn Jahre alt ist Lorenzo. Sein Bruder Giuliano ist fünfzehn. Feste werden gefeiert, glänzende Feste mit Turnieren. Die Balkone und Gärten des Medici-Palastes in der Via Larga sind mit Blumen und Lampions geschmückt. Jung ist Clarice. Sie hat sehr weiße Haut. Lorenzos Mutter Lucrezia hat diese schöne Römerin für ihren Sohn ausgesucht aus der berühmten Familie Orsini. In der Medici-Kirche San Lorenzo findet die Trauung statt. Dann folgen heiße Juninächte. Die Hochzeit wird vier Tage lang gefeiert. Mächtige Tafeln für die jungen Mädchen, die Gefährtinnen der Braut, für Madonna Lucrezias Gesellschaft, für Lorenzo. Der Wein fließt in Strömen, und aufgetragen werden die erlesensten Gerichte der alten toskanischen Kochkunst.

Kurz vor der Hochzeit empfahl sich ein Tanzlehrer aus Pisa. Dem Lorenzo und seinem Bruder Giuliano wolle er «einige herrenmäßige, schöne und sehr würdige Tänze beibringen, die da in der Tat passend sind für Herren, wie ihr seid, und nicht für jedermann».

Bald wird Lorenzo nach Mailand geschickt. Er ist Taufpate im Hause Galeazzo Sforzas und der Herzogin Buona von Savoyen. Ihr schenkt er bei dieser Gelegenheit eine goldene Halskette und einen Diamanten von nie gesehener Schönheit.

Piero stirbt. «Ein guter Mann», sagte Machiavelli von ihm, «dem Gewalt wie Prunk verhaßt waren.» Dem nun zwanzigjährigen Lorenzo wird die Sorge für Florenz angetragen. Er nimmt an, «denn es läßt sich in Florenz schlecht leben, ohne Staatsautorität zu besitzen», sagt er. Aber die Florentiner waren einfach für ihn, sie hatten mit den Medici gute Erfahrungen gemacht.

Drei Generationen hatten dem Lorenzo ein Fundament gebaut, das ungeheuer verpflichtete, von dem aus aber noch Höheres und Glänzenderes geleistet werden konnte. Lorenzo war der Liebling des Volkes. Er organisierte ein festliches Turnier. Tänze, Gesang und Gelage wechselten einander ab. Er und sein Bruder Giuliano erschienen in antiken Gewändern. Die anmutigsten Mädchen von Florenz traten als griechische Gottheiten auf.

Ein Turnier des jüngeren Bruders Giuliano stellte alles in den Schatten, was Florenz an Festlichkeiten gesehen hatte. In 1400 Versen schilderte der Dichter Angelo Poliziano diese letzten Tage ritterlicher Freuden. Er besingt den Liebestraum des Giuliano und beschreibt sehnsüchtig ein Paradies des ewigen Frühlings im Reich der Venus, in dem die Zeit aufgehoben ist.

Die Medici waren ihren Freunden und Gästen gegenüber sehr gastfrei und großzügig. Da wurde nicht gespart. In ihren eigenen Angelegenheiten waren sie sparsamer. Aber sie wußten doch auch zu leben. Cosimo hielt sich junge Sklavinnen. Giovanni, der Bruder Pieros, beauftragte den Geschäftsführer der Medici-Bank in Venedig, ihm eine hübsche Sklavin zu kaufen. Alessandro Martello bemüht sich sofort. Er schreibt: «Ich habe Deinen Brief erhalten, in dem Du mich ersuchst, Dir eine Sklavin zu beschaffen. Da ich denke, Du bedarfst ihrer, habe ich nicht auf den Preis geachtet. Ich kaufte eine Tscherkessin von siebzehn oder achtzehn Jahren, eher unter als über achtzehn, bräunlich und zart von Gesicht, aber von sehr gutem Aussehen. Sie ist lebhaft und hat ausgezeichneten Verstand, so daß ich glaube, sie wird Dir gefallen. So denken auch Lucrezia, ebenso einige andere Frauen, die sie gesehen und beurteilt haben.»

Ein gewisser Lanfredini bewarb sich bei Lorenzo um eine hohe Stellung. Um seine Bewerbung ein wenig zu verzuckern, sandte er ihm ein Mädchen. Vorher hatte er ihn benachrichtigt: «Dieser Tage habe ich eine Sklavin von türkischer Nation angekauft und schicke sie heute abend. Es soll mich freuen, wenn sie Euch befriedigt.»

Der Dichter Philelphus schuldete der mediceischen Bank Geld und hatte seine Kleider und einige Ballen Tuch verpfändet. Er mußte nach Rom reiten und brauchte daher etwas Reisegeld und vor allem seine Kleider. Er schrieb an Lorenzo: «Ich bin ja, weiß Gott, beinahe nackt. Ich erinnere Euch, daß ich beschlossen habe, Euch das Vergnügen unsterblichen Ruhmes zu bereiten, wie ich Euch mündlich berichten werde.»

Bald erhält er vom gutmütigen Lorenzo sein Gewand von rosa Seide. «Dafür bin ich Euch aufs höchste verbunden», schreibt er, «so daß ich in der Sforziade Euren Ruhm noch besonders verkünden werde.»

Wie ein unerwarteter böser Raubvogel aus heiterem Himmel trifft in diese schöne Zeit ein Schicksalsschlag, dem die Medici nicht ohne schweren Blutverlust entgehen. Es ballt sich eine der berühmtesten Verschwörungen des Abendlandes zusammen, die Verschwörung der Pazzi.

Papst Sixtus IV., aus einem armen Geschlecht stammend, hatte die Absicht, seiner Familie größere Macht zu verschaffen. Er hatte schon das Familienoberhaupt der Colonna töten lassen und seinen Besitz beschlagnahmt. Jetzt warf er ein Auge auf die Städte Forli und Faenza, die zur Signoria von Florenz gehörten. Er bedroht den Ort Borgo San Sepolcro. Florenz entsandte sechstausend Mann, um das Gebiet gegen Einfälle zu schützen. Es gab auch sonst Streitpunkte zwischen Lorenzo und Sixtus. Lorenzo hatte sich dem Wunsch des Papstes widersetzt, der Francesco Salviati zum Erzbischof von Pisa erhöhen wollte. Salviati mußte in Rom bleiben und schmiedete dort finstere Rachepläne gegen den Medici.

Sixtus IV. ist der Erbauer der Sixtinischen Kapelle. Er ist der Gründer der großartigen vatikanischen Bibliothek. Aber unter ihm begann das Renaissance-Papsttum leider auch den Nepotismus zu entwickeln, die übertriebene Förderung der Verwandten. Die Neffen waren in diesem Falle Pietro und Girolamo Riario. Sie waren hochgewachsene junge Männer, aber ihre Gesichter sind nicht gerade sehr gewinnend, wie wir auf einem Gemälde des Melozzo da Forli erkennen. Girolamo Riario sah in Lorenzo einen natürlichen Gegner, weil Lorenzo verhindert hatte, daß dieser Nichtsnutz ein Fürstentum in der Romagna erhielt.

Jetzt entwickelt Riario einen gefährlichen Plan. Er will die Brüder Lorenzo und Giuliano Medici ermorden lassen und sich dann des Stadtstaates Florenz bemächtigen. Für dieses diabolische Vorhaben braucht er geeignete Mitverschwörer. Der grollende Francesco Salviati ist gerade der rechte Mann und gleich dabei. Es gelingt Riario mit Hilfe von Salviati sogar, den Papst zu gewinnen. Sixtus ist mit dem Umsturz in Florenz einverstanden. Es soll aber ohne Blutvergießen geschehen. Girolamo meint dazu: «Aber wenn etwas Blut fließt, dann werden Eure Heiligkeit demjenigen, der das verursachte, doch wohl verzeihen?» Darauf Sixtus: «Tu sei una bestia», «Du bist eine Bestie!»

In Florenz gab es eine zweite, sehr bedeutende Familie, die Pazzi, deren Haupt der alte Jacopo war. Die Pazzi konkurrierten mit den Medici auf das schärfste. Auch sie waren Bankiers. Auch sie verliehen Geld. Auch sie bewarben sich darum, Kreditgeber beim Papst zu sein. Jacopo de Pazzi erfährt, daß Sixtus mit dem Anschlag auf Florenz einverstanden ist. Also schließt auch er sich der Verschwörung an.

Noch fehlt der eigentliche Mörder. Gedungen wird Montesecco, ein

Offizier in päpstlichen Diensten, ein Mann mit handfesten Erfahrungen für solche Verbrechen. Er soll die Tat bei einem Gastmahl begehen, damit ist er einverstanden.
Girolamo Riario schreibt an seinen jungen Neffen, Kardinal Raffaello Riario, der zugleich Großneffe des Papstes ist und in Pisa studiert. Raffaello soll die Lage bei Lorenzo direkt auskundschaften. Der junge Riario ersucht Lorenzo, ihm die Schätze der Villa Medici zu zeigen, er sei interessiert an Kunst. Der Besuch soll Sonntag, den 26. April, stattfinden. Man schreibt das Jahr 1478. Am gleichen Tage wird in der Kathedrale gegen Mittag ein Hochamt zelebriert.
Jetzt tritt das erste unerwartete Ereignis ein. Montesecco, der gegen einen sauber durchgeführten Mord nichts einzuwenden hat, zum Beispiel an der Festtafel, beim Wein oder beim Tanz, wird doch von Zweifeln erfaßt, ob es nicht verabscheuungswürdig sei, den Mord im Dom durchzuführen. Gerade an diesem Ort und unter diesen Bedingungen, nämlich im Augenblick der Wandlung, lehnt er das Ansinnen ab. Es erbieten sich dafür die Priester Maffei aus Volterra und Stefano da Bagnone, «welche der heiligen Orte gewohnt waren und sich deshalb nicht scheuten», wie uns überliefert wird. Sie haben keine so geübte Hand wie Montesecco, aber sie halten das Vorhaben für nützlich und gut, zumal sie zur Familie des grollenden Salviati gehören.
Am Morgen des 26. April besucht der junge Kardinal Riario den ahnungslosen Lorenzo im Medici-Palast. Er begleitet ihn in die Kathedrale. Lorenzo nimmt vor dem Altar Platz. Giuliano, Lorenzos Bruder, ist nicht eingetroffen. Man muß *beide* Brüder töten, sonst tritt der eine sofort an die Stelle des anderen, und das Blutbad wäre vergebens. Daher begeben sich der junge Francesco de Pazzi und Bernardo Bandini, ein berüchtigter Abenteurer, zum Palast in der Via Larga und holen in scheinbar froher Stimmung den armen Giuliano ab. Auf dem Wege legt Pazzi liebevoll seinen Arm um den «Freund» und prüft dabei unauffällig, ob Giuliano unter dem Anzug ein Panzerhemd trägt. Giuliano ist vollkommen ungeschützt und unbewaffnet.
Das Wandlungsglöckchen erklingt. Alle in der Kirche sind in Andacht versunken. Urplötzlich stößt Bandini seinen Dolch in den Rücken Giulianos. Giuliano fällt aufs Gesicht. Da springt Francesco de Pazzi hinzu und gibt dem Verletzten den Todesstoß. Maffei und Bagnone, völlig ungeschickt zu solchem Handwerk, haben weniger Glück. Maffei sucht seinen Dolch hinterrücks dem Lorenzo in den Hals zu stoßen, verwundet ihn aber nur leicht. Er hat vorher den Arm des Knienden berührt. Da dreht sich Lorenzo blitzschnell um. Geistesgegenwärtig schlingt er seinen Mantel um den Arm, um sich zu verteidigen. Er zieht sein Schwert. Er läuft über den Altar in die Sakristei.

Maffei und Bagnone fliehen. Der kaltblütige Bandini, der eben Giuliano verwundet hat, rast jetzt dem Lorenzo nach. Von einem Getreuen der Medici wird er aufgehalten, andere Freunde des Lorenzo versperren die Sakristei. Ein ungeheurer Tumult entsteht im Dom. Lorenzo erreicht sicher seinen Palast.

Dem Francesco Salviati war eine andere Aufgabe zugefallen. Er sollte sich der Signoria von Florenz bemächtigen. Also geht er zum Palast der Signoria, meldet sich beim dort residierenden Gonfaloniere unter dem Vorwand, er hätte eine wichtige Nachricht vom Papst zu überbringen. Der Gonfaloniere war ein hoher Beamter, «Bannerträger der Gerechtigkeit», der die bürgerlichen Rechtsinteressen zu wahren hatte. An diesem Tage bekleidete ein gewisser Petrucci das Amt, ein aufmerksamer und gewitzter, scharfsinniger Diener seiner Stadt. In den Stadtstaaten der Renaissance waren Mißtrauen und Vorsicht angebracht. Gifttod, Meuchelmord, Vendetten aus allen möglichen Gründen waren an der Tagesordnung. Jeder neue Gonfaloniere ließ die Schlösser der wichtigsten Türen mit Antritt seines Amtes verändern. Petrucci hatte Schlösser gewählt, die man durch einen Mechanismus so bedienen konnte, daß sie, einmal zugeschlagen, auch von innen nicht mehr zu öffnen waren. Nur wer in das Geheimnis eingeweiht war, vermochte sich von Raum zu Raum zu bewegen.

Der unglückselige Salviati wurde während seiner Unterredung mit Petrucci bald leichenblaß, bald wieder tiefrot, so daß der tüchtige Petrucci Verdacht schöpfte und gleich die Mausefalle in Betrieb nahm. Vergeblich rüttelte Salviati an den schweren Türen, vergeblich rief er seine draußen wartenden Mannen zu Hilfe. Petrucci alarmierte die Wachen, einige in den Korridoren gefangene Verschwörer erledigte er selbst, die anderen wurden von den Florentinern entwaffnet und festgesetzt. Nun ließ Petrucci die großen Glocken des Palastes läuten. Die ganze Stadt kam in Bewegung. «Tod den Verrätern!» gellten die Rufe durch alle Gassen. «Palle, Palle, Palle», jubelte die Menge. Damit waren die Kugeln im Wappen der Medici gemeint.

Die Bürger richteten unter den Verschwörern ein fürchterliches Blutbad an. Der junge Pazzi, der den Giuliano erstochen hatte, wurde aus dem Hause seines Onkels Jacopo geholt. Er lag nackt und aus Wunden blutend im Bett. Das wartende Volk hängte ihn zusammen mit Salviati zum Fenster der Signoria hinaus. Im Todeskampf bohrte Salviati seine Zähne in den nackten Leib des Pazzi. Namen und Wappen der Pazzi wurden für immer verboten. Ihr Palast wurde umgetauft. Wer mit einer Pazzi hinfort eine Ehe schloß, durfte keinerlei Staatsamt bekleiden.

Montesecco wurde auf der Flucht gefaßt und gefoltert. Ihm verdanken wir den sehr genauen Bericht der ganzen Verschwörung. Denn erstaunlicherweise war es den Aufständischen gelungen, alle Vorbereitungen bis zum Augenblick der Dolchstöße völlig geheimzuhalten. Jacopo de Pazzi hatte sich in das Dorf Castagno geflüchtet. Bauern fingen ihn, brachten ihn nach Florenz, wo er gleich aufgehängt wurde. Bernardo Bandini wollte klüger sein als alle anderen Beteiligten und erreichte tatsächlich Konstantinopel. Da der Ruhm der Medici in alle Welt gedrungen war, legte Sultan Mahomed den Bandini in Ketten und sandte ihn dem Lorenzo als ein Geschenk seiner Sympathie und Verehrung. Die Signoria ließ ihn gleich nach seiner Ankunft in Bargello enthaupten.

Den jungen Kardinal Raffaello Riario aber rettete Lorenzo, indem er ihn der Wut des Volkes entzog. Er brachte ihn an den einzigen während dieser aufregenden Tage sicheren Platz, nämlich in den Medici-Palast, und hielt ihn dort bei guter Behandlung gefangen.

Als der Papst und Girolamo zu Rom erfuhren, daß die Verschwörung gescheitert war, wurden sie sehr traurig. Dann aber überkam sie rasende Wut. Gleich wollte Sixtus den Gesandten des Medici verhaften. Aber Lorenzo ließ höflich daran erinnern, daß der Neffe des Riario, der Großneffe des Papstes, bei ihm wohne, noch lebendig, gut aufgehoben, aber doch immerhin in seiner Macht. Sixtus verhandelte darauf über die Freilassung des jungen Kardinals, und erst als Riario in Sicherheit war, erließ er eine Bannbulle über ganz Florenz und alle florentinischen Besitzungen. Lorenzo wurde exkommuniziert. Sixtus stiftete nun Ferrante, den König von Neapel, zu einem Krieg gegen Florenz, gegen die «Tyrannenherrschaft» des Lorenzo an. Die Signoria von Florenz antwortete dem Papst, Lorenzo sei kein Tyrann, sondern der Verteidiger der Freiheit. Florenz werde alles für die Sicherung und Freiheit des Staates tun. Beiläufig erwähnten die Florentiner noch folgendes: Hätte sich Lorenzo von den Kreaturen, die Sixtus entsandte, töten lassen, hätten die Florentiner ihren Palast nicht zurückerobert, hätten sie sich in die Hand des Papstes begeben, dann wäre Sixtus mit ihnen gewiß sehr zufrieden gewesen. Lorenzo sei doch im Grunde nur darum exkommuniziert worden, weil er sich nicht befehlsgemäß ermorden ließ.

In dem Krieg, der nun folgte, verfügte der Papst über die größere Zahl von Bundesgenossen. Entscheidend war die Macht des Königs von Neapel. Ihr war Florenz nicht gewachsen. Die Stadt geriet in große Not.

Da faßte Lorenzo einen unglaublich kühnen Entschluß. Es kam ihm jetzt zustatten, daß sein Vater immer gute Freundschaft mit Mailand gepflegt hatte. Lodovico Sforza machte einen Versuch, bei König Ferrante von Neapel für Lorenzo einzutreten. Lorenzo ging einen Schritt weiter – einen sehr gewagten. Er beschloß, persönlich nach Neapel zu reisen, sich in die Macht des Königs zu begeben, der gegen ihn Krieg führte, und ihn zu einem Friedensschluß zu überreden. Er ersuchte seine Signoria erst um Genehmigung zu diesem Schritt, als er sich schon auf dem Wege nach Neapel befand. Er erklärte, Sixtus wie auch Ferrante führten nur seinetwegen Krieg. Dem Papst wie Neapel ginge es nur um seinen Kopf. Warum nicht gleich in die Höhle des Löwen gehen, wenn dadurch seine Stadt erlöst, vom Kriege befreit, gerettet würde? Wenn Ferrante ihn tötete, was sehr wahrscheinlich war, dann hatte dieser grimmige König keinen Grund mehr, Florenz zu bekriegen.

Das war gut und schön und tapfer. Man muß aber Ferrante kennen, um den Entschluß des Lorenzo voll zu würdigen. Ferrante hatte schon vorher oftmals seine Gegner freundlich eingeladen, aber nie kam ein solcher Gast aus den unterirdischen Gewölben des Königs wieder heraus. Den Condottiere Piccinino forderte Ferrante auf, doch mit seiner schönen Braut zu kommen. Einundzwanzig Tage lang wurde ein rauschendes Fest gefeiert. Dann wurde Piccinino ermordet. In den Käfigen des Palastes saßen hungernd die Gegner des Königs, die Adligen, an deren Qualen sich der halb verrückte Herrscher nicht satt sehen konnte. Das Volk von Neapel wurde von ihm sehr kurzgehalten. Hunger erhöhte die Preise für das Korn, das allein von Ferrante geliefert wurde.

In die Fänge dieses Mannes begab sich Lorenzo. Er kannte die Veranlagung und den Charakter seines Gegners ganz genau. Strahlend, sonnengebräunt, lachend traf er auf seinem Schiff ein. Er beschenkte die Armen von Neapel. Er erkaufte vielen Galeerensklaven die Freiheit und ließ ihnen modische grüne Breeches anziehen. Armen Landmädchen, die aus allen Gegenden der Campania zu ihm pilgerten, schenkte er Mitgiften, damit sie heiraten konnten. Überall wurde er umjubelt.

Drei Monate lebte Lorenzo in Neapel eine Zeit der Unruhe, erdrückender Sorgen und Zweifel, schlafloser Nächte. Endlich gewann er den König durch seine unwiderstehliche Art. Er überzeugte ihn, daß nur der Zusammenhalt von Florenz, Mailand und Neapel eine Garantie für Italiens Wohlergehen bilde. Er warnte auch den Ferrante vor der Verschlagenheit und Heimtücke des Sixtus, und so gelang es ihm tatsächlich, einen Friedensvertrag zu erwirken, zugleich mit einem Schutz-und-Trutz-Bündnis zwischen Neapel und Florenz.

Sofort nach der Unterzeichnung ging Lorenzo in See, allen Überredungskünsten des Königs ausweichend, der mit ihm den Vertrag doch noch einige Wochen lang feiern wollte. Lorenzos Schiff befand sich

[33] Eine finstere und gefährliche Gestalt war Tiberius. Aus Angst, selbst ermordet zu werden, verließ er Rom und regierte von der Insel Capri aus. Menschenhaß und Menschenverachtung kennzeichnen seinen Charakter. Die Majestät schlich manchmal wie ein Dieb von der Insel bis an die Mauern von Rom und horchte unerkannt, was da wohl geflüstert wurde.

[34 a] So großartige Städte legten die römischen Kaiser an der nordafrikanischen Küste an. Sabratha im heutigen Libyen wurde von den Römern im 2. Jahrhundert nach Christus auf den Ruinen einer alten karthagisch-punischen Siedlung erbaut.

[34 b] Überall im riesigen römischen Weltreich ist der Bauwille Roms zu erkennen. Dieses mächtige Amphitheater in der südfranzösischen Stadt Nîmes wurde im 2. Jahrhundert nach Christus errichtet. Auch hier fanden wie in Rom grausame Gladiatorenkämpfe statt.

[35 a] So arbeitete vor rund 1800 Jahren ein Schuster in Remigius (Reims). Die römische Stele, jetzt im Musée des Beaux-Arts, Reims, zeigt ganz deutlich die Werkzeuge und den Schuh auf der Leiste.

[35 b] Dieses interessante Bild stellt einen römischen Bauern mit seinem Rind auf dem Acker dar. Das Relief entstand etwa um 50 nach Christus.

[36 a] Im Vatikan zu Rom steht dieser römische Sarkophag aus dem 3. Jahrhundert nach Christus. Im Rahmen eines Hafens mit Schiffen sehen wir in der Mitte des Bildes das Ehepaar, für das der Sarkophag bestimmt war. Die Köpfe der sitzenden Frau und des stehenden Mannes sind nur angedeutet. Das bedeutet, daß der Sarkophag nie benutzt wurde.

[36 b] Die Marmorskulptur dieses römischen Gladiators zeigt, wie der Schild am Arm befestigt war. In der Rechten hielt der Schwertkämpfer seine Waffe. Er ist offenbar verwundet. Die Skulptur befindet sich im Museo Capitolino zu Rom.

[37] Theoderich der Große, König der Ostgoten, ließ persönlich um 520 sein Grabmal errichten. Der monumentale zweistöckige Rundbau ist von einer gewaltigen Steinplatte von elf Meter Durchmesser bedeckt, die 6000 Zentner wiegt. Im Innern hat der offene Sarkophag nach langer Verbannung wieder seinen Platz gefunden. Das Mausoleum inmitten von Zypressen ist eines der Wunder von Ravenna.

[38] In Sion, der Hauptstadt des Schweizer Kantons Wallis, dem einstigen römischen Sedunum, erkennt man über der Stadt die Ruinen der bischöflichen Burg Tourbillon, die 1294 erbaut, 1788 verbrannt wurde, und (rechts) die Wallfahrtskirche Notre-Dame de Valère aus dem 13. Jahrhundert.

[39] Eines der schönsten Giebelfelder mittelalterlicher Gotik krönt das Hauptportal von Notre-Dame de Paris. Die Kathedralen von Sens, Senlis, Noyon, Laon und Paris sind die ältesten Großbauten frühgotischen Stils. Auf dem Tympanum hier aus dem 13. Jahrhundert erkennt man eine Reihe verstorbener Könige, darüber links die Auserlesenen und rechts, unter der Macht des Teufels, die Verdammten, in der Mitte den Engel mit der Waage und oben Christus über der Welt thronend, ganz links Maria.

[40 a] Dante Alighieri machte sich selbst zum größten Helden der Dichtung des Abendlandes. Er blieb vom ersten bis zum letzten Vers auf der Bühne seines gewaltigen Theaters. Das Bildnis eines unbekannten Meisters aus dem 14. Jahrhundert befindet sich in der Biblioteca Nazionale zu Florenz.

[40 b] Schloßherrin und Troubadour. Tapisserie aus dem 15. Jahrhundert. Die Troubadoure waren Dichter an den mittelalterlichen Höfen Südfrankreichs, die ihre Lieder selbst vertonten und der von ihnen verherrlichten Frau vortrugen. Aus dieser Dichtung erwuchs die erste große Blüte weltlicher romantischer Lyrik. Sie hat, wie der deutsche Minnesang, auf die Dichtung ganz Europas eingewirkt.

[41] Für Cosimo de Medici erbaute Vasari den Palazzo degli Uffizi als Verwaltungsgebäude. Heute befindet sich in dem Bau außer dem Staatsarchiv die umfassende Gemäldegalerie.

[42 a] Die Certosa von Pavia, ein Bau der italienischen Frührenaissance, erstand seit 1453 unter der Leitung des Architekten Guiniforte Solari. Die verschwenderische Fülle der Ornamentik, die keinen Teil der Fassade freiläßt, war in solchem Reichtum bis zu jener Zeit noch nie dagewesen.

[42 b] Gian Galeazzo Visconti, der um 1380 regierte, ließ diese einzigartig schöne Brücke über den Ticino bauen. Er legte auch den Grundstein zum Mailänder Dom und gründete das Kloster Certosa von Pavia.

[43] Dieser runde, aus mächtigen Steinen erbaute Turm des Castellos zu Mailand zeugt von der Wehrhaftigkeit und Energie des Francesco Sforza. Das riesige Wappenschild zeigt die Schlange der Visconti, der Vorgänger der Sforza.

[44] Lodovico il Moro wurde 1452 in Vigerano geboren und erlangte durch Vermählung seiner Nichte Bianca Maria mit Kaiser Maximilian I. die Reichsinvestitur mit dem Herzogtum Mailand. Seine Gattin war die schöne Beatrice d'Este. Er war ein großer Förderer der Kunst, und es gelang ihm, Lionardo da Vinci für seinen Hof zu gewinnen. Lionardo malte im Auftrag des «Mohren» das berühmte Abendmahl.

[45 a] Bianca Maria, eine natürliche Tochter des Filippo Visconti, wurde achtjährig mit Francesco Sforza verlobt und heiratete diesen Condottiere, als sie fünfzehn war. Durch sie kam das Geschlecht der Sforza auf den Thron von Mailand. In der Jugend schön und von allen bewundert, griff sie später auch in die Staatsgeschäfte ein und verteidigte sogar Städte.

[45 b] Francesco Sforza regierte sechzehn Jahre lang als Herzog von Mailand. Er besaß 22 Kinder, als er heiratete, und er ließ das Castell von Mailand prachtvoll errichten, nachdem der erste, viel kleinere Bau der Visconti zerstört war.

[46] Die unvergleichlich reine Silhouette des Domes von Mailand, das Zusammenspiel von Gotik und italienischer Kunst, läßt die verwirrende Fülle der Pfeiler und Ornamente auf dem gewaltigen Dach kaum erkennen. Hier gehen die Mailänder an sonnigen Tagen wie in einem Park spazieren. Links ist sogar eine Kaufstelle für erfrischende Getränke erkennbar.

[47 a] Den Köpfen der Apostel gab Lionardo so viel Majestät und Schönheit, daß er das Haupt des Heilands unausgeführt ließ. Er war überzeugt, er könne die Göttlichkeit, die für das Bild Christi erforderlich war, nicht darstellen. Diese erschütternde Tatsache kommt auf keiner der farbenprächtigen Kopien zum Ausdruck.

[47 b] Alle Jahrhunderte haben das «Abendmahl» des Lionardo seit 1497 bewundert. Drei Apostel zur Rechten Christi. Aus ihren Gesichtern spricht Liebe, Furcht, aber auch Schmerz. Sie wissen nicht, wer ihren Meister verraten wird.

[48] Das ist wohl das erschütterndste Werk des Michelangelo Buonarroti, zu sehen im Castello Sforzesco zu Mailand. Hier befindet sich jetzt das Museo d'Arte Antica. Die Pietà Rondanini schuf Michelangelo, dieser Titan der Renaissance, kurz vor seinem Tode.

schon weit auf dem Tyrrhenischen Meer, da traf ein besonders dringlicher Brief des Sixtus in Neapel ein, er möge um Himmels willen dem Medici nicht nachgeben. Zum nächsten Hafen, in dem Lorenzo anlegte, sandte Ferrante Boten, Lorenzo solle sofort zurückkommen. Aber der Medici wußte, daß er nur *einen* Kopf hatte! Jetzt zog er den Jubel vor, den unaussprechlich freudigen Empfang, der ihn in Florenz erwartete. Er hielt das für interessanter als die Käfige des Ferrante.

Man begreift, daß «il Magnifico» tatsächlich nicht der Prächtige, sondern wirklich «der Überragende» war. So urteilt auch die Geschichte. Er wird als einer der bedeutendsten Männer bezeichnet, die je einen Staat regierten.

Überaus schnell schließt der Papst mit Florenz Frieden. Er hebt den Bann über die Stadt auf. Lorenzo macht es ihm leicht, eine vollkommene Versöhnung herbeizuführen. Denn jetzt ist der Papst in Not. Die Türken haben Otranto erobert. Rom ist in Gefahr!

Lorenzo gibt wieder ein Beispiel weiser Zurückhaltung und Beherrschung. Ja, wahrhaft weise war dieser «Erste Bürger» von Florenz. Fünfzehn Galeeren stellt er gegen die Türken. Jetzt ist er ungekrönter König von Florenz, aber er bleibt Bürger ohne Titel, ohne Rang, Haupt einer Demokratie, dabei demütig, liebenswürdig, gütig, ungeheuer vielseitig. Selbst der Türke bemüht sich um Lorenzos Gunst. Die Giraffe, die der Sultan ihm sendet, erregt das Staunen der ganzen Stadt.

Lorenzos Mutter stirbt, die feinsinnige Lucrezia Tornabuoni. «Ich habe nicht nur meine Mutter verloren, sondern auch die einzige Zuflucht meiner Sorgen», schreibt Lorenzo. Seine Frau Clarice stirbt. Die Nachricht erreicht den Medici im Bad von Filetta. Ihn plagt die Gicht, die schon seinem Vater Piero so viel zu schaffen machte.

Ein Dominikanermönch predigt mit ungewöhnlichem Feuer, mit einer Inbrunst, wie man es in Florenz noch nie gehört hat: Savonarola! Er wurde von Lorenzo selbst eingeladen. Man wußte damals noch nicht, wie allumfassend und unabdinglich dieser Fanatiker die Askese in der ganzen Welt durchsetzen wollte. In seinen Reden lag eine geheimnisvolle Gewalt, von der sich die Menschen nicht lösen konnten. Er selbst hielt das für Erleuchtung. Alle Dominikanerklöster der Toscana folgten seinen Gedanken und unternahmen eine große Reform. Entsagung! Das ist Savonarolas Parole. Florenz soll ein Reich Gottes auf Erden werden.

Ob Savonarola die Nichtigkeit seiner Gesichte und Weissagungen vor seiner Verbrennung erkannte? Er hatte Anhänger, die noch dreißig Jahre nach seinem Tod seiner Lehre, seinen Prophezeiungen folgten. Der Mensch soll nur noch seinem Seelenheil leben. Savonarola verurteilt Platon, andere Philosophen, die meisten Bücher, die Fürstenhäuser, den König von Neapel, Sforza in Mailand, auch die Medici in Florenz. Lorenzo duldete das mit seinem berühmten Gleichmut. «Er ist ein Fremder», sagte er, «kommt in mein Haus und macht mir nicht mal einen Besuch!» Wäre Savonarola nicht verbrannt worden, inneres Feuer und seine gewaltigen Himmelsrufe hätten ihn sowieso in Flammen aufgehen lassen.

Cosimo hatte schon eine riesige Bibliothek geschaffen. Die Laurenziana des Lorenzo übertraf an Bücherschätzen alles, was man bis dahin kannte.

Was ist aus der «Zeit» des Menschen geworden? Wie unermeßlich groß ist die Zahl der Dinge, für die der Mensch des zwanzigsten Jahrhunderts *keine* Zeit hat! Was sind die Tage unserer großen Bankiers, Industriellen, Politiker? Womit füllen sie ihre Stunden? Wie nutzen sie ihre Zeit? Wem sind sie gut? An Kultur muß man glauben, um ihr zu dienen!

Lorenzo Medici, der einen Staat zur höchsten wirtschaftlichen und künstlerischen Blüte führte, bedroht durch Kriege und Pest, durch Verrat und finanzielle Rückschläge, fand doch Zeit für alle großen Künstler und Gelehrten, Zeit für alle großen Schöpfer des Pinsels, des Meißels und himmelstürmender Bauten, Zeit für seine Gesandten, Zeit für das Volk auf dem Lande, Zeit für die Erziehung seiner drei Söhne und vier Töchter, Zeit – und das ist das erstaunlichste! – für *ein umfangreiches Werk der Dichtung.* Selbst wenn man von Lorenzos Rolle als Staatsmann und Politiker, als Förderer der Kultur, als größte treibende Kraft der Kunst und Wissenschaft seiner Zeit absieht, so würden allein die Dichtungen, die er hinterließ, sein Leben außergewöhnlich reich und eigenartig erscheinen lassen.

«Viel tausend Leiden, dazu das Verlangen nach süßem Tod, solche Hoffnung ist mein Leben», so dichtet er in einem seiner schönsten Sonette.

Columbus bettelt um Audienzen

«Christopher Columbus war groß aus sich selbst. Er war groß, einfach weil er sich mit einem großen Vorhaben verbunden hatte. Er war groß in der Durchführung dieses Planes. Seine Stellung in der Geschichte ist gesichert. Er kann nicht durch Heiligsprechung erhöht werden. Es können ihn aber auch nicht kleine und gemeine Geister von seinem Piedestal herunterziehen.» – John Boyd Thatcher, Christopher Columbus, Bd. I, p. 185. New York 1903.

Zwei Turmwächter halten Ausschau über die Stadt Genua und das Meer. Der eine Turm ragt am Tor an der Seeseite empor. Es ist der Torre del Cabo del Faro. Der andere Turm schaut nach Osten. Es ist der Turm von Sant'Andrea. Genua kann ruhig schlafen, wenn die Türmer hoch über der Stadt ihre Runde gehen, wenn sie die Dunkelheit mit ihren wachsamen Augen durchforschen, wenn sie hinausschauen in die ligurische Landschaft oder weit über das Meer.

Der größte Seefahrer der Geschichte der Menschheit wurde nicht im Turm bei der See, sondern auf der anderen Seite, im Turm, der die Landflanke der Stadt schützte, geboren. Domenico Colombo hieß sein Vater, dieser eigentümliche Mann, der ein Turmwärter, ein Weber und später noch ein Schankwirt war. Man weiß sehr wenig von Susanna Fontanarossa, der Mutter des Cristoforo Colombo. Und Susanna ahnte nie, daß ihr Sohn dem Abendland einen neuen Kontinent schenken würde.

Im Turm geboren, im Jahre 1451, wurde der Mann, der über alle theoretische Erkenntnis hinaus die Tat wagte, die das Bild der Erde entscheidend veränderte. Der Franzose Henri Harrisse sagte im Jahre 1884, Columbus sei das kühnste Genie gewesen, das die Geschichte kennt, ein Mann, dessen Phantasie alle bekannten Schranken sprengte, dem ein unbekanntes Licht leuchtete, das ihn vorantrieb, das ihn zu dem Besessenen einer großen Idee machte.

Columbus hat den meßbaren Raum der Erde verdoppelt. Er hat das Sehen der Menschheit um Horizonte über Horizonte erweitert. Er wagte, was die kühnsten Geister Tausende von Jahren vor ihm nicht gewagt hatten. Er schuf eine ganz neue Erkenntnis der Welt, er bahnte allen Wissenschaften neue Wege, er zerbrach mit der größten Phantasie alle Phantasien der vor ihm lebenden Großen dieser Erde.

Wer war der rätselhafte Mann, von dem Leopold von Ranke sagte, niemals habe ein großartiger Irrtum eine großartigere Entdeckung hervorgebracht? Alles an diesem Weber menschlicher Träume, an diesem Spinner verwirrender Fäden, an diesem Deuter der Gestirne, an diesem Entzifferer schwierigster Karten, an diesem Sucher der Endlichkeit und Finder im Unendlichen wurde und wird noch heute bezweifelt. Sein Geburtsjahr ist umstritten. Um seinen Geburtsort rivalisieren Staaten und Städte. War er auf Madeira geboren? War er Portugiese, ein Katalane, ein Sohn der spanischen Provinz Galicien? War er Andalusier, Korse, Schweizer, Jude? Seine Muttersprache bleibt ein Geheimnis.

Acht Völker und nicht weniger als siebzehn italienische Städte stritten sich jahrhundertelang um die Ehre, diesen Mann hervorgebracht zu haben. Insbesondere rivalisierten seit eh und je Spanien und Italien. In seinem Testament hat Columbus erwähnt, daß er in Genua geboren sei. Aber der Originaltext des Testaments ist nicht erhalten. Daher wird dieses Zeugnis angezweifelt. In keiner Urkunde, die unstreitig von Columbus geschrieben ist, nennt sich Columbus selbst einen Genuesen. Er bezeichnet sich als Ausländer. Er wird auch von seinen spanischen Zeitgenossen immer wieder für einen Fremden, für einen Ausländer, gehalten. So ergeht es ihm auch in Portugal. Es scheint, als habe Columbus selber einen Schleier um seine Herkunft legen wollen, sei es, weil er aus dürftigen Verhältnissen stammte, sei es, weil er in Portugal und Spanien als Italiener weniger Chancen für sich sah. Oder gab es noch einen anderen Grund? Sogar sein Sohn Fernando läßt die Frage seiner Herkunft offen.

Es gibt nun viele Urkunden, die beweisen, daß Christophs Vater ein Genueser Bürger war und daß die Familie Colombo zu Genua lebte. Die Stadt Genua hat 1932 die Dokumente und Beweise der Genueser Herkunft des Columbus herausgegeben. Zahlreiche Zeitgenossen bezeichneten ihn als «Liguren». Unter Ligurien hat man immer die Küstenländer des Meerbusens von Genua verstanden. So scheint der Streit um den Geburtsort des Columbus zugunsten Genuas heute entschieden zu sein.

Aber hier ist das Rätsel: In keinem der erhaltenen Briefe und Dokumente hat Columbus je die italienische Sprache benutzt. Wir besitzen nicht eine einzige Seite eines von ihm verfaßten italienischen Schriftstückes. Columbus schreibt stets in kastilischer Sprache, auch an Genuesen! Er spricht kastilisch mit seinem Sohn Diego, ja auch mit seinem Bruder Bartolomeo, der doch wie er Genuese gewesen sein muß. Sogar die persönlichen Notizen des Columbus sind in kastilisch hingekritzelt.

Salvador de Madariaga hat im Jahre 1940 eine hochinteressante Lösung des Problems veröffentlicht. Danach waren die «Colon» oder «Colom» katalanische Juden. Im Wald vo Coloms in Katalonien lebten im 14. Jahrhundert zahlreiche jüdische Familien. Verfolgt von der Inquisition, wanderten die Colon nach Genua aus, wurden dort ansässig, hielten aber an der Sprache ihres Ursprungslandes fest. In Italien veränderte die Familie den Namen Colon in Colombo. In Spanien nahm dann Christoph die alte Namensform wieder auf und nannte sich spanisch Colón.

Madariagas Argumente erscheinen mir sehr stichhaltig. Vieles spricht für die jüdische Abstammung des gelehrten Seefahrers, sein Umgang mit Mauren und Juden, mit denen er besonders gern verkehrte und von denen er viel Wissen bezog, seine große Phantasie, gepaart mit der rationalen Art, den Dingen auf den Grund zu gehen, sein außerordentliches Temperament, sein scharfer Geist, seine ewige Unruhe, sein starker innerer Antrieb, Länder und Horizonte zu wechseln.

Aber Rätsel um Rätsel bleiben. Die Quellen seiner Erkenntnisse geben fast unlösbare Probleme auf. Sein Genie wurde angezweifelt. Er wurde in den Himmel gehoben, besungen, verherrlicht, verurteilt, verleumdet, verstoßen, verdammt. Wo seine Gebeine bestattet sind, wo die sterblichen Reste dieses Phantoms der Ozeane endlich Ruhe fanden – auch das ist nicht klar.

Der Vater Domenico war Weber, Mitglied der Weberzunft von Genua. Auch der Sohn sollte Weber werden. Der Ort Vico dell'Olivella ist im Labyrinth der Stadt Genua untergegangen. Man gelangte von dorther gut zum Osttor der Stadt. Hier saß der junge Cristoforo in der engen Handwerksstube. Hier träumte er sich hinaus, zum Hafen, zur See, zu Abenteuern und fernen Ländern.

Christoforo hatte zwei jüngere Brüder, Bartolomeo und Giacomo. Beide sollten dem Entdecker später große Dienste leisten. Aus Urkunden geht hervor, daß die Familie eine Zeitlang in der Hafenstadt Savona ansässig ist, wo der Vater immer noch als Weber arbeitet, aber nun auch eine Gastwirtschaft betreibt. Wir erfahren, daß Cristoforo lesen und schreiben lernt. Sein berühmter Biograph, Las Casas, der viele Manuskripte des Colombo besaß, bewundert die ungewöhnlich gute Handschrift des Genuesen. Las Casas meint, Columbus hätte seinen Unterhalt auch mit Arithmetik, Zeichnen und Malen bestreiten können.

Eine kurze Zeit verbrachte der zukünftige Entdecker nach Angabe seines Sohnes Fernando in Pavia an der damals berühmtesten Universität der Welt. Er studierte Grammatik, erlernte die lateinische Sprache, erwarb Kenntnisse in Geometrie, Geographie, Navigation und Astro-

nomie, die in jener Zeit Astrologie genannt wurde. Die Familie des Columbus war arm. Ein Wollkämmer hatte keine großen Einnahmen, auch wenn er noch dabei Turmwart und später sogar Tabernarius, also Schankwirt, war. Lange wird das Studium in Pavia nicht gedauert haben. Es gibt sogar Forscher, die bezweifeln, daß Columbus je die Universität Pavia besucht habe. Vermutlich erwarb sich der Jüngling nur einige rudimentäre Kenntnisse. Alles andere, das außerordentliche Wissen, das er später besaß, wurde durch Fleiß, Selbstschulung und andauerndes Lernen in einsamen Nächten erworben.
Washington Irving, sein berühmter Biograph, sagt, er sei einer jener Männer starken natürlichen Genies gewesen, die sich selbst zu bilden scheinen. Nach seinen eigenen Aufzeichnungen hatte Columbus Erdbeschreibungen, Geschichtswerke, Chroniken, philosophische Abhandlungen und andere alte Schriften eifrig studiert.
Columbus verließ also vermutlich in sehr jungen Jahren die Universität von Pavia, ging wieder dem väterlichen Gewerbe als Wollkämmer nach und begann – neben dieser Beschäftigung – nach seiner eigenen Aussage schon mit vierzehn Jahren zur See zu fahren. Von zwanzig jungen Männern, die in der damaligen Zeit auf See gingen, kehrten kaum zwei wieder zurück. Die anderen kamen um, heirateten in der Fremde oder gerieten durch Seekriege oder Piraterie in Dienste fremder Herren, in Gefangenschaft oder in andere Weltteile. Columbus erwarb in der harten Schule jener Seecondottiere und kleiner Armadas, die auf Handelsexpeditionen oder auf Raub aus waren, umfangreiche praktische Erfahrungen. Er durchlebte bittere Stunden, er litt Not und Schmerzen, er lernte Demütigungen kennen, Hunger, Durst, Entsagung. Aber er lernte auch den Seelenwunden der Fremde und der Einsamkeit, der Angst und den Zweifeln in Stürmen, der Kleinmütigkeit und Feigheit in der Bedrängnis zu trotzen.
Der jüngere Bruder, Bartolomeo, hatte sich in Portugal niedergelassen, begann Landkarten zu zeichnen, malte sie in Farben aus, versank in Studien von Weltmeeren, unbetretenen Küsten, geheimnisvollen Inseln. Seine Karten verkaufte er an Seeleute. Sie erzählten ihm von den Wundern der Welt, wenn sie von den endlosen Seereisen der damaligen Zeit zurückkehrten.
Es ist immer interessant, zu ermitteln, wie ein Mann auf einen großen, weltverändernden Gedanken kommt. Wir kennen einen hochwichtigen Zeugen für die Tatsache, daß es der Bruder des Columbus, Bartolomeo, war, der beim Kartenzeichnen die Idee hatte, man müsse im Westen des Atlantischen Ozeans unbekannte Länder, vielleicht den asiatischen Kontinent, suchen. Die Erde war rund – das nahmen damals die meisten Gelehrten an, wenn auch viele noch nicht daran

glaubten. Was man nicht wußte, war, daß der Umfang der Erde doppelt so groß ist, als man vermutete, und daß ein riesiger unbekannter Kontinent den Weg nach Ostasien versperrt.
Unser Zeuge ist ein hochangesehener Zeitgenosse des Entdeckers, ein Genueser Jurist namens Antonio Gallo, der die ganze Familie Columbus sehr gut kannte. Er war Notar bei der Bank San Giorgio. Gallo berichtet in seinem Werk «De Navigatione Columbi», Bartolomeo habe den Gedanken einer Schiffahrt nach Westen gefaßt, als er in Lissabon die von den Portugiesen jenseits von San Jorge de Mina gemachten Entdeckungen in seine Weltkarten eintrug, die er zu seinem Lebensunterhalt zeichnete. Er habe dann die Beweise und eigene Überlegungen mit seinem in nautischen Dingen mehr erfahrenen Bruder erörtert. Wenn das stimmt – und wir haben keinen Anlaß, dem Notar Gallo zu mißtrauen –, so besitzen wir einen Anhalt dafür, wie der ältere Bruder Christoph sein «Ei des Columbus» fand.
Wann und warum war Columbus nach Portugal gekommen? Es sind wohl die schwierigsten Fragen der gesamten Columbus-Forschung. Die Übersiedlung von Genua nach Portugal mag drei Gründe gehabt haben. Columbus wurde Handelsvertreter der genuesischen Firma Centurione und hatte für dieses Haus größere Seereisen durchzuführen. Er hatte die Absicht, sich in Portugal zu verheiraten. Er folgte einer Anregung seines Bruders Bartolomeo und faßte den Entschluß, sich in Portugal niederzulassen und von hier aus Entdeckungsfahrten zu unternehmen. Alle drei Beweggründe mögen zusammengewirkt haben. Vielleicht ist es auch wahr, daß der Entdecker, fünfundzwanzigjährig, nach England segelte, auf der Höhe von Kap Sankt Vincent von Piraten angegriffen wurde und mit einem Schiff im Gefolge entkam, nach Lissabon. Es ist sogar möglich, daß er ein Jahr später Island besuchte. Diese oft bezweifelte Angabe des Columbus selbst hat etwas Faszinierendes an sich, denn dort, so meinen einige, hörte er vielleicht von den frühen Entdeckungen der Normannen, von den Fahrten des Leif Erikson und Thorfinn Karlsefne, von den Küsten Markland und Vinland. Dies alles scheint mir jedoch unwahrscheinlich, denn hätte Columbus von solchen Überlieferungen erfahren, er hätte sie nicht für sich behalten. Er hätte auch nie den Ruhm anderer Entdecker verschleiert. Der bedeutende Columbus-Forscher John Boyd Thatcher hat ganz recht, wenn er sagt, Täuschungsmanöver und Betrug paßten nicht zu diesem ehrlichen, offenen, entschlossenen und mutigen Seemann.
Wieder in Portugal, lernte er ein schönes Mädchen kennen, Felipa Moñez de Perestrello. Columbus pflegte zu Lissabon die Messe im Kloster Aller Heiligen zu besuchen. Dort sah er sie. Sie empfand ein tiefes freundschaftliches Gefühl für ihn und wurde seine Frau. Ihr

Vater war schon gestorben. Es ist nicht unwichtig zu wissen, daß er Kapitän war und in Diensten Prinz Heinrichs des Seefahrers stand. Er war einer der frühen Kolonisten der Madeirainseln und der erste Gouverneur von Porto Santo.

Gleich sehen wir auch Columbus in Porto Santo. Hier schenkt ihm Felipa seinen ersten Sohn, Diego. Die Mutter seiner jungen Frau öffnet ihm die alten Truhen und Seekisten, in denen sich die vergilbten Papiere und Journale ihres verstorbenen Mannes befinden. Der Achtundzwanzigjährige stellt hier selber Karten her, wühlt in den alten Logaufzeichnungen und Bordtagebüchern seines Schwiegervaters, verbringt Nächte um Nächte mit Seeleuten, Kapitänen, Sterndeutern. Ganz allmählich formt sich in seinem Geist ein ungeheures Bild, das Bild des Ozeans und der Welt an jener fernen Küste, das Bild der Gestade Asiens, die seiner Meinung nach hinter den großen Wassern liegen müssen.

Columbus hatte die Schriften des Petrus Alliacus studiert. In dessen Buch «Imago Mundi» war der westliche Ozean als verhältnismäßig klein angegeben. Dieser Gedanke machte auf Columbus großen Eindruck, denn wenn der Ozean klein und daher bezwingbar war, so mußte man auf diesem Wege Indien erreichen, also den Osten durch eine Westfahrt. Aus Aristoteles und Averroës hatte Petrus Alliacus noch einen merkwürdigen Trugschluß übernommen. Es gab doch Elefanten in Afrika wie in Indien. Folglich, so schloß Alliacus, kann die Westküste Afrikas nicht weit von der Ostküste von Indien entfernt sein. Der Mann, der unter dem Namen Petrus Alliacus um 1410 geschickt alte Quellen und vor allem die Erkenntnisse des Roger Bacon abschrieb und zusammenfaßte, war der Kardinal Pierre d'Ailly, ein Herr, der die Ursprünge seines Wissens gern verschwieg. Dennoch hat, wie Humboldt erkannte, das Buch «Imago Mundi» mehr Einfluß auf die Entdeckung Amerikas ausgeübt als der Briefwechsel mit dem gelehrten Florentiner Toscanelli.

Es lebte nämlich zu Florenz der berühmte Arzt, Mathematiker und Physiker Paolo Toscanelli, ein eigentümlich mitteilungshungriger Philosoph und Geograph, der wie viele tief nachdenkende Männer niemals reich wurde, obgleich er einigen Anteil am Gewürzhandel mit dem Orient hatte. Ihn beschloß Columbus zu fragen, ob die Annahmen des Alliacus zutreffen könnten. Der Briefwechsel zwischen Columbus und Toscanelli gehört zu den großen wissenschaftlichen Rätseln, über die endlos viel geschrieben worden ist. Man weiß nämlich nicht ganz sicher, ob er geführt worden ist, und man weiß vor allem nicht, wann. Darum ist der Zeitpunkt, zu dem Columbus auf den Gedanken kam, auf der Westfahrt Indien zu erreichen, nicht bekannt.

Aber schon vor Columbus hatte der portugiesische König Alfons V. jenen Toscanelli um Auskunft gebeten. Er wollte mehr von den Rätseln des westlichen Ozeans erfahren. Er wollte wissen, ob man in das sagenhafte Land Cathay, von dem Marco Polo berichtet hatte, einfach durch eine Fahrt über den westlichen Ozean gelangen könnte. Glücklicherweise ist die Antwort des Florentiner Gelehrten erhalten, erteilt am 25. Juni 1474. Damit besitzen wir ein Schriftstück von allerhöchster historischer und kulturhistorischer Bedeutung. Gefunden wurde der Brief in lateinischer Sprache zu Sevilla in der Biblioteca Colombiana. Er war auf das Vorblatt eines sehr alten Buches geschrieben, das sich unter dem persönlichen Eigentum des Columbus befand.

Toscanelli schreibt, er habe über den kürzesten Weg «von hier nach Indien, wo die Gewürze wachsen», schon oft gesprochen. Man sollte dies auf einem Globus zeigen. Er wolle aber der geringeren Mühe wegen den Weg auf einer eigenhändig gezeichneten Karte erläutern. Diese Karte zeige den ganzen Westen der bewohnten Welt von Irland bis nach Guinea, Afrika, nebst allen Inseln, auf die man unterwegs trifft. Ihnen gegenüber im Westen ist der Anfang von Indien mit den Inseln und Orten gezeichnet, «wohin ihr euch nach dem Äquator wenden könnt». Der Brief läßt klar erkennen, daß Toscanelli auf der anderen Seite des Atlantischen Ozeans Ostasien vermutete. An Columbus schrieb Toscanelli offenbar zwei Briefe, sandte ihm die gleiche Karte, die er schon dem König von Portugal geschickt hatte, und teilte ihm mit, daß der genannte Weg nicht nur möglich, sondern wahr und sicher sei.

Es gab noch andere Anzeichen, die darauf schließen ließen, daß man dort in der unbekannten Weite des Atlantiks irgendwo auf Land stoßen würde. Ein portugiesischer Steuermann, Martin Vicente, fischte rund zweitausend Kilometer westlich vom Kap Sankt Vincent nach einem furchtbaren Weststurm und vielen Tagen Seenot ein merkwürdiges Stück Holz auf. Es war bearbeitet, aber nicht mit eisernen Werkzeugen, das konnte man erkennen. Der Schwiegersohn des Columbus, Pedro Correa, entdeckte in Porto Santo ein ähnliches Treibgut, an dem große Stangen befestigt waren. Man hatte so ein Bruchstück eines Bootes noch nie gesehen. Noch mehr: an das Ufer von Flores wurden zwei Männer angespült, «mit sehr breiten Gesichtern und von anderem Aussehen als Christen». Es gingen auch geheimnisvolle Gerüchte um von rätselhaften Inseln, Sankt Brendon, Brasilia, Antillia und von den sagenhaften «sieben Städten».

Columbus faßte den Entschluß, den portugiesischen König Johann II. zu einem noch nie gewagten Abenteuer zu überreden. Aber der Augenblick war denkbar ungünstig. Portugal betrieb damals sehr tatkräf-

tig Entdeckungsfahrten längs der afrikanischen Küste. Man versprach sich davon einen günstigen Seeweg in östlicher Richtung um Afrika herum nach Indien. In so unbekannte Ozeane vorzudringen, wie Columbus riet, das konnte dem König gerade in diesem Augenblick nicht gefallen. Ohnehin machten die Entdeckungen an der afrikanischen Küste nur langsame Fortschritte. Die Seeleute fürchteten sich, in die südliche Hemisphäre zu steuern. Und die Sterne des südlichen Himmels! Sie waren noch ungelöste Rätsel. Man gab sich bei diesen gefährlichen Fahrten größte Mühe, in Sicht von Land zu bleiben und auf keinen Fall zu weit in den offenen Ozean zu geraten. Was Columbus also vorschlug, war Gotteslästerung, schien wie Versuchung, ein verrücktes Spiel mit den unbekannten Gefahren der grenzenlosen, grauen Wasserwüste. Alle staatlichen Mittel wurden für die afrikanischen Forschungsfahrten verwendet. Gewiß, privaten Entdeckungsreisen lieh der König gern ein offenes Ohr. Er war auch bereit, Kapitänen und Abenteurern, die für neu entdeckte Gebiete Konzessionen erbaten, diese zu gewähren. Aber staatliche Mittel? Die wurden jetzt nur für aussichtsreiche und durchführbare Unternehmen bewilligt. Columbus beschwor den König um nicht mehr und nicht weniger, als Staatsgelder für dieses wahnsinnige Unternehmen freizumachen. Er forderte Schiffe und Mannschaften an. Er versprach dafür, direkt nach Westen zu segeln, über den unbekannten todbringenden Atlantik. Er legte seine Theorie dar von den riesigen Ausmaßen Asiens, von den unerhörten Reichtümern der Insel Cipangu, das erste Land, auf das er zu stoßen gedachte.
Wir besitzen zwei Berichte über diese Audienz beim König. Der eine stammt von dem natürlichen Sohn des Columbus, Fernando, der andere von dem portugiesischen Historiker Joan de Barros. Nach Fernando hört sich der König die Ausführungen des Columbus sehr aufmerksam an. Er findet aber nicht den Mut, zuzustimmen. Die Kosten, die Bürden, die Verstrickungen der afrikanischen Expeditionen lasten schwer auf ihm. Columbus aber führt zwingende Argumente für seinen kühnen Plan ins Feld. Er übertrifft sich selbst. Er ist wie ein Prophet, unausweichbar, unwiderlegbar. Er trägt auf seinen Händen die Offenbarung einer Welt. Der König möchte schließlich zustimmen. Allein die Bedingungen des damals noch unbekannten Seefahrers erscheinen ihm untragbar. Der Besessene fordert für den Fall des Erfolges seiner Ozeanreise die erbliche Würde eines Großadmirals. Er fordert sie für sich und alle seine Nachkommen. Er verlangt Erhebung in den Adelsstand und den zehnten Teil aller Handelsgewinne in den neuentdeckten Ländern. Er wünscht, mit einem Achtel an den Unkosten jedes Handelsunternehmens in den fernen Ländern beteiligt

zu sein. Er beansprucht die Würde eines Vizekönigs in den gewonnenen Gebieten. Er will sich das Recht sichern, alle zukünftigen Beamten für die neuen Reiche selbst zu ernennen. Diese Ansprüche bilden heute eine Enthüllung: Nur ein Mann, der seiner Sache todsicher war, der in wachen Nächten bangte, um seine Ahnung und sein Wissen betrogen zu werden, konnte so auftreten!

Den anmaßenden Forderungen dieses Zauberers und Propheten mußte König Johann ein Nein entgegensetzen. Columbus wäre Vizekönig von Indien geworden. Damit hätte sich Johann einen mächtigen und gefährlichen Rivalen geschaffen. Dennoch ging der König mit Umsicht vor. Er ließ durch eine besondere Kommission den Plan prüfen. Diese Kommission, der die Geographen Rodrigo und Joseph sowie der Beichtvater des Königs, Bischof Diego Ortiz, ein außerordentlich gelehrter Mann, angehörten, empfahl die Ablehnung des Vorschlages. Die Herren hielten das Projekt für verstiegen, für ein Dunstgebilde der Phantasie. Ortiz erklärte, die Größe eines Monarchen werde nicht nach der Ausdehnung seiner Länder gemessen, sondern nach der Weisheit und Befähigung, mit der er regiere.

Man hat die Haltung dieses portugiesischen Rates als das welthistorische Beispiel einer gelehrsamen Dummheit gekennzeichnet. Aber so dumm waren die Einwände der gelehrten Herren durchaus nicht. Sie sollten prüfen, ob man durch eine Westfahrt nach Ostasien und Indien kommen könne, ob Asien im Westen zu entdecken sei. Ihre Verneinung der Frage hat sich als richtig erwiesen. An einen neuen Kontinent dachte man nicht! Vergeblich versuchte damals ein gewisser Don Pedro de Meneses für das Unternehmen einzutreten. «Das wäre der größte Ruhm Portugals», sagte er, «in die Geheimnisse und Gefahren des unbekannten Ozeans einzudringen, des Ozeans, der für die anderen Nationen nur Schrecken bedeutet.»

Der Historiker Barros glaubte, der König habe Columbus nur abgewiesen, weil er ihn für einen eitlen Phantasten hielt. Das ist sehr unwahrscheinlich. Der Genuese hinterließ im Gegenteil einen außerordentlich tiefen Eindruck auf Portugals König. Johann hätte auch sonst nicht die gelehrte Kommission zusammengerufen. Er soll sogar auf Anraten von Ortiz ohne Wissen des Columbus eine Karavelle ausgesandt haben mit dem Befehl, nach den in aller Stille abgezeichneten Plänen des Genuesen Kurs westwärts zu nehmen. Von den Cap-Verde-Inseln segelte die Karavelle einige Tage auf den stürmischen Ozean hinaus, drehte dann aber bei. Die Männer waren völlig entmutigt durch das unermeßliche Grau der Tage um Tage monoton anrollenden Wogen. In Lissabon erklärten sie die Ideen des Columbus für versponnen und verrückt.

Heimlich reist jetzt Columbus aus Portugal ab, vielleicht, weil er sich vom König betrogen fühlt, vielleicht, weil er fürchten muß, der König wolle ihm zuvorkommen. Auch war Felipa Moñez seit einiger Zeit gestorben – ihn hält nichts mehr in Portugal. Er nimmt seinen dreijährigen Sohn Diego mit, das einzige, was ihm von seiner geliebten Felipa geblieben ist. Bettelarm erreicht er den Süden Spaniens.
In der Nähe des Seehafens Palos, in Andalusien, liegt das alte Kloster Santa Maria de Rabida. Eines Tages steht ein Fremder vor der Pforte der Franziskanermönche. Er bettelt um etwas Brot und Wasser für den kleinen Jungen, den er bei sich hat. Er ist arm, er ist müde, das Kind ist hungrig. So kommt der Mann in Spanien an, der diesem Land mehr Ruhm, Ansehen und Land schenken sollte als irgendein anderer vor ihm oder nach ihm. Der Prior des Klosters, Juan Perez de Marchena, nimmt den Fremden freundlich auf, erkennt sofort die außerordentliche Bedeutung der Pläne seines Gastes und empfiehlt ihn an den Beichtvater der Königin, Fernando de Talavera. Das Söhnchen des interessanten Fremdlings behält der Prior im Kloster, der kleine Diego ist hier gut aufgehoben.
Columbus erscheint in Córdoba. Aber es ist ein schlechter Augenblick. Der Kampf um Granada gegen die Mauren ist noch nicht gewonnen. Talavera ist keineswegs freundlich. Er ist weder von dem Genuesen noch von dessen Plänen und Ideen angetan. Columbus war damals so arm, daß er am glänzenden spanischen Hof in seinen schäbigen Kleidern bedeutungslos und hilflos erschien. Er muß wieder Karten zeichnen, um seinen Lebensunterhalt zu verdienen. Nach und nach gewinnt er aber dennoch einige Freunde. Er wird bei Pedro Gonzalez de Mendoza eingeführt, dem Kardinal, der nächst dem Königspaar den größten Einfluß hatte. Und nun öffnen sich ihm zum ersten Male in Spanien die königlichen Türen. Das Herrscherpaar hört ihn an und beauftragt Talavera, die gelehrtesten Astronomen und Kosmographen in Salamanca zusammenzurufen, über die Vorschläge des Columbus in seiner Gegenwart zu diskutieren und die ganze Sache zu beurteilen.
Da stand nun wieder einmal in der Geschichte ein genialer einzelner vor der Einfalt und Trägheit, der schwerfälligen Denkweise und dem festgefahrenen Wissen der gelehrten Welt. Wer war denn Columbus damals? Nichts als ein einfacher Seemann, ein völlig Unbekannter, allem Anschein nach sogar ein Abenteurer. Und hier, in der großen Halle des Dominikanerklosters St. Stephan, sollte nun dieser offenbare Hasardspieler, dieser Händler mit Ozeanen, vor den berühmten Gelehrten und kirchlichen Würdenträgern seiner Zeit Rede und Antwort stehen.
Es ist immer gefahrloser, einen kühnen Vorschlag abzulehnen, als

dessen Annahme zu empfehlen, denn im Falle des Mißlingens trägt man die Verantwortung. Natürlich waren die Gelehrten in Salamanca von vornherein gegen den Verteidiger so phantastischer Theorien. Ihm wurden als Gegenbeweise die Bücher Mose, die Psalmen Davids, die Propheten, die Evangelien und die Paulusbriefe entgegengehalten. Auch beriefen sich die gelehrten Herren auf verschiedene Heilige. Sie zitierten Lactantius, der die Frage gestellt hatte: «Ist jemand so dumm, glauben zu können, daß es auf einer unteren Seite der Erde Menschen gibt, die mit ihren Füßen nach oben und die Köpfe herunterhängend spazierengehen, daß alle Dinge umgedreht sind, daß es eine Erdhälfte gibt, wo die Bäume nach unten wachsen, wo es aber nach oben regnet, schneit und sogar hagelt?» Wenn es auf der anderen Seite bewohnte Länder gab, dann, so meinten die Herren, gäbe man ja zu, daß Völker existierten, die nicht von Adam abstammen, da sie doch unmöglich den riesigen Ozean überquert haben könnten. Man rechnete Columbus auch vor, daß ein Schiff vielleicht westwärts nach Indien gelangen könne, niemals aber zurückkehren würde, da es ja dann – bei Annahme der Kugelform unserer Erde – sozusagen bergauf fahren müsse, von der unteren Seite der Kugel wieder hinauf.

Columbus suchte alle diese Einwände zu widerlegen. Das Spiel war gar nicht so ungefährlich. Noch im Jahre 1316 wurde Petrus von Abano als Ketzer verbrannt, weil er an die Kugelgestalt der Erde glaubte und an das Vorhandensein von Antipoden. Ebenso erging es 1327 dem armen Cecco d'Ascoli zu Florenz. Die Beratungen wurden wieder und wieder vertagt, sie schleppten sich ohne Ergebnis hin, schließlich wurden sie immer seltener angesetzt und zum Schluß abgebrochen.

Der Krieg zwingt das Königspaar, seine Residenz stets aufs neue zu verlegen. Immer ist man auf Reisen. Und Jahr um Jahr reist Columbus mit. Er antichambriert Wochen, Monate, Jahre, er bettelt um Audienz, manchmal macht man ihm Hoffnungen, dann wird er wieder enttäuscht. Man lacht über ihn: «Dort geht der große Phantast!», «Wolkenschieber!», rufen die Kinder, «Schwindler, Gaukler, Träumer!» Sie tippen mit spitzem Finger an ihre Stirn, wenn er vorübergeht. Ja, es ist nicht leicht, der Menschheit die Augen zu öffnen!

Die Pest bricht aus. Das königliche Paar muß fliehen. Malaga, Córdoba, Saragossa, Murcia, Valladolid – ständig sind Isabella und Ferdinand in Bewegung, ständig in Unruhe, ständig den Ungläubigen auf den Fersen. Verzweifelt, aber auch mit geradezu unfaßbarer Geduld zieht Columbus mit, dieser «Gespensterseher» im gespenstischen Reigen.

In Córdoba hat er Beatrix Enriquez kennengelernt. Er liebt sie, sie wird seine Freundin. Ein Sohn, Fernando, entstammt dieser Verbindung. Wir wissen nicht, warum Columbus das Mädchen nie heiratete.

Aber er behandelte Fernando, dem wir die berühmte Biblioteca Colombiana in der Kathedrale von Sevilla verdanken, genauso als seinen rechtmäßigen Sohn wie Diego.
Soll er nun Spanien verlassen? Soll er sein Glück in anderen Ländern versuchen? Der König von Portugal hat sich jetzt besonnen. Er lädt ihn ein. Ist es eine Falle? Columbus bleibt in Spanien. Vielleicht wollte er sich nicht von Beatrix trennen. Er wendet sich jetzt an reiche Vornehme des Landes, legt sein Vorhaben dem Fürsten von Medinaceli dar. Dieser ist von den Plänen des Seefahrers höchst angetan. Er unterhält Columbus zwei Jahre lang als seinen Gast. Er will ihm auch drei oder vier Karavellen zur Verfügung stellen. Dann aber erkennt er, daß er dem Unternehmen allein nicht gewachsen ist.
Aber nun wird Columbus die schreckliche Rolle des von Ort zu Ort dem Hofe Folgenden, des Bittenden und Beschwörenden nicht mehr spielen. Aus Frankreich hat er vom König ermutigende Nachricht erhalten. Ehe er dorthin abreist, will er seinen Sohn Diego wiedersehen.
Im Kloster von La Rabida wird der Gehetzte von Juan Perez sehr herzlich empfangen. Es ist ein erschütterndes Wiedersehen. So arm ist Columbus! So geplagt von seinen Sorgen, so enttäuscht! Perez kann es nicht fassen: Nach sieben Jahren ist dieser Mann noch immer nicht am Ziel. Der Prior lädt ihn ein, im Kloster zu wohnen. Er bespricht die Angelegenheit mit dem berühmten Arzt und Geographen Garcia Fernandez. Er empfiehlt der Königin in einem nun sehr dringenden Schreiben, Columbus noch einmal eine Audienz zu erteilen.
Diesmal trifft Columbus zur rechten Zeit ein. Die Mohammedaner haben sich ergeben. Er ist Augenzeuge der Kapitulation von Granada am 2. Januar 1492. Wieder stellt er seine bekannten anspruchsvollen Forderungen. Den Rang eines Admirals des Ozeans möchte er sofort erhalten. Er wünscht, Vizekönig aller Länder zu werden, die er entdeckt, den zehnten Teil aller gefundenen Edelmetalle verlangt er für sich. Die Bedingungen werden abgelehnt. Schon befindet er sich auf dem Weg nach Frankreich. Da entschließt sich Königin Isabella, wohl eine der tüchtigsten und gescheitesten Herrscherinnen, die je im Abendland regierten, für die Expedition. Columbus kehrt in das Feldlager von Santa Fé zurück. Ein Vertrag mit dem katholischen Königspaar wird geschlossen. Man schreibt den 17. April 1492.
Columbus soll Cipangu entdecken, also Japan. Er soll mit dem großen Khan von Cathay, von dem Marco Polo berichtet hat, Verbindung aufnehmen. Königliche Briefe werden dem Seefahrer mitgegeben. Über den Atlantik Asien zu erreichen, das ist sein Auftrag.

Die Entdeckungsfahrten des Columbus

«Ich verbrachte sieben Jahre an Ihrem Hofe, und in dieser Zeit haben alle, die über die Sache sprachen, sie als reinen Spott behandelt. Jetzt aber will jeder bis zum Schneider hinab Entdecker werden.» – Aus einem Brief des Columbus an Königin Isabella vom 7. Juli 1503.

Die Entdeckung Amerikas ist eines der erregendsten Dramen der menschlichen Geschichte. Columbus war 41 Jahre alt, als er die Reise endlich antreten durfte. Sieben Jahre lang hatte er Könige, hohe Staatsmänner, kirchliche Würdenträger, Kommissionen und Gelehrte zu überzeugen versucht, daß hinter dem Atlantik Land im Westen lag, daß der Ozean nicht unendlich sei, daß Asien dort, wenn man immer weiter nach Westen segelte, zu erreichen sei. Sieben Jahre brauchte dieser Mann, um der Menschheit auf dem Wege zum Verständnis unserer Erde entscheidend vorwärtszuhelfen, ihr die Augen zu öffnen für die Tatsache, daß diese Erde doppelt so groß sei, als man annahm.
Diese Entdeckung vollzog sich nicht über Nacht. Columbus trug, wie alle Großen dieser Welt, die den Menschen eine neue und wahre Botschaft bringen, ein schweres Kreuz auf dem Rücken. Er trug es über die Ozeane, er trug es in gefährliche völlig unbekannte Welten hinein, er ging allein den Golgatha-Weg, er war zum Schluß sehr einsam, ein gefesselter Titan. Er hat Entsetzliches durchgemacht. Seine Zähigkeit, sein Mut, sein Beharren auf der Idee, die ihn alle Welt widerlegen wollte, sein körperlicher Widerstand – das alles bleibt unbegreiflich.
Viermal reiste Columbus in die ferne Welt. Zwölf Jahre seines Lebens umfassen diese Fahrten. Es waren Fahrten ins Jenseits, Fahrten zu namenlosen Inseln, Fahrten in unbekannte Paradiese, aber auch in unbekannte Höllen. Am Ende dieser verrücktesten Ozeanakrobatik, die je ein Mensch zuwege brachte, am Ende, als die Menschheit zu begreifen begann, wie groß die Welt eigentlich ist, in der sie lebt, war der Mann, der dies zustande brachte, ein Verachteter, ein Wrack, ein Bettler.
Das Städtchen Palos am linken Ufer des Flusses Tinto hat Weltgeschichte gemacht, als es dem Columbus auf königliches Geheiß zwei seiner drei Karavellen zur Verfügung stellte. Von dem jetzt versperrten und nicht mehr benutzten Hafen aus stachen der Genuese und die Brüder Pinzon am 3. August 1492 in See. Man kann noch heute die Georgskirche besuchen, durch deren Portal Columbus schritt, ehe

er sich einschiffte. In einer Kapelle auf der linken Seite ist die Alabasterstatue der Virgen de los Milagros zu sehen, der Jungfrau der Wunder. Vor dieser Statue kniete Columbus. Er bat inbrünstig um Beistand für seine Fahrt.

Unter den drei großen Heldentaten der letzten sechs Jahrhunderte, dem ersten Flug über den Ozean des Charles A. Lindbergh, der Weltraumfahrt des Captain John Glenn und der Ozeanbezwingung durch Columbus, erscheint mir die Tat des Entdeckers Amerikas als die größte. Lindberghs Flug war eine einmalige charakterliche Leistung, eine Mutprobe ohnegleichen, aber auch ein Sieg der Technik. Glenns Raumfahrt, die außerordentliche Unerschrockenheit und Beherrschtheit erforderte, war das Resultat modernster Erkenntnisse, vor allem aber eine gewaltige Teamleistung. Solche Erfolge der Zusammenarbeit und Koordination, bei denen der Mensch weitgehend Objekt ist, sind auch die neuesten amerikanischen Raumflüge und die russischen, von denen wir meist zuwenig Zuverlässiges wissen. Columbus mußte jahrelang, ehe er überhaupt auf den Ozean hinausfahren konnte, mit einer Welt von Zweiflern ringen. Er hatte die Unzulänglichkeit seiner Zeit zu überwinden. Seine Tat liegt am stärksten im Geistigen. Auf dem Meer hatte er nichts, worauf er vertrauen konnte, als sein eigenes Herz. Und Gott. Und die phantasievollsten Karten, die je gezeichnet wurden!

Unter ihm war unbekannter Ozean. Unter ihm knarrten und stöhnten die jammervollsten Schiffe der «modernen» Seefahrt. Sie waren undicht, sie konnten jeden Augenblick zerbrechen, sie waren eng, sie stanken, sie waren winzig. Das 100-t-Schiff Santa Maria kann man mit einem einzigen Hebemast in den Frachtraum eines modernen Zwanzigtausendtonners verladen, und unten im Laderaum würde man das Schiffchen kaum bemerken. In diesem entsetzlich gefährlichen Gefängnis reisten 52 Mann. Die Pinta hatte 50 Tonnen und 18 Mann Besatzung, die Niña 40 Tonnen und ebenfalls 18 Mann. Schon nach drei Tagen verlor die Pinta ihr Steuer. Auf Teneriffa wurde sie wieder instand gesetzt.

Welche Ängste die 88 Männer auf diesen drei Karavellen durchlebten, kann man sich heute schwer vorstellen. Man glaubte damals, der Ozean bräche irgendwo im Nichts ab. Wer den Rand des Weltmeeres erreichte, mußte unweigerlich umkommen. Daß die Mannschaft bei der 70 Tage währenden Überquerung erst am 35. Tage zu meutern begann, erscheint wie ein Wunder.

Als man in der endlosen Schlick- und Pflanzenwüste der Saragossasee nur noch sehr langsame Fahrt machte, erinnerten sich die Männer an Legenden und Überlieferungen, die den Tod in dieser See schilderten. Wer im Atlantik weit nach Westen fährt, kommt in immer dichteren Schlick, bleibt schließlich vollkommen stecken, trübes, grünes Wasser bis zum Horizont in allen Richtungen. Dieser Tod stand als gewiß vor ihrer Seele. Aber noch eine andere Angst war ihr ständiger Begleiter. Man segelte mit günstigem Ostwind. Während der meisten Zeit änderte sich der Wind nicht. So begannen die Seeleute zu fürchten, daß sie niemals Land erreichen würden, aber auch niemals wieder umkehren könnten. Nur vor dem Genie und der Überzeugungskraft des Columbus, der unbeirrbar nach Westen steuern ließ, zerbrachen diese immer neuen Zweifel, Sorgen und Schauder.

Sehr bemerkenswert für alle Zeiten bleibt die Tatsache, daß Columbus *als erster* ein Licht entdeckte, ein Feuer, das auf Festland und Menschen schließen ließ. Es war zehn Uhr abends am 12. Oktober 1492, als Columbus selbst dieses Licht erkannte. Erst um zwei Uhr morgens rief Rodrigo de Triana, ein Seemann auf der Pinta: «Land in Sicht!» Die kleine Flotte war auf eine winzige Insel der Neuen Welt gestoßen, die Columbus San Salvador benannte, die bei den Indianern Guanahani hieß und die heute als Watlinginsel bekannt ist. Sie gehört zu der Bahamagruppe, die Kuba und Florida vorgelagert ist.

Wie ein grüner Garten in kristallklarer See erschien das Eiland mit seiner doch wilden, ungezähmten, aber schönen Natur. Eingeborene kamen aus den Wäldern, aus allen Richtungen rannten sie an die Küste, völlig unbekleidet, verloren in maßlosem Erstaunen. Columbus warf sich auf die Knie, küßte die Erde, dankte Gott mit Tränen der Freude in den Augen. Es ist lohnend, sich daran zu erinnern, wie die Menschen der Neuen Welt den ersten Ankömmlingen der Alten Welt begegneten. Erst packte sie Furcht. Als sie aber erkannten, daß die Fremden ihnen nichts zuleide tun wollten, näherten sie sich den Unbekannten voller Verehrung, fast andächtig. Sie warfen sich immer wieder zu Boden wie in religiöser Verzückung. Wären die Europäer das gewesen, als was sie den Eingeborenen erschienen, Engel, weiße Götter oder Menschen mit einer höheren Moral, dann hätte die Geschichte der Menschheit einen ganz anderen Verlauf genommen.

Columbus nannte die Eingeborenen «Indianer», da er glaubte, Asien erreicht zu haben und auf einer Indien vorgelagerten Insel gelandet zu sein. Diesem Irrtum ist durch den allgemein gebräuchlichen Namen Indianer für die Eingeborenen Nord- und Südamerikas für alle Zeiten ein Denkmal gesetzt. Indianer sind die Naturvölker des Doppelkontinents für uns heute geblieben. Ihre Vorstellung aber, die weißen Männer seien vom Himmel gekommen, hat sich in viereinhalb Jahrhunderten gründlich geändert. Damals, im ersten Augenblick dieser weltgeschichtlichen Begegnung, waren sie ungemein freundlich, offen,

voller Vertrauen. Sie kannten auf San Salvador kein Eisen. Es ist bezeichnend, daß der erste Indianer, der ein europäisches Schwert anfaßte, das Schwert eines der Seeleute, es nicht beim Griff packte, sondern am Ende der Schneide.
Was schenkte Europa Amerika in den ersten Minuten der Begegnung? Bunte Mützen, Glasperlen, Spielglöckchen, bei deren Klang die Indianer in helles Entzücken gerieten. Was schenkte Amerika den Spaniern in dieser welthistorischen Stunde? Hervorragend dressierte Papageien, Baumwollballen, winzige Ornamente aus Gold, zumeist Nasenschmuck, und eine Art Kuchenbrot, Cassava genannt, aus der Yucca, der Wurzel der Palmlilie. Wir sehen, daß die Europäer von der ersten Minute an besser zu gewinnen wußten.
Was entdeckte Columbus auf seiner ersten Fahrt? Außer der Watling-Insel auch Kuba und dann noch Haiti, wo er die erste europäische Niederlassung auf amerikanischem Boden gründete. Hier war die Santa Maria, sein größtes Schiff, auf Grund gelaufen. Er mußte sie aufgeben und ließ aus ihrem Gebälk eine Festung errichten, die er «La Navidad» nannte. Hier hinterließ er 44 seiner Männer. Er wollte aus Spanien zurückkehren und an diesem Ort eine blühende Kolonie wiederfinden. Er träumte davon, daß seine Männer mit den Eingeborenen die Freundschaft halten würden, die er in bester Absicht angebahnt hatte. Er träumte. Er träumte von einem großen Glück, das Europa dieser Erde bringen sollte.
Columbus hielt Kuba für die Insel Cipangu. Er vermutete hier die großartige Stadt und den König, von denen Marco Polo berichtet hatte. Es ist die schönste Insel, sagte Columbus, die jemals Augen erblickt haben, mit vielen natürlichen Häfen und tiefen Flüssen, mit süßem Duft der Wälder und Blumen, mit eigenartig milder Brise. Der große Realist, der doch von einer unbändigen Phantasie beseelt war, glaubte in der Luft das Aroma orientalischer Gewürze zu spüren. Er hatte gehört, daß an einem dieser Flüsse, vier Tagereisen im Land, ein Ort lag voller Gold und Reichtümer, «Cubanacan» genannt. Auf die Asienkarte des Gelehrten Toscanelli übertragen, hielt der Kapitän Pinzon, der die Pinta kommandierte, diese Bezeichnung der Indianer für Kublai Chan, den mongolischen Herrscher, in dessen Dienst Marco Polo getreten war.
Dieser Martin Alonso Pinzon benutzte einen günstigen Wind, um auf seiner Pinta außer Sichtweite des Columbus zu geraten. Er machte sich selbständig. Er desertierte. Ihn hatte der Hunger nach Gold gepackt. Columbus setzte Segel auf der ihm verbliebenen winzigen Niña und trat die gefährliche Rückfahrt nach Spanien an.
Auf seiner ersten Reise hatte der Weltfahrer das erste indianische Mäd-

chen bekleidet. Er hatte bei den Eingeborenen Hunde kennengelernt, die niemals bellen. Er hatte Früchte gegessen, die noch kein Europäer je berührte. Er hatte den ersten Tabak geraucht.

Wer waren die Europäer, die zum erstenmal eine Pfeife erblickten? Wir kennen die Namen: Rodrigo de Jerez und Luis de Torres. Torres war ein konvertierter Jude, ein hochgelehrter Mann, der das Hebräische wie das Chaldäische beherrschte und der auch etwas Arabisch sprach. Columbus hatte diese Spanier in Begleitung von zwei Indianern ins Landesinnere von Kuba entsandt. Torres, so glaubte Columbus, würde sich «auf asiatischem Boden» mit seinen Sprachkenntnissen gut zurechtfinden. Die Gesandten entdeckten zwar nicht die goldene Stadt. Aber sie beobachteten staunend, wie Indianer aus länglichen Rohren Rauch sogen, der durch die Verbrennung eines unangenehm riechenden Krautes entstand. Diese dem Organismus völlig widerstrebende Sitte wurde damals aufgegriffen und in Europa eingeführt.

Ein gewaltiger Sturm brachte die Niña auf der Rückreise beinahe zum Sinken. Es ist erstaunlich, daß diese offene Nußschale diesen Angriff der entfesselten Elemente überstand. Beide, Columbus wie Pinzon, dachten, das Schiff des anderen sei bestimmt untergegangen. Und hier ein an Wunder grenzender Zufall: unabhängig voneinander, ohne Kenntnis ihres Kurses, *trafen beide am gleichen Tage in Palos ein*!

Columbus erlebte einen Empfang wie wohl kein Sterblicher vor ihm. Der ungetreue Pinzon ging schweigend von Bord und verbarg sich in seinem Hause. Bei dem triumphalen Einzug in Barcelona, wo das katholische Königspaar weilte, schritten die mitgebrachten Indianer aufrecht und in voller Kriegsbemalung voran, wahre Weltwunder, wie man sie noch nie gesehen hatte. Eine große Anzahl bunter Papageien wurde hinterhergetragen. Es folgten ausgestopfte Tiere, die man in Europa noch nicht kannte. Dann wurden dem staunenden Volk völlig neue Pflanzen gezeigt. Auch indianischen Schmuck von Gold trug man im Festzug mit. Sprachlos vor Bewunderung waren die Menschen, als sie zum erstenmal Baumwolle sahen und ganz merkwürdige Waffen. Columbus zu Pferd war von einer Kavalkade spanischer Reiter begleitet. Das Volk umjubelte den Mann, der lebendig aus einer anderen, unheimlichen Welt zurückgekommen war.

Als der Entdecker die Halle betrat, in der das Königspaar saß mit dem Thronfolger, dem Prinzen Juan, erkannten der Hof und die Menge ein feines, siegesbewußtes Lächeln auf dem Antlitz des Ozeanbezwingers. Die spanischen Monarchen erhoben sich. Das geschah nur vor Personen höchsten Ranges. Columbus beugte das Knie. Er wollte ihre Hände küssen. Sie aber baten ihn, in einem Stuhl Platz zu nehmen, an ihrer Seite. Es war eine geradezu phantastische Ehre. Columbus begann zu erzählen. Das größte Abenteuer des Abendlandes entrollte sich vor den Majestäten. Als er geendet hatte, waren ihre Augen von Tränen der Freude und Dankbarkeit verschleiert. Columbus hatte ihnen eine Welt zu Füßen gelegt. Alle stimmten das Te Deum laudamus an.

Eine neue Expedition wurde ausgerüstet, um die Entdeckungen für Spanien zu sichern und auszudehnen. Diesmal ging Columbus von Cadiz aus mit drei Galeonen und 14 Karavellen in See. Eine stattliche Besatzung von 1500 Mann befand sich an Bord dieser Schiffe. 12 Missionare begleiteten den Entdecker. Columbus suchte im übrigen einiges von dem zu den neu entdeckten Inseln zu bringen, was ihm dort zu fehlen schien. Manches seiner kleinen Schiffe wirkte wie eine Arche Noah: Kälber, Ziegen, Schafe, Schweine drängten sich im Innern der Karavellen. Sie haben sich bald in der Neuen Welt kolossal vermehrt. Auch Federvieh nahm der Genuese mit, dazu Samen von Apfelsinen, Zitronen und Melonen.

Und wie hatten sich die Männer bewährt, die Columbus auf Haiti in La Navidad zurückließ? Als Columbus, jetzt Admiral, eintrifft, findet er das Fort verbrannt und zerstört. Keine Menschenseele ist weit und breit zu sehen. Unheimliche Stille. Er hatte seinen Männern vor der Abfahrt befohlen, Gold, das sie möglicherweise erhandeln würden, in der Festung zu vergraben. Jetzt läßt er nach solchem Gold suchen. Die Seeleute heben den Sand aus. Sie finden kein Gold, aber sie machen eine unheimliche Entdeckung: zwölf spanische Leichen!

Der Admiral läßt nun die Eingeborenen befragen. Zögernd und voller Angst erzählen sie die entsetzlichen Dinge, die sich auf der weltfernen Insel abgespielt haben. Bald war in der kleinen spanischen Besatzung die Goldgier erwacht. Zwei oder drei Mädchen hatte der Häuptling Guacanagari jedem der weißen Seeleute überlassen. Aber das genügte ihnen nicht. Sie verführten die Frauen und Töchter der Eingeborenen. Sie gerieten in Streit um die indianischen Schönheiten. Die Inselbewohner erkannten jetzt mit Staunen das wahre Wesen der vom Himmel gekommenen Weißen. Columbus hatte seinen Männern als wichtigstes Gebot befohlen, in der Festung zusammenzubleiben, strenge militärische Disziplin zu bewahren, Tag und Nacht für Wache zu sorgen. Vergeblich suchte Diego de Arana seine Autorität zu behaupten. Einige verließen die Festung und lebten mit Indianermädchen in der Nachbarschaft. Andere suchten Komplicen für Überfälle zu gewinnen. Wieder andere verließen das freundliche Volk des Guacanagari und wanderten weit über Haiti märchenhaften Goldgerüchten nach.

In der Inselprovinz Magnana herrschte der Karibe Caonabo. Kaum waren die Abenteurer in sein Reich eingedrungen, da ließ er sie fangen und hinrichten. Dann organisierte er einen heimlichen Angriff auf das spanische Fort. Er durcheilte mit seinen Kriegern nachts lautlos den dichten Wald. Die Spanier, die längst nicht mehr Wache hielten, wurden überrascht. Caonabo zündete die kleine Festung an und ließ umbringen, was ihm in die Hände fiel. Die Unglücklichen, die in den Ozean hineinflüchteten, wurden gefangen und ertränkt. Das ist die Geschichte der ersten europäischen Kolonie in der Neuen Welt. Columbus gab sie auf und gründete statt dessen an einem anderen Ort auf Haiti die erste christliche Stadt, Isabella.

Der Admiral entdeckte die Kleinen Antillen, Jamaica, Puerto Rico. Als er bald zu der Niederlassung Isabella zurückkehrte, fiel er vor Erschöpfung todkrank auf sein dürftiges Lager. Fünf Monate verbrachte er in Fieberträumen und Schmerzen. Caonabo wurde von den Spaniern gefangen und dessen Krieger in fünf Schiffsladungen nach Sevilla entsandt. Sie sollten dort als Sklaven verkauft werden. Unter den Siedlern auf Haiti entbrannten indessen wieder Streit und Hader. Columbus ließ seinen Bruder Bartolomeo als Stellvertreter zurück und erreichte nach einer langen und gefährlichen Fahrt am 11. Juni 1496 Cadiz. Das Königspaar empfing ihn sehr freundlich. Eine neue Flotte von acht Schiffen wurde ihm zur Verfügung gestellt. Seine beiden Söhne nahm Isabella als Pagen auf.

Zwei Jahre danach sehen wir den Admiral wieder über das Meer fahren. Es ist seine dritte große Reise. Erst jetzt betritt er zum erstenmal amerikanisches Festland. Er erkennt, daß diesmal vor ihm ein gewaltiger Landklotz und keine Insel liegt. Die kolossalen Wassermassen, die der Orinoco ins Meer wirft, können von keiner Insel kommen.

Die unzufriedenen Siedler, die inzwischen nach Spanien geflohen waren, hatten das Bild des Entdeckers am königlichen Hof derart entstellt, daß Königin Isabella einen neuen Bevollmächtigten entsandte, Francisco Bobadilla. Bobadilla wird zum Gouverneur und Richter von Hispañola ernannt. Er soll alle Anschuldigungen gegen Columbus überprüfen, Mißstände beseitigen, Frieden und Ordnung herstellen. Gleich nach der Landung zieht er in das Haus des Columbus ein, als ob es ihm gehöre, und läßt den Admiral und seine beiden Brüder in Ketten legen. Alonso Vallejo, der Kapitän der Karavelle, auf der Columbus nach Spanien zurückgebracht wird, will dem hohen Gefangenen die Eisen abnehmen. Columbus lehnt es ab. Die Könige selbst sollen dieses Unrecht wieder beseitigen. Danach aber wird der Entdecker die Ketten bis an sein Lebensende aufbewahren. Zur Erinnerung. Immer hingen diese Ketten in seinem Schreibraum. Ja, der Admiral wünschte, sie mit in sein Grab zu nehmen.

Noch vor der Anklageschrift des Bobadilla hatte ein Bericht des Columbus den Hof erreicht. Isabella war empört. Sie lehnte jede Nachprüfung der von Bobadilla gegen Columbus erhobenen Beschuldigungen ab. Sie versprach dem Seefahrer Ersatz seines Schadens und Genugtuung.

Inzwischen war es Vasco da Gama gelungen, Europa den Weg nach Indien zu offenbaren, den Weg zum afrikanischen Kontinent, vorbei am Kap der Guten Hoffnung. Pedro Alvarez Cabral folgte ihm und kehrte mit unermeßlich reicher Beute zurück. Das Abendland war wie von einem Rausch erfaßt. Die «Schätze von Calicut», sie waren in aller Munde. Diamanten, kostbare Edelsteine aus den Minen von Hindustan, Perlen, Gold, Silber, Bernstein, Porzellan und Elfenbein, das alles lag plötzlich sozusagen vor der Türe Europas. Seidene Stoffe, kostbare Hölzer, Duft und Wohlgerüche, Gewürze – Cabral hatte Europa einen Vorgeschmack von den unermeßlichen Handelsmöglichkeiten mit Indien gegeben. Portugals Wohlstand mußte so in den Himmel wachsen.

Columbus war in höchster Unruhe. Wenn es ihm jetzt nicht gelang, an dieselben Schätze, an dieses märchenhafte Indien auf dem Westwege heranzukommen, dann waren alle seine Bemühungen umsonst, dann war sein Leben vertan.

Gab es eine Durchfahrt, gab es eine Straße durch den neu entdeckten Kontinent, eine Straße, die in die «Indische See» führte? Konnte man die Neue Welt, die er erobert hatte, mit dem reichen Orient verbinden? Es mußte gelingen. Es gab da, am Golf von Darien gelegen, Land, das man durchfahren, vielleicht auch nur durchstechen konnte. Der Golf von Darien greift unweit der Grenze von Panama tief in das heutige Kolumbien. Es ist wirklich die Stelle, wo die mittelamerikanische Landenge an die Terra firma, den gewaltigen südamerikanischen Landklotz, anschließt.

Dort muß es sein. Dort muß die Durchfahrt gelingen. Es bleibt unbegreiflich, wie Columbus zwischen seiner dritten und seiner letzten großen Seereise schon theoretisch die Stelle erkannte, wo der Pazifische Ozean dem Atlantik am nächsten liegt, die Möglichkeit der Durchfahrt unweit des heutigen Panamakanals.

So ist der Admiral weiter bestrebt, seinen katholischen Herren, dem Königspaar, und ganz besonders der Königin Isabella, zu dienen. So segelt er hinaus auf seine vierte und letzte Reise, um die Meeresstraße seiner Hoffnung, seiner Phantasie, seines Glücks, die Meeresstraße des Ruhmes für Spanien zu entdecken. Vor Haiti gerät er in einen Sturm. Diesem Sturm kann er, der unvergleichliche Seefahrer, entgehen. Aber der gleiche Sturm bedeutet den Tod für Bobadilla. Bobadilla war von den kastilischen Majestäten zurückberufen worden.

Er hatte gewaltige Mengen an Gold geladen, wohl die reichste Beute, die bis zu jenem Augenblick aus so fernen Ländern nach Spanien gebracht werden sollte. Bobadilla versank mit all dem Gold in den Fluten des Atlantiks. Die Schätze liegen noch heute auf dem Meeresgrund.
Die vierte und letzte Reise des Columbus währte zwei Jahre und sechs Monate. Unvorstellbare Abenteuer, körperliche und geistige Strapazen, Stürme, Fieberanfälle, eine schwere Krankheit hatte der Admiral bestanden. Er hatte neue Küsten entdeckt, neue Inseln, darunter Jamaica. Und nun, da das Schicksal dem großen Glücksspieler eine letzte Chance gab, glückte ihm etwas Ungeheures. Er erreichte die Insel Guanaja, etwa 65 Kilometer vor der Honduras-Küste. Hier erzählte ihm ein alter Indianer von einem gewaltigen, reichen Land im Osten. Der Indianer war mit 25 Mann in einem mächtigen Einbaumkanu angekommen, offenbar aus Yucatan, und was er an Gegenständen aus Kupfer, Ton, Marmor und Hartholz mitbrachte, ließ auf eine hohe Kulturstufe jenes Landes im Osten schließen. Columbus hielt es wieder für das Reich des großen Khan. Er erreichte aber nicht Mexiko, sondern die Küste von Honduras, umschiffte das Kap Gracias a Dios, segelte weiter an den Gestaden des heutigen Nicaragua nach Süden.
Ein Sturm überraschte die kleine Flotte. Die wurmstichigen Schiffe wurden entsetzlich zugerichtet. «Ich habe viele Stürme erlebt», schrieb Columbus den katholischen Königen, «aber noch nie einen so heftigen und einen von so langer Dauer.» 88 Tage wütete der Sturm. Man sah keine Sonne, keine Sterne. Die Schiffe leckten, die Segel barsten, Anker und Winden, Taue, Proviant wurden über Bord gespült. Die Männer wurden krank. Viele von ihnen gelobten, ins Kloster zu gehen, wenn ihnen das Leben erhalten bliebe. Große Sorge hatte Columbus um seinen Sohn Fernando, der ihn auf dieser fürchterlichen Fahrt begleitete, nur dreizehn Jahre alt. Columbus wurde von quälenden Schmerzen gepeinigt. Er ließ sein Lager auf das Deck bringen und bestimmte von dort aus den Kurs. Auf dem schlechtesten und gefährlichsten der Schiffe segelte der Bruder des Admirals, Bartolomeo. «Darob litt ich sehr», schreibt der Admiral, «und mehr noch, weil ich ihn gegen seinen Willen mitgenommen hatte. Niemals sahen Augen das Meer so hoch, so häßlich, so ganz zu Schaum geworden. Nirgends konnte man eine schützende Bucht erreichen. So fuhr ich in diesem Meer umher, das kochte wie ein Kessel.»
Endlich, am 17. Oktober 1502, erreichte er die Küste von Veragua. Es war ein Land mit freundlichen Indianern, ein Land großer Schätze, das Land reicher Minen, eine Gegend, die sehr viel Gold verhieß. Columbus glaubte, er habe die Gruben des Goldlandes entdeckt, von wo Kaufleute und Seefahrer dem König Salomo 666 Zentner Gold ge-

bracht hätten. «Salomo kaufte all dieses, das Gold, die Edelsteine und das Silber. Aber Ihr», so schrieb Columbus an seine Königin, «braucht nur Schiffe dorthin zu senden und Befehl zu geben, daß man es zusammentrage, sobald es Euch zweckmäßig erscheint.» Am Sonntag Epiphanias 1503 erreichte der Entdecker einen kleinen Hafen, den er Belén, das ist Bethlehem, benannte. Überall hier gab es viel Gold. Darum wollte der Admiral eine Siedlung gründen. Bis Ende März 1503 war eine Anzahl Hütten erbaut. Bartolomeo Columbus sollte mit 80 Mann hierbleiben. Es entstanden jedoch Streit und Krieg mit den Eingeborenen. Columbus gelang es, alle Männer an Bord zu nehmen und zu fliehen. Er mußte eine Karavelle zurücklassen und die geplante Siedlung aufgeben.

Belén liegt nur 80 Kilometer vom heutigen Colón entfernt, der nördlichen Ausfahrt des Panamakanals. Ganz in der Nähe, in Puerto Bello, ließ der Admiral eine zweite Karavelle zurück und steuerte dann erst nach Kuba.

So hat Columbus, noch ehe der amerikanische Doppelkontinent bekannt und erforscht war, vor allen anderen Entdeckern den Punkt gefunden, der heute die beiden größten Ozeane der Erde verbindet – ohne die unmittelbare Nähe des gewaltigen Pazifiks auf der anderen Seite zu erahnen. Die Verwirklichung seines Traumes einer Durchfahrt hatte die Natur ihm versagt. Es fehlte nur ein Spaziergang von achtzig Kilometern, dann hätte er als erster Europäer den Pazifischen Ozean an seinem Ostufer erblickt, zehn Jahre vor dem Spanier Balboa!

Am 12. September 1504 nimmt Columbus Abschied von Haiti, von seiner Insel Hispañola. Er verläßt sie schweren Herzens. Alle seine Träume waren zunichte geworden. Er hatte gehofft, die Eingeborenen zu einem neuen Glück heraufzuführen, hatte gehofft, sie an Fleiß zu gewöhnen, ihnen das europäische Zivilisationsideal zu bringen, sie zu den besten Untertanen der spanischen Krone zu machen. Aber die Insel war in fürchterlichem Zustand. Die Eingeborenen hatte man in seiner Abwesenheit grausam unterdrückt, man hatte furchtbare Blutbäder unter ihnen angerichtet. Die fünf großen Stämme, die bei seiner ersten Ankunft hier lebten, waren so gut wie ausgelöscht. Bobadilla hatte die Eingeborenen gemartert, gehenkt, verbrannt. Er hatte grauenvoll gewütet.

Ovando, sein Nachfolger, war von Isabella beauftragt worden, den Schaden, den Bobadilla angerichtet hatte, nach besten Kräften wiedergutzumachen. Er sollte Städte bauen. Die spanischen Soldaten sollten zusammengezogen werden, um nicht weiterhin auf der Insel Grausamkeiten zu begehen. Er sollte den Handel regeln, für freundliche

Behandlung der Indianer sorgen und alles Eigentum für Columbus sichern, das Bobadilla konfisziert hatte. Was Columbus gehörte und was Bobadilla verkauft hatte, sollte dem Admiral zurückgegeben werden. Außerdem befahl die Königin, Columbus zu entschädigen und vollen Ersatz für seine Verluste wie für die Verluste seiner Brüder aus dem Thronschatz zu leisten. Es wurde Columbus gestattet, einen Vertreter auf die Insel zu entsenden, der die Einschmelzung allen Goldes überwachte, dem Admiral seinen Anteil sicherte und dessen Interessen im allgemeinen überwachte.
Nichts von alldem geschah. Ovando und seine Leute hatten nur neuen Haß, Armut, Tod und Verderben auf die Insel gebracht. Die persönlichen Interessen des Columbus, die Bezüge, die ihm aus den Einkünften der Insel zugesichert waren, all das blieb Illusion, war vertan, verloren. Noch auf dem Totenbett ließ sich Königin Isabella von ihrem Gatten Ferdinand versprechen, Ovando sofort abzusetzen und zurückzurufen. Dieses Versprechen wurde erst vier Jahre nach dem Tode der Königin erfüllt, nicht einmal Isabella zuliebe, sondern aus einem ganz anderen Grund.
Die Rückreise des entmutigten und kranken Admirals war eine Hölle. Unablässig wüteten Stürme. Der Hauptmast zerbrach an vier Stellen. Columbus lag in seiner engen feuchten Koje, geplagt von zermürbender Gicht. Der Mast wurde verkürzt und verstärkt mit Holz, das man den Aufbauten des Schiffes und den Kabinen entnahm. Wenn sich der Sturm beruhigte, dann nur, um Atem zu holen für neue wütende Angriffe. Hungrigen Wölfen gleich heulte der Wind in den Rahen und Wanten, Wochen um Wochen. Er zerbrach den Vormast. Er zerfetzte die Segel. Er schüttelte die arme Karavelle mit seinen andonnernden Wogen, daß sie ächzte und knarrte. Die Schmerzen des Admirals wurden unerträglich.
Endlich, nach sechsundfünfzig Tagen, ging das schwer mitgenommene Schiff im Hafen von San Lucar vor Anker. Columbus eilte nach Sevilla. Hier wollte er sich von seiner Krankheit, von den unendlichen Mühen und Entbehrungen, von den Schrecken der Sturmfahrt erholen. Alle seine Angelegenheiten lagen im argen. Ovando hatte 11 000 bis 12 000 Castellanos in seinen Händen, Geld, das Columbus gehörte. Nichts gab er heraus. Auch die finanziellen Zusicherungen des Hofes blieben unerfüllt. Das Geld, das er noch besaß, hatte er für seine Mannschaften ausgegeben, die in großer Not waren.
Keinen Schlaf kann er finden. Ihn quälen Sorgen. In wilden Träumen sieht er Inseln, kämpfende Männer, Indianer, gepeinigte Mädchen, grinsende Spanier. Und immer heult der Sturm. «Nichts erhalte ich», schreibt er mit zitternder Hand. «Ich lebe vom Borgen. Was ist mir

geblieben nach zwanzig Jahren Dienst für die Könige? Nach so viel Mühen und Gefahren? Jetzt besitze ich in Spanien nicht mal ein Dach über dem Kopf.»

Wenn der gebrochene, todmüde Mann essen oder schlafen will, muß er sich in eine Herberge schleppen. Meist hat er kein Geld, um auch nur die geringste Rechnung zu bezahlen. Die größte Sorge macht ihm jetzt die Erfüllung der Forderungen seiner Seeleute. Immer wieder erhebt er sich von seinem Krankenlager. Er will an den Hof reisen. Er will die Königin bitten, doch wenigstens einen Teil der Versprechungen zu halten, die ihm vor Jahren so bereitwillig gemacht wurden. Er entsendet seinen Sohn Diego an den Hof. Seine Männer in Übersee sollen ihren Sold erhalten. «Sie sind arm», schreibt er, «vor drei Jahren haben sie ihre Häuser verlassen, sie haben Schreckliches erduldet und haben doch Unschätzbares geleistet. Die Majestäten sollten Gott danken.»

Es vergehen Wochen und Monate in Krankheit und Fieber. Er sucht sich aufzuraffen. Er taumelt. Es ist die Winterkälte, denkt er. Unmöglich, jetzt hinauszugehen. Der Mann, der den unbekannten, grauen Ozean bezwungen hat, kann nicht die kleinste Reise zu Lande mehr wagen. Im Träumen wie im Wachen steht eine gescheiterte Welt vor ihm. Den Isthmus, die Durchfahrt durch das neue Land, den Weg noch weiter nach Osten, hat er nicht gefunden. Er hat die Goldminen von Veragua entdeckt. Aber Schätze? Wo blieben die Schätze? Er hat keine Schätze nach Spanien gebracht. Ihm schien, man hätte mit dem Gold der entdeckten Länder arbeiten müssen, es einsetzen für Siedler und Indianer, man hätte vor allem Einkünfte ohne Gewalt erzielen müssen. Seine Freunde, seine Söhne, seinen Bruder beschwört er, bei dem Königspaar für Unterstützung seiner Interessen zu sorgen. «Ich habe den Majestäten mit so viel Ehrgeiz und Fleiß gedient, als ginge es darum, ein Paradies zu gewinnen; wenn ich in irgendeiner Sache gefehlt habe, so nur, weil meine Kenntnisse und Kräfte nicht ausreichten.»

Immer verzweifelter, immer besessener ist er von der Idee, den Hof zu erreichen, vor Isabella zu treten, mündlich dieser von ihm aufs höchste verehrten Frau seine Sorgen vorzutragen. Er fällt auf sein Lager zurück. Er kann jetzt nur noch nachts schreiben. Seine Krankheit hat so ernste Formen angenommen, daß er seine Hände am Tag nicht bewegen kann.

Auch Königin Isabella ist krank. Todbleich, regungslos liegt sie in ihrem Schlafgemach. Die Ärzte sind ratlos. «Möge es der Heiligen Dreieinigkeit gefallen, die Gesundheit unserer Herrscherin, der Königin, wiederherzustellen. Denn ihr Wille kann alles wiederaufbauen, was jetzt in Unordnung geraten ist.» Das schreibt Columbus der Frau, deren Charakter und deren kühner Sinn seine Reisen ermöglichte. Aber es ist zu spät! Er schreibt es einer Toten. Sie war zum Schluß sehr unglücklich. Sie hatte ihren Sohn verloren, den Prinzen Juan. Sie mußte ihre geliebte Tochter beweinen, die Prinzessin Isabella. Sie trauerte um den Prinzen Miguel, der ihr Erbe werden sollte. Auch die Sorge um den zerrütteten Geist ihrer Tochter Juana und um deren unglückliche Ehe mit Philipp dem Schönen haben die letzten Jahre der kastilischen Majestät verdüstert. Durch die Räume der Königin wandelte schon lange die Verzweiflung, ungehört von der Welt.

Columbus hatte sich auch an seinen großen italienischen Freund Amerigo Vespucci gewandt, der – wie er sagte – immer versucht habe, ihm gute Dienste zu leisten. Vespucci, der bei den Vorbereitungen zur dritten Amerikafahrt des Columbus tatkräftig mitwirkte und an der letzten Reise des Columbus teilnahm, hätte dem König tatsächlich von den Werten und den Aussichten in den besten Teilen der neuen Entdeckungen wie kein anderer berichten können. Aber die unablässigen Bitten, die Gesuche, die Briefe, die Fürsprache seiner Freunde, all das trifft bei König Ferdinand auf kalte Gleichgültigkeit. Endlich, im Mai, ist der Admiral körperlich in der Lage, mit seinem Bruder an den Hof zu reisen, nach Segovia. Aber was ist von dem Mann geblieben, dem Seefahrer mit dem unbeugsamen Mut? Ein Gedrückter, ein Wegemüder, ein Verzweifelter, ein Verratener steht diesmal am Hof. Der seelische Schmerz hat ihm noch mehr zugesetzt als seine Krankheit und sein Alter.

Ferdinand hatte offenbar alle Dienste, die ihm der Admiral geleistet hatte, vergessen. Er empfing Columbus mit überströmender Höflichkeit, aber was der Admiral sagte, ließ ihn kalt. Nicht einmal Las Casas weiß, ob es die falschen Zeugnisse der Feinde des Columbus waren oder was sonst den König so teilnahmslos und abweisend machte. Der König erklärte bei weiteren Besuchen des Columbus, er erkenne die Größe und die Verdienste des Admirals an. Aber er wand sich und tarnte sich in höflichen Floskeln und Phrasen. Er bestimmte schließlich einen Rat, die Junta de Descargos, «das Gewissen der verstorbenen Königin und seiner eigenen Person zu entlasten». Nichts kam natürlich aus den Beratungen heraus. Columbus hoffte jetzt auf die Ankunft von Juana, die ihrer Mutter als Königin von Kastilien auf den Thron folgte. Philipp der Schöne und Juana wurden täglich aus Flandern erwartet.

Aber wieder wirft Krankheit den Don Quichotte der Meere auf das Lager. Unablässig setzen seinem schwachen Körper die bohrenden Enttäuschungen und Sorgen zu. Er bittet in seinen Schreiben jetzt nicht mehr für sich, sondern für seinen Sohn Diego. Er will wenigstens die Ehre und die Anerkennung für seine Dienste seiner Familie auf alle Zeiten sichern. Mit den üblichen Ausflüchten und Aufschüben beantwortet Ferdinand das Bemühen des Todkranken. Er möchte Columbus alle Vorrechte nehmen und ihm statt dessen einige Titel und Länder in Kastilien schenken. Aber darauf kam es dem Entdecker in seinem ganzen Leben niemals an. Wie eine gefährliche Katze wartet Ferdinand auf das Sinken der Kräfte, auf das geistige Versagen dieses erstaunlichen Genies, auf den Tod des Mannes, der ihm eine Welt geschenkt hat. Noch etwas verzögern, noch einige Wochen hinhalten, noch ein paar Ausreden – und der unbequeme Forderer, Diener und Weltentdecker ist dahin!

In seinen letzten und schwersten Augenblicken bestimmt Columbus seinen Sohn Diego als Universalerben. Für den Fall, daß Diego stirbt, soll Diegos Bruder Don Fernando die Erbschaft antreten, danach Bartolomeo, der Bruder des Admirals.

Welche Erbschaft?

Was der spanische Thron Columbus zugesichert hatte, Eigentum an eroberten Ländereien, an Gold, an Erträgnissen, Titeln, Würden und Ehren, den Oberbefehl über das eroberte Indien, all das stellte ein Erbe von unermeßlicher Größe dar, das laut Vertrag auch für seine Nachkommen gesichert sein sollte. Wenn seine Einkünfte hoch genug wären, so sollte Diego eine Kapelle auf der Insel Hispañola errichten. Dringend empfahl er seinem Sohn die Sorge um Beatrix Enriquez, die Mutter von Fernando. Dies lag ihm ganz besonders am Herzen. Er schrieb, es solle geschehen, um sein Gewissen zu erleichtern, denn die Sorge wiege schwer auf seiner Seele. Er vererbte eine gewisse Menge Silber an einen armen Juden, «der an dem Tor der Juden in der Stadt Lissabon lebt».

Columbus starb in großer Fassung und Ergebung, aber mit einem unsagbaren Leid, dem Leid des Verzichts, der Entsagung, des ungestillten Hungers nach Erfüllung. Es war Himmelfahrtstag, der 20. Mai 1506. «In deine Hände, o Herr, empfehle ich meinen Geist», das waren seine letzten Worte.

Der größte Seefahrer des Abendlandes starb in dem Glauben, daß er nur die Kugelgestalt der Erde und die Erreichbarkeit Asiens im Westen des Atlantischen Ozeans endgültig nachgewiesen habe. Daß er einen ganz neuen Erdteil entdeckt hatte, ist ihm zeitlebens nicht bewußt geworden. Hätte er geahnt, wie weit tatsächlich die asiatische Küste westwärts von Spanien lag, dann hätte er seine Reisen gar nicht erst unternommen.

Bald nach der Rückkehr des Genuesen von seiner ersten Amerikafahrt, am 1. November 1493, schrieb der in Arona am Lago Maggiore geborene Historiker Petrus Martyr von Anghiera an den Kardinal Ascanius Sforza, ihm scheine, *Columbus habe eine neue Welt entdeckt.* Am 10. März 1503, also drei Jahre vor dem Tode des Columbus, wurde der Gedanke, daß am jenseitigen Ufer des Atlantiks ein völlig neuer Erdteil liegt, ganz klar ausgesprochen. Amerigo Vespucci fand bei seinen Fahrten längs der südamerikanischen Küste kein Ende des Landes. Ihm wurde klar, daß ein Erdreich von kontinentaler Größe im westlichen Ozean liegt, ein Kontinent, den man bis dahin nicht kannte. Der deutsche Kartograph Martin Waldseemüller machte in St. Dié 1507 als erster den Vorschlag, diesen neuen, von Vespucci nachgewiesenen Kontinent nach dessen Vornamen zu benennen. «Da Amerikus diese neue Welt gefunden hat, darf man sie Amerige, das heißt gleichsam das Land des Amerikus, oder Amerika nennen.» So ist der neue Erdteil kein Columbia geworden, sondern ein Amerika, obgleich es die Tat des Columbus war, die zur größten geographischen Entdeckung der Weltgeschichte führte.

Ganz gewiß war Columbus auch von einem Missionsgedanken erfüllt. Er wollte den Ländern jenseits des Ozeans das Christentum bringen. Daß mit diesem Geschenk unendliches Leid, Ströme von Blut und entsetzliche Grausamkeit verbunden waren, lag nicht an Columbus, sondern an den ihm nachfolgenden Konquistadoren.

Columbus brachte dem neuen Kontinent etwas so Gewaltiges, daß es meist gar nicht erkannt wird, eben weil es so groß ist, daß man, wie vor einer riesigen Felswand stehend, gar nichts mehr sieht. *Er brachte Amerika das Abendland.* Auch das schließt Tragik ein wie jede gewaltsame Kulturveränderung.

Amerika ist ein abendländischer Kontinent geworden, ein Kontinent abendländischer Menschen, abendländischer Religion, abendländischer Kunst, abendländischen Lebens. Das erscheint heute selbstverständlich. Aber wir dürfen nicht vergessen, daß Amerika zuerst von Asiaten erobert wurde, die sukzessive seit 70000 bis 100000 Jahren über die Beringstraße kamen. Es hätte auch in geschichtlicher Zeit von Asien aus erobert werden können, etwa von Japanern oder Chinesen. Amerika hätte auch ein Kontinent des Islams werden können. Denn gerade in den Ländern des Islams lebten hochbegabte Geographen.

Ohne es voll zu erfassen, aber wie ein Gott, hat Columbus die westliche Welt verzehnfacht!

Don Carlos und das Mädchen Anna

«Mehr als einmal habe ich die Last, welche Gott mir auferlegte, bezüglich der Staaten und Königreiche, deren Regierung er zu führen mich begnadigt hat, zu dem Zwecke mir auferlegt betrachtet, daß ich den wahren Glauben und die Untertänigkeit gegen den Heiligen Stuhl unverletzt erhalte, den Frieden und die Gerechtigkeit walten lasse und nach den wenigen Jahren, die ich noch in dieser Welt zuzubringen habe, jene Staaten in fester Ordnung und einer die Dauer derselben gewährleistenden Sicherheit zurücklassen möge. Alles hängt in erster Linie von der Persönlichkeit meines Nachfolgers ab. Es hat aber Gott zur Strafe meiner Sünden gefallen, den Prinzen mit so vielen und so großen Fehlern teils der Einsicht, teils der Naturanlage zu behaften, die ihn zur Regierung ungeeignet machen und für die Zukunft, wenn ihm das Erbe zufiele, die schwersten Gefahren für den Zustand des Reiches besorgen lassen.» – König Philipp II. in einem Brief vom 9. Mai 1568 an den Papst.

Sie war siebzehn Jahre alt. Er war achtzehn. Als sie sich zum erstenmal begegneten, waren sie beide berauscht vom Verlangen. Es war nicht Liebe, es war ein Gefühl, das beide noch nie gekannt hatten. Sie waren beseelt von dem einen Wunsch, so schnell wie möglich zusammenzukommen.

Johanna wurde in Toledo geboren. Ihre Eltern sind die Königin Isabella von Kastilien und Ferdinand, die Majestäten, denen Columbus eine Welt zu Füßen legte.

Kalte Staatsräson hatte die beiden jungen Menschen zusammengebracht, Isabellas geliebte Tochter Johanna und Philipp, den einzigen Sohn und Erben Maximilians des Ersten. Aber in ihnen schlugen brennende, ungeduldige Herzen. Es war nicht Liebe, es war Begierde auf den ersten Blick.

Am Hof zu Brüssel stand man vor einem Rätsel. Man flüsterte von Mangel an Schicklichkeit. Man empörte sich über die Verletzung der Etikette. Denn ohne den Tag der großen Trauung abzuwarten, eilten Johanna und Philipp zum Priester. Keine Minute wollten sie verlieren. Wie gierige junge Tiere griffen sie nach dem Recht, im königlichen Schlafgemach ihre unsagbare Leidenschaft auszukosten.

So begann die Ehe von Philipp und Johanna. Es folgte ein aufregendes, ein heißes Hin und Her mit Streit, mit wilden Szenen, Davonreiten im Zorn auf die Jagd, leidenschaftlichen Liebesbriefen, mit Beschimpfungen, mit Hungerstreik und Kreischen, mit erstickenden Versöhnungen in goldgewirkten Decken und seidenen Kissen. Wollte sie nicht gehorchen, hatte sie andere staatspolitische Pläne als Philipp, so gab es eine Strafe, die sie sofort zu allem gefügig machte: er entzog ihr den nächtlichen Besuch.

In zehn Jahren brachte diese Ehe sechs Kinder hervor, zwei Prinzen und vier Prinzessinnen, mit denen sämtliche Throne Europas besetzt wurden. Philipp trug den Beinamen «der Schöne». Er besaß Kraft, er war ein guter Reiter, er liebte es vor allem, sich glänzend zu kleiden, aber schön war er mit seiner hervorstehenden habsburgischen Unterlippe und den etwas zu kalten Augen eigentlich nicht.

Vor allem wurde dieser goldblonde Flame bald überdrüssig, das eheliche Gemach mit seiner stets schwangeren Frau zu teilen. Die Nächte mit ihren Hofdamen oder weit weg von Spanien mit holländischen Bürgersmädchen und Kurtisanen, der Reiz üppiger flämischer Feste, die Anmut von Brüsseler Spitzen führten dazu, daß Philipp sich immer mehr an sein heiteres Flandern verschwendete, während Johanna in Spanien in eine eigentümliche Niedergeschlagenheit verfiel. Stumm saß sie da. Mit niemand wollte sie sprechen.

Rot sind die Steine der Festung Medina del Campo. Wenn Doña Juana einen ihrer Zornausbrüche erleidet, zittert das ganze Gefolge auf diesem steilen Herrschersitz Kastiliens. Dann verfällt sie wieder in Schweigen. Meist sind ihre Augen auf den Boden gerichtet. Sie singt vor sich hin. Sie näht an ihren Kleidern. Sie spielt mit Perlenschnüren. Im verdunkelten Gemach sitzt sie auf einem Kissen am Boden. Das Volk in Spanien glaubt, sie sei behext.

Als man sie hindert, zu ihrem Gatten nach Brüssel zu reisen, als man die Pforten des Tores versperrt, hockt sie die ganze Nacht stöhnend und schreiend im Schloßhof. Es ist November. Es ist sehr kalt. Man errichtet neben ihr einen Feuerstoß.

Brüssel 1504. In den Armen liederlicher flämischer Mädchen ahnt Philipp noch nichts von den dunklen drohenden Wolken, die sich um Johanna zusammenziehen. Entsetzen packt den ganzen Palast. Alle sehen es. Wie eine Besessene stürzt sich Johanna mit einer Schere auf eine der Hofdamen. Sie schneidet ihr die rotblonden Zöpfe ab, sinnlos, in verzweifelter Wut, sticht sie auf die junge Person ein. In Fetzen fällt der grüne Brokat. Alle Königshäuser Europas sind bestürzt.

Isabella stirbt. Die große, die herrliche, die kluge Herrscherin Isabella, die Königin mit der begeisterungsfähigen Seele, nimmt eine furchtbare Ahnung mit ins Grab. Ihre eigene Mutter dämmerte 42 Jahre lang im Wahnsinn dahin. Sie weiß, was ihrer Tochter bevorsteht.

Philipp hat am Hof zu Brüssel seine Frau von allen Verbindungen nach außen abgeschnitten. In einer Art Gefangenschaft lebt sie jetzt. Kein Spanier darf sie sehen. Jede Bedienung, jede Mahlzeit muß sie von Holländern entgegennehmen.
Nach Isabellas Tod ist Johanna die rechtmäßige Erbin des Reiches. Ihr Vater, Ferdinand, hat ehrgeizige Pläne. Aber Philipp möchte sich selbst des kastilischen Thrones bemächtigen. Da tritt ein unerwartetes Ereignis ein. Philipp der Schöne stirbt. Johanna erwartet ihr sechstes Kind. In schwerer Gemütskrankheit, zerfressen von Eifersucht, hatte sie sich nur mit den ältesten und häßlichsten Hofdamen umgeben. Man entzog sie ihr, da sie sie mißhandelte. Schließlich wird sie nur noch von ihren maurischen Sklavinnen bedient. Um sie recht abschrekkend zu machen, zeichnet sie die Moriskenmädchen im Gesicht. Der Tod von Philipp ist für sie ein furchtbarer Schlag. In dem schon hereingebrochenen Dunkel ihrer geistigen Verwirrung sieht sie eigentümliche, graue Bilder.
Einbalsamiert wollte der schöne König werden. Und er hatte verlangt, in der Ahnengruft von Granada zu ruhen. Johanna rast. Sie lebt jetzt in Burgos. So weit darf man den Sarg nicht von ihr entfernen. Zur nahen Kartause von Miraflores rennt sie jeden Tag. Sie läßt den Sarg öffnen. Sie bedeckt den einbalsamierten Toten mit überschwenglichen Küssen.
Flucht vor der Pest. Im ganzen Gebiet von Burgos wütet der Schwarze Tod. Johanna flieht hochschwanger nach Torquemada, wo sie die Infantin Catalina zur Welt bringt, weiter und weiter, immer mit dem Leichnam des Philipp, von Torquemada nach Hornillos, dann nach Tortoles, schließlich nach Arcos. Nacht ist es in ihr. Nur die Nacht will sie sehen, seit sie das Licht verloren hat. Fackelträger gehen allnächtlich der schauerlichen Prozession voraus.
Der schöne Philipp wird durch die einsame, dürre Landschaft Altkastiliens getragen, begleitet von einer trauernden Wahnsinnigen. Tags rastet dieser skurrile Trauerzug. Der Sarg wird in einer Kapelle aufgebahrt. Das Totenamt wird verrichtet. Aber hier, so empfindet Johanna, droht Philipp noch immer Gefahr. Sie fürchtet, er könne noch im Tode verführt werden. Sie befiehlt ihren zuverlässigsten Soldaten, am Sarg zu wachen. Keine Frau, kein Mädchen darf sich dem Schönen nähern.
Ein Kartäusermönch, der den Sarg begleitet, hatte der Trauernden erzählt, ein König sei vierzehn Jahre nach seinem Tode vom Grabe auferstanden. Da wollte auch sie die Auferstehung ihres Gatten erleben. Aber für eines hatte sie gesorgt: kein weibliches Wesen außer ihr würde der Auferstehung beiwohnen.

Im düsteren Schloß von Tordesillas hockt jetzt Johanna. Hierher verbannte Johann I. von Kastilien 1384 seine Gemahlin Eleonore bis zu ihrem Tode. Hier wurde 1430 die Königin von Aragon in Haft gesetzt. Nun wird der verödete Bau mit seinen Wehrgängen, Fallgattern und Zugbrücken das Gefängnis der einsamen Königin. Hinter ihr haben sich die Pforten der Welt geschlossen. Ihr Vater, Ferdinand, hat sie hier untergebracht. Es war nur möglich, weil Philipps Leichnam in der Kirche von Santa Clara bestattet wurde. Jetzt sitzt Johanna Tag und Nacht an ihrem vergitterten Fenster. Sie kann die Kirche Santa Clara von hier aus sehen. Aber die Zeit steht still. Die Königin ist nicht mehr fähig, einen Gedanken zu fassen. Furchtbare Schreie dringen hin und wieder aus dem dunklen Tordesillas. Wenn die maurischen Sklavinnen das Gemach betreten müssen, zittern sie. Schon oft hat die Königin sie angefallen. Starr, unbeweglich sitzt sie da, die rechte Hand unter dem Kinn, den Mund geschlossen. Wochen vergehen, Monate, Jahre. Immer starrt sie ins Leere. Manchmal ist man sehr besorgt, denn sie verweigert wochenlang die Nahrung. Dann scheint sie wie aus einem Traum zu erwachen. Wie schnell die Jahre vergehen, wenn die Stille vollkommen ist, wenn alles ruht, wenn die Welt mit ihren gewaltigen Kriegen und Umwälzungen da draußen ungesehen bleibt!
Einmal öffnet sich das Gemach. Zwei Personen treten ein, junge, lachende Menschen, ein Mädchen und ein Jüngling. Sie verbeugen sich. «Madame», sagte der Jüngling, «Ihre gehorsamsten Kinder sind von Freude erfüllt, Sie in ausgezeichneter Gesundheit anzutreffen, und hegen den Wunsch, Ihnen ihre tiefste Ergebenheit mitzuteilen.» Der Junge, siebzehn Jahre alt, ist später Europas größter Kaiser, Karl V. Eleonore, Johannas Tochter, ist neunzehn Jahre alt. Unbeweglich sitzt die Mutter da, während ihre Kinder sie umarmen. Trotz ihres Wahnsinns verrichtet sie hier eine hochbedeutende Staatshandlung. Sie überträgt dem Sohn die Regierung Spaniens.
Dann lebt sie weiter. Karl V. beginnt zu regieren. Er regiert vom Rükken seines Pferdes aus. Vierzig Expeditionen führt er in alle Teile Europas. Er geht nach Afrika. Er leitet seine Schiffe persönlich achtmal durch die Gewässer des Mittelmeeres. Nie verläßt diesen erstaunlichen Kaiser der Glaube an den göttlichen Ursprung seiner kaiserlichen Macht und an die Pflichten, die damit verbunden sind. Keine Monarchie der Welt war mit der seinen zu vergleichen, der Monarchie, «der Jesus Christus selbst gehuldigt hatte», wie er sagte. Dreiundzwanzig Jahre seiner Regierung hielt er sich fern von Spanien auf. Dieser pflichttreue Herr eines ständig von allen Seiten bedrohten Kaiserreiches dankte an dem Tage ab, an dem er fühlte, daß Krankheit

ihn hinderte, all seinen großen Verpflichtungen bis zum Ende nachzukommen.

Am 12. April 1555 stirbt Johanna, «die Wahnsinnige». Sechs Monate danach zieht sich Karl V. für immer in die Klostereinsamkeit von Yuste zurück. Speisen, Speisen, noch mehr Speisen: Der Appetit des fünften Karl war nicht zu stillen. Aus aller Welt schleppte man Vorräte heran, ganze Karawanen näherten sich Yuste, um die erlesensten Delikatessen heranzutragen. Immer unempfindlicher wurde der Gaumen des großen Monarchen, so daß man die Speisen stärker und stärker würzen mußte. Dabei war dieser edle Herrscher von allen Krankheiten gepeinigt, die solche Unmäßigkeit zur Folge hat. Er wand und krümmte sich auf seinem Bett, geplagt von Asthma, Gicht, Hämorrhoiden und Krämpfen. Mühsam schleppte er sich vor das Kruzifix und betete stundenlang am Tage, dann wieder ganze Nächte lang.

Infantin Maria von Portugal ist nur sechzehn Jahre alt. Ungewöhnlich schön soll sie sein. Im Palast des Herzogs von Alba zu Salamanca wird die Braut mit ihrem Verlobten, dem Sohn Karls V., zusammentreffen. Auch der Prinz ist nur sechzehn Jahre alt. Er ist äußerst ungeduldig. Wie sein Großvater gleichen Namens, kann der junge Philipp die Begegnung mit der Prinzessin kaum erwarten. Er reitet ihr daher verkleidet entgegen. Vor der Stadt sieht er sie, aber sie erkennt ihn nicht. Ganz ungestört beobachtet er sie, schätzt sie mit pochendem Herzen ab.

Karl V. war damals in Sorge. Er empfahl den so jungen Eheleuten, Maß zu halten. Er riet seinem Sohn zur Vorsicht, wenn die junge Maria da war, und empfahl weiter: «Da dieses sehr schwierig ist, wird es das beste sein, Ihr haltet euch soviel wie möglich von ihr fern.» Er schrieb, Philipp solle sich unter irgendeiner Entschuldigung zurückziehen und seine Gemahlin nicht so oft besuchen. «Tut Ihr es aber, dann nur für kurze Zeit.»

Don Carlos ist ein hübsches Kind. Der Hof ist begeistert. Die Stadt Valladolid jubelt. Maria und Philipp waren nur zwanzig Monate verheiratet, als dieser Knabe geboren wurde. Die Ärzte, damals keine großen Leuchten, versuchten ihre unzureichende Kunst an der viel zu jungen Braut. Maria war von zarter Gestalt. Sie sollte mit allen möglichen Mitteln «zur Reife gebracht werden». Unzählige Male wurde ihr Blut abgezapft. Sie wurde sehr schwach durch den ständigen Verlust. Es trat das ein, was solche ärztliche Pfuscherei bewirken mußte: Vier Tage nach der Geburt eines Prinzen war Maria tot. Don Carlos sollte ohne Mutter aufwachsen.

Die Prinzessin Johanna ist nur sieben Jahre älter als der Prinz. Sie ist ungewöhnlich schön. Mit großer Liebe hängt der kleine Carlos an seiner so jungen Tante. Aber siebzehnjährig muß sie Don Manuel von Portugal heiraten. Die Trennung ist ein schwerer Schlag für den empfindsamen Infanten. Tagelang weint er. Er nennt sich selbst «el niño», das Kind. «Was soll el niño ganz allein auf dieser Welt, ohne Vater, ohne Mutter?» So klagt der zehnjährige Junge. Aber noch ist das Schicksal ihm gut. Schon nach zwei Jahren ist Johanna wieder da. In einem schwarzen Kleid steht sie vor ihm. Fast wird sie erdrückt von der schweren Seide. Sie ist Witwe. Als sie den Schleier hebt, erkennt der Infant, daß sie schmal, blaß, aber noch schöner geworden ist.

Auf dem großen Platz von Valladolid sitzt Don Carlos an der Seite seiner Tante Johanna und beobachtet von einer Tribüne aus das abscheuliche Schauspiel der Verbrennung von Ketzern. Vom frühen Morgen bis zum späten Abend wurde verbrannt. Auch die Reumütigen mußten sterben. Der vierzehnjährige, sehr empfindsame Don Carlos soll damals großes Mitleid gezeigt haben.

Nur vier Monate später fand zu Valladolid ein zweites großes «Glaubensgericht» statt. Achtzehn Ketzer waren diesmal die Opfer der Inquisition. Wieder mußte Carlos, diesmal neben seinem Vater, von der Tribüne aus den finsteren Hinrichtungen beiwohnen.

Einer der Verurteilten ruft dem König zu: «Wie können Sie als ein so hoher Edelmann erlauben, daß man mich den Flammen überliefert?» Philipp antwortet mit eisiger Miene: «Auch wenn mein eigener Sohn ein solcher Frevler wie Sie wäre, so würde ich selbst das Holz herantragen, um ihn zu verbrennen.» Don Carlos zittert vor Angst.

Noch im gleichen Jahr heiratete der Vater zum drittenmal. In der Kirche Notre-Dame zu Paris wird die Trauung vollzogen. Elisabeth von Valois ist noch ein Kind. Nur vierzehn Jahre ist sie alt. Man bedenke, der König ließ sich hier vertreten vom Herzog von Alba!

Als Elisabeth den achtzehn Jahre älteren Philipp zum erstenmal sieht, bleibt sie totenblaß stehen, die Augen starr auf ihn gerichtet. Kein Wort bringt sie heraus. Verwirrt fragt Philipp: «Warum schauen Sie so? Meiner grauen Haare wegen?» Elisabeth schweigt. Aber als sie den Prinzen Carlos erblickt, errötet sie einen Augenblick. Dann wirft sie stolz den Kopf in den Nacken. Sie ist vierzehn und Carlos ist vierzehn. Ihm war sie eigentlich zugedacht! Ihm bringt sie Sympathie und Mitgefühl entgegen. Immer hing Carlos an ihr mit großer Liebe und Verehrung.

In Toledo findet kurz darauf die Huldigung der Stände von Kastilien und Leon für Don Carlos statt. Die junge Elisabeth ist nicht dabei, sie ist an Blattern erkrankt. Die höchsten Würdenträger Kastiliens müssen vor dem Prinzen niederknien, die Hand auf dem Evangelium,

ihm Treue und Gehorsam geloben. Der Staatsakt von Toledo bildet den Höhepunkt seines Lebens. Da steht der Schatten seines mißtrauischen Vaters noch nicht so ernst und drohend über ihm.
Wen wird Don Carlos heiraten? Seine schöne Tante Johanna, die schon nach zwei Jahren Witwe geworden ist? Maria Stuart, die Königin von Schottland? Er hat Maria nie gesehen, aber er hat gehört, daß sie schön ist und weise. Und Schottland ist begehrenswert. Man ist so nah den Niederlanden. Carlos erträumt sich dort ein eigenes Reich, eine Eroberung der schwer zugänglichen holländischen Herzen als Statthalter seines Vaters. Oh, sie werden ihn kennenlernen, seinen Mut, seine Entschlossenheit, seine Güte, seine Nachsicht.
Aber in Brüssel stecken sie die Köpfe zusammen. Spaniens Thronfolger soll Anna heiraten, die älteste Tochter des späteren Kaisers Maximilian II. Karl V. und Maximilian II. werden so ihr mächtiges Reich festigen. Habsburg überall! Anna darf nicht nach Frankreich verheiratet werden. Das ist der Wunsch des großen Karl. Eine Verkettung von Österreich mit Spaniens Erbfeind Frankreich, das wäre das Ende. Aber am österreichischen Hof ist alles möglich. Anna könnte genausogut den jungen neunten Karl von Frankreich heiraten. Längst hat er um ihre Hand geworben.
Anna ist der Liebling Maximilians. Sie hat noch nicht das fünfzehnte Jahr erreicht, aber sie sieht schon aus wie achtzehn. Sie ist recht anmutig. Sie besitzt gute Charaktereigenschaften, Klugheit und Ruhe.
Nun erwartet man in Österreich wie in Spanien, daß Philipp II. dieser vielversprechenden Ehe zustimmt. Aber der König zögert. Er verstrickt sich in Ausreden. Er verschleppt die Angelegenheit von Jahr zu Jahr. Immer neue Gründe werden angegeben, weshalb man noch warten müsse.
In Wien hat man erfahren, daß die Absicht besteht, Don Carlos mit seiner sieben Jahre älteren Tante Johanna zu vermählen. Der Prinz, so sagt man in Spanien, sei noch zu jung. Johanna besäße große Begabung zu regieren.
Eine Ehe mit seiner Tante Johanna, die er als kleiner Junge sehr geliebt hatte und immer noch schätzte, erschien Don Carlos unannehmbar. Die schottische Ehe mit Maria Stuart wurde vom spanischen Staatsrat geheimnisvoll abgelehnt, weil sich von ihr die Katholisierung von Schottland und England nicht erwarten ließ und weil «der Prinz nicht in der rechten Disposition» sei. Auch der französische Gesandte am Hof zu Valladolid hatte berichtet, daß die «Beschaffenheit» des Prinzen eigentlich jede Heirat unmöglich mache.
Rätselhafte Worte! Was war unter der «Disposition» und der «Beschaffenheit» zu verstehen? Und warum verzögerte Philipp die Ehe-

schließung mit Anna? Wollte er sie überhaupt verhindern? Waren seine Bedenken politischer Natur? Hatte er Befürchtungen, Carlos sei auf religiösem Gebiet unzuverlässig? Hielt er Mangel an Verstand oder an Gesundheit beim Prinzen für ein Hindernis? Wegen seiner Kränklichkeit war für Carlos Luftveränderung verschrieben worden; er hielt sich in Alcalá de Henares auf.

So war die Lage, als ein ungewöhnliches Ereignis eintrat. Carlos, jetzt siebzehn Jahre alt, schleicht sich nachts in den Garten des Schlosses zu Alcalá. Er hat sich mit der Tochter des Schloßwartes verabredet. Aber der Oberhofmeister, ein strenger und vorsichtiger Herr, hat zur Sicherheit nachts alle Außentüren versperrt. So muß sich Carlos durch finstere Gänge tasten. Auf einer schadhaften Treppe stürzt er. Die schwere Verletzung am linken Hinterhaupt ist nicht zu verbergen. Die Wunde wird sofort verbunden. Hohes Fieber stellt sich ein.

Noch ist der König sehr besorgt um die Gesundheit seines Sohnes. Er sendet seinen Leibarzt und mehrere andere Ärzte nach Alcalá. Schließlich umstehen das Lager des Infanten ein Dutzend spanischer Ärzte, es beginnt die Prozedur des ständigen Aderlassens und der Purgiermittel. Don Carlos selbst erkannte noch im Fieber seine gefährliche Lage. Die Augen schwellen an. Seine Sehkraft erlischt. Das Fieber wird ärger. Er verliert die Besinnung. Der König eilt selbst herbei und bringt den damals berühmtesten Chirurgen, Dr. Vesalius, mit. Königin Elisabeth, die Prinzessin Johanna schreiten einer Bittprozession voran. Johanna pilgert zu einem Kloster. Stundenlang liegt der König auf den Knien. Draußen tobt der Sturm.

Merkwürdig! Mitten in der Nacht verläßt der König Alcalá. Seinen Vertrautesten, Alba und Feria, befiehlt er, alles vorzubereiten – für die Leichenfeierlichkeiten des Sohnes! Dr. Vesalius hatte große Mühe, die schlechten spanischen Ärzte zu überzeugen, daß man eine Operation vornehmen müsse. Der Schädel des Prinzen wurde trepaniert. Vesalius entfernte ein dreieckiges Stück in der Größe einer Fünffrankenmünze. Vollkommen gesund schien der Schädel, unverletzt war das Gehirn.

Nun, da Carlos im Sterben lag, erinnerte man sich, daß im Franziskanerkloster zu Alcalá die Reste eines vor hundert Jahren verstorbenen Mönches aufbewahrt wurden, des Fra Diego, der im Ruf der Heiligkeit stand. Ein feierlicher Zug machte sich auf. Man legte das Gerippe des Fra Diego neben den Prinzen in das Bett. Carlos verfiel in wohltuenden Schlaf. Ein Wunder? Die Heilung begann!

Nach 56 Tagen war der Prinz wiederhergestellt. Philipp eilte nach Alcalá, um den genesenen Sohn zu umarmen. Carlos sprach leise und verworren, sagte aber, er fühle sich besser als vor der Krankheit.

Bald hören wir von ausgelassenen und bösen Streichen des Prinzen, bald, daß er melancholisch ist, daß sich sein Geist zeitweilig verwirrt, daß er niemanden liebt, dagegen viele haßt, daß er an keinem Studium Gefallen findet.

Carlos ist achtzehn Jahre alt. Jetzt ergeht ein Staatsbeschluß, er soll mit der Erzherzogin Anna verlobt werden. Am Wiener Hof gilt diese Eheschließung als das wichtigste und dringendste Ziel der Politik. Darum wird der Freiherr Adam von Dietrichstein als Gesandter nach Spanien geschickt. Er soll dort auf die Eheschließung hinarbeiten.

Nun beginnt ein hartes Ringen um die Entscheidung, die Philipp sich nicht entlocken läßt. Dietrichstein drängt auf eine klare Auskunft. Er sei bloßgestellt, wenn er nichts Positives erreichen, nichts Konkretes berichten könne. Philipp verspricht, einen Gesandten an den Kaiserhof von Wien zu beordern, Herrn von Chantonnay, einen Maximilian höchst unsympathischen Diplomaten.

Fieberhaft arbeitet der österreichische Gesandte in Spanien. Er wendet sich an die Höflinge, die den Prinzen täglich sehen. Er bittet um Rat. Er setzt alle Hebel in Bewegung. Da erhält er einen Wink, er solle sich doch erst einmal den Prinzen ansehen. Aber ehe ihm das gelingt, berichtet er nach Wien, was er von anderen gehört hat. Carlos habe ein anmutiges Gesicht, er sei blaß, eine Schulter sei höher als die andere, der rechte Fuß kürzer als der linke, er stammle. In mancher Beziehung habe er einen guten Verstand, andererseits sei er kindisch, er rede gern, er frage nach tausend Dingen. Außer am Essen habe er an nichts Interesse, und er esse sehr begierig. Habe er aber große Mengen von Nahrung zu sich genommen, so beginne er bald von neuem. Er sei eigensinnig, er zeige keinerlei Zuneigung zu den Weibern, was in manchen Kreisen Spaniens zu der Annahme führe, er könne mit Frauen nichts anfangen.

Ebenso emsig arbeitet der französische Botschafter, dessen Aufgabe es ist, Klarheit zu gewinnen, was zwischen Spanien und Österreich gespielt wird.

In Madrid sieht Dietrichstein das Objekt seiner emsigen Forschungen zum erstenmal. Gleich merkt er, daß er nach Wien nichts anderes berichten kann als zuvor. Das Gesicht des Prinzen ist wohlgestalt, er hat braunes Haar, eine sehr hohe Stirn, graue Augen, hervortretende Lippen. So schlägt er nicht aus dem österreichischen Geschlecht. Carlos hat etwas Mühe im Sprechen. Es fällt ihm schwer, das R und das L herauszubringen. Dietrichstein bestreitet einen Mangel an Verstand. Um den Wiener Hof mit dem Bildnis des Don Carlos zu versöhnen, teilt er noch mit, daß der Infant zu einer Diät übergegangen sei. Bei jeder Mahlzeit esse er nur einen gesottenen Kapaun, über-

gossen mit der Soße eines Hammelschlegels. Er trinke nur Wasser. Was die Frauen anbetrifft – nun, da sei es noch zu keiner Probe gekommen.
Nach vollen vier Jahren, nach unermüdlichem Spionieren und Forschen, hatte Dietrichstein nicht mehr herausbekommen. Er hatte inzwischen den Prinzen oft gesehen und gesprochen, aber was er hörte und sah und was er von anderen erfuhr, war so vieldeutig, daß er sich kein Bild machen konnte. Vor allem waren die Höflinge des Philipp und die Majestät selbst intelligent genug, das Manöver der Verzögerung mit allem Geschick zu steuern.
Daß der Vater den Sohn nach und nach haßte und der Sohn den Vater nicht minder, das wissen wir besonders genau aus dem Bericht des französischen Botschafters am spanischen Hof.
Sehr verschieden waren Vater und Sohn. Philipp, ein Meister der Verstellung, pflegte niemandem, mit dem er sprach, ins Auge zu blicken. Don Carlos war ein Feind aller Lügen und Heucheleien, frei und rücksichtslos, ja schockierend sprach er aus, was er dachte. Philipp war ruhig, verschlossen, sehr berechnend, Carlos leidenschaftlich, ungestüm, unvorsichtig. Philipp ist sparsam, sein Haushalt wird wie der eines armen Edelmannes geführt. Don Carlos pflegt zu sagen: «Wer soll denn Almosen geben, wenn die Fürsten es nicht tun!?» Philipp ist ein Lebemann. Seine Liebeshändel sind bekannt. Man führt sogar seine Kahlköpfigkeit und Schwachbeinigkeit darauf zurück. Don Carlos wird als tugendhaft bezeichnet, weshalb es schwierig ist, seine Fähigkeiten auf dem Gebiet der Liebe zu ermitteln, eine Frage, die den Wiener Hof natürlich brennend interessiert.
Der größte Gegensatz lag wohl in der Auffassung zur katholischen Religion. Man warf Carlos Mangel an religiösem Eifer vor, ja, daß er seiner Gesinnung nach sogar ein lauer Christ oder gar ein Protestant sei. Philipp besuchte jeden Tag die Messe, zog sich an hohen Feiertagen in ein Kloster zurück, gab sich stundenlang Andachtsübungen hin. Beide, Philipp wie Carlos, waren ungemein herrschsüchtig.
Philipp unterhielt ein Verhältnis zu der Gemahlin seines Ministers Ruy Gomez, Fürst von Eboli. Alle wußten davon. Selbst am hellichten Tage tauschten die Fürstin von Eboli und Philipp Besuche aus.
Je feindseliger das Verhältnis des Don Carlos zum Vater wurde, um so größere Liebe empfand Carlos zu seiner Stiefmutter Elisabeth. Man vermutete daher nähere Beziehungen des Carlos zur Gattin seines Vaters, zumal Philipp die dem Sohn zugedachte Elisabeth selbst geheiratet hatte. Es gibt jedoch keinen Beweis, keine schriftliche oder mündliche Überlieferung dafür, daß Carlos seinem Vater je Grund zur Eifersucht gegeben hätte. Dennoch verbot Philipp seinem Sohn

im Sommer 1564 den Zutritt zu den Gemächern seiner Frau, als sie krank war.

Als Carlos neunzehn Jahre alt ist, wird er in den Staatsrat eingeführt. Er verfügt jetzt über einen kleinen Hofstaat. Aber wer ist Chef dieses Hofstaates? Niemand anderer als der Fürst von Eboli, Ruy Gomez, der Gatte der Frau, mit der Philipp die Königin betrügt.

Gomez läßt den Infanten nicht aus den Augen. Er überwacht jeden seiner Schritte. In den Augen des Don Carlos ist er nichts anderes als ein Polizist, ein Detektiv, ein Gefängnisaufseher.

Der arme Dietrichstein kommt jetzt zu der Erkenntnis, daß es ihm nicht gelungen ist, die Gründe für den Aufschub der Hochzeit mit Anna zu erkennen. Je länger er sich um das Geheimnis bemüht, um so weniger weiß er. Er wendet sich an den Leibarzt des Prinzen, Dr. Olivarez. Er fragt, warum der Prinz keinen Umgang mit Frauen hat. Olivarez verweist auf das Liebesabenteuer in Alcalá. Die Erinnerung an den Sturz . . . Dietrichstein ist verzweifelt. Sogar mit der Leibwäscherin des Infanten setzt er sich in Verbindung. Vielleicht ist auf diese Weise etwas herauszubekommen?

Fürst Eboli erklärt dem österreichischen Gesandten, Philipp handle immer sehr langsam, in allem, was er tue. Er wolle erst die versteckten Mängel des Prinzen erforschen, die Ursache seiner Kränklichkeit. Anna wie der Prinz hätten ja noch immer Zeit genug zum Heiraten.

«Er zieht mich Jahr um Jahr auf. Er hält uns hin. Er versucht uns zu hintergehen.» Alles warf Dietrichstein dem Philipp direkt oder indirekt vor. Es nützte nichts. «Die schlechte Disposition des Sohnes» wurde jetzt als Ausrede benutzt, dann wieder seine «Mängel», seine angebliche «Unfähigkeit zu lieben», die Aussichtslosigkeit eines Liebeserlebnisses mit diesem Mann für jede Frau.

Don Carlos selbst wünschte nichts sehnlicher als diese Heirat. Überhaupt war er in Anna, die er nie gesehen hatte, verliebt. Stets trug er das Bild des Mädchens bei sich.

Der spanische Botschafter am Hof des Kaisers Maximilian hatte ebenfalls einen sehr schweren Stand. Man erklärte ihm in Wien, man wisse genau, wie leidenschaftlich der Prinz die Ehe mit Anna herbeiwünsche. Der Botschafter wand sich in tausend Ausreden. Alle litten an der Angelegenheit Carlos–Anna.

Jeden Spaziergang des Don Carlos ließ jetzt Dietrichstein mit ausgeklügelt fein aufgezogenem Nachrichtenapparat überwachen. In jedem Haus der Rotlicht-Distrikte von Madrid und Valladolid saß ein Spion des Wiener Botschafters und wartete. Besuchte der Prinz so ein Haus, so schien das eine Botschaft des Himmels. Eilige Reiter brachten die freudige Nachricht nach Wien. Dort wurden die riesigen Kronleuchter

angesteckt. Man jubelte am Hof, man trank Wein, man umarmte sich, Anna weinte leise und selig.
Ganz außer sich war man an der Donau, als im Frühling 1567 die Nachricht des emsigen Botschafters eintraf, Don Carlos habe mit bestem Erfolg «eine Probe» bestanden. Dietrichstein triumphierte. Carlos hatte die Tochter eines Gerichtsdieners besucht. Der Besuch war von Erfolg gekrönt. Die «Tanztochter» wurde schwanger. Don Carlos bedachte das Mädchen gleich in seinem Testament mit einem Legat. Er hatte eben doch keinen so schlechten Charakter. Allen, die es wissen wollten, gab jetzt der Prinz sein Abenteuer bekannt. Nun sollte Philipp mal versuchen, neue Gründe für die Verzögerung der Hochzeit zu finden. Aber der französische Botschafter sah in der Mitteilsamkeit des Infanten die Unbefangenheit eines schon leicht Schwachsinnigen. Armer Carlos! Noch flackerte das Lämpchen seiner Hoffnungen.
Papier, Papier. Unter Bergen von Papier stöhnen Philipps Sekretäre, schwitzen die Boten, die gewaltige Aktenstöße vom König zu den Räten und von den Räten zum König tragen müssen. Der zäheste Beamte der habsburgischen Monarchie beherrscht mit seinem Schreiberregiment die Welt. Dinge, die man in Minuten mündlich erledigen kann, werden Wochen, Monate, Jahre hingeschleppt. Rasche, kühne Entschlüsse sind Philipp zuwider. Mißtrauisch ist er gegen jedermann, immer in Furcht, getäuscht, überrumpelt zu werden. Die kleine, kantige Majestät mit dem hervorstehenden Kinn hat ein ungewöhnliches Gedächtnis, fähig, die winzigsten Einzelheiten aus dem Ozean der Akten zu behalten. Manchmal wirft er mit dürrem Wissensstolz eine Bemerkung ein, die diese unheimliche Kenntnis verrät. Fehlerhafte Seitenzahlen in den Akten, selbst die Orthographie seiner Sekretäre pflegt er zu berichtigen. So verbringt er Stunden um Stunden, Tage, Monate, Jahre in dieser überflüssigen Emsigkeit.
Dem Kaiser in Wien reißt die Geduld. Die fortgesetzte Verzögerungstaktik läßt ihn jetzt sehr deutlich werden. Seine Tochter Anna wird nicht jünger, schreibt er an seinen Botschafter, schließlich würde sie zwischen zwei Stühlen sitzen bleiben, zwischen Spanien und Frankreich.
Spaniens Botschafter Chantonnay ist in einer ebenso peinlichen Situation. Er sendet Bericht um Bericht über die gereizte Stimmung am Wiener Hof. Auf die Spitze getrieben wird die Angelegenheit durch die Meldung von Dietrichstein, Don Carlos sei über die Verzögerung außerordentlich ungehalten.
Jetzt bietet Philipp dem österreichischen Kaiser ein glückliches Zusammentreffen in Brüssel an. Philipps Reise mit Don Carlos soll auf dem Seewege erfolgen. Die Zwischenstationen werden versorgt. Pedro Me-

lendez, ein spanischer Admiral, muß eigens aus Florida kommen, um das königliche Schiff zu steuern. Aber – die Abreise «verzögert» sich. Im September, so heißt es schließlich, sei die Seefahrt lebensgefährlich.

Wer an Philipps Absicht, die Reise nach Flandern tatsächlich zu unternehmen, zweifelte, erregte bei ihm düsteren Unwillen. Carlos kritzelte auf ein Blatt Papier den Titel eines Buches: «Die großen Reisen des Königs Don Philipp.» Inhalt: «Die Reise von Madrid nach dem Pardo, vom Pardo nach dem Escorial, vom Escorial nach Aranjuez, von Aranjuez nach Toledo, von Toledo nach Valladolid, von Valladolid nach Madrid.» Der König war über diesen Scherz sehr aufgebracht. Im Herbst des Jahres 1567 gab der zweiundzwanzigjährige Carlos die Hoffnung auf die Reise wie auch überhaupt auf die Hochzeit mit Anna auf.

Da schrieb der französische Gesandte Fourquevaux an Katharina von Medici einen hochinteressanten Brief. Er erwähnte als erster Außenstehender die angebliche Absicht des Königs, seinen Sohn einzusperren, «um ihm Gehorsam beizubringen». «Der Vater haßt seinen Sohn und der Sohn nicht minder seinen Vater», heißt es in diesem Brief. Gleichzeitig wurden wieder höchst nachteilige Gerüchte über den Prinzen in Umlauf gebracht, er sei ein Verschwender, er bringe seine Nächte in unanständiger Gesellschaft zu, seine Gedanken seien zuchtlos.

Im Kloster St. Hieronymus, nahe von Madrid, wendet sich Carlos an einen Beichtvater und teilt ihm mit, es gebe einen Menschen, den er tödlich hasse. Der Pater verweigert die Absolution. Carlos dringt in ihn, sich zu beeilen. Der Pater lehnt ab. «Eure Hoheit mag die gelehrten Theologen befragen», sagt er. Carlos läßt die Mönche des Klosters Notre-Dame von Atocha zusammenrufen, dazu noch einen Augustiner und einen Trinitarier. Entrüstet kommen sie alle zu dem Ergebnis, Absolution könne nicht erteilt werden. Der Prior von Atocha wollte den Namen des Menschen herausbekommen, den Carlos so tödlich haßte. Er verfiel auf eine List. Die Absolution wäre schon möglich, wenn Carlos den Namen des tödlich Gehaßten ihm persönlich preisgeben würde. Die Turmglocke schlug zwei Uhr morgens. Der Prinz nannte den Namen seines Vaters. Noch in der gleichen Nacht wurde Philipp mitgeteilt, Carlos wollte ihn töten.

Don Carlos läßt jetzt vom französischen Mechaniker Louis de Foix einen kunstvollen Türverschluß herstellen, den man vom Bett aus bedienen kann. Er fürchtet sich nachts im Palast seines Vaters. Außerdem fertigt Foix einen Schwerstein aus Stahl an, in Form eines Buches. Carlos wußte, daß sich ein spanischer Bischof mit einer solchen Waffe

aus dem Gefängnis in Simancas befreit hatte. Ein Schwert, einen Dolch und eine Muskete versteckt er außerdem unter seinem Kopfkissen. Inzwischen werden ganz plötzlich die Anführer der niederländischen Bewegung verhaftet. Alba nimmt die beiden vollkommen ahnungslosen Grafen Egmont und Hoorn gefangen. Carlos versucht in aller Eile, sich eine größere Geldsumme zu beschaffen. Er entsendet zwei Kammerherren nach Toledo, um bei dortigen Kaufleuten Darlehen zu erwirken. Auch in Sevilla läßt er anfragen. Mitte Januar 1568 bringen die Agenten des Carlos hundertfünfzigtausend Dukaten, ein Viertel von dem, was er für die Flucht brauchte. Der Infant verfaßt Briefe an seinen Vater, den Papst, den Kaiser zu Wien und die übrigen Herrscher. Die Briefe sendet er nicht ab, aber sie sollen im geeigneten Augenblick seine Flucht rechtfertigen. Carlos will keinen Aufruhr entfachen, sich auch nicht mit den Feinden seines Vaters verbinden. Er will nur um jeden Preis das Land verlassen. Am Hof laufen unheimliche Gerüchte um. Man flüstert vom «Turm» . . .
König Philipp verbringt die Nachweihnachtszeit im Kloster Escorial. Don Carlos hält den Augenblick für gekommen. Er vertraut sich seinem Onkel Don Juan d'Austria an. Er beschwört ihn, ein Schiff zur Flucht nach Italien bereitzumachen, mit ihm zu fliehen. Don Juan d'Austria ist Befehlshaber der königlichen Flotte. Er vertröstet den Infanten, er werde sich in vierundzwanzig Stunden entscheiden. Schon am nächsten Tag ist er beim König und teilt ihm das Vorhaben seines Sohnes mit.
Carlos ersucht den Oberpostmeister, Don Ramon de Tassis, noch für denselben Abend acht Pferde zu besorgen. Aber Tassis schöpft Verdacht. Er meldet zurück, die Pferde seien abwesend. Carlos wiederholt seinen Befehl mit größter Dringlichkeit. Da schickt der Postmeister alle Pferde weg und begibt sich in größter Hast zum Escorial.
Nun hat der König keine Zeit mehr zu verlieren. Er ordnet in allen Klöstern von Madrid und in der Umgebung Gebete an, es soll der Beistand des Himmels erfleht werden. Nur vor sehr wichtigen Entscheidungen pflegte der König diesen Befehl zu geben. Am Sonntag – es ist der 18. Januar – läßt sich Philipp von Don Carlos und Don Juan d'Austria zur Messe begleiten. Nichts im Benehmen der Majestät deutet darauf hin, daß bald etwas Entsetzliches geschehen wird. Nur dem hellhörigen französischen Botschafter waren die vielen geheimen Besuche beim König an den Tagen vorher aufgefallen.
Carlos ahnt, daß Don Juan d'Austria das Geheimnis preisgegeben hat. Nach dem Kirchgang läßt er sich von seinem Onkel besuchen, verschließt alle Türen und fragt ihn, worüber er mit dem König im Escorial geredet habe. Don Juan weicht aus. Carlos, aufs höchste erregt, zieht

sein Schwert, greift den Verräter an. Der pariert die Hiebe, weicht mit dem Rücken zur Tür zurück. Laut ruft er dem Prinzen zu: «Ich rate Eurer Hoheit, nicht weiter zu gehen.» Die Kammerdiener stürzen herbei. Don Juan eilt davon. Carlos zieht sich finster schweigend in sein Zimmer zurück. Er erklärt, er sei krank. Er geht früh zu Bett.

Die Turmuhr hat elf geschlagen. Die Nacht des 18. Januars ist windig und kalt. Der König betritt jenen Teil des Schlosses Escorial, in dem die Gemächer des Prinzen liegen. Er ist begleitet vom Hauptmann der Garde, Feria, vier oder fünf Fürsten und zwölf Mann Wache. Dem Diener befiehlt er, das Tor zu schließen, niemand eintreten zu lassen. Vorher schon hatte Philipp das Türschloß des Carlos untauglich machen lassen. Die Fürsten und die Wache schleichen sich in das Schlafzimmer. Feria tastet sich leise zum Kopfende des Bettes und nimmt dem Schlafenden die Waffen.

Der Prinz fährt in die Höhe: «Was ist das? Was wünschen Eure Majestät von mir?» – «Das werdet Ihr bald erfahren», antwortet Philipp.

Mit entschlossener Ruhe begannen die Männer, das Fenster zuzunageln. Carlos wurde daran gehindert, hinauszuspringen oder sich in das Kaminfeuer zu stürzen. Seine Papiere wurden beschlagnahmt. Der Infant fiel auf die Knie und flehte, falls der König ihn nicht töte, werde er sich selbst das Leben nehmen. Der König erwiderte, nur ein Verrückter töte sich selbst. Darauf Carlos: «Auch ein Verzweifelter.»

Die Nachricht von der Verhaftung des spanischen Thronfolgers erschütterte ganz Europa. Johanna sagte ein Fest ab und schloß sich ein. Königin Elisabeth war untröstlich. Obgleich Kuriere zurückgehalten wurden, war die Kunde überall hingedrungen. In Lissabon, in Paris, in Wien war man bestürzt. Kaiser Maximilian und seine Gemahlin waren tief bewegt.

Philipp hatte überallhin nur mitgeteilt, die «Mängel in der Natur» und die «Beschaffenheit des Prinzen» hätten ihn, den König, gezwungen, im Interesse der Kirche und seiner Länder so und nicht anders zu handeln. Die näheren Gründe werde er später bekanntgeben. Dieses Versprechen löste Philipp nie ein.

Maximilian wies Dietrichstein an, ihm die tatsächliche Ursache der Verhaftung sofort mitzuteilen. Auch an den Papst schrieb Philipp nur, der Prinz sei mit so großen Fehlern teils der Einsicht, teils seiner Naturanlagen behaftet, daß er zur Regierung ungeeignet sei. Nichts von «Rebellion», nichts von «Ketzerei».

Als der Infant nach einigen Tagen aus der Gefangenschaft in seinem Zimmer in den Eckturm des Escorial überführt wurde, sagte er: «Das wird ein heißer Sommer werden.» Der dem Prinzen verhaßte Ruy Gomez wurde mit der Oberaufsicht im Turm betraut.

Der Prinz darf sein Zimmer nicht verlassen. Die Tür muß Tag und Nacht geöffnet bleiben. Niemand ist es gestattet, ohne ausdrückliche Genehmigung das Gemach zu betreten. Nachts muß einer der aufsichtführenden Edelleute im Zimmer schlafen, ein anderer draußen Wache halten. Don Carlos darf an niemand eine Frage richten, die nicht mit den einfachen Verrichtungen und Notwendigkeiten des Lebens zusammenhängt. Jede Antwort auf eine andere Frage ist ihm zu verweigern, «da sie unnütz ist und ihm schaden kann». Die Speisen sollen klein geschnitten sein. Der Prinz erhält weder Messer noch Gabel. Wie tot soll der Prinz sein. Das will der König.

Carlos benahm sich wie ein Verzweifelter. Er verweigerte die Nahrung. Dann suchte er zuviel zu essen, um daran zugrunde zu gehen. Er verschlang vierzehn Pfund Fleisch. Auch einen großen Diamantring. Er überfiel Ruy Gomez, der sich weigerte, seinem Vater eine Nachricht zukommen zu lassen. Der Fürst von Eboli empfand seinen Tag und Nacht währenden Dienst als drückend. Unerträglich schien ihm dieses Eingesperrtsein mit dem unberechenbaren Prinzen. Er kam sich selbst wie ein Gefangener vor. Ständig mußte er in Angst um sein Leben sein, ganz besonders, wenn Don Carlos je aus dieser Gefangenschaft herauskäme.

Botschafter Fourquevaux berichtete nach Paris, man bereite unter Aufsicht des Ruy Gomez heimlich Brühen für den Gefangenen. Offenbar spielte er auf eine geplante Vergiftung an.

In Holland herrschte jetzt Blutgericht. Sicherlich brachte Philipp die undurchsichtigen Pläne des Carlos auch mit dem Aufstand in Holland in Verbindung. Am 5. Juni rollten die Köpfe der Grafen Egmont und Hoorn.

Am 17. Juli war die Rebellion in Flandern niedergeworfen. Am gleichen Tage ging es dem Infanten sehr schlecht. Die Gleichzeitigkeit fällt auf. Maximilian plante im letzten Augenblick eine Gesandtschaft zu Philipp zu entsenden. Er wollte sich sofort für Carlos einsetzen.

Die Julihitze im Turm wurde unerträglich. Carlos ließ sich Dutzende von Flaschen mit Eiswasser bringen, schüttete sie auf den Boden und wälzte sich darin nackt. Man brachte ihm Schnee. Er schlief darauf. Aber der Schnee schmolz, und die Hitze wurde nur noch unerträglicher. Er verschlang eine Pastete von vier Rebhühnern. Sie war ungewöhnlich stark gewürzt. Darauf befiel ihn unerträglicher Durst. Er trank gewaltige Mengen Wasser.

Er fühlte längst, daß er sterben müsse. Er tat alles, um seinen Tod zu beschleunigen. Ein Hinaus aus dieser Marterkammer, wo er Tag und Nacht von seinen Feinden angestarrt wurde, gab es nicht.

Als er am 23. Juli nach der Zeit fragte und man ihm sagte, es sei zwei

Stunden vor Mitternacht, wurde er sehr unruhig. Seine Todesstunde war nahe. Er bat um die Sterbesakramente. Aber er war zu schwach, um die Oblate anzunehmen. Carlos betete um Vergebung seiner Sünden. Er klagte sich selbst in großer Demut an. Er wollte noch seinen Vater sehen. Der König verweigerte ihm diese letzte Bitte.

Carlos hielt ein Kruzifix in seinen schwachen Händen. Plötzlich zeigte sich eine große Freude auf seinem Gesicht. Um ein Uhr früh war der Tod eingetreten.

Das Geheimnis des Turmzimmers ist nie gelöst worden. Die damalige Zeit glaubte, Philipp habe seinen Sohn vergiften lassen. Viele Historiker schlossen sich dieser Ansicht an. Maximilian sagte, wenn der König den Tod seines Sohnes nicht gewollt hätte, so hätte er verhindern müssen, daß man ihm solche Mengen an Speisen und anderen gefährlichen Mitteln wie das Eis und das viele Wasser reichte. Den Vorwurf des Mordes wagte er nicht auszusprechen.

Drei Monate nach dem Tod des Don Carlos folgte ihm seine junge Stiefmutter ins Grab. Der Schmerz um Don Carlos hatte sie sehr mitgenommen. Die schöne Elisabeth starb im Wochenbett unter rätselhaften Umständen. Man sprach von Vergiftung . . .

Der kantabrischen Küste nähern sich mächtige Galeeren. Der spanische Hof ist versammelt. Alle Häuser von Santander sind festlich geschmückt. Kanonendonner zur Begrüßung. Das Volk steht da, mit klopfenden Herzen, in großer Erwartung, mit Staunen – und eigenartigen Gefühlen. Ein Mädchen wird an Land geleitet. Es ist nur 21 Jahre alt und sehr blaß. König Philipp steht da, stumm, ernst, erregt.

In Segovia ist große Hochzeit. Unverwandt schaut Philipp seine Braut an, die vierte.

Aber der Himmel zerbricht nicht, die Kathedrale stürzt nicht ein, die Toten stehen nicht auf, als die Österreicherin vor dem Priester ganz leise ihr Wort gibt.

Unverwandt starrt Philipp sie an. Sie ist kreideweiß. Sie wankt. Fast tonlos kommt das Ja aus dem Munde von – Anna.

Spaniens goldenes Zeitalter

«‹All das gefällt mir, mein lieber Sancho›, sprach Don Quichotte, ‹nur weiter. Du kamst also an, und was machte denn meine Schönheitskönigin? Sicher reihte sie Perlen auf oder stickte mit Goldfäden irgendein Sinnbild für ihren gefangenen Ritter?› ‹So habe ich sie nicht gefunden›, sprach Sancho, ‹sie siebte eben zwei Scheffel Getreide im Hof.› ‹Aber gewiß verwandelten sich die Weizenkörner sogleich in Perlen, als ihre schönen Hände sie berührten›, sagte Don Quichotte.» – Cervantes, Don Quichotte, Kapitel 31.

Es ist wichtig, Philipp so zu sehen, um seine Zeit zu erkennen. Er war der unerschütterliche, zähe, unnachgiebige Vorkämpfer des Katholizismus. Er war die beherrschende Gestalt der Gegenreformation. Unter Philipp war Spanien überhaupt zur ersten Vormacht des Katholizismus in Europa geworden. Sein Charakter bleibt dennoch zwielichtig, rätselhaft. Es tut sich hier eine unheimliche Schlucht auf, das tiefe, undurchdringliche Tal seines Wesens, seine Schweigsamkeit, seine schüchterne Art, sein düsterer Fanatismus, seine Unbeugsamkeit, sein starrer Sinn. War Philipp geistesgestört wie seine Großmutter Johanna, der die Geschichte mit Recht den Beinamen «die Wahnsinnige» gab? Philipp soll in seinem Leben nur ein einziges Mal gelacht haben: als man ihm die Nachricht von der Bartholomäusnacht brachte!

Sinnbild dieses finsteren, unnahbaren Königs, dem nur die völlige Restauration der römischen Universalkirche und der Ausbreitung des spanischen Absolutismus über die ganze Welt am Herzen lag, ist der Escorial. Diese ungeheure Anlage, Palast, Kloster und königliche Grabkirche in der Sierra de Guadarrama ist genauso starre, undurchdringliche Ruhe, graue kalte Monotonie wie Philipp selbst. Mit den langen Baufluchten, den Höfen, Türmen und der beherrschenden Kuppel in ihrer herben Abgeschlossenheit, der mönchischen Kargheit des Schmucks, der bedrückenden Schwere des grauen Granits, ist der Escorial die reinste Ausprägung spanischen Geistes. Philipp hatte ieses Riesenwerk, an dem Juan Bautista de Toledo 1563 zu bauen begann, dem heiligen Laurentius gelobt. Die Grundfläche des Escorial entspricht der Form des eisernen Rostes, auf dem der Diakon und Märtyrer Laurentius am 10. August 258 in Rom zu Tode geröstet wurde. Der zweite Architekt Philipps II., Juan de Herrera, der den Riesenbau des Escorial zu Ende führte, schmucklos und sparsam, den ernsten, asketischen Volkscharakter Kastiliens zum Ausdruck bringend, begann auch im Auftrag des Königs die Kathedrale von Valladolid zu bauen. Dieser Plan des Priesterkönigs sprengte alle Maße. Die Kathedrale wurde in so riesigen Dimensionen aufgeführt, daß sie niemals vollendet werden konnte.

Philipp verkörpert das spanische Ideal wie auch die spanischen Nationaleigenschaften in ganz ungewöhnlichem Maße. Nur ist bei ihm alles ins Ungewöhnliche übertrieben. Unter ihm erlebte Spanien in der ausgehenden Renaissance das goldene Zeitalter, seinen geschichtlichen Höhepunkt. Spaniens Lebensart wurde in ganz Europa nachgelebt, wobei mehr die lichten Seiten als das Düstere übernommen wurden: spanische Parkanlagen wie das Buen Retiro in Madrid, geschwollene spanische Ausdrucksweise mit «bizzaria» um jeden Preis, spanische Stiefel, spanische Puffhose, spanische Mantillas, spanische Halskrause, spitzer spanischer Hut, bei den Damen spanische Schnürleibchen, Reifröcke, Fächer, Masken und immer Handschuhe.

Die Kriege mit Frankreich fanden im Frieden von Câteau-Cambrésis einen vorläufigen Abschluß. Aber in den Niederlanden geriet Philipp in eine immer schwierigere Lage. Hier, im Land einer reichen regsamen, hochzivilisierten Bürgerschaft, gelang es Alba tatsächlich, das schwerfällige, Handelsbücher führende Völkchen von Kaufleuten und Schulmeistern bis zum todesmutigen Angriff zu reizen. Der von ihm ausgedachte «Rat der Unruhen», der Tausende von Reformierten und Autonomisten hinrichten ließ, wurde von den Bürgern zu Recht «Blutrat» genannt. Die Härte des Herzogs Alba, verbunden mit seinen an Wahnsinn grenzenden Steuermaßnahmen, brachte es schließlich zuwege, daß sich das ganze Land von Spanien lossagte. Philipps Abstieg beginnt mit diesem Abfall der Niederlande, und mit ihm beginnt auch der langsame Abstieg Spaniens.

Weil England die Niederlande damals unterstützte, kam es 1585 zum Krieg. Die schwere Niederlage der spanischen Armada, deren Reste durch Stürme vernichtet wurden, ist bekannt. Die «unüberwindliche Armada» war im Jahre 1588 die stärkste und am besten ausgerüstete Flotte des Abendlandes: 130 Kriegsschiffe, 30 000 Mann und 2630 Kanonen! Die Kanal-Gefechte können zusammen als erste moderne Seeschlacht angesehen werden, die durch Geschützfeuer entschieden wurde. Die englische Flotte unter Howard und Drake siegte durch ihre kleineren, schnelleren und wendigeren Schiffe, durch Vermeidung von Nahoperationen und vor allem durch den besseren Kampfgeist. Der Oberbefehlshaber der Armada, Herzog Medina Sidonia, hatte keine See-Erfahrung und wollte die Expedition eigentlich gar nicht anführen. Später bewies er in der Schlacht doch großen Mut. Die protestantische Welt sah im Untergang der Armada gleich ein Gottesurteil. Der Weg zur See-Weltherrschaft war den Spaniern fortab verlegt, aber der große geistige Schwung, der sich weniger im Kämpferischen als im Künstlerischen offenbarte, begann sich jetzt erst so recht zu entfalten.

Auf seinem politischen Höhepunkt hatte sich Spanien auch zu einer Geistesmacht ersten Ranges erhoben. Es ist wenig bekannt, daß Philipp ein unermüdlicher Förderer der Künste und Wissenschaften war.

In diesem goldenen Zeitalter Spaniens schuf Tirso de Molina seine intrigenreichen, verwickelten Lustspiele mit den witzigen Dialogen wie auch ernste religiöse und historische Dramen.

Lope de Vega hatte an der Seeschlacht der Armada teilgenommen. Immer in Liebeshändel verstrickt, wurde er Priester, was jedoch an seiner Lebensführung nichts änderte. 1500 Theaterstücke verfaßte dieses Genie der Unerschöpflichkeit, von denen ein Drittel erhalten ist. Manchmal bewundert man seine frische, volkstümliche Art, manchmal die urplötzliche Steigerung eines Dramas, besonders wenn es aus der Romanzendichtung seines Volkes schöpft. Seine Mantel-und-Degen-Stücke bringen Liebe, Ehre, Treue zum König auf die Bühne, reine Weltlust, Freude an Wundern, Abenteuern, dann wieder die Wechselfälle des Lebens mit Spiel, mit Maske, mit Kontrast der Überraschungen, und alles bleibt gebunden am katholischen Glauben, überall lugt die Vergänglichkeit des Irdischen hervor, ein reicher, ungemein bunter Spiegel der spanischen Seele.

Cervantes, über dessen Don Quichotte im Laufe der Jahrhunderte eine gewaltige Fachliteratur entstand, hat eigentlich nur in einem Punkt alle anderen Dichtungen des Abendlandes überhöht. Ihm gelang es wie niemand zuvor – und er wird auch keine Nachfolger finden! –, die Tragik des menschlichen Idealismus zu dramatisieren und gleichzeitig zu verlachen. Daß er außerdem den ersten echten Roman Europas schuf, ist noch nebenbei sein Verdienst. Geradezu bestürzend genial ist die Meisterschaft, mit der er seinen Hidalgo in alle Richtungen hin formt. Sein Ritter trägt unverkennbare Züge Philipps II. Er ist ernst, düster, durch und durch Vertreter des kastilischen Adels. Er ist zugleich eine burleske Figur. Das Erstaunliche nun ist, daß er diesen Zug beibehält und dennoch immer ernster und würdevoller wird.

Cervantes ist völlig zeitlos wie Homer, wie Shakespeare. Daß er von der ausgehenden Renaissance in das Barock hineinreicht, auch das gehört zu seinem Werk, das beide Epochen – und wie ungeheuer viel mehr! – in sich trägt. Nun weiß Cervantes etwas, das wohl das tiefste Geheimnis zwischen Himmel und Erden ist und das auch Homer wie

Shakespeare zu den großen göttergleichen Schöpfern machte: es ist das Wissen um die Irrealität aller Realitäten.

Da alle Realitäten unwirklich sind, da sie nur scheinbar so bedeutend dünken, da alles Dingliche die Seele täuscht und weil sich das ganze menschliche Leben im Irrealen, im Unfaßbaren, im Geistigen, in Liebe, Haß, Freude, Glück, in Leid, Gebet und eschatologischer Hoffnung vollzieht, gehen Odysseus, Hamlet und Don Quichotte aus der Welt des Realen hinaus und leben in einer geistigen Welt, in einer Sphäre der Abbilder. Obgleich jedes Kind schon nach einem Theaterbesuch weiß, daß die Welt der scheinbaren Illusionen der Wahrheit viel näher kommt als die sogenannte reale Wirklichkeit, wird es Jahrtausende dauern, ehe die Menschheit das begreift. Vielleicht wird es nie begriffen werden, weil die Zahl der Menschen ständig wächst. Je größer die Massen werden, um so höher wird die Wertschätzung des grob Sichtbaren. Das unverzagte Losgehen des Menschen mit der Lanze auf die Windmühle wird bleiben.

In dieses Bild der Vorrangigkeit des Geistigen vor dem Materiellen, in dieses Verwandeln der unwirklichen Materie in die wirkliche Illusion, in diese goldene spanische Zeit, als ganz Europa der Suggestionskraft spanischen Stils folgte, gehört noch ein Mann, ein Zeitgenosse Philipps II., auch er geistig und in seiner Kunst über allen Epochen stehend.

Toledo war die Hauptstadt Spaniens bis 1560, bis Philipp den genauen Mittelpunkt Spaniens, Madrid, zur Metropole der Iberischen Halbinsel machte. In Toledo lebte eine der eigentümlichsten Gestalten der Renaissance, eines dieser unfaßbaren Malgenies des Abendlandes. *El Greco* wollte nicht nur Menschen darstellen, Heilige und die Natur. Er griff in den Himmel, er griff weit über das Materielle hinaus. Seine Bilder wirken, als habe sich ihm der Himmel tatsächlich geöffnet. Auch in ihm sehen wir einen Menschen, der sich einfach weigerte, die immer enttäuschenden Realitäten anzuerkennen, der die Wahrheit hinter den Dingen suchte und damit der Ewigkeit erschreckend nahe kam.

Der Besessene von Toledo

«Man hat in den letzten Jahren folgendes festgestellt: Wenn von vernachlässigten Gemälden des El Greco der Firnis beseitigt wird oder wenn sie auf neue Leinwand gespannt werden, wirken sie erstaunlich strahlend. Die Farben erscheinen so frisch und leuchtend, daß die Echtheit der Werke angezweifelt wurde, gerade von Leuten, die keine Fachkenntnisse der Arbeiten dieses Künstlers besaßen. Einige seiner Bilder, so die aus der Serie der Apostel im El-Greco-Museum zu Toledo, wurden wegen der starken und sogar schrillen Färbung, die nach der Restaurierung Anfang dieses Jahrhunderts hervortrat, völlig zu Unrecht in Frage gestellt. Die Farben, die El Greco benutzte, waren von hervorragender Qualität. Sie sind nicht schwächer geworden noch verblichen.» – F. J. Sanchez Canton, Direktor des Prado-Museums, «Le Prado», Paris 1959.

Noch ist Toledo Mittelpunkt der Welt. Hoch, auf Granitfelsen gebaut, liegt die uralte Stadt. Tief unten windet sich der Tajo um diesen rotbraunen Berg mit den Kathedralen und Kirchen, mit Palästen und engen, krummen Gassen, mit jahrtausendealten Mauern und dem berühmten Alkazar.

Es ist eine große Zeit, und Toledo beherrscht geistig die ganze Welt. Der Dichter des Don Quichotte, Cervantes, geht hier über die Plaza. Die heilige Theresa von Avila, die 16 Konvente gründen wird und 14 Klöster, sitzt im Kerker dieser Felsenmetropole. Aber was tut ihr das, da die Muttergottes sie wieder und wieder besucht. Der Maler El Greco ersinnt Gemälde, wie sie die Welt noch nie gesehen hat. Und über allem thront Philipp II. wie eine Kreuzspinne im Netz eines Weltreiches.

«Ein erstaunliches Getränk», sagen die vornehmen Kastilierinnen. Es wurde zum erstenmal aus Philipps neu eroberten Ländern, aus Mittelamerika, herübergebracht. Man nennt es «Kaffee». Man raucht die ersten Pfeifen Europas in Toledo. Man baut die ersten Teleskope. Man trägt die ersten Brillen. Man ahmt chinesische Porzellane nach. Man schmiedet – wie schon seit zweitausend Jahren – hier noch immer die besten Klingen der Welt.

Sie starren seine Gemälde an. Sie schütteln die fein frisierten Köpfe. Sie halten zierlich Europas erste Lorgnons vor das Gesicht. «Er ist wahnsinnig, er ist halb blind, oder er leidet an einer bösen Augenkrankheit. Ach, Sie kennen ihn nicht», flüstern die Marquesas, «er malt nur in schweren Träumen, und er redet mit Gott und mit den Engeln. Eigentlich gehört er auf die Folter, denn er ist ein Hexer. Aber man wagt ja gar nicht, die Wahrheit so laut auszusprechen ...»

Die Wahrheit? Wo ist die Wahrheit? Die Wahrheit liegt irgendwo im Himmel zwischen den fernsten Sternensystemen und unserer Erde. «Ich muß dort hinaufreichen mit meinen Pinseln, ich muß sie herunterholen, die Wahrheit, ich muß etwas tun, was noch keinem Maler vor mir gelang, ich muß den Glauben, den reinen Geist Gottes, mit Farben auf die Leinwand bannen.»

Mit langen Schritten geht El Greco durch die kleinen Räume des eigentümlichen Hauses, in dem er wohnen darf. Es gehört dem Marquis de Villena und lag einst im Judenviertel der Stadt. Es hat sich hier sogar noch eine schöne Synagoge erhalten, die für den Schatzmeister Pedros des Grausamen erbaut war, für Samuel Ha Levi. So ist dieses Haus ein Irrgarten von Räumen. Immer wenn El Greco ein Zimmer durchmessen hat, öffnet sich ein neues. Dieser einstige Palast hat kein Ende, und die Gemächer sind öde und leer. Seine Schritte hallen. Fünf Zimmer, zehn, fünfzehn. El Greco kann hier seinem Wahn nachlaufen, ohne je eine Wand, einen Halt zu finden. Mit seinen langen Schritten kann der Maler in diesem Hause des Marquis wandern. Er kann knien, beten, malen und dann wieder wandern; seine Wohnung nimmt kein Ende.

Aber ist das nicht unheimlich? Ist es nicht ganz still hier? Es herrschte damals eine Stille im Haus wie heute noch abends, wenn die Schritte, wenn die erstaunten Rufe der Touristen verklungen sind. Hier ist alles nah, der Himmel, das Leben, der Tod, die Ewigkeit. Und hier ist alles gespenstisch leer. Vierundzwanzig Zimmer hatte die Wohnung des El Greco. Aber das meiste ist weggezaubert wie dieser ganze welterfüllende Geist der damaligen Stadt Toledo in den Jahren 1500 bis 1600. Man hat nur noch das Gefühl der Enge.

Ein Ritter Gottes ohne Ruhe, ein immer Gehetzter, ein Don Quichotte ist dieser weltentrückte Maler. Don Quichotte? Ja, Spaniens genialwahnsinniger Ritter ist Gegenwart. Sein Dichter Cervantes hat den Wahnsinn der Kriege, den Wahnsinn der Ritterehre, den Wahnsinn alles menschlichen Tuns begriffen. Sein Zeitgenosse El Greco ist ihm unheimlich ähnlich.

«Ich weiß, wohin ich will», denkt der Maler, «ich will hinauf in die Ewigkeit. Aber wohin komme ich? Dort, im fernen Dorf, wo ich geboren wurde, rauschte das Wasser wie hier unten der Tajo. Aber mein Dorf Phodele liegt so weit. Auf Kreta liegt es. Und dort brachen sich immer die Wellen. Zwischen Klippen liegt es, an Stein gefesselt wie diese Stadt, und immer war die Meeresbrandung da. Und der tiefblaue

Himmel! Dieser Himmel lachte schon vor fünftausend Jahren den Mykenern, dann den Ägyptern, den Griechen, den Römern, den Byzantinern und den Sarazenen. Wahrscheinlich gaben mir alle diese Menschen etwas mit, mit auf meinen weiten Weg. Ein weiter Weg von dort hierher nach Toledo ist es. Aber ich bin Grieche. Und ich bleibe es. Und jedes meiner Gemälde wird mit griechischen Buchstaben gezeichnet.»

Sie nannten ihn El Greco, der Grieche, aber sein wirklicher Name war Domenico Theotocopuli. 1541 wurde er auf Kreta geboren. Die Insel gehörte der großen Seemacht Venedig. Aber sie war kein sicherer Ort, diese Königin unter den Inseln, denn täglich drohten die Türken zu landen. In einem besonders gefährlichen Augenblick, vielleicht im Jahre 1566, siedelte der fünfundzwanzigjährige Domenico nach Venedig über. Tizian, Bassano, Tintoretto sind die Lehrer des jungen Malers. Jetzt wird gemalt wie noch nie zuvor. Und das hat seinen Grund. Es ist ganz natürlich, daß jetzt auf den großen Gemälden um den Glauben gerungen wird. Denn die Kirche Roms ist gerade jetzt von Osten her durch den Anmarsch des Islams und von Norden her durch Martin Luther bedroht. Darum ruft jetzt Christus, rufen die Apostel, die Marien und Märtyrer von den Gemälden der großen venezianischen Meister in herrlichen Farben wie noch nie zuvor.

Aber einen hält es nicht in Venedig. Einer muß weiter, muß dem Geist und seiner Felsenfeste nahe sein, muß nach Toledo, dorthin, wo man dem Himmel am nächsten ist.

Zu jener Zeit ist nicht Rom Mittelpunkt der Welt. Es ist Spanien. Und die Stadt Toledo beherrscht geistig die Erde, wenn auch Spaniens Hauptstadt von Philipp II. bald in eine öde Ebene nach Madrid verlagert wird.

In Toledo wirkt der fanatische Sinn der Loyola. Hier werden die Feuer angezündet, auf dem Platz vor der Puerta del Cambron, die Scheiterhaufen der Inquisition. Die Feuer brennen. Die Fackeln spiegeln sich im Tajo und färben die weite kastilianische Ebene noch blutiger rot, als sie sonst schon ist. Die Gepeinigten schreien. Und die Gebete rufen Tag und Nacht nach dem ewigen Leben. Das Ganze ist eine mächtige Burg Gottes, ein Bollwerk des geistiges Lebens im Kampf gegen das Fleisch.

Grausamkeit? Lebenslange Kerker? Inquisition? Man glaubt hier zu Toledo unbezähmbar und unbeirrbar an Gott. Das war eine Wahrheit. Es gab nur absoluten Glauben oder den absoluten Verrat. Es gab nur die Kirche oder den Scheiterhaufen.

Hierher, in diese Stadt der auferstandenen Heiligen und der Reliquienschreine, in diese Burgfeste des heißen Kampfes um das ewige Leben und für die Gegenreformation, hierher begibt sich El Greco. Und das hat seinen Sinn. Denn nur dort, wo die Menschheit sich zu fanatischem und unauslöschlichem Glauben emporschwingt, nur dort kann ganz große Kunst entstehen. Ein solcher Glaube formte die Tempel von Uruk und die Zikkurats von Mesopotamien, türmte die Pyramiden von Gizeh in den Himmel, ein solcher Glaube wurde in der Gotik zu Stein, und diesen Glauben finden wir hier in Toledo. Hier ist das Heilige augenfällig spürbar. Hier sind die Visionen so nahe, daß das Genie El Greco sie nur zu greifen braucht.

Dieses Genie sprengt gleich zu Anfang alle Regeln und Gesetze der Malerei. Zwei Jahre lang arbeitet El Greco an den Bildern des Hochaltares von Santo Domingo del Antigue, und die Bilder in überirdischem Licht scheinen wirklich allem Irdischen entrückt.

El Greco liebt die schöne Jeromina de la Cuebas. Sie sitzt ihm Modell für das Antlitz seiner Madonnen. Immer und immer wieder ist es ihr Gesicht, das El Greco in seinen Heiligenbildern verklärt. Das Kind dieser Liebe, das Söhnchen Jorge Manuel, zeichnet El Greco als Vorwurf für den Christusknaben.

Für den Kleiderraum der Priester vom Domkapitel Toledo malt El Greco das große Gemälde, das Gewand Christi. Ist das nicht Ketzerei? Die Köpfe der beiden Schächer, der Soldaten und des Volkes überragen auf dem Gemälde das Haupt Christi. Die Geistlichkeit ist empört. Auch stehen die drei Marien dem Christus ganz nahe. Sagt nicht das Evangelium, sie hätten von fern zugesehen? Ein Gemälde gegen das Neue Testament? Da muß eine Kommission zusammentreten. El Greco ist wirklich in Lebensgefahr. Aber die Kommission entscheidet: Das Gemälde ist in seinem Wert überhaupt nicht abzuschätzen.

Um 1580 entsteht ein Werk, das in seiner Eindringlichkeit, in seinen Lichtern, in seinen Traumgesichten und dem riesigen Aufgebot der dargestellten Menschen, ja in seiner Bewegung und Neuartigkeit alles Dagewesene übertrifft. Es ist der Traum Philipps II., die Anbetung des Königs im Himmel und auf Erden darstellend. Und nun begegnet der Geist des Genies dem Geist des eigenartigsten Herrschers der Weltgeschichte. Philipp II., Sohn einer Portugiesin, steht mit bleichem Gesicht, mit hellblonden Haaren, mit blauen Augen, mit vorspringender Habsburger-Unterlippe und mit eigentümlichem, starrem Blick immer und immer am Schreibpult und läßt Paläste um Paläste in Klöster verwandeln. Er sieht nicht die riesige Welt, die er beherrscht. Er sieht nur die Wand und die Butzenscheiben seiner dunklen Stube. Er baut den riesigen Escorial, und er weiß, daß es Europas großartigste Schöpfung werden wird, Kirche, Konvent, Palast, Mausoleum, alles in einem! Dieser zweite Philipp ist katholischer als der Papst. Nervös wühlen seine schlanken Finger ewig und ewig in Pergamenten. Alle Trübsal, alles Schwere, alles Matte hat sich im Abkömmling so vieler Verwandtenehen vermischt. Nur die große habsburgische Unterlippe und das spitze Kinn zeigen seine Zähigkeit, seine Unerschütterlichkeit und seinen Haß gegen allen Widerstand an. Ein Pedant, ein starrer, mißtrauischer, ungeheuer fleißiger Mensch ist dieses Wachsgesicht. In endlosen Akten ist er begraben, ein Stubenmensch, der durch zehntausend Randbemerkungen regiert und Kriege vom Schreibtisch aus führt. Vor dem Kruzifix, vor den Heiligenbildern, vor den Reliquien liegt er stundenlang auf den Knien.

El Greco soll die Mauritiuslegende malen, so lautet der Befehl, der aus dem schlechtesten königlichen Zimmer der damaligen Welt kommt. Ungesund fühlt sich der König, schwach, immer frierend, und dabei sitzt er unermüdlich an den Akten, hält Kabinettsitzungen ab, deren Dauer selbst die stärksten Hofbeamten nur mit Mühe ertragen. Als El Grecos Gemälde fertig ist, teilt man dem Maler in königlichem Auftrag mit: «Das Gemälde befriedigt Seine Majestät nicht.» Das ist kein Wunder, denn es befriedigt kaum einen.

El Greco aber kann nichts mehr erschüttern. Für ihn gibt es kein Halten mehr. So unmittelbar folgt er seiner Vorstellung, dem Eindruck, den er hat, daß der große Impressionist Manet ihn später sein Leben lang bewundert und daß die Schüler Cézannes ihn als den Meister ihrer Schule bezeichnen.

Auf farbige Leinwand, von seinem Genie gehetzt, immer vom Dunklen ins Helle malend, mit einem unglaublichen Reichtum an Tönen arbeitet El Greco Tag und Nacht. Er formt Tonfiguren als Modelle. Aber er greift nur nach dem Pinsel, wenn die Tonfiguren zu leben beginnen. Leichenblaß sind die Glieder, die Gesichter, schattenhaft die Formen. Sein Dämon zwingt ihn, sie asketisch und ekstatisch zu recken. Sie wachsen dorthin, wohin er sich sehnt: seine Figuren wachsen wirklich in den Himmel! Die Gesichter sind lang und unregelmäßig. Eine Hälfte ist anders als die andere. Nervös, zerrissen, oft verzerrt drängen die Gestalten aus diesem fiebrigen Hirn über den Arm, über die Hände, über den Pinsel auf die Leinwand. So entstehen Bilder, wie sie die Welt noch nie gesehen hat. So wird der Traum Wirklichkeit. So werden Glaube und Geist an Materie gebannt. So zieht El Greco seine Figuren in riesigen Modellierungen zu Höhen, die gar nicht mehr menschlich sind. Manche Gestalten haben zwölf Kopflängen. Mit Wasserblau und Schwefelgelb hängt er seine schattenhaften, ganz Geist gewordenen Engel und Marien in den Himmel. Wie ein Wahnsinniger säbelt er sie auf die Leinwand, und seine dünnen, scharfen Linien fahren durch die Gemälde wie Toledos weltberühmte Degenklinge. So entsteht sein langgezogener heiliger Andreas. So der himmelanstrebende Glaube seines Pfingstgemäldes. So schließlich der unheimlich jenseitige heilige Bartholomäus mit bleichem Gesicht und im gelben Mantel.

Von seinem Genie getrieben, oft tagelang hungernd, dann wieder Stunden um Stunden in tiefem Gebet verharrend, ringt El Greco mit den Dämonen seiner geistigen Welt. Dann rast er wieder durch seine vielen Zimmer. Mächtige Visionen fliehen an ihm vorüber. Er sieht gar nicht mehr, wie leer die Welt um ihn ist. Er spürt nicht mehr, daß hier die Möbel fehlen, daß er in Schulden ist, daß Gläubiger an sein Fenster pochen. Er hört nicht mehr das Weinen seiner Jeromina. Er kann nicht mehr schlafen. Und wenn er wach ist, so ist er kaum mehr auf dieser Welt. So entsteht das «Verlöbnis der Maria», so entsteht die «Taufe Christi». Aber die Bilder werden nicht mehr fertig. Am 6. April 1614 bricht der Dreiundsiebzigjährige, der Besessene, der Narr von Toledo, vor seiner Staffelei zusammen.

Freunde stürzen in den Palast. Man will den König der Maler noch einmal sehen. Man will dem «steinreichen» El Greco noch als Toten Besuche machen. Dort, im Hause des de Villena, liegt er . . .

Aber was man nicht erwartet hatte, war dies: Man hatte nicht erwartet, bei so ungeheurem Reichtum ringsum hier so schrecklich leere, trostlose Zimmer zu finden – und solche Armut! Alles, was man fand, waren ein Mantel aus Tuch, einer aus Kattun, ein Paar Hosen, ein seidener Anzug, ein Hut, ein Dolch, ein Degen und Sporen. Das war alles, was El Greco hinterließ.

Außerdem hinterließ er aber mehr: den Geist seines Genies und die Herrlichkeit des Himmels, in Farben gebannt.

Der Bund mit dem Teufel

Ich kann mich nicht bereden lassen,
Macht mir den Teufel nur nicht klein,
Ein Kerl, den alle Menschen hassen,
Der muß was sein!
Goethe, Zahme Xenien, VI.

Zu Beginn des siebzehnten Jahrhunderts kroch über Europa, in einem östlichen Winkel beginnend, ein Krieg, der wie eine ansteckende Krankheit sich mehr und mehr ausbreitete, wie ein riesiges Unkraut überallhin wucherte, hin und wieder zu ersterben schien, dann aber von neuem und noch schrecklicher wiederaufflammte. Dieser Krieg, der im Jahre 1618 ausbrach, ging um die Frage, ob in Deutschland die katholische oder die protestantische Religion herrschen sollte. Wie in den meisten Kriegen wurde nichts entschieden. Dafür währte diese Kette unzähliger Einzelunternehmungen, Gewalttaten, Gefechte und Schlachten um so länger. Nach dreißig Jahren hatte der Krieg sich selbst erschöpft, er hatte sich totgelaufen, er war an sich selbst verhungert. Daß Deutschland dabei unvorstellbare Wirren und Verwüstungen ertragen mußte und daß die Menschen mitverhungerten, ist die Begleiterscheinung so vieler «hungriger» Kriege.

Die beiden großen Feldherrn dieses kleinlichen und doch riesenhaften Ringens, Wallenstein und Gustav Adolf, waren ursprünglich beide Protestanten, aber sie hatten sehr verschiedene Charaktere. Wallenstein, Herzog von Friedland und Mecklenburg, der «Friedländer» genannt, einem alten böhmischen Adelsgeschlecht angehörig, war mit dreizehn Jahren Waise geworden und wuchs unter deutschprotestantischem Einfluß auf. Mit einundzwanzig Jahren trat er in habsburgische Dienste, kämpfte in Ungarn und in Venedig und trat 1606 zum Katholizismus über. Bei Beginn des Krieges ergriff Wallenstein sofort die Partei seines Kaisers und stellte wie ein italienischer Condottiere aus eigenen Mitteln Truppen auf. Er wurde zum Generaloberst eines Heeres von 40 000 Mann ernannt. Im achten Kriegsjahr schlug er Ernst von Mansfeld bei Dessau, ein Jahr später vertrieb er Christian IV. von Dänemark vom Festland, 1629 verlieh ihm der Kaiser die Herzogtümer Mecklenburg und das Fürstentum Sagan, denn inzwischen waren die Schulden des Kaisers an Wallenstein riesenhaft angewachsen.

Wallenstein war bald von der Notwendigkeit eines Friedens überzeugt. Er verhandelte, seit Gustav Adolf in Pommern gelandet war, seit 1630,

mit dem Schweden. Aber er gab auch den Gedanken der Rache niemals auf. In der Schlacht bei Lützen, in der Gustav Adolf am 16. November 1632 fiel, siegten die Schweden unter Bernhard von Weimar. Damit war die Macht der Habsburger gebrochen. Die politische Leitung des Krieges auf protestantischer Seite übernahm fortan der schwedische Kanzler Axel Oxenstierna. Nun begann Wallenstein ein gefährliches Spiel. Den Krieg führte er nur noch zögernd. Er verhandelte weiterhin mit den Schweden, er faßte den Plan, den Kaiser nach Italien zu vertreiben und selbst die böhmische Krone zu erlangen. Seine Politik erregte den Verdacht des Wiener Hofes. Als er sich weigerte, Bayern und die Donaulinie bei Regensburg zu verteidigen und die Spanier zu unterstützen, wurde er im Januar 1634 vom Kaiser heimlich abgesetzt und geächtet. An seine Stelle traten Piccolomini, Gallas und Aldringen.
Es lag in Wallensteins Charakter, immer *zwischen* den Parteien zu stehen. So sorgte er selbst dafür, daß sich eine gefährliche Wolke von Mißtrauen über seinem Haupt zusammenballte, das Mißtrauen Wiens, das Mißtrauen der Schweden, das Mißtrauen der Franzosen. Schließlich bezichtigte ihn ein kaiserliches Proskriptionspatent des Hochverrats. Ein Befehl wurde erlassen, ihn tot oder lebendig zu fangen. Jetzt fiel seine Armee von ihm ab. Mit nur wenigen Regimentern und seinen vertrautesten Anhängern suchte er zu Bernhard von Weimar zu fliehen. Da wurde er von dem irischen Hauptmann Deveroux in Eger erstochen. Auch seine Vertrauten Terzka, Ilow, Kinsky und Neumann wurden ermordet, auf der Burg von Eger beim Bankett.
Wallenstein war ein Staatsmann ersten Ranges. Aber seine Pläne verloren sich im Unerreichbaren. An militärischer Genialität war er wohl dem Schweden unterlegen. Ihm ist adlige Gesinnung nicht abzusprechen, sein Ehrgeiz reichte ans Unheimliche, ihn kennzeichnete aber auch blinder Stolz, und Treue lag ihm nicht. Daß sein Charakterbild in der geschichtlichen Darstellung so außerordentlich schwankt, liegt an der Art dieses Mannes, der so viele positive Eigenschaften mit Gewinnsucht und Verschlagenheit vereinte. Im Grunde blieb er ein ewiger Verschwörer.
Der Sternenglaube des Friedländers war wohl echt und aufrichtig. Immer befragte er Astrologen, er konsultierte große Gelehrte wie Kepler. Er hielt die Sterne für seine Bundesgenossen, er glaubte, er stehe in ihrem besonderen Schutz. Aber die Horoskope machten ihn unsicher, ewig zaudernd und schwankend.
Gustav Adolf aus dem Hause Wasa hatte sein Vaterland siegreich gegen die Russen verteidigt. Wegen der Ansprüche König Sigismunds auf den schwedischen Thron wandte er sich gegen Polen. Polen verlor

1629 Livland. Der Schwedenkönig war von dem Wunsch beseelt, sein Land zum Mittelpunkt eines großen nordischen Reiches zu machen. Das Vordringen der habsburgischen Macht bis an die Ostsee während des Niedersächsisch-Dänischen Krieges und die Sorge um den deutschen Protestantismus brachten Gustav Adolf dazu, am 4. Juli 1630 in Pommern zu landen. Er besiegte trotz mancher Rückschläge letztlich überall die kaiserlichen Truppen. Er starb nicht als Verlierer, als Sieger gegen Wallenstein erlitt er den Schlachtentod.

Gustav Adolf war, was man von Wallenstein nicht sagen kann, tief religiös. Er war dabei ein Realpolitiker von außerordentlichem Talent. Als militärisches Genie ist er nur mit einem ganz Großen wie etwa Napoleon zu vergleichen. Seine Fähigkeiten auf taktischem Gebiet waren epochemachend.

Der Dreißigjährige Krieg, der auch der «Große Krieg» genannt wurde, hatte als Glaubenskrieg begonnen, erlebte aber, wie die meisten Kriege der Weltgeschichte, immer neue Wandlungen. Die konfessionellen Motive für Gustav Adolfs Eingreifen treten hinter seiner Großmachtpolitik zurück. Sein politisches Ziel war die Beherrschung der ganzen Ostsee. Wallenstein war vom Kaiser zum «General des Baltischen Meeres» ernannt worden. Das allein schon mußte den Schweden auf den Plan rufen. Der Friedländer hat noch viel weniger an die katholische Sache gedacht als der immerhin sehr gläubige Gustav Adolf an die protestantische.

Der ganze Krieg war ein Totentanz, ein sinnloses Zerstören, das sehr langweilig in einer Remispartie endete. Alle Hoffnungen auf Beute blieben im geplünderten Mitteleuropa unerfüllt. Das Land war ausgesogen bis zum Letzten. Überlebende machten sich, wahnsinnig vor Hunger, über Leichen her. Wölfe hatten ganze Dörfer besetzt. Die Bauern hausten in Wäldern, um ihr Leben vor den brandschatzenden Kriegsscharen zu retten. Nürnberg, die Stadt mit der hohen Renaissancekultur, war so entvölkert, daß der Kreistag jedem Mann gestattete, zwei Weiber zu nehmen. Auf dem Rathausplatz von Wiesbaden wuchsen Dornen und unentwirrbares Gestrüpp, in den Häusern der Stadt hatten sich wilde Tiere eingenistet. Weinbau, die Tuchindustrie, die Leinenfabrikation – alles war stillgelegt. Der Obstbau hatte dem Galgenbau Platz gemacht, die Gehenkten wurden verspeist.

Der Dreißigjährige Krieg hat in Deutschland Spuren hinterlassen, die selbst in Jahrhunderten nicht ganz auszulöschen sind. Geistig erwuchs aus den Trümmern auch hier das Wunder des großen Barocks. Aber was in der Seele einmal zerstört wurde, gerade das bricht immer wieder ganz unerwartet und in seiner Ursache unerkannt als Wunde auf, noch in Jahrhunderten.

Dazu gehört vor allem der Hexenglaube jener Zeit. Die Personifikation des Bösen gab es schon in Ägypten, in Altpersien und in Altindien. In der indischen Dreieinigkeit ist dem Brahma, «dem Schöpfer», und Wischnu, «dem Erhalter», als dritter Schiwa, «der Zerstörer», zugesellt. In der Zoroastrischen Lehre steht dem guten Ormuzd Ahriman gegenüber, in Ägypten dem wohltätigen Osiris der gefährliche Seth-Typhon.

Bei den Evangelisten erscheint der Teufel als rastloser Widersacher des Reichs Gottes. Nun genügte dem Mittelalter der orientalische Satan, wie er im Neuen Testament erscheint, durchaus nicht. Ihm wurden Züge aus der griechisch-römischen Mythologie und aus dem Heidentum des Nordens beigelegt. So erhielt der christliche Teufel körperliche Kennzeichen der Faune, von Satyrn und Zentauren, er wurde rauhbehaart, er hatte Hörner, Ziegenfüße, Pferdehufe. Von dem griechischen Pan erhielt der Teufel auch dessen körperliche Eigenheiten, Hörner, Ohren und Beine eines Bockes. Auch Loki, die rätselvollste Gestalt der germanischen Götterwelt, mußte mancherlei zur Ausschmückung des Teufels abgeben. An ihm, dem Unterwelts- und Todesdämon, ist fast alles unklar – was ihn für den Gebrauch des europäischen Nordens besonders geeignet machte. So lebten die alten Götter, wenn schon nicht mehr in ganz eigener Person, so doch wenigstens als tüchtige Teufel fort.

Die Anhänger des Teufels waren Zauberer und Hexen. Wer Gott absagte und dem Teufel als seinem Herrn die Seele verpfändete, erwarb Zaubermacht. Im Glauben an den Teufel brach nun der ganze ungeheure Wirrwarr abergläubischer Vorstellungen über die europäische Menschheit herein. Besonders Deutschland wurde vom Zauberwesen erfaßt, teils weil die nordische Mythologie ein besserer Boden ist als die Mythologie der hellen Südländer, teils weil sich auf dem Trümmerfeld des Dreißigjährigen Krieges das teuflische Gestrüpp besser entwickelte.

Teufelsaustreiber, Liebeszaubermittel, wie man sie schon in Ägypten kannte, Alraunen, Erdmännchen, Mandragora, Galgenmännchen, vom Teufel Besessene, Teufelsaustreibungen durch Exorzisten, die ganze schwarze Magie mit Totenbeschwörungen, das alles gehörte zum Zauberwesen und zu den Gegenmaßnahmen jener Zeit. Ein Gebräu aus geradezu fürchterlichen Ingredienzen wie Urin, Speichel, Haar, Gehirn von einer Quappe oder Aalraupe und anderes, kaum zu Nennendes, diente als «teuflisches Liebesmittel». Auch glaubte man, daß ein «Gekoche» aus eigenem Blut, den Testikeln eines Hasen und der Leber einer Taube, sobald genossen, starke Gegenliebe erwecke. Und dagegen wieder konnte man sich wehren, wie der «Spiegel der Arzeney» vom Jahre 1532 lehrt: «So du besorgst, ein Fraw hab dir Liebe zu essen geben, nimm ein Quintlein Perlin, ein Quintlein Iperikon, alles gestoßen und getrunken mit Melissenwasser, und häng ein Magneten an den Hals.»

Während des Dreißigjährigen Krieges grassierte der Glaube an sogenannte «Nothemden» und «Notschwerter», an «Waffensalben» und an die «Passauerkunst» oder das «Festmachen». Krieger, die gegen Schwert, Pike und Muskete «kugelfest» gemacht waren, mußten mit Knütteln erschlagen werden – anders ging es nicht! Auch Wallenstein galt für «fest». Seine Mörder bewiesen unseligerweise oder gottlob das Gegenteil. Diebe und Räuber bedienten sich einer «Diebeshand», verfertigt aus der Hand eines Gehenkten und mit allerlei schaurigen Mitteln ausgestattet.

Der «Bund mit dem Teufel» hat in der romantischen Literatur seine glänzendste poetische Gestaltung durch Calderons «Wundertätigen Magus», dessen Held der Zauberer Cyprianus ist, gefunden. In Deutschland ist der bekannteste Vertreter der Zaubersage Dr. Faust, durch Goethes Tragödie die berühmteste Figur der deutschen Poesie. Aber das gerade ist auch interessant, daß Faust und sein Gegenspieler Mephisto in keinem anderen Lande die größten Theaterfiguren wurden, nur in Deutschland. So genommen ist der Faust das Trauerspiel des deutschen Geistes. Faust, ein berühmter Arzt des 16. Jahrhunderts aus Schwaben, der den Bund mit dem Teufel schloß und schließlich von diesem geholt wurde, wird zum Träger deutscher Nationalität in ihrer Tiefe und Fülle, in ihrer Kraft, aber auch in ihrer Schwäche.

Da der Zauberer und die Zauberin einen Bund mit dem Teufel schließen, entsteht ein Bruch des durch die Taufe mit der Kirche geschlossenen Bundes. Folglich sind, so dachte man, Ketzerei und Zauberei identisch. Nun ist der Faust gar nicht ein so typisches Opfer des Teufels, der sich viel lieber an die Frauen wendet, ich vermute, weil er mit ihnen leichteres Spiel hat. Auf deutschem Boden wütete die Verbrennung von Hexen, der sogenannte «Hexenbrand», leider am wildesten und umfangreichsten. Zwar wurden in Frankreich 1459 zu Arras sehr viele Zauberer beiderlei Geschlechts verbrannt, es starben zu Como in Oberitalien 1485 einundvierzig Hexen auf dem Scheiterhaufen, auch wurden in Schweden zu Mora 1669 zweiundsiebig Weiber und fünfzehn Kinder als Zauberer hingerichtet, in Spanien zu Logroño im Jahre 1610 eine ganze Schar von Hexen – aber so beharrlich, so deutsch-systematisch, so sorgfältig und gründlich wie in germanischen Landen wurde die Hexenverfolgung nirgends betrieben.

Da nun der Deutsche alles mit Methode und sehr wissenschaftlich gestaltet und organisiert, wurde ein dickes Handbuch in lateinischer

Sprache verfaßt. «Malleus maleficarum», der «Hexenhammer», der die Hexen sozusagen «zusammenhämmern» oder «zermalmen» sollte. Das Buch genoß bei den Hexenrichtern «kanonisches Ansehen», es erschien im Jahre 1489 und erlebte bald viele Auflagen. Der erste Teil handelt vom Teufel, vom Zauberer und von der Zauberin, der zweite empfiehlt, wie man sich vor der Macht der Zauberei schützen soll oder die Folgen der Zauberei wiederaufhebt, der dritte Teil enthält die Vorschriften für die geistlichen und weltlichen Richter über das Verfahren beim Hexenprozeß.

Der «Hexenhammer» ermunterte nun zu den tollsten und schändlichsten Denunziationen. Er empfahl, den Anzeigern Mut zu machen, indem man ihnen versprechen sollte, sie selber hätten nichts zu befürchten, auch wenn sie für ihre Anklage nicht den geringsten Beweis beibringen konnten. Mit dem «Hexenhammer» in der Hand gingen nun die Herren Richter an die «Hexenbrände», und die «Ketzermeister» veranstalteten Hexenprozesse in Mengen. Die Sache lohnte sich, denn das Vermögen der Ermordeten wurde eingezogen und so verteilt, daß wenigstens ein Drittel den Richtern, Schöffen, Spionen, Angebern und Scharfrichtern zufiel. Hexenrichter und Henker bereicherten sich darum gerade in der Zeit der größten Armut Deutschlands, während des Dreißigjährigen Krieges, enorm. Der Scharfrichter von Kösfeld verdiente 1631 durch seine Hexenverbrennungen 169 Taler.

So erfolgte der größte Teil der Hexenmorde aus Habsucht, dann aber auch aus Fanatismus und aus gläubiger Einfalt. Um 1600 war es Hexenmeistern und Hexenrichtern gelungen, alles Fühlen, Glauben und Denken der Deutschen total zu verteufeln, so daß das Volk überall und immer den Teufel sah, hörte, roch, ja auch in den Speisen schmeckte. Übrigens gaben sich die Theologen beider großer Religionen in ihren Ansichten über das Hexenwesen nichts nach, und protestantische wie katholische Geistliche, Fürsten, Magistrate und Juristen wetteiferten in Hexenverfolgungen.

In den Verdacht der Hexerei konnte jedes und alles führen, ungewöhnliche Schönheit wie außergewöhnliche Häßlichkeit, große Einfalt wie hervorragender Verstand, Armut wie Reichtum, Gesundheit wie Krankheit, jedes unbesonnene Wort, jede unbedachte Gebärde, die Tugend wie das Laster, Vorzüge und Gebrechen, der gute wie der schlechte Ruf, alles, alles.

Wenn irgendwo eine ansteckende Krankheit ausbrach, so hatten die Hexen sie verursacht. Wo eine Viehseuche grassierte, da suchte man nach den «Unholden». Mißriet die Ernte, gab es Hagelschlag, Überschwemmungen oder Feuersbrunst, gab eine Kuh schlechte Milch, krepierte ein Schwein, verlegte ein Huhn seine Eier, war ein Mann nicht mehr fähig, seine Frau zu beglücken, wurde eine Frau unfruchtbar oder auch – ein besonders sicheres Zeichen von Hexeneinfluß – bekam sie zu schnell und zu viele Kinder, kam sie mit einer Mißgeburt oder einem Krüppel nieder, ging etwas verloren, wurde etwas gestohlen, Hexerei, alles Hexerei!

Sehr gefährlich war es für eine Frau, mit Knochen in der Nähe einer Kröte oder Eidechse oder mit nicht alltäglichen Kräutern in der Hand angetroffen zu werden. Das war unzweifelhaft eine Hexe. Wenn ein Mädchen einen schlechten Lebenswandel führte oder einen sehr guten – in beiden Fällen galt sie als Hexe. Die Frauen, die selten zur Kirche gingen, kamen in den Hexenverdacht, aber auch die sehr andächtigen, die häufig zur Kirche gingen, verdächtigte man als Hexen, «weil sie etwas verbergen wollten». Rote Haare, Schielende, Menschen, denen ein Hund oder eine Katze sehr anhänglich war – all das waren ziemlich sichere Indizien der Zauberei.

War eine Angeschuldigte auf irgendeine Denunziation hin in Verdacht gekommen, so stellte ein Inquirent ein kleines, unauffälliges Verhör mit ihr an. Seine Aufgabe war es, nur so spaßhaft und anscheinend ganz harmlos ein bißchen zu fragen, um die Hexe «zu fangen». Man erkennt Parallelen, nicht wahr?

Besonders beliebt war es, die Hexe ganz beiläufig zu einem Geständnis zu verleiten. Das diente dann als Grundlage für das ganze Verfahren. Sehr gefährlich war die Frage, ob die Angeschuldigte an Hexen glaube. Verneinte sie es, so kam sie selbstverständlich auf den Scheiterhaufen, denn sie wollte ja die Hexen schützen. Bejahte sie es, so war das ein sicheres Zeichen dafür, «daß sie mehr von der Sache wisse». In jedem Fall wurde sie erst mal ins Gefängnis geworfen. Den entsetzlichen Zustand, in dem die Eingesperrten damals ihr Leben fristeten, die Art der Kerker, der Türme, der Gewölbe, der finsteren Keller und Löcher, der Pflöcke, Kreuze, Stäbe und Ketten wollen wir hier nicht schildern.

Kam es nicht zu einem Geständnis, so schritt man mit der Delinquentin zur «Wasserprobe». Sie wurde an das Ufer eines Flusses oder Teiches geführt, dort entkleidet und mit zusammengebundenen Händen und Füßen ins Wasser geworfen. Ging sie unter, so war das ein Beweis gegen die Anklage. Blieb sie schwimmen, so war sie eine Hexe. Sehr viel hing natürlich von der Handhabung des Seiles ab, an dem die Scharfrichter die Unglückliche hielten.

Fiel die Probe günstig aus, so wurde die Angeschuldigte freigelassen, was fast nie geschah. Andernfalls brachte man sie wieder ins Gefängnis, wo mit ihr zunächst «auf gütliche Weise» verfahren wurde. Sie erhielt nichts zu essen und – nach erzwungenem Salzgenuß – nichts zu trinken oder wurde in Schlaflosigkeit gehalten, bis sie, halb wahnsinnig, «in Güte bekannte». Gestand sie aber nicht, so stellte man weitere torturartige Proben an. Die Widerstandsfähigeren unterwarf man der Folter. Dabei galt als Henkersformel der Hexenfolterungen die Regel: «Du sollst so dünn gefoltert werden, daß die Sonne durch dich scheint.»

Das Urteil gegen die Schuldigbefundenen lautete immer auf Tod durch Verbrennung, die man «Einäscherung» nannte. In der Grafschaft Werdenfels in Bayern wurden 1582 in einem Prozeß achtundvierzig Hexen auf den Scheiterhaufen gebracht. In Nördlingen wurden zwischen 1590 und 1594 zweiunddreißig Zauberer und Hexen verbrannt, so daß, wie der Bürgermeister Pheringer sagte, die «Unholden» mit Stumpf und Stiel ausgerottet waren. In Braunschweig wurden zwischen 1590 und 1600 so viele Hexen verbrannt, daß die Brandpfähle vor dem Stadttor «dicht wie ein Wald» standen. In der Grafschaft Heineberg wurden im Jahre 1612 zweiundzwanzig Hexen «eingeäschert» und zwischen 1597 und 1676 im ganzen 197 getötet. In Offenburg mußten in vier Jahren 60 Personen wegen Hexerei ihr Leben lassen. In der kleinen Stadt Ingelfingen wurden in einem Prozeß 13 Zauberer und «Unholden» eingeäschert. In Lindheim, das 540 Einwohner hatte, wurden zwischen 1661 und 1664 dreißig Personen verbrannt.

Der Hexenrichter von Fulda, Balthasar Voß, prahlte damit, daß er allein 700 Personen beiderlei Geschlechts verbrannt habe und hoffe, das Tausend vollzumachen. In der Grafschaft Neiße wurden zwischen 1640 und 1651 rund 1000 Hexen verbrannt, über 242 «Brände» liegen genaue Urkunden vor. Es waren Kinder von einem bis zu sechs Jahren darunter. Im Bistum Olmütz wurden viele Hunderte Hexen gemordet. Ein Herr von Rantzow ließ auf seinem Gut in Holstein an einem Tage 18 Hexen verbrennen. Im Bistum Würzburg wurden in drei Jahren weit über 200 Personen «jedes Standes, Alters und Geschlechts», wie es in den Prozeßakten heißt, verbrannt, darunter «die Kanzlerin, die Tochter des Kanzlers von Aichstedt, der Ratvogt, ein fremd Mägdlein von zwölf Jahren, der Ratsherr, der dickste Bürger von Würzburg, ein klein Mägdlein von neun Jahren, ein kleineres, ihr Schwesterlein, der zwei Mägdlein Mutter, die Bürgermeisterin, zwei Edelknaben, einer von Reitzenstein und einer von Rothenhalm, das Göbel Babele, das war die schönste Jungfrau in Würzburg, ein Student, so viele Sprachen gekonnt und ein fürtrefflicher Musiker gewesen, der Spitalmeister, ein sehr gelehrter Mann, eines Ratsherrn zwei Söhnlein, große Tochter und Frau, drei Chorherren, 14 Domvikarii, ein blindes Mägdlein, die dicke Edelfrau, ein geistlicher Doktor.» Wir wollen die Liste nicht fortsetzen, sie erscheint endlos.

Die wenigen mutigen Männer, die sich gegen diesen blutdürstigen Wahn und gegen die «Malefiz-Gerichte» wandten, begaben sich in große Lebensgefahr. Zu ihnen gehörte schon Agrippa von Nettesheim, Theologe, Arzt, Historiker, Astrologe und Philosoph, dann der Arzt Johann Weier und der Priester Cornelius Loos. Loos erklärte, der Hexenprozeß sei nur eine Art von Alchimie, durch die Menschenblut zu Gold gemacht werde. Den ersten tatsächlich wirkungsvollen Protest verfaßte Friedrich Graf von Spee, dieser ungewöhnlich begabte Jesuit, der 52 religiöse Lieder verfaßte, als Lehrer und Geistlicher wirkte und sich in Trier für die Pestkranken so lange aufopferte, bis er selbst der Seuche erlag. Gegen die Gerichtsverfahren, die man bei den Hexenprozessen anwandte, schrieb er die «Cautio criminalis», ein Werk, das er mit seinem Namen zu zeichnen nicht wagen durfte. «Ich schwöre», schrieb er, «daß unter den vielen, die ich wegen angeblicher Hexerei zum Scheiterhaufen begleitete, nicht eine war, von der man, alles genau erwogen, hätte sagen können, sie sei schuldig gewesen. Behandelt die Kirchenoberen, behandelt Richter, behandelt mich so wie jene Unglücklichen, unterwerft uns denselben Martern – ihr werdet in uns allen Zauberer entdecken.» Spees Stimme verhallte in der Nacht jener Zeit, unfehlbares Orakel blieb weiterhin der «Hexenhammer».

Und doch regte sich nach und nach der Wunsch, den Geist der Verfolgung aus dem religiösen Bewußtsein zu bannen, eine versöhnende Vorstellung vom Walten des Allmächtigen zu gewinnen, an einen Friedensfürsten zu glauben, an eine Rettung aus der Finsternis. Ganz Europa wirkte mit, neue Fackeln in die Dunkelheit zu tragen, Corneille und Racine, Rembrandt und Rubens, Hugo Grotius und Descartes, Angelus Silesius, Pascal, Milton, Spinoza, Calderon.

Dieses Streben nach hellen Räumen, nach neuen Einsichten, nach einer europäischen Kulturverfeinerung brachte das Wunder des Barocks zustande. Dort, wo noch vor kurzem Feuerstöße getürmt waren, wo aus den Flammen die verzweifelten Hilferufe der «Hexen» hallten, erhoben sich jetzt hell und festlich Barockkirchen. Ihr Farbenglanz, ihre Pracht, ihr Pomp, ihre Schnörkel und Arabesken wirkten wie steingewordene elegante Tänze höfischen Zeremoniells. Statuen und Heilige traten wie im Hofstaat auf, die Kirchenschiffe wurden zu Festsälen, wo sich alles einer heiligen Majestät unterordnet, statt Haß und Blutgerichten Versöhnungschöre, und in der neuen großen Architektur erklangen die weiten Orgeltöne von Monteverdi, Händel und Bach.

Am Hofe des Sonnenkönigs

«Molière ist oft unnachahmlich . . . Es gibt Stellen in ‹Les femmes savantes›, die mir die Feder aus der Hand fallen lassen. Man spürt, wie das eigene Talent sich verfinstert. Ganze Tage lang verharrt man, ohne etwas zu tun. Man gefällt sich selbst nicht mehr. Der Mut, zu schreiben, kehrt nur in dem Maße zurück, in dem man das vergißt, was man von ihm gelesen hat, und in dem der Eindruck, den man erlebte, sich verflüchtigt.» – Diderot, «De la Poésie dramatique».

Welche weltbeherrschende Macht steht an erster Stelle, der Staat oder die Kirche? Wem gebührt das Vorrecht? Ein Mensch des Mittelalters hätte ohne Bedenken geantwortet, der Kirche. Ein Mensch der Renaissance hätte noch gezaudert, dann aber vielleicht doch schon dem Staat den Vorrang gegeben. Die Menschen des Barocks im 17. Jahrhundert hätten einmütig erklärt, die Macht des Staates rangiere vor der Macht der Kirche. Der Gehorsam gegen den Fürsten, so argumentierten sie, habe schon bestanden, ehe es ein Christentum gab.
Es kommt in der Geschichte nicht sehr häufig vor, daß der rechte Mann im rechten Augenblick die Geschicke eines Landes in die Hand nimmt. Die Kardinäle Richelieu und Mazarin hatten das französische Königreich zu dem am stärksten zentralisierten Staate des siebzehnten Jahrhunderts zusammengeschweißt. *Ludwig XIV.* war nur fünf Jahre alt, als sein Vater 1643 starb. Noch schwelte wie ein müde hinkriechender Brand der Dreißigjährige Krieg. Zweimal mußte der Hof aus Paris fliehen. Mit 22 Jahren heiratete Ludwig Maria Theresia, die Tochter des Königs von Spanien, und zog im Triumphzug in Paris ein. Schon im nächsten Jahr starb der Vollender des Absolutismus in Frankreich, der Kardinal Mazarin, und Ludwig erklärte sofort, er, der König, werde fortan sein eigener Premierminister sein.
Ludwig war der erste Herrscher, der eine sehr bedeutsame Autokratie anführte, einen «aufgeklärten Despotismus», wie er damals in Mode kam. Erst ist der König da, dann der Staat. Der Sonnenkönig verkörperte das, was die öffentliche Meinung in ihm sehen wollte, so vollkommen wie nie ein Fürst zuvor. Er brachte für sein Herrscheramt alle Voraussetzungen mit: angeborene Würde, starkes Selbstgefühl, große Willenskraft, erstaunlichen Arbeitseifer, einen scharfen Verstand, Ehrgeiz, Selbstbeherrschung und Menschenkenntnis. Er allein wollte den Staat verkörpern. Er steigerte die Lehre vom königlichen Absolutismus zu einem fast religiösen Dogma. Dennoch ist der dem

König zugeschriebene Ausspruch: «L'Etat c'est moi!», niemals gefallen, er entsprach nur der Regierungspraxis des Roi Soleil vollkommen.
Bossuet, dieser ungemein packende Kanzelredner und glänzendste Historiker seiner Zeit, dessen Lebenstraum es übrigens war, die Protestanten mit den Katholiken zu versöhnen, erklärte in seiner «Politik nach der Lehre der Heiligen Schrift», der König sei der Statthalter und das Bild Gottes auf Erden. Das war nicht nur so hingesagt, das war Bossuets tiefste Überzeugung. So war die Zeit. Und Ludwig wollte wahrhaftig nicht nur «König spielen», er wollte von seinem gottgegebenen Recht, über seine Untertanen zu regieren, ohne sie nach ihrer Meinung zu fragen, vollen Gebrauch machen. Allerdings fühlte er auch eine göttliche Verantwortung in sich, und dieses Gefühl war nicht schwach.
Ludwig hielt den glänzendsten Hof aller nachchristlichen Jahrhunderte. Er war von bestechender Höflichkeit. «Höf»lichkeit in der wahrsten Bedeutung des Wortes, das war sein Wesen, seine Natur, seine Bildung und seine Neigung. Vor dem geringsten Küchenmädchen zog er den Hut. Er gab das Beispiel für den ganzen Hof, wie man taktvoll, immer liebenswürdig und immer maßvoll bleibt. Als der Marschall Lauzun ihn einmal beleidigte, warf er seinen Stock aus dem Fenster, um sich nicht zu vergessen und ihn nicht in plötzlichem Zorn zu schlagen.
Ludwig XIV. war unerschöpflich in seinen Plänen wie in seinen Ansprüchen, in seiner allumfassenden Sucht, zu genießen, in seinem Willen, alle Frauen von Paris an seine Schlinge zu legen. Auch das gehörte zu seinem Hofstaat, jeweils eine Hauptmätresse zu besitzen, dazu aber noch eine Anzahl von «Damen des königlichen Bettes», ganz offiziell, eingeteilt in der Rangordnung, in der sie dem König gefielen. Es gab kaum eine Frau oder ein Mädchen in der Umgebung des Königs, die er nicht früher oder später verführte. Von seiner königlichen Gemahlin, von der La Vallière und von der Montespan hatte er sechzehn Kinder. Es wimmelte am Hof von legitimen, halblegitimen und illegitimen Sprößlingen.
Vom Jahre 1661 an baute der König unablässig am Louvre, an Saint-Germain, an Versailles. Alles eiferte dem König nach. Die wohlhabenden Bürger ließen nach seinem Beispiel zahllose prächtige Gebäude errichten. In der Gegend des Palais Royal und in der Umgebung von Saint-Sulpice bildeten sich ganz neue Städte. Prunkvolle Kutschen wurden erfunden, in Federn hängend und mit Spiegeln geschmückt. 5000 Laternen wurden errichtet, um Licht in die Stadt zu bringen. Die Straßen wurden gepflastert, Brücken angelegt. Der König begrün-

dete das Feuerlöschwesen von Paris. Ein gewisser Duperrier hatte für die Erhaltung von Spritzen und 48 Feuerwehrleuten zu sorgen und erhielt dafür 6000 Livre jährlich.
Trianon wurde vom König erbaut und das Schloß in Marly-le-Roi, das leider zerstört ist, von dem aber noch ein großes Becken und der Park künden.
Es ist merkwürdig, wie in geistig fruchtbaren Zeiten am Hof weltaufgeschlossener Könige immer noch pünktlich das eine und das andere Genie auftreten. Jean-Baptiste Colbert, ein ganz ungewöhnliches Organisationstalent, lieferte durch seine kluge Geschäftspolitik die materielle Grundlage für die vielen Unternehmungen des Sonnenkönigs. Er wurde der Begründer des von ihm geschaffenen Wirtschaftssystems, das unter dem Namen «Merkantilismus», das ganze Zeitalter des Absolutismus beherrschte. Die Grundidee besteht darin, die kaufmännische Bilanz auf die Ein- und Ausfuhr einer Staatswirtschaft zu übertragen, eine aktive Handelsbilanz anzustreben, damit möglichst viel Geld und Edelmetall ins Land fließen. Im Innern des Staates werden dabei Industrie und Gewerbe gefördert, um die gesamte Außenwirtschaft zu stärken. Colbert wurde der Begründer der überseeischen Machtstellung Frankreichs, er schuf eine starke Flotte, verbesserte den Hafen von Toulon, gründete Hafen und Arsenal von Rochefort, Seeschulen in Dieppe und St-Malo, die Häfen von Calais, Dünkirchen, Brest und Le Havre. Für die Galeeren im Mittelmeer brauchte er Ruderer, darum ersuchte er alle Richter, so viele Rechtsbrecher wie möglich zum Galeerendienst zu verurteilen. War der Verbrecher einmal an die Ruderbank angekettet, so brachte ihm selbst die Verbüßung der Strafzeit nur selten Befreiung. Auch türkische, russische, schwarze und irokesische Sklaven wurden zu diesem Dienst gezwungen. Colbert ließ den Canal du Midi, der den Atlantischen Ozean mit dem Mittelmeer verbindet, bauen. Er gründete eine Akademie der Wissenschaften und eine Akademie der Inschriften, auch eine Bauakademie, er reformierte Rechtspflege und Steuerwesen. Er verteilte Pensionen an Molière, Corneille, Racine, Boileau, Huet, sogar an Ausländer wie Huygens, den Geographen Vossius, Carlo Dati und Heinsius.
Ludwigs Hof setzte sich nicht nur aus hervorragenden Staatsmännern und Verwaltungs-Begabungen zusammen, hier war auch jeder ein Sachkundiger des guten Anstands. Niemand wollte mißfallen, aber so oft wie möglich geistreich sein, amüsant, charmant und gefällig. Der durch Lebensart verfeinerte adelige Geist erreichte an diesem Hof und in diesem Jahrhundert seine glänzendste Vollendung. Wir müssen uns aus unserer gleichmachenden, arg zusammengewürfelten Gesellschaft, die im allgemeinen nicht sehr guten Geschmack hat, weit hin-

ausdenken, um dieses Jahrhundert Frankreichs zu begreifen. Die Menschen des Hofes ließen sich einfach nur solche Freuden gefallen, die ihrem Charakter, ihrem Weltgefühl und ihrem Wertsinn angemessen waren. *Sie* waren adelig, und *ihr Geschmack* war adelig. Sie waren adelig nicht nur von Geburt, sondern auch von Gesinnung.

Immer ist es der Geschmack einer Minderheit, einer auserlesenen Gesellschaft, die Verfeinerung, Veredlung, eben Qualität, fordert und durch die Qualität im besten Sinne entsteht. Wäre nicht auch noch das französische Publikum so anspruchsvoll im Essen, so würde Frankreich nicht diese unvergleichlichen kulinarischen Genüsse bieten, die alle Welt bewundert. So war es auch damals. Alles war schon vom Anspruch her hervorgerufen, von einem fordernden Gefühl für das Schöne, vom edlen Geschmack eines sehr wählerischen, verwöhnten Publikums. So entstand die strenge Malkunst des Poussin mit seinen Gestalten edler Haltung und natürlicher Anmut, der die Landschaft ins Ideale, Erhabene und Heroische steigerte. So schuf Le Sueur seine zart empfundenen Bilder ausgeglichener Harmonie. So entstand die gediegene, prunkvolle und gewissenhafte Baukunst Mansarts, der das Schloß Maisons-Laffitte erbaute, Teile der heutigen Bibliothèque Nationale und das Hôtel Carnavalet, so die klare Einfachheit und monumentale Gliederung der Ostfassade des Louvre durch Perrault. So erblühten mit abgezirkelten Anlagen die Herrschergärten des Lenôtre. Versailles ist mit seinen Gebäuden und Gärten für Menschen angelegt, die auf hohe Würde bedacht sind, auf auserlesene Feinheit und Schicklichkeit, aber auch auf «grandeur», auf Größe und Ruhm.

In keinem Land der Welt hat man die Kunst, gut zu schreiben, auf ein so hohes Niveau gebracht wie damals in Frankreich. Darum gehören auch die größten französischen Schriftsteller jener Zeit an, Bossuet, Pascal, La Fontaine, Molière, Corneille, Racine.

La Rochefoucauld, mit seiner demaskierenden Methode, kann als der Vorläufer der modernen Tiefenpsychologie angesehen werden. Er führte alles Tun der Menschen auf einige Grundtriebe zurück, vor allem die Eitelkeit und die Selbstsucht, l'orgueil, la vanité, l'amour-propre. Überall in den Handlungen der Menschen entdeckt er noch in den geheimsten Seelenfalten diese unsympathischen Triebfedern. Dieser erste große Aphoristiker des Abendlandes wirkt mit seinem ewigen Mißtrauen, seinem Verdächtigen aller Leidenschaften und aller Regungen nicht immer sympathisch. Er liest sich aber ausgezeichnet und ist immer amüsant.

So groß, so bedeutend war dieses Zeitalter in Frankreich, daß kein Geringerer als der Dichter und Kunsthistoriker *Boileau* zum Historiographen Ludwigs XIV. ernannt wurde. Er war der ungekrönte Zeremonienmeister des Hofes, er bestimmte, wie man zu dichten habe, er hatte erkannt, daß nur das Wahre schön ist, nur das Sinngemäße, das Klare, das Deutliche. Er wäre in unserer Zeit an Verzweiflung über die Kunst gestorben, aber er hätte in unserer Zeit auch nicht gelebt.

Von der Nichterziehbarkeit des Menschen zutiefst überzeugt war *La Bruyère*. Auch er suchte hinter die Fassade der höfischen Menschen zu schauen. Er zerrte die versteckte Banalität und Einfalt der absolutistischen Gesellschaft, die sich unter der kulturellen Hochform des Barockzeitalters verbargen, ins Licht und hat erstmals in der abendländischen Literatur diese Seiten als Wesenszüge des Menschen scharf analysiert.

Man schrieb in jener Zeit Briefe. Eine Gestalt wie *Madame de Sévigné* paßt so recht in die damalige Gesellschaft. Ihre 1500 Briefe sprühen von Intelligenz und Witz, aber sie glühen auch auf in lebendiger Menschlichkeit. Courier sagte, eine Kammerzofe der damaligen Zeit schriebe besseren Stil, als er in der Akademie üblich sei. Der gute Stil war überall, wo man hinsah, wo man hinhörte – er lag in der Luft. Man atmete ihn ein. Die Unterhaltung war gewählt. Der Briefwechsel wurde mit großer Passion und in erlesenster Ausdrucksweise geführt. Die Durchschnittsbildung der wohlhabenden Kreise Frankreichs, ja vielleicht ganz Europas stand im 17. Jahrhundert auf weit höherem Niveau als heute. Man las fließend römische Dichter und Philosophen, man sang, man musizierte, man führte eine witzige und sehr gewählte Unterhaltung.

Selten hat ein Dichter mittels der gesellschaftlichen Normen seiner Zeit die zeitlosen Urformen des Tragischen so glänzend dargestellt wie *Racine*. Er schöpfte aus den griechischen Tragikern, besonders aus Euripides, er verwendete auch die Schicksalsideen dieser Großen. Aber er ist ganz Dichter des geschliffenen, wohlerzogenen Barocks. Die temperamentvollsten und glühendsten Liebhaber, Hippolytos, Britannicus, Pyrrhus, Orestes und Xiphares – sie sind vollendete Kavaliere. Und Hermione, Andromache, Roxane, Berenice – sie alle bewahren auch bei heftigsten Leidenschaften den guten gesellschaftlichen Ton. Sterbend noch sprechen Mithridates, Phädra und Athalie feingebaute Satzfolgen. Und doch bildet Racine den unbestrittenen Höhepunkt klassischer Bühnendichtung in Frankreich.

Heldisch kühn, bisweilen feurig, aber doch auch akademisch, schuf *Corneille* seine berühmten Gestalten in der Sprache der hohen, herrscherlichen Gesinnung. Sein bestes und berühmtestes Stück, die Tragikomödie «Le Cid», wurde bei der Uraufführung im Jahre 1636 ein triumphaler Erfolg. Gerade diese Tatsache erregte die Eifersucht des

Kardinals Richelieu und der Akademie, die das Werk verurteilte. Georges de Scudéry schrieb, der Stoff sei schlecht gewählt, alle Regeln der dramatischen Kompositon seien verletzt, die Handlung sei schlecht geführt, die Verse enthielten ständig Fehler, was am Stück schön sei, sei gestohlen. Dies mag allen begabten Bühnenautoren als Trost dienen!

Boileau hielt *Molière* für den bedeutendsten der drei großen Dramatiker jenes Zeitalters. Tatsächlich ist Molière, der scheinbare Komödiant, oft eine tragische Figur. Er war kein «Dichter», kein «Schriftsteller», er verfaßte keine «Literatur». Er schuf seine Komödien unmittelbar für die Schauspieler, für die Bühne, er erfand sie als Schauspieler für seine Kollegen. Er hielt seine Theatergruppe durch seine Persönlichkeit zusammen, und wenn es nichts zu spielen gab, dann mußte er eben dichten. Er war durch und durch Praktiker. Wie alle echten Theaterautoren sah er sein Publikum immer vor sich, darum schuf er seine Figuren einfach, manchmal ähnlich den Puppen eines Kasperltheaters, so wie es das Publikum wünschte. Um so erstaunlicher bleibt es, daß er eine heimliche Dämonie der Zwiespältigkeit in seine Harpagons, Tartuffes und George Dandins hineinzauberte, daß er – völlig unmerklich – Lehrer und Sittenprediger bleibt, daß dieser Hofnarr und Hanswurst seiner Zeit Gestalten schuf, Musterbilder der Untugenden, die nicht mehr aus unserer Vorstellung wegzudenken sind. Er ragt tatsächlich weit über seine Zeit, ja alle Epochen hinaus. Auf seinen Bühnen treten die Menschen wie bei Shakespeare in ihrer ewigen Allgemeinheit auf, er wundert sich nie über ihre Schwächen, es ist bei ihm, so sagte Sainte-Beuve, als wäre Christus nie gewesen. Er rechnete mit dem Laster ab, aber seine glühende Entrüstung endete im Lachen. Das Erstaunliche bleibt, daß sich das Theaterpublikum auch heute noch, Kindern gleich, an der Überzeichnung seiner Figuren ergötzt, wohl weil die Schadenfreude sehr alt ist und viel zäher im Menschen verwurzelt ist als alle Kulturepochen.

Es bleibt der Ruhm Ludwigs XIV., über diesem goldenen Zeitalter der Kunst, die er auf allen Gebieten auf geheimnisvolle Weise geradezu hervorgerufen hatte und die er mit großem Enthusiasmus förderte, gethront zu haben. Es gibt sehr vieles, das unter seiner Regierung entstand und das nun irgendwie in uns weiterlebt. Überall und täglich leben wir noch heute mit dem ruhmvollen Zeitalter des Sonnenkönigs. Unsere gesellschaftlichen Sitten haben viel von der Vollkommenheit, vom Schliff, von der Eleganz angenommen, die am Hofe des großen Ludwig herrschten. Die französische Sprache mit ihrer ausgewogenen Grazie, ihrer Reinheit des Ausdrucks und ihrem Wohlklang ist seit Ludwig XIV. die Sprache der Diplomaten geblieben. Das Theater des

Sonnenkönigs hat dem französischen, dem Pariser Theater für alle Zeiten einen ungeheuren Impuls gegeben, bis heute. In keiner Stadt der Welt außer Paris wird allabendlich auf sechzig Bühnen gutes bis sehr gutes Theater gespielt. Es ist Vorbild für ganz Europa und Amerika. Die französische Akademie, eine Gründung Richelieus, hat in der Welt der schönen Künste und der Wissenschaften eine ungeheure Bedeutung erlangt, trotz aller Angriffe auf diese Institution, trotz aller Verspottungen. Daß die Speisekarten Europas französisch gedruckt sind oder zum großen Teil französische Geschichte enthalten, ist kein Zufall, denn hohe Kochkunst ist immer ein Zeichen hoher Kultur, und der Sonnenkönig pflegte diese Kunst an seinem Hofe wie kaum ein Monarch vor ihm.

Das Zeitalter Ludwigs XIV. war eine Epoche des Glanzes, der Pracht, der Anmut, der gepflegten Kunst, der feinen Literatur, der Musik. Ja, der ganze Hof tanzte Menuett. Es war der Hof- und Gesellschaftstanz Ludwigs, ein Tanz, unübertroffen an Würde, Anmut, verhaltener Leichtigkeit und Galanterie, ein Spiegel dieser barocken, unvergeßlichen, weil in uns lebenden Zeit.

Königin wider Willen: Christine

«Die Liebe und der Ehestand sind fast unverträglich. Die Menschen heiraten einander, ehe sie sich kennen, und hassen einander, sobald sie sich kennenlernten. Man würde gar zu glücklich sein, wenn man verheiratet und verliebt zugleich sein könnte.» – Christine von Schweden.

Am 8. Dezember 1626 wurde ein merkwürdiges Kind geboren, das das Geheimnis seiner Ungewöhnlichkeit mit ins Grab genommen hat. Christine von Schweden schildert den Augenblick, den «Gott von aller Ewigkeit her zu ihrer Geburt bestimmt hatte», wie folgt: «Ich kam mit einem Helm vom Haupt an bis auf die Knie zur Welt, so daß ich nur das Gesicht, die Arme und die Beine frei hatte. Ich war ganz rauh. Ich hatte eine grobe und starke Stimme.»

Was war der Helm? Wir wissen es nicht. Vielleicht war das Kind stark behaart, vielleicht wollte Christine auch nur einen dunklen Teint andeuten.

Gustav Adolf von Schweden hatte die Königin Maria Eleonore geheiratet, Prinzessin von Brandenburg. Sie gebar ihm in den ersten Jahren der Ehe zwei Töchter. Beide starben kurz nach der Geburt. Als im Jahre 1626 endlich ein Erbe erwartet wurde, wünschten sich die Eltern begreiflicherweise einen Sohn, den Thronfolger. Das erwartete Kind erweckte durch seine Körperbeschaffenheit bei den Frauen des Palastes den Glauben, ein Knabe sei geboren. Alles jubelte. Alle freuten sich. Auch der König. Als aber der Irrtum entdeckt wurde, herrschte große Betretenheit. Die Schwester des Königs, Prinzessin Katharina, trug das Kind in ihren Armen zum König und ließ ihn erkennen, was sie ihm zu sagen nicht wagte. Er nahm seine Tochter in die Arme, tat, als sei er in seiner Erwartung keineswegs betrogen, und sagte: «Lassen Sie uns Gott danken, meine Schwester; ich hoffe, daß diese Tochter mir wohl so gut sein wird wie ein Sohn. Ich bitte Gott, daß er sie mir erhalte, da er sie mir gegeben hat.» Er befahl, ein Tedeum zu singen, und ließ die Geburt feiern, als sei ihm ein Prinz geschenkt worden. «Sie wird geschickt sein, denn sie hat uns alle betrogen», scherzte der König noch an diesem Tage.

Christine von Schweden stattete dem lieben Gott für ihre Geburt als Mädchen später einen merkwürdigen Dank ab. Sie dankte Gott dafür, daß sie keine Schwächen ihres Geschlechtes besitze, und dafür, daß ihr Körper fast männlich gemacht sei. Gott habe ihr einen weiblichen

Körper gegeben, um sie vor den Lastern und Unordnungen des Landes, in dem sie geboren sei, zu bewahren. «Hättest du mich als eine Mannsperson geboren, so würden mich vielleicht die Gewohnheiten und das Beispiel verdorben haben. Ich wäre in Gefahr gewesen, daß die Frauenzimmer mir die Zeit weggenommen hätten, die ich auf die Wissenschaften und auf die Erforschung der Wahrheit anwandte.»
Christines Mutter, die Königin, besaß alle Zeichen ihres Geschlechtes in etwas übersteigertem Maße. Sie war hochgradig hysterisch, hing an ihrem Gemahl mit einer verzweifelten Liebe, besaß wenig Verstand und war eine ungemein schöne Frau. Gustav Adolf hatte einen zu edlen Charakter, um offen zu bekennen, daß seine Frau eine Plage und ein häusliches Kreuz sei. Die Abneigung Christines gegen die Frauen und vor allem gegen die Ehe hatte schon in ihrer Mutter eine erste Ursache. Die einfältige Königin Maria Eleonore konnte sich über die Geburt der Tochter lange nicht trösten. «Sie konnte mich nicht leiden, weil sie sagte, daß ich ein Mädchen sei und häßlich dazu. Und sie hatte nicht unrecht, denn ich war schwarzbraun wie eine kleine Mohrin.»
Ob auf das Kind Mordanschläge verübt wurden, weiß man nicht. Christine meinte, man habe sie öfter absichtlich fallen lassen, man habe versucht, sie ums Leben zu bringen, man habe sie zum Krüppel machen wollen. Die Königin, ihre Mutter, habe «feine Sachen» darüber gesagt. Aber sie, Christine, habe keinen Schaden genommen, nur eben eine kleine Unregelmäßigkeit in ihrer Gestalt.
Gustav Adolf hatte seine Gemahlin teils aus politischen Gründen, teils ihrer großen Schönheit wegen gewählt. Sie ging dem tapferen Krieger immer mehr auf die Nerven. Mit ihrem wunderlichen Wesen, mit ihren übertriebenen Zärtlichkeiten und mit ihren Versuchen, ihm in den Krieg zu folgen, sorgte sie wenigstens für eins: «Sie hinderte ihn daran, bei seinen großen Erfolgen übermütig zu werden», wie er selbst sagte. Ganz ungeeignet hielt er sie als Erzieherin für Christine und übergab daher das Kind bei der Abreise nach Deutschland seiner Schwester Katharina, die auf dem schönen Schloß Stegeborg wohnte. Kurze Zeit nachdem Gustav Adolf in den Dreißigjährigen Krieg gezogen war, um die Protestanten in Deutschland zu verteidigen, erschien Maria Eleonore tatsächlich wie ein Gespenst auf dem Kriegsschauplatz.
Als der König in der Schlacht bei Lützen fiel, war Christine sechs Jahre alt. Eleonore eilte nach Lützen, warf sich fassungslos über die Leiche, ließ das Herz ihres Gemahls in eine goldene Kapsel fassen und trug es beständig auf der Brust. Sie begleitete den Toten von Deutschland nach Schweden.

An der Spitze des Zuges von Reichsrat, Hof und Adel kam ihr die vaterlose sechsjährige Christine entgegen. In einem Ausbruch grenzenloser Zärtlichkeit umfing sie das Kind, das ihr bis dahin recht gleichgültig gewesen war.
Sie schien jetzt völlig verwirrt. Sie ließ die Wände ihres Zimmers auf Schloß Nyköping sowie die Zimmerdecke, den Boden und die Möbel mit schwarzem Tuch überziehen und wollte den dort aufgebahrten König nicht beisetzen lassen, solange sie selbst am Leben war. Täglich wollte sie die geliebten Züge betrachten. Die Reichsvorstände und die Geistlichkeit setzten aber schließlich die Beisetzung in Stockholm durch.
Nun nahm sie Christine gegen den ausdrücklichen Wunsch, den Gustav Adolf vor seinem Tod geäußert hatte, zu sich. Sie weinte Tag und Nacht. Das Kind litt in dieser Atmosphäre an unerträglicher Langeweile. Darum war die kleine Christine nur froh, wenn sie aus dem trübseligen Dasein zum Unterricht geholt wurde, zu Doktor Johannes Matthiä, einem grundgelehrten und rechtschaffenen Mann, ehemals Feldprediger in Deutschland. Dies waren glückliche Stunden. Denn auch dem Lehrer machten die Geistesgaben und die unermüdliche Lernbegier der Prinzessin große Freude.
In früher Jugend konnte sich Christine bereits deutsch, französisch und lateinisch fast fehlerlos ausdrücken, schriftlich und mündlich. Sie war anders als Mädchen sonst, ungewöhnlich mutig und entschlossen. Sie lernte reiten. Es entsprach ihrem Temperament, wie ein Knabe erzogen zu werden. Sie hatte von früher Jugend an eine Abneigung gegen Bier und Wein. Die Königinwitwe war nämlich von der fixen Idee besessen, es sei ungesund, reines kaltes Wasser zu trinken, und Christine war zu Bier und Wein gezwungen worden. Sie zog es aber vor, durstig zu bleiben, bis sie endlich aus der Wüste der mütterlichen Erziehung befreit wurde. Während ihres ganzen Lebens blieb Christine allen alkoholischen Getränken aufs äußerste abgeneigt.
Die Mutter stellte immer größere Geldforderungen für ihre Hofhaltung. Das war dem Reichsrat höchst unangenehm. Als sie aber den Anspruch erhob, an der königlichen Tafel sollten während der Mahlzeiten rechts und links von Christine Reichsräte sitzen, deren Aufgabe es sei, das Wasserglas des Kindes zu füllen, antwortete der Reichskanzler Oxenstierna, es sei des Reichsrates Wunsch, der Prinzessin Christine jede Art Laune, Wollust und Eitelkeit abzugewöhnen. Am nächsten Tag stimmten alle zwölf Reichsräte dafür, daß Prinzessin Christine endgültig von der Mutter getrennt und der Schwester des Königs übergeben werden sollte.
Christine setzte ihre Studien unter Leitung von Matthiä fort. Sie

wurde über Theologie, Weltgeschichte und Philosophie belehrt. Schon der Dreizehnjährigen erteilte Reichskanzler Oxenstierna Unterricht über Regierung und Völkerrecht. Sie las die Lebensgeschichte der Königin Elisabeth von England, was ihr die Tugenden von Regenten klarmachen sollte. Sie tanzte, sie ritt, sie war so geschickt auf der Jagd, daß sie vom galoppierenden Pferd aus einen springenden Hasen erlegen konnte. Sie ritt so schnell und so lange, daß nur die gewandtesten Jäger ihr folgen konnten. Die Dienerschaft war über ihre Rastlosigkeit verzweifelt. Vor allem war am Hof bald niemand mehr bei Kräften, weil Christine nur wenige Stunden schlief und danach den Hof in Atem hielt.

Ein großes Unglück war es, daß Christines Tante, Katharina, die einzige Persönlichkeit, die das Kind zu beeinflussen verstand, starb. Die Schwester des Reichskanzlers Axel Oxenstierna wurde nun Erzieherin der Prinzessin, aber eigentlich war Christine nun von ihrem dreizehnten Jahr an allein, preisgegeben den Schmeichelreden des Hofes, falschen Belobigungen, den Intrigen der Höflinge. So wandte sie sich ganz ihren Studien zu. Sie las Livius, Sallust, Caesar, Vergil, alles in lateinischer Sprache. Bald konnte sie auch griechische Schriftsteller mit Leichtigkeit begreifen. Sie lernte Italienisch und Spanisch. Sie interessierte sich für Chemie, Astronomie und Münzwissenschaft. Alles verschlang sie, und alles verdaute sie. Astronomie, Physik, Grammatik, Literaturgeschichte, Rechtswissenschaften.

Mit achtzehn Jahren war Christine nach schwedischem Gesetz mündig. Stände und Reichsvormundschaft wurden versammelt, und die Regentschaft wurde der Prinzessin Christine übergeben. Sie gelobte, gebührende Rücksicht auf den Reichsrat zu nehmen, nicht zu regieren, ohne ihn anzuhören, und es nie zu verübeln, wenn die Vorschläge des Rates ihren eigenen Wünschen widersprachen. Das war noch nicht die Krönung.

Wenn Christine mit schnellen Schritten durch die Gänge und Hallen der Paläste eilte, immer auf niedrigen Absätzen, mit fliegenden Röcken, eine Schulter etwas höher als die andere, sah man ihr verwundert nach. Man hörte überall ihre weiche und milde Stimme, die plötzlich einen eigentümlich männlichen Ton annehmen konnte. Man bestaunte ihre blonden Haare, ihre breite Stirn, ihre großen, dunkelblauen Augen, die gebogene Nase und den kleinen schönen Mund. Ihr waren königliche Würde und Majestät angeboren, und doch konnte sie sehr offen, ungezwungen und lebhaft sein. Viel zu essen war ihr eine Plage, und niemals verweilte sie länger als eine halbe Stunde bei einer Mahlzeit. Völlig gleichgültig war ihr die Zubereitung der Gerichte. Ebenso unwichtig schien ihr die Bekleidung. Als sie einmal in einem Bericht las, sie schlafe nur fünf Stunden, verbesserte sie den Satz am Rand in «drei Stunden». Sie erhob sich um vier Uhr morgens, machte sich gleich an ihr Studium. Der bedauernswerte Lehrer, der sie in Griechisch unterrichtete, mußte manchmal um fünf Uhr bereits dasein, wenn es ihr behagte, aber auch schon um vier oder drei Uhr morgens. Anschließend besprach sie mit den Ministern die Regierungsangelegenheiten, und der Reichsrat staunte über ihr Geschick und Einfühlungsvermögen, mit denen sie die schwierigsten Geschäfte behandelte und entschied. Der französische Gesandte d'Avaux schrieb damals: «Die 18jährige Königin ist außerordentlich sicher. Sie hat etwas Kühnes in ihrem Gesicht, so daß man sehr leicht die Tochter Gustav Adolfs erkennen kann.«

Ganz Europa verfolgte das Auftreten, das Benehmen und die Lebensart der jungen Christine mit größter Bewunderung. Sie wurde die schwedische Minerva genannt, die unübertreffliche Fürstin, die zehnte Muse, die Tochter der Halbgötter.

Bald erschien dieses Mädchen einer großen Zahl von Bewerbern begehrenswert, was sie als wenig angenehm empfand und mit verstecktem Mißtrauen beobachtete. Denn von Ehe hielt sie gar nichts, noch weniger von Mutterpflichten.

Gustav Adolf hatte daran gedacht, seine Tochter mit dem später so berühmt gewordenen Kurfürsten Friedrich Wilhelm dem Großen von Brandenburg zu vermählen. Christine wies den um sie werbenden Kurfürsten leichten Herzens ab. Vier andere deutsche Fürsten warben um ihre Hand, zwei spanische, einer von Portugal, einer von England, einer von Ungarn. Drei Freier meldeten sich aus dem verwandten polnischen Königshaus, alle drei Söhne des Königs Sigismund. Aus Dänemark hatte sich Christian IV. für seinen Sohn, Prinz Ulrich, bemüht, später Friedrich III., der ältere Sohn dieses Königs.

Christine schätzte nur den geistigen Umgang mit Männern, diesen aber ganz besonders. Ihre Unlust zu heiraten dagegen steigerte sich von Jahr zu Jahr. Der Gedanke, sich einem Mann hinzugeben, war ihr aus Gründen, die man nie ganz eindeutig ermittelt hat, völlig unerträglich. Sie sah viel eher das Ideal eines Mädchens in der Enthaltsamkeit. Sie liebte die Musen, die immer als Jungfrauen dargestellt sind; eine Amazone war in ihrer Vorstellung etwas Erhabeneres als eine demütige Gebärerin von Kindern. Eine schwangere Zofe bezeichnete sie einmal als «Kuh».

Als die Reichsräte Schwedens rieten, sie solle sich wegen der notwendigen Thronfolge verheiraten, wies sie darauf hin, daß sie ja nicht unbedingt einen Augustus zur Welt bringen müsse, es könne ja auch ein Nero sein. Immer riet sie den Damen des Hofes ab, sich zu ver-

heiraten. Die Sklaverei der Ehe, diese «Leibeigenschaft» aus freiem Willen herbeizuführen, erschien ihr verrückt.
Der einzige Mann, von dem sie glaubte, daß er als Gemahl erträglich sein könnte, war Karl Gustav, der Sohn ihrer Tante Katharina, in deren Haus sie als Kind gelebt hatte. Zwischen Karl Gustav und ihr herrschte ein freundschaftliches und vertrautes Verhältnis, und aus ihren Briefen ist die Zuneigung ersichtlich. Sie unterschrieb einmal «Eure Euch in Liebe bis zum Tode getreue und dienstfertige Freundin». Allerdings waren solche Ausdrücke in der Zeit des Barocks üblich. Man übertrieb in Liebenswürdigkeiten. So ist auch der Satz aus einem ihrer Briefe aufzufassen: «Meine Liebe zu Euch ist so stark, daß sie nur der Tod überwinden kann.»
Als Karl Gustav ernsthaft um ihre Hand anhielt, teilte sie ihm mit, «gut Ding will Weile haben, und ich bitte Euer Liebden, Euch die Zeit nicht lang werden zu lassen». Sie zog sich mehr und mehr von diesem Verlobten zurück. Er aber bestürmte sie mit glühenden Beteuerungen. Schließlich wandte sie sich ganz von ihm ab. Sie entschuldigte sich, sie habe das Versprechen im Unverstand ihrer Jugend gegeben, als sie noch nicht einmal Macht gehabt hätte, einen Bauernhof zu verschenken, geschweige denn sich selbst, «weswegen ich diese alten Verbindungen nun für durchaus gelöst erkläre». Christine wollte von Karl Gustav als Gemahl nichts mehr wissen. Vielleicht empfand sie, daß es ihm mehr um die Krone ging als um ihre Hand.
Schön sind die Briefe des Karl Gustav nicht. Sie verraten weniger innerlich empfundene Liebe als demütige, gezierte, schmeichelhafte Redensarten. Karl Gustav war auch unklug genug, Freunden gegenüber Bestürzung über den möglichen Verlust der lockenden Krone erkennen zu lassen. Vielleicht hatte die Königin von kleinen Abenteuern des Cousins erfahren, denn ihr standen überall Spione zur Verfügung. Und noch eines: der gute Karl Gustav aß und trank sehr gern. Seine stets reichbesetzte Tafel war leider auch bald seiner Figur anzusehen. Die Beleibtheit mißfiel der Königin, sie nannte ihn «den kleinen Bürgermeister».
Als Reichskanzler Oxenstierna ein Versprechen der Königin erwirken wollte, Karl Gustav zu heiraten, erfand sie die geschickte Wendung: «Im Fall ich mich verheirate, nehme ich keinen anderen als den Pfalzgrafen Karl Gustav.» Damals hatte sie sich wohl schon insgeheim entschlossen, gar nicht zu heiraten. Aber etwas anderes wollte sie Karl Gustav zukommen lassen: die Krone. Falls eine Heirat nicht zustande kommt, gedachte sie Karl Gustav zu ihrem Nachfolger auf dem Thron zu ernennen. Und diese Ernennung betrieb sie nun. Zunächst für den Fall, daß ihr etwas zustoßen würde. «Ich spreche kein einziges Wort

mehr über Heirat», sagte sie, «ehe nicht Karl Gustavs Thronfolge fest beschlossen ist.»

Das war geschickt und unverfänglich. Die oberen wie die niederen Stände ließen den Wunsch erkennen, die Königin solle sich nun entscheiden. Eine Deputation des Volkes wurde entsandt. Christine antwortete, sie habe sich die Sache drei Jahre lang überlegt, sie könne sich zur Heirat nicht entschließen. Karl Gustav sei aber in Schweden geboren, er sei von königlichem Blut, er sei ihr nächster Verwandter, man solle ihn zum Thronnachfolger bestimmen. Endlich wurde Karl Gustav aus dem Hause Pfalz-Zweibrücken tatsächlich zum Thronfolger für den Fall ernannt, daß die Königin Christine ohne Leibeserben sterbe.

Jetzt erst ließ sich die Königin in aller Form krönen. Ihr Lehrer Matthiä hielt die Rede. Sie legte den Königseid ab, der von Axel Oxenstierna verlesen wurde. Erzbischof Lenäus setzte ihr die Krone aufs Haupt. Sie erhielt die königlichen Insignien und nahm auf dem silbernen Thronsessel Platz, auf dem später alle schwedischen Könige saßen. In einer goldenen Kutsche, von vier weißen Pferden gezogen, fuhr sie zum Schloß. Die Kanonen donnerten Salut, der Krönungsochse wurde gebraten, Wein strömte aus Brunnen für das ganze Volk. Feuerwerke wurden abgebrannt. Bei den anschließenden Festlichkeiten kamen einige Personen ums Leben.

Nach wie vor empfing Christine ihre Minister sehr früh am Morgen. Um 11 Uhr wurde zu Mittag gespeist, um 7 Uhr zu Abend. Aber nach fünf Jahren führten die häufigen Festlichkeiten zu einer Lockerung dieser Zeiteinteilung. Christine widmete sich den Staatsangelegenheiten mit aller Kraft, mit Eifer und großem Interesse. Allerdings wollte sie nicht im Schatten des ehrwürdigen Staatsmannes Oxenstierna regieren. Sie führte Verhandlungen auf eigene Faust. Ihr lag es nicht, Ehre und Macht auch nur mit einem einzigen zu teilen. Ihr Interesse an Wissenschaft und Literatur war immer noch brennend. Aber Christine umgab sich jetzt auch mit Günstlingen, meist Ausländern.

Magnus de la Gardie wurde von ihr zum Obersten der Leibgarde ernannt. Die normale Besoldung dieser Stellung wurde um 3000 Kronen erhöht. Sie sandte ihn mit 200 Personen Gefolge auf einem Linienschiff, begleitet von drei Fregatten, nach Dieppe, um den französischen Hof zu seinen Siegen in Deutschland zu beglückwünschen. Diese Prachtentfaltung für den Gesandten war künstlich und überflüssig.

Der neue französische Gesandte in Stockholm, Chanut, gefiel der Königin deswegen so gut, weil er ein gelehrter und kenntnisreicher Mann war, fünf Sprachen beherrschte und die Philosophie liebte.

Als man begann, über das Verhältnis des Grafen de la Gardie zu Christine zu tuscheln, verheiratete sie den Grafen mit ihrer Cousine Marie Euphrosine, richtete die Hochzeit aus, schenkte der Braut Juwelen und dem Paar 5000 Dukaten.
Sie überschüttete Magnus mit Geschenken und Beförderungen sieben Jahre lang. Als sie einmal hörte, daß der Günstling sie verleumdete, hatte de la Gardie bei ihr sofort ausgespielt.
Die Königin besichtigte mit General Fleming ihre Kriegsschiffe. Ein junger Stallmeister namens Steinberg begleitete sie. Auf losen Brettern im Wind geht es hinüber zu einem Schiff. Der Admiral macht einen Fehltritt, fällt ins Wasser, reißt die Königin mit. Er hatte versucht, sich an ihrem Kleid festzuhalten. Beide versanken. Da sprang Stallmeister Steinberg ins Wasser, griff nach dem Kleid der Königin und zog sie aufs Trockene. Christine machte sich nichts aus dem Morgenbad. «Es ist ein Glück», sagte sie, «daß ich gewohnt bin, nur Wasser zu trinken. Schlimmer ist es für Fleming, weil er sonst nur dem Wein und dem Bier zuspricht.» Steinberg wurde von jenem Tag an mit Geld und Gütern überhäuft.
Der gelehrte französische klassische Philologe Saumeise empfahl seinen Landsmann Bourdelot als Hofarzt. Dieser verwegene Abenteurer, Sohn eines Barbiers aus Sens in der Bourgogne, kam, wurde Leibarzt der Königin und blieb nun stets in ihrer Nähe. Bei Tisch stand er hinter ihrem Sessel und reichte ihr die Speisen. «Nächst Gott verdanke ich mein Leben Doktor Bourdelot», sagte Christine.
Jeder, der bei der Königin etwas erreichen wollte, begehrte die Fürsprache des Bourdelot. Er ließ sich das bezahlen. Die Geistlichkeit klagte, Bourdelot bringe der Königin gottlose und unsittliche Gedanken bei. Überhaupt schien sie der Freigeisterei zugeneigt und empfand darin einen Gleichklang mit ihrem Arzt. Während der Predigt las sie lateinische Schriftsteller und ließ oft erkennen, daß sie das Ganze langweile.
Bourdelot spürte die Abneigung des Hofes und der Regierung gegen seine Person. Mit einem «Reisepfennig» von 20000 Kronen verschwand der Liebling der Königin.
Der spanische Gesandte Pimentelli hatte wohl den ersten und stärksten Einfluß auf die junge Königin in Fragen der katholischen Religion. Er suchte sie zum Katholizismus zu bekehren. Sie liebte die gelehrten Dispute mit ihm. Er erhielt eine Wohnung direkt im Schloß.
Man kann mit Sicherheit sagen, daß alle diese Verbindungen rein geistiger Natur waren. Christine blieb ihr Leben lang von körperlichen Versuchungen unberührt.
Pimentelli suchte der Königin Schwächen im Protestantismus nach-

zuweisen. Er schilderte ihr das schöne Dasein in Rom, in Freiheit unter ewig blauem Himmel. Er spielte auf das an, was die Schweden seit jeher reizte, den Süden, die Sonne, das leichtere Leben, die Dichter, die Künstler. Dazu gäbe es freundliche Kardinäle. Als Pimentelli endlich vom König von Spanien zurückberufen wurde, als ein großer Abschied gefeiert wurde, als das schwedische Volk aufjubelte, weil dieser gefährliche Mann verschwunden war, da geriet seine Fregatte in der Nordsee in heftigen Sturm. Pimentelli kehrte zurück. Die Königin begrüßte ihn mit großer Freude. Wieder begann das Spiel des Gedankenaustausches und der endlosen Diskussionen. Die Abschiedsfeste wurden wiederholt. Mit einem neuen Dukatengeschenk reiste Pimentelli endlich ab.

Das Rätsel Christine ist bis heute ungelöst. Vielleicht entsagte sie der Krone, weil sie sich nicht als Frau fühlte, weil sie einen männlichen Geist hatte, weil sie auf keinen Fall ein Kind haben wollte, denn ohne einen Thronfolger hätte sie auf die Dauer nicht regieren können. Der Katholizismus lockte sie, weil hier das Zölibat in hohem Ansehen stand. Vielleicht glaubte sie, durch die katholische Religion Achtung vor ihrem Alleinbleiben zu finden. Von religiösem Eifer kann bei ihr in beiden Religionen keine Rede sein. Sie glaubte, ein persönliches Verhältnis zu Gott zu haben. Sie redete mit Gott in einer Sprache, die nur sie verstand, und in der gleichen Sprache glaubte sie, Gott zu hören.

Als Christine den Jesuiten Macedo kennenlernte, den Beichtvater des portugiesischen Gesandten in Stockholm, erkannte sie sofort, daß sie in ihm einen hochintelligenten Gesprächspartner gefunden hatte. Viele heimliche Zusammenkünfte gaben Macedo Gelegenheit, seine große Überredungskunst anzuwenden und Christine die Vorzüge des Katholizismus zu schildern. *Überzeugt* hat sie Macedo nicht. Man kann von Christine sagen, daß sie sich einzig und allein von ihren ganz eigenen Gedankengängen überzeugen ließ. Aber sie war soweit. Sie wollte längst Katholikin werden. Darum sandte sie Macedo mit einem Brief an den Kardinal Chigi, den späteren Papst Alexander VII., nach Rom.

Mittlerweile wimmelte es in Stockholm von Jesuiten und anderen Katholiken, ein Zustand, der zu Zeiten Gustav Adolfs, des Kämpfers für das Protestantentum, völlig unmöglich gewesen wäre. Aus Rom trafen die Jesuiten Malines und Casati ein. Wieder viele heimliche Zusammenkünfte. Die Königin spielte ein wenig mit ihrer Zusage, ja, sie gab den beiden gelehrten Italienern zu verstehen, sie müsse sich die Sache noch überlegen. Tatsächlich war sie zu jener Zeit bereits entschlossen, zu konvertieren. Äußerlich wohnte sie dem lutherischen

Gottesdienst bei und nahm das Abendmahl nach lutherischer Vorschrift. Sie verstand es glänzend, sich zu verstellen. Sie sagte das eine und tat das andere. Sie liebte zu täuschen, aber sie haßte es, getäuscht zu werden.

Als Vater und Sohn Messenius eine Schmähschrift gegen die Königin verfaßten und sie einen Dummkopf und eine Närrin nannten, die nur auf Vergnügungen aus sei, wurden beide hingerichtet.

Heimlich ließ Christine jetzt ihre Schätze packen, Möbel, Bücher, Gemälde, Skulpturen, Gold, Silber und zahllose Kostbarkeiten. Sie sprach von einer Reise innerhalb von Schweden, aber alles wurde nach Flandern verschifft. Nun erklärte sie ganz offen, sie werde abdanken. Ihrem Wunsch, der Krone zu entsagen, widersprach der Reichsrat, widersprach der greise Minister Oxenstierna.

Am 21. Mai 1654 versammelte sich der Reichsrat. Christine war fest entschlossen, auf den Thron zu verzichten. Der treue Minister Oxenstierna weigerte sich, das Wort zu ergreifen. «Ich habe dem Vater Eurer Majestät heilig gelobt, alles zu tun, um Schwedens Krone auf dem Haupt seiner Tochter zu erhalten.»

Einen Augenblick überlegte die Königin. Dann gab sie in einer kurzen Rede ihren unerschütterlichen Entschluß bekannt, die Krone niederzulegen.

Des Menschen Herz ist unerforschlich

Königin Christine

«Die Verschwiegenheit ist seltener, als man glaubt. Jedermann hat seine Vertrauten, und diese Vertrauten haben wieder andere. Wer ein Geheimnis ausplaudert, der macht sich dessen unwürdig. Man muß aber gewisse Vertraute haben, die alles, was man wissen lassen will, bekanntmachen.»

Christine von Schweden.

Noch nie hatte die Welt eine so merkwürdige Frau gesehen wie Christine, diese Amazone, diesen Junker zu Pferd, diese Streiterin mit den berühmtesten Gelehrten ihrer Zeit.

Christine wurde die Überraschung und Bestürzung Schwedens, die Verwirrung Belgiens, die Verwunderung und das Mißvergnügen Roms, der Abscheu und die Erregung von Paris.

Als Königin Christine dem Thron entsagte, hatte das Geschlecht Gustav Wasa 131 Jahre lang geherrscht. Prinz Karl Gustav wurde in der Domkirche von Uppsala zum König gekrönt. Während dieser feierlichen Handlung machte Christine eine Spazierfahrt in die Umgebung der Stadt. Sie wollte bei der Zeremonie nicht anwesend sein.

Bei strömendem Regen verließ sie Uppsala. Es war spät am Abend. Eilig hatte man Soldaten für eine Parade zusammengerufen. Kanonenschüsse wurden abgefeuert. Der König, der Reichsrat, die Ritterschaft gaben ihr das Geleit. Christine reiste zunächst nach Stockholm. Um ihren geplanten Glaubenswechsel noch geheimzuhalten, besuchte sie den lutherischen Gottesdienst in der Kathedrale von Stockholm und nahm sogar am Abendmahl teil. Dann begab sie sich auf das Schloß Nyköping. Sie nahm Abschied von ihrer Mutter, sehr kühlen Abschied, obgleich Maria Eleonore bitterlich weinte. Mutter und Tochter sollten sich niemals wiedersehen.

In Halmstad, nahe der dänischen Grenze, verabschiedete Christine den größten Teil ihres Gefolges, schickte auch den lutherischen Geistlichen, den sie zum Schein mitgenommen hatte, nach Stockholm zurück und setzte die Reise mit ihren Dienern und zwei holländischen Mädchen, den einzigen weiblichen Wesen in ihrer Begleitung, fort. Sie sprang über einen Bach, der Dänemark von Schweden trennt, und rief: «Endlich bin ich in Freiheit, endlich bin ich Schweden los. Ich hoffe, niemals wieder dahin zurück zu müssen.»

Auf dänischem Boden legt Christine Männertracht an. Sie nennt sich

Graf von Dohna. Er steht ihr gut, der französische Anzug, ein Wehrgehänge über der einen Schulter, eine Flinte über der anderen, schwarze Perücke, Herrenhut, Reitstiefel. Sie galoppiert nach Helsingborg. Dann geht es über den Sund. Den dänischen König will sie nicht sehen, deswegen reist sie inkognito. In Kolding, wo die königliche Familie lebt, beobachtet sie alles, ohne sich erkennen zu lassen.
Aber auch die Königin Sophie Amalie von Dänemark ist neugierig. Christine ist schon abgereist, da verkleidet sich die Dänin als Bauernmädchen und folgt ihr im Wagen bis Haderslev. Im Gasthof, wo Christine mit den Herren ihres Gefolges zu Mittag speist, sitzt das Bauernmädchen, Dänemarks Königin, und betrachtet den interessanten «Junker».
Erst in Hamburg wird Christine wieder ganz Königin. Der Magistrat empfängt sie mit großem Pomp. Sie wohnt bei dem reichen Bankier Texeira. Fürsten aus ganz Europa kommen an, die merkwürdige Frau zu sehen, dieses Weltwunder. Mit großem Gefolge sitzt sie allem Anschein nach andächtig in der Kirche, beim evangelischen Gottesdienst. Der Pfarrer spricht von der Königin von Saba. Eine große Kirchenmusik ist vorbereitet. Aber Christine geht, ehe das Orgelkonzert beginnt. Was liegt auf ihrem Kirchenstuhl? Keine Bibel! Der Vergil! Als man ihr das Buch nachbringt, nimmt sie es mit einem Lächeln entgegen und schenkt dem Pfarrer eine goldene Kette.
Vierzehn Tage lang hält die Königin ohne Krone in Hamburg großen Hof. Am letzten Abend besucht sie ein rauschendes Fest. Um 4 Uhr morgens reist sie ab. Niemand weiß es. Sie hat sich von niemand verabschiedet. Bis auf sechs Personen läßt sie das Gefolge zurück.
Und wieder geht es inkognito über Land. In Münster besucht sie das Jesuitenkollegium. Der Abt ist über ihre Männerkleidung entsetzt. In Deventer überrascht sie den Gelehrten Cronovius. Es ist schon sehr spät. Die halbe Nacht verbringt sie damit, in Folianten zu blättern, die Werke der Bibliothek des Philologen zu studieren.
In Antwerpen sammelt sie sich wieder ein Gefolge. Der große Condé, der französische Heerführer, will die Königin hier besuchen. Aber dieses Treffen scheitert, da man sich nicht über die Etikette bei der Audienz einigen kann. Überall erregt Christine größtes Aufsehen, auch Mißtrauen und Ärger. Seht, wie sie auftritt, sagt man. Wie ein Junker! Wie ungezwungen sie sich äußert! Und warum beteuert sie ihre Sätze? Wißt ihr schon, daß die Königin flucht? Woher rührt ihre ständige Neigung zum Spott? So ausgelassene Launen hat man noch nie an einer jungen Königin gesehen. Ist sie nicht eine Privatperson? Aber sie tut, als ob der königliche Purpur sie immer noch entschuldige, freispreche, schütze.

Antwerpen. Diesmal kniet die Königin in einer katholischen Kirche. Ach, im Kirchenstuhl hat sie ein Buch zurückgelassen. Sie beherrscht ja Latein, sagt der katholische Geistliche. Also liest sie wahrscheinlich heimlich die Bibel. Das ist schön. Ein Gebetbuch ist es nicht. Leider ist es auch nicht die Bibel, sondern wieder der Vergil. Als der Priester ihr das Buch bringt, empfängt ihn Christine mit sehr freundlichem Lächeln. Man glaubte zu bemerken, daß es ihr Spaß machte, mit gespielter Unabsichtlichkeit wissen zu lassen, welche Art von Gebetbuch sie liebte.

In Brüssel soll sie mit allem Prunk begrüßt werden. Da die Vorbereitungen für den feierlichen und großartigen Empfang ihr zu lange dauern, reitet sie schon vorher unerkannt in die Stadt. Sie sieht sich alles in Ruhe an und ist zurück in Antwerpen, als die Feierlichkeiten beginnen sollen. Dann hält sie offiziellen Einzug in die Stadt, deren Glanz sie eben heimlich genossen hat. Am Weihnachtsabend des Jahres 1654 zu Brüssel tritt die Tochter Gustav Adolfs, dieses größten königlichen Kämpfers für den Protestantismus, zum katholischen Glauben über. Die religiöse Handlung wird in aller Stille in der Privatkapelle des Erzherzogs vorgenommen. Sechs männliche Zeugen sind zugegen. Christine schwört der lutherischen Lehre ab, nimmt den katholischen Glauben an und versichert «bei ihrer Seele Seligkeit, in Zukunft keine Meinung zu haben, die gegen den Katholizismus steht».

Vielleicht war Christines Bekehrung aufrichtig. Sie hatte bis zum letzten Augenblick geschwankt. Man sagte damals, sie sei dem neuen Glauben gegenüber sehr kühl gewesen. Man fragte sie, wer ihr Seelsorger sei. Sie antwortete: «Ich habe gar keinen, denn alles, was überflüssig ist, habe ich in Schweden zurückgelassen.» Als später in Rom ein Buch herauskam, das den Übertritt der schwedischen Königin zum Katholizismus schildert, schrieb Christine auf das Titelblatt: «Der, der dies Buch geschrieben hat, versteht nichts davon. Und die, die etwas davon weiß, hat darüber nie geschrieben.»

Der Übertritt Christines zum Katholizismus war für ihre Mutter Eleonore ein so harter Schlag, daß sie am 18. März 1655 aus Kummer darüber starb. Sie überließ ihre Juwelen der Gemahlin Karl Gustavs mit den Worten: «Nimm sie nur, ich habe keine Tochter mehr.» In der Ridderholmskirche wurde sie neben Gustav Adolf beigesetzt.

Christine schrieb an den Papst, sie habe endlich das längst erwünschte Ziel, in den Schoß unserer heiligen Mutter, der römisch-katholischen Kirche, aufgenommen zu sein, erreicht . . .»Da ich weiter nichts mehr habe, was ich zu Eurer Heiligkeit Füßen aufopfern könnte, als meine Person, mein Blut, mein Leben, so biete ich es Eurer Heiligkeit mit

blindem Gehorsam an.» In einem Antwortschreiben an Christine brachte der Papst Alexander VII. seine Freude über ihren Glaubenswechsel zum Ausdruck. Er riet aber, den Übertritt zur römischen Kirche auch öffentlich zu begehen, dann erst sollte Christine nach Rom kommen. Die kirchliche Feierlichkeit sollte in der Hauptstadt des Erzherzogtums Tirol, in Innsbruck, stattfinden.
Auf der Reise nach Innsbruck wurde der Königin in Augsburg ein Tisch gezeigt, an dem ihr Vater, der große Gustav Adolf, gespeist hatte. Stumm und in Gedanken schaute sie auf den Tisch. Sie wischte sich Tränen aus dem Gesicht.
Für die Feierlichkeiten in Innsbruck wurde ein ungeheurer Aufwand getrieben. Silbergeschirr wurde von den erzbischöflichen Grafen von Trient, Brixen und Salzburg entliehen. In Regensburg wurden 24 Trompeten gekauft. Fußvolk, Kanonen, Turnierpferde, Pagen, Edelleute, Hofkutschen, Fackeln, mächtige Tafeln, viele Tonnen Wein, Tausende von Gästen – alles wurde zu diesem berühmten dritten November des Jahres 1655 in Innsbruck zusammengezogen. Christine trug ein einfaches schwarzes Seidenkleid. Sie las das Glaubensbekenntnis, wie die Chronik vermeldet, «wohl laut, langsam und wohl vernehmlich, mit klaren, wohl vernehmlichen Worten und freudigem Gemüte, langsam und distinkte, mit lauter, gleichsam männlicher Stimme und vortrefflicher Betonung, was von ihrer genauen Kenntnis des Lateinischen Zeugnis gab». Sie zeigte nicht die geringste Bewegung. Sie sah den berühmten Lucas Holstenius, Stiftsherr der St.-Peters-Kirche zu Rom, frei und gerade an. Holstenius, erster apostolischer Sekretär und Aufseher der vatikanischen Bibliothek, war Hamburger und selbst zur katholischen Religion übergetreten.
Abends wurde die Königin von einem Zug Pagen mit Fackeln in das Theater geleitet. Man spielte «Eifersucht zwischen Mars und Adonis». Ganz ungezwungen soll Christine beim Verlassen des Theaters gesagt haben: «Es ist ganz recht, daß ihr mir eine Komödie aufführt, nachdem ich euch eine Farce vorgemacht habe.» Das hat der Franzose Chevreau berichtet. Man möchte bezweifeln, ob es stimmt.
Für ihre Reise durch Italien hatte Papst Alexander der Königin viel Hausrat, Geschirr und sogar zwei Betten entgegengesandt. Sie sollte unterwegs immer in ihrem eigenen Bett schlafen. In der Nähe von Ancona besuchte Christine die Domkirche von Loreto. Hier sah sie das Haus, in dem die Jungfrau Maria zu Nazareth gelebt haben soll und das nach der Legende von Engeln nach Loreto getragen worden ist. Christine legte vor dem Marienbild eine goldene Krone nieder und ein königliches Zepter, mit 460 Rubinen, Diamanten und echten Perlen besetzt.

In Rom war die ganze Bevölkerung auf den Beinen, um die Ankunft der Königin mitzuerleben, unter Tausenden von Fackeln und Kanonenschüssen von der Engelsburg. Die Gemächer, die der Majestät im Vatikan zugewiesen waren, hatte man mit größter Pracht ausgestattet. Über eine Million Mark hatte der Papst für die Ausschmückung gegeben.
Dreimal ließ sich die Königin vor dem Papst auf die Knie nieder, küßte ihm den Pantoffel und die Hand. Ein schwedischer Historiker sagt, das seien wahrscheinlich die ersten und einzigen Beweise christlicher Demut gewesen, die Christine jemals an den Tag gelegt habe.
Ein zweiter feierlicher Einzug fand unter Entfaltung noch größerer Pracht statt. Am Weihnachtstag des Jahres 1655 zog Christine wie eine siegreiche Kaiserin und als stolze und glorreiche Heldin in Rom ein. Gekleidet als Amazone, eine Feder auf dem Hut, ritt sie im Herrensattel auf weißem Roß, begleitet von Fürsten, Kardinälen und dem römischen Adel. Vierundzwanzig Kardinäle mit prächtigem Gefolge, die Schweizer Leibgarde, der ganze päpstliche Hofstaat gaben ihr das Geleit. Fahnen an den Häusern, Blumengewinde, Salven aus den Musketen, zweihundert Kanonenschüsse, Trompeten, Jubel!
Die italienischen Damen konnten es nicht begreifen, daß eine Königin hoch zu Roß, wie ein Mann gekleidet, daherkam. Christine erhielt die Taufbestätigung vom Papst, nahm den Namen Alexandra an und ließ sich von nun an Christine Alexandra nennen. Am zweiten Weihnachtstag zog sie in den Palast Farnese, den der Papst und der römische Adel für sie gekauft hatten.
Sie besuchte jetzt die Kunst- und Gemäldesammlungen von Rom, die Bibliotheken, die klassischen Ruinen. Sie nahm an rauschenden Festen teil, und als die Fastenzeit begann, sah man sie bei großen Konzerten, bei Passionsspielen, gelehrten Vorträgen und Disputationen. Sie gründete in ihrem Palast eine wissenschaftliche Akademie. Hier sammelte sie die ganze gelehrte Welt Roms um sich. Alle wollten die wunderliche Amazone kennenlernen oder doch wenigstens sehen.
Bald hatte Christine ihren alten Hochmut wiedergefunden. Die Damen des römischen Adels behandelte sie mit größter Herablassung. Sie ließ sie auf Schemeln Platz nehmen, damit sie schön niedrig saßen. Nur Prinzessinnen bot sie Stühle an. Wie schon immer, kannte sie für ihr eigenes Geschlecht nichts als Verachtung. Während der Messen und Gebete sprach sie viel zu laut mit ihren Nachbarn, manchmal lachte sie, oder sie vertiefte sich in die Gemälde der Kirche und vergaß darüber alles andere. Um sie zu ermahnen, schickte ihr der Papst einen Rosenkranz. Er teilte ihr mit, während der Gebete bediene man sich dieser Rosenkränze. Sie ließ ihn ein paarmal durch die Finger gleiten,

dann warf sie ihn einer ihrer Damen zu mit der Bemerkung, sie persönlich wolle nicht nach dem Rosenkranz katholisch sein.
Der spanische Graf Cueva, ein hitziger und schwatzhafter Herr, begann sich über die Königin überall zu beklagen. Er verleumdete sie. Er gab seinen Unwillen kund über die vielen Italiener, die Christine in ihrem Gefolge den Spaniern vorzog. Die Königin ließ den Grafen kommen. Er warf sich vor ihr auf die Knie und gelobte Treue und Gehorsam. Sie ließ ihm sagen, wäre er nicht ein General des Königs von Spanien, sie ließe den Knüppel auf seinem Rücken tanzen.
Als der Kardinal Colonna von heißer Liebe für die Königin ergriffen wurde, als der betagte Herr sich seinen weißen Bart schwarz färben ließ, untersagte der Papst ihm alle Besuche bei der Königin. Daraufhin ließ der feurige Liebhaber nächtliche Ständchen unter den Fenstern der Königin erklingen. Der Papst verwies diesen hartnäckigen Anbeter aus Rom. Unnötigerweise, denn Christine hat niemals ein anderes Interesse an Männern an den Tag gelegt als ein rein geistiges. Ihr unweibliches Wesen, ihre Stimme, ihr ganzes Auftreten sollen stets abkühlend auf Männer gewirkt haben. Es gab nur sehr wenige, die zärtliche Gefühle für Christine aufbrachten.
Die Königin reiste nach Frankreich. Im September 1656 traf sie in Fontainebleau ein. Es gibt einige Schilderungen ihres Aussehens und ihrer Art aus jener Zeit. Der Herzog von Guise schrieb: «Sie ist untersetzt, hat sehr breite Hüften, schöne Arme, weiße, gutgeformte Hände. Sie gleicht in ihrem Äußeren mehr einem Mann als einer Frau. Sie ist immer stark gepudert, trägt nie Handschuhe, spricht mit einer tiefen, männlichen Stimme und hat auch sonst das Auftreten eines Mannes.» Christine selbst sagte, sie könne die Herren leiden, nicht weil sie Männer seien, sondern weil sie keine Frauen seien.
In Frankreich lernte sie den achtzehnjährigen König Ludwig XIV. kennen. Er wurde ihr von Kardinal Mazarin vorgestellt – unter fremdem Namen. Die Königin erkannte ihn sofort. Vermutlich hatte sie Bilder von ihm gesehen. Sie sagte: «Ich glaube in der Tat, Sie besitzen ganz ausgezeichnete Eigenschaften, denn Sie scheinen dazu geboren, eine Krone auf Ihrem Haupt zu tragen.» Ludwig XIV. war zu jener Zeit sehr scheu und verlegen. Aber Christine fand den rechten Ton voll Offenherzigkeit. Sie machte ihm Komplimente. Er fühlte sich bald in ihrer Gesellschaft wohl.
Christine kehrte nach Italien zurück. In Rom herrschte die Pest. Sie war jetzt sehr unruhig. Weg, nur weg wollte sie. Es zog sie wieder nach Frankreich, und sie hatte einen Plan. Sie wollte den Spaniern Neapel wegnehmen und für dieses Unternehmen die französische Regierung und französische Truppen gewinnen. Ihr wurde das Lustschloß

Fontainebleau, 60 Kilometer südöstlich von Paris, zur Verfügung gestellt.
Hier nahm sie nun eine der phantastischsten Hinrichtungen der Weltgeschichte vor. Was Christine tat, wurde zu ihren Lebzeiten und später von aller Welt verurteilt. Wohl zu Unrecht. Man hat immer nur ihre Handlungsweise kritisiert. Weniger hat man sich um die geheimen Gründe gekümmert, die sie zu ihrer Tat veranlaßten.
Im Dienst der Königin stand ein Italiener namens Monaldesco. Er hatte den Rang eines Stallmeisters. Außerdem befanden sich in ihrem Hofstaat die Brüder Sentinelli. Der eine war Hauptmann ihrer Garde, der andere ihr Oberkämmerer. Es gab zwischen dem Oberkämmerer und Monaldesco öfters Streit. Monaldesco beschloß, seinen Rivalen aus der Umgebung der Königin zu beseitigen. Er schrieb daher in der Handschrift des Sentinelli Briefe und unterzeichnete die Briefe mit dem Namen seines Gegners. Sie enthielten nicht nur Beleidigungen der Königin, sondern offenbar auch höchst verräterische Mitteilungen geheimer Angelegenheiten.
Christine ließ den Verleumder Monaldesco in das Schloß kommen und fragte ihn, was mit dem Mann geschehen müsse, der solche Gerüchte ausstreue. Monaldesco beschuldigte sofort den Sentinelli und empfahl der Königin, einen solchen Verräter unbarmherzig niederstechen zu lassen. «Ich biete mich selbst Eurer Majestät zum Vollstrekker dieses Urteils an.»
«Gut», sagte Christine, «erinnert euch daran und seid überzeugt, daß ich den Verräter nicht schonen werde.» Die Königin sammelt jetzt alle Beweismittel. Monaldesco ahnt etwas. Er beschließt zu fliehen. Dann besorgt er sich ein Panzerhemd, das ihn gegen Degen- und Dolchstiche schützen soll. Dem Befehl seiner Königin, in der Hirschgalerie von Fontainebleau zu erscheinen, wagt er nicht zu widersprechen. Gleich nach ihm trifft Sentinelli mit zwei Gehilfen ein. Plötzlich läßt die Königin die Türen schließen. Es beginnt ein Verhör. Christine hat einen Beichtvater mitgebracht. Die Briefe mit der verstellten Handschrift werden Monaldesco vorgelegt. «Kennen Sie diese Schreiben?» fragte die Königin.
Totenblaß ist Monaldesco. Er zittert. Er leugnet. «Ihr wißt also nichts?» Der Italiener schweigt. Die Königin legt noch weitere Beweise vor. Monaldesco erkennt die Gefahr. Er wirft sich vor der Königin auf die Knie. Er bittet um Gnade.
Sentinelli und seine Gehilfen ziehen ihre Degen. Monaldesco fleht die Königin an, sie solle ihn noch einmal anhören. Es ist ein unheimliches Bild. In der langen Galerie geht die Königin auf und ab, von einem Ende zum anderen. Auf sie einredend mit heftigen Gebärden

Monaldesco. Kein Zeichen des Mißfallens, keine Spur von Mitleid auf dem Gesicht der Königin. Als er geendet hat, wendet sich die Königin an den Beichtvater und sagt mit ruhiger Stimme: «Ich übergebe diesen Menschen nun in Eure Hände. Bereitet ihn auf den Tod vor. Tragt Sorge für seine Seele.» Dann verläßt sie die Hirschgalerie. Noch einmal versucht der Beichtvater, die Königin umzustimmen. Sie bleibt unerbittlich.

Monaldesco erlitt einen schrecklichen Tod. Ihm wurden schwere Wunden beigebracht, am Hals, am Kopf – weil das Panzerhemd die Brust bedeckte. Um 11 Uhr hatte das Verhör begonnen. Um 4 Uhr nachmittags tat Monaldesco den letzten Atemzug. Während der Prozedur saß Christine dicht neben der Galerie in einem Zimmer, völlig entspannt, keineswegs erregt.

In einem fremden Land, im Reich des mächtigen Königs Ludwig XIV., ließ diese Fremde einen Mann ermorden, der ihr zweifellos schweres Unrecht angetan hatte. Wahrscheinlich hatte der Stallmeister Christines Absichten auf Neapel an die Spanier verraten. Aber sie war nicht mehr regierende Königin. Hier in Fontainebleau zu richten hatte sie keinerlei Recht. Um den Schein zu wahren, tat man am französischen Hof, als ob nichts geschehen sei. Man deutete ihr aber an, das Land zu verlassen.

Trotz aller Demütigungen und ziemlich unbeachtet, blieb sie noch drei volle Monate. Sie wollte Paris sehen. Sie brachte einige Tage in der Wohnung des Kardinals Mazarin zu. Den französischen Hofdamen war befohlen, bei jeder Gelegenheit zu erwähnen, wie langweilig es doch jetzt in Paris und am französischen Hof sei und wie gut es wäre, abzureisen.

Tags ruhte Christine, nachts nahm sie sich Mietwagen, besuchte Maskeraden, Komödien, jagte von Lustbarkeit zu Lustbarkeit, erschien unerwartet auf Festen. Ein Plan, nach England zu reisen, scheiterte an der Ablehnung von Oliver Cromwell. Auch Österreich kam ihr nicht entgegen. Kaiser Leopold erklärte, er wolle sie nicht in Wien sehen. Kein Fürst Europas lud sie mehr ein. Ihr Glanz schien dahin. Selbst in Rom wurde sie jetzt mit Zurückhaltung und Kälte behandelt.

Sie aber hielt sich immer noch für eine souveräne Königin. Sie legte Wert darauf, daß Gesandte und Kardinäle, die in Rom eintrafen, gleich nach dem Papst und dem Vorsteher der Kardinäle bei ihr, der Königin, Besuch machten. Wer es unterließ, erhielt nie wieder eine Audienz bei ihr.

Ständig war sie in Geldnot. Sie versetzte ihre Juwelen. Die Ruhe und die Freuden des Privatlebens, die sie sich bei der Abdankung erhofft hatte, traten nie so recht ein.

König Karl Gustav war in einen Krieg mit Dänemark, Polen und Brandenburg verwickelt. Schweden hatte Mühe, die nötigen Summen für den Krieg aufzubringen. Für die ferne, abgedankte Königin, die noch dazu dem Glauben des Landes untreu geworden war, hatte man nicht mehr viel übrig. Sie erhielt jetzt 12 000 Scudi aus der päpstlichen Kasse, zuwenig für ihre hohen Ansprüche.
König Karl Gustav stirbt. Er hinterläßt nur einen fünfjährigen Sohn. Das ist der Augenblick für Christine, nach Schweden zu reisen. Der Thronerbe ist kränklich. «Er wird nicht lange leben», denkt Christine. «Dann fordere ich die Krone zurück.»
Die Schweden wollten Christines Reise verhindern, aber die entschlossene Königin traf in Stockholm ein. Sie wurde mit großen Ehren empfangen, aber sie verstand es in kürzester Zeit, alle ihre einstigen Bewunderer zu schockieren. Sie richtete einen katholischen Gottesdienst ein, öffentlich ließ sie die Messe lesen. Sie erhob Ansprüche auf den schwedischen Thron, dem sie feierlich entsagt hatte. Unruhig, wie sie immer war, reiste sie von Stockholm nach Nyköping. Sie langweilte sich. Schließlich fuhr sie nach Hamburg und gab sich alchimistischen Studien hin.
Wieder in Rom, verbringt die Königin ihre Nächte mit geheimnisvollen chemischen Experimenten. Sie will den Stein der Weisen finden. Sie will Gold machen. Am Teleskop sitzt sie und betrachtet Himmelskörper in unendlichen Fernen. Es ist sehr still, aber ihr Herz ist voll Unruhe.
Noch einmal Schweden, noch einmal Hoffnungen auf die Wiedergewinnung des Thrones, noch einmal all die alten Fehler! Sie wollte einen katholischen Priester mitnehmen. Aber sie scheiterte kläglich. Sie empfand die Einschränkungen, die man ihr nun auferlegte, als beleidigend. Fort von hier, augenblicklich. Das war schließlich ihr einziger Gedanke. Der schwedische Hof, die Regierung, alle fühlten sich erleichtert.
Ein Thron, nur endlich wieder ein Thron! Sie bemüht sich jetzt, die polnische Krone zu erringen. Aber auch das mißlingt.
In Rom umgibt sie sich mit Sammlungen, mit Bibliotheken. Sie läßt Ausgrabungen vornehmen. Die herrlichsten Bilder sind bei ihr zu sehen. Raffael, Correggio, Tizian, Veronese, und vor allem Skulpturen des Bernini, den sie hoch verehrt. Hervorragende Künstler und Gelehrte gehen bei ihr aus und ein. Sie gilt jetzt in Italien als Beschützerin der Künste und Wissenschaften. Seit Augustus, so sagt man, habe die Welt keinen wohltätigeren Mäzen gesehen. Der Palast Riario ist nicht mehr groß genug für die Königin und ihren Hofstaat. Künstler, Beamte, schöne junge Damen wohnen dort, Schauspieler.

Die Königin wurde im Alter zum Schrecken ihrer Zeremonienmeister. Keine Verbeugung, keine Ehrenbezeigung, keine Begrüßung waren ihr untertänig genug. Dabei wußte sie selbst alle zu gewinnen. Sie eroberte die Herzen ihrer Umgebung, wie sie nur wollte, sie konnte außerordentlich einnehmend sein, sie verstand, jedem etwas Liebenswürdiges zu sagen. Frauen an diesem merkwürdigen Hof gehörten zur Seltenheit. Und doch hatte sie ein paar Vögel in ihren Mauern, schöne junge Mädchen mit dramatischem oder musikalischem Talent.
Das Gehen fällt der Königin schwer. Sie ist jetzt beleibt, eine Matrone von sechzig Jahren. Ihr Mund ist eingefallen, aber die Unterlippe steht trotzig hervor, mit großer Arroganz. Ihr Temperament, ihr Feuer, ihre Überlegenheit über die meisten Menschen sind geblieben.
«Das Alter ist schlimmer als der Tod«, denkt sie. «Was sind wir? Staub und Asche! Das Leben ist ein Traum. Es vergeht, es verschwindet wie ein Blitz. Wir alle eilen der Ewigkeit entgegen.» Das sind Christines Gedanken.
Sie wird von Anfällen gepackt, Fieber, immer wieder Fieber! Sie hat gelernt, sich selbst zur Ader zu lassen. Sie tut es meist gegen den Rat des Arztes. Sie ist sehr schwach. Aber der Hofschneider ist da. Es wird anprobiert.
«Strengen Sie sich nicht an, Königin.» Das quittiert sie mit einer kräftigen Ohrfeige. Für den ungefragten Rat!
Ein anonymer Brief riet ihr, vor ihrem Tod alle unanständigen Gemälde und Statuen aus ihrem Palast zu entfernen. Da lachte die Königin.
Ein Kleid aus Silberbrokat mit Goldstickerei ist fertig. Am Heiligen Abend 1688 probiert sie es an. «Sag mir, Julie, was du denkst», fragt sie das Kammermädchen. «Wann werde ich dieses Kleid in Gebrauch nehmen?» Julie schweigt. Schließlich sagt sie, von der Königin zur Antwort gezwungen: «Eure Majestät denken, Sie werden sich in nicht allzu langer Zeit darin begraben lassen.»
Eine große Aufregung wirft die Königin auf das Krankenlager. Kardinal Azzolini, selbst keineswegs gesund, wacht Tag und Nacht bei ihr. Ein Karmelitermönch, ein Böhme, steht der Königin in ihrer letzten Stunde bei.
Sie empfing die Sterbesakramente und den übersandten Segen des Papstes mit großer Seelenruhe. Sie entschlief am 19. April 1689. Sie ist in der Peterskirche beigesetzt.
«Es ist nichts daran gelegen, wie man geboren wird, aber es kommt sehr viel darauf an, wie man stirbt.» Das hat Christine gesagt.

Die Königin, Descartes und Bernini

«Ich schwöre Ihnen aber, daß mein Verlangen, in meine Wüste zurückzukehren, von Tag zu Tag zunimmt und daß ich nicht einmal weiß, ob ich hier die Zeit Ihrer Rückkehr werde abwarten können. Es ist nicht so, als ob ich nicht immer einen vollkommenen Eifer für den Dienst der Königin empfände und sie mir nicht so viel Wohlwollen bezeigt, wie ich vernünftigerweise nur wünschen kann. Aber ich bin hier nicht in meinem Element, und ich ersehne allein jene Stille und Ruhe, die solche Güter darstellen, wie sie die mächtigsten Könige der Erde denen nicht geben können, die sie sich nicht selbst zu nehmen wissen.»

Descartes in einem Brief an De Brégy, Stockholm, 15. Januar 1650.

Christines Welt war die Welt des *Barocks*, Aufzüge, Empfänge und Feste, Überraschungen für die Höfe ganz Europas, das hohe Niveau ihres Briefwechsels, eine Welt ungewöhnlicher und großer Geister, versammelt um eine Frau, Kniefall und Hochmut zu gleicher Zeit, Vergil in der Kathedrale, Reformation und Gegenreformation in einer Person.

Es ist die Epoche jener eigentümlichen Steigerung des Ausdrucks, die man «pathetisch», «affektiert» und «manieriert» genannt hat. Aber diese Kennzeichen treffen nicht den Geist der Zeit. Es ist auch nicht wahr, daß der Barockmensch einfach nicht natürlich sein konnte. Haben je natürlichere Menschen gelebt als Christine, Descartes, Pascal?

Das Barock war trotz mancher Eigenheiten – wie der Perücke, die übrigens schon bei Assyrern, Persern und Ägyptern als Zeichen der Würde galt –, eine der glänzendsten schöpferischen Epochen, die das Abendland gesehen hat, vor allem auf den Gebieten der Architektur und der Musik, in denen sich die neuen Raumphantasien, Raumsymphonien und der Überschwang des schöpferischen Gestaltungsdranges voll entfalten konnten. Die Freiheit des Raumes zu genießen, alle seine Möglichkeiten zu entdecken und zu erfahren, das war der Geist des Barocks, mit Musik- und Bauphantasien, mit Hallen, Bogengängen, Kuppelräumen, die immer auf das Unendliche verweisen. Was in Rom, Versailles, Valencia und Santiago, in Wien, Prag und Brüssel, in Dresden, Potsdam und Würzburg aus dem Geist des Barocks entstanden

ist, gehört zum Eigenartigsten und Prächtigsten, was der menschliche Geist je erschaffen hat, und selbst im allzu Bewegten und Pompösen muß man noch die Originalität und schöpferische Kraft bewundern.
Christine gehörte zu den Menschen, deren Name im 17. Jahrhundert am meisten in aller Munde war. Über sie wurde in allen Ländern des Abendlandes diskutiert, sie wurde bewundert, verleumdet, in strahlende Höhen erhoben, beargwöhnt und geschmäht. Auch die Tatsache, daß eine Königin fast ein Dutzend Sprachen beherrschte, ist ein Wunder des Barocks. Ihre geistigen Fähigkeiten bildeten die glänzendste Seite ihres Wesens. Wann hat es vorher oder nachher eine Königin gegeben, die ganze Akten in Minutenschnelle mündlich ins Lateinische übersetzen konnte, die von den schönen Künsten wie den trockenen Wissenschaften gleichermaßen stark beseelt war?
Der Palazzo Riario, in dem sie zu Rom lebte, barg damals in seinem Innern außerordentlich reiche und geschmackvolle Kunstschätze, Antike, Renaissance und Barock, Gobelins, Plastiken und Gemälde, eine berühmte Münzensammlung, eine sehr fein ausgewählte Bibliothek sowie eine der interessantesten Handschriftensammlungen der Welt. All das wollte diese Frau um sich haben, damit wollte sie leben. Für alles Große und Herrliche im Menschen wie in der Kunst besaß sie eine fast schwärmerische Verehrung. Erstaunlich auch ihre staatspolitischen Kenntnisse der Probleme und Geheimdiplomatie aller Länder und Fürsten des Abendlandes! Der englische Jurist und Parlamentarier Whitelocke sagte zu Cromwell, keiner unter allen Menschen, die er kenne, habe so umfangreiches Wissen über die Angelegenheiten aller Staaten und Fürsten der Christenheit. Über England und die bedeutendsten Persönlichkeiten des Inselreiches war sie so genau unterrichtet, daß man England für ihr Vaterland hätte halten können. In Paris war man erstaunt, in welchem Maße sie die Verhältnisse des Landes kannte, die Fürsten und ihre Wappen, alle Intrigen und Galanterien, die Namen der Menschen, die Malerei und Musik liebten, ja die einzelnen Gemäldesammlungen und die Preise der Bilder. Sie wußte den Franzosen Dinge über deren Vaterland zu sagen, von denen man selbst an der Seine keine Ahnung hatte. Sie machte den Hof auf einen sehr wertvollen Agatstein aufmerksam, der gesucht wurde und sich dann auch wirklich fand.
In Rom nahm sie nicht nur am Kunstleben der Stadt teil, sie interessierte sich nicht nur brennend für das Theater dort und die Musik, sie ließ sich auch über alle Ausgrabungen informieren, ja, sie organisierte selbst solche Grabungen in der Nähe der Thermen des Diocletian und unter der heutigen Via Nazionale. Sie besaß ein Observatorium und beschäftigte zwei Astronomen, auch ein Laboratorium,

in dem namhafte Physiker arbeiteten. Sie hat zwei oder drei wissenschaftliche Akademien gegründet.
Sie interessierte sich für Gesichter, die Physiognomien bedeutender Persönlichkeiten, und pflegte Marmor- und Bronzeköpfe von Männern und Frauen, die ihr bedeutend erschienen, lange und eingehend zu betrachten. Manche suchte sie, koste es, was es wolle, zu erwerben, um sie immer vor sich zu haben. Was sie nicht mit Geld für ihren Palazzo ankaufen konnte, ließ sie sich in Abgüssen herstellen.
Sie schrieb Essays über Alexander und Caesar, sie verfaßte eine berühmte Sammlung von Maximen, auch eine Art Autobiographie. Solche Selbstporträts zu schreiben war sehr beliebt im Zeitalter des Barocks; es existieren berühmte Beispiele, wie das der Herzogin von Châtillon.
Der Einfluß, den der berühmte französische Philosoph *Descartes* auf Christine ausübte, muß wohl größer gewesen sein, als die meisten Biographen annehmen. Der Briefwechsel der Königin mit Descartes sagt nicht alles. Mehr muß sich in Stockholm ereignet haben. Und es ist nicht sehr genau bekannt, wie sich die einzelnen Begegnungen des Descartes mit der Königin abspielten und was dort gesprochen wurde.
Im September 1649 folgte Descartes der Einladung Christines, traf in Stockholm ein, und in Stockholm starb er am 11. Februar des nächsten Jahres. Während dieser knappen fünf Monate mag ein Dutzend Gespräche stattgefunden haben, die nicht ohne Einfluß auf die Königin gewesen sein können.
Christine bewunderte von Anfang an die Fähigkeiten des Descartes, sich von der Welt zurückzuziehen, die Dummheit der Menschen zu meiden, den äußeren Gefahren, dem Auf und Ab des Lebens nach Möglichkeit zu entgehen. Im Grunde war ihr Entschluß, den Thron aufzugeben und nach Rom zu ziehen, nichts anderes. Nur blieb sie immer ganz der Welt verhaftet, er aber zog sich wirklich in den Riesenbau seines Gedankenreichtums zurück.
Christines Freundschaft mit *Bernini* kann als eines der interessantesten Verhältnisse einer hochkultivierten, ungewöhnlich begabten Frau mit einem der größten Bildhauer der abendländischen Kultur bezeichnet werden. Als Bildhauer steht Bernini überhaupt im gesamten Barock unerreicht da. Er ist der Vollender des italienischen Hochbarocks.
Päpste und Könige waren seine Auftraggeber. Er entwarf Pläne für den Weiterbau des Louvre, er schuf die halbkreisförmigen Kolonnaden, die den Vorplatz der Peterskirche in Rom einfassen und die ja erst die volle Wirkung der Kathedrale erzielen. Er bildete die bewegten und wohl prachtvollsten Brunnen Europas, den Tritonenbrunnen auf

der Piazza Barberini und den Vier-Ströme-Brunnen auf der Piazza Navona. «Apollon und Daphne» in der Villa Borghese, das Grabmal Urbans VIII. in Sankt Peter, die «Verzückung der heiligen Therese» – diese Werke sind aus der bildenden Kunst des Abendlandes nicht mehr wegzudenken.

Es war Christine, die dem französischen König Ludwig XIV. im Jahre 1655 riet, Bernini mit der Planung der vorgesehenen Umbauten des Louvre zu beauftragen. Jahrzehntelang verfolgte sie alles Tun, jeden Gedanken, jedes Werk des Bernini, sie suchte ihn in jeder nur möglichen Weise zu begünstigen. Sie bewunderte ihn restlos. Sie ließ Filippo Baldinucci nach dem Tod des großen Bildhauers und Architekten eine Biographie ihres berühmten Freundes schreiben.

Bernini andererseits lag außerordentlich am Urteil der Schwedin und am Gedankenaustausch mit ihr. Seine letzte Arbeit, die Erlöserstatue, vermachte er auf dem Sterbebett der Königin, ja, er ließ sie um Fürbitte für ihn ersuchen. Er war davon überzeugt, daß sie ein besonderes Verhältnis zu Gott hatte, daß sie gewisse Stimmen vernahm oder eine Sprache sprach, die nur sie verstand und die nur Gott hören konnte. Tatsächlich ist ja Christine im Alter tief religiös geworden. Man darf das über der Tatsache ihrer eigentümlich ungebundenen Auffassung von Kirche und Ritual nicht vergessen. Sie ließ Bernini mitteilen, daß sie für seine Seele beten werde und daß sie über dieses irdische Dasein hinaus alles für ihn tun werde.

Wenn die Menschen der verschiedenen Epochen im Paradies beieinander bleiben, so wäre die Gesellschaft des Barocks gewiß die begehrenswerteste und den Gesellschaften aller anderen Epochen vorzuziehen. Sie war die schillerndste, die vielfältigste, die interessanteste und angenehmste, eine Gesellschaft, in der die verschiedensten Geister und Begabungen umeinander bemüht waren, eine Gesellschaft, die so ungeheuer viel in sich hatte, daß sie sich niemals langweilen konnte.

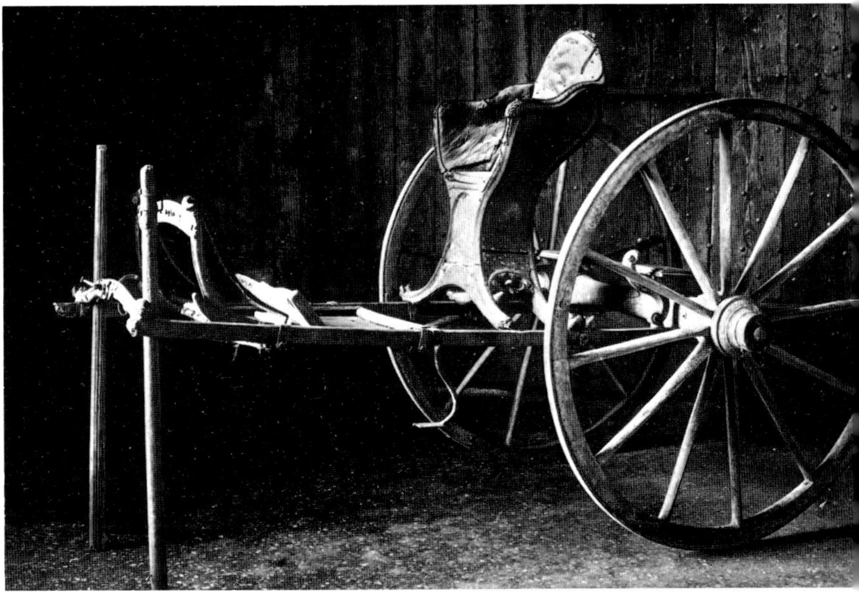

[49 a] Beatrice d'Este war fünfzehn Jahre alt, als sie sich im Jahre 1491 mit Lodovico il Moro vermählte. Das ungewöhnlich intelligente und gebildete Mädchen starb schon mit zweiundzwanzig Jahren. Lodovico, der ihr sehr ergeben war, konnte sie nie vergessen. Das Gemälde von Zenale befindet sich in der Pinacoteca di Brera zu Mailand.

[49 b] In einem solchen Wagen jagte die junge Beatrice d'Este in die benachbarten Orte von Mailand, wobei sie die Pferde selbst lenkte.

[50 a] Wann der erste Dogenpalast an der Lagune von Venedig errichtet wurde, weiß man nicht. Viele Male brannten die Bauten ab. 1340 entstand dieses Wunderwerk. 80 Jahre später hielt der Große Rat von Venedig hier seine erste Sitzung. Merkwürdig schwer ruht der mächtige Oberbau auf den feinen gotischen Bögen. Der ganze Palast, im Stil der Gotik und der Frührenaissance, läßt geheimnisvoll orientalische Züge erkennen.

[50 b] Eines der schönsten Gemälde von Tintoretto, die Trauung der heiligen Katharina, befindet sich in der Sala del Collegio im Dogenpalast.

[51] Francesco Foscari war einer der bedeutendsten Dogen Venedigs. 34 Jahre lenkte er die Geschicke der Lagunenstadt. Nach den großen Triumphen seines Lebens mußte er am Ende tragische Demütigungen über sich ergehen lassen. Sein tiefes Leid wurde von Antonio Bregno unnachahmlich durch die Augen, den herb geschlossenen Mund, die eingegrabenen Falten des müden Greisengesichtes dargestellt.

[52] Am 17. Juli 1203 gab der greise venedische Doge Enrico Dandolo Befehl zum Sturm auf Konstantinopel. Über den Zinnen der Stadt (links oben) flattert schon das Banner der Venezianer mit dem Haupt des Evangelisten Markus, des Schutzpatrons der Seestadt. Palma Giovane, ein Sohn Venedigs, schuf dieses Gemälde für den Dogenpalast um 1600.

[53] Der Warteraum für Gesandte an den Tagen großer Audienz im Dogenpalast wird Antecollegio genannt. Dieser Ausschnitt aus dem «Raub der Europa» von Paolo Veronese zeigt, wie außergewöhnlich fein das Genie aus Verona, das sich Venedig verschrieben hatte, malen konnte. In Napoleon fand die Europa ihren zweiten Räuber, er nahm sie nach Paris mit, aber sie wanderte wieder in den Dogenpalast zurück.

[54] Cosimo de Medici, genannt «der Alte», erwarb sich große Verdienste um die Entwicklung von Handel, Kunst und Wissenschaft der Stadt Florenz. Er stiftete die Platonische Akademie und berief die bedeutendsten Humanisten nach Florenz.

[55 a] Der mächtige Palazzo Medici-Riccardi wurde 1444—1452 für Cosimo de Medici von Michelozzo erbaut. Die Familie der Medici bewohnte den Palast bis 1537. Im siebzehnten und achtzehnten Jahrhundert wurde er von den Riccardi erweitert. — Der Hofeingang zur Hauskapelle des Palazzo.

[55 b] Benozzo Gozzoli war ein Schüler des Fra Angelico. Dieses Fresko zeigt den Zug der Heiligen Drei Könige durch eine Gebirgslandschaft. Im Reitergefolge' sind die Medici und andere florentinische Persönlichkeiten dargestellt. Das Werk befindet sich in der Kapelle des Palazzo Medici-Riccardi.

[56] Lorenzo de Medici war einer der bedeutendsten Staatsmänner der Renaissance und der Weltgeschichte überhaupt. Der berühmte Historiker Guicciardini erklärt, Italien habe zur Zeit Lorenzos des Prächtigen den höchsten Wohlstand seit tausend Jahren erlebt, was allgemein als die Frucht von Lorenzos Fleiß und Tugenden anerkannt wurde.

[57 a] Donatello, der bedeutendste italienische Bildhauer in der Zeit zwischen Giovanni Pisano und Michelangelo, schuf dieses Meisterwerk für den Hof der Signoria zu Florenz. Es zeigt Judith, die während einer Belagerung ihrer Vaterstadt Betylua ins Lager des Holofernes ging und ihm des Nachts in seinem Zelt das Haupt abschlug. Daraufhin flohen die Belagerer. Cosimo de Medici verehrte die Kunst und Geschicklichkeit Donatellos in besonders hohem Maße und gab ihm daher ständig Arbeit.

[57 b] Ein ganz besonders anmutiger Bau ist die Medici-Villa in Careggi mit dem bugartig vorspringenden obersten Geschoß und der großen Loggia, auf zierliche ionische Säulen gestützt. Hier hielt sich Piero de Medici, Lorenzos Vater, am liebsten auf. Der Bau wurde nach einem Entwurf des italienischen Bildhauers, Bronzegießers und Architekten Michelozzi angefertigt. Michelozzis Stil ist höchst individuell und volkstümlich-toskanisch.

[58 a] Auf der Piazza della Signoria in Florenz wurde der Dominikanermönch Savonarola am 23. Mai 1498 verbrannt. Das alte Regierungsgebäude, die Signoria, ist noch heute so zu sehen, wie sie hier rechts im Hintergrund erscheint.

[58 b] Savonarola wurde von Lorenzo de Medici freundlich in Florenz geduldet, führte mit ihm theologische Gespräche, wandte sich mit rücksichtsloser Strenge gegen den Verfall der Sitten und fand den Tod auf dem Scheiterhaufen. Das Gemälde von Fra Bartolomeo, 1498 gemalt, ist im Kloster von San Marco zu sehen.

[59 a] Das Cevasco-Porträt. Die Stadtverwaltung von Genua besitzt dieses Bild des Columbus, ein Geschenk des berühmten Bildhauers Giambattista Cevasco. Cevasco war überzeugt, daß es sich um ein Werk des 16. Jahrhunderts handelt, daß es der Wahrheit sehr nahe kommt.

[59 b] Auf der Karavelle Santa Maria, einem 100-Tonnen-Segler, erreichte Columbus am 12. Oktober 1492 als erster auf der anderen Seite des Atlantiks die Watling-Insel, die zur Bahama-Gruppe gehört. Die Pinta und Niña waren offene Boote mit nur fünfzig und vierzig Tonnen Wasserverdrängung. Siebzig Tage dauerte die erste Überquerung des Atlantiks.

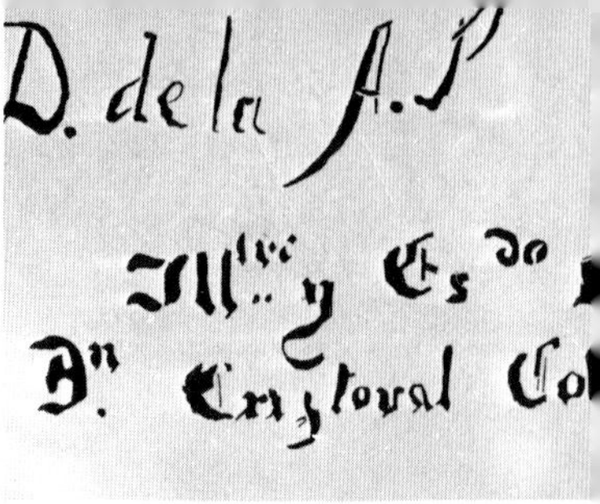

[60 a] Auf der Außenseite der Truhe, die die sterblichen Reste des Columbus enthielt, war die Inschrift «D. de la A. Per Ate.» zu lesen und innen in gotisch-deutscher Schrift «Illtre y Esdo Varon Dn. Christoval Colon». Was man in der Truhe fand, wurde in einer Kristallurne in der Gruft der Kapelle «Bastides» der Kathedrale von Ciudad Trujillo, Hauptstadt der Dominikanischen Republik, beigesetzt.

[60 b] Columbus erlebte nach der Rückkehr von seiner ersten Reise in Barcelona einen triumphalen Empfang. Hier stellt er dem Königspaar die ersten Indianer vor, die Europa zu Gesicht bekam.

[60 c] War Columbus Italiener? War er Spanier? Obgleich in Genua geboren, hat der Entdecker kein einziges Wort in italienischer Sprache hinterlassen. Alles, was wir von Columbus an Schriftstücken besitzen, ist in kastilischer Sprache geschrieben wie auch dieser Brief an den Schatzmeister Alonzo de Moralis. Er ist vom 22. Oktober 1501 datiert, enthält Verfügungen über gewisse Geldsummen und ist unterzeichnet «der Admiral».

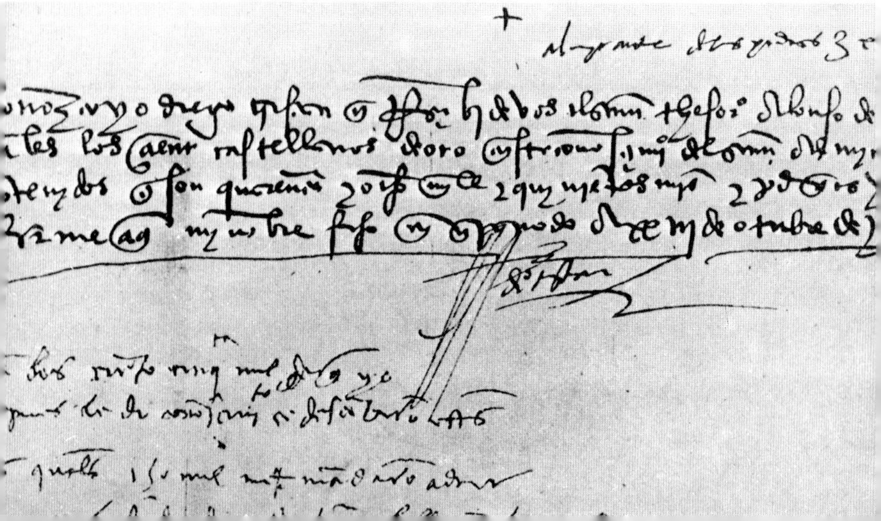

[61 a] Diese hochinteressante Statuengruppe befindet sich im Escorial. In der Mitte Philipp II. Links Anna, die Braut des Don Carlos, dahinter Maria, die Mutter des Don Carlos. Hinter Philipp Don Carlos und Elisabeth von Valois, die dritte Gemahlin Philipps II.

[61 b] Philipp der Schöne, der einzige Sohn Kaiser Maximilians I., wurde 1478 zu Brügge geboren. Er heiratete Johanna «die Wahnsinnige». Am 12. Juli 1506 erklärten die kastilischen Stände Johanna und ihn zu Erben der Krone Kastiliens. Bald darauf starb er. Johanna weigerte sich, ihn bestatten zu lassen.

[62] Philipp II., der Sohn Karls V., wurde 1527 zu Valladolid geboren. Aus seiner Ehe mit Maria von Portugal entstammte der Prinz Don Carlos. Er erlebte den Untergang der spanischen Armada. Er war die beherrschende Gestalt der Gegenreformation und ließ überall in seinen Ländern «Ketzer» verbrennen. Nach dem Tode seines Sohnes Don Carlos heiratete er dessen Braut, Anna von Österreich.

[63 a und b] Ruy Gomez de Silva, Fürst von Eboli, ehrgeizig und herrschsüchtig, war der Günstling Philipps II. Er mußte den unglücklichen Don Carlos während dessen grausamer Gefangenschaft bewachen. Die Fürstin von Eboli war die Geliebte Philipps II. Stets trug sie das rechte Auge durch eine Binde verdeckt, vielleicht, um ihr Schielen zu verbergen.

[64 a] Der Escorial, von Karl V. 1130 Meter hoch am Südhang der Sierra de Guadarrama erbaut, war Kloster, Kirche und Grabstätte spanischer Könige. Philipp II. ließ das Schloß in seiner heutigen Form aus grauem Granit ausbauen und weihte es dem heiligen Laurentius. Hier hielt er seinen Sohn Don Carlos gefangen.

[64 b] Wie eine Festung liegt die Stadt Toledo auf ihrem Granitberg, von drei Seiten vom Tajo umflossen. Bis 1560 war dieser Ort Spaniens Hauptstadt. «Toledo ist die Stadt des Himmels und der Erden, wo alles im Außerordentlichen vor sich geht und die im gleichen Maße für die Augen der Verstorbenen, der Lebenden und der Engel bestimmt ist.» (Rainer Maria Rilke)

In der grenzenlosen Unendlichkeit der Räume

Blaise Pascal

«Wenn ich die Verblendung und das Elend des Menschen sehe, wenn ich das ganze stumme Weltall betrachte und den Menschen: ohne Licht, sich selbst überlassen und verirrt in diesen Winkel des Weltalls, ohne zu wissen, wer ihn dahin gestellt hat, wozu er dahin geraten ist, was aus ihm werden wird, wenn er stirbt, unfähig jeder Erkenntnis – kommt das Entsetzen über mich, wie über einen Menschen, den man schlafend auf eine verlassene und furchtbare Insel getragen, und der erwacht, ohne zu erkennen, wo er ist, und ohne Möglichkeit, sie wieder zu verlassen. Und dann wundere ich mich, daß man nicht der Verzweiflung über einen so erbärmlichen Zustand verfällt.»

Blaise Pascal, Pensées.

In Christine wird offenbar, zu welcher geistigen und künstlerischen Höhe sich das Abendland jener Zeit emporschwang. Aber der Zwiespalt in ihrer Seele läßt beklemmend deutlich noch etwas anderes erkennen, nämlich die Gefahr Europas. Es ist das, was ich den «Umfall des Geistes» nennen möchte. Der zu sehr subtilem Denken entwickelte Geist, der Kopf, der die Dinge in ihrer größten Differenzierung sieht, neigt dazu, auf einer bestimmten Höhe, am Kulminationspunkt, umzufallen. Gerade diese «geistigen Umfälle» Europas haben die Kultur des Kontinents so außerordentlich farbig, vielförmig und abwechslungsreich gestaltet. Sie sind immer wieder die Vorboten großer Umwälzungen. Schließlich tragen sie aber auch ein ungeheures Gefahrenmoment in sich, denn *ein* Umfall wird der letzte sein und Europa in den Abgrund stürzen. Daß alles ein Ende hat, wissen wir, denn kein Volk, keine Kultur hat sich bisher in der Geschichte ohne sehr schwerwiegende Veränderungen über viele Jahrtausende hinweg erhalten. Ich glaube, daß dieses Ende für Europa in ferner Zukunft liegt. Es gibt im Leben der Völker nur geistige Katastrophen, niemals technische. Selbst die Sintflut war ein geistiger Untergang, wohl die größte Erschütterung der Menschheit in der Morgendämmerung der Geschichte.

Der europäischen Kultur als Gesamterscheinung ist trotz aller drohenden Gefahren heute die größte Chance zu geben. Ihr gehört auch die Hoffnung auf die längste Dauer. Lebendig und damit veränderlich muß und wird sie bleiben. Aber auch «abendländisch» mit allem, was wir darunter verstehen, kann sie noch jahrtausendelang bleiben. Sie hat die größten Aussichten unter allen bestehenden Kulturen der Erde.

Pascal, Descartes und Bernini gehörten in die barocke Welt der Königin Christine. Der Geist dieser drei Männer thronte damals unsichtbar inmitten der gebildeten Kreise und der Salons Europas.

Pascal war eine sehr merkwürdige Mischung von gläubigem Gottsucher und verstandesscharfem Logiker. In seinem Grundwesen ist er deswegen so modern, weil er schon im 17. Jahrhundert klar erkannte, was wir heute wissen: daß nämlich wegen der Unauslotbarkeit des Menschen wie des Raumes Wissenschaft und Gottglauben sich niemals widerlegen können, immer nur bestätigen. Pascal hat wie kein anderer herausgestellt, daß Wissenschaft und Glauben sich absolut vertragen, ja er ging so weit, zu beweisen, daß die Mathematik den Glauben geradezu begründe. Der Religionsphilosoph aus Clermont-Ferrand war ein körperlich schwacher, behinderter, sehr kranker Mensch. Gerade diesen Zustand pries er. Er empfand ihn wie eine Hymne, er ließ sich durch seine Leiden zu gewaltigen Anstrengungen und Leistungen treiben. «Gib also, Herr, daß ich, wie ich auch bin, deinem Willen mich gleich mache; daß ich, krank, wie ich bin, dich verherrliche in meinen Leiden. Ohne sie kann ich nicht in die Herrlichkeit eingehen, und selbst du, mein Heiland, hast nur durch sie dahin gelangen wollen. An den Malen deiner Leiden bist du von deinen Jüngern erkannt worden, und auch du erkennst an ihren Leiden die, welche deine Jünger sind. Erkenne mich darum als deinen Jünger an den Leiden, die ich an meinem Leib und in meinem Geist für die Sünden erdulde, die ich beging. Und weil Gott nichts wohlgefällig ist, es sei ihm denn dargebracht durch dich, vereinige meinen Willen mit dem deinen und meine Schmerzen mit denen, die du gelitten hast. Gib, daß die meinigen zu den deinigen werden.»

Pascal lebte, wie er selbst von sich sagte, im Gebet an Gott um den heilsamen Gebrauch der Krankheit. Er hielt seinen körperlichen Zustand geradezu für die Voraussetzung seiner Erkenntnisse, er hielt sein Leiden für notwendig, fast fürchtete er, es zu verlieren und zu gesunden.

Pascal ist wohl der schärfste Geist und der klarste Kopf, den das räsonable französische Volk, das Volk des logischen Denkens, hervorgebracht hat. Seine «Pensées» wurden immer wieder als «das tiefste

Buch der französischen Literatur» bezeichnet, wohl mit Recht, glaube ich, denn wie ungeheuer viel fußt auf seinem Denken, wie ungeheuer viel verdankt ihm das Abendland. Schopenhauer und Nietzsche ohne Pascal wären undenkbar. Leider ist dieser Erkenner des Menschenelends auch als Zeuge für die Existenzphilosophie heraufbeschworen worden, aber Sainte-Beuve, der ihn wie kaum ein zweiter erfaßt hatte, erkannte seine Herzensangst und «hohe Melancholie» als etwas ganz Positives.

Es gibt wohl keinen Autor im Abendland, der das kleine und bange Wesen Mensch so erschütternd tragisch in der Unendlichkeit des Raumes und der Zeit gesehen hat wie Blaise Pascal. «Ich sehe diese furchtbaren Räume des Weltalls, die mich umschließen, und ich finde mich an einen Winkel dieser unermeßlichen Ausdehnung gebunden, ohne zu wissen, warum ich gerade an diesen Ort gestellt bin und nicht an einen anderen noch warum mir die kleine Zeitspanne, die mir zum Leben gegeben ist, gerade an diesem und nicht an einem anderen Punkt der ganzen Ewigkeit zugeordnet ist: der Ewigkeit, die mir vorausgegangen ist, und jener, die mir folgt. Ich sehe auf allen Seiten nur Unendlichkeiten, die mich umschließen wie ein Atom und wie ein Schatten, der nur einen Augenblick dauert und nicht wiederkehrt. Alles, was ich weiß, ist, daß ich bald sterben muß, aber was ich am allerwenigsten kenne, ist der Tod selbst, dem ich nicht entgehen kann.»

Natürlich hat dieser Philosoph auch das messerscharf gesehen, was von Sokrates, Seneca und Marc Aurel bis zu den Philosophen des 19. Jahrhunderts alle erkannten: die Nichtigkeit des Menschen, seine Schwächen, seine Unfähigkeit, den Augenblick wahrzunehmen und in ihm zu leben. «Ich habe geglaubt, beim Studium des Menschen sehr viele Gefährten zu finden. Ich habe mich getäuscht.» Pascal sagt, es gebe viel weniger Erforscher der Menschen als Erforscher der Geometrie. «Nur weil man zum Studium des Menschen nicht imstande ist, sucht man das übrige.»

«Ein jeder prüfe seine Gedanken. Er wird sie alle mit der Vergangenheit oder mit der Zukunft beschäftigt finden. Wir denken fast gar nicht an die Gegenwart. Wenn wir daran denken, dann nur, damit wir aus ihr eine Einsicht erlangen, um über die Zukunft zu verfügen. Die Gegenwart ist nie unser Ziel . . . So leben wir nie, sondern hoffen zu leben, und während wir uns immer in Bereitschaft halten, glücklich zu sein, ist es unvermeidlich, daß wir es nie sind.»

Über Blaise Pascal sagt Romano Guardini, er nehme seine Aufgabe von einer Höhe des Standortes und mit einer Überlegenheit der Methode in Angriff, die seitdem vielleicht nicht mehr erreicht worden sind. «Der hier arbeitet, ist Forscher von höchstem Rang und hat im Reich der exakten Wissenschaft sowohl wie in dem des menschlichen Daseins und des christlichen Glaubens ursprüngliche Erfahrung.» Pascal steht in einer Zeit, in der überall das wissenschaftliche Bewußtsein durchbricht, zugleich aber die religiösen Fragen ganz lebendig empfunden werden.

Pascal ist bei allem selbst bis ins Innerste beteiligt, und wenn er die Leiden der Menschen sondiert, sucht er überall dort, wo er das menschliche Elend erkennt, auch gleich nach dem Heilmittel. Das ganze Unglück der Menschen komme aus einer einzigen Ursache: nicht ruhig in einem Zimmer bleiben zu können.

«Wenn ein Mensch, der genug Vermögen hat, um zu leben, freudig zu Hause zu bleiben verstünde, würde er sein Haus nicht verlassen, um auf das Meer zu gehen oder eine Festung zu belagern. Man kauft für teures Geld einen Rang im Heer, weil man es unerträglich findet, ständig in der Stadt zu leben. Man sucht die Unterhaltung und die Zerstreuungen von Spielen, weil man nicht zufrieden daheim bleiben kann.»

«Er hat gekämpft», sagt Guardini. Aber dieser Kampf ist nicht abgeschlossen, «denn Kämpfe dieser Art werden nie abgeschlossen». Selten hat ein Mensch so leidenschaftlich und hart um die Wahrheit gerungen. Wer sich einmal in die Gedanken Pascals vertieft hat, wird von ihnen so stark angefaßt, daß sie ihn immer begleiten und daß er immer wieder in diesen unsterblichen Buchseiten blättern muß.

Der fünfzehnte Ludwig langweilte sich maßlos

«Ende April 1774 begegnete der König während der Jagd einem Begräbniszug. Die ihm stets eigene Neugier an schauerlichen Dingen veranlaßte ihn, sich dem Sarg zu nähern. Er fragt, wen man bestattet. Man antwortet ihm, es sei ein junges Mädchen, das an Pocken gestorben ist. Von diesem Augenblick an ist der König tödlich angesteckt, ohne daß er es weiß.» – Voltaire, Précis de siècle de Louis XV, Kapitel 41.

Der Sonnenkönig starb am 1. September 1715, nachdem er länger regiert hatte als irgendein Herrscher je vor ihm in Europa. Er hatte viele seiner berühmten Zeitgenossen überlebt: Racine und Montesquieu, Louise de la Vallière und Madame de Montespan, alle drei nach ihm geboren, Christine von Schweden, Corneille, Molière, Pascal. In den Augen der Nachwelt steht er nicht so strahlend da, wie seine Zeit ihn beurteilte. Es hat jedoch schlimmere Autokraten in Europa gegeben, vor ihm und nach ihm. Auf seinem Schuldkonto bleiben die drei Eroberungskriege gegen Spanien und die spanischen Niederlande, gegen Holland, das von Wilhelm III. von Oranien durch künstliche Überschwemmungen gerettet wurde, und gegen die Pfalz, die von Mélac verwüstet wurde, wobei Heidelberg und das Heidelberger Schloß in Brand gesteckt wurden. Auf sein Konto fällt auch die Aufhebung des Ediktes von Nantes, wodurch etwa 200000 Protestanten und Calvinisten, nach dem Genfer Bürgermeister Hugues «Hugenotten» genannt, nach Holland, England und Brandenburg fliehen mußten. Hinzu kommt, daß es im System Colberts viel Zwang gab, erzwungene Industrien, erzwungene Kolonien und eine Marine mit härtestem Dienstzwang.

Leider werden solche Vorbilder nachgeahmt, wobei die autokratischen Elemente einer Epoche viel leichter zu imitieren sind als die schöpferischen. Es ist das Kennzeichen des Machtstaates, daß er dazu neigt, nach und nach ein eigenes, ein separates Leben zu führen, mit eigenen Zielen und einem ihm innewohnenden Anspruch auf so etwas wie Staatsanbetung, und daß sein wahrer Zweck, der nur Nützlichkeiten und Ideale umfassen sollte, verlorengeht. Dieser Gefahr unterliegen *alle* Machtstaaten, ganz gleich, wie sie sich nennen, und ganz gleich, wie ihre Parolen lauten, unabhängig auch davon, ob sie ihre angeblichen Tugenden und sozialen Beglückungsversprechen mit den modernen Mitteln der Publikation in die Welt tönen. Während der absolutistische Staat sich aus seiner Machtfülle jedes Recht nahm, das ihm nützlich schien, das Recht auf rücksichtslosen Staatshandel, das Recht, Geständnisse durch Folterungen zu erwirken, Recht auf Sklavenhandel, auf territorialen Erwerb und auf Eroberung von Kolonien, und alle Welt – mit Ausnahme einiger Männer wie Voltaire – das durchaus in Ordnung fand, fallen die Menschen des Abendlandes unter Führung von England heute in das sehr löbliche andere Extrem, von ihren Staaten eine Art altjungferliche Ehrbarkeit zu erwarten, vollkommene Edelmütigkeit und Redlichkeit allen anderen Mächten gegenüber, Entsagung aller eigennützigen Handlungen sowie vollkommene Aufrichtigkeit gegenüber der Öffentlichkeit wie der Presse bis zur Offenbarung wichtigster staatspolitischer Geheimnisse, wie wir es ständig in den Vereinigten Staaten sehen. Auch nur der leiseste Gedanke an irgendeine noch so kleine Eroberung seitens des Staates wäre in den Augen aller Abendländer das fluchwürdigste Verbrechen, während im Leben jedes einzelnen Staatsbürgers Rücksichtslosigkeit und Eigensucht sowie krasseste Erwerbsgier während aller Jahrhunderte in ziemlich gleichmäßigem Stil üblich waren und heute noch üblich sind.

Wenn aber der Basler Historiker Jacob Burckhardt Ludwig XIV. «ein mehr mongolisches als abendländisches Ungetüm» nennt, das im Mittelalter exkommuniziert worden wäre, sich jetzt aber «als Alleineigentümer von Leibern und Seelen gebärden konnte», so mag das zwar eine originelle Formulierung sein, geht aber doch am Wesen des Königs, dieses seltsamen Vortänzers des schillernden Menuett-Staates, an seiner angeborenen Höflichkeit, an seinen liebenswürdigen Schöpfungen Versailles, Marly, Trianon und an dem gesamten Vorbild europäischer Hofhaltung, das er hinzuzaubern wußte, an seiner großzügigen Förderung auch der französischen Literatur, die zu seiner Zeit die höchste Blüte erlebte, vorbei.

Die überragende Persönlichkeit des vierzehnten Ludwig regte zur Nachahmung an. Fürsten und Grafen des kaiserlichen Hofes in ganz Europa suchten es ihm gleichzutun. Aber es waren meist doch mehr oder weniger erfolglose Versuche, denn zu der Vollendung, die Ludwig erreichte, fehlten den anderen Herrschern die Voraussetzungen. Ludwig XIV. hatte weit über sein Zeitalter hinaus gelebt, das war seine Tragik. Er war noch am Leben. Aber seine Ära war schon lange verblichen, seine Sonne war untergegangen, sie strahlte nicht mehr. Sein Ruhm war verblaßt, er selbst in seinem Wesen ein düsterer, übelwollender, ärgerlicher Greis geworden. Das Lachen am Hof war verklungen, die großen Damen und Herren, denen der König die elegante

Konversation beigebracht hatte, zogen sich zurück. Die unterhaltenden literarischen Gespräche verstummten, die meisten Höflinge, selbst seine Verwandten, suchten den alten Herrn zu meiden. Niemand wollte diesem König Lear in seiner Bitterkeit begegnen. Ein Dauphin nach dem anderen war gestorben, auch sein Sohn, auch sein Enkel. Einsam und unbeweint gab der Sonnenkönig seinen Geist auf. Nur fünf Anhänger folgten dem jämmerlichen Zug, der das Herz Ludwigs XIV. in einer Urne zu Grabe geleitete. An den Mauern der Stadt Paris sah man Schmähsprüche, die Menge folgte dem Leichenzug mit Verwünschungen und Steinwürfen. In manchen Orten Frankreichs wurden Gottesdienste abgehalten. Man dankte Gott, daß dieser langlebige Autokrat endlich doch das Zeitliche gesegnet hatte.

Der fünfzehnte Ludwig, sein Urenkel, war ein glänzend begabter, recht verspielter und auch etwas unsittlicher Herr. Er heiratete Maria Leszczynska, die Tochter des entthronten Königs Stanislaus von Polen. In allen seinen politischen und militärischen Unternehmungen, auch im Versuch, den höfischen Glanz wieder erstrahlen zu lassen, bemühte er sich, den Absolutismus seines Urgroßvaters fortzusetzen. Aber ihm fehlten nun wirklich die persönlichen Voraussetzungen für eine solche Nachfolge.

Jeanne Antoinette Poisson war die Tochter eines Offiziers am Hof des Herzogs von Orléans. Ihr Vater hatte das Heer mit Lebensmitteln zu versorgen, beging dabei aber derartige Unterschlagungen, daß er zuerst zum Tode durch den Strang verurteilt wurde, dann für längere Zeit nach Hamburg verschwand. Ihre Mutter ließ sich von einem Staatssekretär lieben, danach von einem Botschafter, schließlich von dem Generalpächter und reichen Finanzier Le Normant de Tournehem. Er nannte die kleine Jeanne Antoinette «un morceau de roi» und erzog sie planmäßig auf die Aufgabe hin, die Mätresse eines Königs zu werden. In ihrem kindlichen Sinn wurde dieser Gedanke noch durch die Prophezeiung einer alten Frau bestärkt, der wackeren Madame Lebon, die sie in späteren Jahren für das Eintreffen dieser Prophezeiung pensionierte. Sie wurde mit dem Neffen des Le Normant verheiratet, Charles Guillaume le Normant, Seigneur d'Etiolles, der klein, häßlich und schlecht gewachsen war, sie aber abgöttisch liebte, was sie völlig kalt ließ. In ihm sah sie nur ein Mittel zum gesellschaftlichen Aufstieg.

Sie muß, was auch ihre beiden Bilder im Louvre beweisen, eine ungewöhnlich reizvolle Person gewesen sein. «Die kleine d'Etiolles», wie sie genannt wurde, beherrschte viele Künste, Singen, Tanzen, Klavierspielen, Rezitieren, und hatte Talent zum Malen. Sie war eine ausgezeichnete Reiterin und wußte ihre Gefühle wie ihre Gedanken mit

sehr viel Anmut, Schelmerei, Ironie, nötigenfalls aber auch mit Ernst und Innigkeit vorzutragen. Jedes Stück Stoff, jedes Band, jedes Modekleid, jeder Fetzen fielen erst auf, wenn sie sich damit schmückte. Eine Zeitlang pflegte sie, stets während der königlichen Jagden, in ihrem kleinen Wagen, zauberhaft gekleidet, zwischen den Pferden und Hunden des Königs herumzukutschieren, so daß sie die Aufmerksamkeit der Majestät erregen mußte. Dann, auf dem großen Maskenball im Februar 1745, als die Vermählung des Thronfolgers gefeiert wurde, wurde Madame d'Etiolles dem König vorgestellt. Am folgenden Tage speiste sie mit Ludwig XV. in Versailles zu Abend. Sie verließ ihren Gatten und wurde als Hauptmätresse in Versailles untergebracht. Im Mai zog Ludwig zu seinem Heer nach Flandern. Anfang Juli besaß sie bereits achtzig Briefe, die der König ihr geschrieben hatte! Ludwig kaufte ihr das Gut Pompadour, wodurch sie ihren Titel als Marquise de Pompadour erhielt.
Der König langweilte sich. Er langweilte sich maßlos. Er war von tödlichem Überdruß geplagt. Madame de Pompadour sah ihre Lebensaufgabe darin, Ludwig zu erheitern, immer neue Kostbarkeiten in dieses leere Faß zu schütten, vor allem seinen dunklen Trübsinn zu zerstreuen. An ihrer Seite konnte er sich nicht langweilen. Sie sang vor ihm. Sie spielte vor ihm. Sie erzählte ihm tausendundein Geschichten. Sie ließ Theaterstücke aufführen und Opern, in denen sie die Hauptrolle sang. Sie tanzte im Ballett. Sie ließ Schlösser bauen, richtete Wohnungen ein, bewies überall Phantasie, Takt und ausgesuchten Geschmack. Sie erklärte dem König, daß Frankreich an China und Sachsen jährlich fast eine halbe Million Livre für Porzellan bezahle, das man im Lande selbst herstellen könne, und gründete die Porzellanfabrik in Sèvres.
Da auch in der Literatur damals «Könige» lebten, hofierte sie alle und war ihnen ein treuer Mäzen. Sie setzte sich beim König für Montesquieu und d'Alembert ein, sie arbeitete mit Marmontel an zwei seiner Tragödien, sie ordnete an, daß Rousseaus «Le devin de village» in Fontainebleau aufgeführt wurde, und hätte Rousseau dem König vorgestellt, wenn dieser aus seiner eigentümlichen Verhemmung und Schüchternheit nicht versäumt hätte, den Palast aufzusuchen.
Allen anderen zog sie Voltaire vor. Sie setzte seine Ernennung zum «Gentilhomme ordinaire de la chambre» durch. Es war der Titel, den Voltaire ungemein schätzte und auch behielt, als er Jahre später durch seine Reise nach Preußen auf das Amt verzichten mußte. Sie nahm schließlich die ganze Politik in ihre Hände, korrespondierte mit den Generälen und Feldarmeen, wich von der traditionellen Politik Frankreichs, Österreich durch Allianzen in Deutschland zu schwächen, ab

und brachte so durch den «Umsturz der Bündnisse» schließlich den verhängnisvollen Siebenjährigen Krieg zuwege.
Madame de Pompadour hatte schon zu Lebzeiten viele Rivalinnen, und bald nach ihrem Tode wurde dem genußsüchtigen König eine Nachfolgerin serviert. Marie-Jeanne Bécu war die uneheliche Tochter eines Steuerbeamten und einer Pariser Kurtisane. Ein «liebenswürdiger Herr», der Finanzier Dumonceau, war von der Armut der Bécu zutiefst gerührt. Er brachte daher die Tochter des leichten Mädchens bei einer anderen Kurtisane unter, die «Fräulein Friederike» genannt wurde. Die nächste Station der Marie-Jeanne war das Kloster Saint-Aure, wo gefährdete Kinder erzogen wurden, aber hier gefiel es der kleinen Bécu gar nicht: sie riß aus. Wir sehen sie dann in den Straßen von Paris, eine Pappschachtel unter dem Arm, aus der sie die Schätze holt, die mitleidige Passanten kaufen sollen: falsche Steine, «Brillanten», Nadeln, unechte Perlen, Uhrketten, Tabaksdosen. Auch sie selbst war zu haben, das sagten ihre großen schönen Augen. Ohne Worte sagten sie das, und die Lakaien von Fürsten und reichen Herren führten das Mädchen in die Schlösser, damit ihre Brotgeber sich selber entscheiden konnten, welche der angebotenen Kostbarkeiten sie wählen wollten.
Das wechselvolle Leben als Straßenverkäuferin, Modistin und Kokotte – letzteres unter dem Namen «Mademoiselle Lange» – wie auch das kummervolle Dasein als Freundin eines Friseurs namens Lamet fanden ein Ende, als ihre Mutter sie bei einer Nachbarin einführte, die einen Spielsalon unterhielt. Hier lernte sie den leicht verkommenen Herzog Du Barry kennen, der sie in sein Haus nahm. Er reihte das 21jährige Mädchen in seinen Harem ein, vor allem, um seinen Salon für die Tagediebe, denen er beim Glücksspiel das Geld abnahm, reizvoller zu gestalten. Um den Schein zu wahren, verheiratete er sie mit seinem verarmten Bruder Guillaume, und mit Hilfe des mächtigen Kammerdieners Ludwigs XV., Lebel, gelang es ihm, sie zur Hauptmätresse des Königs zu machen.
Der Tag soll unvergeßlich sein – es war der 30. April 1769 –, an dem die Majestät das Mädchen zum erstenmal sah. Sie stand plötzlich in der Tür des Schloßsaales, strahlend, jung, von ungewöhnlicher Anmut, in einer Robe, die von den Damen des 18. Jahrhunderts «Kampfkleid» genannt wurde, «habit de combat». Caffieris Büste in der Bibliothek zu Versailles gibt noch heute eine Vorstellung vom eigentümlichen Reiz dieser kleinen Grisette von Paris.
Bald entwickelte sie eine fast unheimliche Regsamkeit. Der Herzog von Choiseul, der ihren Einfluß nicht anerkennen wollte, fiel in Ungnade. D'Aiguillon trat an dessen Stelle, wurde ihr Liebhaber und

beherrschte mit ihr gemeinsam den Monarchen vollkommen. Ganze Scharen von Malern, Dekorateuren, Polsterern und Möbelmachern, ausgesuchte Friseure, Modeschneider und Parfümeure, Teppichwirker, Gärtner und Architekten, alles strömte auf ihr Geheiß zum Palast und erhielt Aufträge. Sie verbrauchte Unsummen. Sie setzte Gelehrte, die ihr aus irgendeinem Grunde gefielen, in die Akademie ein, sie ließ Gemälde und Statuen anfertigen, sie gab glänzende Tanzgesellschaften und Feste in Fontainebleau, wie man sie noch nie gesehen hatte – mit einem Wort, sie ruinierte den Hof, wobei es nie einen traurigen Augenblick gab.

Sie war bildschön. Ihr kleiner rosa Mund plapperte unentwegt. Sie sagte zwar nichts Kluges, aber sie war auch niemals schlechter Laune. Sie amüsierte den fast 70jährigen König aufs beste. Leider dauerte die Herrlichkeit nur fünf Jahre. Nach dem Tode ihres königlichen Liebhabers – sie war nur 31 Jahre alt – wurde sie für kurze Zeit in die Abtei von Pont-aux-Dames bei Meaux verbannt. Danach lebte sie zurückgezogen mit dem Herzog von Cossé-Brissac auf ihrem Besitz in Luciennes, den Ludwig ihr geschenkt hatte. Sie war mit ihren Juwelen nach England gereist, um Geldmittel zu besorgen.

Nach ihrer Rückkehr wurde sie vom Revolutionstribunal angeklagt. Man warf ihr vor, sie habe gegen die Republik konspiriert. Am 7. Dezember 1793 wurde sie zum Tode verurteilt. Noch am selben Abend fiel ihr schöner Kopf unter der Guillotine.

Also wollen wir unseren Garten bestellen

«Ich möchte gern wissen, was nun das Schlimmere ist: hundertmal von Negerpiraten vergewaltigt werden, eine Hinterbacke abgeschnitten bekommen, bei den Bulgaren Spießruten laufen, bei einem Autodafé durchgepeitscht, gehenkt oder seziert werden oder auf der Galeere rudern, kurzum, all den Jammer erdulden, den wir alle mitgemacht haben, oder aber hierbleiben und im Nichtstun verharren?» – Voltaire, Candide.

Daß die Vernunft, *ratio*, die beherrschende Geistesbewegung jener Zeit war, die wir die Aufklärung nennen, erscheint manchmal verwunderlich. Aber im Vertrauen auf die Vernünftigkeit der Welt und des Menschen hatte die Aufklärung in schwungvollem Optimismus alle Kulturgebiete erfaßt.

Der Mangel bestand darin, daß die rationalen Kräfte des Menschen, die ja in Wahrheit während aller Jahrtausende gleichbleiben, weit überschätzt wurden. Man glaubte, daß alle Menschen plötzlich vernünftig und gut seien. Man vertraute daher auf die Wirksamkeit der Belehrung. Man erhoffte glückbringende Gesellschaftsformen zu erfinden. Man war überzeugt vom «Fortschritt der Menschheit». Man nahm vor allem an, daß alle Menschen *gleich* seien.

Von diesen phantastischen Lehren und Hoffnungen der Aufklärung haben wir uns bis heute noch nicht befreit, ja, wir stecken mitten darin. Der «Fortschrittsgedanke» war noch nie so lebendig, wie er heute ist. Das Phantom einer glücklichen Gesellschaft und des «Glückes» überhaupt hienieden auf Erden, der Verlaß auf den Staat, der alles kann und soll und an allem schuld ist, der bodenlose Optimismus, daß Vernunft den Menschen regiere und mit Vernunft alles zu erreichen sei, die Idee, alle Menschen seien gleich – das alles klingt gar nicht wie von vorgestern, sondern ist durchaus heutig.

Die vollkommenste Verkörperung der Aufklärung war *Voltaire*. Er war von einem unstillbaren Drang besessen, mit allen überlieferten Irrtümern zu brechen, ihnen auf den Grund zu gehen, die Ohnmacht, Dummheit und Bosheit der Menschen bloßzulegen, dem Glauben wie dem Wunder die kalte Vernunft gegenüberzustellen, sein Zeitalter durch analytisches Denken «aufzuklären». Ihm lag die vollkommene Freiheit jedes einzelnen am Herzen. Er griff offen oder verstohlen, wo immer er nur konnte, den Despotismus und die Tyrannei an, aber er war wohl auch zu weise, um sich echte Erfolge zu versprechen.

Vor allem war er überzeugt, daß das Volk, die Masse, immer einfältig bis zur Komik und grausam bis zur Absurdität bleiben werde. Christus hielt er für einen «ehrlichen Schwärmer» und für einen «guten Menschen», für nichts mehr. In seiner Kritik der Evangelien kann man ihm nur das Prädikat «schwach» oder sogar «einfältig» geben. Wahrscheinlich widerstrebte es ihm, sich in diese Dinge überhaupt zu vertiefen. Dabei glaubte er an Gott und schrieb, die ganze Natur rufe uns zu, daß Gott existiere.
Voltaire war gar nicht so boshaft, wie man ihn oft geschildert hat. Es gehört zu seiner Natur, doppelzüngig zu sein. Aber seine Methode der ewig spöttischen Vernunft ist ein wenig ermüdend, weil sie immer gleichbleibt. Er schildert das menschliche Leben, besonders in seinen Romanen, im Rahmen eines fernen Landes mit veränderten, amüsant klingenden Namen. Er beleuchtet alle Schwächen, nie die positiven Seiten, und er greift scharf und drastisch an: alle Ungerechtigkeiten der Welt, die Willkür in der Justiz, die Unzuverlässigkeit von Zeugen, die Folter, die Ehegesetzgebung und die barbarischen Strafen für den Ehebruch der Frau, die Ahndung krankhafter Geschlechtsbeziehungen, die Roheit des Pöbels und die Grausamkeit des Volkes, die Dummheit und alle eingewurzelten Überzeugungen, die auf Glauben, Tradition und Metaphysik beruhen. Lösungen werden nie gegeben. Am Ende hat man unendliches Mitleid mit ihm selbst, mit diesem sehr sympathischen Halbgenie, das immer log und es doch immer ehrlich meinte.
Wie sieht er die Welt in seinem Roman «Zadig»?
Rußland: «Die Prinzessin von Babylon und der Phönix kamen schon nach kurzer Zeit im Reiche der Kimmerier an, das nicht sehr dicht bevölkert, aber doppelt so groß wie China war.» Der Phönix fragt: «Wie konnten nur so tiefgreifende Änderungen in so kurzer Zeit vorgenommen werden? Es sind noch nicht dreihundert Jahre her, als ich hier eine Wildnis mit all ihren Schrecken sah, und jetzt finde ich an derselben Stelle Kunst, Glanz, Ruhm und feine Lebensart.» Der Kimmerier antwortet: «Ein einziger Mann hat dieses große Werk begonnen, und eine Frau hat es vollendet.» Gemeint sind Peter der Große und Katharina II. «Die meisten Gesetzgeber waren geistig beschränkt und herrschsüchtig. Männer, die bedauerlicherweise zur Macht gelangt waren, entsandten Mörderscharen, um unbekannten Volksstämmen das Erbe ihrer Väter zu entreißen und es mit deren Blut zu tränken. Diese Mörder wurden Helden genannt, ihre Räubereien waren Ruhmestaten.» Gewiß, so kann man die Eroberung Sibiriens schildern, es ist weder sehr originell noch irgendwie genial.
Deutschland: «Amazan kam zu den Batavern. Sein kummervolles

Herz empfand süße Befriedigung, als er dort ein schwaches Abbild des glücklichen Gangaridenlandes fand: Freiheit, Gleichheit, Reinlichkeit, Überfluß und Duldsamkeit. Die Damen des Landes aber waren so kalt, daß keine, wie sonst überall, ihm Entgegenkommen zeigte. Er brauchte also keinen Widerstand zu leisten. Hätte er sich jedoch diesen Damen genähert, so hätte er sie, eine nach der anderen, bezwungen, ohne daß ihn eine einzige geliebt hätte.»

England: «Der betreffende Herr äußerte sich folgendermaßen: wir sind lange Zeit nackt herumgelaufen, obwohl unser Klima nicht sehr warm ist, und lange sind wir von den Menschen, die aus dem alten, von dem Tiberwasser bespülten Land des Saturn kamen, wie Sklaven behandelt worden. Doch wir haben uns selbst noch viel mehr Übles zugefügt als die, die uns zuerst besiegten. Unsere Insel, über die mehr Stürme toben als über die umgebenden Meere, ist durch unsere Zwietracht verwüstet und mit Blut getränkt worden. Mehrere gekrönte Häupter wurden zum Tode verurteilt, mehr als hundert Fürsten königlichen Geblüts endeten ihr Leben auf dem Schafott.»

Venedig: «In dieser Stadt waren 12000 Mädchen in das große Buch der Republik eingetragen, Mädchen, die dem Staat großen Nutzen brachten, da sie den angenehmsten und vorteilhaftesten Handel trieben, der je ein Volk bereichert hat. Die gewöhnlichen Kaufleute schickten unter großem Risiko und mit großen Unkosten und Gefahren Stoffe in den Orient. Diese schönen Händlerinnen handelten ohne jedes Risiko immer erneut mit ihren Reizen. Sie präsentierten sich alle dem schönen Amazan und ließen ihn die Wahl treffen.»

Über den Papst: «Als man genug gesungen hatte, schritt der Alte von den sieben Hügeln mit großem Geleit zur Tür des Tempels. Mit emporgehobenem Daumen und zwei ausgestreckten und zwei gekrümmten Fingern schnitt er die Luft in vier Teile und sagte dazu in einer Sprache, die man nicht mehr sprach, die Worte: ‹Der Stadt und der Welt.› Der Gangaride konnte nicht begreifen, daß zwei Finger so weit reichen sollten.»

Rom: «Er sah zweihundert Jahre alte Gemälde, Statuen, die mehr als 2000 Jahre alt waren, und er hielt sie für Meisterwerke. ‹Werden bei euch jetzt noch solche Kunstwerke geschaffen?› – ‹Nein, Exzellenz›, antwortete ihm ein Fremdenführer, ‹aber wir verachten die übrige Welt, weil wir diese Seltenheiten bewahren.›»

Frankreich: «Viele Lorbeerbäume, deren Wipfel bis zu den Wolken hinaufreichten, verdorrten bald in der erschöpften Erde, und es blieb nur eine kleine Anzahl übrig, deren Blätter ein fahles, sterbendes Grün zeigten. Der Niedergang wurde durch die Arbeitsleichtigkeit und die Faulheit im Vollenden, durch Übersättigung am Schönen und die Vorliebe für Absonderlichkeiten verursacht. Eitelkeit schirmte die Künstler, die die Zeiten der Barbarei wiederaufleben ließen, und eben diese Eitelkeit verfolgte die wahren Talente und zwang sie dazu, ihr Vaterland zu verlassen. Die Drohnen vertrieben die Bienen.»

Wer ist eine Biene? Natürlich Voltaire!

Da jedermann aus seiner scharfen Kritik erkennen konnte, wer jeweils gemeint war, und weil Voltaire auch den König, den Hof, einfach alles, was er kannte und wen er kannte, angriff, mußte er seine literarischen Produkte stets verleugnen. Er hatte schon als junger Mann zweimal in der Bastille gesessen, er wußte, daß Angriffe gegen die Kirche, den Staat, den Hof und den Adel gefährlich waren. Über sein bestes Werk, den «Candide», schrieb er kurz nach dem Erscheinen an einen Genfer Pfarrer: «Ich habe jetzt endlich den ‹Candide› gelesen, und ich erkläre Ihnen genauso wie in bezug auf die ‹Jeanne d'Arc›, daß man ohne jedes Urteil und von Sinnen sein muß, wenn man mir eine solche Schweinerei andichten will.» Natürlich hatte er auch die «Jeanne d'Arc» geschrieben, ein komisches Epos über die Jungfrau von Orleans, das er «La Pucelle oder das gerettete Frankreich» nannte. Man mache, schrieb er, aus Johanna keine Inspirierte. Sie war eine beherzte Idiotin, die sich für inspiriert hielt, eine Dorfheroine, die man eine große Rolle spielen ließ, ein mutiges Mädchen, das Inquisitoren und Doktoren mit feiger Grausamkeit verbrennen ließen.

Geschichtlich hat er Johanna total entstellt. Sie war niemals Wirtshausmagd oder Kellnerin. Dazu hat sie eine frei erfundene, feindliche burgundisch-englische Chronik gemacht. Sie war auch nicht siebenundzwanzig Jahre alt, sondern achtzehn. Mit seiner Vergröberung suchte er das Wunder, das Geheimnis, die Stunde der Heiligkeit, den Glauben an göttliche Offenbarung zu zerstören und die Anmut zu entstellen, die Jungfräulichkeit und die Reinheit. Man erkennt, wie «modern» dieser Angriff auf das Mädchen ist, das zeigte – es ist das einzige Mal in der Weltgeschichte! –, wie Jugend über ein verkalktes Tribunal, über eine vermoderte Zeit siegen kann. Und wie schrecklich unmodern sind doch auch die neueren Versuche, die kleine Märtyrerin zu «verbauern» und zu verfälschen, die doch «die überlegensten Leute, die es auf der Welt gab», den «Großinquisitor ketzerischer Greuel», ehrwürdige Domkapitel, Erzdiakone, Bischöfe, dazu dreiundfünfzig Doktoren, Bakkalaurei und Lizentiaten mit der Lauterkeit ihres Geistes widerlegte, so daß die entsetzten Greise schließlich vor ihr winselten, an sich selbst zweifelten und um ein «Geständnis» flehten. Voltaire ist mit seinem Versuch, Johanna als derbe und frivole Dorfdirne hinzustellen, kläglich gescheitert, anschauungsmäßig, historisch wie vor allem auch – und das ist das Wichtigste! – künstlerisch.

Frauen lebenswahr zu zeichnen war überhaupt nicht seine Sache. Und doch wird man von seinen drei wichtigsten Begegnungen mit Frauen, die den Menschen Voltaire so ganz offenbaren, angerührt.
Susanne Livry, die Tochter eines Pariser Finanzbeamten, glaubte, sie sei nur für das Theater geschaffen. Den üblichen häuslichen Beifall, der einem so hübschen jungen Mädchen gezollt wird, hielt sie für einen Beweis ihrer Begabung. Voltaire erteilte ihr Schauspielunterricht und ließ sie als Jokaste in seinem «Ödipus» auftreten. Sie war aber völlig talentlos und hatte keinerlei Erfolg. Das entfachte die Liebe des Voltaire ganz besonders. Es entwickelte sich ein inniges Verhältnis.
Bald jedoch lenkte Voltaires Freund, der junge Genonville, Susannes Interesse auf sich. Das Mädchen verliebte sich in ihn. Einige Jahre später starb Genonville. Susanne reiste nach London, fand Zuflucht in einem Café und lernte den Marquis de Gouvernet kennen. Er heiratete sie, und nun wohnte die Marquise Gouvernet in einem luxuriösen Hotel in Paris.
Hier wollte Voltaire sie eines Tages besuchen. Aber sie lehnte das Zusammentreffen ab. Viele Jahre später traf Voltaire nach langer Abwesenheit wieder in Paris ein. Er war jetzt 83 Jahre alt. Die immer noch schöne Susanne, jetzt eine sehr wohlhabende Witwe, weigerte sich diesmal nicht, Voltaire zu empfangen. Die Marquise schenkte ihm ein Bild, sein Porträt, das er einst für sie hatte malen lassen. Voltaire war tief bewegt.
Adrienne Lecouvreur war ganz im Gegensatz zu Susanne eine weltberühmte Schauspielerin. Sie war die Königin der Tragödie. Dreizehn Jahre lang spielte sie an der Comédie Française. Sie wurde in Paris verehrt wie keine Schauspielerin vor ihr. In etwa hundert Rollen spielte sie mehr als 1200mal. Sie war von einer bewegenden Einfachheit und Schlichtheit.
Jede erfolgreiche Persönlichkeit am Hof versuchte ihre Bekanntschaft zu machen, sie zum Diner einzuladen. Ihr Salon war berühmt. Hier traf sich die geistige Elite von ganz Paris, und vor allem ging hier Voltaire aus und ein, den eine innige Freundschaft jahrelang mit ihr verband. Wenige Tage, nachdem sie wie so oft vorher als Jokaste in Voltaires «Ödipus» aufgetreten war, starb sie auf tragische Weise und völlig unerwartet. Man nahm an, daß sie von einer Rivalin vergiftet worden sei, einer Frau, die wie sie ein Verhältnis mit Moritz von Sachsen hatte. Ihr wurde ein Begräbnis auf geweihtem Friedhof versagt. Sang- und klanglos verscharrte man die hochberühmte Schauspielerin auf einem Feld. Voltaire, der über diese Entwürdigung und Schande entsetzt war, verfaßte ein berühmtes Gedicht auf ihren Tod.

Er verurteilte dieses schamlose Verfahren mit einer großen, von ganz Paris verehrten Künstlerin mit flammenden Worten. Er war ein Leben lang ihr Freund gewesen, ihr Bewunderer – ihr Geliebter.
Die dritte Frau, die eine entscheidende Rolle in Voltaires Leben spielte, war Gabrièle-Emilie de Breteuil. Sie war siebenundzwanzig Jahre alt, er neununddreißig, als sie sich kennenlernten. Dieses Verhältnis währte sechzehn Jahre, bis zum Tod der Frau, die mit einem Marquis du Châtelet-Lomont verheiratet war. Die Marquise lebte zumeist auf einem Landgut in der Champagne an der lothringischen Grenze. Sie besaß dort ein kleines Schloß, Cirey genannt, wohin sich Voltaire immer wieder zurückzog, wenn er ungestört und unverfolgt arbeiten wollte.
Gabrièle-Emilie war eine etwas hochmütige, wortkarge Frau, nicht sehr gewinnend und mit ihrem Personal allzu streng umgehend. Für Voltaire empfand sie eine Liebe und Hingebung, deren Glut niemals ganz erlosch. Sie bewunderte ihn, sie betrog ihn später und war doch für ihn zu jedem Dienst, zu jedem Opfer bereit. Sie hatte eine ausgesprochene Vorliebe für exakte Wissenschaften, besonders Mathematik und Physik. Sie beherrschte in Wort und Schrift Latein. Voltaire richtete dieser eigentümlichen Frau ein ganzes Laboratorium mit physikalischen Apparaten ein. Berühmte Mathematiker und Physiker wie Maupertuis, Clairaut, Bernoulli und König waren in Cirey ständig Gäste. In der Galerie des Schlosses wurde eine kleine Bühne eingerichtet, für die Voltaire, aber auch die begabte Marquise kleine Stücke und Singspiele verfaßten.
Als die Marquise starb, als Voltaire das Totenzimmer verlassen hatte, fiel er am Fuß der Schloßtreppe, draußen neben der Schildwache, ohnmächtig auf das Pflaster. Die glücklichste Zeit im Leben des Dichters hatte ihren Abschluß gefunden.
Voltaire war ein unheimlich zäher Arbeiter. Die meisten seiner berühmt gewordenen Werke verfaßte er in den letzten 25 Jahren seines Lebens, nachdem er sich aus der Unruhe und Rastlosigkeit der großen Welt in die Schweiz, nach Ferney, zurückgezogen hatte. Er arbeitete bis zu 20 Stunden am Tage. Seine Sekretäre hatten immer Mühe, beim Diktieren mitzukommen. Er besaß eine Bibliothek von 6200 Bänden, die Rußlands Kaiserin Katharina nach seinem Tode erwarb. Sie interessierte sich vor allem für die vielen Randbemerkungen in den Büchern, die Voltaire in fliegender Hast hinzukritzeln pflegte. Bücher waren für ihn nichts als Handwerkszeug, daher riß er aus ihnen oft 20 oder 30 Seiten heraus, die seiner Ansicht nach allein wertvollen, und warf den Rest weg.
Noch im 65. Lebensjahr, ja eigentlich bis zu seinem Tode, fühlte er

sich lebendig und frisch, voller Ideen und Schaffenskraft. Sein literarisches Werk ist riesig. Es bildet eine ganze Bibliothek, es umfaßt Hunderte von Bänden. Voltaire war ein unglaublich vielseitiger Mann, er interessierte sich für alles. Er liebte vor allem elegant aufzutreten, ganz im Gegensatz zu der damals üblichen Vorstellung von Dichtern. Er schätzte sehr gutes Essen und großen Luxus. Hart gegen sich selbst war er nur in der Arbeit. Er trieb weltweite Handelsgeschäfte, brachte es zu riesigem Reichtum, besaß schließlich Villen, Schlösser, Weinberge, sehr kostbare Kunstschätze. Ein Heer von Lakaien und Zofen mußte ihn bedienen, französische Köche kochten für ihn, auch in der Schweiz. Er unterhielt einen eigenen Postdienst, um immer mit Paris in Verbindung zu stehen, er trieb Spekulationen, die selbst Friedrich den Großen in fassungsloses Erstaunen versetzten. Sicher scheint zu sein, daß der Bankier Abraham Hirschel nicht ihn betrog, sondern er den viel korrekteren jüdischen Großkaufmann. Auch Lessing war der Ansicht, Voltaire sei der größere Schelm gewesen. In Potsdam wohnte der Franzose im Schloß ganz nah bei den Zimmern des Königs. Er sagte selbst, man könne an keinem Ort der Welt so frei über alle Arten menschlichen Aberglaubens, nirgends mit so viel Spott wie bei den Soupers des Königs von Preußen sprechen.
Mit seinem gerissenen Geschäftssinn hatte Voltaire versucht, sich einen Artikel des Dresdner Friedens vom Jahre 1745 zunutze zu machen. Preußische Untertanen, die sächsische Steuerscheine besaßen, sollten ihre Forderungen mit Zinsen von der sächsischen Staatskasse zurückerhalten. Da viele Sachsen solche Scheine in Händen hatten und das preußische Vorzugsrecht nicht genossen, konnten Preußen die Scheine billig erwerben und sie dann zur Auszahlung vorlegen. Mit diesem Geschäft in ganz großem Stil beauftragte Voltaire den Bankier Hirschel, was dem Bankier nichts als Verluste und Prozesse einbrachte. Friedrich der Große nahm diese geschäftliche Betriebsamkeit zum Anlaß, Voltaire Vorwürfe zu machen, der Handel mit den Steuerscheinen sei in Sachsen bekanntgeworden, er, Friedrich, wolle Frieden haben. «Können Sie sich entschließen, als Philosoph zu leben, so würde ich mich freuen, Sie zu sehen. Überlassen Sie sich aber der Hitze Ihrer Leidenschaften und fangen mit jedermann Händel an, so tun Sie mir keinen Gefallen, wenn Sie hierherkommen» – gemeint ist Potsdam – «und können ebensogut in Berlin bleiben.»
Kleine Verleumdungen, Neid, hin- und hergetragene mißbilligende Äußerungen von seiten Friedrichs wie von seiten Voltaires führten schließlich zum Bruch. Am 26. März 1753 reiste der 60jährige Voltaire von Potsdam ab. Friedrich und er haben sich niemals wiedergesehen. Es ist nur gut, daß der größte Verleumder, Julien de la Mettrie, der

Voltaire überbrachte, Friedrich hätte gesagt, «man preßt die Orange aus und wirft die Schale weg», selber noch im gleichen Jahre umkam, weil er sich an einer Pastete zu Tode aß.

Was Voltaire hinterlassen hat, ist sehr viel und auch wenig. Von seinen Bühnenwerken ist nichts lebendig geblieben. Vielleicht war das meiste schon tot, als es erschaffen wurde. Seine historischen Schriften haben große Bedeutung. «Karl der Zwölfte» kennzeichnet seinen Widerwillen gegen Krieg und Kriegstaten. Sein großes Werk, «Das Jahrhundert Ludwigs des Vierzehnten», war Ziel vieler Angriffe, fand aber auch große Bewunderung. Faguet meinte, er habe Ludwig XIV. zu einem Abgott gemacht, er habe ihn geliebt, weil er Menschen geringen Standes zu Macht kommen ließ, während Saint-Simon den König gerade deswegen gehaßt habe. Sainte-Beuve beurteilte das Werk Voltaires sehr fein, scheint aber ständig von der Verachtung seines Charakters beeinflußt zu sein. Marmontel fand das Buch über Ludwig langweilig und ermüdend. Lord Chesterfield sagte: «Es ist die Geschichte des menschlichen Geistes, die ein Genie zum Nutzen kluger Köpfe geschrieben hat.»

Überblickt man Voltaires riesige Hinterlassenschaft, so ist man erstaunt und bestürzt über diese Königin aller Ameisen, die alles zu ihrer Zeit Erreichbare, alle Kenntnisse, alles Wissen, zu umfassen suchte. Es versöhnt mit ihm, daß er die Weltgeschichte nicht als Geschichte der Könige, sondern als Geschichte der Zivilisation auffaßte.

Seine letzte Weisheit lief – im «Candide» – auf ein Nichts hinaus, auf Resignation, auf Fatalismus.

Ist diese Welt, so wie Leibniz meint und wie Pope behauptet hat, die bestmögliche aller möglichen Welten?

Voltaire antwortet nur mit Tatsachen: Es gibt Sklaverei und Krankheiten. Es gab 30000 Tote beim Lissabonner Erdbeben im Jahre 1755. Man hat zehnmal soviel Tote und zahllose Verwundete im Siebenjährigen Krieg gezählt. Es gab Flammentod, Tortur und Bücherverbrennungen. Diebstahl, Mißgunst, Betrug, Gewalt, Mißhandlungen und Justizmorde regieren das tägliche Leben.

Der deutsche Metaphysiker Pangloß mit seinem Glauben an die Leibnizsche Formel ist eine tragikomische Gestalt. Pangloß sagt, der Mensch sei nicht zur Ruhe geschaffen. Martin – das ist der französische Geist – meint, das einzige Mittel, das Leben erträglich zu machen, sei, zu arbeiten, ohne zuviel zu grübeln. «Also wollen wir unseren Garten bestellen», schließt Candide.

Mein Sinn stand nach jungen Damen

«Luxus gibt es selten ohne Wissenschaften und Künste, und die Wissenschaften und Künste bestehen nie ohne Luxus. Ich weiß, daß unsere Philosophie, immer fruchtbar in sonderbaren Grundsätzen, gegen die Erfahrung aller Zeitalter vorgibt, daß der Luxus den Glanz der Staaten ausmacht. Aber laßt uns von der Notwendigkeit der Gesetze des Aufwandes absehen. Wird man noch wagen, zu leugnen, daß die guten Sitten für den Bestand der Staaten entscheidend sind und daß der Luxus den guten Sitten diametral entgegensteht?»
Rousseau, Discours sur les sciences et les arts.

Voltaire war über fünfzig Jahre alt und weltberühmt, als Rousseau zum erstenmal in seinen Gesichtskreis trat. Der Herzog von Richelieu hatte Rousseau beauftragt, Voltaires Ballett-Komödie «Prinzessin von Navarra» mit Rameaus Musik für eine Aufführung am Hofe auf einen Akt zu kürzen. Voltaire bestätigte den Empfang der fertigen Arbeit mit der ihm üblichen Höflichkeit und bescheinigte Rousseau, er vereinige in sich das Talent des Musikers wie des Dichters. Dennoch fand das Stück in Rousseaus Bearbeitung keine Verwendung, nicht einmal sein Name wurde genannt.

«Hat die Erneuerung der Wissenschaften und Künste die Sitten gefördert oder verdorben?» Die Akademie von Dijon stellte diese Preisfrage im Jahre 1749. Diderot fragte Rousseau, welche Ansicht er vertreten würde. «Natürlich bejahe ich die Frage», sagte Rousseau. «Das ist die Eselsbrücke», meinte Diderot, «denn alle Mittelmäßigen werden so urteilen.» Auf Rousseau wirkte das wie ein Peitschenhieb. Er hatte plötzlich tausend Ideen zu diesem Thema, alle Lichter strahlten in ihm auf, er fühlte sich in in einem Taumel. Die Wissenschaften und die Künste haben die guten Sitten verdorben, anstatt sie zu läutern. Der Fortschritt, die Gelehrsamkeit, die Künste und der Luxus haben den Untergang von Ägypten, Griechenland, Rom, Konstantinopel und China bewirkt, während die primitiven Völker ihre Tugenden und ihr Glück bewahrt hätten. «O Tugend, tiefstes Wissen einfacher Seelen, kostet es soviel Mühe und Aufwand, um dich zu kennen? Sind deine Prinzipien nicht in alle Herzen eingraviert? Es genügt, in der Ruhe der Leidenschaften auf die Stimme des Gewissens zu hören.»

Rousseau gab sich von nun an als revolutionärer und religiöser Plebejer. Er war immer ein Sonderling gewesen. Eine gewisse Menschen-

scheu, Schüchternheit, ja geradezu Tölpelhaftigkeit waren ihm angeboren. Er war alles andere als ein Gesellschaftsmensch. Dieser einsame Wanderer und Landschaftsmaler liebte seinen Instinkten nachzugehen. Aus seiner großen Armut, Unterwürfigkeit und seinen charakterlichen Mängeln formte er in der Phantasie himmelhohe Tugendbilder. Dieser geborene Lakai wurde zum Aufrührer, zum Doktrinär und Dogmatiker. Die Welt der Dürftigkeit, aus der er kam und die allein er verstand, wollte er der ganzen Menschheit empfehlen. Die Literaten seiner Zeit hielt dieser merkwürdige Diogenes für Schmarotzer bei hohen Herren.
Fünf Jahre nach dem Erscheinen seiner Streitschrift, die von der Akademie in Dijon preisgekrönt wurde und ihn über Nacht berühmt machte, erschien seine Arbeit «Über den Ursprung der Ungleichheit unter den Menschen». Jetzt legte er die Goldstickereien an seinem Anzug ab, er zog seine weißen Strümpfe aus, er spazierte von nun an ohne Degen herum, er verkaufte seine Uhr und setzte eine sehr unansehnliche Perücke auf. Ganz ohne Perücke konnte man sich damals noch nicht sehen lassen. Das wäre nun wieder zu revolutionär gewesen!
Die Ungleichheit der Menschen war seiner Ansicht nach künstlich hervorgerufen. In einem idyllischen Naturzustand, so glaubte er, wären alle Menschen gleich. Schuld an der Ungleichartigkeit ist allein die Kultur. Im Naturzustand führte der Mensch ein Leben wie die Tiere, er war stark, beweglich, er besaß geschärfte Sinne, er war weniger anfällig für Krankheiten, die zum größten Teil durch die Zivilisation verursacht seien. Ein intellektuelles Schaffen kannte er noch nicht. Darum war er glücklich. Auch waren seine Leidenschaften noch ganz natürlich und brachten daher Zufriedenheit. «Der Mensch, der denkt, ist ein entartetes Tier.»
Rousseau glaubte nicht an die Möglichkeit, diese verlorenen Naturparadiese wiederzugewinnen und damit eine Gleichheit aller zurückzuerlangen. Er pries aber den ursprünglichen Zustand der Menschheit, um den Verfall der Gegenwart, die Verderbnis der Sitten und Gewohnheiten, deutlich zu machen. Darüber hinaus wollte er, wie so oft einzelne, die sich von der Gesellschaft ausgeschlossen fühlen, *schockieren.*
Als er sein Werk «Über den Ursprung der Ungleichheit» an Voltaire schickte, antwortete ihm dieser geniale Spötter, man bekäme beim Lesen seines Buches «Lust, auf allen vieren zu kriechen. Da es jedoch sechzig Jahre her ist, seit ich diese Gewohnheiten aufgab, ist es mir leider unmöglich, sie wiederaufzunehmen, und ich überlasse diese natürliche Haltung Menschen, die ihrer würdiger sind als Sie und ich.»
Beinahe wäre ganz Europa bald auf allen vieren gekrochen, denn die

edlen Rousseauschen Parolen, sein exaltierter Naturkultus, die gewollte Einfachheit, Lämmer an seidenen Bändern, liebliche Mühlen in lieblichen Landschaften, warme Empfindungen, Schluchzen vor Begeisterung und entzückte Ausrufe, Ohnmachten, der Bauer als idealisierte, immer edle, stets arglose, seinem Herrn in Ehrlichkeit ergebene Prachtgestalt, all dieses falsch-sentimentale Operettentum war die geistige Ausstattung für die Rückkehr zur Natur.
Jean-Jacques Rousseau hatte mit sechzehn Jahren seine calvinistische Religion aufgegeben und war zum Katholizismus konvertiert. Er handelte keineswegs aus Überzeugung, sondern nur, um auf diese Weise leichter Unterstützung zu finden. Tatsächlich hatte ihn die fromme Madame de Warens bei sich aufgenommen, nach Turin geschickt, wo er sich taufen lassen mußte, und ihm aus Mildtätigkeit in Annecy ein für ihn unvergeßlich schönes Leben geboten. Danach fällt er wieder in großes Elend.
Mit 42, nachdem er 26 Jahre lang von seinem Geburtsort Genf abwesend war, wurde er wieder Protestant und erhielt darauf von seiner gestrengen Heimatstadt die Bürgerrechte zurück.
Beim Lesen aller seiner Schriften mißtraut man ganz unwillkürlich seiner Ehrlichkeit. In seinem früheren Lakaien- und Landstreicherleben hatte er zugegebenermaßen fortgesetzt kleine Diebstähle begangen. Er fällt immer wieder da in Unwahrheit, auch gegen sich selbst, wo ihn die Scham überwältigt, wo er in seinen erotischen Unzulänglichkeiten befangen ist oder wo er in maßlosem Ehrgeiz Höhen erklimmen will, die ihm nicht angemessen sind. Ganz besonders abstoßend ist sein Verhalten als Diener bei dem Grafen della Rocca, wo er einen selbstbegangenen Diebstahl der jungen armen Marion aus Maurienne in die Schuhe schiebt, wobei er noch den Anschein erweckt, als habe das Mädchen ihn verführen wollen. In der damaligen Zeit konnte eine kleine Küchenmagd auf so eine Anschuldigung hin keine Stellung mehr finden, und so wird die hübsche Marion durch Rousseau in großes Unglück gekommen sein.
Jean-Jacques hatte einen nichtswürdigen Charakter. Er war undankbar, pharisäisch verlogen, konnte infam boshaft sein, ein heuchlerischer Selbstbewunderer, ein durchtrieben brutaler Plebejer, der aber ängstlich war und wohl auch an Verfolgungswahn litt. Er konnte Komplimente sagen, aber er verstand nicht, höflich zu sein. Er war ein schlechter Maler und ein sehr mittelmäßiger Komponist. Stets litt er an Arterienverkalkung und zahllosen anderen Gebrechen.
Er entwickelte schließlich einen geradezu hemmungslosen Haß gegen Voltaire. Voltaire war vornehm, sarkastisch, liebenswürdig, elegant und doch einfach. Er war ungeschickt, unliebenswürdig und feierlich,

wo er hätte ehrlich sein sollen. Voltaire war geistreich, aggressiv, witzig. Er war oft plump, von überernstem Groll erfüllt, trübsinnig. Voltaire war – das erforderte schon seine ungeheure schriftstellerische Leistung – ordnungsliebend. Er war nur aufrührerisch. Voltaire glaubte nur an Gott. Er gab vor, an die Natur zu glauben. Voltaire war handfest und doch meist vorsichtig. Er gab sich idealistisch, war aber doch ein heimlicher Umstürzler. Voltaire war reich, im großen und ganzen zufrieden, sich selbst verwöhnend, bewundert. Er kam aus seinem Dienertum nie heraus. Gelang es ihm, seinen Kopf aus der Dürftigkeit zu erheben, so hatte er etwas von einem Amokläufer an sich. Außerdem blieb er sein Leben lang neidisch.
Es bleibt erstaunlich, daß dieser mit tausend Schwächen und Fehlern behaftete Phantast einen so großen Einfluß auf die Französische Revolution hatte, auf den Geist der Romantik, auf die gesamte abendländische Kultur des 19. und 20. Jahrhunderts.
Es ist eine Tatsache, daß Menschen durch Worte beeinflußt werden. Und es ist wahr, daß das Wort der Schlüssel zur Überzeugung und daher zur geistigen Herrschaft ist. Der Einfluß des Stils ist gewaltig. Eine falsche Idee kann durch guten Stil überzeugender erscheinen als eine richtige Idee durch schlechten Stil. Hilaire Belloc meint, die Überzeugungskraft des Rousseau habe auf seinem Stil beruht, auf der Wahl der französischen Vokabeln, auf der Reihenfolge ihrer Anordnung. Dieser Stil habe ihm einen ungeheuren Einfluß über eine Generation verschafft, die jung war, als er alt war. Rosseau verfaßte seinen «Contrat social» 1762. Siebenundzwanzig Jahre später wurde dieser «Contrat social» das Programm der Französischen Revolution.
Der Gesellschaftsvertrag besagt, daß alle Bürger freiwillig einen Vertrag schließen, durch den sie alle ihre Rechte der Gemeinschaft übertragen. An die Stelle des einst freien Naturmenschen tritt also der politisch mündige Bürger, der durch willentliche Abtretung seiner Naturfreiheit an einen Kollektivwillen den «idealen Staat» schafft. Dieser Verzicht sichert ihm nach Rousseau die Gleichheit und die Freiheit, «l'égalité et la liberté». Alle gehorchen einem allgemeinen Willen, dem Willen der Mehrheit. Dieser Generalwille ist nach Rousseau «gerecht und rechtschaffen», denn sein Zweck ist das allgemeine Interesse. Der «Contrat social» umreißt, was über die moralische Grundlage der Demokratie gesagt werden kann. Man hat ihn sogar «das Grundbuch der modernen Demokratie» genannt.
Tatsächlich hat dieses kleine Werk Rousseaus, das kaum hundert Seiten umfaßt, das Geschick der Menschheit in außerordentlicher Weise beeinflußt. Es ist eine Quelle der modernen Staatstheorie, der modernen Demokratie überhaupt. Aber auch hier baute Rousseau auf

den Erkenntnissen anderer auf, auf Grotius, Hobbes und Locke, ganz zu schweigen von Aristoteles und dem Vorbild des athenischen Stadtstaates unter Perikles. Der «Contrat social» enthält auch große Gefahren, so die Legalisierung der Diktatur eben dann, wenn der sogenannte «Wille des Volkes» sie herbeiwünscht.
Rousseau proklamiert «das Recht zum Aufstand», wenn der «Contrat social» verletzt wird. Gerade Danton und Robespierre haben ihre Tyrannei mit diesen Grundsätzen des Rousseau gerechtfertigt. Und die Franzosen späterer Jahrhunderte haben Rousseau immer wieder entgegengehalten, daß die Mehrheit sich oft täuscht und daß der «allgemeine Wille» keineswegs immer «erleuchtet» ist!
Rousseau war ein Widerspruch in sich, ein verschämter und gleichzeitig unverschämter Exhibitionist, der seine Gefühle wie alle seine Herzensregungen preiszugeben liebte, wobei er keineswegs immer bei der Wahrheit blieb, der von der «vollkommenen Güte des Menschen» redete – die Französische Revolution gab bald nach ihm ein Beispiel dieser vollkommenen Güte – und der seine fünf Kinder in ein öffentliches Waisenhaus einlieferte und sie damit einem unsagbar dürftigen und elenden Dasein überließ.
Seine «eignen» Ideen bezog Rousseau von überallher, vom berühmten Autor des «Télémaque», Fénelon, vom liberalen René Louis Argenson, vom Genfer Theologen Jean-Alphonse Turretini, vom Abbé Prévost, von Montesquieu, vom Beichtvater Ludwigs XV., Claude Fleury, und vor allem vom französischen Philosophen Pierre Bayle, einem der einflußreichsten Denker der Aufklärung mit freisinnigen und skeptischen Ansichten, der unbedingte Toleranz auch gegenüber Atheisten verlangte. Wer alle diese «Wegbereiter» gelesen hat, wird bei Rousseau nichts Neues finden – außer seiner ständigen «Ergriffenheit».
Jean-Jacques wollte, wie der von ihm stark beeindruckte, aber ungleich größere Tolstoj, alle Theater abschaffen. Jedenfalls in seiner Heimat, in der Schweiz, hielt er das Theater für «gefährlich». Die Tragödie sei verderblich, weil die Zuschauer von nur erdichteten Leiden gerührt werden, sonst aber hart und brutal bleiben. Die Komödie hielt er für schädlich, weil sie nicht gegen das Laster, sondern nur gegen die Lächerlichkeit ankämpfe. Molières Stücke hielt er für die Hochschule aller Lasterhaftigkeit. Für Genf, wo damals zwanzigtausend Menschen lebten, empfahl er statt Theater Musik, Freiluftjubel, Paraden, Schützenfeste und Wettsegeln.
Dieser merkwürdige Sohn eines Uhrmachers verfaßte eine Biographie, die des Menschen Seele, sein Denken und seine Empfindungen wie das feinste Räderwerk einer Uhr ticken lassen sollte. Seine «Bekenntnisse» leitet er gar nicht bescheiden mit dem Satz ein, er beginne ein

Unternehmen, «das ohne Beispiel ist und das niemand nachahmen wird. Ich will meinesgleichen einen Menschen in der Naturwahrheit zeigen, und dieser Mensch werde ich sein. Ich allein.» Das Werk ist voller Widersprüche, meines Erachtens eines der verlogensten Produkte der Weltliteratur.

Rousseau hatte stets gegen den Hochadel gewettert und gegen die literarischen Schmarotzer. Er zeigte sich aber in seinen «Confessions» als wahres Muster eines solchen Schmarotzers, besonders als Gast des Marschalls von Luxemburg und seiner Frau, der Herzogin, auf Schloß Montmorency. Immer wieder bildet er sich ein, diese oder jene adlige Frau sei in ihn verliebt. Das war wohl zeitlebens eine Schwäche des Lobredners auf die unberührte Natur. Ich nehme an, Rousseau war weder ein guter Unterhalter noch ein angenehmer Freund, als Liebhaber völlig untauglich. Auch die Verbindung von Enthaltsamkeit und Fanatismus macht ihn wenig sympathisch. «Ich bin nie ausschweifend oder schwelgerisch gewesen und habe mich nie im Leben betrunken. So waren meine kleinen Diebereien nicht sehr bedeutend.»

Dieser Apostel der Einfachheit und der idyllischen Natur, der alle Menschen gleichmachen wollte, schreibt: «Überdies führten Näherinnen, Kammermädchen, kleine Kaufmannsfrauen mich nie in Versuchung. Mein Sinn stand nach jungen Damen. Was mich anzieht, ist aber durchaus nicht der Prunk des Standes und Ranges, sondern die besser gepflegte Haut, die schöneren Hände, der anmutsvollere Putz, die Zierlichkeit und Sauberkeit der ganzen Person, die geschmackvollere Art in Benehmen und Ausdruck, das feinere und besser sitzende Kleid, das zierlichere Schuhwerk, die Bänder, Spitzen, die besser frisierten Haare. Ich würde stets eine weniger hübsche Frau vorziehen, wenn sie nur von all dem mehr hat.»

Das lesen wir im vierten Buch der Bekenntnisse des wackeren Jean-Jacques. «Retournons à la nature», zurück zur Natur! Wie viele so fein frisierte Köpfe mit der besser gepflegten Haut sind während der Revolution unter der Guillotine gefallen? Was hätte wohl der deklamierende Genfer Kleinbürger gesagt, wenn er das gesehen hätte? Und hätte er hernach vielleicht doch mit den Näherinnen und Kammermädchen vorliebgenommen?

Als das Bürgertum die Weltherrschaft errang

«Hüte dich, vorschneller Enthusiast, vor dem Neuen! Hast du wohl erwogen, was alles die Gewohnheit in diesem Leben vermag; wie alle Kenntnis und alle Praxis wunderbar hängen über unendlichen Abgründen des Unbekannten, Unzugänglichen und wie unser ganzes Dasein ein unendlicher Abgrund ist, der von der Gewohnheit wie von einer dünnen, mühsam zusammengefügten Erdrinde überwölbt wird?» – Thomas Carlyle, Die Französische Revolution, 1. Teil, 2. Buch, Kapitel 3.

Jede Revolution hat geistige Ursachen. Sie ist eine Umwälzung, eine plötzliche Erschütterung oder grundlegende Umgestaltung eines bestehenden Zustandes, die Beseitigung einer herrschenden Gesellschaftsordnung oder einer bestimmten Art der Lebensführung. Die Revolution ist der gewaltsame Umsturz «von unten». Nur sie kann von einem geistigen Feuer geschürt und getragen werden.

Der «Staatsstreich» dagegen ist eine Veränderung «von oben her». Er bringt eine neue Führungsgruppe an die Macht mit dem Ziel, eine neue Ordnung zu schaffen und diese dann gegen jeden weiteren Umsturz auch mit Gewalt zu verteidigen. Alle Staatsstreiche sind daher rein politische Machinationen. Ihnen fehlt der geistige Funke. Wir erleben solche von oben «gemachte» Regierungsstürze in den Diktaturen.

Die Russische Revolution von 1917 war nicht allein das Werk der bürgerlichen Linken oder des sozialrevolutionären Kerenskij, noch weniger lediglich ein Geniestreich des im April 1917 mit deutscher Hilfe aus der Schweiz zurückgekehrten hochbegabten Lenin. Auch sie war geistig längst vorbereitet durch Puschkin, Gogol, Gontscharow, Turgenjew, Dostojewskij und vor allem Tolstoj, der sich mit seinen religiös-sozialen Ideen und seinem frei gewählten asketischen Bauerntum sowie mit kühnsten Trugschlüssen mit leidenschaftlichem Temperament gegen die herrschenden Zeitströmungen stellte. Schließlich gelangte er zu einer Art Kulturnihilismus, eine im Russentum tief verwurzelte Geisteshaltung und ein sehr günstiger Boden gerade für eine russische Revolution.

Leider kam diese Revolution viel zu spät. Was in Frankreich 1789 geschah, fand in Rußland erst 128 Jahre später statt und ermangelte von Anfang an des Glanzes, des geistiges Elans, des Esprits, die auch dem trocken theoretisierenden Nichtrussen Marx fehlten. Diese verspätete Revolution hat Rußland gegenüber den westeuropäischen Ländern geistig ungeheuer zurückgeworfen. Man spürt es auf allen Gebieten, in der Literatur, in der bildenden Kunst, in der Musik, überhaupt in dem nicht mehr Herausfinden aus der Revolution, die wie die große Liebe immer nur eine auflodernde Flamme sein kann, nie ein Dauerzustand.

Die Französische Revolution erhielt ihr stärkstes geistiges Fundament durch Rousseau und Voltaire, dann durch die Enzyklopädisten, die Gründer, Herausgeber und Mitarbeiter der großen Enzyklopädie, die die philosophischen Anschauungen des 18. Jahrhunderts verbreiteten. Diderot, d'Alembert, Montesquieu, Marmontel, Turgot, natürlich auch Rousseau und Voltaire waren die Hauptmitarbeiter. Diese «Enzyklopädisten» entwickelten bereits die Lehre vom Staatsvertrag zur Idee der Volkssouveränität. Die Salons, die Zeitschriften, die Freimaurerlogen wurden Träger der gegen das Bestehende gerichteten öffentlichen Meinung.

Nun ist es zwar richtig, daß man den Lauf der Geschichte nicht lediglich vom Schreibtisch aus ändert. Literatur allein kann keine soziale Bewegung ins Leben rufen. Es waren viele, sehr verschiedene Kräfte am Werk. So förderte die Teilnahme Frankreichs am nordamerikanischen Unabhängigkeitskrieg die Ausbreitung revolutionärer Ideen kolossal. Dennoch ist Robespierre undenkbar ohne Rousseau-Lektüre. Es bleibt auch interessant, daß noch Napoleon I. ein sehr aufmerksamer Leser Rousseaus war, aus dem er allerdings gerade das entnahm, was ihm am wichtigsten war, daß nämlich der «Wille der Allgemeinheit» es zuweilen zuläßt, eine Diktatur zu errichten. Selbst die Diktatoren unseres Jahrhunderts haben sich bekanntlich auf diesen «allgemeinen Volkswillen» berufen, den zu verkörpern und zu vollziehen sie sich allein auserwählt fühlten. Man hat daher nicht ganz mit Unrecht gesagt, daß Rousseau neben seinen revolutionären Verdiensten leider auch der Schöpfer der Idee des totalitären Staates sei. Das Genie Napoleon kann natürlich niemals auf die Stufe des Typs eines Diktators des 20. Jahrhunderts gestellt werden. Seine Militärherrschaft verankerte die positiven Ergebnisse der Revolution, garantierte Gewissensfreiheit und Rechtssicherheit, Gleichheit unter den Bürgern und finanzielle Ordnung. Es wäre zum Beispiel dem Korsen niemals in den Sinn gekommen, den Bürgern eines Landes die Ausreisefreiheit zu nehmen. Napoleon hatte eben nicht nur Rousseau gelesen, sondern zum Beispiel auch Goethes Werther, und – was wenig bekannt ist – siebenmal!

Die französischen Philosophen des 18. Jahrhunderts und die russischen

Schriftsteller des neunzehnten erweckten gerade in den lesenden Kreisen ihrer Länder den Wunsch nach Änderung, nach Reformen. Aber in Frankreich wirkte unendlich viel mehr mit: die Entgöttlichung der Moral, die Bewunderung und Anerkennung der Wissenschaften, die Entfesselung der Vernunft, der Geist der Bürgerschaft, die zum erstenmal etwas Vermögen, vor allem aber Wissen erlangt hatte. Wissen ist die größte und gefährlichste unter allen umwälzenden Mächten. Frankreichs Bürger wurden sich zum erstenmal ihrer Bedeutung bewußt.

Dem Untergang des «Ancien régime» und der Machtergreifung durch das Bürgertum lagen aber auch materielle Katastrophen zugrunde. Das Steuersystem war voller Mißstände und Ungerechtigkeiten. Der von Ludwig XIV. ererbte Fehlbetrag der Staatsfinanzen war nicht mehr aufzubringen. Die Bauern waren mit Abgaben und Diensten an den Staat und die Grundherren überlastet.

Die Französische Revolution wurde nicht wie die Russische von einem «Proletariat» getragen, sondern vom «dritten Stand», vom Bürgertum, von Kaufleuten, Juristen, Stadtverwaltern – von einem Stand, der dem Adel an Bildung überlegen war. Sie richtete sich gegen die Vorrechte des Adels und der Geistlichkeit. Diese beiden Stände, die Patrizier und der Klerus, genossen fiskalische Erleichterungen und Vorteile aller Art, während man dem dritten Stand, den Bürgern, sogar den Zugang zu einer großen Zahl von Ämtern sperrte. Der dritte Stand war aber sozusagen ein natürliches und echteres Patriziat, eine Aristokratie der Qualität, eine Art Elite, die sich nicht mit den Bauern, den Handwerkern und Kleinhändlern identifizierte. So ging diese Revolution nicht «von ganz unten» aus, schon gar nicht vom Großstadtpöbel – nur änderte sie sich in ihrem Verlauf, und der Pöbel machte sich schließlich in ihr breit. Aber die Französische Revolution bleibt eine Revolution der Bürger. *Das ist das Große an ihr, daß sie dem Bürgertum die Weltherrschaft schenkte.*

Die Revolution war deswegen unvermeidlich, weil es aus dem überholten autokratischen System, aus dem verfahrenen Staatskarren kein Heraus mehr gab, weil der König sich zwar Reformen nicht widersetzt hätte, aber die Adligen sie immer wieder zu hintertreiben wußten, und weil Ludwig XVI. selber völlig unfähig war, eine Verbesserung der Lage auch nur zu planen oder vorzuschlagen.

Der König war absolut. Er herrschte mit unumschränkter Machtfülle. Seine «plenitudo potestatis» war durch keinerlei Mitwirkungs- oder Kontrollbefugnisse anderer Organe beschränkt. Der König konnte jeden Menschen ohne Prozeß ins Gefängnis setzen, er konnte auch jeden vom Gericht Verurteilten freilassen. Schuldner, die ihre Schulden nicht bezahlen konnten, gewährte er nach Belieben Stundung. Sein Wille allein hatte im Staate Gültigkeit, Krieg und Frieden standen in seiner Macht.

Aber wir müssen uns bei all dem nicht einbilden, daß «wir's mit unseren heutigen Demokratien so herrlich weit gebracht» haben! Der König griff nicht andauernd in alle Einzelheiten des Alltagslebens ein, wie es moderne demokratische Regierungen tun. Er bestimmte nicht die Eierpreise, noch setzte er eine «Polizeistunde» – schon der Ausdruck ist beleidigend! – fest. Er zwang den Menschen nicht Anmelde- und Abmeldepflichten auf, nicht die Ausfüllung komplizierter Formulare, er erzwang nicht die Annahme eines staatsgeleiteten Theaters bis in die letzte Privatstube, wie es das moderne Fernsehen tut. Überhaupt mußte sein autokratisches Regime darauf bedacht sein, die öffentliche Meinung hinter sich zu haben. Man mußte «populär» sein, sonst drohte der Autokratie Gefahr. Erst durch die modernen Gedankenverbreitungsmittel Radio, Fernsehen, Film kann der Diktator bis in die Seelen der Menschen hineinkriechen und dadurch auch die öffentliche Meinung in jeder – auch der blödsinnigsten – Weise gängeln.

Der Winter 1788/89 brachte wegen ungewöhnlich schlechter Ernten Hungersnot. Eine außerordentliche Teuerung war die Folge. Dazu herrschte sehr große Kälte. Von den 25 Millionen Einwohnern Frankreichs ernährten sich 21 Millionen durch Landbau. Sie gerade trugen die Steuerlasten, und die Steuern waren so hoch, daß der Bodenbau unrentabel wurde. Im Volk herrschte sehr große Not, am Hof glaubte man nichts als Verschwendung zu sehen.

In dieser Not blieb dem König keine andere Wahl, als die Stände zur Versammlung zu berufen, die die Nation eigentlich vertreten sollten, aber seit 175 Jahren nicht getagt hatten. In der Versammlung bildete der «dritte Stand» die stärkste Gruppe. Als es «den Bürgern» gelungen war, den Adel und den Klerus zur Teilnahme an der Sitzung im großen «salle des menus plaisirs du roi» zu Versailles zu zwingen, erklärten sie sich am 17. Juni 1789 zur allgemeinen Nationalversammlung, «assemblée nationale». Dieser Tag ist daher der Anfang der Revolution.

Die Erstürmung der Bastille, der Aufstand des Pariser Pöbels, durch den der König gezwungen wird, aus Versailles nach Paris überzusiedeln, die von den Girondisten erpreßte Kriegserklärung des Königs an Österreich, das der Revolution natürlich feindlich gegenüberstand, die beiden Stürme auf die Tuilerien und die Gefangennahme des Königs, die Septembermorde des Jahres 1792, die Enthauptung Ludwigs am 21. Januar 1793, die Hinrichtung Robespierres und die schließliche Machtergreifung wieder durch die Bürger, die nun die «Terroristen»

verfolgten, wie vorher die Aristokraten verfolgt wurden – das sind die Höhepunkte der Revolution.
Ihr Ergebnis: Abschaffung aller Feudalrechte, gleiche Behandlung aller durch die Steuer, Zulassung aller Bürger zu öffentlichen Ämtern, Erklärung der Menschenrechte. Sie garantieren allgemeine Gleichheit, persönliche Freiheit, Schutz des Eigentums, Widerstand gegen Unterdrückung, Souveränität des Volkes.

Die Hauptdarsteller der Französischen Revolution

«Denn auch Marat hatte einen Bruder und natürliche Gefühle und wurde einst in Windeln gewickelt und schlief ruhig in einer Wiege, wie wir alle. – Eine Schwester von ihm soll jetzt noch in Paris leben. Was Charlotte Corday betrifft, so ist ihr Werk vollbracht; ihr Lohn ist sicher und nahe. Die chère amie und die Nachbarn fliegen auf sie los; ‹sie stürzt einige Möbel um›, verschanzt sich so, bis die Gendarmen kommen, überliefert sich dann ruhig, geht ruhig ins Abbayegefängnis; sie allein ruhig, während ganz Paris in Staunen, Wut und Bewunderung rings um sie wogt.»

Thomas Carlyle, Die Französische Revolution, 3. Teil, 4. Buch, Kapitel 1.

Die Französische Revolution, dieses Meisterstück gallischen Geistes, weckte das im Absolutismus dahindämmernde Europa urplötzlich auf wie eine rotleuchtende Explosion in schlafender Nacht. Keine Revolution der Geschichte bietet ein so glänzendes Schauspiel blutrünstiger Henker, meisterhafter Redner, aufwühlender Manifeste, gelassener Würde neben dem sich wild aufbäumenden Pöbel. Keine Revolution ist so farbig, so voller Passionen, so bizarr, so grotesk, ein buntes, hochgeniales Traumspiel, ein Drama, wie es die Welt noch nie gesehen hatte und wohl nie sehen wird. Die Französische Revolution ist ganz großes Theater. Das, was sie laut verkündete, ist ein Ideal, das spätere Geschlechter vielleicht einmal erfüllt haben oder erfüllen werden. Die Französische Revolution war Theater *ohne* Freiheit, *ohne* Brüderlichkeit, *ohne* Gleichheit, aber mit donnernden Parolen, ein Schiff, das sich im Sturm immer wieder und wieder überschlug.

Lassen wir zuerst die Schauspieler auftreten. Sie sind auf der Bühne der Weltgeschichte große Nummern, ein Star jeder für sich und jeder auf seine Weise.

Ludwig XVI. war zwanzig Jahre alt, als der Tod des fünfzehnten Ludwig ihn auf den Thron brachte. Er trat seine Herrschaft unter günstigen Umständen an, weil Turgot, damals Frankreichs größter Staatsmann, das Finanzwesen noch einigermaßen in Ordnung hielt. Aber nach zwei Jahren entließ er Turgot, der sich vergeblich gegen die Vorrechte der Aristokratie gewandt hatte. Dessen Nachfolger, der sehr talentierte Genfer Bankier Necker, bemühte sich bis zum Jahre 1781, Reformen durchzuführen, und erst als auch Necker von Ludwig entlassen wurde, begann der große Sturm.

Man erwartet im allgemeinen von einem König besondere Qualitäten. Die Phantasie der Zeitgenossen wie der Geschichte sucht in ihn alle möglichen Gaben, Begabungen, Launen und Ungerechtigkeiten hineinzudichten. Aber Ludwig, dieser letzte Sproß der Kapetinger, war ein Mann mittelmäßiger Begabung, den weder sein Amt noch seine exponierte Stellung, noch je ein Schicksalsschlag zu formen, anzuspornen oder zu erheben vermochten. Er blieb immer der gleiche, langsam, schwerfällig, uninteressiert an allem Wertvollen und Höheren. Er hatte eine träge Auffassungsgabe, und wenn ihm etwas vorgetragen wurde, so begriff er es erst, wenn der Besuch ihn verlassen hatte. Wenn er vom Hof besonders aufmerksam beobachtet wurde oder wenn es darauf ankam, vor dem Volk eine gute Figur zu machen – schlief er ein. Es gab nichts, wovon man ihn überzeugen konnte oder wofür man ihn hätte begeistern können, nicht etwa, weil er böswillig war, sondern weil er nicht so schnell mitkam.

War er tapfer? Hatte er Mut? Man weiß es nicht. Wahrscheinlich begriff er jede Gefahr erst so spät, daß seine Verständnislosigkeit als Mut erschien. Reiten erfordert übrigens nicht, wie Hilaire Belloc meint, Mut – es gibt sehr feige Menschen zu Pferde, die Weltgeschichte hat sie gekannt, wie zum Beispiel einige sassanidische Könige und zahllose Mongolen.

Ludwig war ein guter Reiter. Er liebte etwas billige Späße zu machen. Er litt unter einer Behinderung, von der ihn seine Ärzte erst im siebenten Jahr seiner Ehe befreiten. Gerade im Anfang der Ehe mit Marie Antoinette muß ihn dieser Mangel schwer belastet haben. Dies erklärt auch zum Teil die große Zurückhaltung der Österreicherin ihm gegenüber, die Distanz zwischen den beiden und ihr eigenwilliges Verhalten.

Ludwig besaß keinerlei Menschenkenntnis. Hätte er zum Beispiel den Rat des Ritters de Coigny befolgt, den reisegewohnten Kommandanten der Gendarmerie, Priol, während seiner Flucht mitzunehmen sowie einen ehemaligen Postmeister, der alle Straßen des Königreiches sehr gründlich kannte, so wäre er wie auch Marie Antoinette dem Pariser Pöbel und dem Tod entgangen.

Auch blieben dem König militärische Talente fast immer verborgen. Plötzliche Veränderungen der politischen Lage Frankreichs wie auch Europas bemerkte er gar nicht oder erst, wenn es zu spät war. Als am Nachmittag des 14. Juli 1789 der Herzog von La Rochefoucauld-Liancourt dem König zu Versailles die Nachricht von der Erstürmung der Bastille überbrachte, rief Ludwig völlig überrascht: «Aber das ist ja ein Aufstand!» – «Nein, Majestät», erwiderte der Herzog, «es ist eine Revolution.»

Es hat nie in der Geschichte einen König gegeben, der so alle Eigenschaften besaß, die ein Herrscher haben muß, um mit Sicherheit auf dem Schafott zu enden: Langsamkeit, keinerlei Erahnung des Charakters der Menschen, Verkennung jeder Gefahr, mangelnde Entschlußkraft, willenlose, fast fromme Einwilligung in das Unvermeidliche. Ludwig war für seine Rolle im Schauspiel der Französischen Revolution die Idealbesetzung.

Marie Antoinette hatte am Hof zu Wien eine strenge Erziehung genossen. Ihre Mutter Maria Theresia ließ sie für die französische Ehe auf jede nur denkbare Weise vorbereiten und schulen. Als sie Ludwig XVI. in Versailles heiratete, war sie nur fünfzehn Jahre alt, er sechzehn. Beim Tode Ludwigs XV. wurden der junge König und die Königin mit großem Enthusiasmus vom Volke gefeiert.

Ihre Mutter in Wien ließ sich vom österreichischen Botschafter, Graf Marcy-Argenteau, über alles, was am Hof zu Versailles vor sich ging, genauestens unterrichten. Aus der Ferne ließ sie über ihren Botschafter Marie Antoinette in jeder Weise beraten und förderte klug die Beziehungen zwischen Frankreich und Österreich. Solange Maria Theresia also lebte, konnte die französische Königin nicht in große Gefahr kommen. Aber 1780 starb Maria Theresia.

Kinderlos und ohne große Zuneigung zu Ludwig, pflegte Marie Antoinette Freundschaft mit der Prinzessin de Lamballe und mit der Comtesse Jules de Plignac, deren Sohn einen so starken Einfluß auf sie ausübte, daß sie ihm jede Gunst gewährte. Marie Antoinette war außerordentlich lebenslustig. Sie unterhielt Freundschaften mit vielen jungen, aber nicht immer den angesehensten Höflingen. Ihr ganzes Betragen mußte sie unweigerlich zum Mittelpunkt vieler Intrigen machen. So führte ihr Eingreifen in die Gerichtsaffäre des Grafen de Guines zum Fall von Turgot. Sie folgte jeder ihrer Launen, kleidete sich mit großem Geschmack, aber auch sehr teuer und extravagant, sie liebte auffallenden Schmuck und heitere Vergnügungen.

Die Gärten und das Theater in Trianon wurden im Mai 1780 geöffnet. Sogleich liefen übertriebene Gerüchte über die Kosten um. Man nahm es der Königin besonders übel, daß sie zu Pferderennen und zu Bällen in Paris ohne königliche Begleitung erschien. Nach einer Ermahnung durch ihren Bruder und nachdem sie einer Tochter das Leben schenkte, Marie Thérèse Charlotte, wurde sie etwas ruhiger. Auch steigerte sich ihr Ansehen, als ihr erster Sohn geboren wurde, Louis Joseph Xavier François. Sie bekam noch einen zweiten Sohn und eine zweite Tochter. Dann brach das große Unglück über sie herein, Schlag auf Schlag:

die berühmte Halsbandaffäre, der Tod ihres letzten ehrlichen Ratgebers, ihres Bruders, der Tod ihres ältesten Sohnes. Im selben Jahr wurde die Bastille erstürmt.

Marie Antoinette hatte einige wesentliche Eigenschaften von ihrer Mutter ererbt, vor allem Energie und Initiative. Sie war es, die den Plan für die Flucht entworfen hatte, die mißglückte. Sie suchte die Monarchie zu retten, durch die Besiegung des französischen Volkes von außen her. Sie verriet den ausländischen Kanzleien Frankreichs Aufmarschpläne. Sie sorgte dafür, daß der Herzog von Braunschweig drohte, Paris seinem Heer zu übergeben und die Volksvertreter mit dem Leben für die Wiederherstellung der vorrevolutionären Zustände bürgen zu lassen. Überall und ständig griff sie entschlossen und mutig ein. Aber sie verkannte das französische Volk.

Sie hielt die königliche Stellung ihres Mannes und ihr eigenes autokratisches Dasein für gott- oder naturgewollt, für etwas Selbstverständliches, Unantastbares, Unerschütterliches. Sie wußte nicht, daß in den Franzosen leicht entzündbare Kräfte verborgen sind, eine immer vorhandene Gefahr, gepaart mit großem persönlichem Mut. Über diese Eigenschaften der Franzosen haben sich schon viele Staatsmänner und viele Völker getäuscht. Sie verstand es vor allem nicht, sich der französischen Etikette anzupassen. Sie hatte nicht die aristokratische Tradition Frankreichs in ihrem Blut. Eine gewisse Zurückhaltung, die Steifheit, ja auch die Härte und Grausamkeit dieser Gesellschaft blieben ihr verborgen oder doch fremd. Bezeichnenderweise hatte diese ungewöhnliche Frau nur einen Mann geliebt, keinen Franzosen, sondern einen Schweden, Axel Graf von Fersen. Marie Antoinette sah diesen sehr männlichen, ritterlichen und ruhigen Aristokraten nur selten, oft jahrelang nicht. Aber in den letzten Monaten während ihrer Haft und als sich die Tragödie ihres Lebens vollendete, beschäftigte ihr Herz tatsächlich nur dieser Schwede.

Drei Tage dauerten die Verhöre der Marie Antoinette. Ihr Verhalten angesichts der wilden Beschuldigungen des Fouquier-Tinville löste selbst bei ihren Feinden Bewunderung aus. Einstimmig verurteilte sie das Revolutionstribunal zum Tode. Sie nahm das Urteil wortlos, äußerlich völlig gelassen, hin. Als Sanson, der Henker, um sieben Uhr morgens in der Zelle der Conciergerie erschien, sagte die Königin: «So früh?» Sie fragte, ob er nicht noch etwas warten könne. «Madame», antwortete Sanson, «ich handle auf Befehl.»

Nur der Karren, der sie zum Schafott brachte, erschreckte die Königin. Sie starrte mit Entrüstung auf dieses armselige Vehikel, das sie allen Blicken preisgab. Sie hatte gehofft, man werde sie wie ihren Gatten in einer Kutsche zum Richtplatz bringen.

Vor der Guillotine trat die Österreicherin dem «Bürger Sanson» versehentlich auf den Fuß. Der konnte einen kleinen Schmerzenslaut nicht unterdrücken. «Es geschah nicht absichtlich, Monsieur», sagte Marie Antoinette.

Eine außerordentlich interessante Gestalt der Revolution ist *Mirabeau*, ein breiter Kopf auf breiten Schultern, eine mächtige Gestalt, groß und doch gedrungen. Wo er sich hinstellte, wo er das Wort ergriff, da spürte man so etwas wie ein Naturereignis. Um dem mächtigen Kopf ein Gegenstück zu schaffen, trug er sehr breite Schuhschnallen. Aber Mirabeaus Breite, Mirabeaus Naturkraft, seine ganz ungewöhnliche rednerische Begabung, diese Ausbrüche eines doch gezügelten Temperaments – all das strahlte umfangreiches Wissen, messerscharfe Intelligenz und weit vorausahnenden politischen Verstand aus. Graf Mirabeau ist einer jener Franzosen, die man in allen Jahrhunderten immer wieder antrifft, Sproß einer Ahnenreihe sehr wohlhabender Kaufleute, selbstsicher in der Naturkraft eines in Generationen geschärften Verstandes. Man steht immer wieder vor einem Wunder beim Erlebnis dieser Art von Franzosen. Hinter der breiten Stirn und aus einer vollkommenen Ruhe heraus formen sich bei ihnen Gedanken, Sätze und Sentenzen, deren Form wie deren Inhalt überraschen, überzeugen und verblüffen.

Mirabeau beherrschte die Nationalversammlung einfach durch sein überragendes Können, seine Gestalt, seine Beredsamkeit. Es gab drei Parteien in der Nationalversammlung. Und es gab Mirabeau. Er wollte die Revolution in gemäßigte Bahnen leiten, er wollte das Chaos verhüten, ihm schwebte eine konstitutionelle Reform nach englischem Vorbild vor, unter einer Erhaltung einer starken Monarchie im Rahmen einer neuen Verfassung. Leidenschaftlich kämpfte er gegen die feudalen Vorrechte. Er versuchte zu verhindern, daß man den König zwang, von Versailles nach Paris überzusiedeln. Er wußte, daß er sich dadurch dem Volk auslieferte. Er suchte auch zu verhindern, daß der König floh, denn er wußte, daß eine mißlungene Flucht wie ein Funke in die geladene Volksstimmung schlagen würde. Er allein hätte den König kraft seines Einflusses, seiner Beredsamkeit, seiner modernen Ideen retten können. Aber sein plötzlicher Tod am 2. April 1791 nahm der Entwicklung zu einer radikalen und blutigen Revolution die letzten Fesseln. Er ist im Drama der Revolution als gewaltiger Gegenspieler der Fanatiker eine unerläßliche Figur. Und – er tritt bühnengerecht ab, wenn sich der rote Vorhang hebt, die Guillotine sichtbar wird und die Massenschlächterei beginnt.

Georges *Danton* war der Mann, der als Justizminister den Terror organisierte und die Septembermorde zuließ. Als Mitglied des Konvents schuf er einen außerordentlichen Gerichtshof, das spätere Revolutionstribunal.

Danton war in seiner Jugend ein eifriger Student alter Geschichte und antiker Philosophie. Er hatte ein pockennarbiges, übergroßes Gesicht, einen großen Mund, eine entsprechende Stimme und konnte bald blutgierig, bald wieder intelligent und rechtlich denkend sein. Er hatte Jura studiert, war Anwalt in den Conseils du Roi gewesen, beherrschte in Wort und Schrift fließend Italienisch und Englisch, hatte Pope, Shakespeare und Adam Smith gelesen und trieb sogar – für die damalige Zeit recht ungewöhnlich – Sport. Er schwamm, er war ein guter Fechter, er spielte Tennis.

Dieser «Mirabeau des Pöbels» sprang einmal in die Seine. Er sah die Bastille und schleuderte vom Wasser aus wilde Verwünschungen gegen die Festung, die er das Symbol der Unterdrückung nannte. Geschult an der Lektüre der Enzyklopädisten, an Montesquieu, Voltaire und Rousseau, war dieser gebildete und überzeugte Revolutionär doch auch ein Schwärmer. Er unterlag zum Schluß der Eifersucht des Robespierre und starb zusammen mit dreizehn Anhängern auf der Guillotine. Wer damals die Revolution betrieb, wurde nicht alt. Als das Revolutionstribunal Camille Desmoulins nach seinem Alter befragte, antwortete er: «Ich bin so alt wie der gute Sansculotte Jesus, für Revolutionäre ein gefährliches Alter.» Danton hatte noch nicht das 35. Lebensjahr erreicht. «Ich habe ganz und gar und nur für mein Land gelebt. Ich bin Danton bis zu meinem Tode. Morgen werde ich im Ruhme schlafen.» Es ist kein Wunder, daß die Gestalt Dantons seine Zeitgenossen wie auch die Jahrhunderte nach ihm tief beeindruckt hat.

Robespierre war der Streber unter den Führern der Revolution. Er war schon in der Schule immer der Erste und betrieb nach dem Fluchtversuch Ludwigs die Hinrichtung des Königs mit zäher Geduld. Mit seiner Präsidentschaft im «Wohlfahrtsausschuß» begann im Juli 1793 die jakobinische Schreckensherrschaft. Er brachte Hébert, Danton und die Dantonisten aufs Schafott. Seitdem war dieser schwer ergründbare Mann, der das Dasein eines «höchsten Wesens» und die «Unsterblichkeit der Seele» vom Konvent zum Gesetz erheben ließ, der Diktator Frankreichs. Eine Verschwörung seiner Anhänger, die sich bedroht fühlten, brachte ihn aufs Schafott, und damit endete auch die Schreckensherrschaft.

Marat war die finsterste Gestalt unter den Revolutionären. Er griff alles und alle an. Er schrie immer: «Wir sind verraten.» Er verlangte von der Commune, alle Royalisten ins Gefängnis zu sperren und sie ans Messer zu liefern. Er wetterte gegen den König. Er hatte die Zeitung «Ami du peuple» gegründet. Wer irgend jemand verdächtigte, brauchte nur an Marats Zeitung zu schreiben, und der Verdächtigte kam nicht mehr zur Ruhe. Er wurde von allen gehaßt, er wurde verfolgt. Zweimal floh er nach England. Wie eine Ratte verbirgt er sich in Kellern und in den Tunnels der Kanalisation. Dort unten wird er von einer fürchterlichen Hautkrankheit befallen. Getrieben von seinem Wahn, entstellt, zernagt von der Syphilis, wagte er sich aus den unterirdischen Gängen hervor, schrie seine Ideen heraus und stieß sogar auf Begeisterung. Er kannte nichts als Angriff, als Mord und Opfer. Von der Fehlbarkeit menschlicher Institutionen, von Irrtümern, von der Dummheit der Masse, von ihrer Unvollkommenheit, von Humor – von alldem verstand er nichts.

Ein junges Mädchen schrieb ihm einen Brief: «Citoyen, ich komme eben aus Caen. Ihre Liebe für Ihren Geburtsort läßt Sie sicherlich wünschen, Ereignisse zu erfahren, die dort stattfinden. Ich werde Sie in einer Stunde besuchen. Haben Sie die Güte, mich zu empfangen. Ich werde Sie in die Lage versetzen, Frankreich einen großen Dienst zu erweisen.»

Zweimal wurde das junge Mädchen abgewiesen. Beim dritten Besuch, am 13. Juli 1793, hörte Marat ihre Stimme im Nebenraum. Gequält von unerträglichen Schmerzen, Pusteln und Narben am ganzen Körper, konnte der halb wahnsinnige Marat nur im Bad sitzen. Nur in warmem Wasser empfand er ein wenig Linderung. Ihn interessierte das Mädchen und ihre Botschaft. Er ließ sie eintreten. Sie zog aus ihrem Brusttuch ein Tafelmesser und stieß es ihm in die linke Seite. Marat starb in seiner Badewanne. Das Mädchen hatte das Messer am Tage zuvor für zwei Franc gekauft.

Sie war in der Normandie geboren, eine Urenkelin des Corneille. Sie hatte Voltaire gelesen, die Werke des Abbé Raynal und Plutarch. Als die Girondisten, genannt nach dem Departement Gironde, die besitzenden und wirtschaftlich liberalen Bürger der Provinzen, machtlos geworden waren, suchten viele ihre Zuflucht in der Normandie. Charlotte Corday wohnte ihren heimlichen Zusammenkünften bei. Sie wurde vom Revolutionstribunal zum Tode verurteilt.

Als man ihr nach einem Verhör, wie üblich, Handfesseln anlegen wollte, deutete sie vor ihren Henkern auf ihre Handgelenke und sagte: «Falls ihr nicht Wert darauf legt, mir besondere Schmerzen zuzufügen, ehe ihr mich umbringt, bitte ich euch, mir zu gestatten, meine Ärmel herunterzuziehen und meine Handschuhe anzulegen, damit die Fesseln nicht so tief ins Fleisch schneiden.»

Ihr Anwalt Lagarde versuchte sie zu verteidigen, indem er sie als geisteskrank hinstellte. Aber die fünfundzwanzigjährige Corday hatte genau gewußt, was sie tun wollte. Vollkommen ungerührt bestieg sie das Schafott. Sie wirkte wie ein zufriedenes junges Mädchen, «wie ein Engel des Lichtes», schrieb ein deutscher Augenzeuge. Sie wollte auf dem Blutgerüst einige Worte an die staunende Menge richten. Es wurde ihr versagt. Sie legte ohne jeden Zwang ihren Kopf auf die untere Schneide der Guillotine. Das Eisen fiel. Der Henker zeigte dem Volk das blutende Haupt.

Als er das immer noch lächelnde Gesicht des Mädchens ohrfeigte, wurden Rufe der Empörung laut, die Menge murrte, man war bei dieser Hinrichtung keineswegs in der üblichen «Blutstimmung». Der Henkersknecht wurde für sein niederträchtiges Verhalten schwer bestraft. Selbst Sanson, der offizielle Scharfrichter von Paris, in dessen Familie dieses Amt erblich war – und der erstaunlicherweise eines natürlichen Todes starb –, war entsetzt über diese Bestialität des Henkers Legros.

Frankreichs großer Poet Lamartine nannte Charlotte Corday einen «Engel des Mordes». Und Vergniaud, der berühmte Girondist, der im selben Jahr wie die Corday hingerichtet wurde, sagte: «Sie verliert uns, aber sie lehrt uns sterben.»

Über der ganzen Französischen Revolution liegt diese Größe, dieser unerklärlich pittoreske Glanz, diese imposante Wildheit, liegen trotz aller Schrecken merkwürdig fesselnde Lichter. Es erscheint alles wie ein buntes Traumballett leidenschaftlich sich widerstrebender Temperamente. Die Courage, die Unerschrockenheit, die Todesverachtung, die Intuition und das Genie so vieler wahrhaft bewundernswerter Charaktere angesichts ihres sicheren Endes ist geradezu verblüffend. Diese Revolution war eben echt französisch, und weil sie ein so grandioses Schauspiel bot, wird sie mit Recht «die große Revolution» genannt.

Nie hat es in einer Revolution unter den Akteuren so viele Gestalten voller Witz, Geist und Schlagfertigkeit gegeben. Man vergleiche damit die dumpfe, stumpfe Bereitschaft der Opfer der Russischen November-Revolution von 1917, sich abschlachten zu lassen. Keine bewundernswerte Tat, keine tapfere Frau, kein Mädchen mit Courage, kein Widerspruch mit Geist, kein unvergeßliches Wort, überhaupt kein scharfsinniges Aperçu ist aus dieser Revolution bekannt. Und der gesamte «Geist» der revolutionären Bewegungen von 1848 läßt sich in einer Nußschale unterbringen!

Wo hat es außerhalb von Frankreich je ein achtzehnjähriges Mädchen gegeben wie die Straßendirne Eglé! Ihr war die Revolution gegen die monarchische Herrschaftsordnung zuwider, und sie gab frei ihre Meinung in den Gassen und an den Straßenecken zum besten. Die Polizei nahm sie mit einer Gefährtin, der sie den Hang zur Aristokratie eingeflößt hatte, fest und lieferte die beiden in die Conciergerie ein, wo

Tausende von Adligen oder aus anderen Gründen Beschuldigte, Männer und Frauen, gefangengehalten wurden. Als Monsieur du Châtelet, der vorher Oberst der Palastwache gewesen war, tränenüberströmt vor den Gittern der Frauenkäfige sein Leid klagte, sagte die Eglé: «Begreifen Sie, Herr Herzog, daß Menschen ohne Titel hier einen erwerben, und daß die, die einen tragen, hier verstehen müssen, ihn zu bewahren.»

Pierre Gaspard Chaumette, der Verdächtige nach Belieben verhaften durfte, hatte den teuflischen Plan, die beiden Dirnen gemeinsam mit der Königin vor das Tribunal zu bringen und alle drei auf demselben Karren zur Guillotine fahren zu lassen. Man beschloß dann aber, Marie Antoinette doch allein in den Tod zu schicken. Drei Monate nach ihrer Hinrichtung erinnerte man sich an die arme Eglé.

Sie hätte ihren Kopf ganz sicher retten können, wäre sie nicht in der Conciergerie weiterhin so wild und aufrührerisch gewesen. Man benutzte die bereits vorliegende Anklageschrift, in der Eglé und ihre Gefährtin beschuldigt waren, mit der Königin gegen die Freiheit des Volkes konspiriert zu haben. Auf diese Anklage war die Eglé sehr stolz. «Aber hätte man mich mit der Königin zur Guillotine gefahren», sagte sie, «dann hätte ich die Schurken schön hereingelegt. Ich hätte mich dann vor die Füße der Königin geworfen, und weder Tod noch Teufel hätten mich dort wegzuzerren vermocht!»

Alle Anschuldigungen gab das Mädchen vor dem Tribunal zu, ihre Reden, ihre Ausrufe, ihre royalistische Gesinnung. Als man sie über ihre Mitschuld an den der Königin zur Last gelegten Taten befragte, da hob sie ihre schmalen Schultern und sagte: «Ja, das ist phantastisch. Da habt ihr gezeigt, wie gewitzt ihr seid. Ich, eine Mittäterin derjenigen, die ihr die Witwe Capet nennt und die doch die Königin war, trotz eurer dummen Schnauzen! Ich, ein armes Mädchen, das sein Geld auf den Straßen verdiente und das nicht einmal den Mut gehabt hätte, einen Küchenlehrling der Königin anzusprechen! Das paßt zu einem solchen Rudel von Nichtstuern und Idioten, wie ihr es seid.»

Einige der Geschworenen wollten Eglé dennoch retten und wandten ein, sie sei bei ihren aufrührerischen Reden wohl betrunken gewesen. Aber die kleine Royalistin antwortete, wenn jemand im Tribunal betrunken sei, sicherlich nicht sie! Sie wies jeden Schutz ab und wiederholte ihre aristokratenfreundlichen Ausrufe. Dem Präsidenten des Tribunals, der beim Verlesen des Todesurteils auch die Beschlagnahmung ihres Eigentums erwähnte, rief sie plötzlich zu: «Warte, du Dieb, das habe ich mir genau so vorgestellt! Aber zu meinem Besitz wünsche ich dir viel Vergnügen! Daran werdet ihr euch nicht überfressen, das könnt ihr mir glauben!»

Die mutige Achtzehnjährige sprang auf den Karren, der sie zur Richtstätte brachte, als ginge es zur Hochzeit. Ganz leicht schien den Anwesenden ihr Gang auf das Schafott.
Wenn die Franzosen am 14. Juli auf den Straßen von Paris die Erstürmung der Bastille feiern, wenn sie alle miteinander tanzen, dann tanzt der Schatten der ermordeten kleinen Eglé mit. Denn gefeiert werden ja nicht nur die Revolutionäre, gefeiert wird das ganze verklungene Schauspiel, das so unerhört viel Charakter enthielt.

Das flackernde Licht der Freiheit

«Der Engländer liebt die Freiheit wie sein rechtmäßiges Weib, der Franzose wie seine Braut – der Deutsche wie seine alte Großmutter.» – Heinrich Heine.

Ein viel mißbrauchtes Wort ist der «Aufstand der Massen». Tatsächlich stehen die Massen fast nie für das Ideal der Freiheit auf. Das ist schon deswegen so selten, weil «Freiheit» ein schwer mißbrauchter Begriff ist. Immer dann wird besonders viel von Freiheit geredet, wenn es darum geht, Gewalt, Einfluß und Vermögen aus einer Hand in die andere zu bringen.

Die wahre Freiheit, nämlich die Unabhängigkeit von äußerem Zwang und fremder Gewalt, kümmert die ganzen Massen meist sehr wenig, sie wissen nichts mit ihr anzufangen, sie wissen nicht einmal, ob sie «frei» sind oder nicht. Sie wollen beschäftigt werden, versorgt, in manchen Ländern sogar gegängelt, und einige Völker wünschen in Verordnungen und Verfügungen eingebettet zu sein. Stets an ihrer jeweiligen Regierung, ganz gleich welcher Farbe, zu nörgeln, das ist die einzige ihnen bekannte Form der Freiheit und der Demokratie, ohne daß sie auch nur irgend etwas Konstruktives zu den kritisierten Zuständen beitragen.

Auch ist der Anspruch auf «Freiheit», auf «Liberalität» bei den verschiedenen Völkern sehr unterschiedlich. Was etwa der Franzose als unerhörten Eingriff in die persönliche Freiheit empfindet, erscheint dem Russen oder dem Mitteleuropäer höchst normal, ja «polizeilich erwünscht» und damit gerechtfertigt. Das Wort «Bürger», französisch «citoyen», ist jedenfalls erst seit der Französischen Revolution gleichbedeutend mit «*Staatsbürger*», und der Funke sprang von Frankreich auf ganz Europa über, mit sehr verschiedenem Erfolg.

«Die große Revolution» war von epochaler Bedeutung für die Geschichte und das ganze Leben des Abendlandes. Sie machte Kräfte frei, die in der alten Geschichte und etwa in Venedig längst erprobt waren, aber nun wieder als neu erschienen, Demokratie, Sozialismus, Nationalismus, Kräfte, die das Antlitz Europas änderten, Kräfte, die heute noch wirksam sind.

Die amerikanische Unabhängigkeitserklärung vom 4. Juli 1776 hatte die Französische Revolution weitgehend inspiriert. Sie legte die entscheidende Idee fest, daß Regierungen ihre rechtmäßige Macht aus der Zustimmung und aus dem Willen des Volkes schöpfen müssen.

Auch proklamierte sie zum erstenmal «Demokratie» als die einzige rechtmäßige Grundlage der bürgerlichen Gesellschaft. Die Männer, die die Unabhängigkeitserklärung unterzeichneten, stimmten den revolutionären Prinzipien von Jeffersons Präambel zu. Aber in ihren Herzen waren nur wenige «Demokraten». Dennoch schenkten die Amerikaner dem Westen als erste «die moderne Demokratie». Die Franzosen mit ihrem eigentümlichen Talent der Steigerung ins Grandiose machten aus dieser Staatsidee ein kämpferisches Glaubensbekenntnis, ein flammendes Fanal, das den ganzen alten Kontinent erleuchtete und vor dessen unwillkommenem Licht manche Könige die schweren Damastvorhänge zuziehen ließen.
Tatsächlich rüttelte die Französische Revolution an den alten Grundlagen aller europäischen Staaten gewaltig. Neu war der politische Idealismus, neu war der Kampf, nicht für territoriale Eroberungen, sondern für die Rechte der Menschen, neu war der Gedanke des «vollkommenen Staates». Wenige erfaßten das alles damals, als die Stunde des Bürgertums für Europa schlug. Als die Männer der neugeborenen französischen Republik dem Ansturm der braunschweigischen preußischen Veteranen bei Valmy standhielten – es geschah am 20. September 1792 –, war Goethe dort anwesend und schrieb: «Von diesem Ort und diesem Tag an beginnt eine neue Epoche der Weltgeschichte, und du wirst sagen können: ich war dabei!»
Erst triumphierte das Ideal des universalen Friedens. Frankreich sollte nie wieder Eroberungskriege führen. Aber die Gefahr, die durch die Eroberungsversuche Fremder offenbar wurde, brachte die Franzosen dazu, ein starkes Nationalbewußtsein zu entwickeln. Der Kampf für die Revolution, der Verteidigungskrieg, wurde zum Eroberungskrieg. Die Revolution hatte ja jeden Mann kämpfen gelehrt. Man vergaß ein wenig die Menschenrechte. Der Stern Napoleons leuchtete auf. Das Licht der Revolution verband sich mit dem Hunger Frankreichs auf Ruhm.
Nach der Zeit des Direktoriums, nach der nur sechzehn Jahre währenden dramatischen Epoche Napoleons, nach dessen Sturz – wurde Frankreich mit der Herrschaft Ludwigs XVIII. die erste «konstitutionelle Monarchie» des europäischen Festlandes. Die monarchische Tradition versöhnte sich mit dem Erbe der Revolution.
Die westlichen Nationen versuchen noch heute auf mannigfache Art, die demokratischen Prinzipien, die von der Revolution proklamiert wurden, anzuwenden. In manchen Ländern, wie in den Vereinigten Staaten, scheint das Experiment gelungen zu sein, in anderen ist es zusammengebrochen. Die Vorstellungen wandeln sich. Das offenbar utopische Ideal der «Brüderlichkeit der Menschheit» wird überall auf

der Erde von den unübersteigbaren Mauern der Nationalismen durchschnitten. Die Völker mühen sich, die nun schon im Unterbewußtsein verankerten Ideen der «Philosophen» aus der Zeit des Voltaire in Völkerbünden und Vereinten Nationen wiederaufleben zu lassen. Aber leider ist ja auch der Nationalismus das Erbe der Französischen Revolution, und seine geheimnisvollen Kräfte sind noch nirgends versiegt.

Die ganze Französische Revolution mit ihren ungeheuren Auswirkungen auf Europa, geistigen, wirtschaftlichen und politischen, ging an einem Land so gut wie spurlos vorüber: an Rußland. Die Zarin Katharina regierte über die Zeit der Revolution hinweg völlig unumschränkt von 1762 bis 1796. Sie fand mit Paul I. als willkürlichem Selbstherrscher eine ebenso «unrevolutionäre» Nachfolge. Erst mit Alexander I. kamen einige neuzeitliche Staats- und Verfassungsgrundsätze zur Anwendung. Bis dahin aber spielte man so etwas wie «verdüstertes Sonnenkönigtum». Man war hundert Jahre zurück. Es ging dabei hoch und herrlich her – manchmal auch etwas brutal und grausam. Trotz des preußischen Wesens der Prinzessin Sophie, die die große Katharina wurde, trotz ihrer hohen Intelligenz, ihrem starken Europäertum, ihrer Aufgeschlossenheit und ihrem steten «Blick nach Westen», mußte Rußland notwendigerweise schließlich vom Abendland abfallen.

Man möchte Katharina eine der interessantesten Schöpfungen des achtzehnten Jahrhunderts nennen, einen ganz westlichen Geist, der nach Osten ging, aber das Rußland vorbestimmte Schicksal nicht westwärts wenden konnte. Einen so bizarren, fast geisterhaften und burlesken Hof wie den russischen hat es in der Geschichte nie gegeben. Tritt man an das Leben dieses Hofes nahe heran, so erscheint alles unwirklich, oft sehr absonderlich, dann wieder grotesk-komisch und zerrissen, wie Bilder einer Laterna magica. Es scheint auch, daß das System der «Thronablösungen» in Rußland unabänderlich bleibt, mit allen heuchlerischen Erklärungen und Kommentaren, mit der rätselhaft schweigenden Fügsamkeit der jeweiligen Opfer, mit ihrem Untertauchen in der anonymen Versenkung.

Katharina vertrat durchaus den aufgeklärten Absolutismus und suchte Reformen in der Verwaltung, der Wohlfahrt, dem Bildungswesen, in Handel und Landwirtschaft durchzusetzen. Aber was sie vorfand, war ein von zweihundertjähriger Mongolenherrschaft [1242 bis 1462] gedemütigtes, von den Moskauer Tyrannen, die in Anpassung an mongolische Tributmethoden herrschten, niedergehaltenes, von der berüchtigten Leibwache Iwans des Schrecklichen, den «Opritschnikis», auf die Knie gezwungenes Volk von Leibeigenen, dem erst Peter der

Große einige Reformen «nach europäischem Vorbild» geschenkt hatte.

Im Okzident begann das schwer zu erringende und noch schwerer zu erhaltende schwache Licht der Freiheit zu flackern. Im Orient, der schon an den europäischen Grenzen Rußlands begann, dort, wo das Sonnenlicht aufgehen soll, herrschte tiefste Nacht. Nur das «Sammeln der russischen Länder», eine Parole des dritten und des vierten Iwan, sollte nie wieder aufhören.

Tatsächlich hat Dostojewskij das ganze Geheimnis Rußlands genial und prophetisch in einem Satz seiner «Dämonen» zusammengefaßt: «Ausgehend von schrankenloser Freiheit ende ich mit unumschränktem Despotismus.»

Ich mache mir keine Sorge um meinen Ruhm

Napoleon

«Alle seine früheren Unternehmungen waren stets von Erfolg gekrönt. Jetzt aber hatte man schon alle Manöver verbraucht, und nicht nur ohne Sieg, sondern es trafen von allen Seiten immer dieselben Nachrichten ein, über getötete und verwundete Generale, über die Notwendigkeit von Verstärkungen, über die Unmöglichkeit, die Russen zu schlagen, und über Truppenverwirrung.» – Graf Leo Tolstoj, Krieg und Frieden.

«Frankreich kann sich nur mit Rußland verbünden», sagt Napoleon und durchmißt das Zimmer auf und ab gehend. «Diese Macht herrscht über das Baltische und das Schwarze Meer und ist der Schlüssel zu Asien. Der Kaiser einer solchen Nation ist wahrhaft ein großer Fürst. Der Kaiser von Deutschland ist ein Kind, das von seinen Ministern regiert wird, und diese wiederum werden von England beeinflußt. Wenn Paul I. auch etwas seltsam ist, so hat er doch wenigstens einen eigenen Willen.»

«Etwas seltsam», nannte also Napoleon den Zaren Paul. Er hatte gerade die Schlacht von Marengo gewonnen, die ihn zum Herren von Italien machte, und Moreau war in Hohenlinden siegreich gewesen. Dieser Sieg war so wichtig, weil England durch den Vertrag von Lunéville, in dem Österreich alle Napoleonischen Eroberungen anerkennen mußte, seinen letzten Alliierten auf dem Kontinent verlor.

Immer noch schreitet Napoleon im Zimmer auf und ab und hält den französischen Staatsräten eine Lektion: «In diesem Feldzug haben die österreichischen Generäle nach einem ausgezeichneten Plan operiert. Aber sie führten ihre Angriffe gegen den General Grenier nicht lebhaft genug. So wurden sie geschlagen. Hätten sie verstanden, ihre Vorteile und die große Zahl ihrer Truppen auszunutzen, so hätten sie Moreau ohne Schwertstreich zwanzig Meilen Boden abgerungen.»

Am 25. Dezember des Jahres 1800 war Napoleon einem Mordanschlag entgangen. Das Attentat sollte mit einer Höllenmaschine durchgeführt werden. Die Deputationen des Staatsrates, des Senats, der gesetzgebenden Körperschaft und des Tribunats waren in den Tuilerien erschienen, um den Ersten Konsul zu beglückwünschen. Während der Unterhaltung sucht Polizeiminister Fouché die Verschwörung auf die Royalisten und England abzuwälzen. Truguet bemüht sich, die Geistlichkeit verantwortlich zu machen.

«Nein, nein, ich lasse mich nicht irreführen», sagt der Erste Konsul, «damit haben weder die Adligen noch die Geistlichen etwas zu tun.» Napoleon hat klare Ziele. Er will den ewigen Revolutionen ein Ende machen, die Verbrechen, die Septembermorde nie wieder aufkommen lassen, die Gesetzlosigkeit beseitigen. Unter ihm soll Ordnung herrschen. Er will auch duldsam gegen die Kirche sein, keine Gewaltmaßnahmen mehr gegen die Geistlichkeit!

«Nein, nein», sagt er, «das sind die Septembermänner, verbrecherische Schurken, die sich in fortwährenden Verschwörungen ergehen, in offenem Aufstand, in ständigem Kampf gegen die jeweilige Regierung. Es sind die frech gewordenen Handwerker, die Maler.» Er spielte damit auf eine Verschwörung des Céracchi, des Aréna und anderer an. «Sie besitzen eine kühne Einbildungskraft, etwas mehr Bildung als der Pöbel, sie leben mit dem Volk, und sie beeinflussen die Massen. Sie sind die Werkzeuge von Versailles, vom September, vom 31. Mai, vom Prairial, von Grenelle, kurz die Werkzeuge zu allen Anschlägen gegen die Oberhäupter der Regierung.»

Alle Staatsräte sind der Meinung Napoleons. Sie greifen Fouché ziemlich offen an. Der steht allein, bleich, niedergeschlagen in einer Fensternische. Er hört alles. Er sagt nichts. Der Staatsrat Thibaudeau geht auf ihn zu: «Was soll das alles bedeuten? Warum sprechen Sie nicht?»

«Ich werde sprechen, wenn es Zeit ist», sagte Fouché.

Die «Metaphysiker» und die «Ideologen», das war die Sorte der Menschen, die Napoleon für ungemein gefährlich hielt. Was er sich unter «Metaphysiker» vorstellte, ist schwer zu sagen. Es waren jedenfalls nicht die Geistlichen. Die «Ideologen», das waren Intellektuelle, Studenten, Professoren, Leute, die seiner Ansicht nach grundsätzlich umstürzlerische Ideen im Sinn hatten und dazu die notwendige Muße, um sie zu propagieren. «Die Metaphysiker sind eine Sorte Menschen, der wir alle unsere Leiden verdanken. Man muß entweder nichts tun und wie Augustus vergeben oder große Maßnahmen treffen, die für die soziale Ordnung eine Garantie sind. Nach der Verschwörung Catilinas ließ Cicero die Verschwörer hinrichten und sagte, er habe sein Land gerettet. Frankreich und ganz Europa würden sich über eine Regierung lustig machen, die ungestraft ein ganzes Viertel von Paris unterminieren ließe.»

Die Anwesenden haben den Eindruck, Napoleon will auf gut Glück die Männer der Revolution als Schuldige hinstellen und sie, wo er kann, als Verbrecher behandeln. Nur Truguet hat den Mut, auf «die verschiedenen Arten der Schurken» hinzuweisen. Die französischen Geistlichen, so sagt er, wollen das Volk abwendig machen, Englands Hintermänner hetzen.

Napoleon: «Man spricht von den Adligen und Geistlichen? Will man, daß ich zehntausend Priester und Greise deportiere? Will man, daß ich die Diener der Religion verfolge, die von dem größten Teil der Franzosen geglaubt wird und von zwei Dritteln der Europäer? War Frankreich seit der Revolution jemals in einer glänzenderen Lage? Waren die Finanzen je besser geordnet, die Armeen siegreicher, das Innere ruhiger? Das habe ich gern, wenn Männer, die man nie unter den Freunden der Freiheit sah, plötzlich für die Freiheit so lebhafte Besorgnis an den Tag legen.» Unversehens bricht der Erste Konsul die Sitzung ab. Er geht an allen vorüber, auch an Truguet. Als der etwas sagen will, schneidet er ihm die Rede ab: «Ach, gehen Sie, Bürger Truguet, das alles können Sie bei Madame Condorcet vorbringen, aber nicht in einem Rate der aufgeklärtesten Männer von Frankreich!»
Paris 1801. Einlaß in die Tuilerien begehrt Frau Campan. Ihre Absicht: Ein Wort einzulegen für Frau de L'Hôpital und für den Arzt Debreuil, die beide auf Befehl von Fouché im «Temple» verhaftet sind. Der Emigrant Tanon galt als staatsgefährlich. Der Arzt Dubreuil hatte dem Sohn dieses Tanon einige Male den Puls gefühlt, Madame de L'Hôpital hatte Tanon bei sich empfangen. In dem Augenblick, in dem Madame Campan den Salon Napoleons betritt, ergreift er schon das Wort. Das eben ist das Unbegreifliche, daß dieser Mann das riesige Gewirr der Verhältnisse übersieht, daß er eine außerordentlich große Zahl von Menschen kennt, daß er ihre Namen behält und ihre Charaktere durchschaut. Ehe also Madame Campan zu Worte kommt, spricht Napoleon: «Ihre Madame de L'Hôpital ist eine Intrigantin.»
«Gestatten Sie, General», erwiderte Madame Campan, «man hat ihr früher vorwerfen können, daß sie ein wenig leichtsinnig war, aber mit 76 Jahren bleibt davon wohl nicht mehr viel übrig. Eine Intrigantin ist sie nicht. Koketterie würde sie besser kleiden, aber sie ist blind. Allabendlich empfängt sie ein paar Personen, und da sie fürchtet, es an Höflichkeit fehlen zu lassen, verneigt sie sich grüßend vor allen.»
Wie reagiert Bonaparte?
«Eine blinde Frau von 76 Jahren ist in der Politik immer unschuldig. Fouché hat eine barbarische Handlung begangen, die meiner Regierung unwürdig ist. Wenn er mit meinen Feinden unter einer Decke stecken würde, könnte er nichts Schlimmeres tun. Er hat den Mißgriff in einem Anfall von Wahnsinn begangen. Ich wünsche nicht, daß meine Gewalt zu solchen Handlungen mißbraucht wird. Ich will, daß alles, was von meiner Macht ausgeht, mit Vernunft geschieht. Eine Regierung muß einen weiten Blick und hochherzige Ideen haben. Was geschehen ist, ist der rachsüchtigen Mätresse eines Herrschers würdig. Nicht auf solche Art sollen meine Angelegenheiten behandelt werden.

In dem Verhalten eines Ministers darf nicht Leidenschaft sein, sonst könnte man glauben, aus Leidenschaft handle auch das Staatsoberhaupt. Die Geschichte vergißt nichts. Was würde sie zu einem solchen Mißgriff sagen? Was hat der Arzt getan?»
«General», antwortet Frau Campan, «er hat den Sohn des Herrn Tanon gepflegt.»
«Es ist unglaublich! Ein Arzt hat das Recht, den Puls zu fühlen, ohne daß ein Minister etwas dahinter finden darf. Ein solcher Mißbrauch nimmt der Autorität die Achtung. Ich werde mit dem Minister sprechen, ich werde beide Opfer befreien.»
Bonaparte klingelt dem Bedienten. Er läßt sofort Fouché holen. Die Verhafteten werden auf freien Fuß gesetzt.
Mademoiselle George ist Schauspielerin, sechzehn Jahre alt. Der Vorhang der Comédie Française hat sich geschlossen. Der Erste Konsul ist von ihrem Spiel entzückt. Als die Mademoiselle heimkommt, wartet dort auf sie der Kammerdiener Bonapartes, Constant. Er ist von Bonaparte geschickt, um den aufgehenden Stern für den nächsten Abend um halb neun Uhr zu sich nach Saint-Cloud einzuladen. Der Konsul möchte, so sagt der Kammerdiener, sie persönlich zu ihrem Erfolg beglückwünschen. Am nächsten Tag fährt der Wagen Napoleons bei der Schauspielerin vor. Klopfenden Herzens besteigt sie die Equipage. Sie zittert ein wenig bei der Vorstellung, dem Mann zu begegnen, dem ganz Frankreich zu Füßen liegt. Constant sucht sie zu beruhigen: «So schlimm ist der Erste Konsul nicht. Sie werden sehen, wie gut und liebenswürdig er sein kann.»

Im Schloßhof von Saint-Cloud hält der Wagen. Man führt sie durch die Orangerie. Sie wird in einen Salon geleitet. «Ich werde den Ersten Konsul benachrichtigen», sagt Constant.
Nun ist sie allein in diesem riesigen Zimmer. Im Hintergrund ein großes Bett mit grünseidenen Vorhängen, ein breiter Diwan vor dem Kamin. Schwere Kronleuchter, über und über mit Lichtern beladen, erhellen den Raum wie zu einem Fest. Nichts entgeht hier den Blicken. Nicht einmal die kleinsten Sommersprossen kann man verbergen. Alles ist groß. Keine gemütliche Ecke, in die man sich verkriechen könnte. Alles ist so offen. Viel zu schön für mich, denkt die Schauspielerin. Ich werde mich in diesen Lehnstuhl setzen. Dort, zwischen dem Bett und dem Kamin, wird man mich nicht gleich sehen. Ah, das beruhigt. Und nun noch den Schleier vor das Gesicht. So, ich habe mehr Mut. Ich höre Schritte. Oh, wie mir das Herz klopft. Er ist es.
Der Konsul trägt Seidenstrümpfe, eine kurze, weißseidene Hose, einen grünen Uniformrock mit roten Aufschlägen und hält seinen Hut unter dem Arm. Ich erhebe mich. Er kommt auf mich zu, sieht mich an

mit diesem nur ihm eigentümlichen Lächeln. Er nimmt mich bei der Hand, er läßt mich auf dem ungeheuren Diwan Platz nehmen. Er reißt mir den Schleier vom Gesicht und wirft ihn in die Ecke. Meinen schönen Schleier!

«Wie Ihre Hand zittert. Haben Sie Angst vor mir? Erscheine ich Ihnen so fürchterlich? Ich habe Sie gestern sehr schön gefunden, Madame, und wollte Sie beglückwünschen. Wie Sie sehen, bin ich liebenswürdiger und höflicher als Sie.»

«Wieso, Monsieur?»

«Wieso? Ich habe Ihnen dreitausend Francs geschickt, nachdem ich Sie in ‹Emilia› gesehen hatte, um Ihnen zu beweisen, welchen Genuß Sie mir bereiteten. Ich hoffte, Sie würden von mir die Erlaubnis erbitten, sich vorzustellen, um mir zu danken. Aber die schöne und stolze Emilia ist nicht gekommen.»

Mademoiselle George stammelt etwas, sie weiß nichts zu antworten.

«Sie hatten also Angst vor mir?»

«Ja.»

«Und jetzt?»

«Noch mehr.»

Der Konsul lacht.

«Ihr Vorname?»

«Joséphine Marguerite.»

«Joséphine gefällt mir. Ich liebe diesen Namen. Aber ich möchte Sie Georgina nennen. Wollen Sie? Ich will es. Sie sprechen nicht, liebe Georgina?»

«Weil die vielen Lichter mich quälen. Lassen Sie sie auslöschen. Ich bitte. Ich habe das Gefühl, ich würde Sie dann besser verstehen und Ihnen unbefangener antworten.»

Er schellt. «Rustam, lösch die Lichter aus. Ist es so genug?»

«Nein, noch die Hälfte von diesem ungeheuren Kronleuchter.»

«Gut, lösch aus, Rustam», sagt Napoleon. «Sieht man jetzt immer noch zuviel?»

«Nicht zuviel, aber genug.»

Nun will Napoleon alles aus ihrem Leben erfahren, alles, was sie zu erzählen hat. Sie ist die Tochter eines kleinen Theaterdirektors, der mit seiner Truppe umherzieht und mühsam den Unterhalt für sich und seine Familie verdient. Die Schauspielerin Raucourt entdeckt das Mädchen für die Comédie Française, wo sie auf Kosten des Theaters ausgebildet wird.

«Wer hat Ihnen diesen schönen Kaschmir, den Schleier, den Schmuck geschenkt?»

Die kleine Mademoiselle sagt, das sei der Fürst Sapieha gewesen.

«Es ist gut, Sie lügen nicht. Sie werden mich besuchen, und Sie werden verschwiegen sein. Versprechen Sie es mir.»
Mademoiselle George erzählte später, Bonaparte sei sehr zärtlich gewesen, sehr zurückhaltend und habe ihr Schamgefühl nicht durch Zudringlichkeit verletzt. Er sei auch glücklich gewesen, Widerstand zu finden, aber nur einen schüchternen.
«Mein Gott, ich will nicht sagen, daß er verliebt war. Aber sicher gefiel ich ihm. Hätte er sonst eine ganze Nacht dazu verwendet, mich zu besiegen? Es lag ihm viel daran, mir zu gefallen. Er gab auch meinem Wunsche nach, mich nach Hause gehen zu lassen.»
«Sie müssen müde sein, liebe Georgina, auf morgen, Sie müssen kommen.» Er nimmt von mir Abschied, er küßt mich auf die Stirn. Ich bin sehr dumm. Ich lache und sage: «Oh, das ist gut, Sie haben eben den Schleier des Fürsten Sapieha geküßt.»
Er nimmt den Schleier, zerreißt ihn in tausend kleine Stücke. Er wirft den Kaschmir zu Boden, tritt ihn mit den Füßen. Am Hals trage ich eine kleine Kette mit einem sehr bescheidenen Medaillon aus Karneol, am kleinen Finger einen noch viel bescheideneren Kristallring. Er reißt mir den Ring vom Finger, zertritt ihn. Ah, jetzt bin ich nicht mehr sanft. Ich bin sprachlos und zittere. Da wird er sehr liebenswürdig zu mir und sagt: «Liebe Georgina, Sie sollen nichts an sich haben, was nicht von mir ist. Sie dürfen nicht schmollen, das wäre schade, und ich würde eine schlechte Meinung von Ihren Gefühlen bekommen.»
«Sie haben recht, nein, ich bin nicht böse, aber ich werde frieren.» Er klingelt. «Constant, bring einen weißen Kaschmir und einen großen englischen Schal.» Er begleitet mich bis an die Orangerie. «Auf morgen, Georgina, auf morgen.»
In Paris wird Napoleon zum Kaiser gekrönt. Nach einigem Zögern willigte der greise Papst Pius VII. ein, diese erstaunliche Zeremonie in Notre-Dame selbst vorzunehmen. Der Soldat der Revolution wird der Gesalbte des Herrn. Noch mehr, er nimmt die Krone aus der Hand des Papstes und setzt sie sich eigenhändig aufs Haupt. Joséphine, die kreolische Abenteurerin, wird Kaiserin. Mit Würde nahm sie Platz auf dem Thron und behauptete ihn fünf Jahre lang wie eine geborene Fürstin. Es war der schönste Tag im Leben Napoleons. Im Purpur der alten Könige von Frankreich trug er nun die Krone, die er sich mit der Spitze seines Degens erobert hatte.
Frankreich sah das alles, billigte alles, bewunderte es.
Bald darauf erkundigte sich Napoleon beim Staatsrat Miot de Mélito nach den Ansichten seines Bruders Joseph. Er hörte, daß der Prinz Joseph die Krönung für «unrepublikanisch» hielt. Napoleon war un-

gehalten. «Glaubt er etwa, daß ich diese Veränderung für *mich* getroffen habe, daß mir an diesen Titeln, die er verachtet, so viel liegt, daß ich nicht wie er nur persönlich erworbene Verdienste und wahren Wert schätze? Ich habe mir diesen Titel beigelegt, um in Europa Einkehr zu halten. Man muß auf die Einbildungskraft der Völker durch die Mittel wirken, die den größten Eindruck auf sie machen. Ist es nicht ein schönes Ergebnis, diese Höhe erreicht zu haben, sich von Königen mit ‹mein Bruder› anreden zu lassen, von Kurfürsten in ihren Briefen allen Respekt zu fordern und zu erhalten?»

Mit der Zeit traten die Lebensgrundsätze des Kaisers immer deutlicher zutage. Leidenschaften und vor allem die Liebe durften niemals seine Pläne und Absichten beeinflussen. «Die Liebe ist weiter nichts als ein wahnsinniges Hoffen, das ist alles, seien Sie dessen versichert», sagt er. «Ein Esel, ein Mann, der sich von seiner Frau beherrschen läßt, der ist bei mir nicht gut angeschrieben.» Caulaincourt hatte dem Kaiser die Beförderung eines Bürovorstehers der Marstall-Verwaltung vorgeschlagen. Den hielt Napoleon für einen Pantoffelhelden. «Aber», rief Caulaincourt lachend, «woher wissen Eure Majestät denn diese Einzelheiten?» – «Ah, ich weiß besser als Sie, was unter dem Personal meines Hauses vorgeht», antwortete Napoleon. Schließlich willigte er in die Beförderung ein, «aber sagen sie ihm, daß ich es liebe, wenn ein Mann Herr in seinem Hause ist!»

«Man muß streng sein, das ist das einzige Mittel, sich beim Soldaten Achtung zu verschaffen.» Und über seine Verwandten: «Ich kann keine unbedeutenden Verwandten mehr brauchen. Diejenigen, die sich nicht mit mir erheben, werden nicht mehr zu meiner Familie zählen.»

«Der Ehrgeiz», sagt er, «ist der Hauptbeweggrund der Menschen. Man gibt seine Fähigkeiten aus, solange man hofft emporzukommen. Hat man aber die höchste Stufe erreicht, so verlangt man nur noch Ruhe. Ich habe Senatorenstellen und Fürstentitel geschaffen, um mehr Ehrgeiz zu wecken und dadurch die Senatoren und Marschälle von mir abhängig zu machen.»

Am Tage der Schlacht von Jena läßt der Kaiser gegen drei Uhr morgens Caulaincourt zu sich rufen. Bonaparte ist die ganze Nacht wach geblieben. Caulaincourt findet ihn unruhig, ungeduldig. Die am Abend vorher in alle Richtungen abgesandten Befehle sind noch nicht ausgeführt. Dennoch ist nichts im Rückstand, aber der Gedanke, irgend etwas könnte versäumt sein, regt ihn auf.

«Sire», sagt Caulaincourt, «es wird heute ein heißer Tag werden, es ist vier Uhr morgens, Eure Majestät haben sich nicht einen Augenblick Ruhe gegönnt.»

«Unmöglich, Caulaincourt, ich habe meinen Plan.» Langsam führt er seine Hand an die Stirn. «Aber ich habe noch nichts auf meinen Karten. Rustam, rufen sie d'Alde. Er soll sofort kommen.» D'Alde ist der Chef des topographischen Büros. Die Karte für das Terrain der Schlacht war am Abend vorher aufgenommen worden. Über den Tisch gebeugt, auf dem sie ausgebreitet liegt, entwirft der Kaiser jetzt seinen Plan, entwickelt ihn erstaunlich rasch und genau.

«Jetzt geht alles in Ordnung. Sie haben verstanden, Caulaincourt? Sie haben meine Dispositionen im Kopf? Setzen Sie sich aufs Pferd und wählen Sie mir einen Platz, von dem aus ich das Schlachtfeld beherrschen kann. Um sechs Uhr bin ich im Sattel.»

Damit wirft er sich auf sein Feldbett. Wenige Minuten darauf ist er fest eingeschlafen.

Napoleon scheiterte nicht an Rußland. Er wurde vom zähen, unnachgiebigen Widerstand Englands besiegt. Er täuschte sich in der Annahme, England würde nachgeben, wenn er die Vorherrschaft auf dem europäischen Kontinent errungen hätte. Solange England die See beherrschte, blieb das «napoleonische Europa» nur eine Hoffnung im Geist des kühnen Korsen.

Seit dem Mai 1803 hatte Bonaparte beschlossen, in England zu landen. Im Sommer 1805 nahm er den Gedanken wieder auf. Ein gewaltiges Heer wurde in Boulogne gesammelt. Napoleon sah immer klarer, daß er ein kontinentales Imperium nicht begründen konnte, ohne Britannien zu vernichten. Auf 2008 Schiffen wollte er 150000 Mann mit aller Ausrüstung über den Kanal bringen. Störungsfreie Fahrt war hierzu Voraussetzung, mindestens 24 Stunden lang. Zahlreiche Batterien wurden an den Küsten aufgefahren, zum Schutz gegen Angriffe der englischen Flotte. Ungeheure Hafenbecken, Dämme, Befestigungen wurden gebaut.

Mit Hilfe seines Admirals Decrès hatte Napoleon schon seit den Tagen des Konsulats versucht, die in der Französischen Revolution verwahrloste Flotte wieder kampffähig zu machen. Aber Flotten baut man nicht in Wochen und Monaten. Jahre sind notwendig, vor allem für die Ausbildung und den Kampfgeist der Mannschaft. Zwei Geschwader besaß der Kaiser. Würde eines draußen auf dem Meer kämpfen und Britanniens Seemacht wenigstens vierundzwanzig Stunden binden, so könnte das zweite die Truppen von Boulogne nach England überführen. Der Plan mißlang. Napoleon verbrachte den August des Jahres 1805 in der Hoffnung auf das Gelingen des Sprunges nach England. Villeneuve wagte nicht in den Kanal einzufahren. Statt nach Brest zu steuern, segelte er nach Süden. Die Invasion von England mußte verschoben oder aufgegeben werden. Von nun an hielt Napoleon an der Idee fest, immer weitere und immer größere Siege in Europa wür-

den England doch schließlich zum Nachgeben bringen. Villeneuve, von Nelson bei Cadiz blockiert, suchte mit seinem Geschwader auszubrechen. Britanniens Flotte, die an Stärke der französisch-spanischen unterlegen war – 27 gegen 33 Schiffe! –, gewann den glänzenden Sieg von Kap Trafalgar. Napoleons Schicksal war von diesem Tage an besiegelt, denn niemals kann der Tiger den Hai packen. Napoleons Macht war die Armee und der Landkrieg. Englands Stärke war die Flotte und der Seekrieg. Wäre Napoleon gelandet und hätte er England zu einem Landkrieg gezwungen, so würde die moderne Geschichte Europas ganz anders aussehen. Europa wäre frühzeitig ein Staatenbund unter französischer Vormacht geworden.
Napoleon besiegte die Russen und die Österreicher in glänzender Weise in der Schlacht von Austerlitz. Frankreichs Armee unter dem militärischen Genie Bonaparte schien unschlagbar. Preußens Heer, gefürchtet seit den Tagen Friedrichs des Großen, unterlag bei Auerstedt dem französischen Marschall Davout, das vom Fürsten Hohenlohe befehligte Korps wurde von Napoleon bei Jena vernichtet. In Berlin faßte Napoleon den berühmten Plan der «Kontinentalblockade». Jeder Handel Europas mit England sollte in Zukunft verhindert werden. Die Kontinentalblockade war Napoleons Gegenschlag gegen Trafalgar. Aber sie bedeutete immer neue Verstrickungen und immer neue Feldzüge. Nach Austerlitz Jena, nach Jena die Vollendung der Eroberung Preußens. Und um die zu bewirken, der Versuch, Rußland zu besiegen. Weiter, weiter nach Osten. Er überschritt die Vistula. In Eylau lieferte er am 8. Februar 1807 eine ungewöhnlich blutige Schlacht in Kälte und Schnee. Im Juni ist die große Armee bei Friedland wieder siegreich. Rußlands Zar Alexander wird von Napoleon für eine Einigung gewonnen. Der Zar und der Kaiser treffen sich in Tilsit. Ein Freundschaftspakt ist das Ergebnis. Englands Antwort: Kriegserklärung gegen Rußland und Bombardierung von Kopenhagen.
Napoleon hatte den Einfluß des Fürsten Josef Poniatowski gewonnen, des Neffen König Stanislaus' II. Im Herzogtum Warschau war Poniatowski Kriegsminister und führte 1809 das polnische Heer gegen Österreich. Jetzt fürchtet der Zar Alexander mit Recht, Napoleon würde ein unabhängiges Polen schaffen. Darum schloß sich Rußland von der Einhaltung der Kontinentalblockade gegen England aus. In Napoleons Geist formte sich der Gedanke, die See durch das Land zu erobern, England durch Europa und Asien, den Briten den Weg nach India abzuschneiden. Alexander-Träume? Keineswegs! So wie Attila sich mit der Kraft Asiens auf Europa geworfen hatte, so will er, Napoleon, sich mit der Kraft Europas auf Asien stürzen. «Ich fühle mich nach einem Ziele hingetrieben, das ich nicht kenne. Habe ich

es erreicht, bin ich dem Ziel nicht mehr nützlich, so wird ein Atom genügen, um mich zu stürzen. Bis dahin aber vermögen alle Anstrengungen der Menschen gegen mich nichts!» Wer so sprach, den konnten keine Warnungen, keine Bedenken von dem gefährlichsten Unternehmen seines Lebens zurückhalten.

Das französische Imperium umfaßte jetzt auch die Hansastädte Bremen und Hamburg, es reichte bis zum Baltischen Meer, es war den Grenzen Rußlands gefährlich nah. Und Rußland wollte den Handel mit England nicht aufgeben. Die verbündeten Herrscher Alexander und Napoleon rüsteten gegeneinander. Beide Parteien bereiteten sich schon seit 1810 auf die feindliche Auseinandersetzung vor.

Im Jahre 1812 brach die größte Armee, die die Welt je gesehen hatte, eine Armee von zwanzig Nationen, zusammengesetzt aus Kontingenten aller Völker, die von Frankreich abhängig waren oder mit Frankreich alliiert waren, gegen Rußland auf. Für diesen Kreuzzug bediente sich Napoleon der alten Schlachtrufe «Revolution» und «Befreiung». Im Juni 1812 überschritt die große Armee den Njemen. Die Russen wandten die für ihr Land allein zweckmäßige Taktik an. Sie lieferten keine Schlacht. Das erste russische Heer unter Barclay de Tolly zog sich immer tiefer in das Innere des riesigen Reiches zurück. Nur zweimal stellten sich die Russen dem Napoleonischen Heer, einmal bei Smolensk, wo sie unterlagen, das zweitemal unter Kutusow bei Borodino in einem blutigen Treffen, wo sie eine schwere Niederlage erlitten.

Die goldenen Kuppeln von Moskau erschienen Napoleon überaus verlockend. Er, dessen Heere in Berlin, Wien, Rom, Madrid und Lissabon Einzug gehalten hatten, hielt es für sicher, daß der Zar Alexander um Frieden flehen werde, sobald er in Moskau einrückte.

Napoleon führte aber den Krieg gegen Rußland keineswegs wie ein eigensinniger, siegeshungriger General, er blieb während des ganzen Feldzuges stets der besonnene und vorsichtige Politiker. Das wird oft übersehen. Zwischen dem Feldzug des größenwahnsinnigen militärischen Dilettanten Hitler und dem Unternehmen Napoleons liegen Welten. Der Korse führte den Krieg nicht mit dem Ziel der Eroberung. Er wünschte sich einen günstigen Frieden und ein unerschütterliches Bündnis mit Alexander gegen England. Während seiner militärischen Operationen in Rußland versuchte er ständig über den Frieden zu verhandeln. So empfing er den Abgesandten des Zaren, den General Balaschoff, am 1. Juli 1812 in seinem Hauptquartier in Wilna.

«Was erwartet Kaiser Alexander von diesem Kriege?» fragt Bonaparte. «Ich bin bereits Herr einer seiner schönsten Provinzen, ohne daß ich einen einzigen Flintenschuß abgegeben habe.» Balaschoff antwortet,

daß sein Herr den Krieg nicht wünsche, er habe ihn nicht begonnen. Die Armeen Napoleons hätten ganz Europa durchquert, sie hätten die Grenze Rußlands ohne Kriegserklärung überschritten, sie hätten nicht einmal Widerstand auf seiten der Russen gefunden. Der General erklärt, wenn Napoleon glaube, Rußland etwas vorwerfen zu können, so sei er bereit, sich mit ihm zu verständigen, aber nur unter der Bedingung, daß die Franzosen das russische Gebiet vorher räumen. Außerdem sei zwischen Rußland und Großbritannien, dem Feind Frankreichs, noch keine Annäherung erfolgt.
«Oh», unterbricht ihn Napoleon erregt, «sie warten nur darauf. Sie brauchen nur einen Kurier nach England zu schicken, und alles ist fix und fertig.» Dann läßt Napoleon in seiner bekannten temperamentvollen Art einen Redestrom auf Balaschoff herniederprasseln. Mit großen Schritten durchmaß er wie immer das Zimmer. Balaschoff tat das gleiche. Ein kleines Fenster schlug im Wind. Das ärgerte Napoleon. Er schloß es heftig. Kurz darauf öffnete es sich und begann wieder laut zu schlagen. Napoleon riß es heraus und warf es auf die Straße. Dann redete er weiter. Balaschoff mußte zuhören.
«Ihre Infanterie zählt im ganzen 120 000 Mann, Ihre Kavallerie 60 000 bis 70 000. Alles, was Sie haben, sind weniger als 200 000 Mann. Ich habe dreimal soviel.» Er setzte Balaschoff auseinander, wie schlechte Ratgeber Alexander um sich versammelt habe, «einen Stein, der aus seinem Vaterland wie ein Taugenichts verjagt ist. Mit welchem Geist wollen Sie Ihre Armeen aufrichten? Welcher Geist belebt Sie schon? Als Sie nach Austerlitz zogen, hielten Sie sich für unbesiegbar. Jetzt wissen Sie, daß Sie von meinen Truppen geschlagen werden.»
Balaschoff setzt sich energisch zur Wehr. «Ich kann Eurer Majestät versichern, daß die Ihnen zu Ohren gekommenen Gerüchte jeglicher Grundlage entbehren. Der russische Soldat, weit entfernt davon, seinen Kräften zu mißtrauen, erwartet nichts sehnlicher als den Augenblick, in dem er seine Feinde schlagen kann. Seine Ungeduld ist außerordentlich gewachsen, seit wir unsere Grenzen in Gefahr wissen. Ich wage Ihnen ganz formell zu sagen, Sire, daß dieser Krieg, den Sie führen, ein furchtbarer sein wird.» Im Verlauf des Gespräches warnt Balaschoff den Kaiser, der Krieg werde leider nicht so bald beendet sein, wenn man ihn nicht sofort abbreche.
Napoleon führt dem Abgesandten des Zaren tausend Schwächen Rußlands vor Augen. «Wie wollen Sie ohne Verbündete Krieg führen? Wo wollen Sie Leute hernehmen? Was ist Ihr Rekrut? Er ist kein Soldat. Wie kann man Krieg führen, ohne zu wissen, *warum* man ihn führt? Wie kann man militärische Operationen unter dem Oberkommando eines Rates führen? Wenn mir mitten in der Nacht um

zwei oder drei Uhr eine gute Idee in den Kopf kommt, so ist bereits in einer Viertelstunde der Befehl dazu gegeben. Eine halbe Stunde später haben ihn die Vorposten ausgeführt. Bei Ihnen ist es anders. Armfelt schlägt vor, Binnigsen prüft, Barclay berät, Phull widersetzt sich. Schließlich tut keiner etwas, aber alle verlieren ihre Zeit. Und dann, welche Maßnahmen trifft man bei Ihnen überhaupt?»
So fort und fort. Eine Philippika ohne Ende . . . Abends war Balaschoff zur Tafel des Kaisers eingeladen. Wieder entwickelte Napoleon seine Argumente.
«Caulaincourt, waren Sie in Moskau?»
«Ja, Sire.»
«Was ist Moskau, ein großes Dorf?»
«Sire, es ist eine Anhäufung großer und schöner Häuser neben alten, baufälligen Hütten.»
Napoleon wendet sich an Balaschoff. «General, wieviel Einwohner zählt Moskau?»
«300000, Sire.»
«Und Häuser?»
«10000.»
«Und Kirchen?»
«Mehr als 240.»
«Warum so viele?»
«Unser Volk geht viel in die Kirche.»
«Woher kommt das?»
«Weil unser Volk fromm ist.»
«In unseren Tagen ist man nicht mehr fromm.»
«Vielleicht, Sire, nicht überall ist es so. Vielleicht ist man in Deutschland und Italien nicht mehr fromm. Aber in Spanien und Rußland ist man es noch.»
Napoleon schweigt einen Augenblick. Dann sieht er Balaschoff mit blitzendem Auge an: «Welcher Weg führt nach Moskau?»
Balaschoff läßt sich nicht aus der Fassung bringen. «Sire, diese Frage dürfte mich ein wenig in Verlegenheit setzen. Man kann ganz nach Belieben nach Moskau gelangen. Karl XII. zum Beispiel marschierte über Poltawa.»
Die Antwort ist ebenso herausfordernd wie Napoleons Frage, denn in dem unglücklichen Feldzug Karls XII. wurden die Schweden von den Russen bei Poltawa vernichtend geschlagen. Bonaparte läßt den Abend nicht vorübergehen, ohne Balaschoff noch folgendes zu sagen: «Der Krieg ist ein Beruf. Ich bin damit vertraut. Bei Alexander ist das nicht der Fall. Er ist Kaiser von Geburt.»
Auch auf die Friedensvorschläge, die Napoleon dem Zaren im August

1812 übermittelte, ging Alexander nicht ein. Napoleon ließ den gefangenen russischen Generalmajor Tutschkow zu sich führen. Das Gespräch läßt die Lage, in der sich Napoleon befindet, deutlich erkennen.
«Werden Sie bald eine Schlacht liefern? Wenn sie fortwährend zurückgehen, verheeren Sie nur Ihr eigenes Land . . . Der Kaiser Alexander war und wird immer mein Freund sein. Kennt er Sie persönlich?»
«Ich hoffe es, ich hatte das Glück, in der Garde zu dienen.»
«Können Sie an ihn schreiben?»
«Nein, ich werde es nie wagen, den Kaiser mit Schreiben zu behelligen, besonders in meiner jetzigen Lage.»
«Wenn Sie an den Kaiser nicht zu schreiben wagen, können Sie doch an Ihren Bruder schreiben, was ich Ihnen sagen werde.»
«An den Bruder, das ist etwas anderes.»
«Sie werden mir also einen Gefallen tun, wenn Sie ihm melden, daß Sie mich gesehen haben. Er möge es zur Kenntnis des Kaisers bringen, daß es mein größter Wunsch wäre, Frieden zu schließen . . . Wir haben schon genug Pulver verbraucht und Blut vergossen . . . Einmal muß man doch ein Ende machen . . . Ich hege gegen Rußland keine Feindschaft. Oh, wenn sie die Engländer wären. Sprechen Sie mir nicht davon.» Bei diesen Worten erhob Napoleon die Faust. «Aber die Russen haben mir nichts getan . . . Man versichert mir, daß ich in Rußland Hungers sterben werde, aber jetzt sehe ich, daß das eine leere Besorgnis ist. Wie könnte man wohl in einem Land Hungers sterben, wo alle Felder voll im Getreide stehen? Außerdem habe ich ein bewegliches Magazin von 10000 Fuhren. Das genügt zur Verproviantierung des Heeres.»
Die Antwort an Napoleon war – Schweigen.
Am 14. September des Jahres 1812 zieht Napoleon in Moskau ein. Er nimmt Wohnung im Kreml. Der Generalgouverneur von Moskau, Graf Rostoptschin, läßt alle Feuerwehren aus der Stadt entfernen, wirft eine brennende Fackel in sein eigenes Landhaus, zündet Moskau an. Während Napoleon im Kreml sitzt, brennt die Stadt, bis zum 20. September.
Tolstoj hat 50 Jahre später mit seiner sehr einfachen, tief russischen Logik versucht, den Brand Moskaus von Rostoptschin abzuwälzen. «Moskau mußte verbrennen, weil es von seinen Bewohnern verlassen war. Das war ebenso unvermeidlich, wie ein Haufen Späne verbrennen muß, auf den im Verlauf mehrerer Tage Funken und Feuer fallen. Eine hölzerne Stadt, in der, wenn sie noch bewohnt ist, fast täglich Brände vorkommen, muß verbrennen, wenn sie keine Bewohner mehr hat und wenn darin Soldaten hausen, die in keiner Weise mit Feuer

vorsichtig umgehen. So sind weder barbarischer Patriotismus Rostoptschins noch französische Roheit daran schuld, daß Moskau verbrannte. Schuld war nur der Leichtsinn und die Nachlässigkeit der Soldaten in der Benutzung ihrer Quartiere.»

Die Geschichte hat aber doch «die Heldentat der Brandfackel in die Hände der Russen gelegt». Auch die Tatsache, daß alle Bewohner weggezogen waren, machte Moskau zu einer Geisterstadt.

Frieden mit einem Volk, das so Ungeheuerliches wagt, erscheint unmöglich. Und doch gibt Napoleon die Hoffnung nicht auf. Aber der Zar Alexander wird vom scharfsinnigen Freiherrn Karl vom Stein beraten, diesem Alkibiades des 19. Jahrhunderts. Steins Wirksamkeit ist des Korsen Untergang. Napoleon hatte die Gefährlichkeit dieses vom preußischen König fallengelassenen Nassauers längst erkannt. Er hatte ihn geächtet.

Mitten in der zerstörten Metropole Moskau wartet Napoleon auf ein Friedensangebot des Zaren. Aber kein Bote des Kaisers Alexander erscheint. Da entschließt sich Napoleon, selbst an Alexander zu schreiben. Er läßt den gefangenen Gardehauptmann Jakowlew in den Thronsaal des Kreml kommen. Jakowlew wird den Brief seinem Zaren bringen. Zu Jakowlew sagt Napoleon: «Nicht wir verbrennen Moskau. Ich habe fast alle Hauptstädte Europas eingenommen und habe sie nicht zerstört . . . Ist es denn möglich! Ihr selbst habt Moskau angezündet! Das heilige Moskau, wo die Vorfahren eurer Monarchen begraben liegen!»

«Ich kenne die Ursachen des Unglücks nicht», antwortete Jakowlew vorsichtig.

«Wer ist Gouverneur in Moskau?»

«Graf Rostoptschin.»

«Was ist das für ein Mensch?»

«Ein gescheiter Mann.»

«Er mag ein kluger Mann sein, aber er gehört ins Tollhaus . . . Ihr selbst zerstört euer schönes Land . . . Sie wollen Moskau verlassen? Ich willige ein, jedoch unter der Bedingung, daß Sie sich nach Petersburg begeben. Dem Zaren Alexander wird es angenehm sein, einen Zeugen dessen, was in Moskau vorgeht, zu sehen, und Sie werden ihm alles erzählen.»

Am 19. Oktober – viel zu spät! – beginnt der mörderische Rückzug durch die unermeßlichen Schneewüsten Rußlands. Darüber schreibt Napoleon an seinen Bruder Jérôme: «Die Kosaken, die bald merkten, daß wir keine Reiterei mehr besaßen, warfen sich zwischen unsere Kolonnen. Die Leute verließen die Reihen, um wenigstens für die Nacht Schutz gegen die fürchterliche Kälte zu suchen . . . Ich ließ die

anderen, an der Dwina gebliebenen Korps zu mir stoßen und marschierte an die Beresina, die ich im Angesicht des Feindes überschritt. Ich schlug Tschitschagoff. Nachdem ich meine Armee , deren Oberbefehl ich dem König von Neapel übergeben, nach Wilna hatte marschieren lassen, begab ich mich nach Paris.»
Napoleon führte den Untergang seiner Truppen lediglich auf den russischen Winter zurück. Noch am 10. Dezember sagt er, «alles, was vor sich geht, ist nichts, ein Unglück, die Wirkung des Klimas. Der Feind hat damit nichts zu tun, ich habe ihn überall geschlagen. An der Beresina wollte man mir den Rückzug abschneiden. Ich machte mich über diesen Einfaltspinsel von Admiral lustig.» Der Korse konnte niemals den Namen des Admirals Tschitschagoff aussprechen. «Ich habe andere Kämpfe erlebt. Bei Marengo schlug mich der Feind bis sechs Uhr abends, und am nächsten Tage war ich Herr über Italien . . . Ich konnte in Rußland nicht verhindern, daß es fror. Jeden Morgen sagte man mir, daß ich in der Nacht 10 000 Pferde verloren habe. Gut. Glückliche Reise! . . . Ah! Ah! Das ist ein großes politisches Schauspiel. Wer nichts wagt, gewinnt nichts! Vom Erhabenen zum Lächerlichen ist nur ein Schritt! . . . Die Russen haben Kosakenhaufen. Dieses Volk bedeutet etwas. Man hat mir vorgeschlagen, die Leibeigenschaft aufzuheben. Ich habe das nicht gewollt, denn die befreiten Leibeigenen hätten alles niedergemacht, das wäre entsetzlich gewesen.»
Neue Siege sollten die russische Niederlage auslöschen. In wenigen Monaten wollte Napoleon wieder eine halbe Million Soldaten unter den Waffen haben. Die murrende, mißtrauische Welt würde wieder zu der alten Bewunderung gebracht werden. Aber der große Rechenmeister sollte gegen die Mächte, die sich gegen ihn zusammenballten, nicht mehr triumphieren. Sechzehn- und siebzehnjährige Franzosen folgten ihm, als er wiederum ostwärts zog, einer Welt zu trotzen, die sich gegen ihn verbündet hatte. Am 16., 18. und 19. Oktober 1813 fand die mörderische Schlacht bei Leipzig statt. Drei Tage lang kämpften hier Jünglinge in grüner und Jünglinge in blauer Uniform miteinander, bis die Elster blutrot dahinfloß. Den 160 000 Franzosen stand die erdrückende Übermacht von 255 000 Verbündeten gegenüber. Aber selbst hier noch vermochte das suggestive Feuer Napoleons auch Nichtfranzosen in die Schlacht zu führen, die in echtem Glauben an den großen weltpolitischen Plan Napoleons für Frankreich kämpften. So kommandierte Joseph Ciolek Prinz Poniatowski eine polnische Armee von 13 000 Mann und schlug sich so heldenhaft für den Korsen, daß er zum Marschall von Frankreich ernannt wurde. Er fiel, während er den Rückzug der geschlagenen französischen Armee gegen die un-

widerstehlich anstürmenden Verbündeten deckte. Die direkten Nachfahren dieser berühmten königlichen Familie leben heute noch in Frankreich, während Napoleons treuer General zu seiten des polnischen Freiheitshelden Tadeusz Kosciuszko und des Erretters von Wien gegen die Türken, König Jan Sobieski, in der Kathedrale von Krakau bestattet ist.

Nach der Völkerschlacht bei Leipzig mußte sich Napoleon auf französischen Boden zurückziehen. Am 2. April 1814 sprach der Senat die Absetzung des Kaisers aus. Vier Tage später dankte Napoleon in Fontainebleau ab. Er erhielt als Wohnsitz die Insel Elba, wo er souverän herrschen durfte, behielt den Kaisertitel, einige hundert Mann seiner Garde und eine Zivilliste von 2 Millionen Franken. Marie Louise, die Tochter Kaiser Franz' II., die gegen ihren Willen 1810 mit Napoleon getraut wurde und ihm ein Jahr später den ersehnten Sohn, den «König von Rom», schenkte, folgte dem Kaiser nicht in die Verbannung und blieb auf alle seine Schreiben stumm. Daß sie ihm auch den Sohn, sein höchstes Glück, vorenthielt, bereitete ihm furchtbare Qualen.

Noch einmal, im Jahr darauf, griff Napoleon nach der Macht. Die Herrschaft der «Hundert Tage» endete mit seiner Niederlage bei Waterloo.

Napoleon hatte sich unter den Schutz der Engländer gestellt. Ihm kam es nicht in den Sinn, daß sie ihn als Kriegsgefangenen behandeln würden. Er wollte sein Leben in Freiheit in England oder Amerika beschließen. Aber als die «Bellerophon» in Plymouth eintraf, übergab ihm Admiral Keith im Namen der britischen Regierung ein Schreiben. Darin wurde dem «General Bonaparte» mitgeteilt, daß es notwendig sei, seine persönliche Freiheit zu beschränken, um ihm weitere Möglichkeiten, den Frieden Europas zu stören, zu nehmen. Zu diesem Zweck habe man St. Helena für seinen zukünftigen Aufenthalt gewählt.

Napoleons Gefangenschaft auf St. Helena wurde unerträglich, als die Engländer im April 1816 Admiral Cockburn durch Hudson Lowe ablösen ließen. Der neue Gouverneur der Insel war besessen von der Idee, sein Gefangener könne ihm entweichen. Er schikanierte ihn unentwegt und witterte überall Spionage, Fluchtpläne und Intrigen. Er entzog ihm nach und nach seine Begleiter Las Cases, O'Meara, der durch den korsischen Arzt Antommarchi ersetzt wurde, schließlich auch den General Gourgaud. Nur der General Bertrand und Graf Montholon blieben bei Napoleon bis zu seinem Tode.

Er soll an Magenkrebs gestorben sein, was jedoch neuerdings angezweifelt wird. Auch aus seinen letzten Worten geht hervor, daß die Engländer ihn möglicherweise vergifteten. Zwei Tage vor seinem Tode sagte er in heftigem Fieber, man solle im Falle, daß er die Besinnung verliere, keinen englischen Arzt außer Doktor Arnott zu ihm lassen. In seinem Testament heißt es: «Ich sterbe vorzeitig, umgebracht von der englischen Oligarchie und ihrem gedungenen Mörder.» Gemeint ist Hudson Lowe.

Napoleon hat in seiner Gefangenschaft auf St. Helena Tag um Tag über sein Leben nachgedacht. Er erkannte sehr scharf die Fehler, die er begangen hatte. Ihm lag es aber auch daran, das Schöpferische, das er Europa hinterlassen hatte, unvergeßlich werden zu lassen. Er baute, begünstigt durch die sture Gefangenhaltung der Engländer, selbst an seiner Legende. Tatsächlich hatte er ein neues Abendland geschaffen, den positiven Gehalt der Revolution über ganz Europa ausgedehnt, hatte Verwaltung, Gesellschaft und Rechtsprechung mit seinem Geist erfüllt und dem modernen Staatsgedanken überall im Westen zum Durchbruch verholfen. Die Größe Napoleons, sein unbegreifliches Selbstvertrauen, sein fabelhafter Instinkt, sein messerscharfer Intellekt, sein Ehrgeiz und seine unfaßbare Arbeitskraft, überhaupt die Dämonie dieses einmaligen europäischen Genies, entzieht diesen glühenden Bewunderer Frankreichs jeder rationalen Beurteilung.

Von seiner ersten Begegnung mit Marie Louise erzählte Napoleon auf St. Helena. «Ich stieg schnell in den Wagen und küßte Marie. Das arme Kind hatte eine lange Rede auswendig gelernt, die sie vor mir kniend hersagen sollte. Sie hatte sie immer und immer wieder durchgelesen . . . Ich war nur durch die Bibliothek von ihrem Schlafzimmer getrennt. Ich fragte sie, was man ihr gesagt habe, als sie Wien verließ. Sie antwortete sehr naiv, daß ihr Vater und Frau von Lazansky ihr folgendes empfohlen hätten: ‹Sobald Sie mit dem Kaiser Napoleon allein sind, müssen Sie durchaus alles tun, was er Ihnen sagen wird. Sie müssen ihm in allem, was er von Ihnen verlangt, zu Willen sein.› Sie war ein entzückendes Kind. Herr von Ségur wollte, daß ich mich der Form halber entfernte, aber ich war ja verheiratet, alles war in Ordnung, und ich schickte ihn daher zum Teufel . . . In Wien hatte man sie darauf dressiert, selbst den Ministern, die sie nicht ausstehen konnte, ein freundliches Gesicht zu zeigen . . . Sie war sehr verschwiegen. Man hätte ihr alles anvertrauen können. Sie war der reine Geheimniskasten.»

«Ich glaube jedoch, obgleich ich Marie Louise sehr liebte, daß ich Joséphine mehr geliebt habe. Das ist natürlich. Ich bin mit ihr von Stufe zu Stufe emporgeklommen. Und dann war sie eine echte Frau. Sie war außerordentlich graziös, wenn sie zu Bett ging oder sich ankleidete . . . So aufrichtig Marie Louise war, so verlogen war Joséphine. Sie sagte immer zuerst nein, um Zeit zum Nachdenken zu haben. Sie machte Schulden. Ich mußte sie bezahlen. Jeden Monat schüttete sie einmal ihr Herz aus und sagte dann alles, was sie auf dem Gewissen hatte, wie eine echte Pariserin. Ich würde sie niemals verlassen haben, wenn sie mir ein Kind geboren hätte – aber lieber Gott . . .»

Frau von Montholon warf ein: «Das wäre ein großes Glück für sie gewesen.»

«Und für Frankreich», sagte Gourgaud.

Der Kaiser sah ihn vergnügt an und erwiderte: «Ja sicher, denn ohne meine Heirat mit Marie hätte ich niemals mit Rußland Krieg geführt. Ich habe mich dadurch auf den Beistand Österreichs verlassen und hatte unrecht, denn Österreich ist der erklärte Feind Frankreichs.»

Doktor Antommarchi macht mit dem Kaiser einen Spaziergang durch den kleinen Garten. Napoleon ist traurig und angegriffen. «Ach, Doktor», sagt er, «wo ist der schöne Himmel von Korsika.» Antommarchi war von dem, was er hörte, bewegt. «Wäre St. Helena Frankreich, ich würde mich auf diesem elenden Felsen glücklich fühlen», sagte Napoleon.

Achtzehn Tage vor seinem Tode: «Um mit England in gutem Einvernehmen zu leben, müssen vor allen Dingen seine Handelsinteressen gewahrt werden . . .»

«Das französische Volk besitzt zwei gleich mächtige Leidenschaften, die sich scheinbar widersprechen, aber aus ein und demselben Gefühl entspringen: die Liebe zu Frankreich und die Liebe für Auszeichnungen . . .»

«Die Presse sich selbst überlassen hieße sich an der Seite einer großen Gefahr zum Schlummer niederzulegen . . .»

«Mein Sohn soll oft Geschichte lesen und darüber nachdenken: das ist die einzig wahre Philosophie.»

Sechzehn Tage vor seinem Tode stehen die Doktoren Antommarchi und Arnott am Lehnstuhl des Kaisers. Er fühlt sich ein wenig besser und hat sich erhoben. «Ich werde mit meinen Tapferen in den elysischen Gefilden zusammentreffen. Ja, Kléber, Desaix, Bessières, Duroc, Ney, Murat, Masséna, Berthier – alle werden sie mir entgegenkommen, und wir werden von unseren gemeinsamen Taten reden. Ich werde ihnen von den letzten Begebenheiten meines Lebens erzählen. Wenn sie mich sehen, wird sich ihre alte Begeisterung und ihr Ruhm wieder entflammen. Dann werden wir uns mit den Scipionen, mit Hannibal, Caesar und Friedrich von unseren Kriegen unterhalten. Das wird eine Freude sein!»

Etwas später, am gleichen Tage, sagt er: «Es ist aus mit mir, Doktor, ich habe meinen Todesstoß empfangen. Treten Sie näher, Bertrand,

und übersetzen Sie dem Herrn, was Sie hören.» Gemeint ist der Arzt Arnott. «Mein Tod ist die Folge von Beleidigungen, würdig der Hand, die sie mir verabreichte. Übersetzen Sie alles, ohne ein Wort zu vergessen. Ihr Ministerium», Napoleon meint das englische, «war es, das diesen abscheulichen Felsen, wo der Europäer gewöhnlich nur drei Jahre zu leben vermag, für meine Gefangenschaft auswählte. Und wie habt Ihr mich behandelt, seitdem ich auf diesem elenden Felsen weile? Es gibt nichts Unwürdiges, nichts Abscheuliches, womit Ihr mich nicht mit Freuden zu kränken suchtet. Die harmloseste Verbindung mit meiner Familie, die man sonst niemandem verweigert, habt Ihr mir versagt. Nicht eine einzige Nachricht, nicht einmal eine Zeitung, die nicht erst durch Eure Hände gegangen war, ließet Ihr mir aus Europa zukommen. Meine Frau, selbst mein Sohn, waren nicht mehr am Leben für mich. Sechs Jahre lang habt Ihr mich damit gequält, alles vor mir geheimzuhalten. Auf dieser so ungastlichen Insel habt Ihr mir zur Wohnung den am wenigsten dazu geeigneten Teil ausgesucht, nämlich den, wo das mörderische, tropische Klima am fühlbarsten ist. Ich, der ich auf meinem Pferde ganz Europa durchquerte, ich mußte mich in meinen vier Mauern in ungesunder Luft einschließen! Ihr habt mich mit kalter Überlegung langsam dahingemordet, und der nichtswürdige Hudson Lowe war der Scherge der Machenschaften Eurer Minister! . . . Ich vermache die Schande und die Abscheulichkeit meines Todes der regierenden Königsfamilie von England.»
Drei Tage vor seinem Tode, gegen zwei Uhr, als er aus einer Ohnmacht erwachte, redete Napoleon von Frankreich, von seinem Sohn, von seinen Waffengefährten. «Ach, der Sieg muß sich jetzt entscheiden! Geht, lauft, bedrängt den Feind! Wir haben ihn!» Plötzlich springt der Kaiser aus dem Bett. Er will hinaus in den Garten. Ehe noch Antommarchi ihn halten kann, stürzt der Kaiser rückwärts zu Boden. Napoleon kennt keinen Menschen mehr. Er tobt. Er will durchaus in den Garten.
Graf Montholon schrieb an die Prinzessin Pauline Borghese: «Der Kaiser stirbt, von allen verlassen, auf diesem schrecklichen Felsen. Sein Todeskampf ist furchtbar.»
Selbst der Tod hatte große Mühe, diesen Vulkan, der in Ajaccio geboren war und sich Napoleon nannte, auszulöschen.

«Voilà un homme»: Goethe

«Das Zusammenstimmen dieser drei Fälle – eigenes Schicksal, eigene Schöpferkraft, eigene Gestalt – macht erst den klassisch großen Mann . . . Goethe ist der einzige Deutsche, der jene Harmonie völlig erreicht hat, er ist deshalb unser vorzugsweise klassischer Mensch.» – Friedrich Gundolf, Goethe.

Die Tatsachen, die die Welt verändern, und die großen Werke der Kunst entstehen nicht aus geringen Anlässen. Sie werden notwendigerweise geboren, sie sind geschichtsbedingt. Das überragende Werk, das Genie, der Prophet, sie sind im rechten Augenblick da. Nicht Sonne, Mond und Sterne, nicht deren Einfluß auf die Erde bringen die großen Veränderungen, sondern die Erde und ihre bedeutenden Menschen rufen hinauf in den Himmel, wenn ihre Zeit gekommen ist.

Im Jahre 1773 begann Goethe am Urfaust zu arbeiten und am Egmont. Acht Jahre später entstanden Schillers Räuber. Von 1777 bis 1811 lebte Deutschlands genialster Dichter, Heinrich von Kleist. Beethoven komponierte seine siebente Symphonie im Jahre 1812. Balzacs Père Goriot entstand 1834, Puschkins Eugen Onegin 1832. Der Geist des Abendlandes schwang sich auf nie dagewesene Höhen.

Wir neigen dazu, «die alten Zeiten» für groß und fruchtbar, die neue Zeit für klein und arm zu halten. Das gilt nicht für das Abendland. Das achtzehnte, das neunzehnte und das zwanzigste Jahrhundert – das sind die Jahrhunderte Europas und Nordamerikas!

Die Genies sind Einzelgänger. Sie ziehen ihre Bahnen wie Kometen durch das Weltall. Aber an irgendeinem Punkt treffen sie sich und reichen sich die Hand. «Voilà un homme.» Das sagte Napoleon, als er Goethe sah. Napoleon war vierzig, Goethe sechzig Jahre alt. Zwischen den Staatsgeschäften im Palais zu Erfurt – es war ein dauerndes Kommen und Gehen! – bemerkte Napoleon zu Goethe, im Werther seien doch zwei Motive, Ehrgeiz und ungestillte Liebe, verwoben. Goethe sagte sehr höflich, der Kaiser sei der erste, dem das so auffalle. Wahrscheinlich schien dem Korsen gerade *diese* Mischung sehr gefährlich, denn *sein* Ehrgeiz durfte auf keinen Fall von einer Passion begrenzt oder eingeschränkt werden.

Jahrelang widersetzte sich Goethe, eine Freundschaft mit Schiller einzugehen. Er mied Schiller, der in Weimar sogar in seiner Nachbarschaft wohnte. Selbst Schillers Don Carlos schien Goethe nicht geeignet, eine Brücke zu bilden. «So lebten wir nebeneinander fort», schreibt Goethe, «an keine Vereinigung war zu denken.» Aber als Goethe nach dem Tode Schillers dessen Werk «Der Dreißigjährige Krieg» las, weinte er und bedauerte zutiefst, so lang einem so hochgenialen Menschen die Freundschaft versagt zu haben. Erst seit 1794 – Schiller war damals 35 Jahre alt, Goethe 45 – fanden die beiden großen Dichter zusammen, dann allerdings blieb die Freundschaft dauerhaft bis zum Tode von Schiller.

Goethe hatte früh gelernt, unter tausend Freunden und Bekannten dennoch seinen Weg allein zu gehen. Wahr erschien ihm nur das, was er selber für wahr hielt. Er besaß unheimlich viele Gaben, die ihm ein unbegreiflich freigebiger Himmel geschenkt hatte. Seinen Charakter bestimmte ein von gewöhnlichen Sterblichen unerreichbarer Adel. Er war durch und durch Genie, begabt mit ordnenden, stets forschenden, weit über alles Erreichbare hin aufspürenden Sinnen, ein Mensch von ungewöhnlich lebhafter Phantasie und Einbildungskraft. Und doch ist alles bei ihm gezügelt, gemäßigt, bis ins Letzte bedacht. Er liebte es, in Gleichnissen und Bildern zu sprechen, sich «uneigentlich auszudrücken», und doch traf er mit großer Sicherheit den Kern jeder Sache. Er war nicht frei von Vorurteilen. Er ließ sich von seinem Genius treiben, tat, was ihm gefiel, folgte seinen Sehnsüchten, Gefühlen, Neigungen und Abneigungen, kümmerte sich nie darum, ob es anderen gefiel, ob es Mode war, ob es die Sitte erlaubte. Sein «Götz» ist ein Geniestreich dichterischer Zusammenballung, atemloser Bildfolgen, ein Spitzenwerk dramatischer Konstruktion, wobei das eigentlich Geniale in den Auslassungen und Weglassungen liegt.

Werther, dieser sehr persönliche Zeitspiegel, diese Verewigung und Verklärung einer unglücklichen Liebe, das Leiden an dieser Liebe, das eigentlich das Leiden am Dasein überhaupt ist, löste eine Flut von «Literatur» aus. «Die Leiden des jungen Werther» wurden nachempfunden, nacherlebt, kopiert, kommentiert, junge verliebte Männer überkam «das Werther-Gefühl», sie griffen zur Pistole, junge Mädchen empfanden «wie Lotte». Sie wollten vor allem geliebt werden wie Lotte, vielleicht einmal im Leben das hören: «Hier, Lotte, ich schaudre nicht, den kalten schrecklichen Kelch zu fassen, aus dem ich den Taumel des Todes trinken soll!» Manches mutet heute wie Marlitt und Gartenlaube an: «In diesen Kleidern, Lotte, will ich begraben sein; du hast sie berührt, geheiligt . . . Meine Seele schwebt über dem Sarge.» Und dann: «So sei es denn! – Lotte! Lotte, lebe wohl, lebe wohl! . . .» – «Handwerker trugen ihn, kein Geistlicher hat ihn begleitet.» Wenn das nicht alle jungen Gemüter zu Tränen rührte! Madame de Staël bemerkte, Werther habe mehr Selbstmorde verursacht als irgendeine schöne Frau der Geschichte der Menschheit. Goethe galt sein halbes Leben lang nur als der Autor des Werther. Er litt darunter. Es bedurfte einer Zeit von über hundert Jahren, ehe der Werther «von Goethe abfiel».

Es ist wahr, daß Goethe sein eigenstes Erleben hier in den bewegendsten Tiefen geschildert hat. Aber man wird nicht, wie Friedell meinte, immer den Werther lesen und nie mehr die Héloise. Ich glaube, es ist umgekehrt. Den Werther liest heute kein Mensch. Aber die Héloise wirkt erschreckend «neu». Wenn auch Unzählige dem Beispiel des unglücklichen Jünglings folgten und sich das Leben nahmen, so war Goethe selbst frei von solcher Gefahr, denn dieser Titan wußte auf die schönen Augenblicke wie auf die tiefen Empfindungen dem weiblichen Geschlecht gegenüber dann zu verzichten, wenn es seine Schöpferkraft verlangte. Er hatte Käthchen Schönkopf, die Tochter eines Leipziger Gastwirtes, in die er sich als Student verliebte, schon aufgegeben, als er – wie er sagte – sie zu «erziehen» begann. Das Erlebnis fand seinen Niederschlag in «Die Laune des Verliebten». Er verließ Friederike Brion, die er als Straßburger Student kennengelernt hatte. Wie sich alle Erschütterungen, Leidenschaften und Gefährdungen bei ihm nur in Steigerung, in Flammenglut, in Schöpferkraft verwandelten, so wirkte sein Schuldgefühl, die schöne Sesenheimerin verlassen zu haben, lange in ihm nach. Die Friederiken-Lieder mit ihrem Naturgefühl leiteten eine neue Epoche der deutschen Lyrik ein. Friederike wurde das Gretchen im Faust. «Die holde Lili» war «lang all seine Lust und all sein Sang». Im Frühjahr verlobte er sich mit ihr, im Herbst löste er die Verlobung auf. Lili wurde sein «Schmerz», aber sie blieb sein «Sang».

Auch von Lotte zog er sich zurück, ehe er im gewöhnlichen Sinn «unglücklich» werden konnte. Der britische Botschafter Hamilton hatte die schöne Emma Hart nach Rom kommen lassen, das Mädchen, das er später an Lord Nelson abtrat. Im gleichen Jahr, in dem Goethe Lady Hamilton kennenlernte, 1787, verliebte er sich in die Mailänderin Maddalena Riggi, erfüllte aber niemals ihre Hoffnung auf eine Verlobung. Auch das Liebeserlebnis mit der Römerin Faustina, das Goethe voll auskostete, blieb Episode. Man weiß nicht, wie das Mädchen hieß, das Goethe Faustina nannte. Aber diese Liebe war dinglich, erdhaft, körperlich – das ist klar. Nur das innige freundschaftliche Verhältnis mit Frau von Stein dauerte zwölf Jahre lang an. Aber auch dieser Liebesbund wurde nach der italienischen Reise aufgelöst. Christiane Vulpius, die mit dreiundzwanzig Jahren im Park an Goethe herantrat, «ein gutgewachsenes, kräftiges Animal», ein «Bettschatz», wie Goethes Mutter sich ausdrückte, durfte allerdings bei Goethe bleiben –

bis zu ihrem Tode. Achtzehn Jahre lang lebte Goethe mit ihr in freier Gemeinschaft, ehe er sich entschloß, das «Erotikon», wie er sie nannte, zu heiraten. Die Demoiselle Vulpius konnte kaum lesen oder schreiben. Wenn Goethe Besuch hatte, saß sie nicht mit bei Tisch, und die Weimarer Gesellschaft zerriß sich den Mund über «Goethes Mätresse». Sie war nur ein lustiges Ding für Goethe, und doch litt er auch an ihr, wie wir aus der Elegie «Amyntas» wissen. Sie schlingt sich mit «begieriger Kraft» um ihn wie eine Pflanze, er nennt sie einen «gefährlichen Gast», «und so saugt sie das Mark, sauget die Seele mir aus». Dennoch notiert Goethe am Tage ihres Todes: «Sie verschied gegen Mittag. Leere und Totenstille in und außer mir.»
Heinrich Heine gab zu, daß er eine Zeitlang zu den Gegnern Goethes gehörte. Dieser grandiose Zyniker kannte aber natürlich auch sein Motiv, im Gegensatz zu den vielen anderen Gegnern, die ihrem Haß gewichtige Gründe unterschoben, ihre wahren Motive aber niemals preisgaben. Heine schrieb: «Nur von einer Person kenne ich dieses Motiv ganz genau, und da ich diese selber bin, so will ich jetzt ehrlich gestehen, es war der Neid.» So groß war Heine! Und er sagte einmal: «Goethe ist ein großer Mann in einem seidnen Rock», womit er außer der geistigen Bedeutung auch Goethes weltkluges Betragen kennzeichnen wollte. Denn eines ist bis zum heutigen Tage ganz ungewöhnlich geblieben und vielleicht in dieser Art nie wieder in Erscheinung getreten. Es gab selten einen Mann, bei dem Persönlichkeit, Genius und Werk so vollkommen übereinstimmten wie bei Goethe. Seine Persönlichkeit tritt so scharf aus seinem Werk hervor, daß man diesen Olympier immer leibhaftig vor Augen hat, daß eigentlich alles, was er dichtete, Teile eines gewaltigen Geständnisses sind. Indem das Genie die Tat überragt, steht er – und das ist wie ein Wunder – nahe den großen Menschheitserziehern, die gar nicht zu schreiben brauchten, Diogenes, Sokrates, Seneca. Nur hatte dieser Sohn des Kaiserlichen Rates Johann Kaspar Goethe, eines grundsatzstrengen, ernsten Mannes, und der Katharina Elisabeth Textor, die unzerstörbar heiter und phantasiereich war, auch äußerlich von der Natur alle Gaben in überreichem Maße erhalten und wußte sie zu gebrauchen.
Seine äußere Erscheinung war so bestechend wie sein Wort, seine Gestalt erweckte überall Bewunderung. Eine große Harmonie und Ausgeglichenheit, Klarheit, Freudigkeit, all das lag in ihm. Man hatte das Gefühl, einen Griechen, einen Menschen der Antike und doch einen ganz Modernen in ihm zu sehen. Nur eines ist unvorstellbar, ein Goethe auf den Knien, ein Goethe mit gekrümmtem Rücken, ein Betender. Er hielt alles, die ganze Natur, den ganzen Kosmos, für Gott, darum weicht er auch der Gretchenfrage aus.

Heine schrieb, daß Goethes Augen ganz besonders bemerkenswert seien, nicht christlich sündhaft scheu, nicht andächtig, nicht flimmernd bewegt. «Nein, seine Augen waren ruhig wie die eines Gottes.» Und dann gleich weiter: «Letztere Eigenschaft hatten auch die Augen des Napoleon, *daher bin ich überzeugt, daß er ein Gott war.*» Nur Heine konnte so etwas sagen. Man glaubt ihm den Inhalt und nimmt die brillante Form gerne mit in Kauf.

Als Heine Goethe in Weimar besuchte, es war im Herbst 1824, als er ihm gegenüberstand, blickte er unwillkürlich zur Seite. Ihm kam der Gedanke, er würde jeden Augenblick neben Goethe den Adler sehen mit den Blitzen im Schnabel. Er wollte ihn griechisch anreden. Und nun natürlich wieder tauchte ein anderer Blitz auf, Heines fast gespenstischer Humor: «Da ich aber merkte, daß er Deutsch verstand, erzählte ich ihm, daß die Pflaumen auf dem Wege zwischen Jena und Weimar sehr gut schmeckten.» Heine hatte in mancher langen Winternacht darüber nachgedacht, was alles an Erhabenem und Tiefsinnigem er Goethe sagen würde, wenn er ihm mal zu Gesicht bekäme. Als er ihn endlich sah, teilte er ihm nur mit, daß die sächsischen Pflaumen sehr gut schmeckten. Goethe lächelte mit denselben Lippen, mit denen er die schöne Leda, die Europa, die Danae, die Semele und so manche andere Prinzessin oder auch gewöhnliche Nymphe geküßt hatte.

Daß Faust die weltliche Bibel der Deutschen wurde, liegt einmal daran, daß der Stoff aus der Volkssage kommt. Er umfaßt wie die Bibel Himmel und Erde, Gott und Teufel, Liebe und Zerstörung. Aber eines fehlt ihm vollständig: Güte, Nächstenliebe, Demut. Dieses Anliegen des Christentums war kein Ton in den formenden Händen eines Mannes, der den Pakt mit dem Teufel schloß und ziemlich heil herauskam. So in die einfachste Volkssage zu greifen und so das grandiose, allumfassende Drama aus dem bodenlosen Topf der Dichtung herauszuholen, das eben ist die Zauberei eines Genies. Daß Goethe und sein Faust eins waren, daß hier die Dichtung den Menschen erfaßte, mit Naturgewalt, und der Mensch sich niemals von ihr losreißen konnte, das beweist schon die sechzig Jahre währende Hingebung des Mannes an dieses Werk.

Aber noch mehr: Jener Doktor Faust – das sind die Deutschen. Es ist die Erkenntnis der Unzulänglichkeit des Geistes, die letztliche Kapitulation vor Mephisto. Es ist das zwanzigste Jahrhundert, in dem die Götter endlich dem Wunsch der Massen nachgaben, so daß sie dem materiellen Genuß verfielen. Faust, dessen zweiten Teil Goethe versiegelte und der Nachwelt vermachte, da ihm klar war, daß seine Mitwelt dieses Werk niemals verstehen würde, liegt wie ein unbegreiflicher Felsblock im Geröllfeld der Gegenwart wie der Zukunft. Aber auch Faust, erster Teil ist ein Beispiel dafür, daß die grandiosesten Würfe der Literatur wie überhaupt der Kunst Jahrhunderte brauchen, um sich auf dieser Welt durchzusetzen. Faust ist in Frankreich so gut wie unbekannt. Man kennt dort nur die recht sentimentale Oper von Gounod, die Goethes Drama völlig entstellt, obgleich Gérard de Nerval ihn schon im Jahre 1827 sehr fein übersetzte.

Noch hundert Jahre nach Goethes Tod gab es eine «christlich-nationale Opposition» gegen ihn. Sein hundertster Geburtstag wurde ohne Beteiligung des Volkes begangen. Erst die Berliner Goethe-Vorlesungen von Hermann Grimm, 1874 und 1875, schufen einen Wandel. Goethes naturwissenschaftliche Forschungen erlangen in neuester Zeit wachsende Bedeutung, so seine «Urphänomene» und «Typen» in der modernen Morphologie und Typenlehre. Romain Rolland, André Gide, Paul Valéry, der 1946 «Mon Faust» verfaßte, Shelley, der Bruchstücke des Faust übersetzte, Carlyle und der Amerikaner Longfellow – sie alle waren stark von Goethe angerührt. Aber die Tragödie des Gretchen blieb bis zum heutigen Tage die deutsche Tragödie, denn Faust verschreibt sich dem Teufel, und Gretchen bleibt allein – für alle Ewigkeit. Friedrich Gundolf sagte es gut: «Daß die Welt so groß ist und der Mensch so willig ist, ihrer Größe teilhaftig zu werden, ohne die Organe dazu, das treibt Faust dem Teufel in die Arme.»

«Nun hab' ich nichts mehr auf dieser Welt»

Maria Stuart, 5. Akt

«Unabhängig von dem, was um mich herum gemeint und geliebkoset wird, folge ich bloß dem Zwang entweder meiner Natur oder meiner Vernunft. Eine direkte Opposition gegen den Zeitcharakter macht den Geist meiner Schriften aus ... Daß ein Schriftsteller, welcher diesen Weg geht, nicht der Liebling seines Publikums werden kann, liegt in der Natur der Sache.»
Friedrich Schiller, 1795 in einem Brief an Fichte.

Gott schuf den Menschen nach seinem Bild. Das ist eine religiöse Wahrheit wie auch eine philosophische, denn der Mensch, der lebt, kann nur nach eigenem Bilde entstehen. Werther, Wilhelm Meister, Faust, sie alle gleichen Goethe, sie sind Spiegelbilder, bestimmte Augenblicke seines Geistes. Karl Moor, Marquis Posa tragen echte Schiller-Züge in sich.
Goethe hatte eine sehr interessante Beobachtung an Schiller aufgezeichnet: «Wenn man ihn nach acht Tagen wiedersah, so fand man ihn anders und staunte und wußte nicht, wo man ihn anfassen könnte.» Durch alle Hemmungen und alle Lebensnot hindurch, rastlos, ohne Unterlaß, weiter und immer weiter, suchte Schiller seiner Innerlichkeit, seinem Dämon zu dienen.
Es hat nie einen Dichter gegeben, der so um die großen Ideen der Freiheit rang, der tausend Bastillen überrannte und diese Botschaft allen Nationen brachte. Daß sie nicht gehört wurde, daß Schiller in Frankreich, England wie in Amerika noch nicht «entdeckt» ist, bleibt ein großes Rätsel. Vielleicht glaubt man in der abendländischen Welt, dieser echte Kosmopolit sei «allzu deutsch» oder ein «Heldenverehrer». Er war aber viel größer als Rousseau. Er hielt nicht der Freiheit die Steigbügel wie Rousseau. Er baute ihr einen himmelhohen, unstürzbaren Tempel.
Das kleine, zweistöckige Fachwerkhaus mit dem spitzen Dach in Marbach, Württemberg, in dem Schiller 1759 geboren wurde, ist nicht einer Bombe zum Opfer gefallen wie das Goethehaus in Frankfurt. Um Schiller, diesem Unbegreiflichen, über den Tausende von Büchern geschrieben wurden, näherzukommen, muß man wissen, daß er zur Zeit des Höhepunktes der Französischen Revolution dreißig Jahre alt war. Es ist, als ob ein Gott, als ob die Natur diesen Menschen ganz auf eine Fähigkeit zurechtgeschnitzt hätte, auf die Fähigkeit, und zwar

in grandioser Manier, Dramen zu dichten. Man muß bis zu Shakespeare zurückgehen, und es gibt nur ihn, um eine Parallele zu finden. Kleists Genie dagegen liegt in ganz anderen Sphären.

Man hat Kleist einen «Absolutisten des Gefühls» genannt. Aber sein unbändiger Wille, zum Absoluten durchzustoßen, traf überall auf den trügerischen Schein der verwirrenden wirklichen Welt, mit der er nicht fertig wurde. Das ist seine Tragik. Kleists Visionen paßten viel weniger als Schillers Ideale in den damaligen deutschen Zeitgeist. Seine Einsamkeit ist größer, ausschließlicher, steiler als die irgendeines anderen deutschen Dichters. Er war eben das stärkste dramatische Genie seiner Zeit, man wird wohl zu der Überzeugung gelangen, Deutschlands überhaupt. Jede Gestalt, die er auf die Bühne brachte, ist gleichzeitig ein Fall für die Tiefenpsychologie. Daß dieser eminent «moderne» Dichter, der schon früh nach der letzten Wahrheit und nach einer Antwort auf die Frage der menschlichen Bestimmung suchte, daß dieses zerrissene Genie in so kurzer Zeit so ungeheuer viel aus sich herausholte, bleibt unfaßbar. Irgendwo in seiner Seele ist Strindberg verborgen, irgendwo hausen russische Riesen, Wüstheiten sind darin, es ist das weiblich Herrische darin und das weiblich Hingebende, das heldisch Ritterliche und der Zusammenbruch des Helden, nichts von Schillers großen Ideenstatuen und Goethes prachtvoll gemeißelten Maßgestalten. Friedrich Gundolf sagt von ihm, er gehöre zu den Titanen, nicht zu den Heroen, zu den Wundern, nicht zu den Weihen, zu den Erschütterungen, nicht zu den Erfüllungen und Erlösungen. Ein so besessenes, ein so dramatisches Werk wie «Penthesilea» ist in der Bühnendichtung der ganzen Welt nicht noch einmal zu finden. Dabei ist es weder verehrungswürdig noch vorbildlich, noch ist ihm überhaupt mit irgendeinem Maß nahezukommen. Kleist wird erst nach und nach entdeckt. Aber man ist noch ganz am Anfang.

Schiller war viel mehr ein überdimensionaler Lehrer der Menschheit, viel mehr Rhetoriker, viel mehr Erkenner tief moralischer Vorgänge. Und seine Freude an Farbe und Stimme ist unbändig. Auch er, auch sein Geist, der so früh mit solcher Gewalt aus ihm hervorbrach, mußte bald vergehen, nicht freiwillig, nicht, weil er sich aller Daseinsmöglichkeiten beraubt sah, nicht in der Ohnmacht des Nicht-mehr-schaffen-Könnens, das hat es bei Schiller nie gegeben, aber in der Krankheit aus Erschöpfung und im Tod. In der «militärischen Pflanzschule», der Karls-Schule, war es verboten, schöngeistige Schriften zu lesen. Klopstock, Rousseau, Shakespeare, den «Sturm und Drang», all das führte sich der junge Schiller heimlich zu wie ein Dieb. Aber die Militärakademie, die nicht nur äußeren Zwang ausübte, sondern auch diese innere Bedrohung geistiger Hungersnot über den jungen, aufgehenden

Stern verhängte, entfachte in ihm das Ideal der physischen wie der metaphysischen Freiheit zu einem drohenden Sturm, der nur auf seinen Ausbruch wartet.
Es ist fast unvorstellbar, daß ein Einundzwanzigjähriger unter dem Druck der Pflichten und in den Beschränkungen der Militärakademie «Die Räuber» verfaßte, ein Drama, das uns reif erscheint und auf Tausenden von Bühnen gespielt wurde. Er aber mußte es im «Selbstverlag» erscheinen lassen und «anonym». Dichten war in der Akademie so etwas wie eine Todsünde. Als Heribert von Dalberg «Die Räuber» im Mannheimer Nationaltheater zur Uraufführung brachte, schlich sich Schiller unerlaubt ins kurpfälzische «Ausland», um dem Ereignis unerkannt beizuwohnen. Das Theater glich einem Irrenhaus. Rollende Augen, geballte Fäuste, heisere Aufschreie im Zuschauerraum, Menschen, die sich gar nicht kannten, fielen einander schluchzend in die Arme, Frauen wurden ohnmächtig. So sah damals ein «triumphaler Erfolg» aus!
Als Schiller ein zweites Mal nach Mannheim reiste, wurde eine mehrwöchige Arreststrafe über ihn verhängt, jede weitere poetische Betätigung wurde ihm strengstens untersagt. Der «Fiesko» wurde von Dalberg abgelehnt. Auch ein zweites Mal, als Schiller ihn umgearbeitet hatte. Das Trauerspiel «Luise Millerin», das später auf Ifflands Veranlassung «Kabale und Liebe» genannt wurde, fand Beifall.
Ein Jahr nach seiner Vermählung mit Charlotte von Lengefeld erkrankte er lebensgefährlich an kruppöser Pneumonie. Nur mühsam erholte er sich. Aber jetzt wußte er es, jetzt stand ihm der Tod vor Augen. Immer neue Krankheitsanfälle warfen ihn aufs Lager. Die moderne Wissenschaft hat versucht, Schillers Krankheit genauer zu diagnostizieren. Vielleicht litt er an Rippenfelleiterung und deren Folge, einer Bauchfellentzündung, die damals nicht zu heilen war.
In dieser Lage, so geschwächt und gebrochen, schuf er das gesamte philosophisch-ästhetische und dichterische Werk seiner Reifezeit. Sein vieljähriges Ringen mit dem Wallenstein-Stoff war ein einziger Kampf gegen stetes Ermatten, anhaltende Schwäche, dauernde Krankheit, und er führte diesen Kampf mit nie nachlassender Energie. Von seiner schweren Erkrankung Anfang 1800 konnte er nicht mehr gesunden. Aber jetzt steigert er seine Anspannung. Jetzt wird die Zeit so kostbar wie noch nie. Jetzt entsteht Jahr für Jahr ein neues Drama, eine neue Dichtung. «Maria Stuart» wird beendet, die «Jungfrau von Orleans», «Die Braut von Messina», «Der Graf von Habsburg», «Wilhelm Tell», zum Schluß «Demetrius». Da reißt der Tod ihm den Federkiel aus der Hand.
Unter den vielen kaleidoskopartigen und darum schwer faßbaren Ei-

genschaften Schillers ragt *eine* ganz besonders hervor. Es ist die außerordentliche Schärfe seiner Selbstkritik. Er pflegt über seine Dramen eigene Rezensionen zu veröffentlichen, unter Pseudonym, und diese Kritiken waren zumeist Ablehnungen, «Verrisse». Über Amalia in «Die Räuber» schreibt er: «Es findet sich in der ganzen Tragödie nur ein Frauenzimmer; man erwartet also billig im Charakter dieser einzigen gewissermaßen die Repräsentantin ihres ganzen Geschlechts ... Räuber war einmal die Parole des Stücks; der lärmende Waffenton hat den leisen Flötengesang überstimmt. Der Geist des Dichters scheint sich überhaupt nicht mehr zum Heroischen und Starken zu neigen als zum Weichen und Niedlichen ... Auch handelt sie im ganzen Stück durchaus zu wenig, ihr Roman bleibt durch die drei ersten Akte immer auf eben derselben Stelle stehen, so wie, beiläufig zu sagen, das ganze Schauspiel in der Mitte erlahmt ... Ich habe mehr als die Hälfte des Stückes gelesen und weiß nicht, was das Mädchen will oder was der Dichter mit dem Mädchen gewollt hat, ahnte auch nicht, was etwa mit ihr geschehen könnte. Kein zukünftiges Schicksal ist angekündigt oder vorbereitet, und zudem läßt ihr Geliebter bis zur letzten Zeile des dritten Aktes kein halbes Wörtchen von ihr fallen. Dieses ist schlechterdings die tödliche Seite des ganzen Stücks, wobei der Dichter ganz unter dem Mittelmäßigen geblieben ist.» Und in einer anderen Kritik, ebenfalls aus seiner Feder, schreibt er: «Wenn ich ihnen meine Meinung teutsch heraussagen soll, dieses Stück ist dem ohnerachtet kein Theaterstück. Nehme ich das Schießen, Sengen, Brennen, Stechen und dergleichen hinweg, so ist es für die Bühne ermüdend und schwer.» Und dann wieder, ebenfalls Schiller über Schiller: «Auch sollte durchgängig mehr Anstand und Milderung beobachtet sein ... Der Verfasser kann vorwenden, ‹Ich habe *Räuber* geschildert, und Räuber *bescheiden* zu schildern wär ein Versehen gegen die Natur› – Richtig, Herr Autor! Aber warum haben Sie denn auch Räuber geschildert? Endlich der Verfasser. Seine Bildung kann schlechterdings nur anschauend gewesen sein. Daß er keine Kritik gelesen, vielleicht auch mit keiner zurechtkommt, lehren mich seine Schönheiten und noch mehr seine kolossalischen Fehler.»

Der dies über sich und sein eigenes Werk schreiben konnte, war schon ein brillanter Kopf, kein nur «großer Dramatiker». Schiller ging seinen Stücken so scharf zu Leibe, daß erbitterte Gegenkritiken geschrieben wurden. Man nahm den Dichter in Schutz vor so scharfer und ungerechter Beurteilung!

«Als Räuber geboren, als Hofrat gestorben.» Das war ein Schlagwort seiner Gegner. Überhaupt ist das Für und Wider um Schiller nie zur Ruhe gekommen. In neuester Zeit wird erkannt, daß er Dramen bauen konnte wie kein anderer, daß er durch und durch Theatermann war, daß er eben alles, was das Theater verlangte und zuließ, erschreckend genau wußte und kannte, daß er auch Sinn und Gefühl für die Möglichkeiten der Schauspieler hatte. Er stand ihnen viel näher als Goethe, obgleich sie bei ihm «Figuren» sind, nicht abgerundete Gestalten, von allen Seiten beleuchtet, wie Goethe sie auf die Bühne stellte. Etwas von der Tabakatmosphäre, vom Geruch der faulen Äpfel, vom Alkohol in seinem dumpfen Zimmer haftet diesen Figuren an. Das Marionettenhafte an ihnen wie auch das Grandiose ist die Tatsache, daß sie nur das tun, was in das Stück hineingehört, daß sie nur das sagen, was die dramatische Handlung unbedingt erfordert. Als Meister dieser Präzision ist Schiller der größte Hexer des deutschen Theaters!

Alfred Kerr glaubte, bei Eckermann eine «verborgene Stelle» gefunden zu haben, die darauf hindeute, daß Schiller sich zwangsweise zu Tode getrunken habe. Er mußte Stücke schreiben, und er habe sich, wenn es nicht ging, der «Likörs» bedient. Kerr fügt hinzu: «Wenn man an die Tantiemen denkt, so er heut genossen hätte!» Und dann sagt er etwas sehr Schönes: «Als Klang, als Strahl, als Stern, als Sehnsucht, als Märtyrer, als Wille tönt er fort.»

«Die schönsten Träume von Freiheit werden im Kerker geträumt», schreibt Schiller im fünften Brief über Don Carlos. Diese Freiheit, die dem Menschen äußerlich genommen werden kann, hat ihn sein Leben lang interessiert. Äußerlich, fleischlich, kann der Mensch gefesselt, gefangen, geknechtet werden. Und doch bleibt er im Vollbesitz seiner Freiheit.

Er besitzt diese Freiheit und kann sie nie verlieren. Sie ist unabdingbar. Keine Macht der Welt kann sie ihm nehmen. Es ist eine Freiheit, die ihm bleibt, selbst im Kerker, in jeder Unterdrückung, in jeder Lage. Sie ist eine Geisteshaltung, ein Bewußtsein. Nur darf es keine Schranke zwischen Leben und Tod für diese Freiheit geben. Darum stirbt Don Carlos frei und ungebrochen: «Das ist vorbei. Jetzt trotz' ich jedem Schicksal der Sterblichkeit.» Darum wird zum Schluß Maria Stuart doch frei: Sie zerreißt alle Ketten, alle Bindungen. «Nun hab' ich nichts mehr auf dieser Welt.» Die immaterielle, die metaphysische Freiheit kann vom Menschen behauptet werden, selbst um den Preis des Lebens. Es gibt auch keine Verstrickungen in Schuld, kein Schicksal, keine Not, aus der sühnende Selbstüberwindung nicht doch den Weg zur Freiheit zurückfinden könnte. Schiller wußte, daß die Kunst alle Wirklichkeit überragt, daß er alle nur stoffliche Realität in zeitlose Form verwandeln konnte.

Nur ganz am Ende, kurz vor dem Tod, ersann Schiller eine absolute Trägödie, die so gebaut ist, daß hier zum erstenmal die Freiheit nicht einmal mehr durch das Opfer des Daseins erlangt noch wiedergewonnen werden kann. Hier ist der Weg in die Freiheit selbst durch den Tod versperrt. Es ist, als habe sich ein genialer Schachspieler eine unlösbare Aufgabe gestellt, die er zum Schluß doch mit genialem Griff meistern wollte, aber zum erstenmal gegen seine eigene Freiheitsidee. Hier hatte Schiller seine letzte Möglichkeit erreicht. Nur der erste Akt ist da. Es ist – wie oft gesagt wurde – der beste erste Akt unter allen Dramen der Weltliteratur.

Das Unheil, das der falsche Demetrius über Rußland gebracht hat, ist überhaupt nicht wieder rückgängig zu machen. Wenn er die erschwindelte Krone ablegt, stürzt er sein Land in noch tiefere Not. Regiert er weiter in der Lüge, so löscht er sich selbst auf ewig aus. Das unvollendete Drama «Demetrius» ist ein kühner Griff nach den Sternen. Man hat den Eindruck, daß Schiller hier in Sphären eindringt, in die kein Gott einen Sterblichen hineinläßt. Man spürt, Gott mußte ihm die Feder aus der Hand nehmen!

Blaue Blume Romantik

«Sind wir denn, wie ein Irrlicht, aus dem Sumpfe geboren, oder stammen wir von den Siegern bei Salamis ab? Wie ist's denn nun? Wie bist du denn zur Magd geworden, griechische freie Natur? Wie bist du so herabgekommen, väterlich Geschlecht, von dem das Götterbild des Jupiter und des Apoll einst nur die Kopie war?» – Friedrich Hölderlin, Hyperion.

Um die Wende zum 19. Jahrhundert wurden die Aufklärung und der Klassizismus von einer geistes- und stilgeschichtlichen Epoche abgelöst, die man mit dem schwer faßlichen und sehr verschwommenen Ausdruck «Romantik» bezeichnet. In allen Ländern wurde der Ausdruck, ähnlich wie «gotisch» und «barock», zunächst abschätzig gebraucht, bis ihn die Begründer der romantischen Bewegung zum höchsten Kunstbegriff erklärten.

Diese Stilform, diese «Schule», erlosch um die Mitte des 19. Jahrhunderts. Aber die Romantik im weiteren Sinn treibt seitdem stets wie unbeirrt bis zum heutigen Tage neue Blüten, erscheint unvergänglich und läßt ihr geheimnisvoll nebelhaftes Gesicht immer wieder aus der Poesie und der Musik auch unserer Zeit für Augenblicke und oft unerwartet erscheinen. Sogar Balzac und Stendhal, die natürlich nicht der romantischen Schule angehören, gerieten unter ihren Einfluß. Selbst im «Milchwald» des Dylan Thomas tauchen wie aus der Phantasie eines Kindes romantische Visionen dieser Welt auf. Merkwürdig ist, daß niemand die nur etwa 150 Jahre zurückliegende Lebens- und Kunstanschauung klar definieren kann. Der Begriff ist so verschwommen wie die Sache selbst und entzieht sich jeder harten Erklärung. «Wir sind nicht in der Lage, eine einigermaßen erschöpfende und eindeutige Definition des Begriffes Romantik zu geben und müssen uns im wesentlichen darauf verlassen, daß jedermann ohnehin weiß, worum es sich handelt, wobei wir einen gewissen Trost darin erblicken dürfen, daß es niemandem gelungen ist, das Wesen des Romantikers klar zu umschreiben.» Das war Egon Friedells Ansicht.

Jedenfalls war man, besonders in Deutschland, zu Jena, in dem «lieben Nest», wie Goethe die kleine Universitätsstadt nannte, der ganzen Geistesrichtung des 18. Jahrhunderts gründlich müde. Man suchte nach einer Weltanschauung, die dem alles kritisierenden, alles zersetzenden, alles anzweifelnden Zeitalter der Aufklärung entgegenstand. In Jena lehrte Fichte, dann auch Schelling, die Brüder Humboldt kamen ab und zu, die Brüder Schlegel begannen hier ihre kritische Laufbahn,

sammelten Freunde und Gleichgesinnte um sich, aus denen Hölderlin, Novalis und Tieck groß herausragten. Es galt, ein neues Lebensgefühl zu entdecken, das alles andere als rational war, das die Besiegung der Materie durch den Geist auf seine Fahnen und immer wieder aufklingenden Glocken schreiben konnte.
Neu? Hatte es nicht schon einmal eine solche Zeit gegeben, als die Köpfe der Skulpturen im Martyrium der Zerstörung ihres Fleisches sich schief auf die Schultern neigten, als die namenlosen Schöpfungen von Holz und Stein, mit ihren langen, dünnen Armen und Beinen und ihren hinreißend unbeholfenen Gewändern, ganz entsinnlicht auf das Jenseits schauten, als die feierlichen Dome der Gotik, luftig wie Brabanter Spitzen von Marmor, immer durchsichtiger, immer hochstrebender, immer schwereloser wurden?
Diese Zeit war das Mittelalter!
Darum suchten die Romantiker die Poesie des Mittelalters wiederzuerwecken, in Liedern, Bild- und Bauwerken, im Leben, in der Kunst. Und da die Poesie des Mittelalters aus dem Christentum hervorgegangen war, so war sie – wie Heinrich Heine es ausdrückte – «eine Passionsblume, entsprossen dem Blute Christi». Daher also die katholisch-mystischen Ideen der Romantiker, daher das Gefühlsbetonte des damaligen Theologen Schleiermacher, daher das Rätselhafte, Wunderbare und Überschwengliche in den Kunstwerken des Mittelalters wie in der Poesie der Romantik, die auch das Naive und Einfältige der Kunst des Mittelalters nachzuahmen suchte. Daher auch konvertierten so viele Wortführer der romantischen Schule zum Katholizismus oder fühlten sich doch stark zu der mystischen Seite des Christentums hingezogen, so Friedrich Schlegel, so Novalis, so der ekstatische, zerrissene Dichter Zacharias Werner in Rom. Und Wilhelm Carové bemühte sich um eine «Einheitsreligion».
Frühreif, unersättlich lesend, begabt mit einer außerordentlich reizbaren, ja dämonischen Phantasie, faßte Ludwig Tieck als noch junger Mann den Plan, ein gewaltiges Werk über Shakespeare zu schreiben. Er stürzte sich in ausgedehnte Vorarbeiten, er vertiefte sich immer mehr in den Irrgarten dieses Titanen unter den Dramatikern – doch nie kam das Buch zustande. Tieck verfaßte das gespenstische Schicksals- und Ritterdrama «Karl von Bernick», einen Briefroman «William Lovell», dann den «Peter Lebrecht», in dem er der Aufklärung noch huldigt und sie doch durch Übertreibung verspottet.
Dieser an Ideen überquellende Frühromantiker verfeinerte das Kunstmärchen, machte es zur Satire, schrieb einige Dramen und Literaturkomödien, vermochte sich aber nie zu einem umfassenden, kraftvollen Werk zu sammeln. Irgendwie erscheint das Geniale in ihm blaß, bleibt

Fragment, verschwimmt in seiner eigenen «mondbeglänzten Zaubernacht». Ihn fesselte die Fremdheit zwischen Mensch und Natur. Er suchte Töne, eigenartige Klänge, Stimmungen und Gegenstände zu romantischen Bildern zu verflechten. Er schrieb Novellen, er rezitierte vor allem mit außerordentlicher Leidenschaft. Tieck wurde durch sein Talent des Vorlesens dramatischer Meisterwerke der Weltliteratur hoch berühmt. Seine Vortragsabende waren Ereignisse. Vielleicht wäre er als Schauspieler viel größer geworden denn als Poet.
Wir finden in jener überschwenglichen, launischen und schwärmerischen Zeit gerade in Deutschland viele solcher schwerfaßlicher Gestalten, Wilhelm und Friedrich Schlegel, Schleiermacher, der so viel aus dem Gedankengut der Romantik in die Theologie einführte und in der Frömmigkeit weder ein Wissen noch ein Tun sah, sondern ein Gefühl der Abhängigkeit von Gott. Wir finden später Brentano, Jakob und Friedrich Grimm, der die historische germanische Sprachforschung begründete, Eichendorff, schon am Ausgang der Romantik, dem die Gefahr von Phantasie, Traum und Schönheit der Seele lebhaft vor Augen stand – «du sollst mich doch nicht fangen, Duft schwerer Zaubernacht» –, E. T. A. Hoffmann, dann in der österreichischen Romantik Raimund und Grillparzer.
Die Romantiker streben eine völlig freie und ganz persönliche Geisteshaltung an. Alles Reale sollte poetisiert werden. Romantik ist eine verinnerlichende Verwandlung der Welt in Seele und Geist. Immer ist die Sehnsucht nach dem Unendlichen da, immer ist die Phantasie bewegt, und das Herz will fliegen. Aus dieser Stimmung entstand das außerordentliche Einfühlungsvermögen der Romantiker in ferne und fremde Gedanken und Sprachen.
Man begreift, warum Ludwig Tieck sich gleich am Anfang bemühte, den gewaltigen Shakespeare zu erfassen, zu deuten, darzustellen. Man begreift, warum August Wilhelm Schlegel sich zu Jena entschloß, die kolossale Arbeit der Shakespeare-Übersetzung auf sich zu nehmen, und warum Tieck, dessen Tochter Dorothea und Graf Baudissin dieses Werk gerade in der Romantik zu Ende führten. Man versteht, warum Ludwig Tieck die wohl meisterlichste Don-Quichotte-Übertragung schuf. Sie erschien 1799–1801 in vier Bänden zu Berlin. Niemand hat die närrische Grandezza des ingeniösen Hidalgo von La Mancha so gut erfaßt und so treffend und treu übersetzt wie der fleißige Tieck. Er hat auch versucht, den Spanier nachzuahmen, erreichte aber nicht das Niveau von Marivaux' «Voiture embourbeé» oder Anouilhs «Hurluberlu».
Heine findet es sehr spaßhaft, daß gerade die Romantiker die Übersetzung des Don Quichotte lieferten, so etwas wie einen Spiegel ihrer

eigenen Narretei. Denn die romantische Schule sei von demselben Wahnsinn befangen, der auch den edlen Manchaner gepackt hatte. Auch die Romantiker wollten das mittelalterliche Rittertum wieder ins Leben rufen. Nur gab es nie einen Cervantes unter den Romantikern, nie einen Don Quichotte von so idealer Begeisterung und hinreißender Art, daß der reale Verstand, Sancho Pansa, mitsamt seinem Esel, immer und ewig ihm nachfolgen muß.

Es erscheint mir immer verdächtig, wenn Dichter und Denker ihre Manier oder ihre Schule nicht nur zu Papier bringen, sondern auch leben und zur Schau tragen, oder wenn ihr Ruhm eine natürliche Tochter des Skandals ist. So trug A. W. Schlegel während seiner Vorlesungen Glacéhandschuhe, war nach der neuesten Pariser Mode gekleidet und, wie Heine sagt, «noch ganz parfümiert von guter Gesellschaft und eau de mille fleurs». Er war zierlich, sehr elegant, und neben ihm stand – während der Vorlesung! – ein Diener in Livree. Wachskerzen brannten auf silbernen Leuchtern, und ein Glas Zuckerwasser stand auf dem Katheder vor dem Wundermann – das alles im Kollegium eines deutschen Professors!

Jean Paul hielt das Romantische für «das unendlich Schöne». Seine wunderbar dichterische, doch überbürdete Kost mit Blättern, Ranken und Ornamenten, mit endlosen Verschlingungen und einer bodenlosen Seelenlandschaft, mit den Geisterwäldern der «Flohwitze» und «Witzflöhe» seines stets erhitzten Gemütes, mit dem unentwirrbaren Ineinander seiner Einschübe und Ausweitungen hat noch unsere Großväter begeistert und zu Tränen gerührt. Nicht aber Heine, denn der sagte, Jean Paul habe echt poetische Gestalten zur Welt gebracht, «aber alle diese Geburten schleppen eine närrisch lange Nabelschnur mit sich herum und verwickeln und würgen sich damit».

Friedrich Schlegel, der Bruder des August Wilhelm, schrieb, die romantische Dichtart sei noch im Werden. «Ja, das ist ihr eigentliches Wesen, daß sie ewig nur werden, nie vollendet sein kann. Sie allein ist unendlich, wie sie allein frei ist und das als ihr erstes Gesetz anerkennt, daß die Willkür des Dichters kein Gesetz über sich leide.»

Friedrich Schlegel war ein glänzend begabter, geistig sehr beweglicher Philosoph mit hellwachem Intellekt, immer unruhig, der eigentliche Programmatiker der romantischen Bewegung und einer der ersten Begründer moderner Literaturgeschichte und moderner Interpretation der Künste. Aber auch bei ihm bleibt fast alles Fragment, vieles Versuch und Aphorismus. Schiller, dessen Größe als Dramatiker er nie begriff, lehnte er ab, wie ja Schiller überhaupt für viele Romantiker zu hoch, zu kalt, zu unerreichbar blieb. Goethe bewunderte er, vor allem dessen «Wilhelm Meister», der ihm für das Poetische im romantischen Sinn richtunggebend erschien – bis Goethe sich von der ganzen Gesellschaft der Romantiker leichten Herzens lossagte. Seine Stimme war ein vernichtender Schlag gegen den Spuk, die Gespenster, die Eulen und die Raben.

Die Kunstrevolution der romantischen Schule in Deutschland war eigentlich nichts als die Vermeidung jener endlichen Aussage, die Neigung zum Fragment und zur Paradoxie, das Spiel mit der Ironie, eine Spiegelfechterei mit der «schöpferischen Freiheit des absoluten Ichs». Der Wunsch nach hemmungsloser schöpferischer Freiheit, nach absoluter Willkür der Phantasie, nach Unvollendetem und formlos Schwebendem, trug die große Schwäche der romantischen Geistesbewegung in sich und führte dazu, daß sie in Deutschland nicht viel Geschlossenes und Gestaltetes hervorbrachte. Die wenigen Genies der Romantik waren Novalis und Hölderlin sowie deutsche Musiker oder nichtdeutsche Dichter, also Schubert, Schumann, Weber und Mendelssohn, wobei man natürlich den Polen Chopin nicht unerwähnt lassen darf. Im übrigen brachte Frankreich Victor Hugo hervor, England Laurence Sterne, Shelley, Keats und Byron, Amerika Edgar Allan Poe, Rußland Puschkin.

Denn die Romantik wurde eine Stilepoche, die das ganze Abendland erfaßte. Sie erreichte England, Skandinavien, etwas später Frankreich und Italien, auch Amerika. Es ist die Epoche, in der neben Shakespeare und Cervantes auch Dante, Calderon und Ariost allen Europäern zugänglich werden. Es ist die Epoche, in der die gegenständlichen und festen Umrisse aller Dinge von der Dichtung aufgelöst sind. Es ist die Zeit, in der das Gestalthaft-Geschlossene, in sich Vollendete und Harmonische, also die Klassik, von der freien Subjektivität des Geistes in das Unendliche der Seele und der Phantasie verwandelt wird.

Was einem besonders auffällt und was vielleicht im Zeitgeist der Romantik liegt, ist der Gedankenaustausch, sind die Freundschaften und Verbindungen fast aller damaligen Denker und Dichter, etwas, was es heute allenfalls noch in Frankreich gibt, in der Weltmetropole des Geistes, Paris. So war Novalis häufiger Gast am Tisch von Goethe. Er verkehrte mit Schiller. Er war befreundet mit Herder und Jean Paul. Zu seinen Freunden gehörten die Schlegels, Tieck, Dorothea und Karoline. Er begriff schon aus seiner Zeit die Vollendung Mozarts, die Meisterschaft Haydns, er erlebte die grandiosen Anfänge Beethovens.

Es gibt eine erstaunliche Parallele im Leben und in der Liebe Dantes mit der Begegnung, die für Novalis Schicksal und Sehnsucht wurde. So wie Dante aus der Gestalt des neunjährigen Mädchens Beatrice Portinari seine ins Ewige reichenden Visionen schöpfte, so verklärte

Novalis sein Verhältnis zu Sophie von Kühn, die noch nicht dreizehn Jahre alt war, ein Schulmädchen, unsicher in ihrer Rechtschreibung, zehn Jahre jünger als der große Romantiker.

Sophie war die Sonne seiner Nacht. Die Parallelen sind rätselhaft bis ins Unheimliche. Beatrice Portinari starb, als Dante 25 Jahre alt war. 25 Jahre alt war auch Novalis, als ihn Sophiens Tod unstillbar verwundete. Dante war 28, als er in seiner «Vita nuova» Beatrice besang. Im gleichen Lebensalter vollendete Novalis seine «Hymnen an die Nacht». Dante wie Novalis erhoben die Braut ihrer Seele zur Himmelskönigin und führten sie ins Paradies. Als Beatrice starb, heiratete Dante die Gemma Donati. Es waren nur zwei Jahre vergangen seit dem Tod der schönen Florentinerin. Als Sophie fünfzehnjährig von ihrem Leiden durch den Tod erlöst wurde, verlobte sich Novalis mit Julie von Carpentier, zwei Jahre nach Sophiens Tod.

Beide Sterne, Dante wie Novalis, kommen dennoch wie aus ganz anderen Milchstraßensystemen. Dante tritt aus der lateinisch philosophierenden universalen Welt des gotischen Mittelalters in die italienische Frührenaissance, Novalis aus der Welt des zersplitterten Europas, aus der Zeit der Aufklärung, der Französischen Revolution, der Napoleonischen Kriege in die deutsche Romantik.

Gewiß ist das Erlebnis des Novalis mit Sophie eine der romantischsten aller verdichteten Liebesgeschichten und gewiß sah seine Phantasie viel mehr in ihr, als sein scharfer Verstand zugelassen hätte. Er schildert ihre «Dezenz», ihre «unschuldige Treuherzigkeit», ihre «Artigkeit gegen Fremde, Wohltätigkeit, Hang zum kindlichen Spiel, Liebe zu ihren Geschwistern, musikalisches Gehör». Er preist ihr Nachahmungstalent, ihre Mäßigkeit, ihre Sensibilität, ihren Bildungsdrang, ihre Kinderliebe, ihren Ordnungsgeist, ihre Sorgfalt und Passion für das Schickliche. Aber er spricht auch von ihrer Herrschsucht, von ihrer Kälte, er weiß, daß sie «irritabel» ist, er erzählt von ihrer «Anhänglichkeit an Weiber», von ihrer Geschäftigkeit im Hause, von ihrem ungeheuren Talent, sich zu verstellen. Er hat sich mit ihr verlobt. Sie läßt sich nicht duzen. Goethe, der sie kannte, begriff natürlich aus seinem vielschichtigen Verstand für Frauen sehr bald, daß Novalis hier viel hineinidealisierte.

Novalis sah Sophie im Frühjahr 1795 auf einem Gut nahe von Tennstädt zum erstenmal, und wie bei Dante entschied ihr erster Anblick sein ganzes Leben. Tieck sah in der wunderbaren Geliebten seines Freundes eine himmlische Anmut und meinte, keine Beschreibung könne ausdrücken, mit welcher Grazie sie sich bewege und welche Schönheit sie umglänzte. Ihm erschien sie, wie sie in der Poesie seines Freundes lebte.

Erst sechs Wochen nach dem Tode des fünfzehnjährigen Mädchens, an seinem 25. Geburtstag, konnte Novalis zum erstenmal an das Grab des geliebten Kindes in Grüningen treten. «Meine Liebe ist zur Flamme geworden, die alles Irdische nachgerade verzehrt», schrieb er. Goethe hatte Sophie von Kühn, die – an einem Lebergeschwür leidend – in einer Jenaer Klinik lag, noch besucht und war ergriffen von ihrem unschuldig-aussichtslosen Todesringen.
Die «Hymnen an die Nacht», die Novalis 1797 als Fünfundzwanzigjähriger niederschrieb, sind Ausdruck, Flamme und tiefstes Hineinhorchen in das Erlebnis des Todes der Geliebten. Es war Abend in ihm geworden, während er noch in die Morgenröte hineinsah. Hinübergeweht in die andere Welt war das Blütenblatt. Verzweifelt warf der Spieler die Karten aus der Hand. Ihn überkam die sichere Erwartung, daß er selbst binnen einem Jahr sterben werde, durch eigenen Entschluß und doch natürlichen Todes. Aber er hatte noch einiges zu vollenden, und in seinen Gesichten umgab ihn Sophie unaufhörlich. «Alles, was ich noch tue, tue ich in ihrem Namen.» Sie war der Anfang, sie würde das Ende seines Lebens sein.
Novalis glaubte, in einem Bild von Raffael eine große Ähnlichkeit mit Sophie gefunden zu haben. Sie starb an einem Karfreitag, und ein Karfreitag war Raffaels Geburts- und Todestag. Auch darin sah er eine tiefe Bedeutung.
Die sechs «Hymnen an die Nacht» sowie «Blütenstaub» und «Glauben und Liebe» sind die einzigen Dichtungen, die zu Lebzeiten von Novalis erschienen. Im Dunkel der Nacht sah der Dichter das Mädchen, die Mutter, die Königin der Welt. In den Hymnen besingt er den Schlaf, verklärt er das Erlebnis am Grab der Geliebten, beschwört er die Begegnung mit dem Tode, und in die Hymnen des Todes greift der Gesang des Kreuzes ein. Die Todessehnsucht des Vereinsamten wurde zu einer Symphonie der Leiden unheimlicher Gewalt.
Friedrich Hiebel, der große Interpret und langjährige Erforscher des Dichters der «Blauen Blume», hat etwas Unübertreffliches zu den «Hymnen an die Nacht» gesagt: «Verneint man die Realität übersinnlicher Erfahrung überhaupt, dann schlösse man mit Novalis eine ganze Welt ihm verwandter Geister aus dem Kulturleben der Menschheit aus ... Seine Welt war nicht nur breit, sondern tief, sie schloß den Tag und die Nacht ein, die Lebenden und die Toten.»
In seinen tiefbewegten Stunden, da er nun in den nächtlichen Himmel einer jenseitigen Welt hinausblickte, formten sich in ihm jene Sternbilder, die christlichen Lieder, die ewig leben werden wie das Christentum.
Novalis starb mit 29 Jahren, und so mußte eigentlich alles, was er

plante, so mußten diese große ungestillte Sehnsucht, dieser kühne Griff in die höchsten Sphären der Dichtung Fragment bleiben. Ich glaube, es war die Nähe des Todes, die der Romantiker in sich selbst empfand: das gerade verband ihn wohl so sehr mit dem kurzen Dasein der Sophie, deren Leben nichts als ein Hauch blieb. Und dies scheint mir das Wort, das wie kein anderes Novalis kennzeichnet: «Leben ist der Anfang des Todes. Das Leben ist um des Todes willen. Der Tod ist Endigung und Anfang zugleich.»

Wer aber war die Gestalt seines Romanfragments «Heinrich von Ofterdingen», dessen Inhalt von Anfang bis zum Ende die blaue Blume bleibt? «Die blaue Blume sehn' ich mich zu erblicken. Sie liegt mir unaufhörlich im Sinn, und ich kann nicht anders dichten und denken.» So beginnt dieses merkwürdige Werk der Weltliteratur, das erst in kommenden Jahrzehnten oder Jahrhunderten von den außereuropäischen Völkern entdeckt werden wird.

Ofterdingen war ein legendärer Sänger des deutschen Mittelalters, der in dem Sängerkrieg auf der Wartburg den Ruhm des Herzogs von Österreich verteidigte. Manche schrieben ihm sogar das Nibelungenlied zu. Richard Wagner hat ihn später als Tannhäuser glorifiziert. Aber die Dichtung des Novalis wird ihm Ewigkeit verleihen.

Auf unserer Erde gibt es Blumen und Blumen. Manche wachsen aus dem Boden unseres sonderbaren Planeten. Manche sind irdischer Herkunft. Manche kommen aus einer anderen Welt. Diese überirdischen Blumen gedeihen schlecht im Klima irdischen Treibens. Sie gehören anderen Bereichen an, der Liebe und der Religion.

Was wäre aus Novalis geworden, wenn ihm die Lebenszeit geblieben wäre, seinen dichterischen Turmbau über die Fundamente hinaus zu vollenden? Sein Tod war geplante Ahnung, Kleists selbstgewähltes Ende notwendiger Abbruch steilster Einsamkeit und gigantischer Zerrissenheit. Eine Steigerung, so glaubt man zu fühlen, ist bei Kleist unmöglich. Beide Genies werden dem 20. Jahrhundert nach und nach begreifbar.

Unbegreifbar bleibt Hölderlin. Unbegreifbar war er seiner Zeit. Unbegreifbar ist er unserem Jahrhundert. Hölderlin ist der große Garten innerhalb der deutschen Dichtung, über dessen Mauern man von außen noch kaum in das Innere hineingeschaut hat. Die Hölderlin-Forschung steht am Anfang. Es mag daran liegen, daß die Ausbrüche dieses Vulkans nicht eigentlich für lesende Menschen gedacht sind. Sie sind ganz unabhängige und tiefste Auslotungen der dunklen Schatten des Lebens.

Dantes Beatrice, Novalis' Sophie und Hölderlins Susette, sie verzauberten Leben, Gestaltungskraft, Geist und Dichtung dieser drei Unerreichbaren, jede auf andere Weise, bewußt oder unbewußt. Susette, die Gattin des Bankiers Jakob Friedrich Gontard, war 26 Jahre alt und hatte vier Kinder, als Hölderlin sie kennenlernte. Der Bankier beauftragte Hölderlin, als «Hofmeister» seinen neunjährigen Sohn Henry zu unterrichten. Im Hause Gontard entwickelte sich die entscheidende Bindung im Leben des zwei Jahre jüngeren, wohl empfindsamsten deutschen Lyrikers.

Aus der Begegnung mit Susette Gontard, die Hölderlin schwärmerisch verehrte, erwuchs dem Dichter des «Hyperion» der Glaube an die Welt und ihre Göttlichkeit, überhaupt das göttliche Ganze, ein Wunder in dem «geist- und ordnungslosen Jahrhundert», in das sich, wie Hölderlin meinte, Susette, seine «Diotima», nur verwirrt hatte. Diotimas Existenz: das ist die ganze Wirklichkeit von Hölderlin. Sie ist ein Erlebnis, das in den Bereich der Religion gehört. Es hat nie ein dichterisches Gesamtwerk gegeben, das so aus der Liebe erwuchs wie Hölderlins Orientierung «an diesem Madonnenkopfe», denn so sah er Susette. «Mein Verstand geht in die Schule bei ihr, und mein uneinig Gemüt besänftigt, erheitert sich täglich in ihrem genügsamen Frieden.» Hölderlin hatte Susette nach dem erdichteten Namen der Priesterin zu Mantinea in Platons Dialog «Symposion» Diotima benannt, von der Sokrates die Ideen über das Wesen der Liebe erfahren zu haben vorgab.

Susettes Mann, Gontard, ein phantasieloser Kaufmann, an nervösen Störungen leidend, schielend, einäugig, verbrachte sein Leben rechnend und verdienend. Oft spielte er abends mit Freunden Karten. Darum schätzte er den Hauslehrer sehr, der seiner Frau während solcher nächtlichen Abwesenheit vorlas. Ja, der Hofmeister wurde sogar mit der Familie Gontard aus Frankfurt, das in der Französischen Revolution Kriegsgebiet geworden war, nach Hamburg geschickt und konnte dort mit der geliebten Frau die glücklichsten Wochen seines Lebens verbringen.

Alles ist im Geistigen zu verstehen. Die seelische Verwandtschaft der Susette Gontard mit dem Dichter hatte eine so hohe Ebene erreicht, daß ein Ehebruch die Bindung nur hätte verringern können, nicht steigern.

Hölderlin litt unter der Leere und Hohlheit der Frankfurter Gesellschaft. Er sah das Groteske und Stillose, das Verzerrte des sich hochstehend dünkenden Geldadels, er erkannte mit Schrecken, daß sich diese Städter als Sonne der abendländischen Kultur fühlten – ja, seine schärfsten und kritischsten Zeilen im «Hyperion» beruhen auf diesen Frankfurter Eindrücken. Im September des Jahres 1798 – Hölderlin war 28 Jahre alt, Susette 30 – hatte Gontard wieder einmal den Abend

fröhlich mit Kartenspiel verzettelt und fragte beim Eintritt in seine Wohnung wie üblich die Haushälterin, ob seine Frau da sei. Diese Frage stellte er immer, und immer war Frau Gontard daheim. Nur wußte die Haushälterin ihre Antwort nach und nach so abzuwandeln, daß sie dem Bankier mißfallen mußte, denn auch sie, die Haushälterin, hatte am Hofmeister Gefallen gefunden.
«Sitzt der Mensch beständig bei meiner Frau?» schrie Gontard. Hölderlin verließ das Haus. Er sah seine Diotima kaum wieder. Es wurden nur noch heimliche Briefe gewechselt, aber die Liebe versiegte nie.
Von dem ersten Entwurf des «Hyperion» in Tübingen bis zu Hölderlins Reise nach Bordeaux am 10. Dezember 1801, wo er eine Hauslehrerstelle beim dortigen deutschen Konsul übernommen hatte, umfaßt das Schaffen dieses feinnervigen Dichters ein einziges Jahrzehnt. Dann verdunkelt sich Hölderlins Geist. Er kehrt kurz nach dem 7. Juni 1802 nach Deutschland zurück und erscheint in Stuttgart «mit verwirrten Mienen und tobenden Gebärden, im Zustand des verzweifelten Irrsinns» und in einem Aufzug, der darauf schließen ließ, daß er möglicherweise unterwegs beraubt worden war. Was nicht zu klären ist, bleibt die Tatsache, daß zwischen der Rückkehr des bereits dem Wahnsinn verfallenen Dichters und dem Tode der Susette Gontard am 22. Juni nur diese 15 Tage liegen, in denen Hölderlin nichts vom Zustand seiner Diotima erfahren hatte. Er erlitt den geistigen Tod, sie den physischen – beide gleichzeitig. Was in Bordeaux geschehen war, was sich während der Rückreise zutrug, welche Ursache Hölderlins Umnachtung letztlich hatte, wird nie ergründet werden. Der Tod der Diotima war vom Dichter bereits im Hyperion verewigt und verklärt worden, auch ihre «Wiederkehr».
Hölderlin vollendete dennoch 1802 und 1803 seine längst begonnenen Übersetzungen der Sophokles-Tragödien «Ödipus» und «Antigone». Diese Übersetzungen, die zunächst das Mißfallen der Altphilologen erregten, kommen immer mehr zu ihrem Recht, denn die Stärke des Hölderlinschen Stils, die Leidenschaftlichkeit der Sprache, die Zurückdrängung des Maßvollen im griechischen Text zugunsten eines intensiveren Ganzen, die ihm vorgeworfenen «Dunkelheiten» sind gerade die Lichter der genialen Arbeiten, sehr eigenwillig, aber unerreicht. Wie könnte es auch anders sein bei diesem zeitlosen Seher, diesem Preiser von Hellas und des hellenischen Ideals, der im Schwunge, wie Hofmannsthal sagte, noch über Schiller hinausging.
Hölderlin lebte eine Zeitlang unheilbar geisteskrank in Homburg und Nürtingen, dann seit 1807 siebenunddreißig Jahre lang in der Pflege des Schreinermeisters Ernst Zimmer in Tübingen in einem Haus am Neckar, dem «Hölderlin-Turm».

Seine späten hymnischen Fragmente nennt Bettina Brentano «Orakelsprüche, die er als Priester des Gottes im Wahnsinn ausrief».
Er liebte es in den letzten Jahren seines Lebens, am offenen Fenster zu sitzen und in die Mondnacht zu blicken. Die Welt nahm 1843 kaum Notiz vom Tode des Dreiundsiebzigjährigen, der in so kurzer Zeit, vor seiner fast vierzigjährigen Nacht, seine Lebenswerke vollbrachte: den Entwicklungsroman Hyperion, die dramatischen Fragmente Empedokles, die vielleicht schönste Lyrik in deutscher Sprache und die beiden grandiosen Übersetzungen des Sophokles.
Hölderlin ist eine Entdeckung des 20. Jahrhunderts, wenn man ihn überhaupt als schon entdeckt ansehen will. Norbert von Hellingrath, Dilthey, Rilke, Stefan George, Heidegger und Guardini begründeten seinen Ruhm in Europa. Aber wo ihn einordnen? Sein Verhältnis zur Romantik ist der idealistische Hintergrund. Aber seine Prophetie, seine leidenschaftliche Hingabe, seine echte Geistigkeit, sein Formsinn, die Einsamkeit in seiner Zeit heben ihn aus der Romantik weit hinaus.
«Le romantisme», wie die Franzosen die romantische Schule nannten, das Feuer, das von Goethes Werther wie von den Romanen Walter Scotts angefacht war, ließ bald eine ganze Generation träumen, Sehnsuchtsfernen suchen, sich allen Begrenzungen entwinden. Auf den Trümmern der Napoleonischen Kriege war mit der Romantik ein neues abendländisches Gefühl entstanden. Wir finden es bei E. T. A. Hoffmann, bei Shelley und Byron, bei Alfred de Musset und Victor Hugo.
Eine «romantische Heldin» nannten die Franzosen Madame de Staël. Als Mensch, in ihrem Leben und in ihrem Werk, verkörperte sie alles das, was man damals für romantisch hielt. Ihre Leidenschaften, ihre Fähigkeit zur Begeisterung, ihre Erregbarkeit, ihr Temperament, ihr Leben, ständig auf der Wanderschaft, Skandale und Bewunderungen – all das waren Folgen wie Ursachen ihrer romantischen Seele.
Madame de Staël war die Tochter des Finanzministers Ludwigs XVI., des berühmten Necker. Im Salon ihrer Mutter, die Schriftstellerin war, hatte sie Diderot, Grimm, Buffon und andere Enzyklopädisten kennengelernt. In ihrem ersten Werk über Literatur regte sie die Schöpfung einer neuen, nicht mehr von der Antike inspirierten Geisteshaltung an. Sie erkannte sehr früh das Genie Napoleons, aber Napoleon ließ sich von dieser häßlichen und doch so verführerischen Frau in keiner Weise rühren. Er hielt sie für eine gefährliche Intrigantin. Noch mehr nahm er ihr übel, daß sie sich in die Politik einmischen wollte. Ihr Freund Benjamin Constant, Verfasser des Romans «Adolphe», dessen zweiter Roman «Cécile» erst 1951 wiederentdeckt wurde, war Mitglied des Tribunats und hatte sich auf die Seite der

Opposition gegen Napoleon gestellt. Madame de Staël wurde, wie übrigens auch Constant, vom Korsen aus Paris verbannt. Sie bereiste Deutschland, lernte Schiller in Weimar kennen, sah Wieland und Goethe, traf in Berlin August Wilhelm Schlegel, der sie als Erzieher ihrer Kinder auf ihren Reisen begleitete. Coppet am Genfer See wurde durch die Staël ein geistiger Treffpunkt Europas. Ihr Werk über Deutschland hatte einen bleibenden, aber auch sehr verwirrenden Einfluß. Denn seitdem hielt man in Frankreich die Deutschen weniger für irrationale Materialisten als für weltfremde Denker und träumende Dichter, eben für unheilbare Romantiker. Madame de Staël erging sich in Lobpreisungen des geistigen Lebens, des Idealismus in Deutschland, sie huldigte der deutschen romantischen Schule, deren Wesen ihr ganz fremd war. Sie überschätzte die Romantiker wohl deswegen, weil sie den französischen Realismus angreifen wollte. Heine hat ganz recht, wenn er ihr Buch «De l'Allemagne» mit der «Germania» des Tacitus vergleicht, der ebenfalls durch seine Apologie der Deutschen eine indiskrete Satire gegen die Römer schreiben wollte.
Auch in Frankreich bäumte sich die freie Denkart der Romantik gegen Aufklärung und Klassik auf. Aber man empfand doch im Land der klaren Sprache und der lateinischen Traditionen die ungezügelte Romantik als etwas Fremdes. Nie konnte in Frankreich die Romantik die klassizistischen und rationalistischen Ideale völlig aufheben. Dennoch schuf Alphonse de Lamartine eine romantische Verskunst von schwermütiger, fein schwingender Zartheit, mit betörenden Wohllauten, mit einsamen, schweigenden Landschaften, mit Liebestrauer und Vergänglichkeit in mystischen, seltsam schönen Bildern. Sainte-Beuve pries Lamartines Lyrik als reich, erhaben, wahrhaft innerlich, ja göttlich.
Alfred de Musset wußte alle Schwere in duftende Poesie aufzulösen, mit fast körperloser Verssprache, mit einer Musikalität, die bis dahin kaum erreicht war. Man ahnt bei ihm Verlaine voraus. Musset ist ganz Romantiker, wenn er das Mittelalter preist, die Epen jener Ritterzeit, die Romanzen, die Riesendome, die in den Städten kauern, Legenden und Gottesbilder. Aber er fühlt sich doch schon als glaubenloser Sohn einer ungläubigen Zeit.
Victor Hugo, dieser erschreckende Gipfel, gilt als der Führer der französischen Hochromantik. Aber er ragt weit über alle solche Festlegungen hinaus. Seine schöpferische Kraft, die himmelstrebenden Pfeiler und Hochbögen seiner Phantasie, sein Hang zur Maßlosigkeit, sein Stolz, seine wilden, pathetischen Gebärden, vor allem seine feste Überzeugung, daß er ein Prophet sei, ein Seher übernatürlicher Offenbarungen – all das ließ seine Zeitgenossen zuweilen vermuten, dieses

aus allen Fugen geratene, materiell hoch erfolgreiche Genie sei wahnsinnig. Das Mißgeformte, das Ungeheuerliche, die Kühnheit seiner Vorstellungen ragen wie unwirkliche Dämonien in eine immer realistischer werdende Welt hinein. Hugo wurde der Entdecker der ästhetischen Reizwerte des Häßlichen und Grotesken. Er war ein Zauberer der Sprache, ein Lyriker, der die Feuerkraft seiner Dichtungen wie ein Vulkan in alle Himmel warf.

Das Wechselspiel romantischer Einflüsse von Deutschland nach England und wieder zurück ist wie Ebbe und Flut an den Gestaden der Dichtung. Man muß wissen, daß Sir Walter Scott Herder, Goethe und Bürger übersetzte.

Shelley, Keats und Byron verzehren sich im Pathos auf der Suche nach Freiheit. Shelleys Leben ist eine einzige Flucht vor der Gesellschaft, ein leidenschaftliches Auflehnen gegen jede Art der Unterdrükkung. Sein unbezähmbarer Wille, einsam zu sein mit der Natur, das wurde auch der Tod des nur Dreißigjährigen.

Seine Leiche treibt an den Strand von Livorno. Byron verbrennt den Toten am Meer und bringt die Asche nach Rom, wo er sie in der Pyramide des Cestius bestattet. Er selbst zieht nach Griechenland, um den Griechen in ihrem Freiheitskampf beizustehen, und stirbt dort am Sumpffieber im Alter von 36 Jahren.

Der schwindsüchtige Keats stirbt schon sechsundzwanzigjährig zu Rom, nach einem Leben fieberhaft sinnlichen Dichtens, in dem er die Wahrheit in der Schönheit suchte. Auch er wurde bei der Cestiuspyramide begraben. «Er wäre unser Größter geworden», hat Alfred Tennyson gesagt. Es ist ein eigentümliches Schicksal, das über dem Dreigestirn Shelley – Keats – Byron waltete. Alle drei waren von der Idee der Freiheit beseelt, alle drei gehörten einem vollendet vornehmen englischen Typus an, alle drei starben jung.

Die ganz Großen lassen sich nicht einordnen. Das echte Genie paßt sich nicht den Ideen einer Schule an, es wandelt nicht auf ausgetretenen Pfaden, es steht allein da. An der Einsamkeit, am Abstand des Genies von den anderen, an der Unvergleichlichkeit und Einmaligkeit kann man deutlich den überragenden Geist erkennen.

Das Romantische wogt so stark und groß in Poe wie auch in Victor Hugo, daß sie, als Gipfel dieser eigenartigen Bewegung und schon weit über ihre Zeit hinausragend, die Brücke zum zwanzigsten Jahrhundert bilden. Die überragende Bedeutung des gehaßten, verurteilten und verfluchten Dichters wurde nicht in Amerika erkannt, sondern in Frankreich. Baudelaire, Mallarmé, Paul Valéry nahmen sich – jeder zu seiner Zeit – des vor rund hundert Jahren verstorbenen Edgar Allan Poe an und empfahlen ihn der Nachwelt. Und siehe, er lebt!

Da die Eltern des Dichters schon zwei Jahre nach seiner Geburt starben, wurde das Kind von seinem Taufpaten John Allan, einem reichen Kaufmann aus Richmond, aufgezogen. Es erhielt eine sehr gute Schulbildung. Die Schwierigkeiten begannen, als der begabte Student Spielschulden machte. Nun folgte ein hartes, ein unbarmherziges, ein fast unerträgliches Leben, eine Tragödie mit dem ewigen Zwang zu schreiben, mit furchtbaren Schicksalsschlägen, ein Leben in Armut, Verzweiflung, Trunksucht. Geld war in Amerika in der ersten Hälfte des neunzehnten Jahrhunderts mit Gedichten kaum zu verdienen. Darum sitzt der Dichter auf den Schemeln hinter den hohen Redaktionspulten als Redakteur, als Kritiker, als Korrektor.
Poe hatte seine erst dreizehn Jahre alte Cousine Virginia geheiratet, die er abgöttisch liebte. Sie gehörte ihm. Aber er war ständig in Gefahr, sie zu verlieren. Das brachte ihn an den Rand des Wahnsinns. Ihr erster Blutsturz überfiel sie beim Singen. Es folgte ein zweiter, ein dritter, ein vierter. Der Dichter empfand alle Qualen ihres unabwendbaren Todes. Sie erholte sich. Nach eineinhalb Jahren riß sie ein neuerlicher Blutsturz nieder. Er klammerte sich mit verzweifelter Liebe an ihr Leben. Er trank. Er trank und trank. «Gott allein weiß, wie oft und wieviel», schreibt er.
Seine Freunde wie seine Feinde halten ihn für wahnsinnig. Der Wahnsinn kommt aus dem Trinken, sagen sie. Aber es ist umgekehrt. Er trinkt, weil er sich nicht erinnern will, nur nicht besinnen, nicht denken! Und aus dem Rausch, aus der schwankenden Welt, steigen die Bilder seiner erschreckenden Geschichten auf. Den Tod seiner Virginia konnte er ertragen. Aber bis sie starb, hatte er beinahe seinen Verstand verloren. Am Rande dieses gähnenden Abgrunds zwischen Hoffnung und Verzweiflung.
Sie starb. Damit wurde ihm ein neues Leben geschenkt, ein Leben ohne Angst um sie, ohne diese dauernde lähmende Sorge, «aber Gott, welch ein trauriges Dasein». Jahrelang hatte er bei ihrem leisesten Husten geglaubt, sein Herz müsse stillstehen. Jetzt war es still, ganz still. Jetzt war das Leben einsam. Jetzt suchte er dem Dasein zu entfliehen. Aber er floh von einem Nichts in das andere.
Er geht in den Süden. Wilde Nächte in Philadelphia. In Richmond verlobt er sich mit einer Jugendliebe, Elmira Royster. Aber als er von Richmond nach Baltimore reist, da ahnt er seinen Tod. Er hebt das Glas, um einer Dame zum Geburtstag zu gratulieren. Dieser erste Schluck ist sein Tod. Denn Poe konnte nach einem genossenen Tropfen Alkohol niemals aufhören.
Aber das Werk war vollbracht. Düstere Phantasien, unheimliche Bilder, grauenvolle Szenen entfalten sich in den Novellen dieses größten

Poeten der amerikanischen Romantik. Er griff nicht, wie deutsche Romantiker, nach Gespenstern, nach Teufeln, nach Todesblumen, nach Spuk. Er holte seine gewaltigen und doch gedrängten und so packenden Bilder aus der Wirklichkeit, aus dem tobenden Ozean, aus Leichenhallen und Mord, aus der Inquisition, aus düsteren Straßen, aus dem Operationssaal, aus Krankheit und Wahnsinn, aus erschreckenden Begegnungen. Es sind kleine und doch große Wunder.

Er erhob die Kurzgeschichte zu einer Kunstform. Seine merkwürdigen Träume und Visionen, seine Neigung, aus den Augenblicken der Gefahr und des Entsetzens erregende Stilgebilde zu formen, seine betäubende Lebensfahrt vor dem Wind, «als ob die Wogen immer hinter im herhüpften», sein Ringen im Mahlstrom zwischen Zeit und Ewigkeit heben diesen ungewöhnlichen Amerikaner über alles hinaus, was angelsächsische Romantiker erdachten.

Poe wie Victor Hugo sind die beiden Romantiker, die gleichzeitig schon fest im Realismus stehen, die einzigen, die heute ihre große Auferstehung feiern wie Novalis und Hölderlin, nur langsamer und in anderer Art. Sie sind die Geister jener Epoche, die wieder unter uns sind, denn ein Jahrhundert reicht bei weitem nicht aus, sie zu begreifen oder gar zu bewältigen.

«Sie werden doch nicht die wohldurchdachten Ideen der Jahrhunderte in den Wind schlagen?» fragte Edgar Allan Poe. Er schlug sie alle in den Wind, sandte noch ein paar Stürme hinterher und hinterließ uns den bestürzenden Reiz der Unruhe, der Beklemmung und des Grauens.

La Comédie humaine

Stendhal – Balzac – Flaubert – Maupassant

«Ach, ich finde, Sie sind außerordentlich kleinlich, und ich ersehe daraus, wie Sie doch im Grunde rein weltlich eingestellt sind. Sie haben mir nicht geschrieben, weil meine Briefe seltener geworden sind. Allerdings, sie waren seltener geworden, weil ich einfach nicht das Geld hatte, um das Porto zu bezahlen, und das wollte ich Ihnen nicht sagen. Ja, so weit ist es mit mir gekommen, und noch schlimmer. Das ist schrecklich und traurig genug, aber es ist die Wirklichkeit – so wirklich wie die Ukraine, in der sie leben. Jawohl, es hat Tage gegeben, an denen ich voll Heißhunger ein kleines Stück Brot auf den Boulevards hinunterschlang.»

Balzac in einem Brief an Frau von Hanska.

«Den wenigen, die mich lieben und die ich liebe, denen, die mehr fühlen als denken, den Träumern, denen, die glauben, daß nur in Träumen Wahrheit ist, widme ich dieses Buch der Wahrheit, nicht als Erzähler von Tatsachen, sondern wegen der Schönheit, an der die Wahrheit so reich ist. Diesen schenke ich den Text, lediglich ein Werk der Kunst, eine Romanze, oder, falls ich nicht zu viel für mich in Anspruch nehme, eine Dichtung.» Edgar Allan Poe schrieb das in seinem Vorwort zu seiner Eureka, «eine Erklärung des Universums», das von manchen als Meisterwerk bezeichnet wurde, von anderen als Wahnsinn, und das er «in sehr großer Verehrung» Alexander von Humboldt widmete.

Was ist Wahrheit? Kamen die Künstler und Geister des Klassizismus, die zu Beginn des 19. Jahrhunderts lebten, der Wahrheit nah? War Jacques Louis David ein Sucher der Wahrheit, wenn er von der Idee Napoleons, der imperialen Größe des Römertums nachzustreben, erfaßt, sein stilisiertes Pathos zelebrierte, wenn er als Hofmaler des Korsen das Kaiserreich verherrlichte? Oder Ingres, der sich mit der Naturbeobachtung verschwor, der die Linie für die Wahrheit hielt und darum Delacroix bekämpfte, dessen Farbenrausch er als Verwirrung der Kunst empfand? Hatten Goya, Daumier oder vielleicht Courbet mit ihren Pinseln die Pforten der Wahrheit geöffnet, oder waren sie nur geniale Zauberer, Goya, der in seinen «Caprichos» die Welt als Traum und Illusion zeichnete, Daumier, dieser Michelangelo der Karikatur, Courbet, ein ewiger Revolutionär, der alle akademischen Regeln wie auch alle üblichen Bildthemen ablehnte?

Man nennt ihre Kunst Realismus. Aber das hat nichts mit Wahrheit zu tun. Es ist ein Gegenbegriff zum Idealismus, wenn es stimmt, daß es ein unabhängiges Sein der Gegenstände gibt und die Möglichkeit, sie in ihrem wirklichen Sein zu erkennen. Der Realismus erhebt sich immer dort aus schwerem, jahrhundertelangem Schlaf, wo durch religiöse oder ethische Überzeugungen begründete idealisierende Strömungen an Kraft und Gültigkeit verlieren. Dann muß die Wirklichkeit ausreichen. Dann soll das individuelle und gesellschaftliche Leben eigentliches Ziel der Kunst werden. Dann wird der Realismus eine Epochenbezeichnung. Die Übermacht der Wirklichkeit soll Kunst und Dichtung beherrschen.

Aber nie kommt die Wirklichkeit zu ihrem Recht, wenn sie nicht idealisiert wird. Und so ist da ein ewiger Kreis des Suchens, der Beobachtung der Erscheinungswelt, der Versuche, zu erkennen, des Anfassens der Dinge, der bemühten Erklärungen und des Entgleitens aus den Händen.

Zwischen der ausgehenden Romantik und einer ganz anderen Epoche, der naturalistischen, wurde überall im Abendland die Entwicklung der Industrie und Technik, der Naturwissenschaften, der politisch-sozialen Bewegungen übermächtig. Das Gleichgewicht von Geist und Welt war gestört. Das, was man für die «Wirklichkeit» hielt, war da. «Eigentum ist Diebstahl», sagte Proudhon. Saint-Simon dagegen erwartete die Lösung der sozialen Frage von einer sittlich-religiösen Erneuerung der Menschheit und wollte das Eigentum bis auf wenige Beschränkungen erhalten. In ganz Europa wurden Romane und Novellen vom «realistischen» Stil erfaßt. Einen modern-psychologischen Sozialroman hatte bereits Benjamin Constant mit seinem «Adolphe» erschaffen, in dem alle Passionen der sich quälenden Liebenden mit großem Verständnis für das menschliche Herz aufgezeichnet waren.

Stendhal suchte die seelischen Abläufe und die verborgenen Motive des menschlichen Handelns, sehr fein beobachtend, aufzuspüren. Er ist einer der Erfinder der «Seelenanatomie», er ruft nach «Wahrheit», zeichnet dabei unendlich viele «petits faits» und prophezeit, daß er erst um die Wende zum 20. Jahrhundert verstanden werden wird. Das war sein bestes Wort, denn der zu Lebzeiten kaum Beachtete wurde eigentlich erst von Taine und Nietzsche erkannt und entdeckt. Taines Essay über «Le Rouge et le Noir», veröffentlicht 1864, setzte den ersten Meilenstein der Stendhal-Anerkennung, 22 Jahre nach dessen Tode. Allerdings – schon Balzac hatte Stendhals Bedeutung erkannt und nannte im Jahre 1839 in einem Brief an Frau von Hanska die «Chartreuse de Parme» «das schönste Buch der letzten fünfzig Jahre». Machiavelli könnte diesen Roman geschrieben haben, meinte Balzac. Dieser merkwürdige, in Grenoble geborene Mann hieß eigentlich Henri Beyle und wählte den Namen Stendhal als sein Pseudonym aus Verehrung für den Geburtsort Winckelmanns, Stendal, einhundert Kilometer westlich von Berlin.

Weit über diesen naturalistischen Aufzeichner seelischer Vorgänge erhob sich Honoré de Balzac, ein geistiger Koloß ohnegleichen, ein in alle Richtungen ausgreifendes Genie, ein Beobachter und unerschöpflicher Schilderer von Charakteren, der wie ein Gott zweitausend lebendige Gestalten schuf in fast hundert Büchern. Balzac hatte nichts Geringeres vor, als die Gesellschaft in allen ihren Schichten und allen ihren Typen zu erfassen und zu schildern, ein titanisches Unterfangen. Nur ist seine Komödie nicht göttlich wie die Dantes, auf den er immer von ganz unten hinaufblickt. Sie kriecht Meilen um Meilen, Buchseiten um Buchseiten am Boden des Realismus herum, sie plagt sich mit Durchschnittsmenschen, sie stürzt sich mit wahrem Fanatismus auf steinreiche Kaufleute, auf Bettler, auf Verbrecher, Edelmänner, Händler, Zuhälter, auf Jungfrauen, Geistliche, auf verzagte arme Jünglinge, ohnmächtige Greise und sich am Totenbett des Vaters streitende Töchter.

Tausende, Hunderttausende von Tassen Kaffee rinnen durch seine Kehle. Aber die Stimulation war nicht so gefährlich, wie sie immer geschildert wird, denn Balzac «kochte» sich den Kaffee mit kaltem Wasser. Eingesperrt in sein Arbeitszimmer, bei verrammelten Fenstern und Kerzenlicht, betreibt er Tage und Nächte, oft vierundzwanzig Stunden hintereinander, seinen gigantischen, bitteren Spaß, eine Riesenfabrik in winziger Stube. Er arbeitet unablässig, wachend und schlafend. Er beobachtet ohne Pause, er packt die äußeren Konturen, aber ist augenblicklich über sie hinaus. Er lebt das Leben jeder seiner Gestalten. Die Mauern der Stube, des Hauses, der Stadt, zerbrechen will er sie mit seinem Riesenwerk, Länder und Kontinente erobern, mit seiner Feder erreichen, was Napoleon mit dem Schwerte nicht gelang!

Balzac arbeitete von Anfang an darauf hin, mit seiner «Comédie humaine» ein großartiges, ein unerreichtes und unerreichbares Riesenwerk der Literatur in die Welt zu setzen. Er stellte bewußt den Anspruch an sich, ein Genie zu werden. «Vier Männer werden im 19. Jahrhundert ein unermeßliches Leben gekannt haben: Napoleon, Cuvier, O'Connell und ich.» Zweimal sollte er recht behalten! Zeitweilig glaubte er, die ersehnten Höhen erreicht zu haben, dann wieder verfiel er in quälende Zweifel. Was seine berühmte Titelgestalt Louis Lambert von sich sagt, das gilt fast immer für Balzac. Balzac ist Louis Lambert und Louis Lambert die Entwicklungsgeschichte eines Genies.

«Niemand auf der Welt kennt den Schrecken, den meine unheimliche Vorstellungsmöglichkeit mir verursacht. Oft erhebt sie mich in den Himmel, und auf einmal läßt sie mich von schwindelnder Höhe zur Erde niederfallen.»

Die Widersprüche seines Lebens sind gigantisch. Der unersättlichste der Menschen führte das Dasein klösterlicher Abgeschiedenheit. Dem leidenschaftlichsten der Menschen blieb die Erfüllung aller Lebenswonnen versagt. Er erwünschte sich Liebe und Macht. Auf beides wartete er ein Leben lang vergeblich. Frau von Hanska, seine große Passion, brachte ihm Leiden und keine Erfüllung, teils durch die räumliche Trennung, teils durch Eifersucht und Launen. Das jahrelange Warten auf eine Bindung mit ihr verursachte ihm Qualen. Auch als ihr Gatte 1841 starb, schob sie die Hochzeit immer wieder hinaus. Am 14. März 1850 fand endlich die Trauung statt. Aber schon fünf Monate später mußte Balzac sterben.

Er fronte unter seinen lebenslangen Schuldenlasten. Er führte ein ewiges Sklavendasein mit der Feder, die seine Peitsche wurde. Er hielt sich zu dieser Zwangsarbeit des ununterbrochenen Schreibens verurteilt. Und selbstverständlich war er immer einsam, denn jede Gesellschaft hätte die Entstehung des Riesenwerkes verhindert. Alle Wünsche – und sie umfaßten Genuß, Luxus, Reichtum, Größe – fanden ihren Niederschlag auf Tausenden, auf Zehntausenden von Bogen Papier. Nie konnte er sie befriedigen. «Mein Schicksal ist es, das Glück zu schildern, das die anderen fühlen, und es zu ersehnen, ohne ihm zu begegnen.»

Balzac schrieb meist an mehreren Romanen zugleich. Er legte sich um acht Uhr abends zu Bett, ließ sich von seinem Diener um zwei Uhr nachts wecken, hatte keine Zeit, sich anzukleiden, und trug daher immer eine mönchische Arbeitskutte. Er schrieb von diesen frühen Morgenstunden bis sechs Uhr früh. Dann nahm er ein Bad, trank danach eine Tasse Kaffee ohne Zucker, empfing seinen Verleger, der ihn ständig bedrängte, Manuskripte abzuliefern, und arbeitete bis zwölf Uhr. Er aß ein Ei, trank ein Glas Wasser, arbeitete bis sechs Uhr nachmittags. Eine kleine Abendmahlzeit, dann begann dieselbe eintönige Runde, ganz allein, aber doch in der Gesellschaft der gigantischen Zahl seiner phantastischen Traumfiguren. Sie durchzogen seinen gequälten Kopf, sie grüßten ihn geheimnisvoll, sie drückten ihm die Hand, sie pochten in ihm, weinten in ihm, sehnten sich in ihm, tobten in ihm, riefen aus ihm heraus und jagten, die Spuren ihres Lebens hinterlassend, über Tausende von Papierblättern, ein Riesenheer gestalteter Leidenschaften. Es ist kein Wunder, daß der Mann, der diese reiche phantastische Welt aus dem Nichts zauberte, so viele und so glänzende Biographen und Deuter gefunden hat, denn es ist eine Lust, sich mit ihm und seinem Werk zu beschäftigen: Gabriel Hanotaux, Georges Vicaire, André Billy, Ernst Robert Curtius, Stefan Zweig und zuletzt André Maurois, der sein Werk mit der Frage beschließt: «Wer wollte nicht ein Balzac sein?»

Es gab Monate, in denen Balzac insgesamt nur sechzig Stunden schlief. Eine unheimliche Hetzjagd ist dieser Wettlauf gegen die Natur, ein Dasein ohne Zeit zum Leben. Wenn er aus seinem Hause nach monatelanger Arbeit heraustrat, sah er bleich, verstört, krank aus.

Die Gefangenschaft im Zimmer, vielleicht auch die ungesunde Art seiner Mahlzeiten, das viele Sitzen, machten ihn beleibt. Die Pariser Presse witzelte darüber, und Balzac schrieb: «Das ist Frankreich, das schöne Frankreich. Man spottet über das Unglück, das durch Arbeit verursacht ist. Sie spotten über meinen Bauch. Einverstanden! Sie aber haben nur den Bauch.»

Schreiben, schreiben, 16 Stunden am Tag, aufreibendes, unaufhörliches Ziehen aus dem Gehirn. Er fühlt sich wie eine Ratte, die den Stahl zernagt. Aber gleich befällt ihn eine Furcht. Die Ratte lebt nicht so lange wie der Rabe! Alle Genüsse der Welt versagt er sich. Er bedauert es keinen Augenblick. «Die Kunst hat sie getötet.»

Aber in seiner Phantasie, da geht es ganz anders zu, da will er die ganze Welt einrichten nach seinen Plänen, reich werden durch märchenhafte Silberminen, glücklich durch viele gute Freunde. Er will riesige Treibhäuser bauen und darin Ananas züchten. Warum soll man diese Frucht einführen, wenn man sie im Gewächshaus, in Frankreich, zum Leben bringen kann?

Das große Geheimnis seiner Beobachtung, Intuition und Phantasie hat er uns mit eigenen Worten verraten. Als Zwanzigjähriger verläßt er seine Dachkammer in der Rue Lesdiguières. Er geht auf die Straße, um die Menschen der Vorstadt zu beobachten, ihre Angewohnheiten, ihre Bewegungen. Er mischt sich unter die Arbeiter, er folgt ihnen, er hört ihren Gesprächen sehr aufmerksam zu. Die Beobachtung wird bei ihm im Laufe der Jahre intuitiv. Seine Visionen gehen sofort über die Beobachtung hinaus. Er kann die Person, die er schildert, im Geiste leben. So ungeheuer stark ist seine Vorstellung: «Ich spüre ihre Lumpen auf meinem Rücken, ich ging in ihren durchlöcherten Schuhen, ihre Wünsche, ihre Bedürfnisse, alles trat in meine Seele hinüber, oder meine Seele versenkte sich in die ihrige.»

Wen bewundert Balzac?

Katharina von Medici, Calvin, Ludwig XIV., Robespierre.

Laurence Sterne, den Autor des an köstlichen Typen so reichen Tristram Shandy, liebte er seit seiner Jugend. Bei Walter Scott be-

wunderte er den Dialog, die Komposition, die Anlage und den Bau des Romans. Aber Scott fehlt genau das, was Balzac zum Titanen unter den Romanautoren macht: Scott kennt keine Leidenschaft.
Balzac hatte auch Fenimore Cooper sehr aufmerksam gelesen, schätzte dessen «Mohikaner» und sah im Kampf der Rothäute gegen die Bleichgesichter sein eigenes Ringen, das Alleinstehen gegen eine ganze Gesellschaft. Er verkehrte persönlich mit Heine, er bewunderte Goethe. Mit Goethe ist er durch seinen Roman «Recherche de l'Absolu» verwandt, und der mystische Alchimist Balthasar Claes kommt dem Geheimnis des Lebens ebensowenig auf den Grund wie Faust.
Das ganze Feuer, die erschreckende Gewalt seiner Natur und seiner abgrundtiefen Wünsche legte er in den Verbrecher Vautrin. Vautrin ist eine Mischung von drei Personen, die gelebt haben. François-Eugène Vidocq war Abenteurer, Fälscher, Zuchthäusler und Polizeispitzel. Pierre Coignard war ein Fälscher, der seine hohe gesellschaftliche Stellung zur Organisation und Leitung einer Diebesbande ausnutzte. Er wurde zu lebenslänglicher Zwangsarbeit verurteilt. Anthime Collet war ein Verbrecher, der als Mönch, Leutnant, General, Bischof, Kriegskommissar und Wohltäter auftrat. Man kann sich vorstellen, welch eine farbige Figur Balzacs Vautrin werden mußte, nachdem der Geist seines Schöpfers die Lebensläufe der drei erwähnten Personen durchfurcht hatte und seine Phantasie die Vorbilder überhöhte.
Balzac wollte nicht sterben. Er hielt sein Lebenswerk trotz der gigantischen Leistung für noch nicht vollendet. Liest man die Liste der Romantitel, die ungeschrieben blieben, so möchte man allerdings mit ihm das grausame Schicksal anklagen, das den nur Einundfünfzigjährigen von seinem Arbeitstisch wegriß. Man sagt beim Tode so eines Genies, es habe sich «erschöpft». Aber wer will das wissen? Seinem Arzt Dr. Nacquart sagte er kurz vor seinem Tode: «Der menschliche Wille kann Wunder tun. Ich kann der Welt, die ich geschaffen habe, unsterbliches Leben geben. Erst am siebenten Tage will ich ruhen.» Der Arzt sagte ihm jedoch, er würde die Nacht nicht überleben. Balzac gab nicht auf. «Wenn nur Bianchon hier wäre, der würde mich retten.» Er meinte den Arzt Horace Bianchon, den er als Romanfigur erfunden und als wahren Zauberer der Heilkunst hingestellt hatte!
Balzac glaubte, noch nicht fertig zu sein. Dabei war selbst Proust, dieser gewaltige Arbeiter mit der unversiegbaren Schöpferkraft, der jede Zeile der «Comédie Humaine» kannte, erstaunt darüber, daß das immense Werk des Balzac in einem so kurzen, so schwierigen und so dürftigen Leben Platz finden konnte. André Maurois erwähnt diese Tatsache.

Victor Hugo hielt die Grabrede. «Er war reicher an Werken als an Tagen. Ach, dieser gewaltige, nimmermüde Arbeiter, dieser Philosoph, dieser Denker, dieser Dichter, dieses Genie hat unter uns jenes Leben voll von Stürmen und Kämpfen gelebt . . . Er wird fortan oberhalb der Wolken, die über unsere Häupter ziehen, unter den Sternen unseres Vaterlandes glänzen . . . Ist das nicht wahr, ihr alle, die ihr mich hört? Särge wie dieser sind ein Beweis der Unsterblichkeit.»
Auf dem Père Lachaise wurde Balzac begraben, dort, wo seine wunderbare Schöpfung, der junge Rastignac, über die Stadt Paris schaute und der Gesellschaft den Kampf ansagte.
Es ist merkwürdig, daß Balzac wie Flaubert auf der Himmelsleiter des Romans etwa dieselbe Höhe erkletterten, der eine mit einem Riesenwerk, das man selbst als Leser kaum bewältigen kann, der andere sozusagen mit *einem* Buch.
Eugène de la Mare war ein Landarzt in der Normandie, der aus Gram und Verzweiflung starb, denn seine Frau, Delphine, eine geborene Couturier, hatte ihn betrogen und ruiniert. Das war die Grundlage des weltberühmten Romans «Madame Bovary», der das trübe Leben eines bornierten Landarztes schildert und seiner romantisch schwärmerischen Frau, die, zum Ehebruch getrieben, selbst bitter enttäuscht wird.
Das Vorbild aus der Normandie war aber nicht die einzige Quelle des Meisterwerkes. 1946 entdeckte Gabrielle Leleu in der Bibliothek von Rouen ein Manuskript, «die Memoiren der Madame Ludovica». Sie schildern die Abenteuer und Mißgeschicke der Louise Pradier, der Frau eines Bildhauers, von ihr selbst diktiert. Darin entdeckt man viele Ähnlichkeiten mit dem Schicksal der Emma Bovary, nur begeht Louise Pradier keinen Selbstmord. Flaubert, der das Bürgertum zutiefst haßte, traf sich immer wieder mit Louise Pradier, auch dann noch, als die Leute, die sich vornehm dünkten, sie als eine «Gefallene» mieden. Die Pradier hat vermutlich Flaubert ihr merkwürdiges Manuskript anvertraut. Wurde er nach den Quellen seines Romans gefragt, so antwortete er immer – und mit Recht! –: «Madame Bovary bin ich selbst.» Denn aus einem ärmlichen Vorwurf hat er eines der größten Kunstwerke der Weltliteratur gemacht.
Was hat diesem Roman zum Siegeszug über die ganze Erde verholfen? Es gibt keinen Roman der Weltliteratur, in dem der Stil mit so viel Finesse, so gekonnt, so unerhört ausgefeilt, so vollendet gemeistert ist wie in diesem Werk. Kein Wort zweimal auf einer Buchseite. Keine Silbe zweimal von Punkt zu Punkt. Ein unheimlich packender Wechsel langer Satzgebilde mit plötzlichen, ganz kurzen Formulierungen. Harmonie und Dynamik! Und eine Wort- wie Bildmusik ohnegleichen.

[65] Das berühmteste Bild des El Greco war 1586 fertiggestellt. Es ist ein riesiges Gemälde, die Bestattung des Grafen Orgaz. Der verstorbene toledische Graf aus dem 14. Jahrhundert wurde nach der Legende von den Heiligen Stephanus und Augustinus in Anwesenheit der Adligen der Stadt zu Grabe getragen. Dieses Bild begründete den Ruhm des kretischen Malers für alle Zeiten, und es wird noch heute in der Kirche Santo Tomé zu Toledo von Tausenden von Touristen bewundert.

[66] Dieses einzigartige Antlitz gehört einem Fragment an, das die Heilige Familie darstellen sollte. El Greco schuf Gesichter, wie sie von keinem Maler je wieder gestaltet wurden. Vor rund 400 Jahren gemalt, erscheint dieses Antlitz hochmodern.

[67 a] König Karl Gustav, dem Christine die Nachfolge übertrug, als sie die Krone niederlegte.

[67 b] Maria Eleonore von Brandenburg, Christines Mutter, war eine schöne Frau. Sie plagte ihren Gemahl Gustav Adolf auf das entsetzlichste mit ihrer übertriebenen Liebe. Christine kannte sie als das, was sie war, eine hysterische, ungeniale Frau, die sie tunlichst mied.

[68] Dieses sehr interessante Gemälde der Königin Christine schuf der Schwede Elbfas, als sie noch ein junges Mädchen war. Das Bild befindet sich heute im Gymnasium zu Strängnäs.

[69 a] Der berühmte italienische Bildhauer und Architekt Bernini wurde von Christine hoch verehrt. Bernini sagte, es gäbe außer der Königin nur noch eine Frau, die seine Kunst zu würdigen wisse. Sein Selbstbildnis befindet sich in den Uffizien, Florenz.

[69 b] Im Palast Farnese hielt Königin Christine hof zu Rom, hier zog sie die bedeutendsten Wissenschaftler und Künstler heran, hier ließ sie Konzerte geben, hier gründete sie eine Akademie. Der Palast wurde von Antonio Dasangallo begonnen und von Michelangelo vollendet.

[70] Papst Alexander VII. lud Königin Christine nach Rom ein. Er hatte wesentlich zu dem Entschluß der Königin, den katholischen Glauben anzunehmen, beigetragen. Sein Grabmal befindet sich in der St.-Peters-Kirche zu Rom.

[71] Ludwig XIV. steigerte die Lehre vom königlichen Absolutismus zu einem fast religiösen Dogma. Er war ungewöhnlich selbstbewußt, von bestechender Höflichkeit, besaß einen scharfen Verstand und Kunstsinn, auch Menschenkenntnis. Der 1638 geborene «Sonnenkönig» wurde 77 Jahre alt.

[72] Ludwig XV. folgte seinem Urgroßvater auf den Thron. Er heiratete 1725 Maria Leszczynska, die Tochter des entthronten Königs Stanislaus Leszczynski von Polen. Madame de Pompadour war eine seiner Geliebten. Das Kinderbildnis des Königs wurde 1717 gemalt und befindet sich im Schloß Adolphseck bei Fulda.

[73 a] Die Gartenfront des Schlosses von Versailles nach einem Kupferstich von Rigaud. Der Palast wurde unter Ludwig XIV. zuerst von Le Vau und seit 1678 von Mansard erbaut. Im Spiegelsaal dieses Schlosses wurde am 28. Juni 1919 der «Friedensvertrag von Versailles» unterzeichnet.

[73 b] Ein Ball paré zur Zeit Ludwigs XV. Der Kupferstich des Augustin de Saint-Aubin entstand nach einem Gemälde von Antoine-Jean Duclos.

[74 a] Ludwig XVI. heiratete mit sechzehn Jahren Marie Antoinette. Er war ehrlich um Reformen bemüht, besaß aber einen schwerfälligen Geist und gar keine Menschenkenntnis. Am 21. Januar 1793 wurde er hingerichtet. Gemälde von J.-S. Duplessis im Schloß von Versailles.

[74 b] Marie Antoinette wurde mit ihren Kindern von Elisabeth-Louise Vigée-Lebrun gemalt, deren Frauenbildnisse dem Gesellschaftsgeschmack des 18. Jahrhunderts entsprachen. Die Königin, Tochter Kaiser Franz' I. und der Maria Theresia, wurde am 16. Oktober 1793 hingerichtet.

[75] Jean-Paul Marat, einer der radikalsten Politiker der Französischen Revolution, hatte entscheidenden Anteil an den Septembermorden. Als Präsident des Jakobiner-Clubs kämpfte er mit Fanatismus für die Vernichtung der Girondisten. 1793 wurde er von Charlotte Corday erstochen. Gemälde im Musée Carnavalet.

[76 a] Marie Antoinette wurde vom Revolutionstribunal angeklagt, über ein Jahr gefangengehalten und 1793 auf der Place de la Concorde zu Paris hingerichtet. Auf dem Weg zur Guillotine bewahrte sie königliche Haltung. Kupferstich nach einem Gemälde von Monnet, Cabinet des Estampes, Paris.

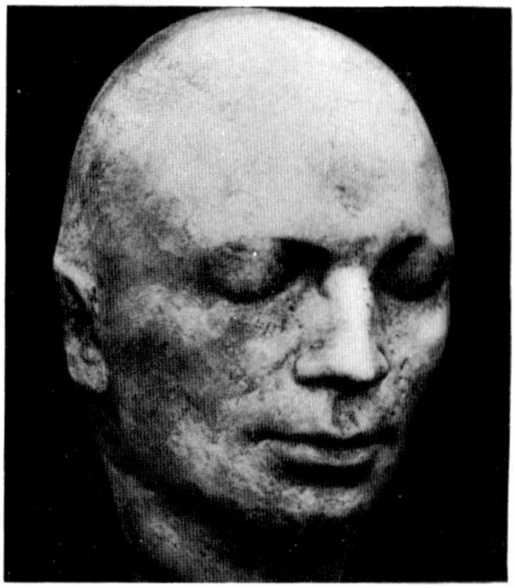

[76 b] Ein feuriger Redner, Advokat und Revolutionär war Georges Danton. Er organisierte 1792 als Justizminister den Terror und ließ die Septembermorde zu. Er starb am 5. April 1794 auf der Guillotine.

[76 c] Totenmaske des Robespierre. Er betrieb nach dem Fluchtversuch Ludwigs XVI. im Sommer 1791 mit zäher Energie die Hinrichtung des Königs. Als Präsident im «Wohlfahrtsausschuß» hatte er führenden Anteil an der jakobinischen Schreckensherrschaft. Er wurde mit seinem Bruder und den letzten Freunden 1794 hingerichtet.

[77] Aus Dubrowna, Rußland, schrieb Napoleon Bonaparte am 18. November 1812 an den Herzog von Bassano, seinen Außenminister, zehn Tage vor der Katastrophe an der Beresina: «Unsere Stellungen sind ganz verdorben. Frost und eine schreckliche Kälte haben fast alle unsere Pferde hingerafft, dreißigtausend. Viele Soldaten sind durch die Kälte auf dem Wege geblieben. Die Kosaken haben unsere Verbindungen abgeschnitten.» Dennoch scheiterte Napoleon nicht an Rußland, sondern an England, das seine Flotte bei Trafalgar am 21. Oktober 1805 entscheidend geschlagen hatte.

[78] Marie Louise wurde im Jahre 1810 mit Napoleon verheiratet und schenkte ihm im Jahre 1811 einen Sohn, den «König von Rom». Nach Napoleons Abdankung lebte sie in Schönbrunn bei Wien und überließ den auf St. Helena verbannten Korsen seinem Schicksal. Das Gemälde von Franque im Musée de Versailles zeigt die Kaiserin mit dem Sohn.

[79 a] Prinz Joseph Anton Poniatowski, Neffe König Stanislaus' II. von Polen, machte eine ungewöhnlich erfolgreiche Karriere als Feldherr. Er kämpfte auf vielen Schlachtfeldern und kommandierte in Napoleons Feldzug gegen Rußland das polnische Armeekorps, das er 1813 erneut in der Völkerschlacht bei Leipzig einsetzte. Für seine großen Verdienste wurde er von Napoleon zum Marschall Frankreichs ernannt. Er fiel, als er heldenhaft den Rückzug der großen Armee deckte.

[79 b] Die Schlacht von Waterloo führte zum endgültigen Sturz Napoleons. Wellingtons Heer von 67 000 Mann wurde von Napoleon frontal angegriffen. Es wäre von dem Korsen geschlagen worden, wenn nicht die Preußen unter Blücher und Gneisenau die rechte Flanke der Franzosen eingedrückt hätten. Napoleon versuchte bis zum letzten, den Flankenstoß abzuwehren, und ließ außerdem immer neue Frontalangriffe seiner Kavallerie und Garde gegen Wellington durchführen. Gneisenaus Verfolgung vernichtete das letzte Heer Napoleons. Nach einem Gemälde von Andrieux.

[80 a] Admiral Nelson, der Sieger von Trafalgar, war im Nordamerikanischen Unabhängigkeitskrieg schon mit 21 Jahren Kommandant einer Fregatte. Bei der Erstürmung von Calvi auf Korsika verlor er 1794 ein Auge, beim Angriff auf Teneriffa 1797 den rechten Arm. Seine Kühnheit wie seine Umsicht machten ihn zu einem der vollkommensten Helden der englischen Geschichte.

[80 b] Joseph Fouché war skrupellos, gerissen, verschlagen und völlig charakterlos. Er wechselte während der Französischen Revolution von den Jakobinern zu deren Verfolgern, wurde Republikaner, Bonapartist und nach dem Fall Napoleons Royalist. Als Polizeiminister knüpfte er geheime Verbindungen bis nach England an und beherrschte ein umfangreiches Spionagenetz. Er fürchtete nur einen Mann: Napoleon. Sein Bildnis, von Dubufe gemalt, befindet sich im Musée de Versailles.

Flauberts Werk entstand aus einer Art Selbstkasteiung. In Klausur suchte er seine romantischen Anlagen abzutöten und mit leidenschaftsloser, geradezu wissenschaftlicher Methode objektive Genauigkeit zu erzielen. So entstand dieses Kunstwerk der strengsten Prosa. Aber es ist noch mehr. Der unvergleichbare Erfolg des Buches wird durch alle Jahrhunderte anhalten, denn es ist ein Werk, das menschliche Gefühle zutiefst erfaßt. Es ist zeitlos. Die Emmas aller Jahrhunderte benutzen lediglich andere Fahrzeuge. Sie besuchen ihre Liebhaber nicht mehr mit der Kutsche, sondern im Auto und vielleicht einmal im Flugzeug. Und wie sie es auch immer anstellen, sie büßen am Ende in gleicher Gnadenlosigkeit.

Flaubert wußte das alles. Er sah durch die Wände seines Schreibzimmers hindurch in alle Dörfer und Städte. Er wußte: das, was er im Augenblick schrieb, geschah dauernd und überall. Und noch die Feder in der Hand, am großen Werk arbeitend, sagte er: «Meine Bovary leidet und weint in vielen vielen Dörfern Frankreichs jetzt im gleichen Augenblick.» Fünf Jahre lang quälte er sich, rang dieser Mönch der Literatur mit der Bovary. Fünf Jahre lang strich er, verfeinerte er, feilte er, wühlte in Büchern, Modeblättern, Straßenplänen, Namenregistern. An manchen Tagen schrieb er nur wenige Sätze. Er benutzte immer feinere Meißel für dieses blendende Marmorwerk der Literatur. Er sprang nachts aus dem Bett und schrieb um und um. Und wer ihm größere Eile empfahl, den hörte er gar nicht.

Wie Flaubert hat Maupassant sein Leiden an der Plattheit und Dummheit der bürgerlichen Welt in eine grandiose künstlerische Darstellung der Banalitäten des Lebens umgesetzt. Es hat wohl niemand die menschliche Durchschnittlichkeit mit so feinen und sicher sitzenden Strichen gemalt wie dieser an Flaubert geschulte Novellenmeister. Weil er mit seinem spitzen Stift so sicher die Umrisse, die Leidenschaften, die Beziehungen, das Komische wie das Ernste traf, lag ihm die Kurzform der Novelle. In seinen 260 Novellen, unsterbliche Skizzenblätter, hat er der Welt eigentümliche Stimmungen mitgeteilt, sehr sinnliche und erotische, sehr schwermütige, flüchtige Augenblicke großer menschlicher Katastrophen, aber auch groteske und sarkastische Züge.

Er arbeitete unermüdlich, außerordentlich diszipliniert, er schrieb noch über seine geistige Umnachtung hinaus, die zwei Jahre vor seinem Tod eintrat. «Le Horla» ist eine der aufschlußreichsten Analysen des beginnenden Wahnsinns, wurde aber von Maupassant noch bei völlig klarem Bewußtsein geschrieben.

Ihn literarisch unter die Naturalisten einzuordnen erscheint sinnlos, denn er ist ein nicht überbotener Höhepunkt der Novellenkunst und bleibt zeitlos. Manche seiner Erzählungen haben eine so tragische Schwere, daß Taine sie mit Dramen des Aischylos verglich. Tatsächlich erscheinen viele seiner Charaktere, arme wie reiche Menschen, als seien sie Helden der griechischen Tragödie, als werde ihr Leben von einer ironischen Notwendigkeit gelenkt und als zerbreche sie das Schicksal, gegen das sie zappelnd, aber hoffnungslos ankämpfen, mit der Notwendigkeit göttlichen Befehls.

Maupassant gab sich erst der Verzweiflung hin, als sein Zustand unerträglich wurde. Im Jahre 1892 versuchte er in Cannes vergeblich, seine Kehle durchzuschneiden. Ein Jahr später starb er in einer Klinik zu Paris im Alter von 43 Jahren.

«Und dann bin ich gern auf Friedhöfen, weil sie für mich gewaltige, ungeheuer bevölkerte Städte sind. Denken Sie nur, wie viele Menschen auf dem kleinen Raum ihre letzte Ruhe gefunden haben, denken Sie an die Generationen von Parisern, die dort wohnen, für immer, endgültig unter der Erde, eingeschlossen in kleine Grabgewölbe, in kleine, mit einem Stein bedeckte oder einem Kreuz bezeichnete Erdlöcher – und wieviel Platz wollen die Lebenden um sich haben, wie laut sind sie, diese armseligen Toren!»

So liest man es über den Montmartre-Friedhof in seiner Novelle «Friedhofsbesuche».

Eingeschlossen in kleine Grabgewölbe?

Nicht Maupassant!

Man kann die körperlichen Reste einschließen, aber sein Geist lebt draußen, frei, bewundert von der ganzen Welt, unsterblich.

«Warum? Was weiter?»
Tolstoj und Dostojewski

«Ach, meine Herrschaften, ich bin bei weitem kein Schriftsteller, und Sie werden das ja selbst merken, aber gleichviel, ich werde es so erzählen, wie ich es verstehe. Das, gerade das ist ja das Entsetzliche, daß ich alles verstehe.»
F. M. Dostojewskij, Die Sanfte.

«Wir Russen haben zwei Vaterländer: unser Rußland und Europa. Europa, das ist doch ein furchtbares und heiliges Ding! Oh, wißt ihr denn überhaupt, wie teuer uns slawophilen Schwärmern dieses Europa ist, dieses Land der heiligen Wunder? Wißt ihr, wieviel Tränen, wieviel Herzweh uns das Geschick dieses teuren und verwandten Landes verursacht, wie uns diese finsteren Wolken schrecken, die seinen Himmel immer mehr und mehr zudecken? Dem Russen ist Europa ebenso teuer wie Rußland. Oh, noch teurer! Man kann Rußland nicht mehr lieben, als ich es liebe, aber ich habe mir nie Vorwürfe gemacht, daß Venedig, Rom, Paris, die Schätze ihrer Wissenschaft, ihre ganze Geschichte mir noch teurer waren als Rußland.»
Wer hat dem russischen Heimweh nach dem Westen einen so starken Ausdruck verliehen?
Hätte es Tolstoj sein können?
Ganz gewiß nicht!
Der Mann, der Rußland so liebte und dem der Westen dennoch so stark ans Herz gewachsen war, hieß Fedor Michailowitsch *Dostojewskij*. Er ahnte, daß Rußland auf den westlichen Pfaden nur bis zu einer bestimmten Grenze gehen konnte. Er spürte, daß die westlichen Reformen Peters des Großen, die sich bis in seine Zeit hinein erstreckten, bald ihren Endpunkt erreichen würden. «Weiter kann man nicht gehen, weiter führt der Weg nicht. Er ist ganz durchmessen.» Dostojewskij war ein großer Seher, ein Vorausahnender ungeheuerlicher Dinge. «Ganz Rußland steht an einem Endpunkt, schwankt über dem Abgrund.» So wie Dostojewskij hat niemand den Abgrund, den Bruch mit dem Westen, vorausgeahnt. Der Mann, der solche Dinge sah, starb schon 1881.
Dostojewskij und Tolstoj waren Zeitgenossen. Daß Tolstoj Dostojewskij überleben würde, war klar, wir werden noch sehen, warum. Geistig bedeuten die beiden Russen – mit Puschkin und Gogol – die höchsten Gipfel, die das slawische Genie zu erklimmen vermochte.
Tolstoj wie Dostojewskij sind aus einem Stamm hervorgewachsen,

Tolstoj bewußt oder unbewußt – sie haben sich nach verschiedenen Richtungen gereckt, aber beide sind ohne Puschkin nicht denkbar. Man muß Puschkin russisch gelesen haben, um zu begreifen, daß er für die Russen der Vollender ihrer Schriftsprache war, die Luft, die sie atmeten, das russische Maß aller Dinge, der Leitstern zum psychologischen Realismus aller ihm Folgenden. Puschkin bleibt dennoch ein Mythos. In seiner berühmten Puschkin-Rede sagte Dostojewskij: «Puschkin starb in der Zeit der vollen Entfaltung seiner Kräfte, und unzweifelhaft nahm er ein großes Geheimnis mit ins Grab. Jetzt müssen wir ohne ihn dieses Geheimnis erraten.»
Leo Nikolajewitsch Tolstoj gilt in der Vorstellung der westlichen Welt und galt zu seinen Lebzeiten und auch lange danach in Rußland als eine Art Heiliger, als ein Apostel der Nächstenliebe, der auch in seinem Leben dem Wohlstand den Rücken kehrte, um nur noch der guten Tat zu dienen. Sonderbare Dinge gingen in ihm vor, so glaubte er. «Warum? Was weiter?» Diese einfachen Fragen stehen immer wieder wie Gespenster vor ihm auf. Ihm ist, als lebe er in den Tag hinein, als gehe er immer weiter vorwärts und stehe schließlich vor einem Abgrund. Mit aller Macht strebt er vom Leben weg. Mit aller Macht? Zwischen zwei Schränken seines Zimmers ist eine Querstange angebracht. Auch befindet sich in seinem Zimmer eine Schnur. Er versteckt sie, um der Gefahr zu entgehen, sich zu erhängen. Er nimmt sein Gewehr nicht mit auf die Jagd, um sich nicht «durch das zu leichte Mittel, das Leben loszuwerden», verführen zu lassen. Er beschließt, nur noch mit dem Volke zu leben. Das Tun der Reichen, die Pläne und Ideen der Gebildeten, alles wird ihm zuwider, alles verliert seinen Sinn. Wissenschaft, Kunst, alles ist nur Tand, darin ist kein Sinn zu suchen. Von seiner Verzweiflung, von seinem Selbstmord rettet ihn nur «das neue Verhältnis zu einfachen, gläubigen Menschen und zum arbeitenden Volk».
Wie sah das Leben des Grafen Tolstoj in Wahrheit aus? Man muß es wissen, denn sein Leben wie sein Werk sind seltsam ineinander verschlungen. Von seinen sehr wohlhabenden Eltern hatte er das Gut Jasnaja Poljana im Gouvernement Tula geerbt. Er war, mit dem großen Gesinde auf dem Gut, das ihm gehörte, und einem Kapital von etwa 600000 Goldrubeln, ein außerordentlich wohlhabender Mann. Er hatte orientalische Sprachen und Jura studiert, er trat als Fähnrich in die Kaukasus-Armee ein, er heiratete. Er war 34 Jahre alt, Sophia Andrejewna 18. Die Trauung hielt er für ein heiliges, eines der wichtigsten Ereignisse in seinem Leben. Mit seiner Braut fuhr er nach Jasnaja Poljana und blieb dort etwa zwanzig Jahre, ohne sich je zu langweilen, ohne je müßige Stunden zu erleben. Er arbeitete in der

höchsten Blüte seiner Kraft. «Krieg und Frieden» entstand, «Anna Karenina», und das Gut gedieh und war voll von überquellendem Segen. Ganz in Weiß, mit einem riesigen Schlüsselbund am Gürtel, überwachte Sophia alle Angelegenheiten des Haushalts und des Gutes. Sie kümmerte sich um das Gesinde und um die Sorgen und Pflichten der vielen. Dabei war sie meist schwanger, denn sie brachte dreizehn Kinder zur Welt. Allein das Riesenwerk «Krieg und Frieden» schrieb sie siebzehnmal um! «Ihre Liebe zu ihrem Mann ist grenzenlos», sagte der Bruder von Sophia, «die Intimität, die Freundschaft und die gegenseitige Liebe dieses Paares schweben mir immer als Muster und Ideal des ehelichen Glückes vor.» Ihre Eltern meinten, man könne Sophia kein größeres Glück wünschen.
Auf dem Gut ging es zu wie bei dem Patriarchen Abraham. Man lebte harmonisch, alles war mustergültig, makellos, vollkommen. Leo Nikolajewitsch steckte, wie er selbst schrieb, «bis über die Ohren in der Wirtschaft. Und Sophia mit mir. Wir haben keinen Verwalter. Sie führt die Bücher und die Kassa. Ich habe Bienen, Schafe, einen neuen Garten und eine Branntweinbrennerei.» Er bemüht sich um den Ankauf eines zweiten Gutes von 5550 Hektar im Gouvernement Pensa und um eine große Besitzung in Samara. Dort begründet er ein Gestüt. Hundert kirgisische Mutterstuten kauft er und kreuzt sie mit Trabern und englischen Reitpferden. Dreihundert Schweine einer besonders fetten Art ohne Borsten müssen von den Mägden täglich gewaschen werden. Wenn der Graf morgens über das Gut geht, sagt er selbstzufrieden: «Was für eine Wirtschaft! Welch eine gute Wirtschaft!» Aber gnade Gott, wenn er den geringsten Unrat erblickt. Die Kinder sind von schweizerischen, deutschen und englischen Bonnen umgeben. Und Leo Nikolajewitsch lobt jeden Tag, weil jede Stunde so schön ist.
Große sommerliche Hitze. Von den Himbeersträuchern dringt süßer Duft über die warme Erde. Leo Nikolajewitsch steht da mit offenem Mund. Er fürchtet sich zu bewegen. Die ganze Natur will er einatmen. Wenn eine Fee käme und sich erböte, ihm einen Wunsch zu erfüllen, er wüßte nicht, was er sich wünschen sollte.
Eines Tages entschließt sich dieser Mann – immer bedrängt von seinem Gewissen –, dem Gebote Christi zu folgen und alles, Haus, Kinder, Acker, zu verlassen. Er will seine 600000 Rubel an Arme verteilen. Er will selbst Bettler werden, um würdig zu sein, Gutes tun zu dürfen. Vielleicht brachte ihn sein Erlebnis mit dem Zimmermann Simeon, mit dem er Holz zu sägen pflegte, auf diesen Gedanken. Als sie in Moskau einem Bettler an der Dragomilow-Brücke begegneten, zog der arme Zimmermann ein Dreikopekenstück aus der Tasche, gab es

dem Bettler und erbat zwei Kopeken zurück. Der Bettler hatte nur eine Kopeke. Die wollte der Zimmermann nehmen, besann sich aber, gab sie dem armen Greis zurück, zog die Mütze, bekreuzigte sich und ging weiter. Tolstoj gab zwanzig Kopeken. Darauf ging er in echt russischer Seelenauslotung mit sich zu Rate. «Wenn der Zimmermann, dessen ganze Barschaft sechseinhalb Rubel betrug, drei Kopeken schenkte, so hätte ich, im Besitz von 600000 Rubeln, dem Bettler 3000 Rubel reichen müssen und ihn bitten, mir 2000 wiederzugeben. Trenne ich mich auch von 100000 Rubeln, so bin ich noch nicht in der Lage, wirklich Gutes zu tun, denn mir verbleiben immer noch 500000.» Er ergeht sich in wüsten Selbstanklagen. «Ich bin ein ganz von Kräften gekommener, zu nichts tauglicher Parasit. Ich bin die Laus, die die Blätter des Baumes abnagt.»

Und was geschieht?

Nichts geschieht!

Als Sophia Andrejewna von den mildtätigen Plänen ihres Gatten erfährt, ist sie sehr unzufrieden. Sie beginnt energisch zu protestieren. Tolstoj schlägt ihr vor, sein ganzes Vermögen auf ihren Namen zu übertragen. Sie nimmt es nicht an. Auch die Kinder weigern sich, das Vermögen zu übernehmen.

Er macht ihr Vorwürfe, er klagt sie an, sie hindere ihn, sein Eigentum wegzuwerfen. Sie wendet ein, er könne nicht seine Kinder zu Bettlern machen. Ihr kommen Zweifel an der «Lehre» des Leo Nikolajewitsch. Sie wendet auch ein, daß man schon deshalb nicht die Kinder zu Bettlern machen könne, weil doch sonst niemand so etwas tut. Sie hält es für ihre Mutterpflicht, sich solchen guten Taten zu widersetzen.

Der Graf trifft auf der Straße einen Junggesellen. Er beneidet ihn so sehr, daß er sich schämt, es auszusprechen. «Denkt euch nur, ein Mensch kann leben, wie er will, ohne jemandem Leid zu verursachen. Das ist doch wirklich ein Glück.» Siebenunddreißig Jahre lang hat er in inniger Gemeinschaft mit seiner Frau gelebt, jetzt beneidet er einen Junggesellen.

Tolstoj fand eine Zwischenlösung. Eigentlich war es gar nichts. Oder es war ein russischer Mittelweg, ein Zwischending zwischen Reichsein und Armsein, eine Schaukel zwischen Himmel und Erde. Er verhielt sich plötzlich zu seinem Besitztum so, als ob er gar nicht da wäre. Er kümmerte sich nicht mehr um sein Vermögen, er persönlich suchte keinen Nutzen daraus zu ziehen. Das ging wirklich sehr gut, denn er wußte ja, Sophia Andrejewna arbeitet fleißig weiter.

Er selbst lebt auch in der neuen, selbstgewählten Abkehr von allem Besitz, wohlgeborgen im Herrenhaus von Jasnaja Poljana. Allerdings – Geld will er nicht sehen. Er vermeidet es, Geld in die Hand zu neh-

men. Er hat nie Geld bei sich. Aus diesem Grund kommt er in die unangenehme Lage, Bettlern und Bittstellern, die er auf seinen Spaziergängen trifft, immer wieder Absagen erteilen zu müssen.
Aber es gibt noch andere Möglichkeiten, die Lehre Christi zu befolgen, Tolstojsche Möglichkeiten, die voraussetzen, daß der Himmel Verständnis hat für eine «schirokaja natura», eine breite Natur, wie sie Tolstoj besaß. Alles ist sehr vornehm im Herrenhaus von Jasnaja Poljana, und alles blitzt und blinkt in seinem Hause in Moskau. Dort gibt es schöne, große Säle, Mahagonimöbel, höfliche Diener im Frack mit weißen Halsbinden.
Leo Nikolajewitsch nimmt die Hilfen dieser Diener nicht in Anspruch. Er räumt sein Zimmer selbst auf, er schafft, zum Gespött der Moskauer, sogar das Wasser im Faß heran, er zieht selbst den Wagen, statt ihn von einem Pferd ziehen zu lassen. Aus seinem Arbeitszimmer entfernt er Bilder, Teppiche, Nippes. Dafür läßt er eine Ofenröhre einbauen nach den Anforderungen der «neuesten Hygiene». Eine Lampe in der Ofenröhre ventiliert das Zimmer. Die Luft ist rein. Es bleibt immer gleichmäßig warm. Vor allem ist das Zimmer still, aus dem Fenster sieht man auf einen schönen Garten. Also ein Leben in Anspruchslosigkeit und doch nicht unangenehm! Was kann man Besseres haben?
Tolstoj ißt nur noch vegetarisch. Sophia Andrejewna spielt die ganze Komödie in liebenswürdiger Weise mit. Sie wird immer erfindungsreicher im Zubereiten der verschiedensten und buntesten vegetarischen Gerichte. Auch die Kleidung des Weltverbesserers soll einfach sein. Er trägt ein graues, sehr weiches und warmes Blusenhemd aus Flanell im Winter, im Sommer eines von leichtem Stoff. Nur die alte Barbara im Dorf Jasnaja Poljana ist imstande, diese Gewand nach den Anweisungen des Grafen zu nähen. Der berühmte russische Schriftsteller Dimitrij Sergejewitsch Mereschkowskij fragt mit Recht: «Was heißt denn das, er hat das Gebot Christi, Haus, Hof, Kinder zu verlassen, erfüllt, wenn man, wie er, bei ihnen bleibt? Was heißt denn das, man habe sein Vermögen verschenkt, wenn nichts weiter geschieht, als daß die Frau es verwaltet?» Christus habe nicht gefordert, daß der Mensch Frau und Kindern den Besitz nehme, aber doch etwas anderes: wenn der Mensch sich nicht von seinem Besitz befreien kann, so könne er Weib und Kind verlassen, sein Kreuz auf sich nehmen und Ihm folgen. «Ist das nicht Ironie, die denkbar höchste Verspottung der Lehre Christi?» Mereschkowskij warf das dem noch lebenden Tolstoj vor.
Gerne hätte der Graf gesehen, wenn sein ältester Sohn sich bei einem Tagelöhner verdungen hätte. Aber diesen Gefallen tat der Sohn ihm

nicht. Gesundheitlich geht es dem alten Tolstoj gut. Doch nach seiner «Wandlung» entstehen keine bedeutenden Werke mehr. Er mäht, er turnt, er läuft um die Wette, er spielt Hockebock. Vierzig Kilometer lange Radfahrtouren macht Leo Nikolajewitsch, und ein Spiel begeistert die ganze Familie, besonders die Kinder. Er nennt es «numidische Reiterei». Leo Nikolajewitsch springt ganz plötzlich vom Stuhl auf, rast in der Stube umher und schwingt die hoch emporgestreckten Hände. Alle Kinder, aber auch die Erwachsenen, mußten diesem Beispiel folgen.

Es ist interessant, daß das Vermögen des Grafen sich immer weiter vermehrte.

Ein kleiner Junge tritt ihm in den Weg. «Schenk mir ein Fohlen», sagt er zu dem, den er für allmächtig hält. Leo Nikolajewitsch zuckt die Achseln. «Was für ein Fohlen? So eine Dummheit. Ich hab' kein Fohlen.»

Die Einsamkeit des Genies kann sehr verschieden sein. Puschkin schloß sich leicht an Fremde an, aber das war äußerer Schein. Er verkehrte mit Gogol, mit dem Kaiser Nikolai, mit Baratynskij, Delwig und vielen anderen. Man hielt ihn für einen «umgänglichen» Menschen. Von seiner entsetzlichen Einsamkeit, von der Stille, die seine furchtbare Größe umgab, ahnte niemand etwas. Ein König bist du, leb allein, so dachte er. Goethe war in seiner eisigen, himmlischen Hölle allein, einsam, mit seinem tiefen Leiden an der Existenz. Alle Freundschaften, alle Verhältnisse auch mit dem anderen Geschlecht, wickelten sich bei ihm zu Füßen seiner hohen Persönlichkeit ab. Sie beschäftigten ihn nicht, noch bedrängten sie ihn. Tolstoj kannte gar nicht die Einsamkeit des Genies, er hatte einfach keinen Freund. Turgenjew, der als einer der ersten in Tolstoj den ganz großen Schriftsteller erkannte, wurde von Tolstoj nur geliebt, weil er ihm recht fern war. «In der Ferne», schrieb er ihm, «fühle ich mich zu Ihnen hingezogen wie zu einem Bruder.» Dostojewskij und Tolstoj trafen sich nie. Der Graf hatte jahrelang die Absicht, Dostojewskij einmal kennenzulernen. Erst als die Nachricht vom Tode Dostojewskijs eintraf, kam Tolstoj aus der Fassung. Er begann zu weinen. Kunst erweckte sonst Neid in Tolstoj. Aber bei Dostojewskij glaubte er, das Herz schaffe mit, und daran empfand er Freude. Jedenfalls sagte er das, man weiß natürlich nicht, ob es stimmt.

In seinem Haß gegen alles, was Kultur war oder nur den Anhauch von Kultur hatte, kannte der Herr von Jasnaja Poljana keine Grenzen. Bald erscheint er urteilslos, dann maßlos ungerecht, dann wieder völlig naiv. Ihm sitzt die Furcht vor der Kultur im Nacken, vor allem, was groß, was schön, was schwer erreichbar ist. Michelangelos «Jüngstes

Gericht» ist in seinen Augen «ein wüstes Werk». Er verurteilt Ibsen, Baudelaire, Nietzsche, Wagner. Goethes Faust ist «ein auf Entlehnung beruhendes Werk, sehr gut gearbeitet, kann aber niemals einen wirklich künstlerischen Eindruck hervorrufen». Es fehlt nach Ansicht Tolstojs dem Faust an organischer Einheit. Boccaccios «Decamerone» ist nur das «Breittreten geschlechtlicher Scheußlichkeiten». Aischylos, Sophokles, Euripides, Dante, Shakespeare, die Musik Wagners und die letzten Werke Beethovens, das alles ist «verstandesmäßig ausgedacht» oder «roh, wild und oft unsinnig». Auch bei einer Vorstellung des «Hamlet» hat er ein «peinliches Leidensgefühl, das nur unechte Erzeugnisse hervorrufen».

Und was ist groß in Tolstojs Augen? Berthold Auerbach, George Elliot und Onkel Toms Hütte! Ob aus Eitelkeit oder ob wahrhaftig, er sagte, er halte auch seine eigenen Werke mit Ausnahme von «Gott sieht die Wahrheit» und «Der Gefangene im Kaukasus» für schlechte Kunst. «Ich mache mich», so schreibt er, «an meinen langweiligen und abgeschmackten Roman Anna Karenina mit dem einzigen Wunsch, mir so rasch wie möglich Raum zu schaffen, um Zeit zu anderen Beschäftigungen zu gewinnen.» Er liebte nicht das, was er schrieb. Jedenfalls nicht so wie Goethe seinen Faust, Dante seine Divina Commedia. Er wollte eine «gute» Welt schaffen, und er schuf eine Welt der Wahrheit. Seine Figuren gehen ihm durch, und dann gerade, wenn die Gestalten seiner Romane sich von seinem Willen losmachen, dann wird das Genie Tolstojs überdimensional. Dennoch kann man überhaupt jede Zeile, die er geschrieben hat, mit großem Vergnügen lesen, denn er beobachtet so eigenartig, so ganz anders als irgendein Sterblicher sonst – es ist alles neu und immer interessant!

Immer ist Tolstoj besessen von der Idee, daß er nichts vor den Menschen zu verbergen habe. Und man kann letztlich nicht daran zweifeln, daß er sich ernsthaft bemühte, seine Nächsten zu lieben und der Idee des Guten zu dienen. Er bleibt dennoch ein großer Heide. Er ist «Ljewin». «Ebenso wie bisher wird mein Verstand nicht begreifen können, warum ich bete – und ich werde trotzdem beten. Aber ganz unabhängig von allem, was sich mit mir noch ereignen kann, ist mein Leben, mein ganzes Leben nicht mehr sinnlos wie früher: es wird die nicht anzuzweifelnde Idee des Guten in sich hegen, und alle meine Kräfte sollen dazu dienen, dem Guten in mir und um mich den Sieg über das Böse davontragen zu helfen.»

Tolstojs vorsichtiges und kluges Leben, sein Maßhalten, seine Selbstbeherrschung, seine Festigkeit in sittlicher Beziehung, seine unbedingte Treue sind zu bewundern. Wie ein so ausgewogener Mann in die Höhen und vor allem in die Tiefen der «Auferstehung» vor-

dringen konnte, das bleibt allerdings ein Rätsel. Tolstoj ist eben der seltene Mensch, dem sein Genie ein Schnippchen geschlagen hat!
Wenn Tolstoj ein riesiges, unbegreifliches Marmorgebilde bleibt, so ist Dostojewskij ein schreiender Granitstein, ein sich aufbäumendes, hungerndes Unglück, eine Passionsgeschichte von Anfang bis zum Ende. Wenn einer von den beiden Christ ist, dann er, Dostojewskij. Tolstoj blieb ein orthodoxer Heide. Tolstoj hatte von seiner Mutter wie von seinem Vater her adelige Ahnen. Dostojewskij ist der Sohn eines Stabsarztes und einer Kaufmannstochter. Im Krankenhaus für Arme wird er in Moskau in der Boschedomka geboren. Armut, Not, Hunger, das ist das ganze Leben dieses Mannes. «Mein guter lieber Vater, Sie können doch unmöglich denken, daß Ihr Sohn, wenn er Sie um eine Geldunterstützung bittet, um etwas nicht dringend Notwendiges bittet. Ich ehre Ihre Not und werde daher keinen Tee mehr trinken.»
Wenn Tolstoj Geld unter die Armen verteilen wollte, so geschah es oft, daß er keine Armen fand. Dostojewskij wäre das nie passiert. Er sah überall Arme, mehr, als er wollte, und hatte er Geld, so gab er gerne allen etwas ab. Aber er hatte unendliche Mühe, mit seinen Romanen Geld zu verdienen. Besaß er Geld, so lief es ihm durch die Finger wie Wasser. Tolstoj haßte das Geld, aber das Geld liebte ihn. Dostojewskij glaubte, das Geld zu lieben, aber es liebte ihn nicht. Sein ganzes Leben lang träumte er vom Reichtum. Aber nie tritt materielles Glück über seine Schwelle. Tolstoj denkt sein ganzes Leben lang an Armut, aber er wirft sich ihr nie in die Arme.
Irgendeine dunkle, verhängnisvolle, strafende Macht hängt über dem Leben von Dostojewskij. Er spricht von seiner Lasterhaftigkeit, von seiner grenzenlosen Eigenliebe, von seinem fanatischen Ehrgeiz. Er ist maßlos empfindlich. Jeder Luftzug tut ihm weh. Er ist nervenkrank. Oft hat er Fieber. Er kann niemals ordentlich leben. Er ist sich selbst gefährlich. Aus allem, was er bekommt, macht er etwas Schlechtes für sich. Und der Ruhm, der Tolstoj schon bei Lebzeiten so reichlich zufiel, ihn erreicht er nicht bis zu seinem Tode.
Gegen seinen Willen sucht er stets und überall das Zwielichtige, das Unheilvolle, das Grausame, das Schrecklichste. Er spielt mit der Gefahr. Oder er spielt am Kartentisch. Oder Roulette. Oder er gibt sich wollüstigen Ausschweifungen hin.
Ganz ohne Schuld gerät er in den Verdacht, an einer Verschwörung beteiligt zu sein. Acht Monate sitzt er in der Peter-und-Pauls-Festung. Er erwartet das Todesurteil. Es wird ihm gebracht. Auf dem Semenowschen Platz bindet man die Verurteilten an die Pfosten. Fedor Michailowitsch ist totenbleich. Er besteigt dennoch schnell das Scha-

fott. Jetzt muß das letzte Kommando kommen. Da wird mit einem Tuch gewinkt. Die Hinrichtung ist aufgehoben. Statt dessen werden die Verschwörer zu Verbannung in Sibirien verurteilt. Einer der Verurteilten, Grigoriew, der schon in der Gefangenschaft den Verstand zu verlieren begann, verließ das Schafott in völliger Umnachtung. Die Begnadigung zu Zwangsarbeit in Sibirien erschien den Verurteilten als häßliche und grausame Beschimpfung. Sie hätten den Tod vorgezogen. Merkwürdig bleibt doch, daß Tolstoj, dem solches Schicksal nie widerfuhr, die Verbannung nach Sibirien in seinem Werk «Auferstehung» mit erschreckendem Realismus *schildert*, während Dostojewskij die furchtbare Wirklichkeit *erlebte*!

Monatelang, jahrelang wurde Dostojewskij von diesen Gedanken gequält: Es ist mein Kreuz. Ich habe es verdient. Ich murre nicht. Ich bin lebendig begraben. Im Sarge eingeschlossen bin ich. Wie schrecklich diese Zeit ist, kann ich niemand schildern. Ein unaussprechliches, ein endloses Leiden. Jede Stunde, jede Minute lastet wie ein Stein auf meiner Seele. Ich fühle jeden Augenblick, ich bin im Zuchthaus. Würde ich Hunderte von Seiten schreiben, man könnte keinen Begriff von diesem Leben vermitteln.

Die Gefangenen werden zum heiligen Abendmahl in die Kirche geführt. Er erinnert sich. Als Junge stand er mit dem einfachen Volk nahe der Kirchentür. Man machte Platz, wenn die feinen Herrschaften bis zu den vordersten Bänken durchgingen. Aber er hatte das Gefühl, als Kind, daß dort an der Tür am inbrünstigsten gebetet wurde. Jetzt steht er wieder an der Tür. Aber die Gefangenen tragen schwere Ketten. Sie sind mit heißem Eisen gebrandmarkt. Alle Menschen wenden sich von ihnen ab. Ja, man fürchtet sie. Einige wagen sich vorsichtig heran und schenken ihnen Almosen.

Auch ich bin ein Mensch. Vor Gott sind wir alle gleich. Der Geistliche mit der Schale in der Hand spricht: «Nimm mich auf wie den armen Schächer.» Die Ketten klirren, wenn sie auf die Knie fallen. Nie klangen ihm die Worte so wie bei diesem Klirren.

Vier Jahre mußte der Dichter in Sibirien bleiben. Er glaubte, das Zuchthaus habe ihn mit dem Fluch der Epilepsie gestraft. Aber er litt schon vorher an dieser schrecklichen Krankheit.

Meine Krankheit. Nach jedem Anfall verliere ich scheinbar das Gedächtnis, die Einbildungskraft, die geistigen und die körperlichen Kräfte. Der Ausgang: gänzliche Erschöpfung, Tod oder Wahnsinn. Bewußtlos fällt er mitten im Zimmer auf den Fußboden. Das Gesicht verzerrt sich. Die Augen rollen unheimlich in ihren Höhlen. Genau das beschrieb er in seinem «Idiot»; «Zuckungen und Krämpfe bemächtigten sich des ganzen Körpers und aller Gesichtsmuskeln. Ein schrecklicher, unbegreiflicher, mit nichts zu vergleichender, langgezogener Schrei entringt sich der Brust. In diesem Schrei ist nichts Menschliches mehr.»

Dostojewskij hat einen ganz anderen Blick in die Welt des Abendlandes getan als Tolstoj. Homer, Shakespeare, Schiller, Szenen um Szenen der Dramen Schillers hat er auswendig gelernt. Er schreibt seinem Bruder: «Aber Phaedra? Bruder! Gott weiß, was du werden wirst, wenn du nicht eingestehst, daß das Reinste und Höchste Natur und Poesie ist. Das sind shakespearesche Umrisse, wenn die Statue auch aus Gips ist und nicht aus Marmor.» Über Corneille: «Hast du ‹Le Cid› gelesen? Lies ihn, elender Mensch, lies ihn und falle vor Corneille in den Staub.» Homer, so sagte er, kann nur mit Christus, nicht mit Goethe verglichen werden. Für die universale abendländische Kultur, für das Große, das Wichtige, das Entscheidende bewahrte Dostojewskij sein Leben lang ein tiefes und feines Fühlen. Rom, die Peterskirche, das Kolosseum – das sind überwältigende Eindrücke für ihn. Venedig, Rom, Paris, ihre Schätze der Wissenschaft und Kunst, ihre ganze Geschichte, das ist diesem Russen zuweilen «lieber als Rußland».

Dostojewskij hat keines seiner Werke verkauft, ohne einen Vorschuß zu erhalten. Arbeit aus Not. Arbeit um Geld. Das erdrückt ihn, das sind nie aufhörende Qualen. «Oh, wenn ich Geld hätte, wenn ich sichergestellt wäre!» Die Armut zwingt ihn zu jagender Hast. Für Geld schreiben? Das muß unbedingt schlechtere Arbeit werden.

Sein Bruder stirbt, sein nächster Freund und Mitarbeiter an der Zeitung Wremja, Grigoriew, seine erste Frau Marja Dimitrijewna. Plötzlich steht er einsam da. Er glaubt, sein ganzes Leben gehe in Stücke. Soll er neue Verbindungen suchen? Der Gedanke ist ihm widerlich. Er hat Schulden, er meldet Bankrott an. Und wieder muß ein Roman entstehen unter Zwang, aus Not, in Eile.

Entsetzliche Not leidet er mit seiner zweiten Frau. Die letzte Wäsche ist ins Leihhaus getragen. «Sagen Sie niemandem etwas davon», schreibt er, «ich werde gezwungen sein, sofort die letzten und unentbehrlichsten Sachen zu verkaufen. Ich werde für einen Gegenstand, der hundert Taler kostet, zwanzig bekommen und werde es tun müssen, um drei Wesen zu erhalten.» Seine junge Frau, die das Kind nährt, darf nicht hungern. Und das Kind – Dostojewskij glaubt, es werde infolge der Not erkranken und sterben. «Wir müssen Ljuba taufen lassen, wir haben aber kein Geld dazu.»

Wie kann ich schreiben, wenn ich hungrig bin, wenn ich, um zwei Taler zu erhalten, meine Hose versetzen muß. Und man verlangt von mir Literatur. «Bei Gott, bei Gott, ich kann die Einzelheiten meiner Not nicht beschreiben, ich schäme mich, sie zu beschreiben.»

Dennoch, er besitzt so viel Lebenskraft, daß sie noch nicht erschöpft ist. Er überwindet alles Leiden, um zu spüren, «ich bin». Unter tausend Qualen, unter der Folter ist doch die Sonne da. In den vier Jahren, in denen der Tod ihm Freund, Bruder und Frau entrissen hat, während ständig Gläubiger an seine Tür pochen, während er von der Regierung wie auch von den Feinden der Regierung verfolgt wird, in Einsamkeit, in Armut, in Krankheit, schreibt er seine grandiosen Werke: «Schuld und Sühne», «Der Idiot», «Die Dämonen», und er entwirft den Plan für «Die Brüder Karamasow».

Ein Freund des Dostojewskij, der ihn genau beobachtete und das Entstehen seiner Schöpfungen verfolgte, hat gesagt, dieses Genie habe nur den zehnten Teil der Romane geschrieben, die er in sich trug, die er sich vorgenommen hatte und mit denen er sich schon lange geistig beschäftigte. Unzählige Entwürfe, viele große Romanpläne, ganz neue, unheimliche Welten – er fand keine Zeit mehr, das alles zu Papier zu bringen. Dostojewskij verließ diese Erde nicht als ein großer Dichter, nicht als ein Schriftsteller von gewaltigem Format. Er ist ein Held auf dem Gebiet der Literatur.

Gleicher Arbeitszwang für alle

Aus dem Kommunistischen Manifest von Karl Marx und Friedrich Engels:

«Das Proletariat wird seine politische Herrschaft dazu benutzen, der Bourgeoisie nach und nach alles Kapital zu entreißen, alle Produktionsinstrumente in den Händen des Staats, das heißt des als herrschende Klasse organisierten Proletariats, zu zentralisieren und die Masse der Produktionskräfte möglichst rasch zu vermehren.»

Das Ende des 19. Jahrhunderts brachte noch einmal im ganzen eine außerordentliche geistige Blüte über ganz Europa, über das ganze Abendland. Europa erlebte 1874 die erste Ausstellung impressionistischer Künstler. Mussorgskij, ein Ahnherr der modernen Musik, noch «unzeitgemäß» im 19. Jahrhundert, Debussy, mit zarten, schillernden Klangwirkungen, und Ravel, der sich auch von Strawinsky anregen ließ, leiteten den musikalischen Impressionismus ein. Baudelaire mit seiner Lust am Bösen, Verlaine, der in seiner Lyrik mit raffinierten Kunstmitteln alle Stilmöglichkeiten beherrschte – er schuf in 30 Jahren 21 Gedichtbände –, und die Brüder Goncourt, die noch vor Zola den literarischen Realismus in den Naturalismus überleiteten, richteten ihre Dichtung und Prosa auf den Eindruck aus, auf den Stimmungsgehalt, auf das subjektive Erlebnis. Wagner erlebte 1850 die Uraufführung seines «Lohengrin» in Weimar, 1861 den «Tannhäuser» in Paris, 1865 und 1868 in München den «Tristan» und die «Meistersinger» und legte 1872 in Bayreuth den Grundstein des Festspielhauses, das vier Jahre darauf mit dem «Ring des Nibelungen» eingeweiht wurde. Verdi schuf mit «Rigoletto», «Troubadour», «La Traviata» und noch 22 weiteren Opern das Gegenbild zu Wagners gewaltiger Kunst. Bruckner komponierte seine wahrhaft himmlischen Sinfonien – besonders die vierte, siebente und achte mit den gedankentiefen Adagio-Sätzen – aus unvergleichlich reiner Herzensfrömmigkeit, und die weit in die Gegenwart wirkende Eigenart der Brahmschen Musik wird erst heute recht erkannt. Im Todesjahr von Franz Liszt, 1886, wurde Wilhelm Furtwängler geboren.

Es war auch eine Zeit bedeutender Erfindungen. Die ersten Dampflokomotiven wurden gebaut, ebenso die ersten Heißdampfmaschinen. Im Jahre 1884 verband das erste Telegrafiesystem Washington mit

Baltimore. Und das erste Unterseekabel wurde 1851 von Dover nach Calais gelegt. Schiaparelli entdeckte die Marskanäle, Hall die Marsmonde – im Jahr der Geburt Albert Einsteins. Die Metropolitan Opera in New York wurde eröffnet, im Todesjahr Wagners. Die Wiener hatten ihr Burgtheater vollendet, und der Eiffelturm wurde das Wahrzeichen von Paris.

Das Industriezeitalter war mit all seinen Gefahren über das Abendland heraufgezogen. Die europäischen Völker herrschten nun über weite Gebiete der Erde, Rohstoffreservoire und Absatzgebiete für die industrielle Erzeugung. Nutzbarmachung fast aller Naturkräfte, immer neue Maschinen, Anwendung der Chemie auf Industrie und Ackerbau, Dampfschiffahrt, Eisenbahnen, Urbarmachung ganzer Weltteile, Schiffbarmachung der Flüsse – ein gewaltiger Aufbruch aller Produktionskräfte war in Gang gekommen. Er hatte England, Holland, Frankreich, Belgien, Deutschland und die Schweiz erfaßt. Gleichzeitig wurden immer höhere Forderungen an die Arbeitsleistung jedes einzelnen gestellt. In Europa wie in Nordamerika. Unter dem Druck des schrankenlosen, freien Wettbewerbs wurden die Menschen von einer steigenden Unrast ergriffen. Diese Unrast strahlte auf alle Lebensgebiete aus. Die neuen Industrien öffneten ihre gigantischen Rachen. Immer mehr billige Arbeitskräfte, auch Frauen und Kinder, zogen durch die Tore der überall aufblühenden Werke. Neue Völkerwanderungen krochen wie Schatten großer Wolken über die Erde. Binnenwanderungen vom Land in die Industriegebiete. In wenigen Jahrzehnten schossen Großstädte empor. Von der Scholle entwurzelt, verfielen die Menschen dem Elend, wenn sie ihren Arbeitsplatz verloren hatten. Die westliche Welt machte zum erstenmal Bekanntschaft mit dem Gespenst der Massenarbeitslosigkeit.

Gegen die herrschende individualistische, liberal-kapitalistische Gesellschafts- und Wirtschaftsordnung erhob sich nun eine zählebige und beharrliche Bewegung. Sie beruht auf der Annahme, daß Kapital und Arbeit immer im Gegensatz stehen müssen, daß das «Proletariat» vom Besitz der Produktionsmittel ausgeschlossen ist. Daß das Gewinnstreben der Unternehmer zur «Ausbeutung der Arbeitskraft» der «Besitzlosen» führt, daß der Gegensatz von Besitz und Nichtbesitz eine Gesellschaft von «Klassen» zur Folge hat. Das ist der «Sozialismus». Er soll die kapitalistische Wirtschaftsordnung durch eine neue, am Gesamtwohl orientierte «Sozialgesinnung» und durch «soziale Reformen» verändern oder durch Revolution stürzen. Die Köpfe dieser Idee waren Marx und Lassalle, beide Deutsche, beide aus bürgerlichen Kreisen stammend, beide zu Anfang des neunzehnten Jahrhunderts geboren, Marx in Trier, Lassalle in Breslau.

Es ist vielleicht nicht richtig, Marx als den einflußreichsten Gelehrten des 19. Jahrhunderts zu bezeichnen, schon weil sein wichtigstes Werk, «Das Kapital», ein ungemein komplizierter Irrgarten abstrakter Definitionen und Schlußfolgerungen ist, das auch dem gebildetsten Arbeiter unzugänglich bleiben muß. Der Name Karl Heinrich Marx wurde vielmehr auf den Wellen der sozialistischen Idee durch die Welt getragen, weil er der ausdauerndste und beflissenste Verteidiger und Verkünder des sozialistischen Programmes war.

Marx hatte Staatswissenschaften, Philosophie und Geschichte in Bonn und Berlin studiert. Er schloß sich den Ideen Hegels an, die ihn sein Leben lang leiteten. Er wurde gezwungen, sein Amt als Redakteur der liberalen Rheinischen Zeitung in Köln niederzulegen und Deutschland zu verlassen, siedelte mit seiner Frau, Jenny von Westphal, nach Paris über und machte die Bekanntschaft mit Engels. Wieder auf der Flucht, ließ er sich in Brüssel nieder und verfaßte eine Antwort auf Proudhons Werk «Philosophie de la misère», das er «Misère de la philosophie» benannte. In Brüssel entstand auch das berühmte Kommunistische Manifest, das eine Zusammenfassung seiner gesamten sozialistischen Philosophie darstellt.

Die revolutionäre Atmosphäre von 1848 in Deutschland machte es ihm möglich, wieder nach Köln zu ziehen und sein Blatt, jetzt unter dem Namen «Neue Rheinische Zeitung», weiterzuführen. Aber schon ein Jahr darauf wurde er wieder ausgewiesen. Er siedelte nach London über, wo er bis zu seinem Tode blieb. Er starb fünfzehn Monate nach dem Tode seiner Frau und wurde auf dem Highgate-Friedhof bestattet. In London verfaßte er mit unheimlichem Fleiß und großer Zähigkeit eine große Anzahl von Schriften, darunter auch «Das Kapital». Tag für Tag saß er im Lesesaal des British Museum, seinen Geist, sein ganzes Leben auf die eine Idee ausrichtend, den Arbeiter aus den Fesseln der bürgerlichen Gesellschaft zu befreien. Der Autor des Werkes «Das Kapital» hat nie ein Kapital besessen. Er lebte in ständiger Armut. Mit seiner Frau und sechs Kindern hauste er in einer winzigen Wohnung und war immer und immer wieder auf Hilfe und Unterstützung seines großen Freundes, Friedrich Engels, angewiesen.

Das «Manifest der Kommunistischen Partei», das Marx in Zusammenarbeit mit Engels 1847 verfaßte, beginnt sehr zündend: «Ein Gespenst geht um in Europa – das Gespenst des Kommunismus. Alle Mächte des alten Europas haben sich zu einer heiligen Hetzjagd gegen dies Gespenst verbündet, der Papst und der Zar, Metternich und Guizot, französische Radikale und deutsche Polizisten.»

Die Geschichte aller bisherigen Gesellschaft, so meint Marx, ist die Geschichte von Klassenkämpfen. Freier und Sklave, Patrizier und

Plebejer, Baron und Leibeigener, Zunftbürger und Geselle, kurz, Unterdrücker und Unterdrückte standen in stetem Gegensatz zueinander, führten einen ununterbrochenen, bald versteckten, bald offenen Kampf.
Und nun beginnt Marx mit seinem unablässigen, leidenschaftlich-zornigen Hämmern auf die Bourgeoisie. Die Bourgeoisie ist das ganze Übel der Welt. Die Bourgoisie hat «die idyllischen Verhältnisse zerstört». Die Bourgeoisie hat «die Feudalbande, die den Menschen an seinen natürlichen Vorgesetzten knüpften, unbarmherzig zerrissen». Die Bourgeoisie hat «die persönliche Würde in den Tauschwert aufgelöst». «Die Bourgeoisie hat alle bisher ehrwürdigen und mit frommer Scheu betrachteten Tätigkeiten ihres Heiligenscheins entkleidet.» «Die Bourgeoisie hat dem Familienverhältnis seinen rührend sentimentalen Schleier abgerissen und es auf ein reines Geldverhältnis zurückgeführt.» Die Bourgeoisie hat dabei «ganz andere Wunderwerke vollbracht als ägyptische Pyramiden, römische Wasserleitungen, gotische Kathedralen, sie hat ganz andere Züge ausgeführt als Völkerwanderungen und Kreuzzüge». Die Bourgeoisie «reißt durch die rasche Verbesserung aller Produktionsinstrumente, durch die unendlich erleichterten Kommunikationen alle, auch die barbarischsten Nationen, in die Zivilisation». Wohlfeile Preise der Waren, das ist die schwere Artillerie der Bourgeoisie! Die Bourgeoisie hat das Land der Herrschaft der Stadt unterworfen. Die Bourgeoisie hat das Eigentum in wenigen Händen konzentriert.
Die moderne bürgerliche Gesellschaft, die so gewaltige Produktions- und Verkehrsmittel hervorgezaubert hat, gleicht dem Hexenmeister, der die unterirdischen Gewalten nicht mehr zu beherrschen vermag. Die Gesellschaft findet sich plötzlich in einem Zustand momentaner Barbarei. Warum? «Weil sie zuviel Zivilisation, zuviel Lebensmittel, zuviel Industrie, zuviel Handel besitzt.»
Daß die Entwicklung der Technik nicht aufzuhalten ist, mit oder ohne Bourgeoisie, daß die Ausdehnung des Welthandels auf Weltmärkte eine natürliche Entwicklung ist, mit oder ohne Bourgeoisie, daß es «zuviel Zivilisation» gar nicht geben kann noch zuviel Lebensmittel, solange ganze Kontinente hungern, daß «zuviel Industrie» dasselbe heißt wie dem Bau von Ameisenhaufen Halt gebieten, das alles war Karl Marx, *den man aus seiner Zeit verstehen muß*, noch nicht bewußt.
«Die Arbeit der Proletarier hat», so schildert Marx, «durch die Ausdehnung der Maschinerie und die Teilung der Arbeit allen selbständigen Charakter und damit allen Reiz für die Arbeiter verloren. Er wird ein bloßes Zubehör der Maschine, von dem nur der einfachste,

eintönigste, am leichtesten erlernbare Handgriff verlangt wird.» Wie schade, daß Marx nicht auferstehen darf, um ein paar Wochen lang die großen kommunistischen Staaten des 20. Jahrhunderts zu durchwandern! Er würde feststellen, daß Maschine Maschine bleibt und Handgriff Handgriff, egal, ob Kapitalismus oder Sozialismus regieren, und daß auf der einen wie auf der anderen Seite für den einfachen Handgriff nicht mehr verdient, bezahlt und gekauft werden kann. Marx führte weiter aus, «in demselben Maße, in dem die Widerwärtigkeit der Arbeit wächst, nimmt der Lohn ab». Das ist richtig und falsch. Es ist weniger die «Widerwärtigkeit» als der Grad der Einfachheit beziehungsweise der Schwierigkeit der Arbeit, der den Lohn bestimmt. Sicher ist die Arbeit eines Pianisten im Konzertsaal viel «widerwärtiger» als das Anstreichen einer Stube. Ja, die Arbeit am Flügel ist so widerwärtig, daß der Pianist schon Tage und besonders Stunden vor seinem Auftreten in höchstem Fieber, in höchster seelischer Erregung zubringt, die für den ganzen Organismus eine kolossale Belastung darstellt. Auch ist die Konstruktion einer komplizierten Maschine am Zeichenbrett eine höchst schwierige, ungemein anstrengende, mühselige, kräfteverzehrende und wegen der erforderlichen dauernden Konzentration außerordentlich aufreibende, daher wohl auch sehr «widerwärtige» Arbeit. Und überhaupt die «widerwärtige» Arbeit des Chirurgen! Alle diese Arbeiten werden im Kommunismus wie im Kapitalismus wegen der größeren Anspannung, der größeren Verantwortung, der größeren erforderlichen Kenntnisse, und alles dieses zusammengerechnet also wegen der größeren «Widerwärtigkeit», höher und nicht, wie Marx sagt, niedriger bewertet. Aber immer wieder muß man, um gerecht zu sein, daran denken, daß Marx im vorigen Jahrhundert lebte, in einer Zeit, als es noch unkontrollierte Kinderarbeit gab, eine Tatsache, die ihn ganz besonders – und mit Recht! – empörte.

«Je weniger die Handarbeit Geschicklichkeit und Kräfteäußerung erheischt, das heißt, je mehr die moderne Industrie sich entwickelt, desto mehr wird die Arbeit der Männer durch die der Weiber verdrängt. Geschlechts- und Altersunterschiede haben keine gesellschaftliche Geltung mehr für die Arbeiterklasse.»

Auch hier muß man bedauern, daß Karl Marx nicht lebt. Er würde sehen, daß die Frauenarbeit im Kommunismus genauso floriert, wenn nicht in noch größerem Umfang als in den sozialistisch-demokratischen und demokratisch-kapitalistischen Ländern, wo die Frauen selten Steine klopfen.

Karl Marx hielt *alle* Arbeiter für Proletarier. Arbeiter und Proletarier ist für ihn eins. «Der Proletarier ist eigentumslos. Sein Verhältnis

zu Weib und Kindern hat nichts mehr gemein mit den bürgerlichen Familienverhältnissen.» So mag es zu seiner Zeit gewesen sein. Aber heute? Wo? Ist der amerikanische, der englische, der französische oder der deutsche Arbeiter eigentumslos?
Die Bourgeoisie ist für Marx eine feststehende Größe. Arbeiter, die zur Bourgeoisie gehören, gibt es für ihn nicht, Arbeiter, die in die Bourgeoisie einrücken, Söhne von Arbeitern, die studieren und Bürger und sogar Unternehmer werden – undenkbar! Söhne der Bourgeoisie, die etwa Maschinenschlosser werden und damit mehr verdienen als ihre Väter – unvorstellbar! Auch wird durch Ausdehnung und weitere Verbesserung der Maschinen die Tätigkeit der Maschinenmeister und Maschinisten nicht sturer, sondern immer schwieriger, verantwortungsvoller, immer komplizierter und interessanter.
Karl Marx sagt, man habe eingewendet, mit der Aufhebung des Privateigentums werde alle Tätigkeit aufhören und «allgemeine Faulheit» einreißen. Nein, *alle* Tätigkeit hört nicht auf, das wäre gar nicht möglich, denn in der kommunistischen Ordnung herrscht Arbeitszwang. Aber vielleicht wird die Arbeitsleistung *geringer.* Vielleicht werden die Felder weniger Korn bringen. Vielleicht werden die Menschen weniger Interesse an einer Arbeit haben, von der sie nicht ein Anwachsen ihres Eigentums erwarten können. Den Kommunisten werde vorgeworfen, sie wollten das Vaterland, die Nationalität abschaffen, so heißt es im Manifest. «Die Arbeiter haben kein Vaterland, man kann ihnen nicht nehmen, was sie nicht haben.» Darin wird mit Karl Marx bestimmt nicht der russische, schon gar nicht der chinesische, weder der amerikanische noch der französische Arbeiter übereinstimmen.
Und was bietet Karl Marx an? Das Proletariat wird seine politische Herrschaft dazu benutzen, der Bourgeoisie alles Kapital zu entreißen. Alle Produktionsinstrumente werden *in den Händen des Staates* zentralisiert. Es gibt nur noch eine Klasse, das Proletariat.
Wer ist dann «das Gespenst»? Wer ist dann die schreckliche «Bourgeoisie»? Wer befiehlt, wer verwaltet, wer ordnet an, wer kommandiert aus Tausenden von Büros und Tausenden von Behörden?
«Der Staat, das heißt das als herrschende Klasse organisierte Proletariat.» Es sind damit wirklich alle Klassen zum Verschwinden gebracht, *durch die Diktatur einer einzigen*! Und im Staatsapparat wiederum, da kann ja nun nicht jeder bestimmen, wie er will. Da gibt es dann zwei oder einen, der das letzte Wort hat. Den nennt man im Abendland «Diktator». Es ist die für dauernd erklärte Tyrannei einer Klasse oder doch vielmehr eines Caesaren, mag seine Farbe nun grün oder rot sein.
Zum Schluß malt Marx in seinem Manifest das große ideale Zukunfts-

bild. Da die Klassengegensätze nicht mehr bestehen, verschwindet auch die Klasse, und damit hört überhaupt die Herrschaft als Klasse auf. Nun wird «die freie Entwicklung eines jeden die Bedingung für die freie Entwicklung aller».

Marx war ein bewundernswerter Idealist, das ist nicht zu leugnen. Und es ist auch nicht zu leugnen, daß er durch seine extremen Forderungen vieles zum Wohle der Arbeiter erreicht hat – *in den Demokratien der westlichen Welt.* Aber auch ohne Marx ließe sich in freien Demokratien Massenproduktion, die ja allein den Bedarf der immer weiter anwachsenden Menschheit decken kann, nicht durchführen, ohne daß die riesigen Heere der Arbeiter ständig an der Arbeit interessiert bleiben, das heißt, daß ihre Interessen gewahrt werden müssen. Nur bei erzwungener Arbeit kann man mit den Arbeitern machen, was man will. Marx hielt das Zarentum für den größten Feind der Freiheit in Europa. Er erhoffte eine Stärkung der britischen Weltmacht als Gegengewicht gegen Rußland. Er haßte zutiefst Napoleon III. Die preußische Hegemonie über Deutschland, wie sie Bismarck hergestellt hatte, war ihm abgrundtief zuwider. Er hielt jedoch das Recht des deutschen Volkes auf Einheit für unabdinglich. Er respektierte auch nationale Gefühle.

Marx stellte sich die Zukunft Europas so vor, daß der Kommunismus den Kapitalismus auslöschen sollte. Das war die Zwischenstufe. Danach würde sich die ideale «klassenlose Gesellschaft» bilden, und sie sollte *in echter humaner Freiheit* leben. Marx hat sich also den kommunistischen Gesellschaftszustand nicht als endgültig vorgestellt, auch keineswegs als eine andauernde Lebensform. Es ist zudem wichtig zu wissen, daß für Karl Marx diese freiheitliche, tief humane Ordnung das höchste Ideal und das höchste Ziel bildete. Er hätte die unfreiheitlichen, antiliberalen und antihumanen Gepflogenheiten des heutigen Kommunismus in Grund und Boden verdammt. Das ist die Ansicht der bedeutendsten Erforscher des Sozialismus. Es ist auch die Ansicht des Marx-Forschers Carl Landauer, Professor für Volkswirtschaft an der Universität Kalifornien in Berkeley und Verfasser des wichtigen Werkes «European Socialism».

Am tiefsten in den mächtigen Gedankenbau des Marxismus dringt jedoch Jean-Yves Calvez ein, der hochbegabte Bretone, der sein umfassendes Werk «Karl Marx» mit 28 Jahren verfaßte und niemals versucht, Marx zu widerlegen*.

Marx und Engels sind die Begründer des historischen Materialismus.

Danach bestimmen die gesellschaftlichen Verhältnisse, in denen der Mensch steht, sein Bewußtsein. Nicht das Bewußtsein der Menschen ist ihr Leitstern und Motor. Dieser Gedanke wird so weit geführt, daß sich aus den materiellen Verhältnissen die Zukunft voraussagen läßt, daß also die Materie und die Gesellschaft regieren, nicht der Geist und die Persönlichkeit. Damit stellte sich Marx gegen die transzendentalen Ideen fast aller Genies der Menscheit, von Homer, Sokrates und Platon bis zu Shakespeare, Goethe und Dostojewskij.
Marx blieb sein Leben lang ein Professor ohne Lehrstuhl, Lassalle ein Künstler ohne Kunstwerk. Auch das ist wichtig zu wissen: Die entscheidende Forderung von Lassalle, des Begründers der sozialdemokratischen Bewegung in Deutschland, war allgemeines, gleiches und wirklich geheimes, direktes Wahlrecht. Außerdem forderte er Beteiligung der Arbeiter an der Produktion sowie den Aufbau von Produktionsgesellschaften der Arbeitnehmer, denen der Staat die nötigen Kredite gewähren sollte.
Lassalle war kein radikaler Anhänger des Klassenkampfgedankens. Heine erkannte das große Talent von Lassalle und schätzte ihn als Freund, einen Menschen «mit gründlicher Gelehrsamkeit, mit dem weitesten Wissen, mit dem größten Scharfsinn und mit einer Habilité im Handeln, die mich in Erstaunen setzen». Selbst Bismarck sagte in einer Reichstagsrede, Lassalle sei einer der geistreichsten und liebenswürdigsten Menschen, mit denen er je verkehrt habe.
Lassalle starb am 31. August 1864 durch eine Verwundung im Duell in Genf. Obgleich der berühmte Sozialist sich für die Arbeiter einsetzte, fühlte er sich doch auch auf dem Parkett der großen Gesellschaft stets zu Hause. Im Sommer seines Todesjahres traf er in der Schweiz Fräulein von Dönniges, die er schon in Berlin kennengelernt hatte und heiß liebte. Sie war die Tochter des bayrischen Gesandten in Genf, der Lassalle als Schwiegersohn ablehnte. Er zwang seine Tochter, den Grafen von Racowitza zu heiraten.
Lassalle forderte den Vater wie den Grafen zum Duell, Racowitza nahm an und tötete seinen Gegner.

Der Weltkrieg, der kein «Welt»-Krieg war

«In Angst, Wut und Verwirrung ließ das französische Volk die barsche, überragende Persönlichkeit Clemenceaus mit seiner weltumfassenden Autorität und seinen besonderen Beziehungen zu England und Amerika ohne weiteres fallen [im Jahre 1920]. ‹Undank gegen ihre großen Männer›, sagt Plutarch, ‹ist die Art starker Völker.› Es war unvorsichtig von Frankreich, sich diese Haltung zu erlauben, während es schwer geschwächt darniederlag.» – Winston Churchill, Der Zweite Weltkrieg.

«Winston Churchill ist von den Engländern nicht so behandelt worden, wie er es eigentlich um sein Volk verdient hätte. Sie wissen, daß er noch während der Potsdamer Konferenz abgelöst worden ist. Er war nicht mehr Premier. Er konnte da seine Fähigkeiten nicht zum Zuge kommen lassen. An sich war er ein großer Europäer. Er hat es aber nicht zeigen können. Und Churchill war ein guter Rußlandkenner. Das war Roosevelt nicht.» – Konrad Adenauer in einem Gespräch mit Comte de Contades und dem Verfasser am 1. Juli 1965 in Bonn.

Der Erste «Weltkrieg» begann mit einer hoffnungslosen Verstrickung von Bündnissen sowie unglaublich leichtsinnig versendeten Ultimaten. Er endete mit der Revolutionierung der Welt. Die Nationen, die in diesen sogenannten Weltkrieg «hineinschlitterten», wie Lloyd George sich ausdrückte, hatten keineswegs das neunzehnte Jahrhundert überwunden. Sie steckten im Gegenteil tief in den Vorurteilen, den Ansichten und Befangenheiten der scheinbar vergangenen Epoche. Sie glaubten an sakrosankte Koalitionen, diplomatische Schwabenstreiche, niemals gutzumachende Majestätsbeleidigungen und nahmen, jede für sich, den Himmel als Schlachtenlenker in Anspruch, «Gott mit uns» auf den Lippen. Die Völker sahen wie in der römischen Arena ihren Berufskämpfern zu, und von den Berufsarmeen wurden Siege erwartet.

Der Erste Weltkrieg war der letzte Weltkrieg, in den die Menschheit nicht mit düsteren Vorahnungen ins Feld ging. Man starb noch gern fürs Vaterland. Und während man starb, überschritt das neunzehnte Jahrhundert unmerklich die Schwelle des zwanzigsten. Denn das zwanzigste Jahrhundert, will man es als Epoche ansehen, begann frühestens im Jahre 1914. Aber auch das Jahr 1914 war kein echter Epo-

cheeinschnitt. Es kamen nur die Kräfte der alten Imperialismen und der nationalen Machtpolitik zum Ausbruch, Kräfte, die schon seit dem Ausgang des neunzehnten Jahrhunderts dem Konflikt zutrieben.
Die Völker Europas wie auch die Politiker der europäischen Staaten hatten diesen Krieg weder gewollt noch geplant. Aber das Unheimliche an den Jahren vor 1914 war, daß alle ihn voraussahen und schließlich in seinen Strudel gerieten. Die Ursachen des Krieges waren ein Bündel von Nichtigkeiten, Unzulänglichkeiten, ein Gestrüpp von Gefahren, das man nach und nach ohne Krieg hätte beseitigen können, waren mit einem Wort die Tollheiten der Menschen, die wie immer ihrer Zeit nicht gewachsen sind.
Deutschland, Frankreich, England und Rußland hatte ein stetig anwachsender Imperialismus erfaßt. In Deutschland und Rußland war dieses Machtstreben noch mit einem nebelhaften Sendungsbewußtsein verbunden. Dazu kam das Gespenst der deutsch-englischen Flottenrivalität, die von England gefürchtete Konkurrenz in der Seegeltung und der sehr reale Wettstreit im Welthandel. Frankreich hatte das Ziel, Elsaß-Lothringen zurückzugewinnen, und gewisse Revanchehoffnungen seit dem Krieg von 1870/71. Rußland war von einem Drang nach den Meerengen erfaßt. Unter den kleinen Völkern Ostmitteleuropas gärten nationale Bewegungen, und diese zumeist slawischen Hoffnungen fanden Verbindung zu dem russischen Panslawismus. Der Volkstumsgedanke der «Slawophilen» erstrebte den Zusammenschluß aller slawischen Völker unter russischer Führung und richtete sich damals scharf gegen Österreich-Ungarn, wo Millionen von Slawen lebten. Die Bündnissysteme, die «eisernen» militärischen Operationspläne, machten die Abwendung des Krieges fast unmöglich. Die Ermordung des österreichischen Thronfolgerpaares am 28. Juni 1914, das nur auf 48 Stunden befristete Ultimatum Österreich-Ungarns an Serbien, die Entscheidung des russischen Kronrates, Serbien zu unterstützen, die aus diesem Grunde ungenügende Antwortnote Serbiens an Österreich führten zur Kriegserklärung Österreich-Ungarns an Serbien.
Man kann gar nicht einmal sagen, daß die Monarchen so große Schuld am Ausbruch des Krieges hatten. Der Zar Nikolaus II. war sehr unentschlossen und sah keine Lösung im Krieg. Wilhelm II. machte ihm Hoffnung auf Friedensvermittlung zwischen Österreich und Serbien und teilte ihm mit, daß militärische Maßnahmen Rußlands die Vermittlungen erschweren würden.
Bethmann Hollweg, 1909 vom Kaiser auf Empfehlung Bülows zum Reichskanzler und preußischen Ministerpräsidenten ernannt, war, ebenso wie sein persönlicher Referent und Berater Riezler, im Grunde

seiner Seele angesichts des «unabänderlichen Ganges der Dinge» von Resignation erfüllt, wie der Historiker Karl-Dietrich Erdmann ganz richtig erkennt, und teilte die «echt deutsche, *idealistische* Überzeugung, daß das Volk einen Krieg nötig hat».

Auch der preußische Generaloberst Helmuth von Moltke war weder ein gottbegnadeter Diplomat noch ein besonders guter Feldherr. Er sandte ohne Wissen Wilhelms II. und ohne Wissen seines Reichskanzlers ein Telegramm an den österreichischen Generalstabschef von Hötzendorf, in dem er Österreich-Ungarn zur Mobilmachung gegen Rußland aufforderte und in dem er auf eigene Faust die deutsche Mobilmachung voraussagte. Die Staatsapparate haben sich in den vergangenen fünfzig Jahren so stark verändert, daß man die Unmöglichkeit solcher Husarenritte, die Weltkriege auslösen könnten, zu erhoffen wagen darf.

Das deutsche Ultimatum an Rußland war auf zwölf Stunden befristet, ein deutsches Ultimatum an Frankreich mit der Anfrage, ob Frankreich im Falle eines deutsch-russischen Krieges neutral bleiben würde, auf achtzehn Stunden! Der Schlieffen-Plan, auf einen Zweifrontenkrieg berechnet, ließ keinen Zeitverlust zu, war auf den Durchmarsch der deutschen Truppen durch Belgien berechnet und stürzte durch seinen Automatismus Europa blitzschnell und tief in die Katastrophe. England, das Belgien niemals in der Hand eines starken Gegners sehen wollte, konnte die Verletzung der belgischen Neutralität durch Deutschland nicht dulden, worauf das englische Ultimatum an Deutschland erging, das einer Kriegserklärung gleichkam. So hatten alle, ohne es recht zu wollen, wie Puppen eines Grusel-Kasperletheaters an der großen Brandlegung mitgearbeitet.

Mobilisiert wurden für den Weltkrieg, der übrigens gar kein «Welt»-Krieg war, insgesamt 71 Millionen Menschen, davon 32 Millionen auf seiten der Mittelmächte und 39 Millionen auf seiten der Alliierten. Die Zahl der Gefallenen wird auf 13 Millionen Menschen geschätzt, die der Verwundeten auf 20 Millionen. Gefangen wurden 6 Millionen Menschen. Die Kosten dieses wahnsinnigen Unternehmens betrugen 956 Milliarden Goldmark, wozu England den größten Beitrag leistete, nämlich 208 Milliarden, doppelt soviel wie Deutschland.

Am Tage des Waffenstillstandes traten die deutschen Armeen den geordneten Rückmarsch an. Marschall Foch hatte die Größe zu sagen: «Sie haben tapfer gekämpft, sie mögen ihre Waffen behalten.» Er forderte jedoch, daß die französische Grenze künftig am Rhein liegen müsse.

Die von der Dummheit der Zeitungen und der Masenpropaganda erregten Völker hielten es nun für angebracht, von Deutschland eine

Wiedergutmachung in vollem Ausmaße zu verlangen. Die führenden Männer der Alliierten, die jetzt im Zenit ihres Triumphes standen, sollten keine Wünsche der Sieger am Konferenztisch preisgeben. Ganz Besonderes wurde von Clemenceau erwartet, der notwendigerweise den Fanatismus der Franzosen während des Krieges kolossal erhitzt hatte, um ihren Widerstandswillen zu stärken.

«Die Presse», sagte Churchill, «besprach und unterstrich nach altem Brauch die vorherrschenden Ansichten.»

Lloyd George, die Verkörperung des entschlossenen englischen Kriegswillens, hatte jahrelang die Notwendigkeit eines völligen «knockout» des deutschen Reiches gepredigt. Bei den Dezemberwahlen 1918 errang er einen glänzenden Sieg, nicht zuletzt, weil er versprochen hatte, Wilhelm II. aufzuhängen, was allen Parteien des Inselreiches gefiel.

Mit Amerikas Präsident Woodrow Wilson war wieder einmal in der der Geschichte der Menschheit so gefährliche Fall eingetreten, daß ein Gelehrter als Lenker des Weltenschicksals auftrat. Dieser demokratische Geschichtsprofessor, der stets für soziale und demokratische Reformen eintrat, war ein von theologischer Aufklärung beeinflußter Doktrinär, der nun auf der «Washington» nach Europa reiste, um alle seine Ideale durchzusetzen. Man darf ihn als eine der tragischsten Gestalten der Weltgeschichte bezeichnen, weil er an seinem guten Willen zugrunde ging.

Clemenceau, der dritte der «großen Drei», war schon zur Zeit der Dreyfus-Affäre eine hochberühmte und berüchtigte Figur. Er war der «Generalstabsschef» der Männer, die sich für die Aufhebung der Verurteilung des wegen Landesverrates in die Deportation und dann ins Gefängnis geschickten Hauptmannes jüdischer Abkunft einsetzten. Damit befand er sich nicht in schlechter Gesellschaft. Für Dreyfus traten ein: Jaurès, Anatole France, Zola, Larori, Duclot, Briand, Painlevé. Der «Laufbursche» im Generalstab dieser Dreyfusianer war niemand anderer als der damals noch völlig unbekannte Marcel Proust.

Clemenceau, im Jahre 1902 in den Senat gewählt, wurde vier Jahre später das Oberhaupt der Regierung. 1917, im Alter von 76 Jahren zum zweitenmal Ministerpräsident, führte er den Krieg mit fast unmenschlicher Energie. Er, der ewige Zerstörer, der einstige Wortführer der äußersten Linken, der große Journalist und Zeitungsverleger, der Ministerstürzer – was ihm den Titel «Tiger» einbrachte –, dieser Demosthenes Frankreichs offenbarte jetzt, daß er immer noch ungeheure Energien besaß. Er verhaftete die Anhänger des Friedens, die Pazifisten, er verschärfte die Kriegszensur, er bereiste die Front, er besuchte die vordersten Gräben in feindlichem Geschützfeuer, er hielt täglich zündende Reden, er sorgte für Vereinheitlichung der Führung unter Foch. Der fast achtzigjährige Diktator erlebte dann noch die Stunde seiner eigenen Denkmäler.

In Versailles präsidierte er wie ein alter Cato, ja sogar mit derselben Kraft des Wortes dieses vorchristlichen Konsuls, der jede seiner Senatsreden mit dem Rat beschloß, man müsse Karthago zerstören. Er war von unbändigem Nationalgefühl beseelt. Er dominierte mit großem Enthusiasmus und mit glühender Überzeugungskraft die Konferenz und zwang sowohl Lloyd George wie Woodrow Wilson seinen Willen auf.

Wilson erschien in den Augen des einstigen «Jakobiners» Clemenceau wie ein lebender Vorwurf, ein wandelnder Abglanz seiner eigenen früheren Illusionen. Der «Tiger» hielt Wilsons Grundideen für sentimentalen und sehr gefährlichen Unsinn.

Es ging auf der Pariser Friedenskonferenz nicht ganz so fröhlich zu wie hundert Jahre vorher auf dem walzertanzenden Wiener Kongreß Talleyrands, Metternichs und Zar Alexanders. Nur im Hotel Majestic, wo Lloyd George wohnte und in dem dessen Tochter Megan brillierte, wurde fast den ganzen Tag getanzt. Man nannte das Hotel scherzhaft «Megantic». Lloyd George sang hin und wieder, wenn die Musik spielte, sein Begleiter Balfour spielte noch mit fünfundsiebzig Jahren Tennis, Oberst House, den Wilson zum Chef der amerikanischen Delegation ernannt hatte, verfaßte im Hotel Crillon unentwegt Berichte, die Wilson grundsätzlich nicht las. Die Vertreter Japans hielten sich von den europäischen Angelegenheiten soweit wie möglich zurück.

Lansing, der Onkel von John Foster Dulles, hielt den Friedensvertrag für das Wichtigste und nicht die Schaffung des Völkerbundes, der Wilson so sehr am Herzen lag. Uneinig mit seinem Präsidenten, ließ er Politik Politik bleiben und vertiefte sich in die Werke des großen französischen Philosophen Bergson. Henry White schließlich, von der amerikanischen Delegation, vergnügte sich mit seinen Landsleuten am Montmartre.

Die drei Greise, die über das Schicksal der Welt entschieden, mußten Tag für Tag Delegierte empfangen, Wünsche, Mitteilungen und Forderungen entgegennehmen, Sitzungen abhalten, gesellschaftlichen Ereignissen beiwohnen.

Man verlangte von ihnen, daß sie über die Lage von Danzig so gut Bescheid wußten wie über assyrische, chaldäische, transsylvanische, albanische, dalmatische, lettische, estnische, polnische und tschechische Angelegenheiten.

Dreißig Delegierte saßen in der prunkvollen Salle de l'Horlogue des Quai d'Orsay. Wenn sich Clemenceau sehr eindrucksvoll und gewichtig in seinen vergoldeten Sessel niedersinken ließ, durfte die Sitzung beginnen. Der «Tiger» hatte seine eigene Methode, die Rolle des Vorsitzenden zu spielen. Er pflegte mit kurzen Worten der Vollversammlung das zu berichten, was die Vertreter der fünf Großmächte geplant hatten, stellte dem Hohen Rat anheim, den Vorschlägen zuzustimmen, und beendete seine monotone Vorlesung, ohne auch nur einen Augenblick lang abzuwarten, mit dem Wort: «Angenommen.» Zuerst löste diese Methode, Angelegenheiten von weltpolitischer Wichtigkeit zu «verhandeln», maßloses Erstaunen aus. Dann versuchten einige Delegierte, wie der Belgier Huysmans, der Rumäne Bratianu oder Griechenlands Venizelos, in der Sekunde vor dem «adopté» das Wort zu ergreifen oder eine Frage zu diskutieren. Clemenceau machte in solchen Fällen eine schwerfällige Bewegung in seinem Sessel, drehte sich zu den wagemutigen Delegierten, starrte den «Störer» mit gläsernen Augen an, erteilte ihm unwillig das Wort und blickte währenddessen zur Decke, als schliefe er oder langweile sich maßlos. Manchmal schien er so einen Fragesteller auch mit seinem Blick zu durchbohren und sagte mürrisch: «Wir haben keine Zeit, Sie wissen ja auch selbst nicht, was Sie reden», oder er fiel dem Betreffenden ins Wort und sprach sein weltentscheidendes «Angenommen». Der Amerikaner Lansing schreibt, die Versammlung sei über das unerhörte Betragen des Vorsitzenden empört gewesen, und er fügte hinzu: «Wie durfte Wilson so etwas dulden!»

Hätte aber jeder der Teilnehmer diese eigenartige «Debatte» aufhalten dürfen, so wären aus den anderthalbtausend Sitzungen von 1919 sicherlich zwanzigtausend geworden, die Herren säßen wie Barbarossa im Kyffhäuser noch heute in der Salle de l'Horlogue!

Das Schicksal der Welt wurde also nicht von der Vollversammlung entschieden, sondern von Lloyd George, Wilson und Clemenceau, wobei Lloyd George meist den Vermittler der gegenteiligen Ansichten von Clemenceau und Wilson spielte.

Als Foch von der Unterzeichnung des Friedensvertrages von Versailles hörte, sagte er wie ein alter, weiser Seher: «Das ist kein Friede. Das ist ein Waffenstillstand für zwanzig Jahre.» Pünktlich zwanzig Jahre darauf, im Jahre 1939, begann der Zweite Weltkrieg.

Man hat Bände um Bände der Kritik an dem Werk der Pariser Konferenz verfaßt. Dabei ging man stets davon aus, daß der entsetzliche Krieg mit einem «perfekten Frieden», der alle beglückte, hätte enden müssen. Wilsons erschütternde moralische Enttäuschung über das Resultat der Friedenskonferenz, sein Wort, die Menschheit sei für einen neuen Tag noch nicht vorbereitet, trifft nicht die Situation. Denn *jedem* überdimensionalen Krieg der «Neuzeit» muß ein schlechter Friede folgen, weil die Spannungen, die zum Kriege führen, durch das Meer vergossenen Blutes nicht ausgeräumt werden. Im zwanzigsten Jahrhundert werden Kriege nichts mehr entscheiden, noch weniger auf sie folgende Diktate. Das Beste, was noch in Paris herauskam, war die Satzung des Völkerbundes, die in die Friedensverträge von 1919 und 1920 aufgenommen wurde.

Die Idee einer Weltorganisation war nicht neu. Man denke nur an die «Heilige Allianz» von 1815, in der sich die Monarchen brüderliche Hilfe zusicherten, «um Religion, Frieden und Gerechtigkeit aufrechtzuerhalten», oder an das «Europäische Konzert», das Übereinkommen der Großmächte, die Ordnung des Wiener Kongresses gegen alle nationalen und liberalen Bestrebungen zu verteidigen.

Man muß es dennoch dem Präsidenten Wilson hoch anrechnen, daß er der eigentliche Erfinder des neuen Weltbundes war, dessen Begründung er schon seit 1916 fest geplant hatte. Zu den ursprünglich 32 Verbündeten gesellten sich 1920 Österreich, 1926 Deutschland, 1934 die Sowjetunion, 1937 Ägypten. Aber die ideale Blume starb, wie sie aufgeblüht war. 1927 trat Costa Rica aus, 1928 Brasilien, 1933 verließen Japan und Deutschland den Bund, 1937 kündigte Italien, 1938 Chile, 1939 Peru, und 1940 wurde die Sowjetunion wegen ihres Angriffs auf Finnland ausgeschlossen, womit der Fortbestand der Organisation sinnlos geworden war.

Dieser Lauf der Dinge ist um so tragischer, als es in Europa nicht an Männern fehlte, die mit bedeutenden Fähigkeiten dem Frieden dienten: Fridtjof Nansen, Joseph Caillaux, Edouard Herriot, Martin Buber, der neun Jahre lang, noch bis 1933, an der Frankfurter Universität unterrichtete, und vor allem der unermüdliche Kämpfer für den Paneuropa-Gedanken, Graf Coudenhove-Kalergi.

Aristide Briand glaubte fest daran, daß die Menschheit einmal aufhören werde, Kriege zu führen. Aber wann? Vielleicht in fünfzig, vielleicht in hundert Jahren. Der große französische Staatsmann, Advokat und Journalist war wiederholt Ministerpräsident und leitete nach 1926 die französische Außenpolitik. Er bemühte sich um eine Annäherung an Deutschland, trat für die Rheinlandräumung ein und erzielte durch den Locarno-Pakt 1925 gemeinsam mit Austen Chamberlain und Stresemann eine wesentliche politische Entspannung. Briand war einer der besten Redner seiner Zeit, aber man mußte ihn *hören*, nicht lesen, denn es war die Art, die Diktion, die Fähigkeit, alles und jedes wie eine Offenbarung mitzuteilen, was ihn so faszinierend machte. Dieser große Friedensbeschwörer starb erst 1932.

Auch Stresemann, Reichsaußenminister bis zu seinem Tod und der bedeutendste Staatsmann der Weimarer Republik, trat für eine Verständigungspolitik mit Frankreich und England ein und erhielt gemeinsam mit Briand, mit dem er die berühmten freundschaftlichen Gespräche in Thoiry geführt hatte, den Friedensnobelpreis. Dieser wahre Europäer hatte mitgeholfen, den «Geist von Locarno» zu schaffen. Er träumte von einer echten Interessengemeinschaft der europäischen Staaten – aber seine innerpolitischen Gegner hetzten den einsamen Großen zu Tode. Erschütternd, daß man in Deutschland auch für den Zentrumsabgeordneten Erzberger und für den «Erfüllungspolitiker» Rathenau keine anderen Argumente als eine Mordkugel fand!

Am 25. Januar 1925 sagte Edouard Herriot: «Europa ist kaum mehr als ein kleiner Bezirk der Welt. Möge es doch ein wenig von seinem alten Hochmut ablassen ... Mein größter Wunsch ist, eines Tages die Verwirklichung der Vereinigten Staaten von Europa zu erleben.» Ich kannte Herriot gut und weiß, wie ernst es diesem Universalgenie, diesem «Wahrzeichen der Stadt Lyon» mit jenem Gedanken war.

Gibt es auf eine geschichtliche Frage eine bestimmte Antwort? Ich glaube nicht. Man muß die Antworten immer neu suchen, und jede Generation muß die Geschichte aufs neue schreiben. Denn immer wieder erklärt und beleuchtet die Gegenwart die Vergangenheit neu und anders.

Was waren die Ursachen des Sieges der Alliierten, und welches Land gewann den Krieg? Moderne Kriege sind so kostspielig, daß kein Land daraus Nutzen ziehen kann. Der Sieg der Alliierten war durch viele Faktoren bedingt, durch bessere Waffen, durch die größere Wirtschaftskraft, durch eine geschickte Propaganda, die gewisse psychologische Vorgänge auslöste, durch die größeren Materialmengen, durch erdumspannende Hilfsquellen, durch die erdrückende Zahl der Alliierten, die sich auf Grund einer realeren, einer besseren Weltkenntnis, als sie die Deutschen besaßen, zusammenfanden.

Die berüchtigten Reparationen, die Wirtschaftsbestimmungen des Vertrages von Versailles, konnten natürlich niemals durchgesetzt werden. Die Siegermächte zogen aus Deutschland Werte von etwa einer Milliarde Pfund heraus. Wenige Jahre danach gewährten die Vereinigten Staaten und Großbritannien Deutschland Anleihen von 1,5 Milliarden Pfund. Damit wurde ein Teil der Kriegsschäden in Deutschland behoben. «Die Geschichtsschreibung», sagt Churchill, «wird dieses ganze Vorgehen als Wahnsinn bezeichnen.» Übrigens kennt Churchill den einzigen Weg der Ausplünderung eines besiegten Landes. «Er besteht in der Praxis», so sagt er, «im Abtransport aller gewünschten beweglichen Güter und im Verschicken der männlichen Arbeitskräfte in dauernde oder vorübergehende Sklaverei. Das haben auch

die Russen inzwischen gelernt», fügt er hinzu. «Der mit solchen Maßnahmen erzielte Gewinn steht jedoch in keinem Verhältnis zu den Kriegskosten.»
Und was war die wirkliche Ursache des Ersten Weltkrieges? Man wird sie wohl in hundert oder zweihundert Jahren, wenn der Erste Weltkrieg als eine Episode erscheinen wird wie etwa der Siebenjährige Krieg oder der Peloponnesische, deutlicher sehen. Vielleicht! Vielleicht auch nicht, denn die Schulbuben im Jahre 3000 werden vermutlich den Feldzug Hannibals nach Italien und den Napoleons nach Rußland genauso verwechseln wie den Krieg 1914/18 mit den Unternehmungen Caesars. Wir müssen also die «neue Zeit» überhaupt nicht so wichtig nehmen.
Die tiefste Ursache des Ersten Weltkrieges lag darin, daß die Naturwissenschaftler eine neue Welt geschaffen hatten, in der Eisen, Stahl, Gas, Elektrizität ihre Kräfte wirken ließen, in der der Motor erdacht war, dessen Erfinder Diesel 1913 ertrank, und in der das Flugzeug bereits seine gefährlichen und beglückenden Flügel ausstreckte. Aber der Mensch, sein Geist, seine Moral – sie waren die gleichen geblieben wie zur Epoche, als der Cromagnon während der vierten Eiszeit vor rund 50000 Jahren in den Höhlen der Dordogne hauste und die Kultur des Aurignaciens über Europa breitete. Der Mensch war der Stahl- und Maschinenentwicklung nicht gefolgt.
Wir werden noch sehen, wieviel größer das Mißverhältnis zwischen der menschlichen Vernunft und den Atomgewalten ist. Aber damals schon, vor dem Ersten Weltkrieg, hinkte die Ethik des Menschen, die Höhe seiner Sittlichkeit, die Ausbildung seiner Gesinnung den Panzerwagen und Maschinengewehren nach wie ein uralter Mann an geborstener Krücke. Ein Spießer aus dem 20. Jahrhundert bleibt ein Spießer, auch wenn wir ihn im Raumschiff in den Kosmos schicken. Hierin liegt die Gefahr des zwanzigsten Jahrhunderts, das nun, nach 1918, mit der im Krieg gewaltig gesteigerten Technik in titanischer Macht ausbrach.
Die Sieger des Ersten Weltkrieges zwangen Deutschland alle liberalen Ideale des Abendlandes der letzten zwei Jahrhunderte auf. Es sollte keine Militärpflicht geben, keine schwere Rüstung, statt dessen eine demokratische Verfassung, neuzeitlich und modern, angenommen von der Nationalversammlung in Weimar. Es sollte nie wieder einen Kaiser geben, die Weimarer Republik sollte keine Krone erhalten. Statt dessen wurden Leute geringer Herkunft, brave Menschen, die aber keinerlei politische Erfahrung besaßen, zu Staatsmännern erkoren. Churchill ist der Ansicht, daß «eine weise Politik die Weimarer Republik gekrönt und gefestigt hätte, indem ein konstitutioneller Fürst in der

Person eines minderjährigen kaiserlichen Enkels unter einem Regentschaftsrat eingesetzt hätte werden sollen».

Nun lag da ein großes gähnendes Tal im Leben des deutschen Volkes. Die Weimarer Republik mit den schönen liberalen Kulissenstücken und Segenssprüchen wurde als etwas vom Feind Aufgezwungenes empfunden. Sie konnte das deutsche Volk weder fesseln noch zur Treue gemahnen. Man versuchte sich eine Zeitlang an den betagten Generalfeldmarschall von Hindenburg zu klammern. Dann aber geriet das Schiff ins Treiben. Es war kein Vorbild, keine suggestive Kraft da, Einhalt zu gebieten. In diesen politisch leeren Raum trat der Megalomane ein, der alle Haßgefühle bis zum Bersten steigerte, der Gefreite Hitler. Er hatte es wirklich im Ersten Weltkrieg nur bis zum Gefreiten gebracht – das war seine «Vorbildung». Als Napoleon durch den Staatsstreich vom 18. Brumaire die Direktorialregierung stürzte und die Alleinherrschaft erlangte, hatte er auf die regulärste Weise den Generalsgrad erreicht. Er hatte auf den Militärschulen zu Brienne und Paris eine glänzende Erziehung genossen und war schon mit 16 Jahren Artillerieleutnant. Als Churchill die Geschicke Britanniens in die Hand nahm, war dieser große Staatsmann längst Admiral. Napoleon wie er besaßen militärische wie politische Kenntnisse, die – studiert man das Leben wie das Werk dieser Genies – geradezu unfaßbar erscheinen. Bei Thomas Mann finde ich eine schöne Gegenüberstellung von Hitler und Napoleon, die man nicht in einem Atem nennen dürfte, «den großen Krieger zusammen mit dem großen Feigling und Erpressungspazifisten, dessen Rolle am ersten Tage eines wirklichen Krieges ausgespielt wäre; das Wesen, das Hegel den ‹Weltgeist zu Pferde› nannte, das alles beherrschende Riesengehirn, die ungeheuerste Arbeitskapazität, die Verkörperung der Revolution, den tyrannischen Freiheitsbringer, dessen Gestalt der Menschheit als Erzbild mittelmeerländischer Klassik für immer ins Gedächtnis geprägt ist – zusammen mit dem tristen Faulpelz, tatsächlichen Nichtskönner und Träumer fünften Ranges, dem blöden Hasser der sozialen Revolution, dem duckmäuserischen Sadisten und ehrlosen Rachsüchtigen mit ‹Gemüt› . . .»

Deutschland mußte sich ausgerechnet diesem Österreicher aus Braunau und seiner Herrschaft des Terrors verschreiben, dem hundertfach Gescheiterten, dem Kitschmaler ohne Beruf, dem zu keiner lohnenden Arbeit fähigen Dauer-Asylisten und abgewiesenen Gelegenheitsmacher, dem zu schlecht Weggekommenen. Und dieser von Nichtigkeitsgefühlen geplagte Hinundhergestoßene, erfüllt von Wut gegen die Welt, verband sich mit den Minderwertigkeitsgefühlen eines geschlagenen Volkes!

Das große Wunder bleibt, daß das Abendland trotz beider Weltkriege, trotz der ungeheuerlichen politischen Versäumnisse und Fehler, trotz einem Aderlaß, der in der Weltgeschichte nicht seinesgleichen kennt, niemals auch nur für einen Augenblick die geistige Führung der Welt abtrat. Als Deutschland zwischen 1933 und 1945 ein geistiges Vakuum wurde, als die besten Köpfe Deutschland verlassen mußten, grünte und blühte der große abendländische Garten der Künste und Wissenschaften weiter in den anderen Ländern der westlichen Welt.

Sigmund Freud: Psychoanalyse, Ödipuskomplex und Traum

Es gibt eine schöne alte Legende von einem Rabbi, zu dem ein Schüler kam und fragte: «Früher gab es Menschen, die Gott von Angesicht gesehen haben; warum gibt es sie heute nicht mehr?» Da antwortete der Rabbi: «Weil sich heute niemand mehr so tief bücken kann. Man muß sich schon etwas bücken, um aus dem Strom zu schöpfen.»

«Der Unterschied zwischen den meisten anderen Menschen und mir liegt darin, daß bei mir die ‹Zwischenwände› durchsichtig sind. Das ist meine Eigentümlichkeit.»

C. G. Jung, Erinnerungen, Träume, Gedanken.

Allen großen Weltveränderern wurde die Auflehnung gegen die Götter oder Gott vorgeworfen, so Sokrates, so Petrus und Paulus, so dem Begründer des heliozentrischen Weltbildes, Kopernikus, so dem Überwinder der Lehre, daß die Planetenbahnen Kreisbahnen sein müßten, Johannes Kepler, gegen dessen Mutter noch 1627 ein Hexenprozeß geführt wurde, so Columbus, weil die Erde doch nicht rund sein «durfte», so Einstein, von dem ein Kardinal in Boston sagte, er sei ein ausgemachter Atheist, was natürlich in dieser Form unzutreffend ist – und so auch Sigmund Freud. Alle diese Männer hatten sich aber nicht gegen Gott erhoben, sondern gegen die herrschende Religionslehre, gegen die Theologie oder die Einmischung der Theologie in die Wissenschaften.

Unter den Genannten war nur Freud von einer tiefen Abneigung gegen jeden Glauben erfüllt. Er mißtraute aller Metaphysik und lehnte, obgleich er Jude war, selbst die judäische Religion entschieden ab. Nur er unter den Genannten glaubte tatsächlich weder an Gott noch an Götter. Gott habe sich ihm nie offenbart, sagte er, und er hielt Religion für «eine Illusion». Diese Areligiosität Freuds beruht auf einer Überzeugung, die für seine ganze Lehre entscheidend ist: sein Mißtrauen gegen die westliche Kultur, ja seine Verurteilung der abendländischen Gesittung überhaupt. Freud war in erster Linie Arzt, Neurologe, ein Seelenforscher ungewöhnlichen Formats. Er ist für die Kultur des Abendlandes, die er für das Grundübel fast aller Seelenkatastrophen hielt und deren Feind er war, dennoch von allergrößter Bedeutung, denn sein Vorstoß in das Seelenleben des Menschen war keine geringere Tat als der Vorstoß der Kosmonauten in den Weltenraum.

Unter «Neurose» verstehen wir eine Gleichgewichtsstörung, die durch seelische Krisen verursacht wurde und sich in seelischen oder in körperlichen Krankheitserscheinungen äußert. Die meisten Neurosen entstehen aus irgendwelchen Lebenskonflikten der Kranken. Sie bestehen oft in einem Ausweichen in die Krankheit angesichts unlösbarer Probleme des Lebens. Für den überwiegenden Teil der Neurosen machte Freud die abendländische Kultur verantwortlich, den Kulturzustand, in dem wir leben, wozu natürlich auch die Religion und die Moralauffassung des Abendlandes gehören.

Das menschliche Sexualleben besteht «nach landläufiger Auffassung», wie Freud betont, aus dem Bestreben der beiden Geschlechter, sich «normal» zu vereinigen. Nun sind aber seit jeher Tatsachen bekannt, die nicht in den Rahmen dieser Auffassung passen. Es ist bekannt, daß es Personen gibt, die nur für die Individuen des eigenen Geschlechts eine Zuneigung besitzen. Es ist ferner bekannt, daß es zahllose Menschen gibt, «deren Gelüste sich ganz wie sexuelle gebärden», dabei aber von der normalen Form der Betätigung abweichen. «Man heißt solche Menschen Perverse.» Und schließlich ist es auffällig, daß fast alle Kinder sehr frühzeitig Interesse für ihre Intimsphäre zeigen und in den Fällen, wo dies beobachtet wird, für «degeneriert» gehalten werden.

Die von Freud begründete Psychoanalyse erregte Aufsehen und rief Widerspruch hervor, da sie – anknüpfend an diese drei «geringgeschätzten Tatsachen» – allen volkstümlichen Ansichten widersprach. Nach Freud beginnt das Sexualleben nicht erst mit der Pubertät, sondern setzt bald nach der Geburt mit deutlichen Äußerungen ein. Es habe sich gezeigt, daß die in der frühen Kindheit auftauchenden Phänomene nichts Ungewöhnliches sind, sondern einer gesetzmäßigen Entwicklung angehören, daß sie eine regelmäßige Steigerung durchmachen, daß sie etwa gegen Ende des fünften Lebensjahres einen Höhepunkt erreichen und daß dann eine Ruhepause folgt. Während dieser steht der Fortschritt still, vieles wird verlernt und wieder rückgebildet. Nach Ablauf dieser sogenannten Latenzzeit setzt sich mit der Pubertät das Sexualleben fort, Freud sagt, «es blüht wieder auf». Es handelt sich also um einen zweizeitigen Ansatz des Sexuallebens, ein Phänomen, das nach Ansicht Freuds außer beim Menschen nicht bekannt ist und für die Menschwerdung außerordentliche Bedeutung hat.

Alles, was «abartig» genannt wird, unter der Spezies Mensch aber in ungeheuer großer Zahl vorhanden ist, wird nun durch ein gemeinsames, teils stillschweigendes, teils offenes Einvernehmen der Gesellschaft verdammt, so daß Millionen von Individuen einer Verurteilung anheimfallen für eine körperliche und seelische Verfassung, die sie selbst nicht verschuldet haben. Die Kultur benimmt sich gegen die Sexualität wie ein Volksstamm oder eine Schicht der Bevölkerung, die eine andere niederhalten will. Die Angst vor dem Aufstand der Unterdrückten, also etwa derer, die aus physiologischen Gründen zur gleichgeschlechtlichen Liebe neigen, treibt die Gesellschaft zu strengen Vorsichtsmaßregeln. Die Objektwahl des geschlechtsreifen Menschen wird auf das gegenteilige Geschlecht eingeengt, und die meisten «anomalen» Befriedigungen werden als «Perversion» untersagt. «Die in diesen Verboten kundgegebene Forderung eines für alle gleichartigen Sexuallebens setzt sich über die Ungleichheiten in der angeborenen, erworbenen Sexualkonstitution der Menschen hinweg, schneidet eine ziemliche Anzahl von ihnen vom Sexualgenuß ab und wird so die Quelle schwerer Ungerechtigkeit.» Was dann schließlich von der Ächtung frei bleibt, nämlich die Liebe zwischen Mann und Weib, wird durch die Beschränkung der Legitimität und der Einehe noch weiter beeinträchtigt. «Die heutige Kultur gibt deutlich zu erkennen, daß sie sexuelle Beziehungen nur auf Grund einer einmaligen, unauflösbaren Bindung eines Mannes an ein Weib gestatten will, daß sie die Sexualität als selbständige Lustquelle nicht mag und sie nur als bisher unersetzte Quelle für die Vermehrung der Menschen zu dulden gesinnt ist.»

Freud hält das für einen extrem ungerechten Zustand. Ja, die Forderung des nur ehelichen Geschlechtsverkehrs scheint ihm unerfüllbar, «selbst für kürzere Zeiten». Er ist der Ansicht, daß sich nur «Schwächlinge» einem so weitgehenden Einbruch in ihre Sexualfreiheit fügen. Außerdem sieht sich die Kulturgesellschaft genötigt, alle Überschreitungen stillschweigend zuzulassen, die sie doch nach ihren Satzungen verfolgen müßte. So hält Freud das Sexualleben des Kulturmenschen für schwer geschädigt und spricht den beängstigenden, ja erschreckenden Satz aus, das heutige Sexualleben mache mitunter den Eindruck einer in Rückbildung befindlichen Funktion, wie etwa unser Gebiß und unsere Kopfhaare zu degenerieren scheinen.

Freud wendet gegen den bestehenden Kulturzustand ein, er erfülle die Forderungen an eine beglückende Lebensordnung höchst unzureichend. Er lasse viel Leid gewähren. Man müsse Abänderungen unserer Kultur durchsetzen, die die Bedürfnisse des Menschen ohne Einschränkungen und damit vollkommener befriedigen. «Der Urmensch hatte es besser, da er keine Triebeinschränkungen kannte.»

Woher weiß Freud, daß der «Urmensch» – gemeint ist wohl der Mensch des Paläolithikums – keine Beschränkungen seines Trieblebens zu dulden brauchte? Wir müssen im Gegenteil vermuten, daß die Menschen etwa in der Epoche der Aurignaciens, also etwa vor

50 000 Jahren, in strengen, voneinander getrennten Clans lebten, und der berühmte Vorgeschichtsforscher Henri Breuil kommt nach einem langen Leben, das er dem Studium des Altpaläolithikums gewidmet hat, zu dem Schluß, daß die Einehe aus großen zeitlichen Fernen der Vorgeschichte stammt!

Es hat in jener Vergangenheit viel mehr Tabus gegeben als heute. Das beweist schon die Tatsache, daß der Mensch in keiner der altsteinzeitlichen Höhlen Südfrankreichs, die Wandmalereien enthalten, abgebildet ist, und der «Zauberer» in der Wandgravierung der «Trois-Frères»-Höhle bei Montesquieu-Avantès darf nur in der Verkleidung eines Tieres erscheinen. Auch die Handabdrücke des Aurignaciens, die den geopferten Finger erkennen lassen, machen es nicht wahrscheinlich, daß «der Urmensch keine Triebeinschränkungen kannte» und «es besser hatte.»

Während der Kulturzustand nach Freud die größten Ungerechtigkeiten unter den sexuell verschiedenartigen Menschen mit sich bringt, liegen die Ursachen aller Neurosen nach seinen Forschungen ganz woanders. Entscheidend ist für ihn das Seelenleben des Kindes, insbesondere das Verhältnis des Kindes zu den Eltern. Die Eltern spielen bei allen späteren Psychoneurotikern die Hauptrolle. Verliebtheit gegen den einen Teil des Elternpaares, Haß gegen den anderen gehören nach Freud zum eisernen Bestand der im Kindesalter gebildeten Voraussetzung für die spätere Neurose. Die erste Neigung des Mädchens gehört dem Vater, die erste infantile Begierde des Knaben gilt der Mutter. Freuds immer argwöhnischer Verstand schließt weiter, daß der Vater für den Knaben, die Mutter für das Mädchen zum störenden Mitbewerber wird. Es sei ganz natürlich, daß der Mann die kleinen Töchter verzärtelt, die Frau die Söhne, und daß das Kind die Bevorzugung sehr deutlich spüre. Es lehne sich gegen den Teil des Elternpaares auf, der sich ihm widersetzt. Aus diesen Haß- und Liebegefühlen des Kindes baut Freud eine gewaltige und komplizierte Weltanschauung auf, mit tausend Beispielen, die sich recht leicht finden lassen.

Bekanntlich hat Freud den Traum als eine der wichtigsten Grundlagen für seine gesamte Forschung angesehen. Sein Werk «Die Traumdeutung» ist nicht nur ein sehr lesbares, sondern auch ein sehr tiefschürfendes Werk. Ein Kind träumt vom Tode des Vaters oder der Mutter. Gleich weiß Freud, daß der Knabe seinen Vater sterben sieht, das Mädchen die Mutter. Warum? Weil die sexuelle Vorliebe sich so früh geltend macht. Und je unumschränkter der Vater in der Familie herrscht, um so mehr wird der Sohn in die Lage des Feindes gerückt, um so größer seine Ungeduld, durch den Tod des Vaters selbst zur Herrschaft zu gelangen.

Die Konflikte zwischen Tochter und Mutter ergeben sich nach Freud daraus, daß die heranwachsende Tochter in der Mutter eine unbequeme Wächterin sieht. Die Tochter begehrt nach sexueller Freiheit, und die Mutter wird durch das Heranwachsen der Tochter daran erinnert, daß für sie die Zeit heranrückt, sexuellen Ansprüchen zu entsagen. Das alles wirkt so bloßgelegt, deprimierend und erschreckend. Aber Freud selbst warnt, ehe man diese Vorstellungen als ungeheuerlich verwerfe, möge man die tatsächlichen Beziehungen zwischen Eltern und Kindern völlig unvoreingenommen beobachten.
Damit kommen wir zum Stein der Weisen dieses fragwürdigsten und revolutionärsten Wahrheitssuchers im Bereich der Erforschung menschlicher Seelen. Es ist – ein jeder weiß es – der Ödipuskomplex. Ödipus, der Sohn des thebanischen Königs Laios und der Iokaste, wurde wegen des Orakelspruchs, er werde einst seinen Vater töten, gleich nach der Geburt im Gebirge ausgesetzt. Ein Hirt fand ihn und brachte ihn zum König Polybos nach Korinth, wo er wie ein Königssohn erzogen wurde. Auf einer Reise erschlägt der ahnungslose Ödipus nach einem Streit tatsächlich seinen Vater Laios. Er befreit Theben von dem Ungeheuer Sphinx und erhält als Belohnung die Hand der Iokaste, seiner von ihm unerkannten Mutter, wie auch die Königswürde der Stadt. Bald wird Theben von der Pest befallen. Das Delphische Orakel verkündet, die Pest werde weichen, wenn der Mörder des Laios bestraft sei. Man fahndet nach ihm, die Wahrheit kommt an den Tag, der Verzweifelte blendet sich selbst, um seine Schande zu sühnen. Sophokles hat diesen sehr alten Sagenstoff für seine unsterbliche Tragödie verwendet – und Freud machte ihn zum Grundpfeiler seiner gesamten Psychoanalyse. Denn «König Ödipus, der seinen Vater erschlagen und seine Mutter Iokaste geheiratet hat, ist nur die Wunscherfüllung unserer Kindheit». Freud ist überzeugt, daß die Sage aus einem alten Traumstoff stammt, der «die persönliche Störung des Verhältnisses zu den Eltern durch die ersten Regungen der Sexualität zum Inhalt hat». Er beruft sich auf Sophokles: «Denn viele Menschen sahen in Träumen schon sich zugesellt der Mutter.»
Die Bedeutung gerade des Traumes für die Erklärung neurotischer Zustände erscheint Freud deswegen so wichtig, weil der Mensch seine Gedanken im Wachsein unter eine gewisse moralische Zensur stellt, während diese Zensur im Traum wegfällt. Alles sieht Freud unter dem Gesichtspunkt des Ödipuskomplexes. So ist zum Beispiel Hamlet durchaus in der Lage, spontan und tatkräftig zu handeln. Einmal erdolcht er den Lauscher hinter der Tapete, Polonius, ein anderes Mal schickt er ohne Bedenken die zwei Höflinge, die ihm den Tod zugedacht haben, selbst ins Verderben. Was hindert ihn so lange, die Aufgabe

zu erfüllen, die der Geist seines Vaters ihm gestellt hat? Hamlet kann alles vollbringen bis auf eines: Er kann die Rache an dem Mann, der seinen Vater beseitigt hat und der nun dessen Stelle bei der Mutter einnimmt, nicht ohne weiteres vollziehen. Warum? Weil sein grüblerisches Denken sein Handeln hemmt? Weil er spürt, daß er als einzelner die zerrüttete Weltordnung auch durch die Ermordung seines Onkels nicht herstellen kann? Nein, es ist ganz etwas anderes. Freud weiß es: Claudius hat, indem er den edlen dänischen König ermordete, Hamlets eigenen verdrängten Kinderwunsch erfüllt! Aus dem Verhalten zur Ophelia schließt Freud darüber hinaus nicht etwa, daß Hamlet Ophelia in seinen Racheakt mit einschließt, sondern auf «eine grundsätzliche Sexualabneigung Shakespeares», die im «Timon von Athen ihre deutlichste Äußerung» findet. Es ist tatsächlich der Mut zu bewundern, mit dem Freud selbst das Seelenleben des unbekannten Shakespeare zu beurteilen wagte!
Der Begründer der Psychoanalyse war der Sohn jüdischer Eltern aus Freiberg. Gerade die Vielseitigkeit von Sigmund Freud machte es ihm schwer, sich für einen Beruf zu entscheiden. Darum ist der «Zwischenberuf» zwischen Arzt, Philosoph und Erforscher der menschlichen Psyche für ihn kennzeichnend. Als junger Mann übersetzte er einen Band der Werke von John Stuart Mill. Dieser englische Philosoph, Wirtschaftstheoretiker, Logiker und Ethiker war Positivist und setzte sich für einen radikalen Liberalismus ein. Freud ist mit ihm, schon wegen des Ausmaßes und der Vielseitigkeit der Interessen beider, seelenverwandt. Mill schrieb über politische Wirtschaft, über England und Irland, über die Freiheit und – was Freud sehr interessiert haben wird – über die Unterdrückung der Frauen und ihre Befreiung. Freud begann sich für Chemie zu interessieren, dann für Physiologie und Anatomie und entschloß sich schließlich, Medizin zu studieren. Er arbeitete einige Jahre im physiologischen Laboratorium E. W. von Bruecke, dann in der psychiatrischen Klinik unter der Direktion des Gehirnanatomen T. H. Meynert.
Der berühmte Wiener Arzt Joseph Breuer, Physiologe und Internist, teilte Freud seine außerordentliche Erfahrung mit. Es war ihm gelungen, ein Mädchen, das unter schwerer Hysterie litt, zu heilen. Dieses Mädchen war durch die zu intensiven Eindrücke erkrankt, die sich in ihr Gemüt eingegraben hatten, während sie ihren schwerkranken Vater pflegte. Breuer brachte das Mädchen unter Hypnose dazu, die Ursache ihres Hysterie-Erlebnisses zu suchen und die «pathogenischen» Geschehnisse in der Erinnerung nochmals durchzugehen. Dieses Nacherleben, so stellte Breuer fest, führte zur völligen Heilung der seelischen Erkrankung.

Schließlich nahm er nochmals zusammen mit dem hervorragenden Wiener Arzt Breuer seine Forschungen über psychoanalytische Probleme auf. Das gemeinsame Werk der beiden Gelehrten, «Studien über Hysterie», 1895 erschienen, ist der Beginn der Wissenschaft, die Freud später «Psychoanalyse» nannte.

Freud ersetzte die Heilung unter Hypnose, die nur sehr unterschiedliche Erfolge zeitigte, durch genaue Ergründung des Seelenzustandes jedes seiner Patienten. Er studierte dabei das Phänomen des Widerstandes. Der Patient widersetzt sich nämlich der Aufdeckung seiner unterdrückten Erfahrungen, und dieser Widerstand in der Seele des Behandelten muß aufgehoben werden. Die Heilung besteht darin, daß die unbewußten geistigen Vorgänge durch bewußte geklärt und beseitigt werden.

In Freuds Arbeit sind die klinischen, theoretischen und technischen Gesichtspunkte eng miteinander verbunden. Sein Leben lang versuchte er zu erraten, wie der geistige Apparat des Menschen gebaut ist, welche Kräfte hineinspielen und mit welchen psychologischen Mitteln man die krankhaften Zustände beseitigen kann. Das führte zu einem radikalen Fortschritt im Verständnis der Neurose, der Psychose und der Perversion sowie auch zu einem besseren Verständnis des gesunden, «normalen» Gemütes.

Freuds großer intellektueller Mut und die Tatsache, daß er sich durch Einwände der Fachgelehrten nicht von seinem Wege abbringen ließ, führten dazu, daß ganz unbekannte Welten im menschlichen Geist ermittelt wurden. Auch ließ sich der Gelehrte weder durch Alter noch durch eine schwere Krankheit, die in seinem 67. Lebensjahr einsetzte, von seinen Forschungen zurückhalten. Eine seiner bedeutendsten Arbeiten verfaßte er mit 80 Jahren. Sein letztes Werk, «Moses und der Monotheismus», schrieb der Dreiundachtzigjährige 1939 in der Emigration in London, kurz vor seinem Tode.

Die Entdeckung der Sexualität von Kindern und die große Bedeutung, die Freud diesem Phänomen beimaß, stießen von Anfang an überall auf Widerstand. Freud wurde mißverstanden, man verdrehte seine Ideen nach allen Richtungen, aber das brachte den Gelehrten nie aus der Ruhe, noch war er je darüber erstaunt. An der Universität Wien wurde Freud niemals zum ordentlichen Professor ernannt. Von der Fachwelt wurde Freud schon deswegen angegriffen, weil er sich sehr klar auszudrücken verstand. Er schrieb lesbar, eben zu allgemein verständlich, besonders in den Augen mancher Gelehrter. Seine Kollegen von der Psychiatrie wollten sich keine Mühe geben, den umwälzenden Auffassungen Freuds über die Bedeutung des Traumes zu folgen. Und die Philosophen haben den Traum fast immer nur als unwichtigen

Anhang zum Bewußten betrachtet. Schließlich wurde Freud von den Herren vom Fach auch deswegen abgelehnt, weil viele Gebildete, Wißbegierige, vor allem viele Millionen von Frauen seine Werke lasen und über ihn zu reden liebten, Dinge, die der Wissenschaft immer verdächtig erscheinen werden. Erst in den letzten Jahren seines Lebens und unter dem Einfluß der wissenschaftlichen Meinung amerikanischer Gelehrter wich der Widerstand ein wenig.

Man hat Psychoanalyse als die Verhäßlichung und Entgötterung der Welt bezeichnet. In der Verteidigung der Abarten durch Freud sahen manche «den Sklavenaufstand der Amoral». Man unterschob Freud einen «Racheakt des schlecht Weggekommenen». Man befürchtete und befürchtet noch heute, daß die ganze Welt von ihm neurotisiert, sexualisiert und diabolisiert werden sollte. Es ist etwas Wahres daran, daß Freud eine Art gottloser Priester war und daß er eine Religion predigte, die als Wissenschaft auftrat.

Karl Jaspers sagt, der Psychologe als Instanz sei ein ungeheuerliches Phänomen. Er nennt die Psychoanalyse trotz ihrer wissenschaftlichen Elemente «eine Glaubensbewegung im wissenschaftlichen Gewande». Sie sei in Amerika eine schon grotesk werdende Erscheinung. Weil die psychologischen Erkenntnisse und Einsichten noch so mangelhaft und zweifelhaft sind, so können sie nach Jaspers' Ansicht für die Erziehung nicht entscheidend werden. Bernard Shaw sagte, er habe immer großes Interesse für seine Träume gehabt. Seit er aber die Psychoanalyse kenne, lege er ihnen gar keinen Wert mehr bei. Tatsächlich hat Freud mit der Aufdeckung, mit der ständigen Betonung und Überbewertung des Ödipuskomplexes die gesamte westliche Menschheit wie ein Hexer «psychoanalysiert».

Auf die abendländische Literatur haben Freuds Forschungen wie ein alles erfassender Eingriff eines Gottes gewirkt, der den Traum zum Leben erklärte und das Leben zum Traum. Scott Fitzgerald, Conrad Aiken, Dylan Thomas, Italo Svevo und ungezählte andere haben in ihren Schöpfungen die Tiefen und die Abgründe des Seelenlebens ganz anders angepackt als vor ihnen die Tolstojs, die Balzacs und Zolas. Eliots «Cocktailparty» ist ohne die Welt, die Freud der Tiefenpsychologie öffnete, genauso undenkbar wie Tennessee Williams' «Katze auf dem heißen Blechdach» oder Saunders' «Duft von Blumen». Thomas Manns Italiener Settembrini sagt im «Zauberberg»: «Die Analyse ist gut als Werkzeug der Aufklärung und der Zivilisation, gut, insofern sie dumme Überzeugungen erschüttert, natürliche Vorurteile auflöst und die Autorität unterwühlt, gut, mit anderen Worten, indem sie befreit, verfeinert, vermenschlicht und Knechte reif macht zur Freiheit. Sie ist schlecht, sehr schlecht, insofern sie die Tat verhindert, das Leben an den Wurzeln schädigt, unfähig, es zu gestalten. Die Analyse kann eine sehr unappetitliche Sache sein, unappetitlich wie der Tod, zu dem sie dann doch wohl eigentlich gehören mag – verwandt dem Grabe und seiner anrüchigen Anatomie.»

Der Schweizer Psychologe und Psychiater Carl Gustav Jung besuchte Freud zum erstenmal im Februar 1907 in Wien. Dreizehn Stunden lang unterhielten sich die beiden Gelehrten ununterbrochen. «Freud war der erste wirklich bedeutende Mann, dem ich begegnete», sagt Jung. «Kein anderer Mensch in meiner damaligen Erfahrung konnte sich mit ihm messen. In seiner Einstellung gab es nichts Triviales. Ich fand ihn außerordentlich intelligent, scharfsinnig und in jeder Beziehung bemerkenswert.»

Diese anfängliche Begeisterung wich nach und nach einem immer größeren Mißtrauen, denn «Freuds Einstellung zum Geist» erschien Jung in wachsendem Maße fragwürdig. In jedem Kunstwerk, in dem eine überhöhte Geistigkeit erkennbar war, wurde sie nach Jungs Ansicht von Freud als «verdrängte Sexualität» ausgelegt. Sah man aber die Welt nur so an, so mußte man zu einem vernichtenden Urteil über die Kultur gelangen, die dann nichts weiter als ein morbides Ergebnis verdrängter Sexualität war. Jung glaubte seinen Ohren nicht zu trauen, als Freud ihm plötzlich sagte: «Ja, so ist es auch. Das ist ein Schicksalsfluch, gegen den wir machtlos sind.»

Die Atmosphäre war immer spannungsgeladen, auch in den folgenden Jahren, wenn sich die beiden außerordentlich scharf beobachtenden Seelenforscher gegenübersaßen. Der Schweizer spürte, daß Freud ein ganz anderer Mensch wurde, sobald er von seiner Sexualtheorie zu sprechen begann. Freud wurde dann dringlich. Fast schien er ängstlich. Und sein Gesicht bekam einen seltsam bewegten Ausdruck. Die ganze Menschheit dauernd und in jeder, auch der größten Leistung vom Sex beherrscht zu sehen, das war für Freud ein Dogma. Er wurde leidenschaftlich im Ton, wenn er über diese Dinge redete. Alles, was nicht in dieses Dogma der Sexualtheorie paßte, das hielt Freud für «Okkultismus», und unter Okkultismus verstand Freud wiederum alles, was Philosophie, Religion oder die damals aufkommende Parapsychologie waren. Zur «Parapsychologie» gehören Telepathie, Hellsehen, Prophetie sowie mechanisch unerklärbare seelische Wirkungen auf materielle Vorgänge, die sogenannte «Psychokinese».

Man sieht deutlich den Bruch. Jung sagt, für ihn sei Freuds Sexualtheorie genauso «okkult», das heißt unbewiesen und bloß mögliche Hypothese gewesen. Für Freud bedeutet eben die Sexualität alles. Sie umfaßte, das glaubte Jung zu erkennen, auch jede Geistigkeit. Aber: «Freud hat sich nie gefragt, warum er ständig über den Sexus reden mußte.» Jung sah immer ein «Oben und ein Unten», ein «Innen und ein Außen». Er drang in ein großes Geheimnis ein, daß der Mensch nämlich weit über die Grenzen seines Bewußtseins hinauslebt und daß ganz ohne unser Wissen das Unbewußte mitlebt.

Je mehr die kritische Vernunft verwaltet, desto ärmer wird das Leben. Die überschätzte Vernunft ist für Jung wie der absolute Staat. Unter der Herrschaft beider verelendet der einzelne. Jung geht noch weiter. Er glaubt, daß ein Teil der Psyche den Gesetzen von Raum und Zeit nicht unterworfen ist. Er tastet sich vorsichtig an spontanes Vorauswissen heran, an «unräumliche Warnungen», und er hält es für möglich, daß die Psyche zeitweilig jenseits des raumzeitlichen Kausalgesetzes funktioniert. Wenn es parapsychologische Erfahrungen gibt, wenn solche Phänomene überhaupt vorkommen, dann ist das rationalistische Weltbild ungültig, weil es unvollständig bleibt. Darin ist der Schweizer Psychologe ungemein kühn: «Mit Hilfe von Andeutungen, die uns das Unbewußte schickt, zum Beispiel den Träumen, kann man sich gewisse Auffassungen bilden über das Weltall, über das Leben nach dem Tode, über Dinge, die wir heute mit aller Logik noch nicht wissen können. Unsere Welt, mit Zeit, Raum und Kausalität, bezieht sich auf eine dahinter- oder darüberliegende andere Ordnung der Dinge, in welcher weder ‹Hier noch Dort›, noch ‹Früher und Später› wesentlich sind.»

Als Jung im Jahre 1909 Freuds Ansichten über Präkognition – das Hellsehen in bezug auf zukünftige Vorgänge – und über Parapsychologie erfahren wollte, lehnte Freud diesen ganzen Fragenkomplex als Unsinn ab und berief sich auf einen dermaßen oberflächlichen Positivismus, «daß ich Mühe hatte, ihm nicht allzu scharf zu entgegnen». Jung erkannte an Freud einen tief eingewurzelten Charakterzug, nämlich dessen Bitterkeit. Er glaubte, sie beruhe darauf, daß Freud unter dem alles erfassenden Eindruck der Macht des Eros diesen zu einem «Numen», also «einem göttlichen Walten», erheben wollte. Er habe aber diesen Anspruch nicht laut werden lassen und litt unter der Tatsache, daß er seine Lehrsätze nicht «kanonisieren» durfte. Jung meint, der Meister sei mit der eigenen Neurose nicht fertig geworden, er selbst sei aber keineswegs durch den Bruch mit Freud zum «Mystiker» geworden. – Freud war von einer ganz seltenen und ungewöhnlich feinen Sensibilität. Als Jung mit ihm in Bremen weilte und die Mumien in den Bremer Bleikellern besichtigen wollte, wurde Freud sichtlich erregt und überaus nervös. «Was haben Sie denn mit diesen Leichen», fragte er mehrere Male. Bei Tisch erlitt er dann eine Ohnmacht und sagte, er spüre, daß Jungs Gerede über die Leichen nichts anderes bedeute, als daß er ihm den Tod wünsche.

Und doch hat Jung die Genialität Freuds, trotz seiner Einwände, immer und durchaus erkannt. «Freuds größte Leistung bestand wohl darin, daß er seine neurotischen Patienten behandelte, indem er auf ihre eigentümliche und individuelle Psychologie einging.»
Das ist richtig. Wie ein König der Wissenschaft, ein weit über unsere Zeit hinaus Denkender, wie ein alttestamentarischer Prophet, der sich sein Leben lang mühte, falsche Götter zu stürzen, wandert Freud, fast immer unsichtbar, aber sehr gegenwärtig, durch das 20. Jahrhundert. Niemand hat so hart gegen Heucheleien und Unehrlichkeiten angekämpft. Niemand hat so tief wie er in die menschlichen Seelen geschaut und versucht, sie der Heilung des hellen Sonnenlichtes zu übergeben.

Die Atomspalter

«Die große Vielfalt von Gesetzmäßigkeiten im Reiche der atomaren Phänomene nötigt uns, wiederum neue physikalische Begriffe zu ersinnen. Die Materie hat eine ‹körnige› Struktur, sie setzt sich aus Elementarteilchen, den Elementarquanten der Materie, zusammen. Genauso hat auch die elektrische Ladung und – was im Sinne der Quantentheorie das wichtigste ist – die Energie eine ‹körnige› Struktur. Photonen sind die Energiequanten, aus denen sich das Licht zusammensetzt.» – Albert Einstein, Leopold Infeld, Die Evolution der Physik.

Gleich am Anfang des 20. Jahrhunderts wurde eine außerordentliche Entdeckung gemacht, die nach und nach das gesamte physikalische Weltbild des Abendlandes veränderte.

Die Entdeckung des zu Pisa geborenen Naturforschers und Mathematikers Galilei sprengte bereits die bis zu seiner Zeit herrschende Verkettung der Physik mit den philosophischen Grundsätzen seiner Epoche. Er suchte für die Vorgänge der Natur Gesetze aufzustellen, fand überzeugende Beweise für das 50 Jahre vor ihm begründete kopernikanische Weltsystem und öffnete damit der modernen Naturwissenschaft die Tore der Erfahrung. Daß er dadurch in zwei Prozesse vor dem heiligen Offizium geriet und seine «Irrtümer widerrufen, verfluchen und verabscheuen» mußte, die Lehre, daß die Sonne der Mittelpunkt unserer Welt sei und die Erde sich um sie bewege, versteht sich aus der theologischen Anschauung der Zeit, «mathematische Thesen» hätten nichts mit der physischen Realität zu tun. Erstaunlicherweise hatten die Theologen sogar recht, das wissen wir heute, nur wären sie aufs äußerste bestürzt gewesen, wenn sie erfahren hätten, auf welche Weise. Vor allem ersparte ihm der Widerruf die Folter, und er hat niemals zu sagen gewagt «eppur si muove», denn wäre er so hartnäckig gewesen, so hätte man ihn auf das Rad geflochten. Damals durfte sich die Erde eben noch nicht bewegen, die Einheit des kirchlichen Weltbildes mußte erhalten bleiben. Die Kerkerstrafe, die am 21. Juni 1633 gegen ihn ausgesprochen wurde, verwandelte der Papst in Hausarrest, und so starb Galilei, fast erblindet, in seiner Villa zu Arcetri, in der Nähe von Florenz, nachdem er neun Jahre lang das Leben eines mit der ganzen wissenschaftlichen Welt korrespondierenden Einsiedlers geführt hatte.

Fast auf den Tag ein Jahr danach wurde Isaac Newton geboren, dessen grandiose Leistungen auf dem Gebiet der experimentellen Optik, der theoretischen Mechanik und der höheren Mathematik ein Weltbild schufen, in dem es keinen Naturprozeß zu geben schien, der nicht durch seine wunderbar präzisen Gesetze, durch die «Newtonsche Mechanik», vorausbestimmt werden konnte.

Newton, der in einer duldsameren Zeit lebte als Galilei, glaubte, er hätte die Welt «erfaßt». Seine «mathematischen Grundlagen der Naturwissenschaften» schienen alles zu erklären.

Aber Newtons Weltbild wurde vom 20. Jahrhundert gestürzt. Was «wirklich ist», begann seit 1900 immer zweifelhafter zu werden. Die schöne Einheit des physikalischen Denkens ging verloren, und unendlich viele Vorstellungen mußten fallen.

So wie Columbus mit der Entdeckung Amerikas ein neues Zeitalter einleitete, so hat ein anderer hochgenialer Mann den Grundstein zum physikalischen Weltbild des 20. Jahrhunderts gelegt. Max Planck veröffentlichte seine Quantenhypothese im Dezember 1900. Werner Heisenberg sagt dazu: «Der Gedanke, daß Energie nur in diskreten Energiequanten emitiert und absorbiert werden könnte, war so neu, daß er nicht in den überlieferten Rahmen der Physik eingefügt werden konnte.» Und er meint, Planck müsse sich schon um diese Zeit darüber klargeworden sein, daß seine Formel die alten Grundlagen der Naturauffassung erschütterte, daß diese Fundamente eines Tages in Bewegung geraten und in eine noch völlig unbekannte neue Gleichgewichtslage übergehen würden. Planck soll bei einem Spaziergang durch den Grunewald seinem Sohn mitgeteilt haben, er hätte das Gefühl, eine Entdeckung allerersten Ranges gemacht zu haben – oder sich völlig zu irren.

Jeder weiß, daß ein erhitzter Körper bei steigender Temperatur zuerst rot aufglüht, danach eine Orangenfarbe annimmt, später gelb wird und dann weiß. Man hatte lange versucht zu ermitteln, wie die Strahlenenergie, die aus einem so erhitzten Gegenstand ausgeht, mit Wellenlänge und Temperatur zusammenhängt. Das mißlang wieder und wieder. Aber endlich fand Planck auf mathematischem Wege die Gleichung, die die experimentell gewonnenen Ergebnisse bestätigte. Planck stellte fest, daß die Menge der abgegebenen Energie während der Strahlung nicht kontinuierlich, sondern in gewissen Sprüngen wächst. Daraus ermittelte er, daß Strahlung aus noch unbekannten Teilchen besteht, die er «Quanten» nannte. Der eigentliche Vorgang der Strahlung ist bis heute nicht bekannt. Aber es gelang dem Forscher, den Energiebetrag eines jeden Quants durch eine Gleichung zu bestimmen, eine außerordentlich geringe Ziffer, die erst mit der 21. Stelle hinter dem Komma nach einer Null beginnt.

Dieses Plancksche Wirkungsquantum hat sich als eine der grundle-

genden Konstanten in der Natur erwiesen. Es ist unerläßlich für alle Berechnungen in der Atomphysik, es ist eine mathematische Größe, die so rätselhaft ist wie die Lichtgeschwindigkeit. Wir können uns damit trösten, daß eigentlich jedes Naturgesetz dem «vernünftig denkenden Menschen» irrational erscheint. Aber Max Plancks Quantentheorie ist für die Entwicklung der Naturwissenschaft so entscheidend, daß man das Entdeckungsjahr 1900 als die Grenze zwischen «klassischer Physik» und «Quantenphysik» bezeichnen kann.
Wir wissen heute, daß Wärme aus der Bombardierung jedes erwärmten Gegenstandes mit unzähligen Quanten von Wärmestrahlung erfolgt. Eine Farbempfindung entsteht durch das Bombardement unserer optischen Nerven mit einer unvorstellbaren Menge von Lichtquanten.
Albert Einstein wurde, wie der berühmte Schneider, der auch hoch über seine Zeit hinauswollte, zu Ulm geboren. Sein Onkel väterlicherseits weckte in ihm das Interesse an Mathematik, das in diesem Kopf voller glänzender Anlagen zu einem brennenden Feuer wurde. Er ging in Aarau in der Schweiz zur Schule, trat in das Polytechnikum von Zürich ein, um Lehrer der Physik und Mathematik zu werden, und erwarb sein Diplom wie auch die Schweizer Staatsangehörigkeit im gleichen Jahr, 1900.
Da er keine Lehrstelle an einer Universität finden konnte, nahm er eine Stellung im Berner Patentamt an, wo er die eingereichten Patente zu prüfen hatte. Dieser Tätigkeit oder besser gesagt «Untätigkeit» des nur 26 Jahre alten Ulmers verdankt die Welt einige grundlegende Erkenntnisse, denn die Arbeit im Patentamt ließ ihm Zeit, fundamentale physikalische Probleme einer Lösung näherzubringen.
Schon damals, im Jahre 1905, veröffentlichte er vier Arbeiten. Jede enthielt eine große physikalische Entdeckung. Es waren die «Relativitätstheorie», die Erkenntnis, daß »Materie Energie ist und Energie Materie», die Theorie der «Brownschen Molekularbewegung» und die «Photonen-Licht-Theorie». Die abendländische Welt war damit bereits am Beginn des 20. Jahrhunderts in physikalischer Hinsicht einen gewaltigen Schritt vorangekommen.
Wie lange es gedauert hat, bis die Allgemeinheit von diesen revolutionären Erkenntnissen Kunde erhielt, zeigt ein Vergleich mit einigen Geschehnissen des Jahres 1905. In diesem Jahr siegt Japan im Kriege gegen Rußland. Zar Nikolaus II. und Wilhelm II. treffen sich vor Finnland und sagen sich gegenseitig Waffenhilfe zu. Lenin begründet die bolschewistische Taktik mit seinem Werk «Zwei Taktiken in der demokratischen Revolution». Heinrich Mann schreibt seinen «Professor Unrat», nach dem später der «Blaue Engel» gedreht wurde. Adolf Men-

zel stirbt. Picasso malt die «Gauklerfamilie mit dem Affen», Max Liebermann die «Judengasse in Amsterdam», Albert Schweitzer verfaßt sein Buch über Bach. In Berlin beginnt der öffentliche Autobusverkehr, eine Sensation! Und die Kinder der Neger-Haussklaven in Ostafrika werden zum erstenmal Freie. So sah die Welt aus, in der die «Relativitätstheorie» erfunden wurde!

Plancks Quantentheorie umfaßt die tiefsten uns heute bekannten physikalischen Naturgesetze. Aber der gewaltige Sprung nach vorn wurde von den Völkern Europas zunächst überhaupt nicht wahrgenommen. Selbst heute noch hält man im allgemeinen die Atomwissenschaft für außerordentlich jung. Dabei waren Plancks «Quanten« schon 1900 nichts anderes als «Energieatome».

Einstein bediente sich der epochalen Entdeckungen des Kieler Physikers Max Planck, indem er annahm, daß jedes Licht aus einzelnen Teilchen von Energie zusammengesetzt ist. Er nannte diese Teilchen «Photonen». Er ermittelte außerdem, daß Photonen hoher Frequenz, also violette, ultraviolette Strahlen oder Röntgenstrahlen, eine größere Energiemenge enthalten als rote und infrarote Photonen. Er brachte diese Photonen in einen logischen Zusammenhang mit Elektronen, stellte eine Reihe von Gleichungen auf und erhielt für diese Arbeiten 1922 den Nobelpreis. Mit Recht, denn alle Erfahrungen mit photoelektrischen Zellen, das ganze «photoelektrische Gesetz», öffnete der Menschheit ganz neue, unbekannte Welten, beispielsweise das Fernsehen. Die Lichtquantengesetze, die Einstein ermittelte, wurden außerdem wesentliche Grundlage der modernen Atomphysik. Die weiteren Arbeiten Einsteins galten dem Ausbau und der Vertiefung der Relativitätstheorie.

Tatsächlich ist es möglich, mit Hilfe der Relativitätstheorie eine zusammenpassende Ordnung aller Vorgänge des außerordentlich komplizierten Weltalls darzustellen. Einstein entdeckte die «vierte Dimension». Die Welt, in der wir leben, ist ein «vierdimensionales raumzeitliches Kontinuum». Und was ist die vierte Dimension? Es ist die Zeit, ohne die der Kosmos nicht verstanden werden kann. Der bedeutende deutsche Mathematiker Hermann Minkowski sagte in diesem Zusammenhang, Raum und Zeit als getrennte Größen seien überhaupt nicht vorhanden. Nur in ihrer Verbindung sind sie Wirklichkeit.

Einstein ermittelte, daß die Lichtgeschwindigkeit die Höchstgrenze aller Geschwindigkeiten im Weltall darstellt. Er erkannte, daß die Masse eines bewegten Körpers keineswegs eine konstante ist. Sie nimmt mit wachsender Geschwindigkeit zu. Und der Kosmos? Es ist keine starre, unveränderliche Größe, sondern ein Kontinuum in ständiger Umformung.

Die ungeheuer großen Sternhaufen, die von den Astronomen früher «Spiralnebel» genannt wurden und die dem Milchstraßensystem ähneln, weshalb sie heute auch als «Galaxien» bezeichnet werden, bewegen sich alle nach außen von uns fort. Man schätzt die Zahl der Galaxien auf eine Milliarde. Jede einzelne ist ein unabhängiges Sternsystem. Je weiter die Entfernungen dieser «Milchstraßen», je schwächer sie im Weltraum erkennbar sind, um so größer ihre Zahl. Das ganze System der Galaxien dehnt sich mit zunehmender Geschwindigkeit aus. Könnte man nun diese unvorstellbare Ausdehnung zurückkommandieren, so würde eine Art «Super-Kern», ein «Anfang der Welt», entstehen. Die Zeit vom «Anfang», also von diesem «Super-Kern», bis jetzt berechnete der amerikanische Astronom Edwin Powell Hubble, der mit den großen Teleskopen von Mount Wilson in Washington und Palomar, Kalifornien, arbeitete, auf 2000 bis 3000 Millionen Jahre. Das Spiegelteleskop auf dem 1871 Meter hohen Mount Palomar ist mit je einem Schmidtspiegel von 45 cm und 122 cm Öffnung ausgerüstet und besitzt einen Parabolspiegel von fünf Meter Durchmesser.
Als seit 1952 die kosmischen Entfernungen noch viel genauer errechnet werden konnten, stellte sich heraus, daß sie größer waren, als Hubble annahm. Auch das mit der radioaktiven Methode bestimmte Alter von Meteoriten und das mit den Ergebnissen der Kernphysik erforschte Alter von Himmelskörpern ergeben ein neues «Alter der Welt». Es wird jetzt auf rund 10000 Millionen Jahre geschätzt.
Die moderne Entwicklung der Kosmologie und Kosmogonie, der Wissenschaften von der Struktur und der Entstehung des Kosmos, bringt ständig neue und unerwartete Ergebnisse.
Das Geheimnis aller dieser Erkenntnisse beruht darauf, nichts «Bekanntes» als *gesichert* hinzunehmen, sich vom «Erdendenken» frei zu machen und zu begreifen, daß unser Verstand nichts anderes ist als *eine gewaltige Summe von Vorurteilen.* Um die wahren Grundlagen der Natur zu erkennen, muß man sich von allen diesen Vorurteilen frei machen, den Vorurteilen, die man «Erfahrungen» zu nennen gewohnt ist.
Das Newtonsche Weltbild, fest verankert im irdischen Raum und in irdischer Zeit, wurde nicht nur von Planck und Einstein revidiert. Es haben noch andere Gelehrte, wahre «Titanen der Forschung», mächtig an der alten Säule gerüttelt.
Werner Karl *Heisenberg,* seit 1941 Direktor des Max-Planck-Instituts für Physik in Berlin, begründete mit Max Born und Pascal Jordan die «Quantenmechanik» und stellte 1927 die für sie grundlegenden Schärferelationen auf. Nach der Entdeckung des Neutrons durch James

Chadwick – im Jahre 1932 – sprach Heisenberg die Vermutung aus, daß neben den Protonen nur Neutronen am Aufbau des Atomkerns beteiligt sind.
Otto Hahn, 1946–1960 Präsident der Max-Planck-Gesellschaft, hatte das Glück, schon 1905 bei Rutherford in Montreal zu arbeiten, dem es zwei Jahre vorher gemeinsam mit Frederick *Soddy* gelungen war, die Atomzerfallshypothese aufzustellen, und dem im Jahre 1919 der erste Nachweis einer Kernreaktion beim Stickstoff gelang. Hahn arbeitete später 30 Jahre lang mit der hochbegabten Lise Meitner zusammen. Ende 1938 entdeckte er unter Mitarbeit von F. Straßmann die Kernspaltung des Urans und des Thoriums, wofür er 1944 den Nobelpreis für Chemie erhielt.
Der italienische Physiker Enrico Fermi leitete schließlich die erste kontrollierte Kern-Kettenreaktion am 2. Dezember 1942 an der Universität von Chicago. Er hatte schon acht Jahre vorher nachgewiesen, daß sich nukleare Veränderungen in fast jedem Element abspielen, wenn es einem Bombardement von Neutronen ausgesetzt wird. Fermi war dann maßgebend am Atomprogramm von Los Alamos beteiligt.
Ein genaues Studium der Vorgänge in den Atomlaboratorien Europas und Amerikas beweist, daß Hitler den Krieg schon verloren hatte, ehe er ihn überhaupt begann. Er wie auch Mussolini hatten selbst dafür gesorgt, daß die bedeutendsten lebenden Physiker abwanderten und ihr Wissen in das Ausland, insbesondere nach Amerika, trugen.
Einstein, Professor der Theoretischen Physik an der Universität Zürich, ordentliches Mitglied der Preußischen Akademie der Wissenschaften, Direktor des Kaiser-Wilhelm-Institutes für Physik, Mitglied des Kuratoriums der Physikalisch-Technischen Reichsanstalt, verließ Berlin schon 1932, denn er hatte erkannt, welchen Lauf die Dinge in Deutschland nehmen würden. Er gab alle seine Ämter auf und ging 1933 an das «Institute for Advanced Study» in Princeton. Im Jahre 1940 erlangte er die amerikanische Staatsangehörigkeit.
Der polnische Physiker Leopold Infeld, der zu Einstein nach Princeton gegangen war, erzählte, Einstein habe öfters gesagt, «hier in Princeton betrachten sie mich als alten Trottel». Max Born erzählt dazu, man habe ihn als eine historische Reliquie angesehen, und doch habe Einstein gerade damals eine Arbeit begonnen, so wichtig und so kühn, daß Infeld zuerst die Einsteinschen Behauptungen gar nicht glauben wollte.
Lise Meitner mußte nach dreißigjähriger Zusammenarbeit mit Hahn 1938 das Kaiser-Wilhelm-Institut verlassen. Es gelang ihr mit Mühe und Not, nach Holland zu entkommen und später in Stockholm zu arbeiten.

Max Planck mußte noch erleben, wie sein zweiter Sohn von der Gestapo ermordet wurde. Er selbst, 1945 von den Amerikanern gerettet, starb zwei Jahre darauf, gebrochenen Herzens.
In Italien wurden die ersten antisemitischen Gesetze im September 1938 verkündet. Der hochbegabte Physiker Enrico Fermi beschloß, Italien so schnell wie möglich zu verlassen. Er wie seine Kinder waren katholisch, Frau Fermi sagt, sie hätten in Italien bleiben können. «Aber es gibt eine Grenze dessen, was man ertragen will.» Fermi nahm daher in den USA einen Lehrstuhl für Physik an der Columbia University an.
Otto Hahn sagt resignierend: «Nur vier Wissenschaftler arbeiteten schließlich im Kaiser-Wilhelm-Institut voll auf dem Gebiet der Spaltung, und zwar Hahn, Straßmann, Seelmann-Eggebert und Götter, später auch H. J. Born und K. Starke, gegenüber Hunderten von Wissenschaftlern bei den Alliierten. Wir brauchten uns unserer Arbeiten also nicht zu schämen.»
Schon am 16. März 1939 schrieb Professor Pegram an den Admiral S. C. Hooper in Washington, daß Uran als Explosivstoff benutzt werden könne und daß es eine Million mal soviel Energie pro Pfund besäße als jeder andere bisher bekannte Explosivstoff. Pegram wies darauf hin, daß Professor Fermi zusammen mit Dr. Scilard, Dr. Zinn und Mr. Anderson an diesem Problem arbeitete.
Laura Fermi, die Gattin des berühmten Gelehrten, sagt dazu, die Wissenschaft habe damit den ersten Versuch gemacht, zwischen der Atomforschung und der Regierung eine Verbindung herzustellen. Sie erwähnt, daß am gleichen 16. März, an dem Professor Pegram seinen Brief schrieb, Hitler den Rest der Tschechoslowakei annektierte.
In Amerika war bekanntgeworden, daß es Otto Hahn und Lise Meitner gelungen war, die Spaltung des Urans durchzuführen. Fermi erkannte, daß riesige Energiemengen frei gemacht werden könnten, wenn die Spaltung in eine Kettenreaktion gebracht würde. Fermi und der ungarische Physiker Leo Scilard begriffen sofort die epochemachende militärische Bedeutung dieser Möglichkeit. Scilard und Eugen Wigner, auch er ungarischer Physiker, baten darauf Einstein, den sie aus Berlin kannten, sich direkt an den Präsidenten Franklin Delano Roosevelt zu wenden und auf die Gefahr aufmerksam zu machen, die der Welt drohen würde, wenn Deutschland diese Bombe zuerst entwickeln würde. Einsteins berühmter Brief an Roosevelt führte dann zur Herstellung der Bombe. Die am 6. August 1945 über Hiroshima abgeworfene Atombombe tötete 81100 Menschen, 37000 wurden verletzt. Die über Nagasaki drei Tage später abgeworfene Bombe tötete 37884 Menschen.

Ich befand mich zu dieser Zeit in Japan, zwar als Gefangener, aber ich sah und hörte genug. In Tokio sind durch die Bombenangriffe der Amerikaner ein bis zwei Millionen Menschen umgekommen. Im Jahre 1942 lebten hier rund sieben Millionen. Im September 1945 waren es nur noch 2777000. Rechnet man, daß rund zwei Millionen abwanderten, weil ihre Häuser verbrannt waren, so ist die Zahl von zwei Millionen Toten sehr wahrscheinlich! Die Zahl der durch Bombenangriffe Getöteten in Yokohama schätzt man auf eine halbe Million, was mir gering erscheint, denn in Yokohama war außer dem New Grand Hotel nach einem einzigen Bombenangriff – vormittags! – kaum noch etwas stehengeblieben. Japan hätte dennoch den Krieg mindestens noch einige Monate lang weitergeführt. Es wären ohne den Abwurf der Atombombe noch Millionen und aber Millionen von Japanern und Tausende von Amerikanern zugrunde gegangen. Nun vor die vollkommene Unmöglichkeit gestellt, den Kampf fortzuführen, kapitulierte das Inselreich am 15. August 1945. Es war ein Aufatmen ohnegleichen unter der Bevölkerung, vor allem deswegen, weil die neue Bombe die Ehrenrettung des Bushido-Geistes bedeutete. Man war gezwungen aufzugeben, und man durfte trotzdem weiterleben. Dies wird meist bei der Beurteilung, Hiroshima und Nagasaki seien nicht wiedergutzumachende Verbrechen, übersehen. Man muß eben selbst zu jener Zeit in Japan gewesen sein, um das erlösende Gefühl gehabt zu haben: nun darfst du weiterleben!
Als in Los Alamos der lokale Lautsprecher die Nachricht im Technischen Areal verbreitete, waren die Physiker, die Erfinder der Bombe, wie betäubt. «Ein Schlag kann treffen», sagte Laura Fermi, «auch wenn er erwartet wird.»
Einstein schrieb am Ende seines Lebens in einem Brief an Max Born: «Ich würde unter den heutigen Verhältnissen nur einen Beruf wählen, bei dem der Broterwerb nichts zu tun hat mit dem Streben nach Erkenntnis.»

Irland und Joyce: Nachträgliche Einfälle Europas

«Bloom [To the redcoats]: We fought for you in South Africa, Irish missile troops. Isn't that history? Royal Dublin Fusiliers. Honoured by our monarch.
The navvy [sic!]: [Staggering past] O, yes. O, God, yes! O, make kwawr a krowawr! O! Bo!» – James Joyce, Ulysses.

Wenn man abends gespeist hatte, ging die Familie, Vater James, die Mutter Nora und die Kinder Giorgio und Helen, mit ihren Gästen in das Musikzimmer. Einer der Gäste spielte auf dem Flügel. Schließlich begann James zu singen, die anderen fielen ein. Aber zum Schluß sang James allein, irische, englische, auch deutsche Lieder. Er war ein sehr begabter Tenor. Und dann spielte sich eine hochinteressante Szene ab. Langsam, wie ein Magier, begann der Vater James zu tanzen. Mit seinen langen Gliedern führte er rätselhafte Bewegungen aus, griff ins Leere, drehte Pirouetten, formte eine Arabeske, der Tanz wurde immer lebhafter, glühender, feuriger, er war wie ein erregendes Ritual. James Joyce schien dabei immer länger und dünner zu werden, wie ein Derwisch.
Der Amerikaner Herbert Gorman, der mit Joyce jahrelang befreundet war und alle Aufzeichnungen des Dichters eingesehen hat, schreibt von ihm, daß er ein Stutzer war, ein Monokel trug, mit schlagkräftigem, beißendem Mutterwitz gesegnet, stets beliebt und wegen seiner chronischen Geldknappheit und seines Leichtsinns berüchtigt war. «Sein Leben kann man einen fröhlichen unaufhaltsamen Abstieg von bescheidenem Wohlstand zu wirklich beklemmender Armut nennen.» Dieser Mann leitete den Beginn einer neuen Literatur im Abendland ein. Er stand auf niemandes Seite, nicht auf seiten Gottes, nicht auf seiten des Teufels, weder auf der rechten noch auf der linken, er war weder Kommunist noch Sozialist, noch Anarchist. Er verlachte die Marxisten wie auch alle Bürger, alle Rechtsradikalen und Kapitalisten. Niemand konnte ihn – das ist ja das Zeichen aller Genies – vor den Wagen irgendeiner Idee oder Weltanschauung spannen. Oh, er wurde verfolgt, ja man hätte ihn gekreuzigt, wenn Kreuzigen im 20. Jahrhundert noch üblich wäre. Auch heute wird hingerichtet, mehr denn je, aber mit viel subtileren Mitteln.

Wie viele bedeutende Außenseiter der Literatur war der Mann – man wird es sofort erraten! – Irländer. James Joyce warf dem Abendland einen unheimlichen Scherz vor die Füße, einen Geniestreich cervantischer Grandiosität, eine Odyssee der Irrfahrten durch das Unbewußte, Unbekannte im menschlichen Gehirn, eine Odyssee der Wanderungen durch tausend Möglichkeiten der Sprache.
Als das erschreckende Opus am 40. Geburtstag des Dichters 1922 in Paris herauskam, von der Stunde an, da dieses Ungeheuer geboren war, verbreitete sich der Ruhm – oder vielmehr der Schimpf, die Schande, der Makel, die Anstößigkeit – dieses Mannes wie Wasserringe um einen glühenden Meteor, der aus dem unbekannten All in den Ozean gefallen war.
Dieser Meuterer auf dem Dampfschiff des Herkömmlichen war sein Leben lang ein Hungerleider. Er hat das Interesse der Welt nicht mit den wohlfeilen Mitteln des «Schockierens» erweckt, weder mit Clownerien noch mit Meinungsterror – den zu erzwingen er gar nicht in der Lage gewesen wäre –, weder durch Publicity noch durch mitleiderregenden Weltschmerz, weder durch Engagement für eine Partei noch durch illusionistische Tricks, noch mit Hilfe der heute üblichen organisierten Ovationen.
Jeder weiß, daß das Bewußtsein eine nicht abreißende Kette von Warnehmungen und Gedanken ist, ein dauernder Ablauf seelischer Vorgänge und Reaktionen. Sie alle sind ausgelöst von Millionen schwer meßbarer Reize. Die Glieder dieser Kette sind sehr verschieden, je nachdem sie vom Gesicht, vom Gehör, vom Geruch oder vom Gefühl gebildet sind. In dieses Meer der Bewußtseinsschichten einzudringen, die kaleidoskopartigen Eindrücke festzuhalten und Sätze, Satzfetzen, ja sogar Klangworte, die keiner Sprache angehören, wiederzugeben – das ist die Irrfahrt des Odysseus durch die namenlosen Welten einer bis zu seiner Zeit noch unbekannten Literatur.
Das Werk ist ein Bombardement von Farben, von Schatten und Halbschatten, von Gerüchen, von Wahrnehmungen der Augen und der Ohren, von Gedanken und Gefühlen, von Häusern in Dublin, von Straßenschildern, von Reden, von sichtbaren und unsichtbaren Menschen, von ständig wechselnden, sehr sprunghaften Reaktionen – überhaupt von allem, was hinter der Stirn des Menschen vor sich geht, und das ist – schaut man einmal in diesen Wunderspiegel – in seiner Zerrissenheit und Zusammenhanglosigkeit ungeheuerlich. Man erkennt es hier zum erstenmal. Man macht sich, ehe man Ulysses liest, von der Buntheit der menschlichen Gedanken und ihrer Zerrissenheit keine Vorstellungen.
Wir kennen nicht – man müßte sagen, man kannte nicht vor Joyce

– das Chaos in uns, das Chaos der Assoziationen. Freud und Jung sind diesem Phänomen medizinisch und philosophisch nachgegangen. Aber Joyce schrieb ganz unabhängig davon seinen maßlosen Roman, wenn man dieses Ungetüm überhaupt so nennen kann.
Man war sich nicht so klar darüber – oder man wollte nicht wissen –, daß der Mensch vieles, ja das meiste gar nicht zu Ende denkt. Noch nie hatte ein Autor es gewagt, das Bewußte so in Worte, Rufe, Schreie, Silben, Dialoge, in «Cuckoos», «Baraabums», in «bell, horse, nag, steer, piglings«, in «Megegagegg» und «Nannannanny» zu fassen. Aber so unheimlich das ist – tatsächlich arbeitet so das menschliche Gehirn – und gibt es nicht zu!
In seinem letzten Werk, Finnegans Wake, entstanden 1922 bis 1939, zerschlug Joyce das herkömmliche Gerüst der Sprache fast vollends, ging er so weit, suchte er den wahren Bewußtseinsstrom und das mitklingende Unterbewußtsein so präzise einzufangen, daß er an diesem Versuch geistig und körperlich zerbrach.
Finnegans Wake behandelt eigentlich den Schlaf. «Humphrey Chimpden Earwicker», «Anna Livia Plurabelle», «Shem» und «Shaun» wandern durch eine Traumwelt, in der alle Gestalten, Ereignisse, Zeiten und Orte sich ständig auflösen und verwandeln können. Das Werk ist in vier Zyklen eingeteilt: Theokratie, Aristokratie, Demokratie und Chaos.
Der Ulysses spiegelt in seinem äußeren Aufbau nur einen einzigen Tag in Dublin, den 16. Juni des Jahres 1904. Er schildert die Erlebnisse, Gedanken und Empfindungen des ungarischen Juden und Anzeigenmaklers Leopold Bloom, seiner Frau Marion und des Jungen Stephen Dädalos. Was aber neu und verblüffend war und bleibt, ist dieses: Registriert man auch nur einen Teil der Gedanken, Empfindungen und Reize eines einzigen Tages, bringt man sie zu Papier, so kommt man mit 933 Buchseiten – so viele hat die Londoner Bodley-Head-Ausgabe von 1963 – gerade aus!
Es ist klar, daß Joyce mit seinem «inneren Monolog» die abendländische Literatur des 20. Jahrhunderts außerordentlich stark beeinflußt hat. Es war ihm gelungen, die wildesten Assoziationen, die dauernd im menschlichen Gehirn ablaufen, freizulegen. Und dies ist das Entscheidende: ganz ohne Hemmungen!
Die äußere Szene des 15. Kapitels ist ein Bordell. Aber wir sind nicht in der Wirklichkeit, wir erleben das Bordell in seinen sexuellen Ausdünstungen. Joyce bleibt in der ihm eigenen Sachlichkeit stets unbestechlich, das gilt auch für das Obszöne. Das 15. Kapitel hat seinen Höhepunkt in einer Schwarzen Messe.
Man hat viel an der Symbolik von Joyce herumgedeutet. Ernst Robert

Curtius glaubt, man könne das 15. Kapitel nur aus den Tiefen des katholischen Bewußtseins heraus verstehen. Er sieht darin nicht grotesken Humor, sondern «die würgende Verzweiflung der abgefallenen Kreatur». Es ist die Hölle. Im Katholizismus des Joyce gibt es nur die Hölle, nicht das Paradies.

Das ganze Werk hat 18 Kapitel. Ein jedes ist in einer anderen Technik verfaßt. Es ist Chronik, Roman, Drama, Predigt und Oper, Epos, Satire, Apologie, Parodie, «Summa», wie etwas die «Summa theologica» des Thomas von Aquin. Es ist ein neues Inferno und eine neue Comédie humaine.

Selbstverständlich gibt es heute genug Romane, für die keine Zone der Sexualität und Erotik gesperrt ist, Moravias «La Noia», Jean Genets «Tagebuch eines Diebes», Clevelands «Fanny Hill», Christiane Rocheforts «Das Ruhekissen» und viele andere. Aber nie ist so mikroskopisch zuverlässig, so gründlich wissenschaftlich, so kalt und hart, auch gegen die Leser – wenn man überhaupt zu sagen wagt, daß das Buch lesbar ist –, das physiologische Phänomen der Sexualität in allen sinnlichen und seelischen Reaktionen abgeleuchtet worden. Die Folge? Das Werk wurde jahrelang in England verboten. Die New Yorker Post verbrannte 2000 Exemplare. Der Zoll in Folkestone beschlagnahmte 500 Exemplare. In den meisten Ländern wurde das Buch nur heimlich gehandelt. Das ist meiner Ansicht nach ein ebenso großer «Erfolg» wie eine erschreckende Anklage gegen den Menschen, denn zu erfahren, was im Hirn und in der Seele jedes einzelnen vorgeht, ist ständig, täglich, stündlich, jede Minute «polizeiwidrig».

In der Rue de l'Odéon in Paris gab es einen interessanten Treffpunkt. Es war der Buchladen der Miß Sylvia Beach. Hier begegneten sich wieder und wieder Ezra Pound, T. S. Eliot, Gertrude Stein, Ernest Hemingway und viele andere Dichter und Schriftsteller, die später hochberühmt wurden. Sylvia Beach unternahm es als erste, die Höllengeburt, die Joyce in die Welt gesetzt hatte, drucken zu lassen. Es gereicht Maurice Darantière, dem Drucker in Dijon, zur hohen Ehre, dieses schwierigste aller Bücher mit seitenlangen keiner bekannten Sprache angehörigen Sätzen tatsächlich im Druck bewältigt zu haben. Miß Beach hatte tausend numerierte Exemplare herausgebracht, ein Ruhm ihrer Buchhandlung «Shakespeare & Co».

Man wird ihn in Zürich niemals vergessen. Nicht im «Pfauen», nicht im «Augustiner-Hof», nicht im Stadttheater, wo er jede Wagner-Aufführung besuchte, und vor allem nicht im Café «Odeon». Oh, es war eine große Zeit für Zürich, diese Kriegsjahre 1916–1917. René Schikkele lebte hier, Walter Mehring, Stefan Zweig, Romain Rolland.

Joyce hatte Dublin im Jahre 1904 für immer verlassen, aber sein Leben lang widmete er seine Arbeit den wahren und unwahren Geistern und Gespenstern dieser Stadt. Irland nannte er «einen nachträglichen Einfall Europas». Man kann dasselbe von James Joyce sagen! Rossetti bezeichnete er als «Eiscréme-Italiener». «Paris eine Lampe für Liebende, in den Wald der Welt gehängt.» «Das Tuch mit dem Loch in der Mitte war nicht die Kleidung der alten Iren, sondern wurde durch die unanständigen Angelsachsen eingeführt.» «Nichts ist so schön wie ein Kuß lang und heiß der einem bis ins Mark geht einen beinahe lähmt und ich verabscheue dieses Beichten als ich noch» . . . Alles ohne Interpunktion!

Joyce war nicht nur ein hochbegabter Tenor, er war auch ein außerordentlich guter Pianist. Er besaß ganz ungewöhnliche Kenntnisse auf dem Gebiet der Musik – und er trank. Diesem Wanderer zwischen drei Welten – sein Werk Ulysses, Dublin, Europa – waren die Randgestalten am liebsten, entwurzelte Emigranten, ausgewanderte Iren, wie Samuel Beckett, der Tenor John Sullivan, Juden in Triest, wie Italo Svevo, Simeone Levi, Briten, Griechen, Österreicher, Deutsche, Amerikaner. Ja, sie waren nach seinem Sinn, dem Beherrscher von siebzehn Sprachen, darunter Norwegisch, Dänisch, Jiddisch, Neugriechisch, Russisch, Finnisch, Japanisch und Hindustanisch.

Daß man immer unter unsagbaren Schmerzen arbeiten muß! Daß die unendlich bunte Welt für ihn so grau, so dunkel wird! Vom Erblinden bedroht ist er jahrelang. Oft wälzt er sich mit Magenkrämpfen am Boden. Und in jeder Gesellschaft, in jeder Umgebung zeichnet er alles auf, was er sieht, denkt. Er baut den riesigen, unbezwingbaren, aber auch unabmeßbaren und gefährlichen Palast seiner Phantasie. Er vernichtet sich selbst in der Hexennähe seiner Geister, seiner tausend Stile. Er türmt einen Turm auf, ein Epos, ein Drama, eine Posse und Burleske, ein Gebräu, das Religion, Erotik, Wissenschaft und Wahnsinn umfaßt. Aber bei «Wahnsinn» stocke ich. Denn nur das völlige Abweichen vom «Normalen» wäre so bei ihm zu bezeichnen.

Ernst Robert Curtius sagte, der Autor habe alles vermieden, was dem Leser das Verständnis erleichtern könnte. Er nannte das Werk eine komplizierte Konstruktion äußerlicher Bewußtheit. E. M. Forster bezeichnete den Ulysses als «das interessanteste literarische Experiment unserer Zeit». Thornton Wilder: «Der Ulysses führte eine neue Methode in die Literatur ein: den inneren Monolog.» T. S. Eliot pries das Werk als «epochemachend und endgültig». Er nannte Joyce «einen der größten Schriftsteller nicht nur unserer Zeit, sondern aller europäischen Literatur».

Da endlich entglitt ihm der Zauberpinsel: Cézanne

«Sehen Sie, was ich noch nicht habe erreichen können, was ich – ich fühle es – niemals mit dem menschlichen Gesicht, im Porträt, erreichen werde; hier bin ich vielleicht nahe daran gekommen – in diesen Stilleben. – Ich habe mich gewissenhaft an das Objekt gehalten. – Ich habe kopiert. – Hören Sie, welches Schicksal scheint Ihnen das beklagenswerteste? Verlassen und einsam zu sein, nicht wahr? Nun, darin habe ich mich ein wenig dargestellt. Ich werde einmal nicht ganz verlassen sein, wenn man sich wirklich, wie Sie mir versichern, nach meinem Tode noch ein wenig mit mir beschäftigt.»
Paul Cézanne, Über die Kunst, Gespräche mit Gasquet.

Die Welt des Unbewußten nimmt in den Kunstäußerungen des 20. Jahrhunderts einen sehr wichtigen Raum ein. Jung hielt es für wahrscheinlich, daß ein Teil unserer physischen Existenz durch eine Relativität von Raum und Zeit charakterisiert ist. «Mit zunehmender Bewußtseinsferne scheint sie sich bis zu einer absoluten Raum- und Zeitlosigkeit zu steigern.» Es waren nicht nur die eigenen Träume, sondern gelegentlich auch diejenigen von anderen, die seine Auffassung über ein postmortales Leben formten, revidierten oder bestätigten. Tatsächlich hielt Jung die Grenze zwischen Leben und Tod für nicht so feststehend, wie die Schulmedizin es annimmt. Jedenfalls glaubte er, daß es in irgendeiner Form ein Weiterleben nach dem Tode gibt. Der Vorstoß in die Bereiche des nicht sinnlich Wahrnehmbaren hatte großen Einfluß auf Malerei, Literatur und Architektur. Noch tiefgreifendere Veränderungen hatten Freuds Arbeiten bewirkt. Das geistige Abendland brach in Bereiche auf, jenseits des erkennbaren Denkens, jenseits des einfach Sichtbaren, jenseits des ohne weiteres Benennbaren.

Es ist das Zeichen aller «Schulen», «Gruppen» und «Lebensphilosophen» des 20. Jahrhunderts, daß sie gegen das «Bürgertum» gerichtet sind. Was dabei mit Bürgertum gemeint ist, wird niemals scharf umrissen. Alle geistigen Bewegungen wollen revolutionär sein, alle gegen das «Alte» anstürmen, das Übernommene, Althergebrachte überflügeln. Sie wollen mehr sein als bildende Kunst, mehr als herkömmliche Architektur, mehr als Dichtung.

So wie die Techniker suchen die bildenden Künstler, die Dichter und die Schriftsteller unseres Jahrhunderts die vierte Dimension. Einstein hatte sie, wie wir gesehen haben, tatsächlich gefunden. Das bunte Volk der Genies und Halbgenies in den Bereichen der Kunst schreitet nicht wie die Gelehrten der exakten Wissenschaften in kollegialer oder erspionierter Zusammenarbeit voran, es reicht sich nicht die Trümpfe zu. Es ist gerade in unserer Zeit maßlos zersplittert, zerrissen, es jagt, wie man das vom Kosmos annimmt, nach allen Richtungen auseinander. Das ist gut und wichtig, denn die Vielfalt in der Kunst und in der Literatur brachte dem 20. Jahrhundert auch viel Gewinn. Die schöpferischen Meister unserer Zeit sind noch immer auf der Suche nach der «vierten Dimension». Und dieses Suchen ist ja auch das Geheimnis der Kunst. Hier gibt es wie im Universum ebenfalls keinen Endpunkt.

Die impressionistischen Maler hatten sich keine andere Aufgabe gesetzt, als das Sichtbare, die Realität einzufangen. Aber irgend etwas war geschehen. Hatte sich die Realität, die Wirklichkeit, das Aussehen der Dinge und der Landschaften verändert?

Ja, das Äußere, die Gestalt der Dinge, war anders geworden. Ein Kunstgriff der Natur? Ja, ein «Kunst»-Griff der Natur im wahren Sinne des Wortes. Denn man darf ja nicht vergessen, daß die ganze Welt nur aus den Wahrnehmungen des Menschen besteht. Wenn einige Atombomben alles Leben zerstört haben, dann gibt es keine Farben mehr, denn sie werden von niemandem wahrgenommen.

Bei einem plötzlichen Blick über eine Landschaft oder einen Gegenstand erkennt man, daß die Realität anders ist als noch zu Zeiten etwa der großen holländischen Meister oder der großen Spanier Velazquez und Murillo oder der Franzosen Pussin und Watteau. Plötzlich sieht man, daß sich in der Natur unentwegt alles verändert und daß die immer neuen Lichter, Schatten und Farben auf dem ständigen Wechsel der Atmosphäre beruhen. Darum begannen die Impressionisten den flüchtigen, aber wahren Eindruck des Lichtes auf ihre Leinwand zu bannen. Die Farben wurden heller und freudiger denn je. Man suchte das Strahlen der Sonne auf den Dingen wiederzugeben. Das ganze ungeheure Bunt, wie es auf der Netzhaut erscheint.

Das Große und Wahre am Impressionismus ist die Tatsache, daß die Realität viele Gesichter hat. Will man sie wiedergeben, so muß man sie fangen, wie sie tatsächlich in den Augen erscheint. Manet gab alle Schatten- und Grautöne auf, er diente dem Licht und legte die Dunkelheiten unmittelbar an die hellen Partien seiner Bilder ohne weiche Modellierungen. Bei Manet wurden die Farben leuchtender, als sie je in der Geschichte der Malerei gewesen waren. Dieser scharfe Beobachter der ständig wechselnden Natur sah in den Farben überhaupt nur eine Funktion des Lichtes, weshalb er auch dasselbe Motiv, einen Heuschober oder die Kathedrale von Rouen, zu verschiedenen Tageszeiten malte. Es sind seine berühmt gewordenen «Serien».

Auch Renoir war ein Anbeter des Lichtes, man denke nur an seine flackernden und funkelnden Farbtupfen, besonders wenn die Sonne sie durch Blattwerk zerstreut. Nur Degas liebte nicht das offene Licht und schenkte uns dafür die schönsten Ballettszenen, die je auf Leinwand gebannt wurden, wobei das Impressionistische an ihm das geniale Erfassen der flüchtigen Bewegung ist.

Innere Visionen, Gedanken und innere Wahrheiten – daran waren die Impressionisten nicht interessiert. Und das unterscheidet sie von ihren Nachfolgern.

Die große revolutionäre Gestalt unter allen Nachimpressionisten, der Vater der modernen Kunst, war Paul Cézanne. Er befreite die Malerei von dem, was nur das Auge zu erzählen vermochte, vom Berichten der Natur, von ihrer Nachahmung. Cézannes Kunst bildet sich am Studium der berühmten Meister im Louvre, an den Gemälden eines Delacroix, eines Courbet, Daumier und später auch Manet. Cézanne wie Emile Zola wurden im Collège Bourbon in Aix-en-Provence erzogen. Beide bewunderten die Klassiker, besonders Vergil, und beide beschlossen, ihr Leben der Kunst zu widmen. Zola, der berühmte Schöpfer der «Rougon-Macquart», stellte dann auch die Verbindung zwischen den damals in Paris lebenden Impressionisten und seinem Freunde Cézanne her. Aber Cézanne beschloß, aus dieser Kunst etwas Neues zu machen, und zwar etwas ganz Solides und Dauerhaftes, etwas, das man einmal im Louvre bewundern sollte, weil es zeitlos war. Er sagte, er wolle Poussin, den er zutiefst bewunderte, noch einmal nach der Natur malen.

Cézanne ist deswegen ein großer Erneuerer der Malerei, er ist einzigartig, weil er den Mut hatte, die wahre Natur der Malerei als etwas anzusehen, was von der Realität abweichen durfte. Das ist der gewaltige Unterschied der Malerei des 20. Jahrhunderts von der vorangegangenen Epoche. Der Künstler erschafft die Welt jetzt nicht mehr nach seinem äußeren, sondern nach seinem inneren Auge. Er malt sie neu. Und man malt nicht um der Kunst willen, sondern um des Malens willen.

Der eigenwillige Provençale, der eine Zeitlang Jura studieren mußte und dann nach dem Wunsch seines Vaters die Bank, die der Familie gehörte, übernehmen sollte, ging ganz andere Wege. Er bereitete sich für die Prüfung an der Ecole des Beaux Arts vor. Er fiel durch. Aufnahmeprüfungen haben es an sich, «Zufallstreffer» zu sein.

Cézanne kam zu seiner neuen Auffassung der Malerei, indem er die grundlegende Struktur der Objekte in der Natur wie auch der Landschaften zu erfassen suchte. Für ihn war diese Struktur eine architektonische. Er sah in allem einfache, geometrische Grundelemente. Diesem «Bau» der Gegenstände wie der Landschaften opferte er alle naturalistischen Details. Und so kommt es, daß seine drohend einsamen «paysages», seine kontrastreichen Stilleben, die Farbwunder seiner Porträts, sein immer wiederkehrendes Motiv der Badenden – daß alles das eine eigentümlich monumentale, fast feierliche Kraft gewinnt. Er teilt seine Leinwand in warme und kalte Flächen ein, er änderte die tatsächlichen Farben der Natur so ab, daß das beste Gleichgewicht im Gesamtklang erzielt wird, und er verstärkt die Konturen, um Spannung in seine Bilder zu bringen.

Die Farben der Gegenstände, so wie er sie haben wollte, schienen diesem Hexer tausendmal interessanter als in ihrer wahren Natur. Selbst die tatsächliche Form der Dinge, die sichtbare, war ihm nicht wichtig. Er gab den Bäumen, den Häusern, dem Himmel die Form, die sie in ihrem Verhältnis zueinander am interessantesten machte.

Wie Beethoven in seinem Geist einen Ton anschlägt, aus dem nach und nach der Ozean einer Symphonie entsteht, so setzt Cézanne einen Pinselstrich auf die Leinwand. Es folgen mehr und mehr. Weitere und breitere Striche, sie sind kurz und verlaufen fast alle in einer Schräge von oben nach unten. Es gibt keinen Quadratzentimeter im Bild, der nicht außerordentlich fesselnd wäre.

Cézanne ist nach meinem Gefühl der modernste «Klassiker» der Neuzeit. Seine Schöpfungen drücken einen monumentalen, einen inbrünstigen Glauben aus, an die Schönheit der Farben, an die hinreißende Kraft des Blau, an die göttliche Architektur der Natur. «Meine kleine Sensation», so nannte er seine Gabe, aus der sichtbaren Welt herauszutreten und seine Welt – eine ganz neue – mit dem inneren Auge zu sehen und darzustellen.

Es gibt keine Landschaft mit einer so erregenden Kiefer wie die von Cézanne im Museu de Arte, Sao Paulo. Der architektonische Rhythmus seiner «Grandes Baigneuses», jetzt im Museum of Art, Philadelphia, hat eine fast unbegreifliche Grandiosität im Bau, in der paradiesischen Ruhe der Leiber und in dem feierlichen, unnachahmlichen Blau. Manchmal scheinen seine blauen Farben zu brennen wie im «Cabanon de Jourdan». Seine Kartenspieler scheinen erstarrt. Als Menschen sind sie ihm nicht wichtig, nur als Farbeindrücke, und das gerade fesselt. Alle seine Porträts haben eine gewisse Starre, eine merkwürdige Unbeweglichkeit, eine unaussprechliche Ruhe. Für seine Porträts brauchte er bis zu 140 Sitzungen. Und mit dem Ergebnis war er nie zufrieden.

Immer bitter, immer der große Pessimist, kümmert sich dieser schwierige Charakter am Schluß schon gar nicht mehr um die sichtbare Eigenart der Dinge. Er sieht alles nur mit seinen Augen, die so kühn verwandeln. Seine blauen Farben beginnen zu flackern, zu brennen. Aber das ist sein letztes verzweifeltes Aufbäumen gegen die Natur und für die reine Schönheit der Farbe. Ein Gewitter überrascht ihn. Er wird ohnmächtig. Sieben Tage darauf, am 22. Oktober 1906, stirbt er. «Ich werde aber keine Zeit mehr haben, mich auszudrücken», sagte er enttäuscht am Ende seines Lebens. Da endlich entglitt der Zauberpinsel unseres Jahrhunderts seiner Hand.

Die «Ismen» des Abendlandes

«Ich bin davon überzeugt, daß es immer nur Verlagerungen gibt, niemals endgültige Lösungen. Man kann soziale Probleme lösen – die neuralgischen Punkte des Weltzustandes sind dadurch nicht eliminiert, sondern verschieben sich nur auf ein anderes Gebiet. Das Spannungsverhältnis zwischen den einzelnen Teilen der Schöpfung verändert sich; der Schöpfungsprozeß selbst, für uns undurchschaubar und rätselvoll, wird von uns nie verändert werden können.»

Oscar Fritz Schuh, Bühne als geistiger Raum.

Welch außerordentlichen Einfluß mußte Cézanne auf alle kommenden Kunstrichtungen des Abendlandes ausüben! Besessen vom geometrischen Unterbau aller Formen in der Natur, brachte Cézannes aufrührerischer Geist seine Nachfolger dahin, die Natur wie die toten Dinge mehr oder weniger auf geometrische Formen zu bringen. Diese Manier wurde von Henri Matisse «Kubismus» genannt. Die Gegenständlichkeit der Dinge ist aufgehoben. Stereometrische Formen bilden die Komposition.

Zwischen 1906 und 1910 entwickelten Picasso und Georges Braque diese Art zu malen und leiteten damit die «abstrakte Kunst» ein. Der Spanier Pablo Picasso, dessen Vater Professor an der Kunstakademie von Barcelona war, entfaltete den großen Reichtum seiner Ideen in Frankreich. Mit 19 Jahren ließ er sich in Paris nieder und begann, unter dem Einfluß von Cézanne und besonders auch Toulouse-Lautrec, seine schwermütigen Harlekine und Musikanten zu malen. Er studierte mit großem Interesse die Kunst von Naturvölkern, suchte Proportionen und Farben zu übersteigern und löste sich ganz allmählich vom Gegenständlichen. Er wollte nicht Formen mit dem Pinsel oder mit dem Meißel *nachmachen,* er wollte neue Formen schaffen. Es handelt sich um die Darstellung nicht von Objekten, sondern der persönlichen Empfindung, die man beim Anblick eines Gegenstandes hat. Eigenartigerweise hat Picasso seinen Stil einige Male grundlegend gewechselt. Im Jahre 1918, mit 37 Jahren, wich er vom Kubismus ab und begann farbenreiche, sehr plastische und monumentale Bilder mit natürlichen Formungen zu malen. Dann wechselte er bald wieder. Vieles von dem, was nach 1925 entstand, erscheint phantastisch, visionär und übt eine starke suggestive Wirkung aus. Sein Gemälde «Guernica» schildert die Tragödie des Spanischen Bürgerkrieges in erschütternder Weise. Dabei sind Menschen und Tiere auseinandergerissen, nur in

Stücken sichtbar, und die einzelnen Teile sind auf unnachahmliche Weise stilisiert.
Obgleich Picasso ein scharfer Gegner des Nationalsozialismus war, blieb er während der deutschen Okkupation in Paris und ließ sich nicht in seiner Arbeit stören. Als die Stadt frei wurde, erklärte er, er sei Kommunist geworden, und im Jahre 1949 nahm die Pariser kommunistische Weltfriedenskonferenz eine von Picasso gemalte Taube als ihr Wahrzeichen an. Der große Einfluß von Picasso auf Kunst, Literatur, Theater und selbst Musik beruht auf der Originalität seiner Gedanken, auf dem ungewöhnlichen handwerklichen Können und seinem Form- und Farbsinn, auf der großen Vielseitigkeit des Spaniers – Plastiken, Lithographien, keramische Arbeiten, Bühnenbilder –, auf seiner steten Experimentierlust und auf der Tatsache, daß er das Abendland immer wieder überraschte. Die erregende Wirkung seiner oft sehr grellen Farben und der Verzerrungen, vor allem auch seine schroffe Ablehnung alles herkömmlich Schönen, lösten immer wieder Abscheu und Entsetzen aus und bereiteten ihm das große Vergnügen, der am meisten gefeierte und am heftigsten umstrittene bildende Künstler unseres Jahrhunderts zu sein.
Georges Braque, der früh unter dem Einfluß von Cézanne stand und dadurch auch zu einer engen Freundschaft mit Picasso kam, löste sich gleichzeitig mit dem Spanier vom Naturbild und malte wie er seine Stilleben, Flaschen, Gläser und die in eckige Formen zerbrochenen sitzenden Gestalten. Sein Kubismus wurde nach dem Ersten Weltkrieg weniger streng, und seine Früchte, Krüge, Blumen und Gitarren in graugrünen, schwarzen und austerweißen Farben offenbarten die feinsten und raffiniertesten Harmonien der modernen Malerei.
Es gibt von Braque einige sehr schöne kleine Landschaften der normannischen Küste – er verbrachte seine Jugend in Le Havre –, aber seine Liebe galt fast immer dem Stilleben. In den Jahren nach 1950 begann ihn das Thema «fliegende Vögel» zu interessieren, und seine Bilder wurden stärker und erregender in den Farben. Vielleicht ist Braque der sensibelste unter den Malern des 20. Jahrhunderts. Seine Arbeiten sind von einer kaum zu überbietenden Feinnervigkeit und oft wahre Wunder an Farbgeschmack und Beschränkung auf wenige Töne, wobei ihre kontrollierten Dissonanzen ein merkwürdig angenehmes Gefühl des Erstaunens auslösen. Den Dingen seiner Stilleben scheint außerdem eine ganz eigene Magie innezuwohnen, und seine Augen müssen das Verwundern eines Kindes behalten haben!
In dem Wunsch, sich immer wieder aus dem Vorhergegangenen herauszulösen und von einer Nachbargruppe zu unterscheiden, wurden die vielen «Ismen» geboren, die außerordentlich befruchtend auf das

Kunstleben des Abendlandes gewirkt haben. Es liegt immer dasselbe in diesen Bewegungen, auch wenn sie «Pop-Art» oder «Happenings» genannt werden. Der alte «Schutt» soll weggeräumt werden, man will von Grund auf neu bauen. Die Gefahr dieser «Schocktherapien» besteht darin, daß sie zwar oft tatsächlich imstande sind, «Schutt» zu beseitigen, daß sie aber an die Stelle des Zerstörten nichts Neues zu setzen vermögen.

So hat der Futurismus dem Abendland wenig Positives geschenkt, dagegen mit seinem «revolutionären» Geist viel Unglück angerichtet. Abgeleitet ist der Begriff vom lateinischen Wort «futurum», Zukunft. Schon die Tatsache, daß diese Kunstbewegungen durch ein «Manifest» eingeleitet wurden, sollte ihren revolutionären Charakter kennzeichnen, denn Manifeste sind meist Grundsatzerklärungen neuer politischer Parteien und Richtungen.

Der italienische Dichter Filippo Tommaso Marinetti veröffentlichte sein «futuristisches Manifest» am 20. Februar 1909 im Pariser «Figaro». Sein Buch über den Balkankrieg, das er 1914 schrieb, nannte er «Zang-tumb-tuum». Kunst und Literatur sollten durch den Futurismus radikal erneuert werden. Alles Bestehende wurde angegriffen. Alle ästhetischen und intellektuellen Maßstäbe sollten vom revolutionären Pathos des Futurismus übertönt werden. In der bildenden Kunst sollte das Statische in dynamische Bewegung verwandelt werden. So wurde ein Pferd mit zwanzig Beinen gemalt, um den Eindruck des Galopps zu vermitteln, ein Hund mit vielen Schwänzen, um das Wedeln zu verdeutlichen, oder man sah einen geschlossenen Raum, also die vier Wände, aber auch das, was innen vor sich ging. Tatsächlich war der Futurismus nichts als eine Farce. Aber der Spaß wurde für Italien eine kostspielige Angelegenheit. Denn Marinetti war ein enger Freund des jungen Mussolini, und der Faschismus hat viele Elemente des unruhigen Filippo in seine Lehre aufgenommen. Dennoch wäre es verkehrt, bei Severini, Sironi und Carrà von «faschistischer Malerei» zu sprechen. Besonders Severini, vom Kubismus und von Picasso beeinflußt, hat es zu einer eigenen, sehr interessanten Formenwelt gebracht. Walter Mehring erzählt in seinem Buch «Verrufene Malerei», wie er auf der Futuristen-Sonderschau «Die neue Form Italiens» Modiglianis «Liegender Frauenakt» betrachtete, als plötzlich die Türe aufgerissen wurde und der «frisch arrivierte Minister des Dritten Reiches», Hermann Göring, «im Sturmschritt vorbei an den futuristischen Pinseleien, schnurstracks auf den Modigliani-Akt zuging, vor dem er sich, die Arme napoleonisch verschränkt, schwitzend und speckig aufpflanzte und in den Ausruf ausbrach: ‹Donnerwetter! Einfach großartig!› Es war seine erste offizielle, amtliche Kulturkundgebung.»

Der Dadaismus war als Protest gegen die Mächte der Zerstörung des Ersten Weltkrieges entstanden. Er sollte die gesamte bürgerliche Welt desillusionieren, ja lächerlich machen. Nach Tristan Tzara wurde das Wort Dada von ihm selbst am 8. Februar 1916 um sechs Uhr abends im Terrassencafé, Zürich, erfunden. An dieser Festlegung erkennt man schon die Prätention, den Anspruch und die Bedeutung, die sich die Dadaisten beimaßen. «Dada» ist ein Stammellaut des Kindes. Es zeigt mit dem Finger auf einen Gegenstand und stammelt: «Da-da.» Im Französischen wäre es die Bezeichnung für «Holzpferdchen». Die neue Idee nun ist, daß das kindliche Dada alle hochtrabenden Worte und Parolen zerbrechen sollte. Die Eröffnung des Kabaretts «Voltaire» durch den Schriftsteller und Schauspieler Hugo Ball in Zürich 1916 kennzeichnet den Beginn. Dieses Kabarett war Sammelpunkt der Dadaisten. Es trafen sich dort mit dem Rumänen Tristan Tzara der Deutsche Richard Huelsenbeck, der Bildhauer Hans Arp und andere. Unter Begleitung «bruitistischer» Musik, das ist «Lärmmusik», wurde in lallenden Lauten, in abgerissenen Worten und Sätzen ohne logischen Zusammenhang deklamiert. Manchmal stand noch als Zugabe ein nackter Geiger da und entlockte, das Gesicht zur Wand gedreht, seinem Instrument dadaistische Töne. Damit sollte das chaotische Nebeneinander der Bewußtseinsinhalte dargestellt werden.

Die Wirkung wurde durch Ausstellung von zusammengeklebten Montagebildern, man nennt sie noch heute «Collages», verstärkt. Natürlich verehrte man hier die Gemälde von Kandinsky und Picasso. Dada-Gruppen bildeten sich in New York, Barcelona, Köln, Hannover, Berlin und Paris. Walter Mehring hat vom Café Cyrano aus, dem Pariser Stammcafé der Dadaisten 1921, eine schöne Zeichnung des Moulin Rouge angefertigt.

Der Dadaismus suchte das Außer-Irrationale, das Unbewußte, das Triebhafte, das Chaotische ans Tageslicht zu bringen. Er lehnte sich gegen jede Vergeistigung auf, vor allem gegen jede Metaphysik. Man erkennt den Zusammenhang, eine Linie von Freud über Joyce, Dos Passos, und hoch verfeinert bis zu Kafka, aber auch George Grosz, John Hartfield, Walter Mehring.

In Frankreich entwickelte sich der Dadaismus zum Surrealismus. Auch die Surrealisten sagten von sich, ihre Anschauung sei nicht nur eine Kunst, sondern eine Haltung, eine Lebensphilosophie. Der Strom des Unbewußten solle in eine aktive, schöpferische Rolle geleitet werden. Natürlich sind auch die Surrealisten in weitestem Maße der Tiefenpsychologie verbunden. Beginnend in Paris im Jahre 1922, erhielt die surrealistische Revolution erst 1924 ihre Weihestunde, als André Breton «das surrealistische Manifest» herausgab. Louis Aragon schildert in seinen Romanen «den Niedergang» der europäischen Bourgeoisie. Aber auch Frankreichs Zusammenbruch und die Widerstandsbewegung fanden in Aragons Gedichten beseelten Ausdruck. Auch Eluard [Eugène Grindel] schloß sich, vom Dadaismus kommend, den Surrealisten an, und seine hochkünstlerischen Widerstandsgedichte verbreiteten sich wie züngelndes Feuer über ganz Frankreich. Der Surrealismus ist eine psychische Anatomie, ein Ausforschen der Seele. In Worten, durch Schreiben oder durch andere Kunstmittel soll der tatsächliche Prozeß des Denkens ausgedrückt werden. Diese Kunst besteht aus dem «Diktat der Gedanken», die unzusammenhängend abrollen, frei von allen Kontrollen der Vernunft und völlig abseits aller ethischen oder moralischen Beschränkungen.

Der dichterische Akt findet also im «passiven» Niederschreiben der verschiedensten Zurufe aus vorrationalen Tiefenschichten statt. Dabei ist auf Logik, Syntax und literarische Formung zu verzichten. Die Qualität dieser «écriture automatique» wird nach dem Grad der Aufhebung der Grenzen zwischen der dinglichen Welt und der Traumwelt bemessen.

Wer die Phantasiewelt von Marc Chagall, die von der Psychoanalyse angeregte «veristische» Traummalerei des Spaniers Salvadore Dali, die mit Humor dargebrachte Kunst des Katalanen Joan Mirò kennt, weiß schon, was etwa der Surrealismus bedeutet. Natürlich gehören auch die «Pittura metafisica» des Italieners Giorgio de Chirico hierher, in gewissem Sinne auch Paul Klees phantastische Gestalten und Formen, die aber oft so unmittelbar wie naive Kinderzeichnungen wirken, mit heiterer und liebenswerter Ironie. Seine Arbeiten wurden 1937 in Deutschland als «entartete Kunst» beschlagnahmt, einhundertundzwei Gemälde! Hermann Kasacks Roman «Stadt hinter dem Strom», veröffentlicht 1947, ist die surrealistische Darstellung einer Totenstadt, und auch Dino Buzzatis Romane enthalten surrealistische wie auch symbolische Elemente. Beide sind von Kafka beeinflußt.

Damit kommen wir zu einer der interessantesten Gestalten des zwanzigsten Jahrhunderts, die mit Freud und Joyce, mit Bergson, Proust, Strindberg und Sartre zu den sieben Grundpfeilern des abendländischen Dichtens und Denkens im zwanzigsten Jahrhundert gehört: Franz Kafka.

Es gibt keinen Freispruch

«Meistens wohnt der, den man sucht, nebenan. Zu erklären ist dies nicht ohne weiteres, man muß es zunächst als Erfahrungstatsache hinnehmen. Sie ist so tief begründet, daß man sie nicht verhindern kann, selbst wenn man es darauf anlegt. Das kommt daher, daß man von diesem gesuchten Nachbar nichts weiß.» – Franz Kafka, Tagebücher, 2. August 1917.

Daß Kafka, dieser einzigartige Realist in einer Welt, die aus Traum, Phantasie und Symbolik gebaut ist, erst spät in das Bewußtsein des Abendlandes eindrang, erscheint unbegreiflich.

Kafka war nur selten glücklich mit dem, was er verfaßt hatte. Er hatte daher wiederholt seinen Freund Max Brod gebeten, die meisten seiner Manuskripte ungelesen zu vernichten. Das kann jedoch keineswegs als das Testament eines Sterbenden aufgefaßt werden, und Max Brod hat dann auch das Richtige getan. «Falls du mir im Ernst so etwas zumuten solltest, so sage ich dir schon jetzt, daß ich deine Bitte nicht erfüllen werde», antwortete er seinem Freund. Später erklärte er dazu: «Mein Entschluß, den Nachlaß zu veröffentlichen, wird durch die Erinnerung an all die erbitterten Kämpfe erleichtert, mit denen ich jede einzelne Veröffentlichung von Kafka erzwungen und oft genug erbettelt habe.» Man darf folgendes nicht vergessen: Die Entdeckung «Kafka» ist ausschließlich das Lebenswerk von Max Brod, und heute, wo so viele Unberufene haargenau wissen wollen, was Kafka gemeint hat, besitzt das Wort von Brod ganz besonderes Gewicht.

«Amerika», «Der Prozeß» und «Das Schloß» sind die drei Romane, die erst nach dem Tode Kafkas herauskamen, dazu noch die Tagebücher und einiges andere. Der Dichter erlitt 1917 infolge von Lungentuberkulose den ersten Blutsturz und starb 1924 in Wien. Im Jahre 1933, also *neun* Jahre nach seinem Tode, erschien «Der Prozeß» in Frankreich und blieb, wie der bekannte französische Kritiker Maurice Nadeau erwähnt, «unbemerkt»!

Hinter dem Alltäglichen steht die Gefahr, stehen dunkle, unbekannte Mächte, droht das Fatum. Hinter dem Selbstverständlichsten hockt unsichtbar das radikal Unbekannte, das einsam Namenlose, das den Menschen quält, das ihn lenkt und ihm schließlich den «Prozeß» macht. Kein Denker des zwanzigsten Jahrhunderts hat die Angst des einsamen modernen Menschen so eindringlich und doch so ungreifbar, so dichterisch, so klar und doch so alptraumartig geschildert wie Franz Kafka. Ein gefangenes Wesen in der allmächtigen, unpersönlichen bürokratischen Welt, wandert sein «Held» K. durch das irrealste «Gericht», das je geschildert wurde und das doch mit großer Genauigkeit dargestellt wird, ein Gericht, das absolut Traumvorstellung ist und doch erschreckend greifbar bleibt. Auf der Treppe spielen viele Kinder. Das Gericht besteht aus «Wohnungen, in der Regel kleine, einfenstrige Zimmer, in denen auch gekocht wurde. Manche Frauen hielten Säuglinge im Arm und arbeiteten mit der freien Hand auf dem Herd. Halbwüchsige, scheinbar nur mit Schürzen bekleidete Mädchen liefen am fleißigsten hin und her. In allen Zimmern standen die Betten noch in Benutzung, es lagen dort Kranke . . .» In diesem Alptraumgericht sucht K. den Untersuchungsrichter. Man erfährt im ganzen Roman nie, was K. eigentlich verbrochen hat. Es ist das Leben, die Not und Angst, die ständig vor Gericht stehen.

Der «Prozeß» ist so geartet, daß der Angeklagte nie frei wird. Die Anklage schwebt auch im Falle eines Freispruchs weiterhin über ihm. «Im übrigen bleibt er im Verfahren, er wird, wie es der ununterbrochene Verkehr der Gerichtskanzleien erfordert, zu den höheren Gerichten weitergeleitet, kommt zu den niedrigeren zurück und pendelt so mit großen und kleinen Schwingungen, mit größeren und kleineren Schwingungen auf und ab.»

Der Freigesprochene kann auch vom Gericht nach Hause kommen, und es ist möglich, daß dort schon Beauftragte warten, um ihn wieder zu verhaften.

Außer dem «scheinbaren Freispruch» gibt es noch die «Verschleppung», die darin besteht, daß der Prozeß dauernd im niedrigsten Prozeßstadium erhalten wird. Auch hier ist der Angeklagte niemals frei.

«Beide Methoden haben das Gemeinsame, daß sie eine Verurteilung des Angeklagten verhindern.»

«Sie verhindern aber auch die wirkliche Freisprechung», sagte K. leise, als schäme er sich, das erkannt zu haben.

«Sie haben den Kern der Sache erfaßt», sagte der Maler schnell. – Diese skurrile jeden Augenblick symbolische, dabei ungemein wahre, beängstigende, oft gespenstisch komische, naturalistische Wiedergabe einer phantastischen Welt, diese beklemmende Angst des kleinen Menschen, der nur noch Objekt eines Untersuchungsgerichtes ist, das in Wahrheit unser in Beschränktheit, einer Flut von Formularen, dauerndem Zwang und allmächtiger Beamtenherrschaft eingeklemmtes Schicksal zwischen Himmel und Erde darstellt, das gehört – und darin hat Thomas Mann recht! – zu dem Lesenswertesten, was die Weltliteratur hervorgebracht hat. Man braucht zu diesem Lesen allerdings – wie zum Nacherleben aller großen Dichtung – Geduld. Viel Geduld. Die sich lohnt! Denn Kafkas Werk ist nie «engagiert», nie «will» er

etwas. Es kommt aus den großen, dunklen Bereichen ungewollten schöpferischen Sehertums.
Gequält von grotesken und erschreckenden Visionen, durchwacht Kafka seine endlosen Nächte in der geheimnisvollen «Golem-Stadt» Prag, im elend-trüben Getto, dessen Schlupfwinkel und grüne Dämmerung Gustav Meyrink im Jahre 1915 unvergeßlich beschwor. Ständig ist «K.» bedroht von Erscheinungen und Gesichten, bedroht aber auch von einer schleichenden Lungentuberkulose, die er für ein «Aus-den-Ufern-Treten» seiner geistigen Krankheit hält. Immer steht, als ob er jeden Augenblick zuschlagen wolle, der Tod über ihm.
Zwischen den Jahren 1908 und 1917 fristete dieser hochsensible junge Mensch mit den sehr ausdrucksvollen dunklen Augen sein Leben als Jurist bei der Prager «Arbeiter-Unfall-Versicherungs-Anstalt». Kafka sagte, die Anstalt sei «ein dunkles Bürokratennest», in dem er als einziger Paradejude fungiere.
Kafka ließ nur einige Erzählungen erscheinen.
Das Verhältnis Franz Kafkas zu seinem Vater war ein denkbar ungünstiges. Der Alte behandelte den Sohn mit Tyrannei, Mißtrauen und Hochmut. Daher ist Georg Bendemann in dem kleinen Meisterwerk «Das Urteil» natürlich niemand anders als der Autor Franz Kafka selbst.
«Noch hielt er sich mit schwächer werdenden Händen fest, erspähte zwischen den Geländerstangen einen Autoomnibus, der mit Leichtigkeit seinen Fall übertönen würde, rief leise: ‹Liebe Eltern, ich habe euch doch immer geliebt› und ließ sich hinabfallen. In diesem Augenblick ging über die Brücke ein geradezu unendlicher Verkehr.» Das sind die letzten Sätze der stark autobiographischen Erzählung «Das Urteil». Kafka schrieb sie in der Nacht vom 22. zum 23. September 1912, von zehn Uhr abends bis sechs Uhr früh in einem Zuge. «Die vom Sitzen steif gewordenen Beine konnte ich kaum unter dem Schreibtisch hervorziehen.»
Von tiefster Symbolik, ein kühner Griff in die Metaphysik, ist Kafkas genialer Wurf «In der Strafkolonie», seherisch, wie alles, was dieser Dichter zu Papier brachte. Es geht um ein raffiniert ausgeklügeltes Folterwerkzeug, das gleichzeitig Hinrichtungsmaschine ist.
«Dieses Verfahren und diese Hinrichtung, die Sie jetzt zu bewundern Gelegenheit haben, hat gegenwärtig in unserer Kolonie keinen offenen Anhänger mehr. Ich bin ihr einziger Vertreter», sagt der «Offizier» zum «Forschungsreisenden». Weiter heißt es: «Infolgedessen haben sich die Anhänger verkrochen, es gibt noch viele, aber keiner gesteht es ein. Wenn Sie heute, also am Hinrichtungstag, ins Teehaus gehen und herumhorchen, werden Sie vielleicht nur zweideutige Äußerun-

gen hören. Das sind lauter Anhänger, aber unter dem gegenwärtigen Kommandanten und bei seinen gegenwärtigen Anschauungen für mich ganz unbrauchbar. Und nun frage ich Sie: Soll wegen dieses Kommandanten und seiner Frauen, die ihn beeinflussen, ein solches Lebenswerk» – er zeigt auf die Maschine – «zugrunde gehen?»

Die Folterung und Hinrichtung soll an einem Soldaten vollzogen werden, der einem Hauptmann als Diener zugeteilt ist und vor der Tür des Hauptmanns schläft. Er hat aber die Pflicht, bei jedem Stundenschlag aufzustehen und vor der Tür zu salutieren. «Gewiß keine schwere Pflicht», sagt der Offizier, «und eine notwendige, denn er soll sowohl zur Bewachung als auch zur Bedienung frisch bleiben.» Als der Hauptmann Schlag zwei Uhr morgens die Tür öffnet, findet er seinen Diener zusammengekrümmt und schlafend. Er schlägt den Soldaten mit der Reitpeitsche ins Gesicht. Der aber faßt seinen Herrn bei den Beinen, schüttelt ihn und ruft: «Wirf die Peitsche weg oder ich fresse dich.» Das ist der Sachverhalt.

«Der Grundsatz, nach dem ich entscheide», sagt der Offizier, der die Foltermaschine erklärt, «ist: Die Schuld ist immer zweifellos.» Der Mann, der gefoltert und hingerichtet werden soll, kennt nicht sein Urteil. «Es wäre nutzlos, es ihm zu verkünden. Er erfährt es ja auf seinem Leib.» Er weiß auch nicht, daß er überhaupt verurteilt wurde, und er hat keine Gelegenheit gehabt, sich zu verteidigen. Aber die Zeit vergeht, da wird der Offizier recht ungeduldig und unzufrieden, denn die Exekution soll beginnen, und er hat doch seinen herrlichen Apparat noch nicht erklärt. Es folgt dann eine Schilderung, die nicht frei von Masochismus ist. Aber sie bleibt in der Schärfe der Ironie und Symbolik grandios.

Heinz Politzer, der sich mehr als dreißig Jahre mit dem Werk Kafkas beschäftigt hat, meint, in ihrer Primitivität scheine die Maschine auf eine Urzeit menschlicher Glaubensentwicklung zurückzudeuten. «Das Bett der Hinrichtungsmaschine ist ein Opfertisch, auf dem ein Mensch zu Ehren des Götzen Gesetz geschlachtet wird.» Das ist eine sehr feine Deutung, sie mag auch stimmen. Aber Kafkas Prosa ist Poesie, oft unbewußte Poesie, darum letztlich undeutbar, und es klingt das eigene unmittelbare Beben darin, von übermächtigen Feinden angegriffen zu sein, von rechts, von links, von vorn – unausweichlich.

«Der Hungerkünstler» beginnt mit dem Satz: «In den letzten Jahrzehnten ist das Interesse an Hungerkünstlern sehr zurückgegangen.» Am Ende fragt der «Aufseher», warum der Hungerkünstler denn hungern mußte. «Weil ich», sagt der Hungerkünstler, «nicht die Speise finden konnte, die mir schmeckt.»

Die Not des hilflosen Satirikers Kafka in einer ihm feindlich erscheinenden Welt lag darin, daß er außerordentlich große Kräfte in sich ahnte, dichterische Kräfte, und daß sein schwacher, kranker Leib und sein Gehirn nicht fähig waren, diese hervorzubringen. Er fühlt immer wieder, daß er aus sich heben kann, was er nur will. Er lockt seine Kräfte hervor, kann sie dann nicht arbeiten lassen und zeichnet doch alle seine Wahrnehmungen und Gefühle sehr fein in seinen Tagebüchern und Briefen auf.

Manchmal ist er unruhig, manchmal giftig. Vor dem Einschlafen spürt er in seinem Kopf flackernde, kühle Flämmchen, eine Spannung über dem linken Auge. Wenn der Prager Morgen graut und das Häusergewirr langsam zur «Goldenen Stadt» wird, dann wankt er ins Büro.

Seine Träume und Visionen sind keinen Augenblick banal. Immer sind sie drohend. «Einer lag schwer krank im Bett. Der Arzt saß beim Tischchen, das an das Bett geschoben war, und beobachtete den Kranken, der wiederum ihn ansah. ‹Keine Hilfe?› sagt der Kranke, nicht als Frage, sondern als antworte er. Der Arzt öffnete ein wenig ein großes, medizinisches Werk, das am Rande des Tischchens lag, sah flüchtig aus der Entfernung hinein und sagte, das Buch zuklappend: ‹Hilfe kommt aus Bregenz.› Und als der Kranke angespannt die Augen zusammenzog, fügte der Arzt hinzu: ‹Bregenz in Vorarlberg›. ‹Das ist weit›, sagte der Kranke.»

Was die Gedanken Kafkas so bestürzend macht, das ist die Tatsache, daß sie in die gähnenden Schlünde und Tiefen unseres Zeitalters reichen, daß sie grauenvolle Wirklichkeiten voraussehen, den Haß, die Unmenschlichkeit, die Verfolgung und das Blut. «Der Verurteilte wird in seiner Zelle vom Scharfrichter erstochen, ohne daß andere Personen zugegen sein dürfen», heißt es im Tagebuch. «Da der Scharfrichter keine Antwort bekommt, öffnet er auf der Pritsche seinen Instrumentenkasten, wählt die Dolche aus und sucht ihre vielfältigen Schneiden noch stellenweise zu vervollkommnen ... Ich bin bereit, sagt der Scharfrichter nach einem Weilchen. Bereit? ruft mit schreiender Frage der Verurteilte, springt auf und sieht nun doch den Scharfrichter voll an. Du wirst mich nicht töten, wirst mich nicht auf die Pritsche legen und erstechen, bist ja doch ein Mensch. Kannst hinrichten auf dem Podium mit Gehilfen und vor Gerichtsbeamten, aber nicht hier in der Zelle, ein Mensch den anderen Menschen. Und da der Scharfrichter gebeugt auf dem Kasten schweigt, fügt der Verurteilte ruhiger hinzu: es ist unmöglich.»

Aber die Sache geht so aus, wie die grauenvollsten Tage unseres Zeitalters ausgingen. Der Mann, der umgebracht werden soll, klammert sich an die Vorstellung, der Scharfrichter könne ihn doch in ein anderes Gefängnis bringen. Dort würde er noch lange bleiben, aber nicht hingerichtet werden. Unbarmherzig lockert der Scharfrichter seinen Dolch. «Du denkst wohl an die Märchen, in denen ein Diener den Auftrag bekam, ein Kind auszusetzen, dies aber nicht zustande brachte, sondern lieber das Kind einem Schuster in die Lehre gab. Das ist ein Märchen, hier ist aber kein Märchen.» Ja, hier ist kein Märchen. Hier ist unsere Zeit.

Und wieder die Vision – aus den Tagebüchern –, die Wirklichkeit wurde: «Noch einmal schrie ich aus voller Brust in die Welt hinaus. Dann stieß man mir den Knebel ein, fesselte Hände und Füße und band mir ein Tuch vor die Augen. Ich wurde mehrmals hin- und hergewälzt. Ich wurde aufrecht gesetzt und wieder hingelegt, auch dies mehrmals. Man zog ruckweise an meinen Beinen, daß ich mich vor Schmerz bäumte. Man ließ mich ein Weilchen ruhig liegen, dann aber stach man mich tief mit irgend etwas Spitzem überraschend hier und dort, wo es die Laune eingab.» Man könnte denken, Kafka hätte mit eigenen Augen die Konzentrationslager gesehen, die zehn Jahre nach seinem Tode ihre Schandtore öffneten!

Ein ganz ursprüngliches und ganz eigenes «Diogenes-Erlebnis» finde ich in den Tagebüchern. Auch dies eine kurze Vision oder ein Traum, man weiß nicht, was es ist. Er sieht sich seit Jahren an der großen Straßenkreuzung sitzen. Er mischt sich grundsätzlich wie auch aus Abneigung in nichts ein, was um ihn vorgeht. Längst hat er aufgehört zu betteln. Die, die seit langem vorübergehen, beschenken ihn aus Gewohnheit, aus Treue oder aus Bekanntschaft. Die neuen folgen dem Beispiel. Er hat ein Körbchen neben sich, in das wirft jeder so viel, als er für gut hält. Gerade weil er sich um niemand kümmert in dem Lärm und Unsinn der Straße und weil er die ruhige Seele bewahrt, versteht er alles, auch seine eigene Situation. Eines Tages soll der Kaiser die Stadt besuchen. Der Polizist, der den Bettler sehr gut kennt, den der Bettelnde aber niemals bemerkt hat, bleibt stehen und sagt: «Morgen ist der Einzug des Kaisers. Daß du es nicht wagst, morgen herzukommen.» Und der Bettler antwortet nur: «Wie alt bist du?»

Kafka hat den Ersten Weltkrieg natürlich ganz bewußt erlebt. Auch hier erscheint ihm das Abrollen des Unbegreiflichen in deutlichen Visionen. Er sieht Österreicher laufen. Er sieht, wie sie mit einem Ruck hinter Sträuchern stehenbleiben, dann laufen sie wieder. «Es geht offenbar schlecht, es wird doch unbegreiflich, wie es jemals gutgehen könnte, wie kann man, da man doch auch nur ein Mensch ist, Menschen, die den Willen haben, sich zu wehren, jemals überwältigen. Große Verzweiflung, allgemeine Flucht wird nötig werden.»

Manches erinnert an das absurde Theater. Es ist fast wie eine Vorahnung von Ionescos «Die Stühle». Er sieht in einem Traum den Vater, der eine «Reformidee» der Öffentlichkeit mitteilen will. Eine ausgewählte Zuhörerschaft soll die Idee übernehmen und der Welt weitergeben. Der Vater hat mit den Leuten seiner Zuhörerschaft noch nie etwas zu tun gehabt. «Infolgedessen nimmt er sie übertrieben ernst, hat sich auch ein schwarzes Jackettkleid angezogen und trägt die Idee äußerst genau, mit allen Zeichen des Dilettantismus vor.» Aber die Gesellschaft erkennt sofort, daß es sich nur um eine verbrauchte, längst durchgesprochene Idee handelt. Sie läßt es den Vater spüren. Mit großartiger Überzeugung und doch mit einem feinen bitteren Lächeln trägt er seine Gedanken noch einmal vor. Ein allgemeines verdrießliches Gemurmel. Es wird sich kaum jemand für den Gedanken interessieren. «Später sehe ich den Vater in der Art, wie er mit Felix spielte, auf dem Boden sitzen und sich ans Kanapee lehnen. Erschrocken frage ich ihn, was er macht. Er denkt über seine Idee nach.»

Das Werk, das Max Brod als «Kafkas Faust-Dichtung» bezeichnete, ist «Das Schloß». Während K. aus dem Prozeß nie herauskommt, kommt er in das Schloß nie hinein. Eine geheimnisvolle Behörde verwehrt ihm den Zutritt, ja er kann sich dem Schloß nicht einmal nähern. Der mächtigste der Schloßbeamten ist der geheimnisvolle Herr Klamm. Die Beamten des Schlosses nehmen Bestechungen an, aber erreichen kann man dadurch nichts. Unerforschliche Akten türmen sich im Schloß, und die Beschlüsse, die aus dem Schloß kommen, sind so dunkel wie unanfechtbar. Alle Bewohner des Dorfes sind abhängig vom Schloß und seinen Kastellanen, Beamten, Vorstehern, einer Ameisen-Hierarchie ohnegleichen.

Brod sagt, dieses Schloß sei genau das, was die Theologen «Gnade» nennen, «die göttliche Lenkung menschlichen Schicksals [des Dorfes], die Wirksamkeit der Zufälle, geheimnisvollen Beschlüsse, Begabungen und Schädigungen, das Unverdiente und Unerwerbliche, das ‹non liquet› über dem Leben aller.» Das Schloß muß ein Rätsel bleiben. Brods Gedanke wäre denn die einzige Lösung.

K. kämpft unentwegt darum, sich im Dorf, angesichts des Schlosses, niederzulassen, dort eine Stellung zu finden, zu heiraten. «Die Augen auf das Schloß gerichtet, ging K. weiter, nichts sonst kümmerte ihn.» Aber das Schloß scheint um so unerreichbarer zu werden, je mehr man sich darum bemüht, Beziehungen zu ihm zu bekommen. «Die Hauptstraße des Dorfes führte nicht zum Schloßberg, sie führte nur nahe heran, dann aber, wie absichtlich, bog sie ab, und wenn sie sich auch vom Schloß nicht entfernte, so kam sie ihm doch auch nicht näher.»

K. ist Landvermesser, aber niemand im Dorf benötigt seine Arbeit. Die unheimliche «Behörde» ist allmächtig. «Es ist ein Arbeitsgrundsatz der Behörde, daß mit Fehlermöglichkeiten überhaupt nicht gerechnet wird.» K. fragt, ob es im Schloß Kontrollbehörden gibt. Der Vorsteher: «Nur ein völlig Fremder kann Ihre Frage stellen. Ob es Kontrollbehörden gibt? Es gibt nur Kontrollbehörden. Freilich, sie sind nicht dazu bestimmt, Fehler im groben Wortsinn herauszufinden, denn Fehler kommen ja nicht vor, und selbst wenn einmal ein Fehler vorkommt, wie in Ihrem Fall, wer darf dann endgültig sagen, daß es ein Fehler ist?»

Frieda, das junge Ausschankmädchen im Herrenhof, ist Spiegelbild von Milena Jesenská. Der «Herrenhof» ist das Gasthaus im Dorf, in das grundsätzlich nur Schloßbeamte und ihre Freundinnen Einlaß haben. Frieda ist die Freundin des machtvollen Schloßbeamten Klamm. Dadurch, daß K. Frieda verführt, will er an das Schloß oder an Klamm herankommen.

Milena war eine tschechische Journalistin, Mitarbeiterin der liberalen Prager Tageszeitung «Tribuna». Sie schenkte Kafkas Liebesbriefe 1939, noch vor dem Einmarsch der Hitlertruppen in Prag, Willy Haas, der die Jesenská «meine verehrte Freundin Milena» nennt. Haas reichte sie 1947 auf Anregung von Max Brod dem New Yorker Verleger Salman Schocken weiter, und so sind sie – seit 1952 – der Öffentlichkeit aller Länder zugänglich. «Sie können alles, aber zanken können Sie vielleicht am besten, ich wollte Ihr Schüler sein und immerfort Fehler machen, um nur immerfort von Ihnen ausgezankt werden zu dürfen», schreibt Kafka an Milena. Oder: «Ich konnte mir die Fröhlichkeit Ihres letzten Briefes nicht gleich erklären, später erst fiel mir die Erklärung ein, immer wieder vergesse ich es: Sie sind ja so jung, vielleicht gar nicht 25 Jahre, erst 23 vielleicht. Ich bin 37, fast 38, fast ein kleines Menschenalter älter, fast weißhaarig von den alten Nächten und Kopfschmerzen . . .»

«Auch ist es vielleicht nicht eigentlich Liebe, wenn ich sage, daß Du mir das Liebste bist; Liebe ist, daß Du mir das Messer bist, mit dem ich in mir wühle.»

Milena Jesenská war keine Jüdin. Sie mußte, nach vierjähriger Haft, am 17. Mai 1944 in der KZ-Hölle von Ravensbrück sterben, 20 Jahre nach dem Tode ihres unvergessenen Freundes Kafka – weil sie für irgend etwas ganz anderes war – jedenfalls nicht für Hitler. Mit Hamburger Huren und Gewohnheitsverbrechern war sie, der Kälte wegen geschwollen an Händen und Füßen, eingekerkert. Aber sie hatte in dieser entsetzlichen Not eine Freundin, die mit ihr litt und sie verstand: Margarete Buber-Neumann. «Sie hatte immer Schmerzen, sie fror in den Lagerlumpen beim stundenlangen Zählappell, sie konnte sich nachts unter den dünnen Decken nicht erwärmen . . . Milena

wurde nie ein ‹Häftling›, sie konnte nicht abstumpfen und brutal werden, wie so viele andere.» Das erzählt die Leidensgenossin von Milena in ihrem erschütternden Buch «Als Gefangene bei Stalin und Hitler».
Am 21. Oktober 1921 hatte Kafka in sein Tagebuch notiert: «Alles ist Phantasie, die Familie, das Büro, die Freunde, die Straße, alles Phantasie, fernere oder nähere die Frau; die nächste Wahrheit aber ist nur, daß du den Kopf gegen die Wand einer fenster- und türlosen Zelle drückst.»
«Wird der Kommandant der Exekution beiwohnen?» – «Es ist nicht gewiß», sagte der Offizier, durch die unvermittelte Frage peinlich berührt, und seine freundliche Miene verzerrte sich: «Gerade deshalb müssen wir uns beeilen.»
Wer ist «der alte Kommandant» in Kafkas Strafkolonie?
Gott?

Sartres «böse Bürger», sein bestes Stück und «Die Wörter»

«Literatur, wirkliche, echte Literatur, hat zu keiner Zeit auch nur die geringste gesellschaftliche Funktion erfüllt; sie tut es heute nicht, und wird es zum Glück auch in Zukunft niemals tun können. Literatur, wirkliche, echte Literatur, ist stets das Werk von Wahnsinnigen und Geizhälsen, von Trunkenbolden und Päderasten, ist Gemeinschaftsleistung eines bunt assortierten Sammelsuriums von Grillenfängern, und Gott möge verhüten, daß sie jemals Einfluß auf das gesellschaftliche Leben nimmt, zum Glück ist das völlig ausgeschlossen.»
– Marek Hlasko in
«Die Weltwoche» vom 4. Juni 1965.

Sartre leidet wie Kafka. Es wäre noch besser zu sagen, Sartre «nimmt Ärgernis», Kafka «leidet». Beide leiden am «Bürgertum», an der Gesellschaft überhaupt, an der nicht mehr glaubhaften Metaphysik, an der Welt. Aber bei aller Tragik, bei aller Erkenntnis, daß die Grundbeschaffenheit von Welt und Leben keine Lichtung, keine Hoffnung erkennen lassen, lacht doch Kafka lautlos in sich hinein, unheimlich und trocken, bei äußerlich todernstem Gesicht. Er entwirft das grandiose Bild der Welt, in der er lebt oder, vielmehr, in der er gelebt wird – und in der wir leben *werden*! Aber Kafka schweigt dazu. Sartre will die Welt *ändern.*

Er hat sehr gescheite Dinge auf die Frage geantwortet: «Was ist Literatur?» So klug hätte Kafka nie argumentieren können. Dazu war er zu genial. Wirklich nicht jede, aber «fast» jede Zeile Sartres ist dennoch lesenswert. Kritisieren darf man ihn nicht – das verbittet er sich. Er «beweist» auch gleich am Anfang, daß alles, was man an ihm auszusetzen hat, Unsinn ist und Unsinn sein *muß*. Darf man aber vielleicht versuchen, einige seiner Gedankengänge wiederzugeben?

Zunächst ist Sartre der Ansicht, daß der Schriftsteller die Welt *enthüllen* muß, daß er mit seiner Enthüllung *Veränderungen* herbeiführt, daß er *Wandel schaffen* soll, daß er sich *bindet* und für dieses oder jenes *engagiert.* Aber das, wofür er sich entscheidet, braucht durchaus noch nicht zu existieren. So kann zum Beispiel das sozialistische Europa nach Sartres Ansicht nicht gewählt werden, «da es nicht existiert: es muß verwirklicht werden». Vor einigen Jahren hielt Sartre für die einzige Chance der Literatur «die Chance Europas, des Sozialismus, der Demokratie, des Friedens». Wenn der Schriftsteller diese Chance versäumt, so sei es schlimm um ihn bestellt.

Ich weiß nicht, ob Sartre gerade dieses Engagement – das allen selbstverständliche Ideal «Sozialismus, Demokratie, Frieden» – heute noch für das wichtigste Engagement hält, denn Sartre wechselt seine Überzeugungen. Und das gerade ist gar nicht so unbedeutend an ihm.

Das «Bürgertum» und alle «Bürgerlichkeit» haßt er nach wie vor. «Das europäische Bürgertum ist krank», sagt er. «Zwei Weltmächte, beide nicht bürgerlich, beide nicht europäisch, streiten um den Besitz der Welt. Der Sieg der einen ist die Vollendung des Staatsgedankens und der internationalen Bürokratie. Der Sieg der anderen ist die Vollendung des abstrakten Kapitalismus. Lauter Beamte? Lauter Angestellte? Kaum, daß das Bürgertum sich die Illusion bewahren kann, die Sauce zu wählen, in der es verspeist werden wird.»

Was ist eigentlich das «Bürgertum»? Es muß etwas ganz Schreckliches sein. Ich schlage vor, man definiert es für Sartre und alle ähnlich Denkenden, deren es so viele gibt, indem man allen Stumpfsinn, alles schlechte Gewissen, alle Ratlosigkeit, alle Unterdrückung, alle Rückständigkeit, alles Morsche, Saumselige, Faule, Muffige, Hinfällige, Sterile, Senile – kurz alles, was immer und zu allen Zeiten und in allen Gesellschaftsschichten, Epochen und Klassen vorhanden war, aber nicht attraktiv erscheint, als «Bürgertum» bezeichnet. «Das Bürgertum, das ist der kranke Mann», sagt Sartre.

Vielleicht ist es auch ein «Buh-Mann», ein Kinderschreck, ein Gespenst, ein Spuk – wer weiß? Und wer sind die edlen Nichtbürger, für die man kämpfen muß? Die Clochards unter den Brücken der Seine? Die nach Schätzung der Sûreté 80000 frei herumlaufenden Kriminellen von Paris? Die Pseudokünstler von Saint-Germain-des-Prés? Die Belegschaften der westeuropäischen Industrien, die doch zum großen Teil längst zu Haus-, Grundbesitz und wirtschaftlicher Selbständigkeit gelangt sind? Die Menschen Nordostbrasiliens, die nicht arbeiten wollen und können, weil die Hitze ihre Lethargie naturgemäß bedingt?

Das Bürgertum des 20. Jahrhunderts ist in seiner so vielfältigen gesellschaftlichen Lage kaum noch abzugrenzen. Es als eine Einheit und damit als eine fest umrahmte Zielscheibe für Herabsetzung und Verachtung anzusehen ist zwar bequem, aber es ist eine zu grobe Vereinfachung. Es wird nämlich niemand getroffen. Oder alle sind im selben Sack, ohne Ausnahme!

Die «Bürger» sind das Mark und die Substanz aller Völker Europas und Amerikas. Schon bei dem Wort «Daddy» für Vater steht mir das Bürgertum aller amerikanischen Erwerbsstufen lebendig vor Augen. Bürger bilden heute die Bevölkerung Sowjetrußlands. Dort existiert übrigens in Mengen die besonders spießige Form des Bürgers à la Wjatscheslaw Molotow, und Bürger, das ist das Volk im heutigen China, das der Verfasser aus fünfzehn Jahre langer Erfahrung kennt. Hier gedeiht das «Bürgertum» unter der Fahne des Kommunismus kinderreich weiter, jedoch jedesmal, wenn man den Versuch unternimmt, es von der Scholle loszureißen, erhält es die große Hungerkur als Quittung. Der «Bürger» ist heute überhaupt kein feststehender Begriff mehr, ebensowenig wie der «Proletarier». Aber wenn überhaupt vom Bürger die Rede ist, dann sollte man heute noch Gottfried Keller aus den «Züricher Novellen» anführen: «Keine Regierung und keine Bataillone vermögen Recht und Freiheit zu schützen, wo der Bürger nicht imstande ist, selber vor die Haustür zu treten und nachzusehen, was es gibt.»

Hören wir nun Sartre: «Da wir selber Bürger sind, haben wir die bürgerliche Angst kennengelernt.» Ich frage: wer hat sie eigentlich auf dieser Erde *nicht* kennengelernt, die Angst? Sind die Eingeborenen von Feuerland ohne Angst, die Russen in Sibirien? Kannte Melville nicht die Angst, Stevenson, Flaubert, der bewundernswerte Vagant und Gauner Villon oder Kafka? Wer nicht? Aber Sartre: «Da wir die bürgerliche Angst kennenlernten, waren wir ebenso zerrissen, da es aber das Eigentümliche eines schlechten Gewissens ist, sich aus dem Zustand des Unglücks befreien zu wollen, können wir nicht geruhsam in unserer Klasse bleiben, und da es uns nicht mehr möglich ist, uns mit einem Flügelschlag aus ihr zu entfernen, . . . müssen wir ihre Totengräber sein, selbst auf die Gefahr hin, uns mit ihr zusammen zu begraben.»

Tritt er nun aus der «bürgerlichen Klasse» aus, wo geht er dann hin, nach Osten, zum Kommunismus?

Weit gefehlt!

«Fragt man gegenwärtig, ob der Schriftsteller, um an die Massen heranzukommen, seine Dienste der Kommunistischen Partei anbieten soll, dann antworte ich mit ‹nein›.» Sartre glaubt zwar, man habe nur in Sowjetrußland den Versuch einer sozialistischen Ordnung gewagt. Aber die soziale Revolution, die Rußland begonnen hat, ist von Rußland nicht vollendet worden. «Der intellektuelle Kommunist nimmt die Haltung des Generalstabs an, der Dreyfus auf geheimes Belastungsmaterial hin verurteilte.» Sartre hat erkannt, daß die qualifizierten Repräsentanten des Proletariats den Schriftsteller grundsätzlich für suspekt halten. «Mit der Ordination beginnt für ihn ein langer Prozeß, ähnlich dem, den Kafka beschrieben hat; die Richter sind unbekannt, die Akten sind geheim, und die einzig definitiven Sätze sind der Urteilsspruch. Es geht nicht darum, daß seine unsichtbaren Ankläger, wie es in der Justiz üblich ist, den Nachweis seines Verbrechens erbringen: vielmehr ist es seine Aufgabe, seine Unschuld zu beweisen.» Sartre weiß genau, wie es in dieser nach seiner Ansicht doch «nichtbürgerlichen» Gesellschaft zugeht, «die aber mit dem Bürgertum zu vorsichtig umgeht». Da hat es der Schriftsteller nicht sehr gut: «Man antwortet dem Gegner nie: man diskreditiert ihn, er gehöre der Polizei, dem Intelligence Service an, er sei ein Faschist. Man liefert auch nie Beweise, weil sie zu fürchten sind und zuviel Leute in den Fall verwickeln.»

Sartre rät den sowjetrussischen Dichtern, «nicht zu viele Kommunisten in die Romane oder auf die Bühne zu bringen; wenn sie ihre Fehler haben, können sie mißfallen; wenn sie zu vollkommen sind, langweilen sie».

Sartre hat somit als Bürger mit seiner «Klasse» gebrochen, er hat dabei die bürgerlichen Sitten beibehalten, er ist durch den verfehlten Kommunismus vom Proletariat getrennt, er ist losgelöst «von der aristokratischen Illusion» – mit einem und mit *seinem* Wort: er hängt in der Luft. Sein guter Wille dient niemandem, nicht einmal ihm selber. «Wir sind aus der Geschichte hinausgefallen, wir sprechen in der Wüste.»

Film, Rundfunk, Fernsehen hat er sehr treffend gekennzeichnet. Das sind «Maschinen». Wenden sie sich an den Schriftsteller – sie wenden sich zumeist an Cliquen und Antichambristen! –, so glaubt der Schriftsteller aus einem Mißverständnis, man wünsche seine Arbeit, die nur er zu leisten vermag. In Wahrheit liegt es den «Maschinen» nur an seinem Namen, für den er Geld erhält. Man macht ihm den Publikumsgeschmack klar: die schlechten Sachen sind erfolgreicher als die guten. Um sicherzugehen, gibt man das Werk, das er abliefert, mittelmäßigen Leuten, die es auf ein möglichst niedriges Niveau bringen. «Man darf nicht abrutschen, um zu gefallen», sagt Sartre, und damit meint er es ehrlich.

Sartres großes Romanwerk, lichtlos, in dem alles Tun sinnlos erscheint, «Die Wege der Freiheit», weist überhaupt keinen Weg, wohin auch immer. Der dritte Band, «Der Pfahl im Fleische», «La mort dans l'âme», hat Höhepunkte wie Mathieus «Gewaltige Rache». «Jeder Schuß rächte ihn für einen alten Zweifel. Er schoß auf die Menschen, auf die Tugend, auf die Welt, er schoß auf alle Schönheit der Erde, auf die Straße, auf die Blumen, auf die Gärten, auf alles, was er geliebt

hatte.» Maurice Nadeau sagt vom Romancier Sartre: «Selbst wenn es wünschenswert ist, daß ein Romancier sich ‹engagiert›, muß er zuerst einmal ‹Romancier› sein. Klarheit, Mut, Intelligenz reichen dafür nicht aus. Er interessiert vielleicht unseren Intellekt, unser Herz aber läßt er kalt.» Dennoch nennt er Sartres Romanwerk «ein Dokument von großer Wahrheit», und es ist kein Zweifel, daß Sartre auf die ganze Epoche ungemein intensiv einwirkt.
Besonders mit seinen Stücken. Sie sind das Beste, was er hervorgebracht hat: «Les Mouches», «Huis clos», «Les mains sales», «Le Diable et le Bon Dieu», «Les Séquestrés d'Altona». «Huis clos» ist sein stärkstes Drama, ein Stück von fast unerträglicher Intensität. Es müßte deutsch «Bei verschlossenen Türen» heißen. Dieser Einakter ist das erregende Erlebnis von drei Menschen, die nach ihrem Tode in einem fensterlosen Raum ohne Spiegel eingesperrt sind – auf ewig. Dies ist die Hölle, nicht Schwefel, Scheiterhaufen, Bratrost! «Ach, ein Witz, kein Rost erforderlich, die Hölle, das sind die anderen.» Jeder einzelne ist für sich begreiflich – und menschlich, auch im Versuch, zuerst sein Leben und seine Taten zu entschuldigen. Aber da man aus dem Raum nie herauskommt, muß ja schließlich die volle Wahrheit allen dreien klarwerden.
Immer ist der andere die Hölle, der Spiegel, der Gegenspieler. Sartre steht mit diesem kleinen Werk an der Spitze der dramatischen Dichtung unseres Jahrhunderts. Sein «Kean», sein «Nekrassow», «Die ehrbare Dirne» sind eben nur sehr «brauchbare» Stücke. Aber was die drei Eingesperrten, Garcin, Ines und Estelle, sich gegenseitig sagen, das ist neues und atemberaubendes Theater.
«Ich bin zu früh gestorben. Man hat mir keine Zeit gelassen, meine Taten zu tun», sagt Garcin. «Man stirbt immer zu früh – oder zu spät», erwidert Ines.
Der Gefahr, zu früh zu sterben, ist Sartre mit einem Schlag entronnen. Sein Handstreich ist überraschend, in jeder Beziehung. Der Blitz, den er 1964 in die Welt schleuderte, nach Ablehnung Gottes – und der Herren, die gleich hinter Gott stehen, der Nobelpreisverteiler –, elektrisierte seine Freunde wie seine Feinde. Wenn auch die Autobiographie zunächst nur die ersten zwölf Jahre seines Lebens umfaßt, so hat es doch kaum jemand vor ihm gegeben, der wie er, so lächelnd, so von oben und so ehrlich auf sich selbst herabschaute, ganz ohne die frühere saloppe Art seiner Romansprache. Der Mann, der «Les Mots» geschrieben hat, kann nicht mehr zu früh sterben. Über solche Tücke des Schicksals ist er hinaus, jedenfalls soweit er sich nur bis zum ersten Dutzend seiner Lebensjahre selbst porträtiert hat.
«In der Heilanstalt Sainte-Anne schrie ein Kranker an seinem Bett:

‹Ich bin Fürst! Man soll den Großherzog verhaften.› Man trat ans Bett, man flüsterte ihm ins Ohr: ‹Schneuz dir die Nase›, und er schneuzte sich; man fragte ihn: ‹Was ist dein Beruf?› Er antwortete gelassen: ‹Schuster.› Dann schrie er weiter. Ich meine, wir alle gleichen diesem Mann.»

Die Zeit ist kurz. Wir sind frei.

«Der atheistische Existentialismus, für den ich stehe, erklärt, daß, wenn Gott nicht existiert, es mindestens e i n Wesen gibt, bei dem die Existenz der Essenz vorausgeht, ein Wesen, das existiert, bevor es durch irgendeinen Begriff definiert werden kann, und daß dieses Wesen der Mensch oder, wie Heidegger sagt, die menschliche Wirklichkeit ist. Was bedeutet hier, daß die Existenz der Essenz vorausgeht? Es bedeutet, daß der Mensch zuerst existiert, sich begegnet, in der Welt auftaucht und sich danach definiert.» – Jean-Paul Sartre, L'Existentialisme est un Humanisme.

Die Einsamkeit des Menschen im Universum, seine Verlassenheit, sein vergebliches Ringen um Einlaß in das «Schloß» – das ist schon der Mensch, der nach seiner «Existenz» fragt, nach seiner «Ichheit» oder nach seinem Sein, seiner «Essenz».

Aber Kafkas Antiheld K. ist noch in einem Labyrinth gefangen. Er kann keine Entscheidung treffen. Er erhält keinerlei Antwort. Sie bleibt ihm versagt.

Bei Sartre gibt es kein Schloß mehr. Der Mensch ist «verurteilt, frei zu sein». Es gibt weder hinter uns noch vor uns ein Schloß, es gibt für uns keine Rechtfertigungen, keine Entschuldigungen, keine Akten, die über uns geführt werden, keinen Prozeß, keinen noch so unsichtbaren Richter.

Der Mensch – jeder Mensch – wird nicht zuerst gemacht wie ein Ding von einem Handwerker, vielleicht einem Töpfer, und dieser Handwerker bestimmt nicht von höchster Warte aus seinen Weg, sondern er ist zuerst als Mensch existent.

Die ganze Lehre beruht darauf, daß Sartre von dem jahrtausendealten Glauben abgeht, jeder Mensch sei erschaffen, der Mensch sei das Werk eines Schöpfers, er sei zuerst eine «Essenz», ein «Dasein», und werde erst danach eine «Existenz», ein Tun und Entscheiden. Für Sartre ist der Mensch anfangs überhaupt nichts. Er wird erst danach, also später, so sein, wie er sich selbst erschafft. Es gibt keine «menschliche Natur», wie es die Natur eines Steines gibt, sondern der Mensch macht sich selbst, er «existiert» zuerst, er ist zuerst das, was er sich für die Zukunft plant. Er ist ein Entwurf, aus dem er selbst etwas machen muß, und

nichts existiert vor diesem Entwurf – auch nicht im Himmel. Wenn die «Existenz» der «Essenz» vorausgeht, also wenn die menschliche Wirklichkeit da ist, bevor sie durch irgendeinen Begriff definiert werden kann, so wird der Mensch verantwortlich für das, was er ist. Dennoch hat sich der Mensch nicht selbst erschaffen. Darum ist er «verurteilt, zu leben». Aber er ist frei, denn einmal in die Welt gesetzt, ist er für alles verantwortlich, was er tut. Nach Sartre ist der Mensch so, wie er sich selbst schafft, wie er sich will, nichts anderes als das, wozu er sich macht.
Sartre ist der Ansicht, der Existentialismus habe deswegen so viele Feinde, weil die meisten Menschen nur ihr Elend ertragen können, indem sie es den «unglücklichen Umständen» in die Schuhe schieben. «Ich hätte etwas viel Besseres werden können», sagen sie, «aber das Schicksal wollte es nicht.» Der eine glaubt, er könne nur deswegen keine wunderbaren Bücher schreiben, weil er keine Muße habe. Aber hat er die Muße, so kommen trotzdem keine glänzenden Werke aus ihm heraus. «Was glauben Sie wohl, wieviel Bücher ich im Kopf habe, aber woher die Zeit nehmen!» Andere meinen, ihre schönsten Anlagen, Neigungen, Möglichkeiten lägen brach, weil böse Zufälle sie hinderten. Diese «Unwahrhaftigkeit» gegen sich selbst nennt Sartre «mauvaise foi». Der Unwahrhaftige verschweigt eine unangenehme Wahrheit, oder er stellt einen angenehmen Irrtum als Wahrheit hin. Da der Unwahrhaftige sich die Wahrheit selbst verschweigt, sind der Täuscher und der Getäuschte die gleiche Person. Die Unwahrhaftigkeit gegen sich selbst kommt nämlich nicht von außen. Der, der lügt, und der, den man belügt, sind ein und dieselbe Person. Aber der Täuschende kennt seine Wahrheit zu genau, um sie vor sich selbst verstecken zu können. Die «mauvaise foi» ist daher eine eigene Leistung des Bewußtseins.
Allein die Wirklichkeit ist von Belang. «Das Genie Prousts ist die Gesamtheit der Werke Prousts. Racines Genie ist die Reihe seiner Dramen, darüber hinaus ist nichts da. Der Mensch bindet sich in seinem Leben, formt sein Gesicht, und außerhalb dieses Gesichtes ist nichts vorhanden. Diese Gedanken können demjenigen hart erscheinen, dem sein Leben nicht geglückt ist.»
Sartres Existentialismus ist nichts anderes als eine Bemühung, alle Folgerungen aus einer zusammenhängenden atheistischen Einstellung zu ziehen. Es interessiert ihn nicht, etwa zu beweisen, daß Gott nicht existiere. Nur meint er, selbst wenn es einen Gott gäbe, würde es nichts daran ändern, daß der Mensch sich ganz allein finden und gestalten muß.
Sartre hat nichts mit Freud gemein. «Der Mensch schafft sich, er ist

nicht von Anfang an fertig geschaffen.» Und jeder, der eine Entschuldigung etwa in seinen Leidenschaften sucht, jeder, der an Vorausbestimmung glaubt, selbst der Feige, der seine Feigheit auf bestimmte Komplexe zurückführt, ist im Grunde unwahrhaftig, ist ein Mensch «de mauvaise foi». Diese «mauvaise foi» ist in den Augen Sartres deswegen so verlogen, weil sie die absolute Freiheit aller Bindungen, die der Mensch eingehen kann, leugnet.

Für Sartre gibt es also wirklich kein «Schloß», auch wenn das Schloß beinahe ein Nichts wäre. Es gibt für ihn keinen mitentscheidenden Himmel, keinen unfaßbaren Prozeß, kein Gericht, keine Behörde. Es gibt für ihn nur «das menschliche All», und das ist die menschliche «Ichheit». Außer dem Menschen gibt es keinen anderen Gesetzgeber. In seiner Verlassenheit muß der Mensch allein über sich entscheiden. «In diesem Sinne», sagt Sartre, «ist der Existentialismus ein Optimismus, eine Lehre der Tat, und nur aus Böswilligkeit können die Christen, ihre eigene Verzweiflung mit der unseren verwechselnd, uns zu Verzweifelten stempeln.»

Der Existentialismus ist eine Auflehnung gegen die Auffassung, das menschliche Wesen sei ein hilfloses Spielzeug historischer oder naturbedingter Kräfte. Alle existentialistischen Schriftsteller und Dichter suchen die Freiheit und die Bedeutung der menschlichen Persönlichkeit zu betonen. Jedes Individuum ist einzig in seiner Art, ist unerklärbar in Begriffen metaphysischer oder wissenschaftlicher Systeme. Da die Zukunft des Menschen von seiner freien Wahl abhängt, ist sie nicht voraussehbar.

Jeder Mensch, der existiert, wählt in seiner Zeit. Ihm steht nur eine befristete Zeitmenge zur Verfügung, in der er die Entscheidungen treffen kann, die für ihn notwendig sind. Die Zeit ist kurz. Wir sind frei. Und damit hängt etwas ungeheuer Wichtiges und Bedeutendes zusammen: gerade diese Freiheit ist eine Quelle der Angst. Denn wir wissen oder wir ahnen doch, wieviel von unserer Entscheidung abhängt, und können dennoch nicht mit Sicherheit sagen, was aus uns werden wird. Also muß jeder seinen Mut zusammennehmen und wählen – wählen, so gut er kann.

Die meisten der existentialistischen Autoren waren durch die Werke des Dänen Sören Aabye Kierkegaard, der, nur zweiundvierzigjährig, 1855 starb, beeinflußt. Seine Bedeutung zu Lebzeiten schien gering, steigerte sich aber nach den Übersetzungen ins Deutsche zwischen 1909 und 1914. Kierkegaard lehrte, daß jeder über seine «Existenz» entscheiden müsse, indem er die Nachfolge Christi wirklich antritt oder einem Leben der Freude oder der Leidenschaften nachgeht. «Das Christentum lehrt, daß . . . jeder einzelne Mensch, was er im übrigen auch sein mag, Mann, Frau, Dienstmädchen, Minister, Kaufmann, Barbier, Student usw., daß dieser einzelne Mensch mit Gott reden kann, jeden Augenblick, den er will, dessen sicher, von ihm gehört zu werden, kurz ... auf dem vertrautesten Fuß mit Gott zu leben.» Derjenige, der das Evangelium wörtlich nehme, müsse dann in seinem Handeln in einen Gegensatz zu den bestehenden Verhältnissen geraten. Er stößt mit der Welt zusammen, er wird zum Märtyrer. Statt der 95 Thesen Luthers stellte er die eine auf: das Christentum, das wir haben, und das des Neuen Testaments gleichen sich nicht. Nach Kierkegaards Benutzung des Wortes «Existenz» erlangte der Begriff bereits große Bedeutung. Es mußte allerdings ein anderer kommen, um den «Existentialisten» die Bahn zu weisen. Alles, was der Existentialismus für sich in Anspruch nimmt, wurde von einem Mann vorgedacht, der wie so manche große Erneuerer überalteter Vorstellungen hinter den lautstarken Philosophen in der abwartenden Haltung verblieb. Martin Heidegger wünschte um alles in der Welt kein Gerede und kein Zerreden seiner Philosophie.

Alles, was die Existentialisten von Heidegger übernahmen, haben sie mißdeutet, falsch verstanden oder wieder zu einer Metaphysik gemacht, gerade zu der Metaphysik, von der Martin Heidegger die moderne Menschheit loslösen wollte.

Sartre hat mit seiner Aufforderung, jeder Mensch müsse seine Formung und seine Bindungen verantwortlich in die Hand nehmen – und trage mit dieser Entscheidung auch seinen Anteil der Verantwortung für alle –, dem Abendland außerordentlich viel geschenkt. Und es ist kein Vorwurf – eher eine Huldigung –, wenn ich alle seine philosophischen Werke einen großen, wolkenumdüsterten, abendlichen Abglanz des hellsichtigen Marburger und Freiburger Professors nenne, wobei der deutsche Meister mit seinem fernen französischen Zauberlehrling nie recht glücklich wurde, ohne ihn allerdings je ernsthaft anzugreifen. Was Heidegger selbst dachte, liegt in sehr hohen Bereichen, an deren äußeren Saum zu treten wir jetzt wagen wollen.

Wo geht die Reise des Abendlandes hin?

«Aber erschüttert die neue Lage wirklich? Gewöhnt man sich nicht an die Gefahr? Lebt man nicht dahin, da es ja heute noch nicht unmittelbar soweit ist? Lenkt man sich nicht ab durch besinnungslose Aktivität in gegenwärtigen Unternehmungen? Ist dem Menschen nur je sein eigener Tod von Bedeutung, nicht aber der Untergang der Menschheit, der für ihn nichts anderes bewirken würde als auch seinen Tod, den er ohnehin sterben wird?»

Karl Jaspers, Die Atombombe und die Zukunft des Menschen.

Heidegger war ein Schüler des Philosophen Edmund Husserl, der es sich zur Lebensaufgabe machte, eine völlige Neubegründung der Philosophie zu schaffen. Er ist der Begründer der modernen Phänomenologie, einer «Wesensschau», die die unabsehbare Mannigfaltigkeit der Gegebenheiten freilegt. Im Jahre 1923 erhielt Heidegger den Lehrstuhl für Philosophie an der Universität Marburg und trat 1928 die Nachfolge Husserls in Freiburg im Breisgau an. Seine ganz ursprüngliche schöpferische Kraft, seine eigene, sehr kühne und wuchtige Art der Formulierungen, sein Mut, auf der Außenseite der akademischen Welt zu lehren, ließen unzählige Feinde gegen ihn aufstehen, aber verschafften ihm auch begeisterte Anhänger. Heidegger war der Ansicht, daß die Philosophen ihre Aufmerksamkeit von der Welt der Natur abwenden sollten, um sie den inneren Erfahrungen zuzuwenden. Er wandte sich der vergessensten Frage der Philosophie zu: Was heißt Sein? Schon um 500 vor Christus bemühte sich der griechische Philosoph Parmenides, diese Frage zu lösen. Es bildete sich später die Unterscheidung von «Dasein» und «So-Sein» existentia und essentia, ein Hauptthema der mittelalterlichen Philosophie. Das durch «Sein» in irgendeiner Weise Bestimmte heißt «Seiendes». Martin Heidegger machte den bis dahin unbedacht gebliebenen Unterschied zwischen Sein und Seiendem zu seinem Thema und stieß in seinem Hauptwerk «Sein und Zeit» zum Wesen des Seins vor.

Was ist das Sein?

Es geht um eine sehr schwierige philosophische Frage, und es ist schon deswegen nicht einfach, Heidegger zu folgen, weil er sich auf absolutem Neuland bewegt.

Das Sein ist Es selbst. «Dies zu erfahren und zu sagen, muß das künftige Denken lernen. Das ‹Sein› – das ist nicht Gott und nicht ein Weltgrund. Das Sein ist weiter denn alles Seiende und ist gleichwohl dem Menschen näher als jedes Seiende, sei dies ein Fels, ein Tier, ein Kunstwerk, eine Maschine, sei es ein Engel oder Gott. Das Sein ist das Nächste. Der Mensch ist der Nachbar des Seins. Doch die Nähe bleibt dem Menschen am weitesten.» Heidegger spricht von der Wahrheit des Seins als von einer Lichtung. Diese Lichtung bleibt der Metaphysik verborgen. In dieser Lichtung wohnt der Mensch als Ek-sistierender, ohne daß er es heute schon vermag, dieses Wohnen zu erfahren. Der Mensch besitzt die Fähigkeit der Sprache. Und die Sprache ist «das Haus des Seins». Darin wohnend ek-sistiert der Mensch, «indem er der Wahrheit des Seins, sie hütend, gehört». Nicht der Mensch ist das Wesentliche, sondern das Sein. Es ist eine Dimension, die den Menschen in die Ek-sistenz schickt. Heidegger sieht das künftige Geschick des Menschen darin, daß er in die Wahrheit des Seins findet und sich zu diesem Finden auf den Weg macht. «Überall kreist der Mensch, ausgestoßen aus der Wahrheit des Seins, um sich selbst als das animal Rationale.»

Ek-sistenz ist das Wohnen in der Nähe des Seins. «Sie ist die Wächterschaft, das heißt die Sorge für das Sein. Weil in diesem Denken etwas Einfaches zu denken ist, deshalb fällt es dem als Philosophie überlieferten Vorstellen so schwer.»

Den Gegnern, die der Ansicht sind, Heideggers Versuch in «Sein und Zeit» sei in eine Sackgasse geraten, antwortet er nur: «Lassen wir diese Meinung auf sich beruhen.» Die Philosophie verbaue ständig die Möglichkeit, sich auf die Wahrheit des Seins einzulassen. Solange sie sich so verhält, kommt sie nie in Gefahr, an der Härte ihrer Sache zu zerbrechen. Auf keinen Fall soll ein Gerede über «die Wahrheit des Seins» und über die «Seinsgeschichte» ausgelöst werden. «Alles liegt einzig darin, daß die Wahrheit des Seins zur Sprache komme und daß das Denken in diese Sprache gelange. Vielleicht verlangt dann die Sprache weit weniger das überstürzte Aussprechen als vielmehr das rechte Schweigen.»

Heidegger weiß, daß der Streit über die Interpretation des Seins nicht geschlichtet werden kann, weil er noch gar nicht entfacht ist. Im Sinne der Metaphysik geht seit Platon die «essentia» der «existentia» voraus. Heidegger erklärt, Sartre kehre diesen Satz um. «Aber die Umkehrung eines metaphysischen Satzes bleibt ein metaphysischer Satz. Als dieser Satz verharrt er mit der Metaphysik in der Vergessenheit der Wahrheit des Seins.» Auch Nietzsche, der die Heimatlosigkeit des Menschen erfahren habe, fand aus der Metaphysik keinen anderen Ausweg als die Umkehrung der Metaphysik.

Sehr scharfsinnig sucht Heidegger das Wesen des Materialismus zu erkennen. Der Materialismus besteht nicht in der Behauptung, alles sei nur Stoff, sondern in einer metaphysischen Bestimmung, dergemäß alles Seiende als das Material der Arbeit erscheint. Weder Husserl noch Sartre haben nach Ansicht Heideggers die Wesentlichkeit des Geschichtlichen im Sein erkannt. Daher kommen weder Husserls Phänomenologie noch Sartres Existentialismus auf die Ebene, auf der erst ein lohnendes Gespräch mit dem Marxismus möglich wird.

Nur ein wahrhaft Weiser, der hoch über den Gebrauchsphilosophen steht, konnte sagen: «Die Sachen, an denen etwas ist, kommen, auch wenn sie nicht für die Ewigkeit bestimmt sind, selbst in spätester Zeit noch rechtzeitig.» Heideggers Entdeckung entzieht sich dem einfachen Denken so völlig, wie die Theorien Einsteins nicht voraussetzungslos nach-gedacht werden können. Daß er aber der Bahnbrecher ganz neuer Erfahrungen ist, völlig abseits aller Kathederphilosophie, wird sich vermutlich erst in Jahrzehnten oder Jahrhunderten herausstellen.

Wo aber geht inzwischen die Reise hin – ich meine die Reise des Abendlandes?

Zum Nihilismus?

Da muß ich sogleich an «Basarow» denken. Ich hatte mich in diese Figur schon mit sechzehn Jahren hineingedacht, in russischer Sprache natürlich. Ja, Basarow ist der erste «Nihilist», und er wurde vor hundert Jahren erfunden, von Turgenjew, im Jahre 1862. Damals schon sagt Basarow, daß die sogenannten fortschrittlichen Leute und die Enthüller nichts taugen, daß man sich nur mit Unsinn befaßt, daß man von irgendeiner Kunst daherredet, daß «uns tagtäglich der größte Aberglaube würgt», daß ein absoluter Mangel an ehrenhaften Menschen herrscht, «während die ganze Freiheit, um die sich unsere Obrigkeit bemüht, uns schwerlich zunutze kommen wird».

«So», unterbricht ihn Pawel Petrowitsch, «und daraufhin beschlossen Sie, überhaupt nichts Ernsthaftes und Vernünftiges mehr anzupakken.»

«Und entschlossen uns darauf, überhaupt nichts mehr anzupacken», wiederholte Basarow finster.

«Sondern nur zu schimpfen?»

«Auch zu schimpfen.»

«Und das heißt also Nihilismus?»

«Und das heißt also Nihilismus», wiederholte Basarow.

Iwan Sergejewitsch Turgenjew wurde im Jahre 1818 in Orël, im Herzen Großrußlands, geboren und erhielt die Erziehung, die alle Adligen im Reiche der Zaren für ihre Kinder als die beste empfanden: sie mußte «westlich» sein. Daher sprach Iwan Sergejewitsch bereits als Kind Deutsch und Französisch genauso gut wie Russisch. Turgenjew studierte Philosophie und Geschichte in Moskau und Petersburg, dann zog es ihn nach Deutschland. Beinahe wäre der Erfinder des ersten Nihilisten vor Travemünde ertrunken, denn sein Schiff brannte ab, und er rettete sich nur mit Mühe und Not. Wir wären dann um die herrliche Gestalt des Basarow gekommen, ja vielleicht sogar um den Nihilismus.

Turgenjews «Aufzeichnungen eines Jägers» erzählen von russischen Bauern, von russischer Landschaft, und eröffneten der russischen Gesellschaft, daß die Leibeigenen «Menschen» waren, wenn auch verkannte. Das war immerhin neu und interessant. Die Wirkung dieses Buches war daher ähnlich wie die von Harriet Beecher-Stowes «Onkel Toms Hütte», deren scharfer Angriff gegen die Sklaverei Aufsehen in der ganzen Welt erregte und in 32 Sprachen übersetzt wurde. Noch mehr: Beide Werke, Turgenjews «Aufzeichnungen» und «Uncle Tom's Cabin», kamen im gleichen Jahr heraus, 1852! Ihre Autoren waren getrennt durch die halbe Erde und stritten doch für dieselbe Sache.

Sicher wollte Turgenjew an der Gestaltung der russischen Wirklichkeit mitarbeiten. Aber er war doch ein zu großer Künstler, um Tendenz ohne weiteres sichtbar werden zu lassen. Dennoch wurde der zaristische Zensor, der das Buch zur Veröffentlichung freigab, sofort seines Dienstes enthoben. Als Turgenjew einen Brief auf den Tod Gogols drucken ließ, wurde er auf sein Erbgut verbannt. Aber zwei Jahre danach ist er bereits wieder im Ausland.

Sein ganzes Leben widmete dieser Prosapoet der Anbetung einer Frau, der berühmten Sängerin Pauline Viardot-Garcia. Sie war in glücklicher Ehe mit dem Schriftsteller Louis Viardot verheiratet. Turgenjews Liebe und Leidenschaft blieb stets unerwidert. Aber er reiste ihr überall nach, er mußte die gleiche Luft mit ihr atmen, er gab diesen tragischen Minnedienst nie auf.

Turgenjew ist überhaupt ein Minnesänger. Alles, was er schrieb, ist Hymnus auf die Liebe, Hymnus auf russische Mädchen. Er ist der Dichter ewiger Jungfräulichkeit. Alle seine Werke sind Verherrlichung der russischen «Djewotschka», der «jeune fille», wahre Apotheosen «erster Liebe». Lisa im «Adelsnest» ist ein so wunderbares Mädchen wie Asja in der Novelle gleichen Namens. Überhaupt geht durch jeden seiner Romane so ein bezauberndes russisches Wunderding. Man muß Rußland kennen, um zu wissen, daß es vor der Revolution das Land der Frauen und Mädchen war, des inbrünstigsten Marienkultes, der absoluten Weiblichkeit. Daran hat sich durch die Entcharmung und Vergröberung der Frau im Kommunismus viel geändert. Aber die Russinnen waren ihren Männern schon lange überlegen – das war nicht nur beginnend mit dem 19. Jahrhundert im russischen Leben sichtbar, das beweist auch die gesamte russische Literatur. Ein Grund für die Tatsache, daß der Kommunismus in Rußland so dauerhaften Fuß faßte, ist unter anderem auch der «Roßtäuscher-Streich», daß er scheinbar die Geschlechter «gleichstellte», den Strahlenglanz der Mädchenhaftigkeit durch «gleichen Schritt und Tritt» auslöschte, das Ikonenbild der Verehrbarkeit der Frau verhöhnte, die «Dame» liquidierte und damit die heimliche Frauenherrschaft abbaute.

Bei Turgenjew ist sie noch da. Alle seine Helden sind überflüssige Menschen, Schwächlinge, Phrasendrescher, innerlich verlogen, hohle, keiner Tat fähige Geschöpfe. Dieselben «Männer» finden wir bei Tschechow wieder. Und dieselben Gestalten spukten schon in Gontscharows Werken herum.

Einen einzigen Mann der Tat hat Turgenjew geschildert, und das ist Basarow in seinem berühmten Werk «Väter und Söhne». Diesen Roman halte ich für einen der vollkommensten nicht nur der russischen Sprache, sondern der Weltliteratur. Die Väter sind die gleichen knochenlosen und tatenlosen Gestalten wie alle Männer Turgenjews, und die Söhne – zu denen der düstere Basarow gehört – bedeuten den Vätern gegenüber keine Verbesserung, worüber die Väter zu schluchzen nicht aufhören.

Der Roman, der 1862 erschien, entfesselte einen Sturm. Die russischen Väter wie die russischen Söhne waren gleichermaßen empört. Turgenjew wurde wütend auch von den russischen Emigranten im Ausland angegriffen. Das alles regte ihn so maßlos auf, daß er sich entschloß, die Schriftstellerei aufzugeben. Er hat dennoch später den Roman «Rauch» herausgebracht und «Neuland» sowie sehr schöne Novellen, und er starb, immer auf den Fersen der angebeteten Pauline, in Bougival bei Paris.

Was hatte den Erfinder eines so berückend poetischen Geschöpfes wie Asja dazu gebracht, in über einem Dutzend von Romanen einen einzigen Tatmenschen zu schildern, Basarow, den ersten Nihilisten der modernen europäischen Literatur?

Obgleich Turgenjew die meiste Zeit seines Lebens im Ausland verbrachte und obgleich Dostojewskij ihm deswegen riet, sich ein Fernrohr zu kaufen, um das wirkliche russische Leben aus der Ferne besser zu erkennen, ist er so russisch, wie nur ein Russe sein kann, so russisch wie Puschkin. Die Westeuropäer sehen die russische Literatur wie die der Erde zugewandte Seite des Mondes. Sie kennen nur das Zerrissene, Chaotische. Aber man muß mindestens mit der russischen Sprache aufgewachsen sein, um zu begreifen, daß Turgenjew eben die andere, die unbekannte, rationale Seite darstellt. Und da erkannte er, gerade

als Gegensatz zur mystischen Sehnsucht des Russen, die noch versteckt lauernde Negation aller Werte.
Der Nihilismus, vom lateinischen nihil – nichts – abgeleitet, ist eine Philosophie des Skeptizismus. Der Ausdruck wurde zum erstenmal von Nikolai Nadeschdin in einem Zeitungsartikel benutzt, stammt also aus den frühen Jahren der Regierung des Zaren Alexander II.
Was der Nihilismus eigentlich darstellt, ist schwer zu sagen. Er ist eine Philosophie der Negation, des Utilitarismus, des wissenschaftlichen Rationalismus. Er ist eine rohe Form des Materialismus. Er ist eine Revolte gegen jede bestehende soziale Ordnung. Er leugnet jede Autorität des Staates, der Kirche, der Familie. Er basiert auf nichts als «wissenschaftlicher Wahrheit». Alles Übel dieser Welt kommt aus einer einzigen Quelle: Unwissen! Fürst Pjotr Kropotkin, der als Sozialist im Ausland lebte und erst 1917 nach Rußland zurückkehrte, war der bedeutendste Vertreter des kommunistischen Anarchismus, trat für gemeinsames Eigentum aller an allen Produktions- und Konsumationsmitteln ein und für die Einführung eines Minimums an Regierung. Er definierte den Nihilismus als einen Kampf gegen alle Formen der Tyrannei und Heuchelei, einen Kampf für individuelle Freiheit. Die Wahrheit aber liegt woanders.
Es ist wichtig, heute einzusehen, daß die Bewegung des Nihilismus die ganze Erde erfaßt hat, außerordentlich vielgestaltig ist und den Anschein erweckt, unaufhaltsam zu sein. Der Nihilismus erscheint, wie Heidegger sehr scharfsinnig erkennt, in den verschiedensten und verstecktesten Gestalten als «Normalzustand», eine Tatsache, die schon Nietzsche begriffen hatte.
Den Nihilismus kann man nicht «heilen», denn er ist keine Krankheit, sondern eine Philosophie. Und eine Philosophie liegt ganz außerhalb der Möglichkeiten einer Heilung. Heilen kann man nur die gefährlichen Folgen des Nihilismus, die «bedrohlichen Begleiterscheinungen dieses planetarischen Vorganges». «Darum», sagt Heidegger, »benötigen wir um so dringlicher die Kenntnis und Erkenntnis des Erregers, das heißt des Wesens des Nihilismus.»
Den Existentialismus als nihilistisch zu bezeichnen wäre grundfalsch, auch wenn es sicherlich gerade unter den atheistischen Existentialisten Charaktere gibt, die den Idealen des Nihilismus, soweit solche überhaupt erkennbar sind, zuneigen.
Gabriel Marcel, der führende Philosoph des christlichen Existentialismus in Frankreich, Mitglied der Académie des Sciences, der 1956 den Goethe-Preis der Stadt Hamburg erhielt und 1964 den Friedenspreis des Deutschen Buchhandels, ist der Ansicht, daß die Existenzphilosophien, die auf der «Angst» begründet sind, ihre Zeit überlebt haben

und daß sie in eine Sackgasse geraten sind. Wenn sie überhaupt eine Chance haben, sich zu erneuern, dann nur durch die Erkenntnis der «Hoffnung» und der «Freude». Marcel meint Freude im positiv-christlichen Sinn, nicht «Befriedigung».

Dieser bedeutende französische Denker, der schon mit zwanzig Jahren außerordentlicher Professor für Philosophie war und unter dem Einfluß seines Freundes Charles du Bos sowie auf einen Brief von François Mauriac hin 1929 vierzigjährig den katholischen Glauben annahm, tritt für eine positive Philosophie der Hoffnung ein. Diese Hoffnung steht für ihn in direktem Gegensatz zu aller Anmaßung und zu allem Trotz. «Vielleicht gehört zum Wesen der Hoffnung diese souveräne Würde, sich keine Rechte anzumaßen.» Das Hoffen soll so sein wie etwa ein Wesen, das von einem anderen Wesen eine Gnade erwartet – aber wirklich eine Gnade, also das Gegenteil einer zu erfüllenden Verpflichtung.

In der heutigen westlichen Welt wollen unendlich viele die Hoffnung, gemeint ist natürlich die Heilshoffnung, unter die Trugbilder verweisen. Marcel will die Hoffnung retten. Für ihn ist Hoffnung die Gesamtheit aller geistigen Kräfte, die gegen die Verzweiflung ankämpfen. Die Verzweiflung ist nichts anderes als das Bewußtsein der «geschlossenen Zeit», der Zeit als Gefängnis, während die Hoffnung als ein Durchbruch durch die Zeit erscheint. So hat die Hoffnung auch einen prophetischen Charakter. Die Hoffnung sieht nicht das, was sein wird. Aber sie ist so, als ob sie es sähe. Sie schöpft ihre Autorität aus einer verdeckten Vision, auf die sie rechnen darf, ohne sie zu besitzen. Die Beziehungen von Mensch zu Mensch, also die Liebe, sind für Marcel untrennbar mit der Hoffnung wie mit dem Glauben verbunden. Dem christlichen Existentialisten Marcel ist es zu verdanken, daß die Franzosen um 1925 auf Kierkegaard aufmerksam wurden.

Ich bin der Ansicht, daß die großen existentialistischen Philosophen die einzigen unter den heutigen Denkern sind, die in der Lage wären, die Krise des Christentums zu überwinden. Dazu gehören außer Gabriel Marcel in erster Linie der Russe Nikolai Berdjajew und Karl Jaspers. Berdjajew ist der Ansicht, daß das Christentum – und er meint das *historische* Christentum – seinem Ende nahe ist und daß das Abendland seine Wiedergeburt nur noch von der Religion des Heiligen Geistes erwarten kann. Das wäre in seinen Augen eine Vollendung des Christentums.

Schwach ist das Christentum nur geworden, weil am Überlieferten festgehalten wird. Aber die Lehre von den Letzten Dingen wird in Zukunft die Religion des Geistes und der Dreieinigkeit sein und wird alle Versprechungen, Hoffnungen und Erwartungen erfüllen.

Wir leben in einer Zwischenzeit. Das macht die Qual unserer Epoche aus. Das Abendland steht in einer Phase der Entwicklung, in der es sich von Gott verlassen fühlt. Berdjajew hält die Krise des christlichen Bewußtseins für tief und gegenwärtig. Die Christen müssen viel lernen. Aus der antichristlichen Bewegung, ja aus dem Atheismus sollten sie eine wirksame Lehre gestalten, denn gerade in diesen Bewegungen spüre man den Atem des Geistes!

Unsere Vorfahren glaubten, daß die Götter Strafer wären, daß sie Sühneopfer forderten und Nahrungsopfer und daß sie Durst hätten nach Menschenblut. Dieser Glaube besteht weiter, vor allem überall dort, wo menschliches Leiden für notwendig gehalten wird. Auch die Trennung des Menschen in Erwählte und Verdammte widerspricht dem Geist des Evangeliums. Berdjajew erklärt, man könne gar nicht genug darauf hinweisen, daß Gott eine Wirklichkeit ist, die in nichts, aber auch gar nichts der natürlichen und sozialen Wirklichkeit gleicht. Denn Gott ist Geist. Er offenbart sich endgültig nur im schöpferischen Akt des Geistes.

Somit muß die alte Lehre, der zufolge Gott den Menschen sich zum Ruhme erschaffen hat, aufgegeben werden. Sie ist nur brauchbar für Sklaven, und sie macht das Dasein der Menschen und der Welt sinnlos. Aber *die Existenz* des Menschen und der Welt steigern die Größe Gottes. Gott ist der große, unverstandene Unbekannte. Er offenbart sich der Welt und dem Menschen. Aber er offenbart sich nur im Geist.

Unsere Welt ist voller irrationaler, ungerechter und sinnloser Dinge. Was man so für Vorsehung hält, ist den Ideen entliehen, die wir von der Regierung des Staates haben. Gott wird da ein Autokrat, so etwas wie ein absolutes Staatsoberhaupt. Auf solchen Götzendienst muß man verzichten. Es gibt ja nicht nur Götzenbilder, der Götzendienst kann auch Gott selbst zum Gegenstand haben. Gott ist eben kein Objekt und keine Sache, sondern Geist, und die Offenbarung ist ein Ereignis, das der Geist im Innern des Menschen bewirkt, ein vom Menschen erlebtes Ereignis, eine geistige Erfahrung, eine Tatsache des geistigen Lebens.

Nikolai Berdjajew wurde 1922 aus Sowjetrußland ausgewiesen und gründete eine philosophisch-religiöse Akademie in Paris. Er hat niemals seine marxistischen Vorgänger ganz abgelehnt. Der schon 1948 verstorbene Philosoph erkannte, daß der Sozialismus und der Kapitalismus auf einer gewissen Höhe der Entwicklung kaum noch Unterschiede aufweisen werden. Der Sozialismus werde einmal der höchste bürgerliche Triumph werden. Wichtig war ihm die Verteidigung des *Menschen* gegen nur theoretische, wirtschaftliche oder politische Werte und gegen den Fatalismus in der Geschichte. Die Größe des

Menschen besteht in seiner Teilnahme an der geistigen Welt und in seiner göttlichen Fähigkeit, zu erschaffen. Der in Kiew geborene christliche Existentialist schrieb: «Das ewige Evangelium wird in der Kirche des Geistes gelesen werden. Sobald wir dem ewigen Reich des Geistes nahekommen, werden sich die schmerzlichen Widersprüche des Lebens lösen. Die Leiden, die gegen Ende noch schwerer werden, verwandeln sich in ihr Gegenteil, in Freuden. Das gilt nicht nur für die Zukunft, sondern auch für die Vergangenheit, denn die Zeit wird umgestürzt werden, und alle Lebenden werden teilnehmen am Ende.»
Karl Jaspers hält die Vernunft für die einzige Rettung, wenn Menschen ratlos in der Ausweglosigkeit des Verstandes sich plötzlich in das Irrationale stürzen wollen. Aber der Unwille gegen die neue Denkart beruht darauf, daß der Mensch nicht er selbst werden will. «Bewegt euch im Philosophieren, das im Menschen als Menschen wirksam ist.» Jaspers' großes Anliegen ist es, dem zwanzigsten Jahrhundert klarzumachen, daß man nicht bei allem fragen dürfe, was damit anzufangen sei. «Wir müssen lernen, zweckfrei zu denken . . . Die Vernunft ist gleichsam der Ort, an dem und von dem her wir leben, wenn wir zu uns selbst kommen.» Niemand hat so gut wie Jaspers begriffen, daß die Zeit drängt und daß die Menschheit Entschlüsse fassen muß. Born wie Einstein sehen einen Weg zur Abschaffung des Krieges in der gewaltlosen Politik. Jaspers sagt dazu, heute sei nicht mehr viel Zeit verfügbar, es komme darauf an, daß unsere Generation es fertigbringt, umzudenken. «Wenn sie es nicht kann, sind die Tage der zivilisierten Menschheit gezählt.»
Es ist bekannt, daß jeder einzelne Mensch weiß, daß er sterben muß, auch wenn er so lebt, als ob es den Tod nicht gäbe. Aber der Mensch glaubt seinen eigenen Tod nicht recht, obgleich er ihm gewiß ist. Etwas anderes ist aber nicht gewiß: es ist nicht sicher, daß die Menschheit untergehen wird. Und nun sagt Jaspers etwas Erschreckendes. Er hält den Untergang der gesamten Menschheit für möglich, *ja wahrscheinlich.* Dabei handelt es sich nicht um einen unabänderlichen Naturvorgang. Ganz allein am Menschen liegt es, ob das menschliche Leben auf der Erde untergeht oder nicht. «In dieser Perspektive muß das Leben anders werden als unter der bisherigen Vorstellung als eines unabsehbaren Weiterganges der Geschichte des Menschen.»
Man wird zugeben, daß es heute kaum einen Philosophen gibt, der die Vernunft des Abendlandes so aufrüttelte wie der Oldenburger Philosoph, der die Menschen beschwor, vom bloßen Verstandesdenken zum umgreifenden *Vernunftdenken* überzugehen, damit aber auch eine Verwandlung des Menschen überhaupt zu erreichen.

Eines Tages begriff man das Absurde

«Ich glaube immer mehr, daß man den lieben Gott nicht nach dieser Welt beurteilen darf. Sie ist eine Studie von ihm, die mißlungen ist.» – Vincent van Gogh.

«Die Politik kann nie Gegenstand der Dichtung sein.» – Johann Wolgang von Goethe. [Albert Camus hatte sich den Satz ins Tagebuch notiert!]

«Wer kann was Dummes, wer was Kluges denken, das nicht die Vorwelt schon gedacht?» In den vorangehenden Kapiteln hat sich diese Wahrheit an tausend Beispielen und Ableitungen, in immer neuen Spiegelungen, Verwandtschaften und Analogien bestätigt. Goethe meint aber in seinem Satz «Denken»; er hat einen schöpferischen Akt im Auge. Im Augenblick des Nacherlebens eines einmal ausgesprochenen Gedankens blickt einem oft schon ein größerer über die Schulter, ein noch ungeborener.

Nun haben aber die meisten Menschen, wenn auch nicht bewußt, im Grunde ihres Herzens den andauernden Vorsatz, mit dem kleinstmöglichen Aufwand von Gedanken auszukommen, weil ihnen das Denken eine Last und Beschwerde ist. Es gibt eine universale Kleingeistigkeit, die gewohnt ist, eben gar nicht zu denken und nur mit übernommenen und halb verstandenen Ideen mitzulaufen. Diese Mitläufer im Geiste leben in einem Meer von Schlagwörtern und Nachahmungen und wachen in konformistischer Treue darüber, daß nur ja niemand aus dem Rahmen gerade ihrer Ideologie herausspringt. Unsere Zeitgenossen neigen dazu, alles Individuelle nivellieren zu wollen, sich nur gebrauchsfertiger Ideen zu bedienen und jede irgendwie hervorragende Persönlichkeit abzuwerten. In unserer Massengesellschaft singen diese den Ideologien verhafteten Leimsieder und Beckmesser in zentralgesteuerten Chören, die jeweils nur auf einem allerdings anhaltenden Ton verharren. Dummheit ist lebenslänglich. Ortega y Gasset hat uns warnend erklärt, warum die Massen in alles eingreifen!

Man muß Eugène Ionesco zubilligen, daß er die Unabhängigkeit des Kunstwerkes von Ideologien und von den angeblichen Notwendigkeiten der realen Welt erkannte und die Kunst von diesen Lasten zu befreien suchte.

Kunst und Ideologie können in Wechselwirkung stehen, weil sie beide

aus dem Menschen kommen, die Ideologie von Menschen erdacht, oft zur Rechtfertigung, meist zur Verhüllung ihrer wirklichen Interessen, die Kunst von Menschen geformt als zur Meisterschaft entwikkeltes Können. Beide beruhen auf Erlebnissen und Erfahrungen. Aber keine Kunst kommt aus einer Ideologie wie die Tochter aus der Mutter. Sie sind nicht einmal Geschwister, denn die Kunst war in allen Hochkulturen nur mit Glaube und Kult verwandt. Daß sie sich vom Glauben trennen kann, werden wir sehen. Aber ist sie nicht auch als Gegenpol wieder dem Glauben verhaftet und damit indirekt ihm dienend?
Aus seinem Streben nach Reinheit der Kunst, die keine, vor allem keine ideologische Belastung verträgt, ergibt sich Ionescos Kritik an Brecht: «Einer der wesentlichsten Fehler eines Autors wie Brecht scheint in der Tatsache zu bestehen, daß er die künstlerischen Mittel nur einsetzt, um eine arbiträre marxistische Ideologie zu beweisen. Er unterwirft auf diese Art das Wesentliche dem Unwesentlichen. Das ist das Gegenteil dessen, was man tun sollte. Wegen dieses Irrtums wird Brechts Werk vergehen ... Ich habe aber auch eine Abneigung gegen Brecht, die aus dem Ethischen kommt. Seit der Dreigroschenoper, in der seine Romantisierung des Verbrechens und seine Vorliebe für Übeltäter offensichtlich geworden ist, bis zu seinen letzten stalinistischen Werken – Musterbeispiele reaktionärer Kunst! – gefällt sich dieser Mann darin, den Frevel zu rechtfertigen oder mit ihm zu sympathisieren ... Ein Werk ohne Wahrheit ist auch künstlerisch nichts wert. Ich kenne die Umstände nicht, die Brecht dazu geführt haben, Kommunist zu werden. Er hätte auch ein sehr guter Nationalsozialist sein können. Werke wie die Dreigroschenoper mit ihrer Zärtlichkeit für Totschläger und jenes spätere, in China spielende Schauspiel, das eine Verteidigung der Mörder und eine Rechtfertigung der Schauprozesse und der stalinistischen Säuberungen enthält, bergen in sich auch Keime des Nazismus ... Brecht hat es keine Mühe gekostet, den ‹Versuchungen der Güte› zu widerstehen. Er rechtfertigt die Schrecken des Totalitarismus, welche die Würde der Person zerstören.»
Was soll man dazu sagen? Ganz sicher ist Ionesco einer, der sich mit heißer Seele bemüht, Kunstwerke zu schaffen, unabhängig von Beifall oder Verachtung. Sein künstlerisches Werk ist spontan aggressiv. Es richtet sich gegen das Publikum, gegen die Mehrzahl der Menschen, es macht unwillig durch seine Frechheit, es folgt aber immer neuen, noch nicht gebahnten Pfaden. Ionescos Kunst ist unerwartet, aber anziehender als das populäre Theater, weil sie irgendwie dem Herzen entspringt und in erlebten Seelenzuständen fußt. Über sein Werk sagte Jean Anouilh, der selbst ja schon ein Klassiker ist: «Ich glaube, es

[81 a] Georg Melchior Kraus, ein Schüler von Tischbein, schuf dieses Gemälde des jungen Goethe, seine Silhouette betrachtend.

[81 b] Die Federzeichnung von Friedrich Bury (1763—1823) zeigt Goethe in seinem italienischen Freundeskreis.

[82] Das berühmte Gemälde von Friedrich August Tischbein (1750—1812) ergibt eine Vorstellung von Schillers vergeistigtem Antlitz.

[83] Um diese Skulptur zu meißeln, hatte Rodin alle Romane von Balzac gelesen, überhaupt jede Zeile des Autors, hatte dessen Geburtsort besucht und seine Lebensweise studiert. So entstand diese erregende Statue, die nicht nur den großen Balzac darstellt, sondern auch die bestürzende Vielfalt seines riesenhaften Romanwerkes zum Ausdruck bringt.

[84 a] Graf Leo Tolstojs Passion für das einfache Leben hat der norwegische Karikaturist Olaf Gulbransson so meisterhaft dargestellt.

[84 b] Kein Geringerer als Honoré Daumier zeichnete die berühmteste Romangestalt des Balzac, den alten Père Goriot.

[85] Der Eiffelturm, Wahrzeichen der Baukunst des 19. Jahrhunderts, wurde von Alexandre Gustave Eiffel in den Jahren 1885—1889 für die Pariser Weltausstellung errichtet. Eiffel war Schöpfer gewagter Hängebrücken, entwarf die Innenstruktur der Freiheitsstatue von New York und baute den ersten Windtunnel für Versuche wie auch das erste Aerodynamische Institut.

[86] Der Ozeanriese «France» hat eine ruhmreiche Vergangenheit. Eine 5-Mast-Segelbarke dieses Namens ließen die Franzosen 1890 in Schottland bauen, aber schon die nächste «France», die 1911 in Bordeaux von Stapel lief, war das größte Schiff der damaligen Welt. Es havarierte 1922. Hier die heutige «France», ein schwimmendes Hotel von kaum zu überbietendem Luxus.

[87 a] Marcel Proust auf seinem Sterbebett, gezeichnet von Dunoyer de Segonzac. Proust mußte den ersten Teil seines großen Romans «A la recherche du temps perdu» auf eigene Kosten veröffentlichen. Erst der Prix Goncourt 1919 weckte das Interesse Europas an dem ungewöhnlichen Autor. Die Eindringlichkeit seiner Darstellung auch komplizierter seelischer Vorgänge hat entscheidenden Einfluß auf die Literatur des 20. Jahrhunderts ausgeübt.

[87 b] Ein großer liberaler «Europäer» war Aristide Briand, der sein Leben lang für den Verzicht auf Krieg als Mittel nationaler Politik eintrat. Der 1862 zu Nantes geborene französische Staatsmann, Advokat und Journalist war ein brillanter Redner, bekleidete von 1906 an fast immer einen Ministerposten und war wiederholt Ministerpräsident. Mit Stresemann, Chamberlain und Dawes erhielt er 1926 den Friedensnobelpreis. Sein Geschick, außenpolitische Schwierigkeiten zu überbrücken, war unübertroffen und weltbekannt.

[88 a] Franz Kafka gehört zu den ganz großen Europäern, denen man höchstens noch James Joyce, Beckett und O'Neill an die Seite stellen kann. «Alles ist Phantasie, die Familie, das Büro, die Freunde, die Straße, alles Phantasie, fernere oder nähere, die Frau; die nächste Wahrheit aber ist nur, daß du den Kopf gegen die Wand einer fenster- und türlosen Zelle drückst.»

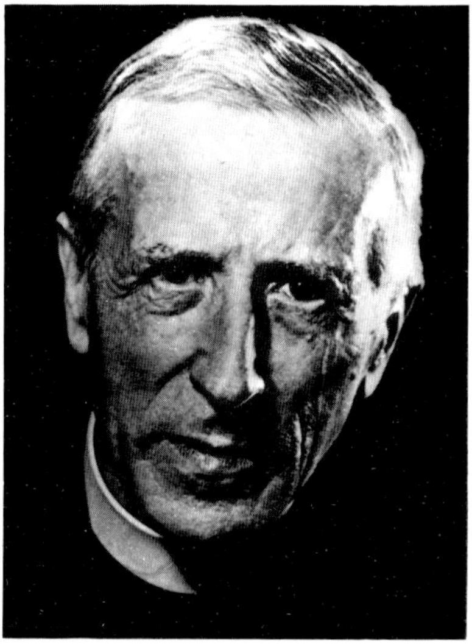

[88 b] Pierre Teilhard de Chardin, Geologe und Paläontologe, der an den Grabungen im Tal von Chou-kou-tien, etwa 40 km von Peking, maßgebend beteiligt war und damit zu den Mitentdeckern des Sinanthropus gehört, beschäftigte sich sein Leben lang mit den Geheimnissen der Zukunft des Menschen und der Menschheit überhaupt. Das Studium der Menschwerdung interessierte diesen genialen Gelehrten nur insofern, als es Ausblicke auf die «Bauart der Zukunft» enthüllte. Teilhard, ein Galilei unseres Jahrhunderts, war vom ständigen Aufstieg des menschlichen Bewußtseins überzeugt und begründete als erster eine grandiose «Wissenschaft der Zukunft».

[88 c] Paul Claudel, der Dichter des «Seidenen Schuhs»: «Es gibt noch etwas Unerreichbareres als die Zukunft, das ist die Vergangenheit. Eine gewisse abgebrochene Brücke schneidet die Vorstöße ab, die so viele Künstler zur Suche nach der verlorenen Zeit unternehmen wollten. Es ist nicht mehr Zeit, sagt die Uhr.»

[89] Dies ist der Preis allen technischen Fortschrittes unseres Jahrhunderts. Am 9. August 1945 wurde die zweite Atombombe über Nagasaki abgeworfen. 73 884 Japaner kamen dabei um. Aber fünf Tage später mußte Japan kapitulieren, wodurch Millionen Japaner und Tausende von Amerikanern den mörderischen Pazifik-Krieg überlebten. Der Rauchpilz dieses Originalphotos hat im Augenblick der Aufnahme eine Höhe von 18 km erreicht.

[90 a] Albert Einstein, dessen kühne Weiterführung der Planckschen Gedanken ihn zum größten Physiker des 20. Jahrhunderts machte, wurde wie der berühmte Schneider in Ulm geboren und starb als Amerikaner. «Noch ist das große Rätsel ungelöst. Wir können nicht einmal mit Sicherheit sagen, daß es eine letzte Lösung dafür gibt. Die Lektüre im Buch der Natur hat uns bereits viel gegeben, so etwa die Anfangsgründe der Sprache, in der die Natur sich uns mitteilt.»

[90.b] Sigmund Freuds Bedeutung für das 20. Jahrhundert beruht auf seiner Erkenntnis des Unbewußten in der Psychologie. 1930 erhielt er den Goethe-Preis, 1938 emigrierte er nach London, wo er im folgenden Jahr starb.

[91] Pablo Picasso ist der gefeiertste und umstrittenste Maler und Bildhauer des zwanzigsten Jahrhunderts. Seit dem Jahre 1901 wechselte er viele Male seinen Stil und suchte immer neue Ausdrucksmittel zu erschließen. Sein Selbstbildnis aus dem Jahre 1906 befindet sich im Philadelphia Museum of Art.

[92 a] Die immer drohende Gegenwart des Vergangenen, die Macht der Verdammnis und den Wert der Beharrlichkeit stellte William Faulkner, geboren in New Albany, Mississippi, der ganzen lesenden Welt unserer Zeit vor Augen und griff damit weit über die Probleme der südlichen Heimat hinaus, die stets den Hintergrund seiner Romane bildet.

[92 b] Eugene O'Neill, Kaufmann, Goldgräber, Matrose, Journalist und echtes Schauspielerkind, wurde Amerikas bedeutendster Dramatiker der ersten Hälfte unseres Jahrhunderts. Er starb 1953 in Boston. Sein gewaltiges Bühnenwerk ist bis heute noch gar nicht voll ausgewertet; für einige seiner Dramen ist die Zeit noch nicht reif.

[92 c] Charles Spencer Chaplin, geboren 1889 in London, verkörperte in seinen weltberühmten Filmen stets das verborgene Heldentum des unterdrückten kleinen Mannes und wurde damit Symbol des 20. Jahrhunderts. Szene aus dem Film «Lichter der Großstadt».

[93] Ein Wunder der Architektur des 20. Jahrhunderts ist das Rockefeller Center im Herzen von New York City. Das Gelände des Hauptbaus und seiner Nebenbauten wurde von der Columbia University gepachtet für eine jährliche Miete von rund vier Millionen Dollar. Die Pacht läuft im Jahre 2069 ab. Rockefeller Center ist der größte Gesellschafts- und Vergnügungskomplex in amerikanischer Privathand, mit Büros, Radio- und Fernsehstudios, Theatern und ganzen Verkaufsladenstraßen im Innern. 200 000 Menschen gehen täglich aus und ein. Über 40 000 Menschen arbeiten hier. 1200 Firmen sind untergebracht, außerdem 25 Restaurants, 800 Garagen, Konsulate von 19 Ländern, Postämter, Paßbüros und eine Eisenbahn. Unter den 257 Fahrstühlen sind acht die schnellsten der Welt: sie erreichen das 65. Stockwerk in 37 Sekunden.

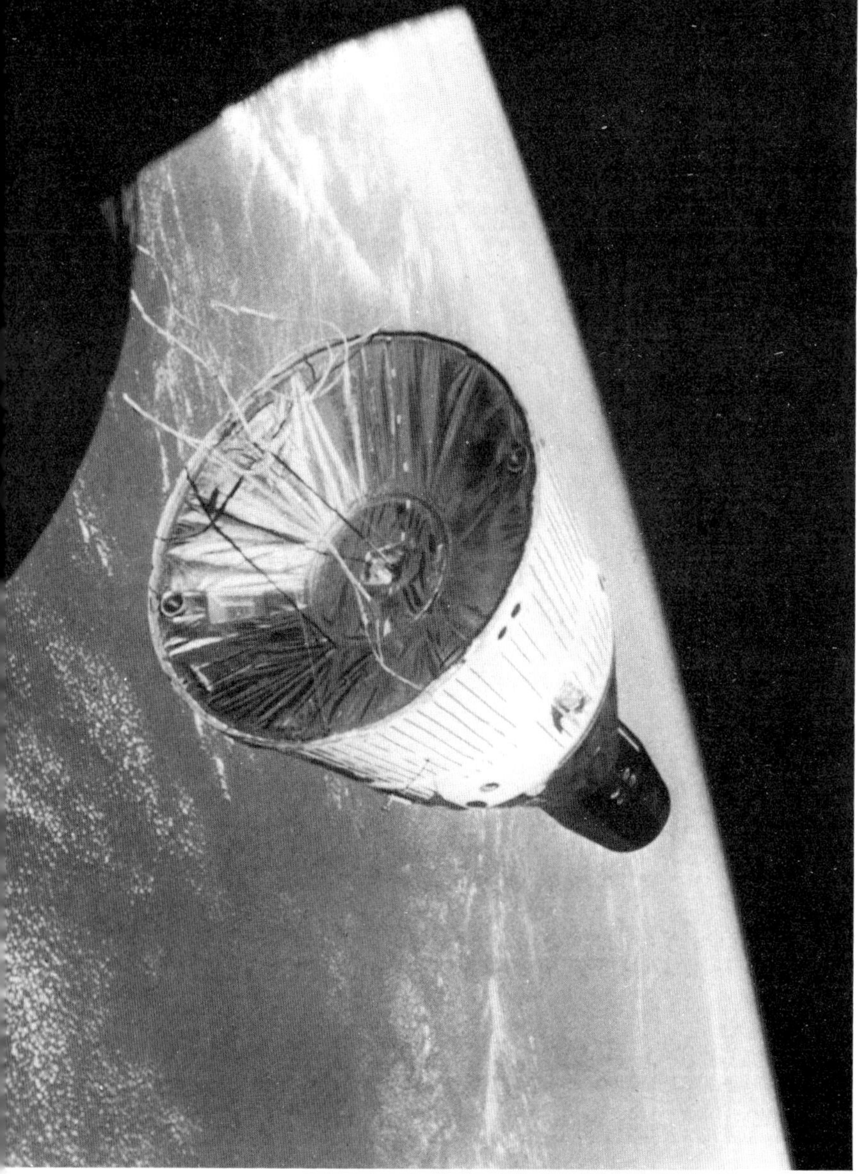

[94] Eine sensationelle Aufnahme: Das erste Treffen im Weltraum wurde im Dezember 1965 erzielt. Die amerikanischen Astronauten Schirra und Stafford photographierten aus ihrem Raumschiff Gemini 6 Gemini 7, mit dem sie sich verbanden. Erde und Weltall bilden den phantastischen Hintergrund.

[95 a] Jean Prouvost hat mit der Zeitschrift «Paris Match» einen völlig neuen Typ der Bild- und Reportage-Gestaltung geschaffen. Die Qualität, der Ernst, die Zuverlässigkeit und das Niveau dieser Illustrierten hat nicht nur Weltgeltung erlangt, sondern beeinflußt auch den Bildsinn und das Begreifen der Geschehnisse der gesamten Menschheit.

[95 b] Lord Beaverbrook, Sohn eines presbyterianischen Geistlichen, war schon mit dreißig Jahren Millionär. Im Zweiten Weltkrieg wurde er von Churchill zum Minister für Flugzeugherstellung und Materialbeschaffung ernannt. Seine Zeitung «Daily Express» hat die größte Auflage aller Zeitungen der Welt, außerdem regiert er über die einflußreichen Blätter «Sunday Express» und «Evening Standard».

[95 c] Henry Luce wurde 1898 als Sohn eines presbyterianischen Missionars in Tengchow, China, geboren. Er schenkte unserem Jahrhundert eine neue Welt der Berichterstattung, der Bildgestaltung, mit dem Mut, schwierige Themen anzupacken. Seine Zeitschriften: «Time», «Life» und «Fortune».

[96 a] Albert Camus: «Es gibt in jedem Leben eine kleine Anzahl großer Gefühle und eine große Anzahl kleiner Gefühle. Wenn man wählt: zwei Arten von Leben und zwei Arten von Literatur.» Aus dem Tagebuch des überragenden Franzosen, der die Tragik der sich selbst überlassenen Menschheit in die Welt rief und die Widersinnigkeit des Todes.

[96 b] Eugène Ionesco: «Man sagt, der Mensch sei dadurch charakterisiert, daß er das lachende Tier sei. Vor allem ist er das schöpferische Tier. Er führt ins Weltall Dinge ein, die darin nicht existieren: Tempel oder Kaninchenställe, Schubkarren, Lokomotiven, Symphonien, Gedichte, Kathedralen, Zigaretten. Die Nützlichkeit dieser Dinge ist oft nur ein Vorwand. Wozu ist es gut, zu existieren? Um zu existieren.»

[96 c] Jean-Paul Sartre brachte mit seinem 1943 verfaßten «L'être et le néant» das Hauptwerk des französischen Existentialismus heraus. Seine pessimistische, alle übersinnlichen Gehalte leugnende Philosophie wie seine Schilderungen menschlicher Durchschnittlichkeit sind echte Kennzeichen des zwanzigsten Jahrhunderts.

[96 d] Seit dem Ende des Zweiten Weltkrieges gehört Jean Anouilh zu den Bühnenautoren, dessen Stücke im Abendland am meisten aufgeführt werden. Er ist ein brillanter Meister der dramatischen Technik.

ist besser als Strindberg, weil es einen ‹humour noir› à la Molière hat, auf eine manchmal irre komische Art, weil es entsetzlich, spaßig, packend und immer wahr ist – klassisch!»
Kann man aber einem Mann böse sein, darf man einen Mann angreifen – ich meine Brecht –, der am Ende seines Lebens schrieb: «Furchtbar die Enttäuschung, wenn die Menschen erkennen oder zu erkennen glauben, daß sie einer Illusion zum Opfer gefallen sind, daß das Alte stärker war als das Neue, daß die ‹Tatsachen› gegen sie und nicht für sie sind, daß ihre Zeit, die neue, noch nicht gekommen ist. Es ist dann nicht nur so schlecht wie vorher, sondern viel schlechter. Denn sie haben allerhand geopfert für ihre Pläne. Sie haben sich vorgewagt und werden jetzt überfallen. Das Alte rächt sich an ihnen . . . Die die Aktivität für ihre Ideale nicht eingebüßt haben, verwenden sie nun gegen dieselben! Kein Reaktionär ist unerbittlicher als der gescheiterte Neuerer.»
Die menschlichen Urerlebnisse sind stärker als alle Ideologien. Der einzelne wandert durch Ängste und Nöte, die der Gesellschaft verschlossen bleiben. Darum sagt Ionesco, keine Gesellschaft könne die Trauer des Menschen aufheben. «Kein politisches System kann uns von dem Leiden an der Existenz befreien, von der Furcht vor dem Sterben, von unserem Durst nach dem Absoluten. Das Sein des Menschen bestimmt das Sein der Gesellschaft, nicht umgekehrt.»
Der berühmte Streit zwischen Ionesco und Kenneth Tynan, Theaterkritiker des Londoner «Observer», beruhte darauf, daß der Engländer Ionesco vorwarf, er behaupte, Worte seien bedeutungslos und jede Verständigung der Menschen untereinander unmöglich. Er hielt Ionescos Theater der Zukunft für eine öde neue Welt, aus der die humanistische Logik und der Glaube an die Menschheit auf ewig verbannt sein würden. Ionesco wende sich von Gorki und Tschechow ab, von Arthur Miller, Tennessee Williams, Brecht, O'Casey, Osborne und Sartre, überhaupt vom Realismus. Ionesco antwortete, es sei nicht Sache des Künstlers, den Lauf der Welt lenken zu wollen oder den Versuch zu unternehmen, sie zu retten. Das hätten Religionsstifter, Moralisten oder Politiker zu besorgen. «Ein Kunstwerk, das ideologisch wäre und sonst gar nichts, ist überflüssig.»
Das Kasperletheater im Jardin du Luxembourg. Es hatte ihn als Kind gepackt. Ganze Tage stand er dort. Er war wie behext von diesem Handpuppentheater. Und was zog ihn so an? Es war das Ungewöhnliche, das Unwahrscheinliche, das unendlich Vereinfachte, das Karikierende. Gerade dadurch deckte es in einer geheimnisvollen Umkehr Wahrheit auf. Es war das Welttheater selbst. Die Puppen, die sprachen, sich bewegten, sich verprügelten, sie führten Ionesco zu der Erkennt-

nis, daß künstlerische Formexperimente der Wirklichkeit und der Wahrheit dienen, daß die Sprache erneuern auch die Welt und das Weltbild erneuern heißt, daß das lebendige Herz sich nur unter dem nicht Mitteilbaren verbirgt und daß man die Gefühle der Menschen in Dingen konkretisieren kann, daß Requisiten sprechen dürfen und daß man mit greifbaren Bildern des Schreckens, des Leids, der Reue, der Entfremdung endlich wieder die Sprache des Dramas erweitert.
Ich wohnte nach einer Aufführung von Ionescos «Die Stühle» einer Diskussion über dieses Stück bei. Hier suchte man mit vielen Argumenten zu ergründen, was das Stück bedeute. Eine Auslegung ist aber schon deswegen unmöglich, weil Ionesco selbst seine Stücke zu schreiben beginnt, ohne eine Vorstellung davon zu haben, was sich ereignen wird, wie es abläuft, wie es schließt. Erst nach Beendigung des Stückes macht er sich Gedanken darüber, was es wohl bedeutet. So befindet er sich in der gleichen Lage wie die Zuschauer, die über die Bedeutung des Stückes diskutieren.
Das gleiche Erleben des Absurden, beim Formen des Absurden, ist Beckett eigen. Als man ihn fragte, wer denn Godot sei, auf den die zwei alten Landstreicher Vladimir und Estragon warten, antwortete er: «Wenn ich es gewußt hätte, hätte ich es gesagt.» Eines ist klar: Das Thema der «Stühle» ist nicht der Schiffbruch der alten Leute im Rätsel «Leben», nicht die «Botschaft». Das Thema sind die Stühle selbst, das «Nichts». Ionesco sagt, «die Abwesenheit der Menschen, die Abwesenheit des Kaisers, die Abwesenheit Gottes, die Abwesenheit der Materie, die Unwirklichkeit der Welt, die metaphysische Leere, die Unwirklichkeit der Anwesenheit des Unsichtbaren muß immer greifbarer, immer wirklicher werden». Das war ja auch Chaplins Geheimnis. Und das war die hintergründige Kunst Karl Valentins. Um das Wirkliche darzustellen, muß man mit dem Unwirklichen operieren.
Das Theater des Absurden beruht auf der Tatsache – oder der Annahme –, daß der unerschütterliche Gottglaube vergangener Zeiten zerbrochen ist, daß sich die alten «Gewißheiten» und Glaubenssätze in Auflösung befinden und daß sich das Abendland von den Vorstellungen der Christenheit der mittelalterlichen Welt im Laufe der Jahrhunderte immer weiter entfernt hat. Wenn es kein ewiges Leben gibt, so hat auch das diesseitige Leben jeden Sinn verloren. Gibt es kein ewiges Leben, so erhebt sich wirklich drohend Camus' harte Frage, warum der Mensch nicht Selbstmord begehen solle.
In Dostojewskijs «Dämonen» spricht Kirillow von Christus am Kreuz und von den beiden Schächern. «Einer der Gekreuzigten glaubte so fest, daß er zu einem anderen sagte, heute wirst du mit mir im Pa-

radiese sein. Der Tag ging zu Ende, beide starben, vergingen und fanden weder das Paradies noch eine Auferstehung. Das Gesagte wurde nicht Wahrheit. Höre also. Dieser Mensch war das Höchste auf der ganzen Erde. Er bildete das Ziel, zu dessen Erreichung sie leben sollten. Der ganze Planet, mit allem, was auf ihm ist, ist ohne diesen Menschen nichts als ein Wahnsinn.» Kirillow weiß, weder vor Ihm noch nach Ihm gab es einen solchen wie Ihn. Nie gab es einen solchen, deswegen ist Er ein Wunder. Darin besteht das Wunder, daß es einen Menschen wie Ihn nie gegeben hat und nie geben wird. «Wenn dem aber so ist, wenn die Naturgesetze nicht einmal Diesen, nicht einmal ihr eigenes Wunderwerk schonen wollten, sondern auch Ihn gezwungen haben, inmitten der Verlogenheit zu leben und einer Lüge wegen zu sterben, dann ist also der ganze Planet nur eine Ausgeburt der Lüge und beruht auf Verlogenheit und dummer Verhöhnung. Also sind auch die Gesetze des Planeten selbst nichts als Lüge und eine vom Teufel ersonnene Komödie. Wozu soll man also leben? Antworte, wenn du ein Mensch bist!» Kirillow glaubt, die Rettung für alle bestehe darin, daß man ihnen diesen Gedanken klarmacht. Er selbst will es tun, denn er kann nicht fassen, warum die Atheisten, die doch zu wissen vorgeben, daß es keinen Gott gibt, sich bisher nicht getötet haben. Darum will er sich das Leben nehmen. Er will den Anfang machen. Er will der Menschheit den Beweis erbringen. «Ich bin furchtbar unglücklich, weil ich schreckliche Angst habe. Die Furcht ist der Fluch der Menschheit.» Kirillow will der Retter sein. Das wird die Menschen erlösen und sie in der folgenden Generation physisch umgestalten. In der jetzigen physischen Gestalt vermag der Mensch ohne Gott nicht zu existieren. «Drei Jahre lang habe ich nach dem Kennzeichen meiner Gottheit gesucht und habe es endlich gefunden: das Kennzeichen meiner Gottheit ist die Eigenmächtigkeit. Ich töte mich, um meinen Ungehorsam und meine neue, furchtbare Freiheit zu bekunden.»

Dieser «logische Selbstmord», so glaubt der absurde Rebell, werde ihn, Kirillow, zum Gott machen. Kirillow muß sich umbringen, um Gott zu sein. Dostojewskij entscheidet sich am Ende seines Werkes gegen diese Gestalt. Camus sagt, es handle sich bei den «Dämonen» nicht um ein absurdes Werk, sondern um ein Werk, das das Problem des Absurden stellt. «Man kann Christ und absurd sein. Es gibt Beispiele von Christen, die nicht an das zukünftige Leben glauben.»

Das Theater des Absurden lebt wie Kirillow in der Überzeugung der Sinnlosigkeit des menschlichen Daseins. Die Absurdität der menschlichen Existenz ist für dieses Theater keine Frage, keine Diskussionsbasis. Sie ist einfach gegeben, und auf dieser Überzeugung fußen die

Themen der Stücke Becketts, Adamovs, Ionescos, Genets und ihrer Epigonen.
Man wartet dennoch auf irgend etwas. Aber worauf? Man weiß es nicht. Ist «Godot» mit dem englischen «God» gleichzusetzen? Ist Godot aus Balzacs Komödie «Le faiseur» entliehen, in der Mercadet dem verbrecherischen Teilhaber Godot alle Schuld an seinem Unglück gibt? «Die ganze Welt», sagt Mercadet, «hat ihren Godot, einen falschen Christoph Columbus. Alles in allem, Godot! Ich glaube, er hat schon wieder mehr Geld zusammenverdient, als er mir genommen hat.» Mercadet tröstet seine Gläubiger immer mit diesem Godot, der sicherlich eines Tages mit viel Geld auftauchen wird. Ihre Ansprüche werden dann mit Leichtigkeit befriedigt werden. Da aber kein Godot zurückkommt, erfindet Mercadet einen falschen Godot mit großem Vergnügen. Man entlarvt ihn, und Mercadet ruft verzweifelt aus: «Ich habe Godot so oft erscheinen lassen, daß ich wohl das Recht habe, ihn zu sehen. Also wollen wir Godot begegnen.»
«Ich bin furchtbar unglücklich, weil ich schreckliche Angst habe», sagt Dostojewskijs Kirillow. Die bodenlose Angst des einfachen Existierens – das ist auch der Grundton des gesamten Werkes von Beckett, der wie Shaw, Wilde und Yeats Sohn protestantisch-irischer Eltern ist. Beckett erklärte einmal, er schreibe in französischer Sprache, weil es in einer fremden Sprache leichter sei, sich vom Stil loszumachen. Außerdem zwinge ihn die französische Sprache zu höchster Klarheit und Sparsamkeit der Worte.
Beckett hat sicher nicht nur, wie er sagt, die Schriften des heiligen Augustinus gelesen, er kennt natürlich auch die «Dämonen». Die Vorstellung, das Paradies könne eine Illusion sein und die Gnade fließe in so erschreckend dünnem Strom, bildet den Kern von «Warten auf Godot». Nur einer der vier Evangelisten, Lukas, erzählt die Geschichte der Schächer. «Sie waren doch alle vier dabei, jedenfalls nicht weit weg, und nur einer spricht von dem erlösten Schächer.» Vladimir empfindet es als seltsam, daß die Gläubigen nur gerade diesem einen Zeugen vertrauen. Es ist also die Vorstellung der sehr geringen Hoffnung auf Gnade, die das Leben als absurd erscheinen läßt.
Die unauslotbare Vielschichtigkeit des Menschen und die Hoffnungslosigkeit seiner Situation zeigt Beckett auch im «Endspiel» auf. Es ist tatsächlich ein großer schöpferischer Wurf voller Beunruhigungen, die doch begründet sein müssen, sonst würden sie nicht so fesseln. Das Stück ist wie eine Sonde, die in große Tiefen des Seins vordringt. Der blinde alte Ham im Rollstuhl – er kann nicht gehen! – ist ganz auf seinen Diener Clov – er kann nicht sitzen! – angewiesen. Die Eltern des Ham, der einst reich war, Nagg und Nell, befinden sich in Müll-

eimern. Ihre Beine sind amputiert. Clov kann niemals von Ham loskommen, und nie können Nagg und Nell aus ihren Tonnen heraus. Alle sind miteinander unentrinnbar verkettet, in einem elenden Raum, aus dessen engem Fenster Clov zuweilen hinausschauen muß, um zu berichten, was draußen vorgeht. Dort liegt die Erde wüst, leblos, leer nach irgendeiner Katastrophe.
Die Gestalten des Endspiels sind personifizierte menschliche Funktionen und Erfahrungen. Alle zusammen bilden vermutlich *ein* Dasein. So ist dieses unheilverkündende, niederdrückende, düstere Werk in seinem Dunkel und in seiner scheinbaren Unbegreiflichkeit doch ein sehr hellsichtiges Monodram, quälend im Wecken von Schuldgefühlen.
Unter den Dramatikern, sagt Oscar Fritz Schuh, habe einzig Beckett die Synthese aus übernommenen und neugefundenen Elementen erreicht. «Seine Stücke werden mit jedem Tag besser, weil gültiger, denn sie sind ein geistiger Niederschlag dessen, was das neue physikalische Weltbild erarbeitet hat.»
Daß der Einfluß Dostojewskijs auf das absurde Theater so tiefgreifend, anregend und bewegend ist, enthüllt nicht nur das Werk Becketts, sondern auch die kompromißlose Kunst Ionescos, der übrigens, von Nicolas Bataille aufgefordert, einmal Theater spielte und die Rolle des Stepan Trofimowitsch in Batailles und Vialas Bühnenbearbeitung der «Dämonen» übernahm.
Arthur Adamov, armenischer Abstammung und im Kaukasus geboren, der «Schuld und Sühne» übersetzte, versteht natürlich etwas von der «russischen Seele», dem fanatischen Wunsch nach Weltbeglückung und von der dramatischen Umkehrung des einstigen russischen Optimismus, dessen Tragik in der erstarrten Revolution liegt. In seiner Sucht nach Selbsterniedrigung hält Adamov allein den Pessimismus für existent und logisch. Auch hinter seinem Schreibtisch steht immer düster und bedrückend Brüderchen Fjodor Dostojewskijs großer Schatten.
«Der Geist irrt herum auf der Suche nach ihm» [dem Sinn des Lebens], «gefangen in dem Dilemma, daß es ebenso unmöglich ist, das Gesuchte zu finden, wie die hoffnungslose Suche aufzugeben.» Adamov vermißt, wie der in Budapest geborene Dramatiker, Kritiker und Regisseur Martin Esslin sagt, im Kommunismus die metaphysischen, sakralen Gehalte. «Wenn der Kommunismus, der eine gerechte Güterverteilung unter den Menschen anstrebt, unweigerlich auf das große Nein in der Natur der Dinge stoßen wird, wenn der Mensch sich über das wahre Wesen seines Unglücks nicht länger hinwegtäuschen kann, dann entsteht eine Angst, die um so größer und furcht-

barer sein wird, als sie aller Hüllen entkleidet ist, die sie dem Erkanntwerden entzogen.»

Dostojewskij hat in seinem Kirillow nicht nur das Wesen des Absurden vorausgeahnt, er hat, wie schon im ersten Kapitel dieses Buches erwähnt wurde, im Jahre 1871, acht Jahre vor der Geburt des georgischen Schuhmachers Dschugaschwilij, den gesamten Stalinismus vorausgeahnt. Mit der Ernennung zum Generalsekretär der Partei am 22. April 1930 errichtete Stalin mit dem von ihm umbesetzten Politbüro nach und nach eine unumschränkte Diktatur in Partei und Staat und ließ zwischen 1936 und 1938 alle – auch die nur möglichen – Gegner, die alte Garde der Mitkämpfer Lenins wie die oberste Armeeführung, nach Schauprozessen hinrichten. Stalins «Sprach-Briefe» von 1950 entwickeln die Theorie von der autoritären «Revolution von oben» sowie die Theorie einer «gestuften russisch-sowjetischen Führung» der anderen Völker, ideologisch marxistisch unterbaut.

In den «Dämonen» ahnt Dostojewskij dieses Geschehen voraus. Schigaljow schlägt «zur endgültigen Lösung aller Fragen» die Aufteilung der Menschheit in zwei ungleiche Teile vor. Nur ein Zehntel der Lebenden behält die persönliche Freiheit und die unbeschränkte Macht über die anderen neun Zehntel. Diese müssen ihre «Persönlichkeit aufgeben». In den Genuß des «Persönlichkeitskultes», von dem zu Dostojewskijs Zeit natürlich noch keine Rede war, kommt also nur ein Zehntel, vielleicht sogar nur die Spitze dieses Zehntels. Die anderen müssen «bei unbegrenztem Gehorsam durch eine Reihe von Wandlungen die ursprüngliche Unschuld wiedererlangen, also etwas wie das verlorengegangene Paradies, obwohl sie im übrigen auch zu arbeiten haben werden».

Die Maßnahmen, die Schigaljow vorschlägt, um neun Zehntel der Menschen den Willen zu nehmen und sie durch «umbildende Erziehung» ganzer Generationen in eine «Herde» zu verwandeln, «sind sehr interessant, auf naturwissenschaftliche Tatsachen gegründet und außerordentlich logisch». Sehr aufschlußreich sind die Worte des lahmen Lehrers in den «Dämonen». «Es wird uns da durch allerlei heimlich verbreitete Blättchen ausländischer Herstellung vorgeschlagen, wir sollten uns zusammenschließen und Gruppen bilden. Unser einziges Ziel: eine allgemeine Zerstörung. Begründet wird diese Forderung damit, daß die Welt, wie man auch an ihr herumdoktert, doch nie ganz gesund werden könne. Würde man dagegen durch ein radikales Verfahren hundert Millionen Köpfe abschneiden und sich dadurch eine Erleichterung schaffen, so könnte man behender und sicherer über den Graben springen.» Das schreibt Dostojewskij 45 Jahre vor Ausbruch der russischen Revolution!

Seine Romanfigur Liputin meint, hundert Millionen Köpfe abzuschlagen sei eine ebenso schwierige Aufgabe wie die Umgestaltung der Welt durch Propaganda. «Ja, vielleicht ist es noch schwerer, besonders wenn es in Rußland geschehen soll.» Zu allem gesellt sich das nie versiegende Sendungsbewußtsein der Russen. Darum sagt der lahme Lehrer: «Es ist uns bekannt, daß ein geheimnisvoller Index auf unser schönes Vaterland hinweist als auf das Land, das zur Ausführung der großen Aufgabe am befähigtsten sei.» Und noch ein anderer russischer Charakterzug kommt hinzu: die Freude am Leiden. Denn eigentlich ist der Lehrer mehr für «Propaganda» als für das «Ausrotten der hundert Millionen». Hier sieht er nämlich eine Chance für sich selbst, durch «Verdienste um die Sache des Sozialismus einen Rang und Titel zu erhalten». Noch mehr: würde er Propaganda machen, so könnte er es womöglich so weit bringen, daß ihm dafür die Zunge abgeschnitten wird. Ein heißersehntes Opfer! Die Essenz seiner Vision legt Rußlands großer Dichter seinem Werchowenskij in den Mund: «Hier ist eine neue Religion im Anzug, Väterchen, die an die Stelle der anderen treten wird.» Auch einige Angaben über die Dauer der künftigen russischen Mission kann Dostojewskij machen: «Sehen Sie wohl! Da man aber selbst bei Voraussetzung der günstigsten Umstände und Bedingungen mit einer solchen schrecklichen Metzelei nicht früher als in fünfzig oder meinetwegen auch in dreißig Jahren fertig werden wird – denn die anderen sind doch auch keine Hammel und werden sich vielleicht nicht so ohne weiteres abschlachten lassen –, wäre es da nicht besser, auszuwandern?»

«Die neue Religion», die der Osten aufgriff, führte genau zu dem, was Dostojewskij voraussah. Schigaljow weiß, daß er sich mit seinen eigenen Beweisstücken verirrt hat. Sein Schlußergebnis ist der ursprünglichen Idee, die seinen Ausgangspunkt bildet, diametral entgegengesetzt. «Indem ich von unbeschränkter Freiheit ausgehe, schließe ich mit einem ebenso *unbeschränkten Despotismus.*» Außer seiner Lösung, so glaubt Schigaljow, kann es für das Problem der Gesellschaftseinrichtung keine andere geben.

Wie der Zweifel sich in das Leben des damals noch abendländischen Rußlands einschleicht, hat niemand so fein geschildert wie Dostojewskij, denn mitunter springt der Kapitän Maximowitsch nachts «in bloßen Socken» aus dem Bett, bekreuzigt sich vor dem Heiligenbild und betet, Gott möge ihm den Glauben geben. Maximowitsch kommt über die Frage nicht mehr so ruhig hinweg, ob es einen Gott gibt oder nicht. «Jawohl, so sauer ist mir zu jener Zeit die Sache geworden. Am Morgen hatte man natürlich seine Ablenkung, und der Glaube schwand dann gewissermaßen, wie ich denn überhaupt die Beobach-

tung gemacht habe, daß bei Tage der Glaube immer etwas abnimmt.»
Merkwürdig bleibt, daß der abnehmende Glaube den russischen Tag zu einer Nacht machte und den westlichen Abend, die Länder des Sonnenunterganges, zu hellichtem Tag werden ließ. Eine unabsehbare Kulturleere folgte der Absage an den Glauben im Osten, während sich aus den Zweifeln im Westen gewaltige Ströme schöpferischen Geistes bildeten.

Warum?

Weil unter den ein bis fünf Millionen abgeschlagenen Köpfen sich naturgemäß die besten befanden. Und weil schöpferisches Tun zwar auf den Glauben früherer Zeiten verzichten kann, nicht aber auf die Freiheit. Auch auf die Millionen von «abgeschlagenen Köpfen» der Hitler-Diktatur folgte eine erschreckende schöpferische Pause. Frisch und Dürrenmatt sind Schweizer. Was gab es sonst? Erst zwanzig Jahre nach dem Ende des «tausendjährigen Reiches» begann sich der Geist in deutschen Landen wieder zu regen – sehr langsam, wenn man dieses Erwachen mit der schöpferischen Hochblüte von Frankreich, England und Amerika vergleicht.

Immer hat es in der Freiheit eine «Avantgarde» gegeben, Schriftsteller, Denker, Künstler, die gegen ihre Zeit standen, Rebellen, die neue Ausdrucksformen fanden, Köpfe, die in das Weltall Dinge einführten, die noch nicht existierten und gegen die sich von allen Seiten stets der Konformismus erhob. Man hat die Originalität der Eingebung oft nicht gleich bemerkt, und erst spätere Zeiten erkannten diesen oder jenen als bedeutenden Mann der Avantgarde. Baudelaire, Kafka, Pirandello, Dostojewskij, Strindberg waren kühn und wahr in ihrem Prophetentum. Ionesco weiß, daß er echt ist, wenn er erfindet und phantasiert. Er weiß, daß die Welt, die er erfindet, falsch wäre, wenn er sie echt machen würde. Nichts Rationaleres gibt es als die Phantasie! Ionesco sagt, das Theater müsse ein Ort der größten Freiheit sein, der tollsten Phantasie. Aber es sei der Ort der größten Beschränktheit, eines Systems von geronnenen Konventionen, ob man sie nun realistisch nennt oder nicht. Man sollte auf dem Theater alles wagen. Aber es ist der Ort, wo man am wenigsten wagt, das Theater sterbe dahin, meint Ionesco, weil es ihm an Kühnheit fehle.

Der große, zutiefst inspirierte Theatergestalter der zweiten Hälfte des zwanzigsten Jahrhunderts, Oscar Fritz Schuh, dessen Inszenierungen an der Mailänder Scala, an der Covent-Garden-Oper, in Salzburg, Berlin und Hamburg Weltrang erreichten, fordert die gleiche Kühnheit und Freiheit, den gleichen Mut, die gleiche Phantasie. Er tritt wie kein anderer unermüdlich für die mit dem geistigen Auge und dem geistigen Ohr erfaßten größeren Wirklichkeiten ein. «Die westliche

Hemisphäre krankt ja überhaupt daran, daß sie sich ihren eigenen Terror geschaffen hat: sie stellt laufend Tabus und Gesetze auf, denen sich alles willenlos unterordnet. Keine neue herrschende Klasse terrorisiert diese Welt – sie selbst hat sich die Zwangsjacke geschaffen, aus der es nun kaum mehr eine Befreiung gibt.»

Das Abendland ist dennoch – oder gerade wegen solchen Aufbegehrens – heute der einzige «geistige Raum» der Welt, es ist das, was Schuh vom Theater verlangt: «Die Bühne als geistiger Raum.» Das Abendland ist deswegen allein in der Welt das große Laboratorium der geistigen Unternehmungen, weil unentwegt im Westen immer neue Freiheiten erkämpft werden, weil die Ionescos, die Becketts, die Adamovs, weil ein O'Neill, ein Faulkner, ein Dos Passos, Osborne, Tennessee Williams und Thornton Wilder immer und immer bemüht waren, sich besser, kräftiger, sauberer auszudrücken, weil um neue Formen und um neue Gestaltungen zäh gerungen wird und weil Tabus und Einschränkungen ihre kühnen Widersacher finden.

Strindberg
und die Urphänomene der Menschheit

«Strindbergs gleichmäßiger Hang zum Mystischen und zum Mechanisch-Analytischen würde noch nicht genügen, um sein Wesen völlig zu umschreiben, sofern wir dem Grundproblem seines Lebens, seiner Stellung zur Frau, psychologisch nahetreten wollen, deren dämonischen Trieben er einen so breiten Raum seiner Produktion gewidmet hat, wenngleich es ganz verkehrt ist, Strindberg etwa mit der oberflächlichen Formel eines Frauenhassers abzutun. Er war denn doch noch viel mehr, sowohl als Dichter wie als Forscher. Die dritte Komponente seines Wesens war ein tiefes, eingewurzeltes Mißtrauen gegen beinahe alles und jeden, das wie ein Paracelsischer ‹Archäus› von Natur und Jugend an in ihm am Werke war und das wohl nicht anders erklärt werden kann als durch die Tragödie einer Jugend, die, ob eingebildet oder wirklich, die tiefsten Schatten auf das Gemüt eines gewiß genialen Kindes geworfen hat ...»

Carl Ludwig Schleich, Besonnte Vergangenheit.

«Alles kann geschehen, alles ist möglich und wahrscheinlich. Zeit und Raum existieren nicht; auf einem unbedeutenden wirklichen Grunde spinnt die Einbildung weiter und webt neue Muster: Eine Mischung von Erinnerungen, Erlebnissen, freien Einfällen, Ungereimtheiten und Improvisationen.» Strindberg war nicht nur seiner Zeit voraus, er ist auch unserer Zeit voraus. Er kommt noch!

Und wie viele haben auf ihm aufgebaut! Sean O'Casey, der zur Weltgeltung der irischen Bühne beitrug; Elmer Rice, der amerikanische Dramatiker, der 1929 in «Street Scene» das düstere Slum-Dasein der Großstadt zu einem Bild von bleibender Geltung geformt hat; Luigi Pirandello, dessen Dramen die Spaltung und Auflösung der Persönlichkeit aufzeigen, die Fragwürdigkeit des Ich-Bewußtseins, die Grenzen zwischen Schein und Sein; und vor allem Eugene O'Neill.

In Strindbergs «Traumspiel» teilen sich die Personen, verdoppeln sich, verdunsten, verdichten sich, zerfließen, sammeln sich. Für den Träumer gibt es keine Geheimnisse, keine Skrupel, kein Gesetz. Er richtet nicht. Er gewährt auch keine Absolution. Das Traumspiel ist Wehmut und Mitleid mit allem Lebenden. Der Schlaf ist der Befreier. Er tritt auch als Peiniger auf. Das Erwachen versöhnt den Leidenden mit der Wirklichkeit. «Die Welt, das Leben und die Menschen sind nur ein Phantom, ein Schein, ein Traumbild», sagt Indras Tochter.

Der Orient zweifelt nicht. Das ist seine Erstarrung. Seit Mohammed den Islam in die Welt setzte, hat er sich in viele Sekten gespalten. Sie alle sind unduldsam, wenn auch in verschiedenen Schattierungen. Aber wo immer der Islam sein düsteres und strenges Gesicht zeigt, da muß das Leben verharren, in gleicher Form, in Unbeweglichkeit. Die Schleier dürfen nicht gehoben werden. Sie bleiben, auch wenn sie in manchen Ländern des Orients nicht mehr sichtbar sind.

Afrika zweifelt nicht. Das ist die Lethargie des Kontinents trotz seiner 2000 Stämme und 800 Sprachen. Die mediterran-orientalisch bestimmte Kultur traf nur den Nordsaum des Kontinents und erstarb auch dort an den wellenrauschenden, einsamen, heißen Küsten. Die Geheimnisse von Meroe, in der vom Nil und Atbara umschlossenen Landschaft mit den Ruinenstätten von Naga und Mussauwarat, sind noch kaum entziffert. Im mittelalterlichen Südrhodesien blühte einst zwischen dem 9. und 13. Jahrhundert Zimbabwe, und mächtige Herrscher schufen elliptische Burgen. Die untergegangenen Handelshäfen der Abkömmlinge der königlichen Dynastie Saba versorgten einst die Flotten von Tyros und Tarschisch. Der dumpfe Klang der Umbas erinnert noch an einzelne blühende Kulturen, Inseln im riesigen schwarzen Dreieck. Aber die Trommelsprache ist tot, das Wunder von Benin erloschen.

Rußland, einst der Raum der großen Dichter, weil der Zweifler, darf nicht mehr zweifeln, weil sich das kommunistische Sendungsbewußtsein mit den ein für allemal eingefrorenen theoretischen Grundlagen decken *muß*. Das Zweifeln – und damit alles schöpferische Denken – ist in den Gebieten der «Weltrevolution» untersagt. Die Welt wartet auf die Liberalisierung des roten Kredos. Aber der Strom der freiheitlichen Regungen – er nimmt sich Zeit wie die Riesen Schilka, Don und Jenissei. Die westliche Welt allein läßt sich von Zweifeln beunruhigen. Das ist besser, als im Irrtum zu verharren. Mit dem Wissen wächst der Zweifel. Er sprengt verschlossene Pforten. Er ist ein Falke mit sehr scharfen Krallen. Er lauert stets an der Grenze des menschlichen Wissens. Er ist die Grundlage aller experimentellen Methoden. Überhaupt ist dem Abendland bewußt, daß die Schlußfolgerungen seines Denkens von Zukunft zu Zukunft *anfechtbar* bleiben müssen. «Erst zweifeln, dann untersuchen, dann entdecken» hat der englische Kulturhistoriker Henry Thomas Buckle gesagt.

Die Kulturgeschichte des Abendlandes ist nicht nur eine Geschichte des Glaubens, sondern noch vielmehr des Zweifelns, das ja erst dem Glauben Widerstand gab und himmelhohe Kraft und damit die Steine der Kathedralen und Dome aufeinandertürmte. Dies scheint mir das Große am Zweifeln zu sein: *Den verborgenen Möglichkeiten absichtslos folgen.*
Camus sagt zu Dostojewskijs «Dämonen»: «Hier spricht kein absurder Romancier zu uns, sondern ein existentieller Romancier. Hier ist der Sprung noch erregend und leiht der Kunst, die ihn inspiriert, ihre Größe. Es ist eine rührende, *aus Zweifeln erwachsene*, unsichere und glühende Zustimmung.»
Und nun wird es doch sehr aufschlußreich, was Strindberg in seiner ungewöhnlichen Lebensgeschichte «Der Sohn einer Magd» schreibt: «Warum hassen und verachten die Menschen den Zweifler? Weil der Zweifel Entdeckung ist und die Gesellschaft die Entdeckung haßt, da sie ihre Ruhe stört. Aber Zweifel ist gerade wahre Menschlichkeit und wird mit Humanität im Urteil enden. Nur der Dumme ist sicher. Nur der Unwissende glaubt die Wahrheit gefunden zu haben.»
Nach einer bis ins dritte Jahrhundert zurückreichenden Überlieferung soll Thomas, der Zweifler unter den Aposteln, bei den Parthern, später in Indien, gepredigt haben, bei Griechen, Syrern, bei Chaldäern, Melchiten und Thomas-Christen. Der Thomas-Tag, der 21. Dezember, hat die längste Nacht, und ihr folgen die wenigsten Stunden mit Licht im Jahr. Hierin liegt eine tiefe Wahrheit, denn im Zweifel liegen die längsten Stunden des Dunkels. Ihm folgt der lichte Tag, wenn er auch kurz ist. Ein wandernder Thomas durch die Steppen und Wälder der östlichen Diktaturen wäre undenkbar.
Strindberg, diese gigantische Zeiterscheinung, eines der größten unerklärlichen Phänomene unter den Genies des Abendlandes, schöpfte sein Leben lang aus den Urphänomenen der Menschheit, aus dem in uns wohnenden, in Zeiten und Zeiten vorbereiteten Gedächtnis, das unbewußt aus dem dritten vorchristlichen Jahrtausend, vom Sumerer Gilgamesch bis zur Gegenwart reicht. Strindbergs ins Geistig-Pathologische übergreifende Natur, seine ewige Angst, seine außerordentliche Triebhaftigkeit, seine Unruhe, sein rastloses Wandern durch Europa, sein unablässiges Ringen um neue Darstellungsmittel – alles das macht die vielen «Ichs» aus, die sich in seiner Brust verbanden und dann wieder aufbäumend miteinander rangen.
Die Gestalten, die dieser Sohn eines Dienstmädchens, dieser Hexer, dieser größte aller Skandinavier, schuf, die Situationen, die er beschwor, sind schon durchaus surrealistisch. Sie trugen das Gespenstige und Gespaltene, das Marionettenhafte in die Welt des modernen

abendländischen Theaters. In den Frauen, die er heiratete, liebte und haßte, sah er Engel und Hexen, Gefangenenwärterinnen und Erlöserinnen seiner Einsamkeit. Er studierte und beobachtete jede wie einen Käfer unter dem Brennglas, ehe er sie – verbrannt oder nur angesengt – bewußt oder unbewußt verstieß, als Opfer und Opfernde der Feindschaft der Geschlechter. Dieser Dämon, dieser titanenhafte Teufel, der 58 Bühnenstücke schuf, dazu Romane, Novellen und Märchen, der Gedichte in die Welt setzte, historische und naturwissenschaftliche Studien trieb, hinterließ ein Gesamtwerk, das noch zur Stunde unheimlich lebendig im Schaffen der heutigen Dichter und Dramatiker wirkt. Er verleiht den Wundern, die im Gegensatz zur Ansicht all der Millionen ohne Gedankenflug heute noch geschehen und immer möglich sind, auf heimlichen Wegen Realität.
Alfred Kerr, der merkwürdigerweise den Norweger Ibsen für größer hielt als Strindberg, nannte den Stockholmer Phantasten schweifender Wildheit «das Schwedengenie mit dem zerfressenen, gewaltig zuckenden Brägen» und «Fräulein Julie» «ein bitter grandioses Retortenstück». Aber Kerr war doch hellsichtig wie kaum je ein Kritiker. Zum «Totentanz» sagte er: «In Strindberg ist am klarsten bloßgelegt, was in tausend Fällen Gedanke bleibt. Bei Strindberg ist gesagt, was in tausend Fällen beschönt, überheuchelt wird. Bei Strindberg ist geweckt, was in hunderttausend Fällen schläft!»
Das schrieb Kerr am 1. Oktober des Jahres 1912. Wie schade! Denn nur viereinhalb Monate vorher war der große Schwede gestorben.

Die großen Amerikaner

«Die Leute aus dem Osten, unter denen du jetzt lebst, haben vielleicht recht, wenn sie vom amerikanischen Künstler mehr verlangen als nur Mut, sagte ich mir dann. Es war ja klar, man mußte zwei Stufen ersteigen, und es war sehr wohl möglich, daß wir Leute aus dem Mittleren Westen nur e i n e Stufe erstiegen hatten. Man mußte sich vor allem erst einmal mit seinem Stoff auseinandersetzen, mußte seine Umwelt als gegeben hinnehmen, mußte aufhören, mit der Phantasie nach Indien, nach England, in die Südsee zu reisen. Wir Amerikaner mußten von nun an, wenigstens im Geiste, daheim bleiben. Wir mußten unseren Stoff hinnehmen, uns mit unserem Stoff auseinandersetzen.»

Sherwood Anderson, Eines Geschichtenerzählers Geschichte.

Schon Jacob Burckhardt wußte, wie es in den Ländern der westlichen Welt aussieht: «Man will die Religion, aber ohne sie.» Der moderne Geist steuert auf eine Deutung des ganzen hohen Lebensrätsels hin, unabhängig vom Christentum.

Das Unvorstellbare liegt gewaltig, unregelmäßig, unfaßbar vor uns. Heute gibt es in sämtlichen exakten Wissenschaften eine Erkenntnis: Alle gesicherten Resultate, alles, was experimentell «bewiesen» wurde, kann morgen wieder in Frage stehen. Man hat gelernt, mit kühn ausgreifender Phantasie noch völlig unbekannte Hypothesen theoretisch aufzustellen – hier ist Einstein das Vorbild –, und man greift über die himmelhohe Brücke der Phantasie kühn in das Experiment. Eine abgerundete naturwissenschaftliche Welt, in der alles schön aufeinander abgestimmt ist, eine wissenschaftliche Welt, die sich in allen Sparten und Phasen deckt – davon ist man weiter denn je entfernt.

Die abendländischen Wissenschaften sind gerade deswegen über ihr Primitivstadium hinausgewachsen. Es öffnen sich riesige Pforten. Das europäisch-abendländische Denken ist heute der größte Wühler, der mehr aus sich Fordernde, der weiter aus sich heraus Langende als irgendeine andere Bildungskraft der Welt. Der Sturz von Moralen und Religionen weicht anderen geistigen Formungen. Die Phantasie im Abendland ist nicht eingekerkert. Man sollte das in jeder Stunde mit Dankbarkeit wissen und nutzen; denn es ist bekanntlich nichts Selbstverständliches, und es ist nicht überall so auf dieser Erde. Die Phantasie im Abendlande ist nicht vermauert durch Verbote, wird nicht erstickt durch staatliche Doktrinen. Der Geist darf im Westen immer noch

neue und große Gebäude errichten wie Kafkas unzugängliches Schloß.
Nie kann man vom Wahren und Echten genug haben.
Aber abseits der westlichen Welt strebt man noch immer nach festen Gegebenheiten, nach umrissenen Räumen und Mauern, die man anfassen kann, nach Einordnungen, nach unverrückbaren Weltanschauungen, nach Ideologien, staatsgeprägten Ersatzreligionen im gottlosen Nichts.
Warum gibt es heute nur noch eine westliche Kultur und keine andere, *die lebt*? Warum ist der Okzident so reich an Schöpfern der bildenden Kunst, der Dichtung, des Theaters, des Romans? Warum steht man vor dem Rockefeller Center New Yorks oder unter den Hochhäusern von Sao Paulo mit der bebenden Bewunderung wie vor den Pyramiden Ägyptens? Warum packt einen das wie der Säulenwald des Mailänder Doms, wenn man mitten auf der Golden-Gate-Brücke im Auf- und Abschwingen zwischen den meterdicken Stahltrossen atemlos auf die San Francisco Bay tief unten hinabschaut? Warum leben wir in einem Meer neuer Gedanken, bezaubernder Einfälle, alle Phantasie übersteigender Erfindungen?
Es liegt nicht nur an der reichen und farbigen Geschichte des Abendlandes, nicht nur an den Katarakten seiner Vergangenheit, nicht nur am schöpferischen Geist, der aus dem Christentum erwuchs, gerade weil es jahrhundertelang vom Islam bedroht wurde. Die westliche Welt ist reich, weil ihr Drang nach Freiheit Erfüllung fand, weil ihr die Freiheit nicht ohne Kampf genommen werden kann und weil sie aus dieser Freiheit heraus an alldem zweifeln darf, was man für «Realitäten» hielt.
Marx stellte als Grundlage seiner Lehre den Darwinismus hin. Nun hat man, um die Unfehlbarkeit des Marxismus aufrechtzuerhalten, ständig die Darwin widerlegenden biologischen Entdeckungen von heute zu leugnen und entschuldigend umzuerklären. Denn mit den vom holländischen Botaniker Hugo de Vries ermittelten sprunghaften Mutationen in der Biologie, die dem Zufall in der Natur Raum geben, läßt sich der Darwinsche Determinismus nicht mehr vereinbaren. Roger Chaillois erinnert daran, daß der Stalinismus sogar die Quantentheorie bestritt, aber die Atomwissenschaft, die doch auf ihr beruht, zu seinem Vorteil ausnutzte.
Es kommt dazu, daß alle revolutionären Erneuerer den Gestaltungen seelisch-geistigen Gehalts eigenwertiger Form, also der Kunst, feindlich gesinnt sind. Während einer Revolution in Permanenz muß die Kunst in Permanenz schlafen. Aber auch die ungewittergleichen kurzfristigen Revolutionen sind Mörder der Künstler. Die Revolution ent-

kleidete das Innere der Kirchen ihrer großen erhabenen Schönheit. Es folgte der Bildersturm. Rousseau sah in der Kunst – besonders im Theater – eine drohende Gefahr für die Gesellschaft. Ob er wohl noch heute nachts als Geist durch die Straßen von Genf wandelt und es den sonst so lebendigen und einfallsreichen Genfern unmöglich macht, ein Theater von Weltrang zu schaffen? Die Französische Revolution ist der Berg, der die Maus Sade hervorbrachte, sonst kein einziges künstlerisches Genie, wobei der Mut des berühmten Marquis, das Recht des Menschen auf absoluten körperlichen Egoismus bis zur Entschuldigung sogar des Mordes zu fordern, immerhin einiges zur Psychologie der sexuellen Verirrungen beitrug. Desmoulins war nur ein Journalist, und André Chéniers empfindsame Elegien mußten verstummen, weil sein Kopf am 25. Juli 1794 kurz nach Robespierres Sturz unter der Guillotine fiel. Chateaubriand wurde von der Revolution zur Emigration gezwungen.

Da die Kunst Wahrheiten offenbart – gerade und nur dann, wenn sie unpolitisch bleibt – und daher jeder Revolution gefährlich ist, mußte sie auch aus Rußland verschwinden. Schon Dimitrij Pissarew, der 1840 bei Riga ertrank, war ein erklärter Gegner alles rein Künstlerischen. Und in den «Dämonen» heißt es über die Sixtinische Madonna: «Chère Warwara Petrowna, ich habe zwei Stunden lang vor diesem Gemälde gesessen und bin enttäuscht weggegangen. Ich habe da nichts Außergewöhnliches gefunden.» Nikolai Nekrassow erklärte, er halte ein Stück Käse für wertvoller als alle Werke Puschkins. Camus spricht es ganz deutlich aus, daß die revolutionären Bewegungen der Neuzeit mit einem Prozeß gegen die Kunst zusammenfallen, der noch nicht beendet ist. Ein Paar Stiefel seien in den Augen von Pissarew nützlicher als Shakespeare. Und die Zahl derer, denen noch in jüngster Vergangenheit der Pinsel, der Meißel und die Feder aus der Hand gerissen wurden, kann man nicht aufzählen.

Nun hat sich auch in China der geistige Tod eingestellt. Lu Hsün, dessen kurzes und bitteres «Ah Q» als Muster moderner chinesischer Erzählform gilt, wurde in das extreme Lager hineingezwungen. Es war nicht seine Überzeugung. Er konnte noch schreiben, weil er schon 1936 sterben durfte. Und erst später erklärten die Chinesen ihn zu ihrem revolutionären Klassiker, wozu er aus dem Grabe heraus nichts mehr zu sagen hatte. Der andere, Kuo Mo-jo, Archäologe, Bühnendichter und Kritiker, starb den politischen Tod, denn er wurde «Kultur-Kommissar». Dagegen lugen Polen, Ungarn und die Tschechoslowakei vorsichtig aus kleinen, ängstlich verschwiegenen Fenstern ein wenig in die Welt der Freiheit, was auch sofort an einem Wiederaufdämmern der Künste in Randeuropa erkennbar ist.

Der Mensch des Abendlandes lebt heute in einer Welt des Wissens, das immer kategorische «Frage» und immer vorsichtiges, dogmenfreies «Tasten», «Zweifeln», «Wundern», «Offenlegen», «Abwägen», «Beanstanden» ist. Gerade die Angelsachsen haben in dieser selbstkritischen Weise sehr «feine Witterung» in unsere Zeit gebracht. Sie haben an den großen Geheimnissen des menschlichen Daseins mit Macht gerüttelt.
Bahnbrecher der neuen amerikanischen Generation, einer der bedeutendsten Gesellschaftskritiker der westlichen Welt, war *Sinclair Lewis*. «Main Street», diese Kampfansage an den Kleinstadt-Virus; «Babbitt», dieses Spiegelbild des Durchschnitts-Businessman geistigen Kleinformats; «Arrowsmith», Anklage gegen nur materialistische Wissenschaft, und «Kingsblood Royal», die Geschichte des erfolgreichen jungen Minnesota-Bankiers, der entdeckt, daß seine Vorfahren Neger waren – das alles ist von subtiler Vorahnung und tiefer Menschlichkeit, erzählt im milden Licht unbewußten Mitgefühls und behutsamer Liebe, neben aller Brillanz und Dynamik.
Unter den amerikanischen Autoren unseres Jahrhunderts findet man immer wieder den Typ des Journalisten, des hart um Geld kämpfenden Redakteurs, des freien Mitarbeiters bei Zeitschriften, man findet sehr oft intensive religiöse Schulung und fast immer ein Universitätsstudium, das nicht abgeschlossen wurde. Auch ist den meisten Härte des Ausdrucks und Tiefe des Mitleids gemeinsam, was die amerikanische Prosaliteratur so anziehend macht. Und immer bricht das Autobiographische durch. So ist die große Armut, in der *Theodor Dreiser* aufwuchs, ein wichtiges Element der «Amerikanischen Tragödie», denn gerade der Hang zum materiellen Wohlleben verstrickt den jungen «Helden» des Romans in den an seiner schwangeren Geliebten verübten Totschlag. Der Roman, der sich an die Mordaffäre Grace-Brown anlehnt und 1925 erschien, brachte diesem harten Mitleidsevangelium weltweite Anerkennung.
Ermutigt durch Dreiser, wandte sich auch *Sherwood Anderson* gegen die normierende Zivilisation. Seine Novellensammlung «Winesburg, Ohio», erschienen im Jahre 1919, hat die Technik der amerikanischen Kurzgeschichte außerordentlich stark beeinflußt. Es sind ständig unsichtbare, aber harte Ketten, die Anderson, Joyce, Gertrude Stein und Faulkner verbinden.
Anderson hat viel Selbstbetrachtung in seinem Schreiben, und seine Worte sind Gebete. Gutes Handwerk – das war sein sehnlichster Wunsch. «Die Künste sind im Grunde wohl nur die alten Handwerke in gesteigerter Gestalt, liebevoll ausgeübt von Menschen, die sich ihnen mit gläubiger Inbrunst und Ausschließlichkeit weihten; und im

tiefsten Innern trägt vielleicht jeder Mensch vor allem diesen einen Wunsch: ein guter Handwerker zu sein.» Sherwood Anderson begreift, daß in der heutigen Welt nichts so zerstörend gewirkt habe wie die Vorstellung, der Mensch könne ohne geistige Gestaltung leben, er könne sich damit begnügen, Geld zu verdienen. Beim Schreiben, da hat der Körper zu tun und der Geist, alle Sinne sind wach und angespannt. Anderson hat große Achtung vor dem Überlieferten: «Wer so viel geschrieben hat wie ich – auf jedes gedruckte Wort kommen bei mir Hunderte von Entwürfen, hingekritzelte Worte, die nie im Druck erscheinen werden –, der hat auch vieles gelesen, und oft mit großer Freude. Da hat in Rußland, England, Frankreich oder Deutschland ein Schriftsteller vor seinem Werke gesessen. Oh, wie gut hat er seine Arbeit getan, und wie nahe fühle ich mich ihm beim Lesen!»

Schon der Meeresgeruch der Atlantischen Küste ließ ihm, der aus dem amerikanischen Westen kam, das Herz höher schlagen. Im Osten des eigenen Landes spürte er Unrast und Erregung, denn er war ihnen um einige Meilen näher, den Turgenjew, Gogol, Fielding, Cervantes, Defoe, Balzac. Wieviel bedeutete für den Mann aus dem amerikanischen Westen der Osten! Wie tief war die Kraft der großen europäischen Meister in den Boden gesenkt, aus dem sie entsprossen war, wie unendlich vertraut waren sie mit ihren Russen, mit ihren französischen Städtern und Dörflern, mit ihrem Old England oder mit Deutschland – Anderson empfand seine amerikanischen Vorgänger als treulos!

Das reichste Bild, das das Zwischenkriegsamerika der Literatur lieferte, entsproß der Feder von *Thomas Wolfe*. Alles, was dieser ewig Hungrige sah, alles, was er innerlich und äußerlich erlebte, registrierte er teils im Gedächtnis, teils in Tagebüchern, auf Notizblöcken und Zetteln, die sich zu wahren Bergen anhäuften – eine riesige Menge erschauten und empfundenen Materials.

Vielleicht war es gerade die Tatsache, daß Wolfe der Sohn eines dem Trunk ergebenen Steinmetzen war und einer nur engherzigen Mutter, vielleicht war es die unglückliche Kindheit, aus der seine ungewöhnliche Sensibilität und außerordentlich feine Beobachtungsgabe herrührten. Eine ärmlich-dürftige Umgebung am Rande der Stadt, das war der Rahmen seines letzten Romans, und er klagte das harte, gefühlskalte Amerika an, das die grauen, kleinen, ungeehrten Geschöpfe verachtete.

Das Jahrhundert des Mitgefühls für den kleinen Mann ist ja gerade von Amerika sehr stark geprägt worden. Man denke nur einmal an die Chaplin-Filme mit ihrer tröstenden Ironie und der Sympathie, die der immer Geschlagene erweckt. *John Steinbeck*, der im Zweiten Weltkrieg Berichterstatter war, erzählt mit Vorliebe von den Besitzlosen, von den Umhergetriebenen, von den Farmern, denen das eigene Stück Land genommen wird durch Mächte der Natur oder der Gesellschaft. Das sind die «Grapes of Wrath», die 1939 entstanden. Gerade die einfachen, urwüchsigen, unverhüllten menschlichen Triebe, die dem von der Natur nur dürftig Beschenkten zum Schicksal werden – das ist Steinbecks Thema, dieses Anwalts der Armen. Es kommt in seiner elementaren Schöpfung «Von Mäusen und Menschen» genauso zum Ausdruck wie in der «Straße der Ölsardinen» oder in «East of Eden».

«Neighbourliness», ein ins Deutsche unübersetzbarer Begriff, weil in Mitteleuropa die Kultur des freundnachbarlichen Verhaltens so unbekannt ist, dieser positive amerikanische Charakterzug, kommt bei fast allen seinen Autoren zu Wort.

Vielleicht denkt man gar nicht daran, daß ein Bühnenautor wie *Tennessee Williams* aus tief religiösen Quellen schöpfte. Im Hause seines Großvaters, eines anglikanischen Priesters, wurde er erzogen, zwölf Jahre lang unter lauter Frauen! Auch in ihm wirkt Strindberg nach, was man schon im Wagemut seiner Szenen erkennt, etwa die Nötigung auf offener Bühne in «A Streetcar Named Desire» oder in der lebensunfähigen Tochter, die in der Welt ihrer Glasfigürchen vegetiert, in der «Glasmenagerie». Die düsteren Welten seiner Erotik, «Die Katze auf dem heißen Blechdach» – das sind nicht nur gewaltige Keulenhiebe auf die Tradition des Theaters und die Seelen der Zuschauer, es ist auch die Wahrheit, die Williams dem Puritanertum in barer Münze zurückzahlt.

Daß Amerika so hart «an sich arbeitet» und in tausend schöpferischen Spielarten die westliche Welt belebt wie ein grandioses Echo, wie Rückrufe der einst in die Neue Welt ausgewanderten Europäer, kommt aus der Unruhe des Amerikaners, aus dem ewigen Wandern zwischen seinen Staaten, aus dem Traum von einer besseren Welt, aus der Seelenerfahrung, die ihm diese bessere Welt versagt, aus dem Versuch, den weißen Wal zu erjagen; denn etwas flüstert ihm unaufhaltsam zu, daß die weiße Rasse verdammt sei, daß der Tag des Weißen dem Untergang nahe ist. Und so gehetzt, führt «Moby Dick» zum Untergang der «Pequot». Darum, ja darum, aus dieser Ahnung und aus der Auflehnung gegen die Gefahr, die Freiheit, dieses einzige anbetungswürdige Gut, zu verlieren, kämpft der Mann der Neuen Welt für das amerikanische Epos mit Glocken, mit Worten, mit Waffen.

Bei Melville ist es der weiße Wal, bei William Faulkner der Bär, der König der Wildnis, «Old Ben», der sterben muß. Und es richtet sich die Schlange auf, ein Riesenwurm von mehr als sechs Fuß, ein altes Tier, die einst hellfleckige Zeichnung der Jugend zur stumpfen Schutzfärbung verwischt, mit der sie in der Wildnis kroch und lauerte. Es ist die alte Schlange, verflucht seit je und je, verflucht auf der ganzen Erde. Unheilvoll und einsam ist sie. Und ihr widriger Geruch – sie roch nach etwas Namenlosem, das die Erinnerung wachrief an alle Erkenntnis, an uralten Überdruß, an Ausgestoßenheit und Tod.

«Absalom, Absalom», «Griff in den Staub», «Requiem für eine Nonne» – alle Stilmittel des modernen Romans reizten diesen hochempfindsamen Mann aus dem nördlichen Mississippi, einer Gegend, die kaum ein Menschenalter vorher noch im Besitz von Indianern gewesen war. Faulkner liebte es, sich dieses sterbenden indianischen Amerikas zu erinnern. Er liebte wie Poe auch das Grauen und vor allem die Erde, ihre Poesie, Laub und Zweige, Luft und Sonne und Regen und Tau und Nacht. Eichel und Baum und Laub und wieder Eichel, Dunkel und Dämmerung und wieder Dunkel und Dämmerung in unveränderlicher Folge, in tausendfältigem Eins und Einig, und vor allem der Bär, Old Ben. Er ist das Urwüchsigste und Kraftvollste, wohl das Stärkste, was aus einer amerikanischen Feder auflebte und starb.

Nimmer füllbarer Schiffsladeraum: O'Neill

«Marsden, schwärmerisch fortgerissen: ‹Hör zu, Nina! Jetzt werde ich ehrlich und kräftig losschmettern – mit der Sonne in die Schatten der Lüge hineinleuchten – laut rufen: „Das ist Leben, und das ist Sex, und hier sind Leidenschaft und Haß und Reue und Freude und Qual und Verzückung, und da sind Männer und Frauen und Söhne und Töchter, deren Herzen schwach und stark sind und deren Blut Blut ist und nicht süßliche Limonade!" Oh, ich kann das, Nina! Ich kann die Wahrheit schreiben! Ich habe sie erlebt in dir, deinem Vater, meiner Mutter, Schwester, Gordon, Sam, Darrell und mir selbst. Ich will das Buch über uns schreiben! Aber ich rede, und dabei sind meine letzten Kapitel mitten im Werden – hier und jetzt –.›»

Eugene O'Neill

Seltsames Zwischenspiel, 8. Bild.

«Die Krankheit von heute», sagt O'Neill, «ist die Tatsache, daß der alte Gott gestorben ist und ein neuer noch nicht sichtbar wurde.» O'Neill ist immer noch Amerikas bedeutendster Theaterautor im zwanzigsten Jahrhundert, nur mit G. B. Shaw und O'Casey vergleichbar. Offenbar gehört zum ganz großen Bühnendichter ein Leben mit Schauspielern und auf der Bühne. Darum ragen Shakespeare, Molière und O'Neill unter allen ihresgleichen wie große Handwerker des menschlichen Charakters hervor.

Eugene O'Neills Vater, James O'Neill, war ein Theateridol der achtziger Jahre. Sechzehn Jahre lang spielte er immer wieder den Grafen von Monte Christo. So war Eugene ein echtes Theaterkind, immer unterwegs, immer «mit der Truppe». Das brachte große Unruhe in seine Kindheit, Ruhelosigkeit, die ihn sein Leben lang nicht verließ. Dennoch genoß er an katholischen Schulen eine bürgerliche Bildung, die ihn schließlich an die Princeton-Universität führte. Ein Jahr darauf begann sein großes Wandern aus den Bürohöhlen New Yorks auf Goldsuche nach Honduras, als stellvertretender Chef des väterlichen Theaterunternehmens auf einem norwegischen Segler nach Buenos Aires, auf einem Viehdampfer nach Kapstadt. O'Neill war Matrose – das blieb er eigentlich immer –, war Journalist, natürlich auch Schauspieler, heiratete, ließ sich scheiden, gab sich alkoholischen Ausschweifungen hin und machte einen Selbstmordversuch.

Um 1914 erlebte Amerika eine schöpferische Welle, die verschiedene Halbamateur-Theatergruppen aufleben ließ. Die wichtigsten unter ih-

nen waren die «Provincetown Players» und die «Washington Square Players».
Es waren die «Provincetown Players», die als erste dem amerikanischen Publikum den größten Dramatiker der Neuen Welt vorstellten, Eugene Gladstone O'Neill.
Die berühmte «Theatre Guild», eine Theater-Produktions-Gesellschaft, hervorgegangen aus den «Washington Square Players», leitete in Amerika eine bedeutsame künstlerische Renaissance ein, etwa zwischen den beiden Weltkriegen, schuf Abonnement-Theater in einundzwanzig Städten der USA, begann mit wichtigen europäischen Bühnenwerken und brachte schließlich O'Neills Stücke und die besten Amerikaner heraus: Maxwell Anderson, Robert Sherwood, Elmer Rice, Philip Barry. Andere sehr bedeutende Bühnenautoren dieser Periode kamen zu Wort: Marc Connelly, Thornton Wilder, Paul Osborn und etwas später Arthur Miller.
Man kann ohne Übertreibung sagen: es gab in Amerika eine Theaterperiode *vor* O'Neill und eine «Nach-O'Neill-Zeit». Er löste das mehr oder weniger elegante, liebenswürdige, sentimentale Theater durch einen neuen, sehr ernsthaften Realismus ab, nicht im Sinne Ibsens, sondern im Geiste Strindbergs, ohne jeden Kompromiß. O'Neills Melancholie ist wie Giftgas.
Menschliches Versagen wird und wurde in Amerika immer als tragisch aufgefaßt. Aber O'Neill schuf wahre Kardiogramme des verzweifelten Herzens, der unerfüllten Träume, der oxydierten, zerrütteten oder modernden Liebe, der faulenden und absterbenden Hoffnung.
Die Todesdrohung der Lungentuberkulose hat nicht nur den Genius von Schiller, Stevenson, Kafka und Klabund beflügelt, sie zwang auch O'Neill die Ruhe eines Sanatoriums in Connecticut auf. Hier schrieb er einige Dramen. Zwischen 1916 und 1919 entstanden mehr als fünfzehn Einakter. Im Jahre 1920 war er Amerikas erster Bühnendichter. In den folgenden Jahren verfaßte er neunzehn abendfüllende Stücke. 1931 entstand die gewaltige Trilogie «Mourning Becomes Electra». Nach 1934 wahrte der Dichter zwölf Jahre lang Schweigen, obwohl er nach Sinclair Lewis der zweite Amerikaner war, dem der Nobelpreis für Literatur zugesprochen wurde. Dann berauschte er wieder sein großes Publikum, das Gott gegenüber taub oder mißtrauisch geworden war, mit seinen Tragödien der ganz persönlichen Psychologie. Er schrieb sein Meisterwerk «The Iceman Cometh». Es war 1939 verfaßt, wurde aber erst 1946 veröffentlicht.
«A Long Day's Journey into Night» ist ein schmerzvoller, tragischer Ausschnitt seines eigenen Lebens, ein düster bewegendes Stück unerhörten Mutes, eine Gewitterwolke von Jugenderinnerungen, von

unglücklichen Verhältnissen im Elternhaus, die sein eigenes Schicksal verdüsterten. Drei Jahre nach dem Ableben des Autors, 1956 uraufgeführt, wurde das Stück ein Riesenerfolg.
O'Neill ist wie ein nimmer füllbarer Schiffsladeraum, der Strindberg und Freud und C. G. Jung und viele, viele andere in sich aufnahm. Aber sie alle gehen in diesem gewaltigen Unterdeck ganz klein, fast unsichtbar spazieren, während der granitene O'Neill mit großem Gewinn durch die Ladeluke auf sie hinabschaut und doch immer er selbst bleibt. Die See ist seine große mystische Erfahrung. Darum ist das Beste in seinen siebenundvierzig Stücken immer das salzwassergeborene, einsame, harte Seemannstum, wie etwa in «The Moon of the Carribees», «The Long Voyage Home» und «Anna Christie», das auf einem Schiff im Hafen spielt. Es geht um die Tochter eines alten Seemannes, der das Meer haßt. Er glaubt, die Tochter sei nur auf dem Lande in Sicherheit. Anna, mutterlos, Verwandten überlassen, wird erst Kinder-, dann Freudenmädchen. Nun kommt sie doch ans Meer. Sie liebt zum erstenmal – einen Heizer, einen brutalen Seemann . . . Im Meere wie im Menschen stauen sich gewaltige, primitive Naturkräfte. Welch eine Lust muß das für O'Neill gewesen sein, dieses Ineinandergreifen der Symbole zum Leben zu erwecken!
Und welch ein Bildschöpfer war dieser Mann, wie augensinnlich war er, wie schlagsicher! Schon 1923 erkannte Kerr, daß Amerikas Anteil an der Förderung des «irischen» Theaters gewiß ist. Er hielt New York für weiter als London. «Etwas dort ist auf dem Wege . . . O'Neill vielleicht, New York bestimmt, ist für das Drama der Welt eine große Hoffnung. Wenn die mal anfangen – na!»
Ja, sie haben wirklich angefangen, und wie! Oscar Fritz Schuh hält O'Neills Worte über das Drama für das bedeutendste Kredo, das über die Bühnendichtung der neuen Zeit vernommen wurde: «Ich bin mir aufs schärfste der Kraft bewußt, die hinter allem steht – mag man sie nun Schicksal nennen, Gott oder biologische Vergangenheit, aus der unsere Gegenwart hervorwuchs, auf jeden Fall ein Mysterium – und ich bin mir der einen ewigen Tragödie des Menschen bewußt: seines herrlichen, selbstzerstörerischen Kampfes, die göttliche Kraft zu zwingen, sich in ihm unmittelbaren Ausdruck zu verleihen, um nicht wie ein Tier nur ein unendlich kleines Ereignis in der Schöpfung zu sein.»
Ein Teil der Wirkung O'Neills geht natürlich von seiner ganz besonderen Sprache aus, von diesem pöbelhaften Slang etwa des «Hairy Ape». Aber man hat eben die Pflicht, in jeder Sprache zu wirken, wenn man schreiben kann, wenn man eine so große Begabung, eine «Macht» ist. O'Neill wirkt in jeder Sprache!

Wegen seiner rauhen, aliterarischen Sprache ist O'Neill allerdings von amerikanischen Kritikern oft angegriffen worden. Ihm ging es nicht um kunstvolle literarische Sprache, sondern nur um Darstellung des Menschen. Deshalb konnte er sich nur im Drama mitteilen.
Es gibt übrigens von ihm ein noch unaufgeführtes Stück, «Lazarus Laughed», ein biblisches Thema, ein großes chorisches Drama, auf das mich O. F. Schuh aufmerksam macht. Er wird es mit Choreographie einmal herausbringen und sagt dazu, es sei ein Werk, für das die Zeit erst reif werden müsse.
Geboren in New York, war O'Neill irischen Ursprungs. Woran es liegt, daß Irland, diese ozeanische Spätgeburt der Kelten, dieser letzte Hort des Müßiggangs mit dem immergrünen Pflanzenkleid, so viele große Dichter und Bühnenautoren hervorbrachte? Allein «Brigit», Irlands Göttin des Feuers und der Dichtung, weiß es. Schon der Name der Insel, «Erin», ist doch reine Poesie! In Dublin geboren wurden: Oscar Wilde, Bernard Shaw, William Butler Yeats, James Joyce, Sean O'Casey. John Millington Synge kam ganz nahe von Dublin zur Welt, James O'Grady in Castletown, Irland, und Liam O'Flaherty auf Aran, vor Eires Küsten. Sie alle wurden zwischen 1854 [Wilde] und 1897 [O'Flaherty] geboren. Auch T. C. Murray und P. H. Pearse sind Irländer. Es muß also doch etwas daran sein, an diesem Hort der Dichter, diesem «Wester-Land», das seinem Sohn Synge eine Phantasiesprache, die fast biblisch, fast homerisch klingt, eingab.
Man müßte John Millington Synge, diesem «Playboy of the Western World», diesem Europa-Vaganten, Musiker, Bohemien in Paris, Leiter des «Abbey-Theaters» in Dublin, diesem Peer Gynt der Aran-Inseln, dieser Mischung von Suff, Katholizismus, Ironie und grandiosem Dialoggestalter, diesem Erforscher des menschlichen Enigmas, ein eigenes Lied widmen, gespielt auf sehr fein gestimmten Gitarrensaiten und geschrieben auf sehr fein empfundenen Buchseiten.

Wir wissen nicht, wie reich wir sind

«Europa ist ein Land, mit solch einem Reichtum des Geistes beschenkt, daß es unversehrbar und immer vorwärts drängend erscheint, so, als wollte es sein eigenes Schicksal überholen.»
Salvador de Madariaga, Porträt Europas.

Ich möchte dieses Buch mit einer Frage beschließen, die ich im Laufe vieler Jahre an einige Männer richtete, die mir aus diesem oder jenem Grund interessant erschienen. Die Frage lautet: «Was halten Sie für das Wichtigste im Leben?»

General Tschiang Kai-schek, den ich 1936 in Nanking besuchte, sagte nur das eine Wort: «Ruhe.» Er war allerdings kurz vorher von Chang Hsueh-liang gekidnappt worden, der ihn vergeblich zu zwingen versuchte, mit den Kommunisten eine Front gegen Japan zu bilden. Der japanische Multimillionär Otani, dessen Büros zwei Stockwerke unterhalb der Straße und unter dem riesigen Hotel, das er in Tokio erbaute, liegen, gab mir eine Antwort, die wohl unübertrefflich ist. Er dachte keinen Augenblick nach und sagte: «Das Wichtigste im Leben ist schöpferischer Geist.» Und Japans Zeitungskönig Matsutaro Shoriki meinte, die Religion sei das Wichtigste im Leben des Menschen, ganz gleich, welche, denn das, was zählt, sei die Religion des Herzens. Adenauer meinte kühl: «Jeduld und Jelassenheit.» Der berühmte Chefreporter von Hearst, Carl von Wiegand, damals im neunundsiebzigsten Lebensjahr, empfing mich kurz vor Ausbruch des Zweiten Weltkrieges hoch oben im Kathei-Hotel in Shanghai und antwortete mir: «Das Wichtigste ist, Wesentliches von Unwesentlichem zu unterscheiden.» Churchill, den ich 1937 sehen durfte, sagte schnell und ohne die Zigarre aus dem Mund zu nehmen: «Die Welt von Hitler zu befreien.»

Nie vergessen werde ich die Antwort, die mir Max Liebermann gab. Ich war damals sechzehn Jahre alt, schlich mich in seinen Garten am Wannsee in Berlin und sah ihm zu, wie er seine Blumenbeete malte. Er schien mich gar nicht zu bemerken. Später zeigte er mir die französischen und deutschen Impressionisten, die er ein Leben lang gesammelt hatte. Er überlegte einen Augenblick, als ich mitten im Gespräch meine Frage an ihn stellte. «Das Wichtigste wäre», so sagte er zögernd, «den Weg vom Auge über das Gehirn bis zur Spitze des Pinsels zu verkürzen, mit anderen Worten, den Weg von der Vorstellung bis zum Kunstwerk zu vereinfachen, denn vom Kopf über

Schulter, Arm und Pinsel – wieviel geht da verloren!» Lindbergh meinte: «Schneid dir nie den Rückweg ab» – «never cut your backsteps.» Und Richard Sorge, Sowjetrußlands Meisterspion, ist meiner Erinnerung nach der einzige, der mir überhaupt keine Antwort gab. Er sagte nur: «Nichts ist wichtig im Leben.»
All diese Antworten beweisen, daß es viele Lebensphilosophien gibt, das heißt, viele Wege zur Wahrheit. Aber was ist Wahrheit? Die berühmte Pilatus-Frage ist noch nicht entschieden. Etwas ist wahr, wenn es der «Wirklichkeit» entspricht. Aber wir haben ja gerade in all den vorhergehenden Kapiteln gesehen, daß wir nicht wissen, was die Wirklichkeit ist. Und das Johannes-Evangelium, das als einziges die Pilatus-Frage bringt, gibt keine Antwort Christi. Denn Pilatus hat eben die Frage gestellt. Da geht er schon wieder hinaus zu den Juden und sagt zu ihnen: «Ich finde keine Schuld an ihm.»
Das ganze Denken des Abendlandes kreist um die Fragen: Was ist Wirklichkeit? Was ist das Leben? Was ist der Tod? Was sind Raum und Zeit? Aber die Menschen sind wandernde Rätsel, unlösbar in ihrem Geheimnis. Und die Milchstraßen sind wandernde Welten, unerreichbar in ihren Fernen. «Recht» können daher nur die großen Zweifler haben wie Hamlet, Don Quichotte, Faust und Pilatus. Gerade deswegen hat die Rolle der abendländischen Kultur noch lange nicht ausgespielt. Sie, die westliche Kultur, ist die verwegenste Sucherin, Fragerin und Zweiflerin. Sie befinden sich mitten unter uns oder noch mitten in unserem Denken und Begreifen, die Raketenforscher Dornberger, Wernher von Braun, Pilz, Oberth und R. H. Goddard, die Uranspalter Hahn und Straßmann, der Däne Bohr, der Italiener Fermi und die großen Amerikaner Pegram, Wheeler und Einstein, die Atomphysiker Weizsäcker, Gustav Hertz und Manfred von Ardenne, der Kernphysiker Heisenberg, die amerikanischen Entwickler des Fernsehens, Farnsworth und Zworykin, sowie der Engländer Baird, der 1944 sein Telechrome-Verfahren für das Farbfernsehen erdachte, die Französin Joliot-Curie, die die künstliche Herstellung radioaktiver Elemente möglich machte, dann die amerikanischen Chemiker und Ärzte, die uns das Aureomycin, Bacitracin, Carbomycin schenkten: Duggar, Neleney und Tanner; Sabin und Salk, die Entdecker des Polio-Impfstoffes, Kendall, der berühmte amerikanische Cortisone-Forscher, Waksman und Lechevalier, die der Menschheit das Neomycin und Streptomycin schenkten, Sikorski, der 1939 auf Long Island den ersten brauchbaren Helikopter aufsteigen ließ, und D. W. Kerst von der Universität Illinois, der das erste Betatron in Betrieb brachte. Es dauerte mehr als hundert Jahre, ehe sich die Dampfmaschine durchsetzte, fünfzig Jahre, bis die Elektrizität Allgemeingut wurde, aber nur fünfzehn

Jahre erforderte die Entwicklung der Elektronenröhre bis zu einer schon verwirrenden Fülle technischer Anwendungsmöglichkeiten.
Salvador de Madariaga teilt Deutsche, Franzosen und Russen nach ihrer Vorstellung von «Zeit» ein. Für den Deutschen ist die Zeit das Flußbett seiner Geschichte, für den Franzosen eine Dimension seiner universalen Geometrie, für den Russen eine Sache ohne Gewicht oder Bedeutung, eine leere Form. «Wenn das Leben nach allen Richtungen des Raumes dahinfließt, dann geht jeder klare Sinn und sogar jedes Maß für Zeit verloren.»
Der berühmte Spanier stellt in diesem Zusammenhang eine interessante Frage, die in diesem Buch schon oft gestreift wurde. Ist Rußland europäisch oder nicht? Dieser Zweifel erhebt sich im Fall Rußlands, weil er aus etwas Wesentlicherem kommt als aus rein geographischen Erwägungen, «vielleicht aus einem Instinkt, der sich dagegen sträubt, als europäisch anzuerkennen, was in seiner Quantität maßlos ist, was eher Masse hervorbringt als Qualität und Organisation». Madariaga sieht in Europa Qualität, Schattierungen, bedeutsame, feine Unterschiede. Im Osten aber zeigt die riesige undifferenzierte Masse, dieses menschliche Meer, wohl gewisse europäische Aspekte, «aber es scheint sich selbst aus Europa wegen seiner einförmigen Massenhaftigkeit auszuschließen».
Jede Kultur hat drei Gesichter: ein technisches, ein künstlerisches und ein moralisches. Da im Abendland, in der westlichen Welt, alle drei Ströme so reich, so glitzernd, so mannigfach strahlend fließen, darum ist das Gefälle zur übrigen Welt so stark. Mit der Naturforschung, mit der Ingenieurwissenschaft und mit der Ergründung der Welten des Atoms beschäftigen sich derzeit mehr als eine Million Menschen in den USA und ebenso viele in der UdSSR. Nur eine halbe Million solcher Forscher sind in Westeuropa tätig. Die USA geben viermal soviel für Forschung und Entwicklung aus als alle westeuropäischen Länder zusammen. Das aber ist nur entscheidend, wenn die technischen Kräfte gemessen werden, nicht die geistigen. Manchmal war selbst Nietzsche ein Prophet. Er schrieb: «Die Zeit kommt, wo der Kampf um die Erdherrschaft geführt werden wird – er wird im Namen philosophischer Grundlehren geführt werden.»
Interessanter als die zweieinhalb Millionen Forscher, die eifrig in den Laboratorien, Bunkern und Versuchshallen am Werke sind, erscheint mir immer noch der Begründer des modernen «utopisch»-technischen Abenteuer- und Entdeckerromans, Jules Verne, mit seinem Werk «Von der Erde zum Mond», denn der Franzose hatte die Stufenrakete bereits 1865 recht einleuchtend beschrieben.
Übrigens ist das Wissen um den technischen Fortschritt, das rechte

Umgehen mit dem Homunkulus, fast wichtiger als die großen Entwicklungen selbst. Denn mit dem technischen Fortschritt, der von den «Entwicklungsländern» gierig aufgesogen wird, bringt das Abendland ein furchtbares Danaergeschenk in alle Welt, und es fehlt der Laokoon, der die Troer vor dem hölzernen Pferd warnte. Man muß sich nämlich des technischen Fortschrittes auch zu erwehren verstehen, mit Konzert, Theater und reicher Literatur, mit Poesie und großer Offenheit zur Welt, mit gültigen Reisepässen für das Ausland, mit Flug- und Seereisen, mit Sport, Schauen, Erleben und – wenn man will – mit Religion.

Das leichtfertige Umgehen mit dem Wort «Fortschritt» birgt große Gefahren. Jahrtausendelang hielt man jeden Fortschritt für einen Befreier der Menschheit. Es hat aber einen Zeitpunkt gegeben, spätestens am Ende des Ersten Weltkrieges, von dem an aller Fortschritt in Wissenschaft und Technik den Menschen nicht mehr freier macht, sondern ein Feind der menschlichen Freiheit zu werden droht. Der amerikanische Journalist Joseph Alsop hat sehr fein erkannt, daß die gesamte Technik, die ihre größten Resultate besonders in der Herstellung von Waffen erzielte, in der zweiten Hälfte des zwanzigsten Jahrhunderts nicht nur Komfort und Reisegeschwindigkeiten erhöhte, sondern auch überall Zwang heraufbeschwor, ganz zu schweigen von den bekannten Gefahren. Es wird menschliche Ameisenhaufen geben, die «Ameisengesellschaft», aber nur in Ländern mit Technik ohne Kunst. In der europäisch-amerikanischen Geschichte ist Freiheit das allerwichtigste Problem. Sie ist die Grundlage aller anderen Probleme, und sie allein ermöglicht Kunst. Sie ist Fortschritt an sich, *innerer* Fortschritt, allerdings auch ein bedrängendes Geschenk, wenn schöpferischen Menschen gegeben. Denn dann ist sie unstillbar. Hilty schrieb für schlaflose Nächte, das beste Zeichen des inneren Fortschritts sei, wenn es einem in guter und hochgesinnter Gesellschaft wohl sei und in gewöhnlicher immer weniger.

Wir sollten darüber hinaus ganz allgemein immer sorgfältig den inneren und den äußeren Fortschritt unterscheiden. Gluck schrieb an die Pariser Musikfreunde, man müsse einzig den Fortschritt der Kunst zum Ziele haben. Auch Haeckel machte sich darüber Gedanken, daß man auf den wichtigen Gebieten des geistigen Lebens zu wenig Fortschritte mache und dadurch ein unbehagliches Gefühl und eine innere Zerrissenheit entstehe. Man begreift, warum Boris Pasternaks «Dr. Schiwago» vom Kommunismus abgelehnt wurde, wenn man seinen Gedanken folgt: «Der wissenschaftliche Fortschritt ist dem Gesetz der Abstoßung untertan. Um einen Schritt vorwärts zu machen, muß man sich zunächst gegen Irrtümer und falsche Theorien der Vorgänger auflehnen. Der Fortschritt in der Kunst unterliegt dem Gesetz der Anziehung. Man entwickelt sich weiter durch die Nachahmung und Nachfolge von Vorbildern, die man verehrt.»

Während etwa die Chinesen den äußeren Komfort des Lebens von Europa zu übernehmen wünschen und ihr Verhalten im Umgang mit Maschinen, Apparaten und Werkzeugen dem Westen anzugleichen suchen, sind doch den ethischen und künstlerischen Einflüssen des Abendlandes große Grenzen gesetzt, in ganz Asien, in Rußland, in Afrika, durch Absperrung, gleich, ob man an Vorhänge, Mauern, Paßsperren, Ausreiseverbote oder Minenfelder denkt.

Andererseits ist die Strahlungskraft der Massenmedien Film, Fernsehen, Funk, Presse, ja selbst der Schallplatte außerordentlich. Ein Beispiel bilden die neuen Tanz- und Song-Rhythmen des Westens, deren Eindringen in die nichtabendländische Welt kaum noch zu verhindern ist. Es bleibt doch erstaunlich, wie schnell die Teenager, selbst in Sowjetrußland, ganz offen – und wenn es ihnen verboten wird, heimlich – mit den Idolen der westlichen Jugend mitzusingen, mitzuschwingen und mitzuleben versuchen. Von dieser ganz jungen Generation, die sich dem westlichen Rhythmus fast automatisch angleicht, erwächst ein Widerstand gegen staatsgelenkte politische Thesen, die nach und nach jede Aktualität verloren haben. Von hier aus werden die nichtabendländischen Ideologien gestürzt werden, denn es beginnt auch außerhalb des Westens die Gegenwart über die Vergangenheit zu herrschen. Das ist unaufhaltsam. Michel Garder, der in Saratow geboren wurde, aber heute Franzose ist, einer der hervorragendsten Rußlandkenner und Professor an der französischen Militärakademie, ist der Ansicht, daß sich in Rußland auch die technische Intelligenz erhebt, weil sie die Notwendigkeit einer radikalen Veränderung immer deutlicher erkennt. Immerhin haben die Nachfolger Stalins elf Jahre gebraucht, um diese Theokratie ins Schwanken zu bringen. Garder erwartet den Zerfall des Systems. Er prophezeit die Regierung des ganzen Volkes anstatt nur der Arbeiter und Bauern. Er hält eine Revolution von oben für wahrscheinlich, nicht die sonst überall im Westen erwartete allmähliche Liberalisierung. Es käme wohl zur Auflösung der kommunistischen Parteien im Westen, die letzte Stunde der Satelliten-Regimes würde schlagen. Aber die Bemühungen, die USA einzuholen oder gar zu überflügeln, würden nicht aufhören, sondern verstärkt einsetzen. Denn Rußland ist ein gesundes Land mit einem gesunden Volk, mit unendlichen Möglichkeiten, mit Menschen, die ungeduldig darauf warten, sich einmal ganz individuell und nicht nur kollektiv bewähren zu können.

Indessen fließt der Strom westlichen Denkens reich und unaufhaltsam,

indessen leuchten im Abendland immer neue Gedanken, Gebäude und Kunstwerke auf, wird der Farbenglanz immer bunter und doch die Einheit trotz so vieler Völker und das wundersame Gefühl der Zusammengehörigkeit immer größer. Film, Fernsehen, Radio und Presse spielen sich Gedanken zu, Farben, Melodien, Tänze, Moden, Frisuren, die großen Freiheiten des besseren Lebensstils, des besseren Aussehens, immer neue und neue Wellen der Jugend.
Das Abendland singt, spielt und komponiert, wie es das noch nie und in keinem Erdteil gegeben hat. Wann hat ein Zeitalter so viele grandiose Komponisten hervorgebracht wie Paul Hindemith, Arthur Honegger, Carl Orff, Wolfgang Fortner, Rolf Liebermann, Werner Egk, Gottfried von Einem, die Franzosen Darius Milhaud, Georges Auric, Olivier Messiaen, André Jolivet, Maurice Jarre, Pierre Boulez, den in Deutschland lebenden Russen Boris Blacher, den Engländer Benjamin Britten, den Italiener Malipiero und die Vergangenen, Richard Strauss, Max Reger, Gustav Mahler, Debussy, Ravel.
Wann hat es so viele Dirigenten gegeben vom Format eines Furtwängler, eines Knappertsbusch, eines Klemperer, Keilberth, Jochum, man kann sie gar nicht alle aufzählen, Kleiber, Böhm, Cluytens, Sawallisch, Karajan, Monteux, Ansermet, Toscanini und Stokowsky nicht zu vergessen.
Und die großen Pianisten des Westens, Edwin Fischer, Walter Gieseking, Alfred Cortot, Rubinstein, Clara Haskil, Robert Casadesus, Claudio Arrau, Shura Cherkassky, Clifford Curzon, Wilhelm Kempff – welche Namen! Und wann hat man je seit Paganini, Sarasate und Viotti Geiger gehört wie Heifetz, Menuhin, Grumiaux, Milstein, Schneiderhan, Varga und Stern! Wann Cellisten wie Pablo Casals, Pierre Fournier, Enrico Mainardi oder Ludwig Hoelscher! Wie gut, daß wenigstens auf diesem einzigen Gebiet sich manchmal die Türen des Ostens öffnen und ein Igor oder ein David Oistrach auch im Westen seine herrliche Geige erklingen lassen darf.
Igor Strawinsky, geboren in Oranienbaum bei Petersburg, lebte seit 1910 in Frankreich und der Schweiz, seit 1933 in den Vereinigten Staaten. Er komponierte Ballette für Diaghilew, er wurde von Picasso gezeichnet, er hatte Freundschaften mit Cocteau, Debussy, Ravel und de Falla geschlossen. Seine kühne polytonale Harmonik, seine ganz neuartige Instrumentation – Oedipus Rex, Spanisches Oratorium, L'Histoire du Soldat, dazu die Ballette Feuervogel, Petruschka, Sacre du printemps, ausgepfiffen und verlacht 1913 im Théâtre des Champs-Elysées in Paris –, seine höchst differenzierte Rhythmik machten ihn zum einflußreichsten Vorbild der neuen westlichen Musik.
Strawinsky folgte radikal seinem ebenfalls in Kalifornien lebenden

Freunde Arnold Schönberg, der die Tonalität völlig sprengte und in seiner Kompositionstechnik jeden der zwölf Halbtöne als gleichwertig betrachtete. Von seinem 23. Opus an hat Schönberg, dieser größte Beunruhiger der Ohren des zwanzigsten Jahrhunderts, nur noch Zwölftonmusik geschrieben, ohne Rücksicht auf die bis zu seiner Zeit herrschende Tonalität und Harmonie. Schönberg wie Strawinsky machen keinerlei Konzession an den gewöhnlichen Musikhörer. Ihrer neuen Intervallfolge liegt das treibende Gefühl zugrunde, keinen Augenblick lang der Banalität von Melodien zu verfallen. Die Spannung und Verdichtung ihrer Werke stellen höchste Ansprüche an die Konzentrationskraft des Publikums.

Der einzige, der in der ersten Hälfte unseres Jahrhunderts neben Strawinsky und Schönberg schon «klassisch» wurde, ist der Ungar Béla Bartók, der seit 1940 in den Vereinigten Staaten lebte und mit seinem ungeheuren Dissonanzenreichtum ein Vorkämpfer der neuen Musik wurde. Bartók hatte bis zu seinem Tode 16000 madjarische, rumänische und slowakische Volkslieder gesammelt. Er war Volksliedforscher, reiste durch viele Länder als virtuoser Pianist und ließ die Folklore in seinen Musik- und Tanzwerken unvergleichlicher Eigenart überall und immer geheimnisvoll aufblitzen.

Der 1935 verstorbene Alban Berg, ein Schüler Arnold Schönbergs, hat eine der bedeutendsten Opern des Jahrhunderts komponiert, «Wozzek» nach Büchner, bedeutend, weil es sich um die erste «Literaturoper» handelt, die wörtlich einen literarischen Text mit Musik überdeckt. Bergs Musikdrama wurde 1925 in der Berliner Staatsoper Unter den Linden uraufgeführt. Kleiber dirigierte. Es wurde eine Sensation.

Auch Anton von Webern gehört hierher, der mit seinem strengen, konstruktiven Stil in der Zwölftonmusik die jungen Komponisten stark beeinflußte. Interessanterweise waren alle drei, Schönberg, Webern und Berg, Österreicher.

Mit dem Einbruch der elektronischen Musik ist das Abendland wieder einen Schritt weitergegangen, uneinholbar in der nichtwestlichen Welt, denn die Komposition etwa des Franzosen Pierre Schaeffer steht – so neu sie ist – auf einem gewaltigen und hart umstrittenen Felsen westlicher Musiktradition. Ohne Bach wäre nicht einmal diese «Musique concrète» denkbar!

Solche Pioniere gibt es heute im Abendland auf allen Gebieten der Kunst, man denke nur an Le Corbusiers zukunftsträchtige Stadtplanungen, Mies van der Rohe, den Wegbereiter moderner Beton-Stahl-Glas-Konstruktion, an Gropius, an Auguste Rodin, der ja erst 1917 gestorben ist, an den Katalanen Salvadore Dali oder den Dramatiker,

Dichter und Bildhauer Ernst Barlach. Man denke an die verdichteten Wahrheiten eines Dino Buzzati, an George Orwells «1984», an Henri Matisses Kapelle in Vence, an den vielseitigen Jean Cocteau, der sein Leben lang ein gefährliches Spiel mit dem Irrealen spielte, mit den Mythen, mit dem Tod.

Drei große Pressekönige haben das Abendland mit unschätzbaren Reichtümern von immer neuem Wissen und Erfahren beschenkt. Ich denke an den Schöpfer von «Time» und «Life», Henry Luce, der als Sohn eines amerikanischen Missionarehepaars im chinesischen Tengtschau geboren wurde. Dieser schlanke, blendend aussehende Mann, dem China, wie so vielen dort geborenen Weißen, einige asiatische Linien ins Antlitz geprägt hat, wahrte sein Leben lang eine ans Gefährliche grenzende Integrität. Das Gesicht dieses Pressekönigs, der zu den mächtigsten Männern Amerikas gehört, ist noch niemals auf seinem berühmten «Time»-Magazin erschienen. Der «Time»-Redakteur Thomas Griffith schrieb einmal, Luce wäre in England schon längst zum «Lord Luce of Rockefeller Plaza» geadelt worden, aber in Amerika ist sein Name weniger bekannt, obgleich gerade er als erster Großverleger erkannte, daß mit zunehmender weltpolitischer Verantwortung, mit ständig sich verbreitendem Hunger nach Erziehung und mit dem Wachsen des Bedürfnisses der demokratischen Gesellschaft nach gehobener Information und Unterhaltung kostspielig ausgestattete Magazine wie «Time» und «Life» eine Notwendigkeit wurden. Kein Ziel ist ihm unerreichbar. Eine «Life»-Serie über die Entstehung der Welt wurde nachträglich als Buch in einer Auflage von sieben Millionen Exemplaren verkauft.

Auch Lord Beaverbrook ist der Sohn eines Theologen, nämlich des presbyterianischen Pfarrers Reverend William Aitken. Er wurde 1879 zu Maple, in der kanadischen Provinz Ontario, geboren. Im Jahre 1910 ersuchte ihn die Bank von Montreal, den Zusammenschluß von drei kanadischen Zementwerken zu organisieren. Es gelang ihm, sämtliche kanadischen Zementwerke zu vereinigen. Damit erwarb er ein immenses Vermögen. Jetzt wurde er von der Presse angegriffen, in Kanada sank seine Popularität, aber die Zeit bewies, daß der Trust, den er aufgebaut hatte, sehr gesund war. Beaverbrook, der sich damals noch Aitken nannte und rund vier Millionen Dollar verdient hatte, zog sich von allen Geschäften zurück und trat ins politische Leben Englands ein. Er eroberte einen Sitz im Parlament, wurde der Privatsekretär von Bonar Law und im Jahre 1916 zum «Baron Beaverbrook of Beaverbrook» geadelt. Zwei Jahre später war er britischer Informationsminister. Er hatte sich schon vorher einen finanziellen Anteil am «Daily Express» gesichert. 1921 gründete er den «Sunday Express» und machte diese Zeitung zum populärsten Sonntagsblatt Englands. Churchill ernannte Beaverbrook in der für England gefährlichsten Zeit des Zweiten Weltkrieges, im Jahre 1940, zum Minister der gesamten Flugzeugproduktion. Beaverbrook wurde Mitglied des Kriegskabinetts. Churchill sagte, dieser Mann habe mit der unglaublichen Steigerung der Flugzeugproduktion ein Wunder vollbracht. Und das zweite Wunder war der «Daily Express». Er erreichte die höchste Zeitungsauflage der Welt!

Interessant ist, daß Luce wie Beaverbrook wie auch die Begründer von «Reader's Digest», das Ehepaar De Witte und Lila Bell Wallace, von Haus aus eindeutig christlich orientiert waren, was ihren Erfolgen nach dagegen spricht, daß das Christentum im Abendland im Abklingen ist. «Reader's Digest» vertritt ein schlichtes positives Christentum und besitzt die höchste Auflage aller Publikationen: 21 Millionen monatlich mit 31 Ausgaben in vielen Ländern! Die Zeitschrift lehnte bis 1955 Anzeigen ab, um ihre volle Unabhängigkeit zu wahren. Heute kostet eine Anzeigenseite ohne Farben in dieser Zeitschrift 26 500 US-Dollar! Diese phänomenale Entwicklung beruht auf der Universalität der Themen, auf der Tatsache, daß alles den Menschen direkt Angehende Vorrang vor kalt-theoretischen Artikeln hat, und vor allem darauf, daß die Publikation, ohne daß der Leser es merkt, Güte und Nächstenliebe ausstrahlt, was in aller Welt Eltern sich und ihren Kindern wünschen. Nur eine Zeitschrift, von der jeder weiß, daß sie nichts enthält, was der Jugend Nachteile bringen könnte, sondern im Gegenteil erziehend wirkt, kann eine solche Auflage erreichen.

Jean Prouvost entstammt einer berühmten Familie von Textilindustriellen in Rubaix, deren Unternehmen Mitte des 19. Jahrhunderts gegründet wurde. Diese Werke gehören heute zu den wichtigsten Textilproduktionsstätten der Welt.

Im Jahre 1917 bat Clemceau Jean Prouvost, eine Pariser Tageszeitung zu kaufen, «Le Pays», deren defätistische Tendenz die Durchhaltepolitik des «Tigers» beeinträchtigte. Prouvost gelang es, das Blatt zu erwerben. Dann wurde ihm 1924 die Zeitung «Paris-Midi» angeboten. Sie hatte nur eine Auflage von 5000 Exemplaren. Prouvost, ein Mann ungewöhnlichen journalistischen Talents, steigerte sie in ganz kurzer Zeit auf 100000. Unter den neuen Redakteuren, die er für die Redaktion gewann, befand sich auch Pierre Lazareff. Sechs Jahre später gliederte er die Zeitung «Paris-Soir» an. Dieses Blatt bildete eine Revolution im französischen Pressewesen. Neuartig waren die Photobildseiten, neuartig die Presseberichte, noch nie dagewesen das Tempo, mit dem die Ereignisse in die Zeitung kamen. Im Jahre 1939 hatte Prouvost «Paris-Soir» auf eine tägliche Auflage von zwei

Millionen gebracht. «Paris Match» war ursprünglich eine Sportzeitschrift, die Prouvost in eine allgemeine Illustrierte umwandelte. Zum Konzern gehören heute außerdem «Marie Claire» mit einer Auflage von anderthalb Millionen monatlich und «Télé 7 Jours» mit einer wöchentlichen Auflage von zwei Millionen.
Wie «Life», so ist auch «Paris Match» ein Phänomen in der geistigen Welt der zweiten Hälfte unseres Jahrhunderts. Denn es geht Jean Prouvost um ein einziges Ziel: das Strengste an Wahrheit, das Höchste an Niveau, das Beste an Photographie zu bieten, das heute erreichbar ist. Außerdem ist Prouvost der Welt einziger Zeitungsmann so großen Einflusses, der fast jeden Artikel, der in «Paris Match» erscheint, vorher selbst liest. Aus diesem Grund ist der Anspruch, der an die Redakteure – wie auch manchmal an die Leser – gestellt wird, nicht gering. «Ich bin der erste Diener meiner Redaktion», pflegt er zu sagen, oder «You are here on the top of the world». Die berühmtesten Autoren der Welt, die besten lebenden Photographen haben sich hier zusammengefunden. Prouvost hat eine fast triebhafte Freude daran, bedeutende Männer um sich zu sehen, eigenwillige Männer, große Könner. Er umgibt sich nicht mit «Ja-Sagern», denn interessante Diskussion ist sein Leben. Den Instinkt und die außerordentliche Intelligenz wie Bildung eines Hervé Mille hat kaum ein einziges Presseunternehmen der Welt aufzuweisen. Man denke außerdem an Persönlichkeiten wie den weltberühmten politischen Redakteur von «Paris Match», Raymond Cartier, etwa an den Verfasser von «Qui a cassé la vase de Soissons?», Gaston Bonheur, oder eine Potenz wie Roger Thérond. Obgleich «Paris Match» die höchste Auflage aller Illustrierten Europas aufweist, aber längst nicht die Auflage von «Life», ist doch die Bedeutung und der geistige Einfluß dieser Zeitschrift auf das Abendland, aber auch auf die gesamte Welt enorm. Ein Artikel von Raymond Cartier wird in allen fünf Erdteilen gelesen.
Die Zeitschrift lebt unter der ständigen Inspiration ihres Herausgebers, der seinerseits den dauernden Kontakt mit der lebendigen Welt der Journalisten, Autoren und Dichter wie ein unentbehrliches Elixier braucht. Prouvost hat lange in England gelebt, beherrscht die englische Sprache perfekt und bewundert, was Tageszeitungen anbetrifft, nur Fleet Street: «In *einer* Straße so eine Flut von Ideen herauszubringen!»
Das Wochenende verbringt er gern auf seiner Besitzung Yvoy-le-Marron bei Orléans und ist dort Bürgermeister der kleinen Gemeinde. Etwas von einem County squire haftet ihm an. Er jagt gern auf seinem Besitz. Aber er ist auch ein unermüdlicher Leser, ein Kenner der modernen Weltliteratur ohnegleichen.
Jean Prouvost ist ein hochgewachsener, schlanker, ungewöhnlich gut

aussehender Mann von über 70 Jahren und von erstaunlicher Aktivität und geistiger Brillanz. Seinem riesigen Textilkonzern widmet er täglich nur wenige Minuten. Alle übrige Zeit gehört den Publikationen, die er zu bestem Journalismus anregt. Er glaubt an das Wort, die Macht des Wortes, wenn es echt und wahr ist, und die Macht des Bildes. Überhaupt sollte man den Begriff Journalismus heute nicht mehr mit abschätzendem Unterton nennen. Es hat große, ja geniale Journalisten gegeben, Mark Twain, Walt Whitman, Theodore Roosevelt, Stevenson in den USA, Daniel Defoe, Macaulay, Dickens und Thackeray in England, Gladstone, Churchill, Richelieu, Clemenceau und Briand. Auch der Film hat westliche Art und westliches Denken schnell in die übrige Welt hineingespielt, er hat vor allem viel zur «Amerikanisierung» Europas beigetragen. Im Jahre 1910 gab es in den Vereinigten Staaten schon zehn Millionen «Filmfans». In den zwanziger Jahren, nach dem Ersten Weltkrieg, sorgte die junge Generation Amerikas für einen schnellen Wechsel im westlichen Leben: kurze Röcke, das Schwinden der Ehrfurcht vor «überkommener Moral», die sogenannte «flammende Jugend» revoltierte gegen das in ihren Augen «verhemmte, langweilige Dasein der Eltern». Die Jugend forderte größere Freiheiten, vor allem auch in den Beziehungen der Geschlechter. Der Film spiegelte das wider. Autos, «Petting Parties», der «Charleston» wurden gezeigt. Nun wollte die ganze westliche Welt sehen, wie reiche Menschen leben, sich kleiden, sich langweilen und wie schlecht oder wie fein sich die große Gesellschaft benimmt. Ein Mann wie der Produzent Cecil Blount de Mille beeinflußte das ganze Abendland in seinem Geschmack: der Stil der Wohnungen, Kleider, Wäsche, aufregendes und bewegtes Leben und Starkult drangen durch den Film in alle Städte ein. Pola Negri, Gloria Swanson, Clara Bow, Mae Murray wurden Weltstars wie auch Douglas Fairbanks, John Gilbert und der geheimnisvolle dunkelromantische einstige Gärtner und Tischwäscher Rudolph Valentino, bei dessen Bestattung 1926 sich unbeschreibliche Szenen abspielten. Eine Anzahl von Verehrerinnen nahm sich das Leben, andere konnten nur mit Mühe daran gehindert werden, mit in die Gruft zu springen. Auf die Möglichkeiten der Pantomime, der großen Wirkungen ohne Sprache, haben Charlie Chaplin, Buster Keaton, Harold Lloyd, Laurel und Hardy sehr stark eingewirkt. Komik unmittelbar mit Tragik verbunden, so dicht, daß das Lachen in die Tränen gerät – das war bei Chaplin das Element, das so stark anrührte, während Keatons unbewegliche Miene stets im Gegensatz zur Situation stand und dadurch die Ungereimtheiten des Lebens offenbarte. Keine andere Kunstform als diese Komik hat das Absurde so sichtbar und sinnfällig gemacht.

1920 glaubte die Welt, das Radio werde den Film entthronen. Aber der Film wurde im Gegenteil immer volkstümlicher.
Während der Film durch das Radio keine Einbuße erlitt, bedeutete das Fernsehen für den Film einen kolossalen Schlag. Im Jahre 1947 hatten die Filmtheater in den USA 90 Millionen Besucher wöchentlich, im Jahre 1956 nur noch 35 Millionen. 1945 gab es über 20000 Kinos in Amerika, 1955 nur noch 15000.
Dem kleinen Bildschirm setzte die Filmindustrie Monsterfilme entgegen, historische und biblische Stoffe oder große Musicals. Ein Phänomen an der künstlerischen Entwicklung des Films ist die Tatsache, daß er als Schauerdrama, Klamauk und Wildwest begann und in den sechziger Jahren wieder zum «Krimi», Grusel und Wildwest zurückkehrt. Die Verklärung des Alltags durch den Spielfilm ist geblieben, die Romantisierung hat aufgehört. Ebenso ist das Verlangen, im Film die «große Welt» zu erleben, abgeklungen. Aber die Wirkung auf die Geschmacksbildung der Massen, besonders der Jugend, bleibt groß. Film wird von Jahr zu Jahr mehr Kunst, nicht in Deutschland, aber in Italien, Frankreich, England und Amerika.
Michelangelo Antonioni und Alain Resnais kann man als moderne Klassiker bezeichnen, deren Namen lebendig bleiben werden wie die der großen Klassiker der Literatur.
Antonioni glaubt, daß der Film in unserer schweren Zeit von Angst und Sorge um das Geschick der ganzen Welt an der brennenden Realität nicht vorbeigehen darf. Er nennt es «die Intelligenz im Herzen des Wirklichen verteidigen». Da es in Italien keine öffentliche Meinung gebe, habe in letzter Zeit niemand mehr Angst vor dem Kriege gehabt. Das hohe geistige Niveau der Franzosen werde mit der Realität besser fertig. Antonionis große Filme «Der Schrei», «Die Nacht», «Liebe 62» sind tatsächlich von der Inspiration unserer Zeit erfüllt. Sie atmen in jeder Phase westlichen Lebensstil, aber in ihnen zittert auch die Angst unserer Zeit. Sie sind «Resonanzen». Sie sind aufrichtig, und sie sind ehrlich und mutig dem Publikum gegenüber. Keine Elfenbeintürme! Bei Antonioni ist das Leben ganz wirklichkeitsverbunden. Aber man spürt jeden Augenblick, daß die Wirklichkeit sich schnell wandelt. Ist Antonioni ein Neorealist? Nun, der neue Realismus bewegt sich weiter fort. Er ist eine Strömung. Noch ist im Film nichts an seine Stelle getreten. Aber was kommen wird, scheint mir dieses zu sein: wenn die Breitwand in ihren Farben aufleuchtet, stehen wir gerade bei den großen Italienern und Franzosen sehr unmittelbar im Leben eines bestimmten Milieus, mitten auf einer Straße, mitten unter Marktweibern, unter Mädchen, von der Haute Couture gekleidet, unbekleidet oder in bunten Röcken, mitten in einem Zimmer,

und wir hören das Wasser im benachbarten Badezimmer rauschen. Der Film beschäftigt alle Sinne des Menschen – und man unterscheidet heute elf! Diese große Realität wird sich immer mehr verdichten, das heißt, die Farben, die Menschen werden noch näher an unsere Sinne herankommen, es nähert sich uns auch die menschliche Haut bis zu ihren feinsten Poren. Und noch etwas anderes ist neu: der Film sprengt immer wieder dieses oder jenes Tabu, öffnet verschlossene Fächer des komplizierten Wesens Mensch, die jeder kennt, aber nicht zu nennen oder zu zeigen wagt.
Alain Resnais, der sich an das hochinteressante Experiment «Van Gogh» gewagt hat, der «Hiroshima mon amour» drehte sowie «L'année dernière à Marienbad», ist der Ansicht, daß es weniger eine neue Welle der Filmschöpfung gibt als eine neue Welle von Zuschauern. Das Filmgefühl, der Wertsinn des Publikums dem Film gegenüber, ist heute viel feiner als noch vor zehn Jahren. Die junge Generation hat weniger Vorurteile und stellt bedeutend höhere Ansprüche. Wenn es eine Erneuerung des Films gibt, so wird sie von dieser jungen Generation angetrieben. Resnais glaubt, daß der Film immer weniger ein Geschichtenerzähler sein wird als vielmehr ein Mittel der gewaltigen unbekannten Welten des Ausdrucks. Auf diesem Wege bewegten sich schon René Clair, Renoir, Bresson und Camus. Alain Resnais' Versuch, die Bäume, die Menschen, die Häuser, die Rolle, die die Gegenstände spielen, so wiederzugeben, wie van Gogh sie ganz persönlich sah, das heißt, mit der Kamera in die innere Welt dieses Künstlers zu leuchten, gehört zu den interessantesten Experimenten unserer Zeit, die eigentlich mehr eine Epoche des Auges als des Ohres ist. Daher der ungeheure Einfluß des Bildes, der Photographie. Indem er die Kompositionen und die Feinheiten der van-Goghschen Welt mit der Kamera abtastet, reißt Resnais die ganze tragische Architektur der Kunst dieses Genies der flammenden Zypressen, Oliven und der kreisenden Sterne auf.
Vielleicht können nur der Film und das Theater die Träume und Erinnerungen wie auch die Zukunftshoffnungen der Menschheit voll befriedigen!
Das Abendland muß in allen Richtungen bis ans Äußerste seines Forschungs-, Erfindungs- und Gestaltungsvermögens gehen. Kerr nannte Europa einen abgelebten, immerhin dramatisch recht verschmitzten Erdteil. Ich habe dieses Buch geschrieben, um ihm im ersten Teil seines Satzes zu widersprechen. Denn es ist Mode geworden, das Abendland abzuschreiben – niemand weiß eigentlich, warum. Aber eine Kultur, die Kafka, Freud und Einstein hervorbrachte – um nur drei unter den großen Juden und wahre Europäer zu nennen –,

hat nicht abgelebt. Die drei Genannten waren Propheten einer neuen Welt. Licenciado, eine Cervantes-Figur, glaubte, er wäre aus Glas. So kommt mir oft die westliche Welt vor, die sich für zerbrechlich hält. Sie ist voll düsterer Voraussagen. Aber das ist auch ihre Stärke. Wenn André Malraux 1946 sagte, der Zweite Weltkrieg und die auf diesen Krieg folgenden Ereignisse hätten die Menschen veranlaßt, ernsthaft über den Tod Europas nachzudenken, so ist auch das nur positiv zu werten. Denn es ist völlig ungewiß, wo der Tod das Abendland erwartet, erwarten wir ihn daher überall. Die junge Generation der zweiten Hälfte des zwanzigsten Jahrhunderts ist eine skeptische Generation. Wohl ist sie auch unglücklich, weil nachdenklich geworden. Und diese Unglücklichen führen ihren Zustand auf ihre Umgebung und die Lebensart gerade des Gebietes zurück, das durch das Zusammenschmelzen jüdisch-orientalischen Geistes, sokratischen Denkens und christlicher Religion zum reichsten und glücklichsten der Erde wurde, trotz aller Tränen, trotz der großen Pestepidemien, trotz der unsagbaren Verfolgungen, trotz der entsetzlichen Kriege. Denn all das hat es auf allen Kontinenten gegeben. Nur fraßen sich die Menschen gegenseitig auf andere Weise auf.
Als sich Karl der Große am Weihnachtstag des Jahres 800 in Rom zum Kaiser krönen ließ, wurde Europa katholisch getauft. Aber das unruhige Abendland ist auch seiner Taufe nicht treu geblieben. Es hat andere Wege zu Christus gesucht. Es stürzt heute wieder das Christentum in Abgründe, vielleicht sehr fruchtbare Abgründe, in die es dann wieder tief hineinsteigt, um Neues, anderes, Gärendes und Erregendes heraufzuholen. Es ist nicht gesagt, daß das Abendland aus seiner ständigen Bewegung, aus seiner Rat- und Rastlosigkeit, aus seinen Sorgen und seinen großen Wandlungen die Entfernung von Gott, Christus und vom Christentum vergrößert. Es sieht so aus, als ob die westliche Welt auf anderen Wegen zu Gott findet. Planck sagte, er habe zeit seines Lebens immer das Gefühl gehabt, einem Geiste gegenüberzustehen, dessen Rätseln er nachspüren müsse, ja, der ihm den Befehl erteile, seinen Rätseln nachzugehen.
Jedes Kunstwerk ist ja eine Schöpfung, nur eben muß es durch die Brille eines musischen Temperaments gesehen werden. Aber jede Schöpfung ist auch ein Wagnis. Die Schöpferkraft des Abendlandes beruht darauf, daß das Wesen dieser Einheit, die den Westen trotz seiner Mannigfaltigkeit zusammenhält, dem Leben nicht wie im Orient abgewandt, sondern zugewandt ist.
Ihr stürzt nieder, Millionen?
Paulus hätte euch aufgerichtet. Alexander hätte vielleicht nur durch sein Erscheinen dem Osten das Abendland wiedergebracht. Platon

hätte euch zur Ruhe gemahnt. Augustus hätte euch zusammengeführt und in Frieden geeint. Voltaire, oh, ihm wäre ein sprühender Witz eingefallen, und er hätte euch die geistvolle Kultur der Geselligkeit zurückgegeben. Wäre Dante unter uns, würden wir seinen visionären Wanderungen durch die drei Reiche des Jenseits folgen oder vor ihm in Lebensüberdruß weglaufen? Ich sehe, Columbus mischt sich in das Gespräch. «Man hat mich zu lange warten lassen, sieben Jahre, das war zuviel.» Aber Diogenes antwortet ihm, es habe ihm einfach an Geduld gefehlt, das sei sein großer Fehler gewesen. «Vertane Zeit, vertanes Leben, ihr hättet euch der Liebe zuwenden sollen», flüstert der venezianische Ritter Casanova aus seinem Grab. «Ein wenig Frivolität, und das Leben ist gemeistert.» Ein feuriger Blick trifft Casanova aus den Augen Philipps II. «Mich hat nicht einmal der Untergang der Armada aus der Fassung gebracht. Aber der Mensch muß beten, und Nichtchristen müssen brennen.»
Übergewaltig, in unendlicher Trauer, steigt Michelangelos Pietà aus dem Marmor. Träumen die Räume des Castello der Sforza zu Mailand, wo dieses Wunder der Wunder zu sehen ist, noch von dem dunkelhäutigen Lodovico und seiner jungen, lebensfrohen Beatrice, die so herrlich ritt und so früh sterben mußte?
Für das Abendland stellte Dürer den Johannes neben den Paulus. Ist es das Neue Testament, in dem sie lesen? Oder ist es das Buch der Zukunft der westlichen Welt?
Dem Abendland schenkte Michelangelo seinen sehnsüchtigen Adam, ließ Tizian die Europa rauben und Tintoretto Christus auf dem Meere wandeln. Seht in das Antlitz des jüdischen Rabbi, das Rembrandt im 17. Jahrhundert malte. Es ist das nachdenklichste, das weiseste, das klügste Gesicht, das ich kenne, voller Sorgen, voller Zweifel, voller uralter Erfahrungen.
Für das Abendland sucht Don Quichotte die unnahbare Dulcinea, kämpft Dostojewskij seinen hoffnungslosen Kampf gegen die Dämonen seiner Seele, stellt Shakespeare eine Welt von Charakteren auf die Bühne, die alle zusammen die komplizierteste Schöpfung Gottes, das Ungeheuer Mensch, ausmachen.
In ihrem steinernen Gewand knien betend die Dome von Köln bis Sevilla, von Rom bis Chartres und Beauvais, ballen die Burgen ihre granitenen Fäuste, der Tower in London, der Grafenstein in Gent, Alcazar in Segovia, Chillon am Genfer See, Windsor und das Château Gaillard, die phantastische Burg von Carcassonne und das wahre Wunder an Bollwerk von Castella Coca in Spanien.
Geht durch die engen Straßen von Siena oder sucht an einem einsamen Morgen die Traumwelt der Villa Adriana auf und wandelt allein unter

den tiefgrünen Zypressen. Verweilt einen Augenblick in der Basilika Sant'Apollinare Nuovo zu Ravenna vor dem schönsten Mosaik der Erde, der Kreuztragung Christi. Wärmt euch im sonnigen Hafen der Weinstadt Malaga, einem der ältesten des Mittelmeeres, schaut auf die blitzenden Klingen von Toledo und auf Grecos himmelstürmende Gestalten. Oder erschreckt euch im Prado vor Goyas alptraumhafter, übermenschlicher Welt. Und noch eines findet ihr im Prado, ganz am Ende, allein in einem kleinen Saal, die «Dame von Elche», Spaniens Gioconda. Verneigt euch vor ihr, denn sie hat noch Tartessos gesehen, das untergegangene Atlantis! Ob ihr auf der Piazza di Spagna zu Rom steht, auf dem zauberhaften Place de Fürstenberg in Paris, vor St. Markus in Venedig oder den schmalen Bürgerhäusern an den Grachten von Amsterdam – ihr spürt immer den Atem des alten, ehrwürdigen Abendlandes, durch das ein unfaßbar großer Strom von Gedanken gezogen ist.

Es ist *eine* Welt, gewachsen aus 5000 Jahre alten sumerischen Zweifeln, die nicht aufhört, die Gilgamesch-Frage nach dem Tode zu stellen, und die niemals aufhören möge zu fragen: Warum?

Der Noah des Gilgamesch-Epos, Utnapischtim, der einzige Mensch, der unsterblich ist, antwortet: «Irgendwann errichten wir ein Haus. Irgendwann siegeln wir ein Testament. Irgendwann teilen die Brüder. Irgendwann herrscht Haß im Lande.»

«Der Schlafende und der Tote, wie gleichen sie einander. Aber des Todes Tage bleiben unbekannt.»

Nicht die Macht über den Geist regiert im Abendland, sondern der Geist über die Macht. Der Tod bildet die einzige Ausnahme. Aber selbst das steht noch nicht fest.

Namen- und Sachverzeichnis

Bildernachweis

Alinari: 36b, 40a, 41, 42a, b, 44, 45a, b, 47a, b, 49a, b, 50a, b, 51, 52, 53, 55a, b, 56, 57a, b, 58a, b, 70
Archiv Lissner: 1a, b, 2, 5, 6, 9, 10b, 11, 14, 18a, b, 19a, b, 23, 24a, b, 26, 27a, b, 28a, b, 29, 30a, b, c, 31, 32a, b, 33, 34a, 35b, 36a, 59a, 60a, b, c, 61a, b, 62, 63a, b, 64a, b, 65, 66, 67a, b, 69a, b, 88c, 90a, 92b, 94, 95b, c
Archiv Walter-Verlag: 3, 4a, b, 8, 88b
Bildarchiv Foto Marburg: 7, 34b, 35a, 71, 72, 73a, b, 74a, b, 76a, 81a, b, 82, 84a
Compagnie générale de Transatlantique, Paris: 86
Deutsches Museum München: 59b
Theo Frey, Zürich: 38
Harlingue-Viollet: 79a, 87a, b, 90b, 92a
Hirmer-Verlag, München: 10a, 12, 13, 20/21, 22
Keystone: 88a
Manuel Litran: 15, 16a, b
Musée de Versailles: 77, 78, 79b, 80b
Paris Match: 95a, 96a, b
Philadelphia Museum of Art: 91
Josef Rast: 25, 85
Roger-Viollet: 37, 39, 40b, 75, 76b, c, 80a, 83, 84b, 89, 93, 96c, d
Svenska Porträttarkivet: 68
Swiridoff: 43, 46, 48
United Artists: 92c

Karten von Eberhart von Harsdorf